新世纪全国高等医药院校规划教材

方 剂 学

（供中西医结合专业用）

主 编　谢　鸣（北京中医药大学）

副主编　樊巧玲（南京中医药大学）

　　　　贺又舜（湖南中医药大学）

　　　　陈德兴（上海中医药大学）

主 审　陈可冀（中国中医科学院）

中国中医药出版社

·北 京·

图书在版编目（CIP）数据

方剂学/谢鸣主编.—北京：中国中医药出版社，
2009.2（2011.8重印）

新世纪全国高等医药院校规划教材

ISBN 978-7-80231-609-6

Ⅰ.方… Ⅱ.谢… Ⅲ.方剂学—医学院校—教材
Ⅳ.R289

中国版本图书馆 CIP 数据核字（2009）第 017660 号

中国中医药出版社出版

北京市朝阳区北三环东路 28 号易亨大厦 16 层

邮政编码 100013

传真 010 64405750

河北欣航测绘院印刷厂印刷

各地新华书店经销

＊

开本 850×1168 1/16 印张 30 字数 696 千字

2009 年 2 月第 1 版 2011 年 8 月第 3 次印刷

书 号 ISBN 978-7-80231-609-6

＊

定价 39.00 元

网址 www.cptcm.com

全国高等中医药教材建设
专家指导委员会

前 言

　　中西医结合是我国医药卫生事业的重要组成部分，是我国特有的一门医学学科。通过中西医的优势互补，许多疾病，尤其是一些疑难疾病的诊治取得了突破性进展，已成为我国乃至世界临床医学中不可取代的重要力量。人们越来越认识到中西医结合治疗的优势，越来越倾向于中西医结合诊疗疾病，由此中西医结合的队伍越来越壮大，不少高等医药院校（包括高等中医药院校和高等医学院校）适应社会需求，及时开设了中西医结合临床医学专业（或称中西医结合专业），甚至成立了中西医结合系、中西医结合学院，使中西医结合高等教育迅速在全国展开，有些院校的中西医结合专业还被省、市、地区评为当地"热门专业"、"特色专业"。但中西医结合专业教材却明显滞后于中西医结合专业教育的发展，各院校使用的多是自编或几个院校协编的教材，缺乏公认性、权威性。教材的问题已成为中西医结合专业亟待解决的大问题。为此，国家中医药管理局委托中国中西医结合学会、全国中医药高等教育学会规划、组织编写了高等医药院校中西医结合专业第一版本科教材，即"新世纪全国高等医药院校中西医结合专业规划教材"。

　　本套教材在国家中医药管理局的指导下，中国中西医结合学会、全国中医药高等教育学会及全国高等中医药教材建设研究会通过大量调研工作，根据目前中西医结合专业"两个基础、一个临床"的教学模式（两个基础：中医基础、西医基础；一个临床：中西医结合临床）以及中西医结合学科发展的现状，实行先临床后基础的分步实施方案，首先重点系统规划了急需的中西医结合临床教材和部分专业引导性教材共16部（分别为：《中外医学史》《中西医结合医学导论》《中西医结合内科学》《中西医结合外科学》《中西医结合妇产科学》《中西医结合儿科学》《中西医结合眼科学》《中西医结合耳鼻咽喉科学》《中西医结合骨伤科学》《中西医结合危重病学》《中西医结合皮肤性病学》《中西医结合精神病学》《中西医结合肿瘤病学》《中西医结合传染病学》《中西医结合口腔科学》《中西医结合肛肠病学》），组织全国开设中西医结合专业或中西医结合培养方向的78所高等中医药院校、高等医学院校的专家编写，于2005年正式出版发行并投入教学使用。

　　上述教材在教学使用过程中，得到师生的普遍好评，也被列为国家中西医结合执业医师考试的蓝本教材。为确保中西医结合专业教材的系统性，满足教学的需要，进一步编纂该专业的基础课程教材，成为许多学者关注的问题。为此，中国中西医结合学会、全国中医药高等教育学会先后在北京、长沙、广州等地组织了多次专家论证会，统一了思想，决定启动中西医结合基础课程的教材建设工作，认为基础课程教材的建设应遵守以下原则：①保持中西医基础课程的系统性与完整性，充分体现专业基础教材的科学性，突出"三基"，构筑中西医结合临床课程的专业基础，能支撑中西医结合临床课程的专业学习；②体现中西医结合学科学术发展的现状，保持教材的先进性、实用性和启发性；③突出中西医结合临床医学专业的专业基础特点，立足于本科教学层次的需要，把握适当的深度与广度。

根据上述原则与思路，中西医结合专业基础课程教材分为三个模块：

①西医基础课程：《系统解剖学》《局部解剖学》《组织学与胚胎学》《生理学》《生物化学》《免疫学与病原生物学》《病理学》《病理生理学》《医学生物学》《药理学》《诊断学》。

②中医基础课程：《中医基础理论》《中药学》《方剂学》《中医诊断学》《针灸推拿学》《中医经典选读》。

③中西医结合基础改革教材：《中西医结合生理学》《中西医结合病理学》《中西医结合免疫学》《中西医结合诊断学》《中西医结合药理学》《中西医结合思路与方法》。

为确保教材的科学性、先进性、权威性、教学适应性，确保教材质量，本套教材的编写仍然采用了"政府指导，学会主办，院校联办，出版社协办"的运作机制，这个"运作机制"有机地结合了各方面的力量，有效地调动了各方面的积极性，畅通了教材编写出版的各个环节，保证了本套教材按时、按要求、按计划出版。

全国78所高等中医药院校、医药院校专家学者参加了本套教材的编写工作，本套教材的出版，解决了中西医结合专业教育中迫切需要解决的教材问题，对我国中西医结合学科建设、中西医结合人才培养也将会起到应有的积极作用。

由于是首次编写中西医结合基础课程的高等教育规划教材，在组织、编写、出版等方面，都可能会有不尽如人意的地方，敬请各院校教学人员在使用本套教材过程中多提宝贵意见，以便重印或再版时予以修改和提高，使教材质量不断提高，逐步完善，更好地适应新世纪中西医结合人才培养的需要。

中国中西医结合学会

全国高等中医药教材建设研究会

2008 年 1 月

编写说明

我国高等中西医结合专业开设已近十五载，但该专业的中医基础课程教学一直使用的是中医学专业教材。尽管围绕中西医结合专业培养模式、在中医基础课程内容设置方面中医专业和中西医结合专业是否应该有所区别等问题上目前还存在不同的认识，但中西医结合专业与中医学专业在人才培养目标上是有所不同的，因此，教材内容设计时充分考虑与专业目标的适配性则是必要的。同时教材作为学科知识的主要载体，不仅要体现出学科固有属性及其体系特征，还应该具有反映学科不断发展的适时性特色。

中西医结合医学发展的目标定位是互融中、西两门医学优势，并逐渐形成其互融统一的新医学体系。中西医结合专业的培养目标中不仅要求学生掌握两门医学的基础理论、知识和技能，还应该初步掌握融合两门医学发展的思维及方法。

方剂学是研究和阐明方剂制方原理及其临床运用规律的一门学科。随着现代科学技术的发展，特别是包括西医在内的现代多学科的渗入和中西医结合医学的兴起，方剂学学科内涵已发生了重大变化，传统的据法释方与辨证用方的学科模式正开始向实验探索与病证结合用方及复方新药研发的方向发展；学科在呈现理论方剂学、实验方剂学、临床方剂学分支的同时，又表现出其彼此之间相互渗透融合的发展趋势。运用现代科学技术研究和阐明方剂的基本理论及应用规律不仅成为中西医结合研究的重要领域之一，也是现代方剂学的重要组成部分。

根据中西医结合学科和方剂学学科的特点与发展现状，同时汲取"激活知识、导向创新"等现代课程理念和教学改革的经验，本教材编写中试图在保证方剂学课程性质及其知识系统性的同时，充分考虑中西医结合专业的特点，即突出方剂学基本原理及其运用规律，展示学科发展的新动向及新成果，探索传统经验与现代研究之间的内在联系。希望学生通过方剂学课程的系统学习，在初步掌握方剂学的基本理论、知识和技能的同时，熟悉现代方剂学的发展内容，了解方剂学与相关学科、古代制方与现代创方之间的贯通，特别是在病证关系中把握药－方－效－用的内在逻辑，获得一定的专业涵养，为今后在中西医结合临床和方剂研究方面打下基础。

本教材分为上篇、中篇、下篇三个部分。上篇介绍了方剂学学科基本概念、核心理论及技术要点等，阐述方剂学的学术特征及其内涵，为学习中篇和下篇提供基础。中篇参照现行以治法为主要分类依据的20类方剂，系统介绍了各类方剂的制方理论、运用知识及其现代研究内容，其中重点论述各类代表方或基础方的制方原理、组方技巧及其运用要点。下篇侧重从思路方法的角度，介绍中医及中西医结合临床选用成方和创制新方的技术与经验，为学生在基础与临床之间提供心智上的衔接；同时还选收了部分近、现代医家的临床验案，为方剂学理的古今贯通提供某种启示，并为今后中西医结合临床遣药组方提供参考。附录包括古今药量参考、方剂歌诀及方名索引。

考虑到时代所需的多元价值以及为学生提供必要的指导、思考与探索的"空间",本教材在提供扎实基础知识与技能的基础上,还试图为学生提供本学科正在解决或尚未解决或尚未定论的一些东西,如上篇中的"方证相关"、"因病 – 因证 – 因症组方"、"影响方剂疗效的因素";中篇中各章方剂概述中有关治法的现代内涵、具体方剂药理研究结果的临床意义、部分思考题;下篇中的病证结合选方与组方思路、验案后所附的思考题等内容。希望教学中通过教师的有关引导,能激发学生探究动机,培养学生的创新思维,实现由继承性向创新性学习过渡。

本教材中的第一章绪论由谢鸣和樊巧玲编写;第二章方剂与辨证论治、第八章解表剂、第二十八章成方选用与遣药组方、第二十九章临床方药运用案例选读由谢鸣编写;第三章方剂的分类由闫润红编写;第四章方剂的制方理论由樊巧玲和贺又舜编写;第五章剂型与用法、第十三章补益剂、第二十五章驱虫剂由樊巧玲编写;第六章影响方剂疗效的因素和第七章临床处方的规范、第二十六章涌吐剂由贺又舜编写;第九章泻下剂由章健编写;第十章温里剂由王付编写;第十一章清热剂由闫润红和周爱民编写;第十二章和解剂由周海虹和周永学编写;第十四章固涩剂由王蕾编写;第十五章安神剂由范颖编写;第十六章开窍剂由杨力强编写;第十七章理气剂由王迪编写;第十八章活血祛瘀剂由王均宁编写;第十九章止血剂由丁舸编写;第二十章治燥剂由秦竹编写;第二十一章治风剂由倪诚编写;第二十二章祛湿剂由阮时宝和陈龙全编写;第二十三章祛痰剂由冯泳编写;第二十四章消导化积剂由王全编写;第二十七章治痈剂由陈德兴编写。梁琦和李江参与了附篇部分的编写及全书统稿工作。

中国中西医结合学会会长、著名中西医结合专家陈可冀院士对本教材的编写十分关注并提出宝贵意见,在此特别致谢。

全国高等医药院校中西医结合专业《方剂学》教材的编写实属首次,无论是在教材的编写理念,还是在其构架及内容设计方面均具有一定的探索性。由于编者的水平所限,教材中肯定会存在不足或有待完善之处,殷切希望使用该教材的老师和同学们提出宝贵意见。

谢鸣
2008 年 12 月

目 录

上 篇 总 论

中 篇　各 论

下 篇　临床应用

附 录

上篇　总　论

第一章

绪　论

第一节　方剂与方剂学的概念

方剂（Formula），是中医在辨证立法的基础上，按照组方原则，通过选择合适药物、酌定适当剂量、规定适宜剂型及用法等一系列过程而拟定的治疗处方。方剂是中医运用中药防治疾病的主要形式，是中医理、法、方、药体系中的重要组成部分。

方剂又称"医方"、"药方"，俗称"方子"。方，有法、术之意。《隋书·经籍志》："医方者，所以除疾疢，保性命之术也。"剂，古作齐，指调和。《汉书·艺文志》："调百药齐和之所宜。"早期的方剂含有医方、医术、调剂等义。

方剂最初可能是临床医家有效案例的直接记载。人们在长期临床实践中，通过反复验证，不断完善，逐渐认识到某些药味的配合使用与某些病证有着固定的疗效关系，这些有着特定适应病证的有效配方即是方剂，又被称为"成方"。历代医家创制的大量成方是中医临床防治疾病的有效工具。

方剂既不是随症药味的简单相加，也不是某类药物的简单组合，而是在中医治法理论指导下，针对证候病机选药配伍而组成的一个新的有机整体。方内药物之间存在着复杂的相互关系，方剂功效是其作用于机体产生的综合效应。药物通常具有效毒二重性，而一首合格的方剂应是安全有效的。临证处方中权衡治疗得失，优化药物配伍，以寻求机体最佳平衡状态，充分体现了中医以人为本、以病为标的防治原则。

方剂学（Formulaology），是研究和阐明方剂制方原理及其临床运用规律的一门学科，方剂学的基本理论和知识是中医理论指导下运用中药防治疾病的经验总结。

中医方剂浩如烟海。据不完全统计，截至清末中医古方达到 40 万首，其中有方名的超过 10 万首。但方剂的理论一直散见于历代医著中，经过历代医家从不同方面对其进行整理，直到 20 世纪 50 年代，方剂理论才得以初步系统化，方剂由此逐渐从中医药学中分化出来而成为一门独立的学科。

从历史上看，中医不同流派的学术经验大多体现在其所创立的方剂之中，反映了制方者在特定知识背景下，结合临床实际对既有理论和经验的某种发挥和创新。方剂，源于不同的医学流派，出自历代不同医家之手，体现了不同制方者的学术风格及独特的诊疗经验。因此，每首方剂都凝结着名家前贤的学术精华，数十万计的方剂则汇聚成了中医药理论与学术经验的巨大宝库。

从形式上看，方剂只是一些药名、药量的直接记录，或者说只是临床药物治疗的一种处方形式，但其内涵却非常丰富。因为方剂不仅是临床辨证论治经验的产物，也是中医理论思维的产物。方剂中蕴涵有丰富的关于中医辨证论治的理论和经验，前人传留下的大量方剂则是这些理论和经验的信息载体。所以，对历代方剂进行系统深入研究有助于完善中医辨证论治的理论体系。

第二节　方剂学的发展简史

方剂的起源　方剂的历史相当悠久。早在原始社会时期，我们的祖先在同自然环境以及自身疾病作斗争的过程中，逐渐认识到一些药物能够治疗某些疾病，相关文字记载最早可溯至上古时代的神农。《淮南子·修务训》说："古者……时多疾病毒伤之害，于是神农乃始教民播种五谷……尝百草之滋味，水泉之甘苦，令民知所避就。当此之时，一日而遇七十毒。"这是有关先民有意识认识药物的最早文献记载。如果把单味药的运用看作单方治疗疾病的实践，那么这也可以视为最早记载医方起源的文献，正如宋代《重修政和经史证类备用本草·嘉祐补注总叙》所说："《淮南子》神农尝百草之滋味，一日而遇七十毒，由是医方兴焉。"人们通过长期实践探索与医疗经验积累，逐渐发现将数味药配合使用常可收到更好的疗效，于是复方开始应用于医疗实践。复方最早出现的年代目前尚难确定，但至迟约在奴隶社会的夏商时代。《史记·殷本纪》有"伊尹以滋味说汤"的记载，晋初皇甫谧《甲乙经·序》亦称："伊尹（为商汤的厨师，后任宰相）以亚圣之才撰用《神农本草》，以为汤液。"这是最早有关"伊尹创制汤液"的记载，同时也表明汤剂应用与饮食烹饪的实践密切相关。由单方过渡到复方，是方剂学发展史上的第一次飞跃。1973年湖南长沙马王堆三号汉墓出土的帛书《五十二病方》约成书于战国时期，是我国现存最古老的一部医方著作，书中载方280余首，由两味以上药物组成者近二分之一。虽然其组方药味简单，使用剂量粗略，亦无方名，但剂型已有汤、丸、散、膏之分，外治方又有敷、熨、浴、熏等不同用法，并记录了随证加减、汤剂煎煮、服药时间、禁忌及药后将息等内容，反映了先秦时期复方的应用已经较为广泛。

理论与临床奠基　作为我国现存最早医学典籍的《黄帝内经》成书年代略晚于《五十二病方》，书中所载的13首方剂虽然仍较古朴，单方亦近其半，但书中所总结的有关辨证立法、组方结构、配伍方法、用药宜忌、方制大小等理论，为方剂学的形成与发展初步奠定了理论基础。复方的应用在汉代已经非常普遍，如东汉早期的《治百病方》记载的36首方剂，几乎全部是复方，制方水平也有了较大的提高。东汉末期张仲景著《伤寒杂病论》，创造性地融理、法、方、药于一体，被后世尊为"方书之祖"，全书共载方314首，大多配伍严谨，疗效卓著，示以规矩，教以权变，对方剂学的发展产生了深远的影响。前人在方剂运用的实践中发现，一些组成不同的方剂可以表现出类似的功效或主治病证。随着经验的积累，逐渐总结出关于方剂功效的规律性认识，治法理论也由此应运而生。《内经》中曾有一些关于治法的论述，至张仲景《伤寒杂病论》始将治法理论与用方实践紧密结合，证、法、方、药层次井然，所谓"仲景用方惟在用法，乃法在方之先，方又在法之后，而方法相合，如鼓之应桴也"（《医学阶梯》），从辨证立法的高度认识方剂并指导方剂的运用进而总结归纳形成治法理论，为方剂理论体系的建立奠定了重要的逻辑基础。所以，由经验积累发展到在治法理论指导下的方剂运用，可以说是方剂学发展史上的第二次飞跃。

方书涌现与发展　随着中医对疾病认识的发展和方剂的广泛应用，方剂的数量急剧增多，记载医方的书籍大量涌现，据其内容大致可分为三类。一是综合性大型方书：如唐代孙思邈著《备急千金要方》与《千金翼方》，其载方 7500 余首，集唐以前方剂之大成；王焘编《外台秘要》，收方 6000 余首，所选医方均注明出处，并收录了一些现已亡佚的医籍如《深师》、《集验》、《小品方》中的医方，使其得以传世。宋代著名的方书有《太平圣惠方》和《圣济总录》，前者载方 16834 首，后者近 2 万，是对方剂文献的又一次总结。明代朱橚等编纂《普济方》，载方 61739 首，内容丰富，编次详尽，几乎将 15 世纪以前的方剂收罗殆尽，是古代最大的一部方书。据不完全统计，截止到清末，各类中医药文献中所记载的中医方剂，其总数已达 40 万首。二是注重临床实用的由博返约之作：如晋代葛洪收集价廉、易得、有效的民间单方、验方，编成《肘后备急方》，以备临床急症之用。宋代官药局筛选各地名医验方编成《太平惠民和剂局方》，颁行全国，并作为修制成药的依据。该书初刊时载方 297 首，后经多次重修，增补到 788 首，是我国历史上第一部由政府编制的成药典。此外，宋代的《济生方》（严用和）、《三因极一病证方论》（陈无择）、《普济本事方》（许叔微）等，明代的《证治准绳》（王肯堂）、《摄生众妙方》（张时彻）、《景岳全书》（张介宾）等，均为实践经验的总结，对后世方剂学的发展有较大的影响。三是日益增多的临床专科方书：较为著名的有《鬼遗方》（晋·刘涓子）、《仙授理伤续断秘方》（唐·蔺道人）、《外科正宗》（明·陈实功）、《外科全生集》（清·王洪绪）等外伤科方书；《妇人大全良方》（宋·陈自明）、《傅青主女科》（清·傅山）等妇科方书；《小儿药证直诀》（宋·钱乙）、《幼幼新书》（宋·刘昉）等儿科方书；《口齿类要》（明·薛己）、《审视瑶函》（明·傅仁宇）、《重楼玉钥》（清·郑梅涧）等五官科方书。这些专科方书反映了临床诊疗水平的进步，促进了临床各科的发展。

方论与治法创新　宋以前医学典籍中所收载的方剂一般仅列主治证候、药物组成、制剂用法、加减变化、使用宜忌等，而对于方剂用药之理、配伍之道却鲜有专论。金·成无己在《伤寒明理论·药方论》中，首次运用《内经》君臣佐使的组方理论对《伤寒论》中 20 首方剂的配伍作用进行了分析，以阐明仲景辨证立方之旨，加减变化之义。其开方论之先河，标志着对方剂的认识开始从经验上升为理论。方论的出现不仅促使方剂学从临床各科中分化出来，而且成为阐述制方学理的重要方法，可谓方剂学发展史上的第三次飞跃。自此，方论著作大量涌现，如元代赵以德的《金匮方论衍义》、明代许宏的《金镜内台方义》、吴昆的《医方考》、清代罗美的《古今名医方论》、汪昂的《医方集解》、王子接的《绛雪园古方选注》等。这些著作从不同角度对临床常用方剂的证治机理、组方原理、加减宜忌等进行了较为深入的阐发，不仅启迪后学领悟制方真谛，正确运用方剂，而且促进了方剂学理论体系的不断完善。历史上金元时期的学术争鸣所形成的不同流派与创新思维，也极大地促进了治法理论的发展。如刘完素著《宣明论方》，阐述寒凉清热之法；张从正著《儒门事亲》，详论攻下袪邪之法；李杲著《脾胃论》，辨析补益脾胃之法；朱震亨著《丹溪心法》，主张滋阴降火之法等等。清代温病学派针对温热病的病机特点，在清热滋阴诸法的运用方面卓有建树。治法理论的发展与方剂应用的实践密切相连，相辅相成，相互促进，为后世以治法为主线构建方剂学理论框架提供了坚实基础。

衷中与参西探索　迨及晚清，列强环伺，西学东渐。在西方医学的冲击下，中医学的统治地位日渐动摇。民国成立前后，中医界提出了"科学化"口号以期变革图新，并在制方理论与方剂应用方面展开了中西汇通的尝试与探索。如张锡纯《医学衷中参西录》中以"石膏阿司匹林汤"治疗关节肿痛而挟有实热者，用镇肝息风汤治疗"脑充血"，创制建瓴汤以预防"脑充血"，意在将西医诊断及药物引入中医临床实践。陆渊雷在《伤寒论今释》中明确提出要"取古书之事实，释之以科学之理解"，尝试以药理学方法诠释方剂的作用原理。如其对调胃承气汤之方义论述："大黄系植物性下剂，其作用为刺激肠黏膜，使肠蠕动亢进，且制止结肠首端之逆蠕动。芒硝为硫酸钠之含水结晶体，系盐类下剂，内服之后绝难吸收，故无刺激作用，不过在消化器内保有其溶解本药之水分，勿令吸收，能保持小肠内容物之液体状形态直至直肠，粪便即成溏薄。加以甘草以治急迫，故能治便秘便难，涤除食毒。"近代还有叶橘泉的《近世内科国药处方集》、丁福保的《中西医方汇通》等等，均体现了对传统方剂配伍研究思路与方法的探索与变革，成为现代中西医结合研究的先驱。

方剂的现代研究　新中国成立以来，方剂学随着中医药事业的振兴而得到迅速发展，尤其是近20年来，方剂学的研究取得了令人瞩目的成就。在文献整理方面，大批古籍方书经点校或重印而广为人知，大量散在于古代医案中的用方心法得以挖掘、历代中医药著作中的方剂经较为全面的梳理研究而荟萃成书，载方近10万首的《中医方剂大辞典》是其中突出的代表。对我国档案史料中保存最为完整的清代宫廷医案进行系统整理研究所完成的《清宫医案研究》，是从宫廷医学中发掘辨证处方用药规律的重要成果。近年来，以计算机和信息分析技术为工具，建立历代方剂数据库并在此基础上进行数据发掘以促进发现方剂新知识，有关研究成果显示了这一领域的重要前景。在教学研究方面，随着中医药高等教育的建立，先后编写出版了各种面向不同层次的《方剂学》教材与专著，促进方剂学的概念与理论不断系统化与规范化，为培养中医药高级人才发挥了积极的作用。在临床应用方面，系统地观察与验证了一批古代名方的临床疗效，发现了一些古方的临床新用途，如生脉散防治心血管系统疾病、阳和汤治疗呼吸系统疾病、六神丸治疗白血病等；创制了许多确有效验的新方，如痰饮丸、清胰汤、二仙汤等。尤其需要指出的是，随着现代科学技术大量引入，特别是中西医结合医学的参与，大大推进了方剂实验研究的发展，由生物学、生物化学、病理学、药理学、免疫学、化学、数学等多学科密切配合，在阐明方剂的药效、作用机理、配伍剂量以及物质基础等方面取得了诸多成果。方剂还是新药创制的重要来源之一，通过化裁、精简、筛选古方，或改革传统剂型而研制新药已成为目前中药复方新药开发的主要途径。方剂学的现代研究迄今虽只有50多年的时间，相对于方剂发展数千年的悠久历史非常短暂，然而所取得的成果却十分丰硕。随着越来越多的科技工作者加入到方剂学研究队伍中来，随着学科理论的不断深化创新和现代多学科技术方法的介入，方剂学已成为中医现代化研究最为活跃的领域之一，正孕育着在"药-方-效-证"现代内涵等某些前沿领域取得重大突破。方剂学的现代研究不仅对中医药学术发展与现代化进程产生重要影响，也将对中西医结合医学的发展产生积极的促进作用，对人类健康做出应有的贡献。

第三节　方剂学与其他学科的关系

方剂学在中医学中既是具有内容独立、理论相对完整的一门分支学科，同时又与中医基础和临床各科有着广泛而密切的联系。方剂学，作为一门学科，不仅涵盖了历代医家的学术思想和中医防治疾病的各种治法和方剂，同时也整合了古今医家在方剂理论和运用研究方面的大量成果，反映了学科知识在历史与逻辑、理论与经验方面的统一；作为一门课程，其融合了中医基础理论、中医诊断学、中药学以及临床各科知识，充分体现了中医辨证论治的丰富内容，对临床遣药组方具有重要的指导作用。不仅如此，方剂学还以其独特的学科功能，在沟通多个学科联系和促进多学科发展中发挥桥梁作用。

一、联系基础与临床

方剂学不仅是中医理论的重要组成部分，也是临床各科的基础学科之一。首先，方剂是临床辨证论治的产物，方剂学理论是在整理总结临床经验的基础上形成发展而来的；临床各科疾病的治疗虽然各有特点，但均离不开辨证论治，离不开方药的运用。方剂学中贯穿中医理法方药的知识是临床各科辨证处方的基础。其次，方剂学以中医基础理论为基础，如方剂学中对方证的分析离不开中医基础理论中的病机学说，治法的确立和实施与中医基础理论中的治则治法理论紧密关联，组方配伍中"气血并治"、"脏腑隔治"、"阴阳互求"等内容，直接源于中医基础中的气血、脏腑、阴阳相关等理论；而方剂学的学术发展也进一步丰富了中医基础理论，如对类方组方配伍的研究不仅直接丰富了治法内容，同时还促进了对类证病机的认识，对方剂功效现代药理作用的研究有助于对方证内涵的理解。再次，方剂学与中医基础理论、中医诊断学、临床中药学共同构成中医学知识体系的基础部分，其中方剂学在中医辨证论治的平台上，融合了其他各基础学科的知识，集中体现了中医药理论具体运用于临床实践的思路、方法和技巧。所以，方剂学具有基础和临床的双重属性，是沟通临床与基础的桥梁学科。

二、沟通中医与中药

医理和药理紧密结合运用于临床防治疾病的实践是中医学一个显著的学术特征，方剂学则集中实现了中医理论和中药理论的高度统一。首先，以临床运用为目标的中药学侧重研究单味药物的药性、药理作用及运用，方剂学则是研究针对特定病证选用多味药物的配伍运用规律，但方剂的组成及其变化运用是以中医学理和中药药理为依据的。临证组方，不仅需运用中药的药性及"七情合和"的配伍理论，还需运用诸如脏腑"阴阳盛衰"，气血"盈虚通滞"，邪正"虚实消长"等中医病机和"治病求本"、"因异制宜"、"调和阴阳"、"宣通气血"、"补虚泻实"等治则、治法理论。组方既是根据病证病机（因性位势）对中药性能的选择运用，也是实现中医病机理论与药性理论相互对应的思维过程。方剂学是运用中医学理论与中药学理论落实于防病疗疾的一个平台，正是这个平台才使中医医理与中药药理得以贯通统一。再者，从历史上方剂与中药发展的关系来看，一方面"方以药成"，新药及其新功效的发现促进了方剂的大量涌现；另一方面"方促药用"，中药在方中的运用拓展了对中药效用及其运用规律的全面认识，方药之间的这种密切互动在促进人们认识方药规律的同时，也大大促进了医理与药理的融合。因此，不仅没有离开了中医理论的中药，也没有离开中药理论的中医，方剂是中医理论指导下的中药运用的重要形式。正是因为方剂中蕴涵了医理与药理的统一，因此方剂成为中医药现代研究的热点领域，通过对方剂配伍及效用原理等关键问题的揭示有助于对中医学理和中药药理的深入认识。目前正在开展的方证相关原理研究将会对中医辨证论治的科学内涵提供重要启示，而中西医结合医学中病证结合的组方模式也会对推进中医药理论的创新发展发挥重要作用。

三、与现代多学科互渗

相对侧重于病因治疗的现代医学来说，中医以辨证论治为基本内容的整体调节观具有其独特的学术价值。方剂是具体实现中医辨证论治的载体，不仅是中医临床的重要工具，而且在治疗现代诸多疑难杂病中同样显示出很好的疗效，充分体现出中医药治疗的特色与优势。方剂以其多味药、复杂成分以及包括剂型和用法在内的多种控变因素作用于人体复杂系统，发挥对生命活动的调节效应。在方剂临床疗效的背后可能蕴涵有独特的生命调控机制，值得我们去发现和认识。目前，由化学、药理、制剂、计算机等专业的渗入开始形成的复方化学、复方药理、复方制剂及方剂信息等研究领域，大大丰富了现代方剂学的内容，促进了学科的分化，使学科在内涵和功能上发生重要改变。随着方剂学科的发展，特别是包括生命科学在内的现代多学科对方剂学的渗透，方剂正成为中医药现代研究的前沿领域。依据中医方证相关原理，从方剂药味、组分及成分，从方剂作用对象的整体、器官、组织、细胞及分子等不同水平上探索方剂效用、物质基础以及作用机理，预示从现代意义上阐明中医药治疗原理成为可能，不仅将拓宽现代生命科学研究的领域，而且也将加快中医药现代化的进程。

综合上述，方剂学是一门联系中医基础和临床，沟通中医和中药，衔接传统中医和现代生命科学的综合学科。

第四节　方剂学的研究范围

方剂是理法方药中的重要组成部分。但在具体的辨证论治过程中，证-法-方-药几个部分又是密切联系和环环相扣的，即"法随证立，方从法出，方以药成"。由于方剂针对特定病证而设立，特定病证要求有特定治法，体现特定治法的具体方剂涉及诸如药味、药量、配伍、剂型、用法等多方面内容，方剂的功效是方剂诸多要素作用于具体病证的综合效用。因此方剂学的基本任务是阐明方剂与病证、治法之间的关系，揭示构成方剂的诸要素与功效、主治之间的关系。

　　教科书中收载的方剂虽然只是中医方剂学中的一小部分，但都是历代著名医家的代表方，其中多数方剂以其严谨的组方法度、精当的配伍及确切的临床疗效，被誉为方剂学中的经典。经典方剂不仅作为中医防治疾病的有效工具及临床的基本用方，而且作为辨证论治指导下中药运用的一种模式，其蕴涵的治法理论、组方思路、配伍原理以及运用规律等构成方剂学的核心内容。

　　制方原理（Principle for Creating Formula），指依据病证病机确立治法、组方思路、方剂配伍以及服用方法等方面的理论；配伍原理（Principle of Compatibility），指方中药物配伍及其功效与主治病证病机相关的原理；方剂运用（Application of Formula），主要指方剂的适应范围、使用要点、加减变化及剂型选择的规律。研究和阐明著名方剂的组方思路、配伍原理及运用规律对提高中医学术和临床水平具有重要意义。历代医家从方名解释、方源探流、方证比较、配伍特点、运用宜忌等不同角度研究方剂所形成的理论即方论，是方剂学科理论的基础。

　　现代药理、化学、制剂及生命科学等多学科的渗透促进了方剂学的发展。运用实验研究的手段，从实证的角度认识方剂效用与方内药物之间的配伍关系，阐明方剂效用的物质基础和作用机理，发现方剂的潜在功效和新用途以及改进传统剂型，研发复方新药等，正成为方剂学现代研究的重要领域。

　　随着时代的发展，方剂学已经由最初以临床经验为依据，对古方进行分类、对组方配伍予以说理、对方剂运用侧重于经验指导的、以文献整理归纳为主要方法的释理性传统学科模式，逐渐转向以中医药学理论为基础，以计算机和实验方法为重要研究手段、以揭示中医古今方剂功效的现代内涵、探索方剂配伍与运用规律及创制高效新方为主要目标的现代方剂学学科模式。

第五节　方剂学的研究方法

　　科学方法是人们在认识自然、改造自然的社会实践中形成和发展起来的。任何学科都有其特有的认识事物和解释事物的方法，认识事物是获取科学理论的经验事实的途径，解释事物则是反映经验事实的科学理论的构成基础。方剂学的研究方法，是以中医学术为基础，以科学方法论为指导，以方剂为主要研究对象，旨在总结学科知识、揭示学科原理、发现学科技术的方法。方剂学研究方法是在传统中医临床观察和思辨方法的基础上，引入和汲取现代科学方法发展起来的，体现了中医学整体－系统－辩证的基本思想及其与现代自然科学方法的结合、方剂学科理论与现代多学科技术手段的结合。根据方剂学发展的规律，方剂学研究方法主要有：以临床观察为基础的临床试验方法、以实验为主要手段的实验研究方法、以文献为主要研究对象的文献整理方法和以理论探索为目标的逻辑思辨方法等。

一、临床试验

任何防治疾病的药物最终都必须经过人体上真正的试验，其有效性和安全性才能得以证实。中医有效方药与西药的发现有所不同，近代西药是在先通过包括药化、药效和毒理等实验研究后，再进入临床研究得以确认的，而中医复方则多是直接来源于临床的观察和经验。

中医方剂的临床试验，主要是指以人（包括患者或健康者）作为受试对象，在一定的条件下，考察和评价方剂对特定病证防治的有效性和安全性的过程。中医方剂有着丰富的临床试验基础。有关方药疗效的临床试验早在古代就有记载。历史上神农尝百草，是中药源于临床实践的最早证据。从历代方书的编撰记述来看，被记载流传下来的历代成方，大多是经过制方者本人临床最初试用或经过其他医家多次复验的有效方剂，如《苏沈良方》必"目睹其验，始著于篇，闻不予也"。《济生方》谓其方"乃平日所尝试验者"。《太平惠民和剂局方》中所收方剂，是先由太医局在民间广泛征求临床试效验方，并经太医局进一步验证有效后，才被选收。《本草纲目》中许多有关方药的附例、《经方实验录》以及历代医家验案等都是临床运用前人验方获得效验的真实记录。

方剂临床试验最早是传统个体治疗意义上的病例观察，内容多以疗效为中心，涉及方剂加减运用、剂型及用法等方面的经验探索，并以临床个案报道为主要形式，在方剂临床经验积累方面发挥重要作用。随着时代的发展，人们开始认识到许多成方虽源于临床，确有一定的临床经验基础，但尚缺乏现代科学试验方法的论证，一些方剂的配伍、剂型、剂量、用法尚不完善，有些方剂的药效、毒副反应尚待进一步确认，因此方剂的临床研究显得尤为重要。鉴于中医自身的学术特点，方剂内存在复杂组分及其相互作用的关系，运用目前技术手段，深入开展方剂的药学、药理和毒理研究仍有一定的困难，因此建立符合中医特点的临床疗效评价指标体系，围绕方剂配伍、剂型、使用方法等科学问题，开展方剂临床研究对推动方剂学术发展有着特殊地位。

现代中医临床的发展，特别是中药新药的研究，正在促成一门新的方剂学科分支——临床方剂学的兴起。临床方剂学是以现代临床药理学为基础，以中医药理论为指导，引入现代医学理论，在保持和突出中医特色的前提下，辨病与辨证相结合，运用 DME（Design，Measurement，Evaluation）的方法进行临床研究设计，旨在研究中医药及其制剂在人体内的作用规律和人体与方药之间相互作用过程的一门新兴学科。

通过临床观察的科学设计和 EBM（Evidence - based Medicine）方法技术的推行，研究中药复方及其制剂的临床疗效，评价其毒性，确定剂量与药效、毒性的关系，将对其有效及安全性做出客观、准确地科学评价，并指导临床合理、安全、有效地用药。临床方剂学还将围绕方剂疗效的客观确认、药味及其用量配伍的优化、成方加减进退的合理性、剂型和改变给药途径与疗效的关系以及方剂的适应范围等课题进行研究，将对方剂学发展发挥重要的促进作用。

二、文献整理

历代医家在医疗实践中总结出来的方剂理论和经验，主要是以各种医学文献的形式得以流传下来。历代方书和医籍，是方剂学重要的信息资源。方剂的文献整理主要是通过全面系统整理散在于历代医学文献中的方剂和辨证论治理论，分门别类，总结分析。这对了解方剂学术体系的全貌和方剂的具体内容、完善治法与方剂的理论以及合理利用与开发方剂信息资源具有重要意义。

文献整理研究中，对历代医籍中散见的方剂进行搜集整理，编集具有资源库功能的方剂辞典，不仅使中医方剂得到系统保存，也为进一步深入研究方剂提供第一手资料。通过方剂考证，弄清源流，有助于对方剂演变规律的认识。结合学术源流，在整理不同医家学术思想的基础上，总结其组方遣药经验，有助于丰富中医治法与组方理论。对历代医家方论的收集整理，呈现不同角度有关中医方剂的制方理论，为学习和研究方剂组方理论提供参考。现代运用统计方法对大样本医案或医方中的药味出现频率、配伍现象、剂型与用法变化、主治范围等进行分析，发现方中药对／药组／药团与病／证／症的关联配伍，剂量、剂型、用法与病证的关系，为方剂文献研究开辟了新的途径。新近开展的运用大容量信息处理技术，建立方剂信息库，并在此基础上，从不同角度对方剂信息及其内在联系进行深入分析，使发现方剂新知识和促进方剂理论的系统化成为可能。目前，由多学科参与的通过总结方剂传统使用经验和现代研究成果，利用多种数据分析系统，建立统一规范的方剂化学成分、药理作用、毒副作用等复方研究数据库正在建立中。

三、逻辑分析

逻辑分析的方法是方剂学中常用的研究方法之一，在方剂理论创新中有着特殊地位。这里主要介绍分析与归纳、演绎与发挥在方剂学中的运用。

从浩如烟海的方剂中区别其类属关系的方剂分类，认识同类方剂在药物配伍方面的共性或规律，长期以来一直是方剂学发展中的重要学术问题。归纳方法是研究该问题常用的方法之一。如《景岳全书》中有关方剂的"八阵"归类、《医方集解》中"二十二类"方剂划分法、《医学心悟》中以"八法"统方等均是在方剂的多种属性分析中，侧重从方药组成，或功效、主治等不同方面，提出其共同属性作为方剂分类的逻辑依据。现代研究中，从配伍用药和主治病证的主要病机环节角度，通过对一定数量同类方剂的药味配伍分析，概括归纳出该类方剂组方配伍规律及其类属关系；教学中从主治、组成配伍、功效等方面进行综合比较分析，获得相关或疑似方剂间异同的方剂辨识等方法都采用了逻辑归纳法。需要指出的是，方剂研究中所采用的归纳多属于不完全归纳法，这种建立在对有限数量方剂归纳基础上的结论，只是一种或然性的推论，其可靠性还需进一步由实践加以检验。随着计算机技术的发展，大容量和高效率的信息智能化处理能力将使对方剂复杂信息的逻辑分析成为可能，其中模糊聚类分析为方剂类属结构的判别提供了一个非常有用的工具。

演绎指由一般向个别的推理过程，发挥是将某一理论加以扩展和详细阐述。演绎与发挥也是方剂研究的常用方法，且在学科理论产生和发展中发挥着重要作用。如方剂积累到一定阶段，人们则要求从理论上对组方的原理予以解释，于是就有了对制方及配伍原理给予理论阐述的专门研究，从而成为方剂学中"方论"产生的基础。方论是历代医家依据中医药基本学理或从个人经验视角对成方配伍、剂型选择、服用方法等内容进行理论演绎和发挥的产物，其中以原有的中医药基础理论为背景，将对方证病机的阐述和制方要素的分析结合起来，对著名临床效方的制方原理进行探讨，形成了方剂学中独特的"方解"内容，对方剂理论的形成和发展起到了重要作用。同样需要指出的是，演绎方法本身要求所依据的原始理论可靠，所用逻辑方法得当，论证过程严密，只有这样，通过演绎发挥的理论才能符合实际，经受得住实践的检验。而发挥则多限于个人的经验或视角，其认识结果也有其一定的局限性。因此方剂学中"方论"的说理性虽然可以通过逻辑的方法予以不断修正和完善，但其理论的真实性和科学性则有赖于实践的进一步检验。方论在经受长期临床检验的同时，也在接受现代实验研究的验证。

归纳由特殊到一般，演绎由一般到特殊，两种推理形式在认识过程中相互联系，而且经常结合运用于方剂的研究中。如从著名个方配伍特点的研究开始，进而扩展到同类方剂组方规律的认识；再以同类方剂配伍运用的一般规律为指导，促进对个方特点的认识。方剂理论的研究中，源于方论形式的、以阐述个方制方特色为目标的"方解"一直发挥着核心作用。近年来，源于传统追踪溯源的类方研究思路、以分析归纳同类方剂的组方规律为主要目标的现代类方研究已现端倪，个方与类方两种研究方法正显示出互补统一的趋势。

四、实验研究

方剂的文献整理基本上是继承性的，不能从根本上阐明本质。方剂临床研究直接将方药实施于人体观察其作用后的疗效及特点，比较符合中医自身形成与发展的实践性特点，其研究结果也多具有真实可靠性。但临床研究通常受诸多因素的制约，如损伤性检查、伦理学规则、研究条件的多因素控制等，其全面开展受到一定限制。实验研究具有客观、严密、可控以及数据化等特点，通常可根据研究的目的选择研究对象、研究途径，进行前瞻性设计，严格控制实验条件和排除影响因素，从而能动地获得客观资料。因此，开展有中医学特色的方剂实验研究，对揭示中医方剂的现代科学内涵、指导临床选方用药、开发新的中药制剂、促进方剂理论的更新和发展具有重要意义。

我国古代已有动物实验。如公元5世纪，刘敬权在獐身上致伤后，在伤口处塞药，并重复三次，以试验药物愈伤的功效。公元8世纪，陈藏器以黍米及糯饲小猫，致使"脚屈不能行"，提出脚气病的原因。唐代《本草拾遗》中也有："赤铜屑主折疡，能焊人骨，及六畜有损者，细研酒服，直入骨伤处，六畜死后，取骨视之，犹有焊痕可验"的记载，尽管这些实验直观、朴素，但却是中医药实验研究的先例。

现代科学技术迅速发展，各专业学科互相影响、相互渗透，现代生理学、生物化学、病理生理学、病理形态学、组织化学、细胞化学、放射性同位素、组织培养、电子显微镜以及用于化学成分检测的多种仪器及技术被广泛应用到中医药领域，促进了方剂学实验研究的开展。方剂的实验研究主要包括方剂的药理、毒理、化学及制剂研究等几个方面。方剂药理研究是运用现代药理学实验方法和指标，研究方剂药效与作用机制、特定药效条件下的药物配伍关系，以揭示中医方剂功效的现代内涵和方剂配伍的科学合理性，为指导临床合理用方提供依据。方剂毒理研究引入了现代毒理学研究的方法，通过了解复方的毒性强度、性质、规律及可逆性，以发现方剂可能的潜在毒副作用，对复方安全性做出科学评价，保证临床合理、安全用药。方剂化学研究是在研究方剂体外化学组成的基础上，探索方剂制备和进入体内后的化学组分变化及其与药效之间的关系，在化学水平上认识方剂与机体相互作用的规律，以阐明方剂作用的物质基础，为优化配方、改革剂型、开发新剂型、发现新的有效药物以及提高中成药质量控制水平提供科学依据。方剂的剂型研究是通过对方剂制备工艺考察和新剂型技术的引入，研制适合于中医临床的复方新制剂。

已经开展的围绕方剂配伍学理论进行的基于全方整体药效基础上的拆方研究，不仅为方剂配伍的合理性提供了现代药理学证据，也是整体集成与还原分析相结合的思路在方剂实验研究中的成功实践。由于方剂的功效、主治与现代药学中的作用和适应证不完全相同，中药复方的化学成分、药理作用复杂，方剂临床疗效不是各单味药及其所含化学成分作用的简单相加，而是各种化学成分共同作用于病体特定状态（病证）的综合效应，因此在引入现代医学与药学的研究思路和方法研究中医方剂时必须考虑到中医药的学术特点。以中医药的理论与经验为背景，建立符合中医药特色的中医方剂效用评价体系，建立符合中医"证"或"病"相符或相近的动物模型；引入先进的物化分析和分子生物学技术手段，建立适用于复方成分－生物信息这一复杂系统的研究方法，对于深入开展方剂现代实验研究具有重要意义。

五、多学科研究

作为中医药学中的分支学科，方剂学综合了历代自然科学和哲学成就，是多学科交互渗透的产物。方剂学理论是在中医药理论指导下通过临床观察、经验总结和理论抽象而成，因此方剂学在具有自然科学属性的同时还具有一定的人文属性。特别是方剂的制方要素、方剂所作用的对象病证及其相互作用所构成的方药－病证系统极为复杂，涉及多系统、多层次、多因素、多变量的相互作用关系。方剂学的这些特点需要多学科联手协作，共同参与研究。

例如，运用天文学、气象学、环境生态学、心理学、遗传学的知识和方法，研究影响方剂证治的因素、条件及其相互关系，阐明"三因制宜"的科学内涵；运用物理、化学知识和技术，研究方剂体内外的物理化学过程，认识方剂作用的物质基础，研制高效低毒的复方新药，发展我国的中药产业；运用生命科学的分子生物学知识和方法探讨方－证相关的规律及其生物学基础，揭示复方的生命调节原理；在方剂的体内化学研究中，通过引入多元相关分析的方法，建立复方药代－药效动力学模型，来描述方剂复杂成分与药理作用变化的规律；运用模糊数学的理论和方法对病证－方药进行症征信息－方药组成变化的数学模拟，从"量"的意义上揭示方药对病证的作用规律。

包括系统论、控制论、信息论三论在内的系统科学理论是现代科学技术中最有渗透性的一门综合性边缘学科。随着一般系统科学、信息科学、智能科学等学科的发展，系统科学理论和方法已广泛应用于现代许多学科中。中医方剂学中包含着丰富的系统思想、控制原则和信息内容。近年来，运用系统科学及非线性理论和方法探讨中医处方的行为、方剂的作用原理，提出了许多新的概念。多学科联手协作，将在探索建立中医方证复杂系统模型、在整体调控意义上阐明方剂的多层次、多环节、多靶点的作用机制方面出现突破。

总之，文献整理、临床研究、实验研究、多学科研究是中医方剂学的基本研究方法。这些方法各有特点，相互补充，相互促进，使中医方剂学不断丰富和完善。

第六节　方剂学的学习方法及要求

一、融会贯通基础知识

方剂学以中医病机学、中医诊断学和中药学等知识为基础，以治法理论为依据，并在制方配伍的层面上将相关学科的知识融合在一起。因此，学习方剂学首先要有坚实的中医基础理论、中医诊断学和中药学基础。学习中要注意温习和加强相关学科的基础知识。

二、掌握方剂学理论特点

在中医辨证论治中，证、法、方、药是紧密联系和高度统一的，方剂学最重要的学术特征是方剂所主治的病证（简称方证）病机、依据病机所确立的治法以及体现治法的制方要素三者间紧密相关。其中，方药配伍与方证病机间的高度吻合是学科知识的关键所在。因此，学习中应特别注意，在全面掌握方证病机、理解方中药物间配伍关系的基础上，深刻认识方药配伍与方证病机之间是如何高度吻合的，把握方剂中蕴含的辨证论治思维。其次则是对方剂配伍特点和其临床运用要点的掌握。

三、注意重点内容和基本功训练

方剂组成、功效和主治是方剂的基本内容，熟记组成、理解功效、掌握主治证是本门课程学习的基本要求。应该以基础方和常用方为重点，加强对其制方原理、配伍和运用要点的掌握。基础方是指一些起源较早，组方简洁，临床适应性强，且为后世演化出多方的主干方剂；常用方是由较多药味组成，功效较为确定，针对临床常见病证，且稍作加减即可通治同类病证的一类方剂。方剂歌诀背诵是帮助记忆和加强理解的一种有效手段，初学者应该在理解的基础上熟记方歌。

四、以章（法）为纲，以节（方）为目，纲目联系

上篇总论为方剂学基础，涉及方剂学科中的一些核心问题和基本理论。中篇则以治法为主分类的各章方剂，每章方剂又有进一步的分类，反映出同类治法方剂中的不同层次。下篇主要讨论临证处方的一些背景知识和基础，通过方剂临床运用代表性案例的介绍，提供临证用方配伍的基本原则和技巧。学习中应注意在了解学科整体知识结构的基础上，将同章与跨章内容联系起来学习。运用类比方法，分析相关方剂在辨证、立法、组方配伍等方面的同异，以加深对课程知识的理解。

五、举一反三，拓展提高

在经过方剂的入门学习后，要想达到临床熟巧运用方剂的程度，还需要不断通过实践，

包括亲身临床实践、随师从诊以及研读医案等。教师也可以根据不同的教学对象和目标层次，或结合具体方剂的运用、或从用方的一般思路上，选择临床成功案例，组织案例分析，以进一步提高学生分析问题和解决问题的能力。

第二章 方剂与辨证论治

辨证论治（Treatment Based on Differentiation of Syndrome）是中医在整体观念指导下对疾病进行诊疗的过程，包括辨证和论治两个阶段。其中，辨证包括诊察病情和辨识证候两个过程。前者即医生利用望、闻、问、切四种手段，收集与疾病有关的症状、体征或信息；后者指运用各种辨证方法，通过分析症状和体征，辨别病机和证候类型。论治也包括论和治两个过程，论是根据辨证的结果，确立相应的治疗原则和方法，治是依法处方和予以实施。从药物治疗的角度，辨证论治具体表现为理（辨证）、法、方、药几个环节。在临床实践中，辨证、立法、选方、遣药是几个相互联系、不可分割的环节，即"法随证立，方从法出，方以药成"。临证只有辨证清楚，才能立法无误；只有立法准确，才能选方或组方有据，遣药精当，施方合理；只有方证对应，才能疗效显著。认识方剂与病证、治法和药物的关系对于理解中医辨证论治的内涵和方剂学科的特点具有重要意义。

第一节 方剂与病证

方剂是临床辨证论治的产物，任何一首方剂的产生都是以辨证为依据的，是针对具体病证做出的针对性治疗用药方案。在历代方书中，所收载的方剂有两项内容不可或缺，这就是药物组成和适应病证。而著名成方中的多味药物相互作用产生的整体功效总是与其所主病证的病机相对应的。因此，方剂学中的方剂与病证总是相提并论的。临床上遣药组方应力求配伍用药与病机丝丝入扣，运用成方时则须证同方同，证异方变；理论上对制方原理的阐明总是以方证病机的认识为依据的。因此，方与证如影随形，不可分割。方与证之间的这种类似锁钥对应的关系被称为"方证对应"（Formula Matched with Syndrome）。显然，制方要素与方证病机之间的对应程度，是决定疗效的关键。历代名方之所以疗效卓著，历试不爽，其组方法度能垂范后学，就是因为其方药制服与其所主治的病证之间具有高度的针对性。

"方证对应"是方剂学中一个重要概念，是学习和研究方剂应当遵循的逻辑。既然方剂与病证是不可分割的统一体，因而没有适应病证的中药处方不能被称为中医方剂，而离开原主治病证的成方已经不再是原来意义上的方剂。由于方剂与病证相应，因此学习古方应首先把握方证的病机，才能深刻理解前人制方配伍的精髓；临证运用成方时应充分考虑到目前病证与原方证之间的相关程度，并需随证变化；遣药组方中也只有充分认识当前病证的病机，才能创制出高效的处方。在现实的临床实践中，通常目标上的"方证对应"与结果上的实际疗效之间总是存在一定的距离。由于疗效是判断方与证是否对应的唯一依据，而疗效有高低优劣的区别或程度上的差异，因此实际中的"方证对应"应有一个对应程度大小的问题。一般方证的对应程度愈高，方剂的疗效愈好；反之，方剂的疗效不好，则通常表明方与证的对应程度差。由是，人们将中医方药证治系统中的方剂与病证之间存在的不同程度的对应关系概括为"方证相关"（Formula Related to Syndrome）。"方证相关"作为学科的一个学术命题，不仅蕴涵了中医方剂效用/药理与病证病机/病理间的关联性问题，也蕴涵了方药功效对其所作用的对象病证或机体状态具有依赖性问题。既然方药呈现的效用与受作用的机体状态有关，有效方药所含有的效用物质与机体的生命状态（结构 – 功能）间则存在一定的关联性。研究"方证相关"的科学问题对于深入认识方证对应的规律，揭示中医辨证论治的机理具有重要意义。

第二节　方剂与治法

治法（Therapeutic Method）是指临床辨明证候之后，在治疗原则的指导下，针对病证的病因病机所拟定的治疗方法。治法的形成首先源于对方药作用认识的深化。人们通过对大量药物性能的观察，用药经验的总结归类，进而提炼升华为指导用药的理论，如《神农本草经》中的"疗热以寒药，疗寒以热药"即是后世清法与温法的雏形。古代有关药物和方剂的各种分类以及在此基础上从配伍、功效不同角度抽象出的共性规律则赋予治法以具体内容。如成无己在分析少阳证特征的基础上，根据小柴胡汤中柴胡透邪于外，黄芩清热于里，既不同于太阳病主用麻、桂剂解表散寒，也有异于阳明病主用石膏、知母或黄芩、黄连清泻里热，提出小柴胡汤为和解少阳方的和法理论。又如张景岳的古方、新方"八阵"与程钟龄的统方"八法"，以及汪昂《医方集解》方剂"二十二类"均在认识方剂功效的基础上，促进了治法的分化发展。治法的形成还与人们对病证机理的深入认识有关，病因病机理论的发展促进了治法的发展。最为突出的是金、元时期的学术争鸣，出现了各家争创新论、立新法、制新方的学术局面。如刘河间"主火论"，在辛凉解表、苦寒折热方面别有发挥；张子和倡"气血以通为贵"，在汗吐下三法上有所突破；李东垣持"内伤脾胃，百病由生"论，对补脾升阳法独出心裁；朱丹溪强调"阳常有余，阴常不足"，对滋阴诸法颇有建树。

以上对方药效用和病证病机的探索以及在此基础上两方面内容的互融统一是治法理论形成的基础。所以，治法的形成后于方剂。通常认为，治法是在方剂发展到一定数量的基础上产生的，是从众多方剂和大量临床用方经验中总结出来的带有规律性的认识。从有方到有法，是由实践上升到理论的一次飞跃。而治法一旦形成，则完成了病证与方药之间的衔接，并成为临证运用成方和创制新方的依据。例如：某患者面色无华，四肢无力，少气懒言，不思饮食，大便溏薄，舌淡苔白，脉虚弱无力等。医者通过四诊合参，审证求因，确诊为脾胃气虚证。在拟定健脾益气的治法后，再选用四君子汤（人参、白术、茯苓、甘草）治疗。临证对成方进行加减变化，也是以治法为依据的。治法还对方剂分类具有重要的指导作用，即所谓的"方从法出，以法统方"。历代医家从不同角度提出过各种有关方剂分类的方法，其中以治法为依据的方剂分类方法，将病证类型与方药功效有机结合起来，纲目分明，具有较强的逻辑性，便于学习和掌握。

方剂是治法的具体体现。临证治法虽对选方用药有指导作用，但必须落实到具体方药，治法是通过具体方药及其配伍来体现的。需要指出的是，临床中拟定的治法必须清晰具体，才能发挥其指导作用。例如：针对脾胃虚弱证患者，拟定健脾益气治法后，通过选用人参、白术、茯苓、甘草四味组成方剂。其中人参益气补中为君，白术健脾燥湿为臣，茯苓渗湿健脾为佐，甘草健脾和中调药为佐使，诸药配伍，健脾益气，相得益彰，与所拟治法完全吻合。临证所立治法是否正确得当，在一定程度上也可以通过体现该治法的方剂实施后的疗效加以验证。因此，可以说治法是通过方剂的具体运用来实现的。

综上所述，治法是关于病证病机、方剂功效及中药性能等方面综合概括及抽象出的产物。治法是指导临证运用成方和组创新方以及方剂分类的依据，而方剂是实现治法的具体手段和体现治法内容的载体。随着治法理论的日趋完善，方剂的理论水平和数量必然逐渐提高和增加；同样，由于方剂数量的日益增多，治法理论亦在不断丰富和加深。

附：常用治法

治法的沿革历史悠久，内容也极为丰富。早在《内经》中就记载了有关治法的理论，并为其进一步发展奠定了基础。《内经》首先提出"阳病治阴，阴病治阳"的根本治则。并针对病位、病性、病情提出了"其在皮者，汗而发之"；"其高者，因而越之；其下者，引而竭之；中满者，泻之于内"；"寒者热之，热者寒之"；"实者泻之，虚者补之"；"结者散之"；"逸者行之"；"燥者濡之"；"急者缓之"；"惊者平之"等治法原则。继《内经》之后，历代医家在长期的医疗实践中制定了众多治法，并逐渐形成体系，其内容丰富，能有效地指导临床。其中具有代表性、概括性及系统性的当推程钟龄的"八法"（Eight Therapeutic Methods）。程氏在《医学心悟》卷首中说"论病之原，以内伤、外感四字括之。论病之情，则以寒、热、虚、实、表、里、阴、阳八字统之。而论治病之方，则又以汗、和、下、消、吐、清、温、补八法尽之"。书中以临床的基本病证类型及其病机和辨治经验，较为详细地讨论了八法的方药内容，并在诸法之下附录相关方剂，突出了"以法统方，以方现法"的思路。"八法"以"八纲辨证"为基础，对临床诸多治法具有良好的涵盖性，同时与方药紧密联系，内容挈要而具体，对后世颇有影响，被视为临床常用的治疗大法。

汗法　即通过开泄腠理，宣发肺气，以促进发汗，使邪气随汗而解的一种治疗方法。汗法主要是解除表证的治疗方法。表证一般有表寒、表热两大类型，汗法有辛温、辛凉之别。其中辛温用于风寒表证、凉燥等，以麻黄汤、桂枝汤、杏苏散为代表方；辛凉用于风热表证、温燥等，以桑菊饮、银翘散、桑杏汤为代表方。此外，汗法尚有透邪、祛湿、消肿之功。某些虽非表邪所致，但邪有外出趋向的病证，可用汗法因势利导以治之。如麻疹初起，疹未透发，应用汗法可使疹毒随汗透而发于外，诸证自解。代表方如升麻葛根汤，竹叶柳蒡汤。又如疮疡、痢疾、疟疾初起，多见有表证，此时也可通过发汗，以透达邪毒。汗法具有的发散透邪达毒作用，还可用于如风疹、湿疹、癣类的一些皮肤疾患。汗法具有的祛风散湿和宣肺利水等作用，可用于风湿在表和水肿实证兼有表证者。祛除风湿的代表方有羌活胜湿汤、九味羌活汤、麻杏苡甘汤，宣肺利水消肿的代表方有越婢加术汤等。

吐法 即通过宣壅开郁和涌吐的作用，以祛除停留在咽喉、胸膈、胃脘等部位的痰涎、宿食、毒物的一种治疗方法。《素问·阴阳应象大论》中"其高者，因而越之"是本法最早的理论根据。吐法最适用于有形病邪停滞、发病部位较高，邪气有上越趋势的病证。本法因势利导，具有引导、促使呕吐，以使有形实邪从口迅速排除，以达愈病之目的。代表方有瓜蒂散、盐汤探吐方等。由于吐法能宣壅塞，开郁结，引邪上越，调畅气机，所以在施用吐法时，随着有形之邪的吐出，阳气随之外达，往往并见汗出，且使肌表的外感病邪得解，所谓"吐法之中，汗法存焉"。本法适用于实邪壅塞，病势急剧而体质壮实的患者。吐法虽为祛邪捷径，但究系祛邪外出之法，易损胃气，禁忌较多，且涌吐中多有不适反应，患者不易接受，现今临床已较少使用。如确需使用，应严格掌握适应证，谨慎从事。必要时，还需做好相应的防护救急措施，以防意外之变。

下法 即通过泻下通便，使积聚体内的宿食、燥屎、冷积、瘀血、水饮等有形实邪排出体外的一种治疗方法。《素问·至真要大论》中"其下者，引而竭之"；"中满者，泻之于内"是本法最早的理论根据。下法主要是为里实证而设立的，因病邪有积滞、水饮、瘀血之不同，病性有寒、热之异，人体有强、弱之别，病势有急、缓之殊，所以下法有寒下、温下、润下、逐痰、逐水、逐瘀以及攻补兼施的区别。其中，寒下用于热积便秘以及肠腑积滞之证，代表方有大、小承气汤等；温下主治寒积便秘，代表方有大黄附子汤等；润下用于燥结便秘，代表方有麻子仁丸、济川煎；逐痰用于久积的顽痰老痰证，代表方有礞石滚痰丸；逐水主治水饮壅盛的肿满证，代表方有十枣汤和舟车丸；逐瘀用于下焦蓄血证，代表方有桃核承气汤、下瘀血汤等。值得提出的是，下法在外感温热病和杂病如中风等危重急证的治疗中具有特殊地位，并常与其他治法配合应用，以适应临床上数证相兼的治疗需要。

和法 是通过和解与调和作用，以疏解邪气、调整脏腑功能的一种治疗方法。该法的特点是作用缓和，照顾全面，应用较广泛，适应的证情比较复杂。和法源于主治少阳病证的和解少阳法，以小柴胡汤为代表方。因少阳病的发病部位在半表半里，治疗此证，既要疏半表之邪，又要泄半里之邪，使邪气从表里同时分消，故设和解一法以治之，即《伤寒明理论》中提出的："伤寒在表者，必渍形以为汗；邪气在里者，必荡涤以为利。其于不内不外，半表半里，既非发汗之所宜，又非吐下之所对，是当和解则可矣。小柴胡汤为和解表里之剂也"。由于少阳属胆经，肝胆、脾胃相表里，胆胃肝脾在发病中关系密切，而此类相关病证的病因病机多比较复杂，非纯攻、纯补、纯温、纯清所宜，后世医家在和解少阳法的基础上，发展了针对胆胃不和、肝脾不和、肠胃不和等病证的调和胆胃、调和肝脾、调和胃肠等治法，从而丰富了和法内容。调和胆胃的代表方有蒿芩清胆汤；调和肝脾的代表方有逍遥散、四逆散、痛泻要方；调和胃肠的代表方有半夏泻心汤等。和法不同于汗、吐、下三种治法以专事攻邪为目的，也不同于补法以专补正气为目的，而是以缓和的手段以解除外邪，通过调盈济虚，平亢扶卑以恢复脏腑功能的谐和。

温法 即通过温里、祛寒、回阳、通脉等作用，以消除脏腑经络寒邪的一种治疗方法。《素问·至真要大论》中"寒者热之"、"治寒以热"是本法最早的理论依据。里寒证的发病原因不外乎素体阳虚，寒从中生，或寒邪直中于里，病变部位有脏腑经络之别，温法主要有温中散寒、回阳救逆、温经散寒三类。温中散寒法适用于中焦寒证，代表方有理中丸、吴茱萸汤等。回阳救逆法适用于阳衰阴盛的危重证，代表方有四逆汤、回阳救急汤等。温经散寒法主治寒凝经脉证，代表方有当归四逆汤、黄芪桂枝五物汤等。寒病发生与阳气的关系最为密切，故本法常与补法中的温补阳气法结合使用。临床寒邪太甚而见阴盛格阳或戴阳之变，还应根据"甚者从之"的原则，运用相应的反佐法，以防拒药不纳，甚则残阳暴散的危险。

清法　是指通过清泄气分、透营转气、凉血散血、泻火解毒等作用，以清除体内温热火毒之邪，治疗里热证的一种治疗方法。《素问·至真要大论》中"热者寒之"，"温者清之"，"治热以寒"是本法最早的理论依据。里热证多为外邪入里化热或五志过极化火所致。里热涉及温热病、火毒证、湿热病、暑热证、虚证等多种病证，发病也有气分、营分、血分不同阶段，病位也涉及不同脏腑，因此清法有清热泻火（清气分热）、清营凉血、清热解毒、清脏腑热、清热祛暑、清虚热等多种具体治法。清热泻火法，主要是清解气分热邪，主治气分热盛证，代表方有白虎汤、竹叶石膏汤等；清营凉血法适用于热入营血证，清营代表方有清营汤，凉血散瘀代表方有犀角地黄汤等；清热解毒法适用于火毒壅盛证，代表方为黄连解毒汤、普济消毒饮等；清热祛暑法主治暑热证，代表方有清络饮、清暑益气汤等；清脏腑热适用于各种脏腑火热证，因不同脏腑热证，又有清心、清肺、清肝、清胃、清肠等不同，代表方分别有导赤散、泻白散、龙胆泻肝汤、清胃散、白头翁汤等；清虚热法适用于阴分不足所致虚热证，代表方有青蒿鳖甲汤、清骨散等。

补法　即指通过补益、滋养人体气血阴阳，或加强脏腑功能，主治因气、血、阴、阳不足或脏腑虚弱所引起虚证的一种治疗方法。《素问·三部九候论》中"虚则补之"；"损者益之"，"劳者温之"；以及《素问·阴阳应象大论》中"形不足者，温之以气，精不足者，补之以味"是本法最早的理论依据。由于虚证有气、血、阴、阳不足的偏颇，补法则有补气、补血、补阴、补阳以及气血双补、阴阳并补几类。补气法适用于脾肺气虚证，代表方有四君子汤、参苓白术散、补中益气汤等；补血法主治血虚证，代表方有四物汤、归脾汤、当归补血汤等；补阴法适用于阴虚证，代表方有六味地黄丸、大补阴丸、左归丸、一贯煎、百合固金汤等；补阳法主治阳虚证，代表方有肾气丸、右归丸等；气血双补与阴阳并补法分别适用于气血两虚证与阴阳俱虚证，代表方分别为八珍汤、十全大补汤和地黄饮子、龟鹿二仙胶等。由于"气血相依"、"阴阳互根"，因此，补法中又有"补气生血"和"阳中求阴"、"阴中求阳"等法的运用。根据脏腑虚证类型，补法还有五脏分补法，其中有直接针对某一脏腑的直补法（即正补法），如《难经·十四难》中的"损其肺者，益其气；损气心者，调其营卫；损其脾者，调其饮食，适其寒温；损其肝者，缓其中；损气肾者，益其精"。另有结合脏腑相生理论所采用"虚则补其母"的间补（即隔补）法，如常用的"培土生金"、"滋水涵木"、"补火生土"等法。根据虚证的轻重缓急，补法又有平补法与峻补法，前者作用平和轻缓，适用于病势较缓，病程较长的虚弱证；后者则效强而速，适用于病势较急，病情危重之证。前贤尚有"药补不如食补"等经验，临床实施"药补"时，亦不能忽视"食补"。补法不仅能扶虚助弱，增强脏腑功能，而且可以通过恢复和加强正气，促进机体自疗功能，达到祛邪防病的效果，因而在临证治疗中占有重要位置。

消法 即通过消食导滞和消坚散结等作用，消除体内因气、血、痰、水、虫、食等久积而成的有形之痞结癥块的一种治疗方法。《素问·至真要大论》中"坚者消之"，"结者散之"，"逸者行之"为本法最早的理论依据。本法以渐消缓散为特点，适用于逐渐形成的有形实邪。积滞痞块的形成主因有食积、气滞、血瘀、痰阻、湿聚等不同侧重，该法则有消导食积、消痞化癥、消痰祛湿、行气散滞、活血化瘀、消疳杀虫、消疮散痈等不同内容。

消导食积法有消食导滞的作用，适用于一切食积证，代表方有保和丸、枳实导滞丸等。行气散滞法有疏畅气机的作用，主要用于气滞证，代表方有枳实薤白桂枝汤、厚朴温中汤、柴胡疏肝散、天台乌药散等；活血化瘀法有促进血行、消散瘀血的作用，主治瘀血证，代表方有血府逐瘀汤、补阳还五汤、复元活血汤、温经汤、生化汤等；祛湿法主要是通过化湿、燥湿、利湿以消除体内水湿之邪，用于各种水湿证。代表方有平胃散、藿香正气散、五苓散、实脾散、真武汤等；祛痰法具有排除或消除痰涎的作用，适用于各种痰证，针对痰证中湿痰、寒痰、热痰、燥痰、风痰的不同类型，本法中又有燥湿化痰、温化寒痰、清热化痰、润燥化痰、治风化痰等治法，代表方分别有二陈汤、苓甘五味姜辛汤、清气化痰丸、贝母瓜蒌散、半夏白术天麻汤等；本法还用于痰留经络、肌腠引起的瘰疬、瘿瘤、结节、痰核等证，代表方有消瘰丸、海藻玉壶汤等；消疳杀虫法适用于虫积证，代表方有布袋丸、肥儿丸等；消疮散痈法适用于疮痈肿毒证，代表方有仙方活命饮、五味消毒饮、犀黄丸、阳和汤等。

以上"八法"基本概括了临床常用治法，只是吐法使用较少。八法的内涵极为丰富，每一法中含有不同层次的治法，如和法之下备列和解少阳、调和肝脾、调和肠胃数法，而调和肝脾法中又有疏肝畅脾、抑肝扶脾等法。此外，吐法之中，兼存汗法；补法之中，兼行消法；以及以下为补、以补为消等圆机活法等等。"八法"在实际运用中彼此联系和相互配合，可谓是法中有法。正如《医学心悟》中所说："一法之中，八法备焉，八法之中，百法备焉；病变虽多，而法归于一。"随着临床治法的发展，"八法"已难能概括目前的所有治法，开窍法、固涩法、安神法、息风法等则是从不同角度对经典"八法"内容的丰富。

第三节 方剂与中药

广义上的中药（Chinese Medicine）包括复方在内的所有中药及其运用形式，而一般意义上的方剂也包括了针对特定病证采用的单味中药运用形式。这里讨论由两味或两味药以上组成的方剂与方剂组成的基本单元即单味中药两者之间的关系。

在中医药发展的历史中，中药与方剂之间表现出并存互动的复杂关系。对历史上本草所载中药数量及药性描述和方书中方剂数量及主治运用记载的历史考察表明：一方面，伴随单味药物的出现，相继有相关药物在方剂中的运用，同时方剂的数量成倍增长；另一方面，伴随着方剂数量的增加，单味药的功效也在不断增扩。同时发现，本草中药物功效并非都是来源于其单味药运用的经验，有些功效则与其所选配的方剂功效有关。结果表明，中药的发现是方剂产生的基础，方剂对药物的配伍运用也促进了对中药功效的进一步确定和新认识。

方药配伍运用中，方与药还表现出复杂的离合关系：一方面"方以药成"，中药是方剂的构成基础，单味药性能的了解是临床选药组方的依据，组方遣药即是使单味药的功效在方中得以运用，不少情况下方剂的效用是其所组成药味功效的集合，此时药与方表现为部分与整体的加和关系。另一方面，"方药异同"，所谓"方之既成，能使药各全其性，亦能使药各失其性"。方剂的功效不等于方中药味各自功能的简单相加，而是方内诸多药物综合作用的体现。药物的多种功效在一首方剂中不一定都得到发挥，其单味药的使用禁忌也往往不适宜于复方的形式，药物通过配伍还可能产生出单味药不曾有的新功效等，此时药与方表现为部分与整体的不等关系。从现代科学的角度认识方与药的整体与局部的关系，阐明方与药在效用上的离合规律也是方剂学研究的重要课题。

在中医药学中，中药和方剂在理论上一脉相承，两者有着不可分割的密切关系。虽然历史上的方与药发展也表现了若分若合的往复，如本草与方书的独立、医家与药家的分工、学科中的方剂学与中药学的划分等，但方剂是中医运用中药最重要的形式，是医理与药理的统一。因此，需要注意的是，方与药的学科分化可能掩盖了二者之间某种特殊的内在联系，影响中医药理论对临床选方用药和方药现代研究的指导作用，甚至导致医与药分离，走上"废医存药"的歧途。

第三章
方剂的分类

　　随着临床经验的积累，大量有效方剂的涌现，对众多方剂进行必要的分门别类是学科发展的需要。合理的方剂分类（Classification of Formulae）对于方剂配伍及运用规律的揭示和学科知识的逻辑化都具有重要作用，而方剂的分类水平可在一定程度上反映出学科的理论成熟程度。本章将介绍方剂发展中涉及方剂分类的有关理论和学说、历代医家关于方剂分类的主要方法以及现代方剂分类的基本现状。

第一节　方剂分类的学说

一、"七方"说

　　"七方"（Seven Formulae）之说，源于《内经》，指"大、小、缓、急、奇、偶、重"七类方剂形式。《素问·至真要大论》："君一臣二，制之小也；君一臣三佐五，制之中也；君一臣三佐九，制之大也"。"君一臣二，奇之制也；君二臣四，偶之制也；君二臣三，奇之制也；君二臣六，偶之制也"。"补上治上，制以缓；补下治下，制以急；急则气味厚，缓则气味薄。""奇之不去则偶之，是谓重方"等。这是根据岁运太过与不及、病邪之盛衰、病位之远近、证情之缓急轻重以及方之药味多寡、作用大小等提出的最早关于方剂类属的认识。金元医家成无己在《伤寒明理论·药方论序》中指出："制方之用，大、小、缓、急、奇、偶、复七方是也。"明确指出"七方"的名称，并将《内经》的"重方"改为"复方"，其后历代对于"七方"的含义有各种不同的理解。但大多认为：所谓大方是药味多而用量大，以治病重邪盛，需重剂治疗的方剂；小方是指药味少或用量小，以治病浅邪微，仅需轻剂治疗的方剂；缓方是指药性缓和，气味较薄，以治病势缓慢的方剂；急方是指药性峻猛，气味较厚，以治病重势急的方剂；奇方是指由单数药味组成的方剂；偶方是指由双数药味组成的方剂；复方则是两方或数方合用，用以治疗较为复杂病证的方剂。

　　《内经》中的"七方"并非为方剂分类而设，但可看成是早期对方剂形式的一种认识，反映了前人试图一方面以主治病情如病邪轻重、病位高下、病势缓急、病体强弱作为制方的依据，一方面以方剂的某些要素和形式如药味多少、方剂功效以及方剂交叠运用等来划分方剂。虽然"七方"不能称之为对方剂专门分类的一种方法，迄今也尚未见到按此分类的方书，但"七方"理论中结合方药属性与治证病机两方面来认识方剂的思路是合理的，对后世产生了积极影响。

二、"十剂"说

"十剂"（Ten Kinds of Formulae）最早源于唐代陈藏器对药物功效进行归类所提出的药物"十种"说。《重修政和经义证类本草》卷 1 引《本草拾遗》中说"诸药有宣、通、补、泄、轻、重、涩、滑、燥、湿，此十种者是药之大体"。并于每种之后，举药为例，如"宣可去壅，生姜、橘皮之属是也"。宋·赵佶《圣济经》于每种之后增一"剂"字而成"十剂"，但当时的十剂在含义上仍属于治法的概念。明确提出方剂"十剂"者，当首推金代成无己，其在所著的《伤寒明理论·药方论序》云"制方之体，宣、通、补、泄、轻、重、涩、滑、燥、湿十剂是也"。其后，刘完素在《素问病机气宜保命集》卷上以"十剂者，宣、通、补、泄、轻、重、滑、涩、燥、湿"为标题，对"十剂"详加论述，并提出"方不七，不足以尽方之变；剂不十，不足尽剂之用"。至此，"十剂"之说广为传播，后世言方者多将其作为一种方剂的分类方法。由于"十剂"分类未能尽括临床常用方药，故后人在此基础上不断有所增益，如宋·寇宗奭《本草衍义》在"十剂"外，又增"寒、热"之剂成为"十二剂"，明·缪希雍《神农本草经疏》继增"升、降"二剂而成为"十四剂"。明·徐思鹤《医家全书》又补充了调、和、解、利、寒、温、暑、火、平、夺、安、缓、淡、清等成为"二十四剂"。不过历代方书中，除清·陈修园《时方歌括》按上述寇宗奭十二剂分类外，其余尚不多见。

将药物十剂分类法引入方剂分类，显然是方剂分类史上的一大进步。方以药成，方剂功效不仅以所用药物的功效为基础，而且作为反映整体方剂综合效用的功效也是方剂本身的一个重要属性，以功效为依据进行方剂分类有其合理性。

三、"八阵"说

"七方"以疾病的远近、上下、轻重及其复杂性来认识方剂类型未免过于笼统，而以方药功效为基础的"十剂"分类及其演化出的"十二剂"乃至"二十四剂"，不能完全概括常用方药，或难免失之过繁。所谓"按古方之散立于诸家者，既多且杂，或互见于各门，或彼此之重复，欲通其用，涉猎困难，欲尽收之，徒资莠乱"（《景岳全书》）。由此明代医家张景岳将古代的军事思想引入到方剂分类中，首创方剂"八阵"（Eight Array）分类理论。张氏在《景岳全书》中，对所选集的古方 1516 首和自制新方 186 首，按"补、和、攻、散、寒、热、固、因"八阵进行归类，即"古方八阵"与"新方八阵"。并释之为"补方之制，补其虚也"；"和方之制，和其不和者也"；"攻方之制，攻其实也"；"用散者，表证也"；"寒方之剂，为清火也，为除火也"；"热方之剂，为除寒也"；"固方之制，固其泄也"；"因方之制，因其可因者也。凡病有相同者，皆可按证用之，是谓因方"。此外，因八阵毕竟不能概括一切古方，故张氏又列"妇人规"、"小儿则"、"痘疹诠"和"外科钤"四门来罗列其他方剂。从张氏关于"八阵"分类的立意来看，"八阵"是根据病证的治疗需要来类属方剂的。八阵分类法虽然尚不能类属现有全部方剂，但其体现了方剂与治证和治法紧密联系的特性，含有因证设立治法与方剂功效概括的双重含义，在方剂分类学上具有十分重要的意义。其后，程国彭的"八法"和汪昂的"二十一类"等划分法无不受其影响。

四、宗祖源流说

是一种试图按方剂源流演变进行方剂类属的方法，其结果得到药味组成和功效接近的同类方剂，即所谓的"类方"（Similar Formula）。在类方中，一般有一个制方较早的基础方剂，被称为"主方"（Major Formula）或"祖方"（Ancestral Formula），其他方剂均系该方衍化而成。按主方演化进行方剂的归类首见于明·施沛的《祖剂》，该书"首冠素、灵二方，次载伊尹汤液一方以为宗，而后悉以仲景之方为祖，其《局方》二陈、四物、四君子等汤以类附焉"。书中共收主方 75 首，附方 700 余首，其中附方则分别按组成演变类附于祖方（主方）之后。清代张璐在《张氏医通》中，除按病因、病证列方外，另编一卷"祖方"，选古方 36 首为主，附衍化方 391 首，也是根据主从演化进行方剂归类的尝试。主方演化归类法反映了历代制方思路和药法变化的规律，体现了方药与治证变化的紧密联系，为从方药演进的角度认识类方提供了重要途径，对探讨方剂源流，理解方证药法规律也有重要意义。但该法要求对方剂出处年代有准确考定，类属过程中对方剂源流关系的甄定应有一定的客观或逻辑依据，这就使该分类法本身虽具有较强的学术探索性，但难以达成共识和推广。

第二节 历代方剂分类的方法

一、按病证分类

病证分类法即是按病证来类属方剂，是最古老而又实用的一种分类方法。首见于《五十二病方》，全书 283 首方剂，分别归类于 52 病证题下，每一病证少则一二方，多则数十方。古代很多方书都用这种方法分类，如《外台秘要》、《太平圣惠方》、《普济方》、《类方准绳》、《医方考》、《兰台轨范》等，其特点是便于临床按病索方。

另有按脏腑分类或病因分类，虽各以脏腑或病因为纲来附列方剂，但均下设病证，后列附方，总不外病证之范畴，本质上也属于病证分类。如按脏腑列方的《备急千金要方》和按病因列方的《三因极一病证方论》等。

二、按治法分类

治法分类法，即是按常用或基本治法来归类方剂，是近代医家常用的方剂分类法。按治法分类源于明代张景岳的"八阵"分类法，但明确提出则见于清代程钟龄的《医学心悟》。程氏在总结临床八大基本病证的基础上，提出针对性的八种基本治疗方法，即"汗、吐、下、和、温、清、补、消"八法，同时于每一治法门类下列出相应方剂，结合具体方剂讨论治法内容。尽管"八法"不是专门为分类方剂而设，但确有按治法分类方剂之义。清·汪昂《医方集解》中采用了以治法分类为主的"综合分类法"，其中以法类方体现了治法与方剂的内在联系，符合中医临床辨证立法、遣药制方的一般规律，对方剂学理论体系的形成具有重要意义。由于"法随证立"，依据各种不同辨证方法建立的治法体系则可能有所不同，因此"以法类方"则可使方剂分类结果有所不同。现代见有基于治法理论，结合脏腑证治规律，按脏腑治法来进行方剂分类的探索，如方剂学者陈潮祖先生所著《中医治法与方剂》，比较适宜临床以脏腑辨证为主的方剂应用。

三、按主方分类

按主方分类主要是对配伍结构类似的方剂，按早期经典方或主方为纲进行类属的一种方剂分类方法。此种分类也为古代医家常用，除前述《祖剂》及《张氏医通》外，清代徐大椿《伤寒论类方》、王泰林的《退思集类方歌注》、柯韵伯的《伤寒来苏集》以及日本吉易为则的《类聚方》等，也均是按主方分类的方书。

四、综合分类法

指综合应用多种方法对方剂进行分类，其中较有影响的首推清代汪昂的《医方集解》。该书鉴于"《医方考》因病分门，病分二十门，凡方七百首。然每证不过数方，嫌于方少，一方而二、三见，又觉解多"，创立了以治法为主，结合方剂的功效、病因、病证，兼顾临床专科特点的综合分类法。该书"选正方三百有奇，附方之数过之"分为补养、发表、涌吐、攻里、表里、和解、理气、理血、祛风、祛寒、清暑、利湿、润燥、泻火、除痰、消导、收涩、杀虫、明目、痈疡、经产及急救良方共22剂。之后吴仪洛的《成方切用》、张秉成的《成方便读》等都仿其法而略加删减。汪氏分类法突出体现了以方剂功效和病证类别相统一，蕴涵了将联系两者之间的治法引入方剂分类的思路。由于以法统方基本反映了"方证相关"的特性和方剂的类属规律，而运用这种思路进行具体的方剂分类可取得很好的分类效果，同时切合临床和教学的需要，故一直为现代"方剂学"历版教材所沿用。

除以上分类方法外，还有按方剂不同剂型分类，如明代许宏《金镜内台方义》将伤寒论113方以汤剂、散剂、丸剂等进行分类；有按临床科属分类，如清代王子接《绛雪园古方选注》按伤寒科、眼科、咽喉科、折伤科、金簇科进行分类。现代临床的发展促进了方剂分类的多样化，目前不仅有继续沿用传统的按中医病证或脏腑来分类方剂的，如《中华祖传秘方大全》（中国医药科技出版社，1996年）；也出现了按现代医学的病名或疾病系统来分类方剂的，如《中国中医秘方大全》（上海文汇出版社，1989年）；以及分别按西医和中医分科来类属方剂的，如《中国奇方全书》（科学技术文献出版社，2003年）和邱德文等主编的《现代方剂学》（中医古籍出版社，2007年）。

方剂的分类总是源于不同需要，如实现对知识逻辑化，或满足临床适用的需求，因此出现各种方剂分类方法是可以理解的。

由于方剂的功效与主治病证、组成药物之间的关系密切，而治法本身又具有沟通病证和方剂功效的作用，因此在各种方剂分类方法中，以法类方仍是目前方剂分类的主流方法。考虑到学科知识逻辑性和临床实用性两方面的统一，本教材仍参考汪氏分类法，遵循以法统方的原则，适当兼顾临床专科，将方剂分为解表、泻下、温里、清热、和解、补益、固涩、安神、开窍、理气、活血祛瘀、止血、治燥、治风、祛湿、祛痰、消导化积、驱虫、涌吐、治疡共计二十类，每类又分若干小节，使之纲目清晰，便于教学和临床应用。

　　在方剂分类的历代发展中，基于不同的学术倾向，或编写方书的不同目的，对方剂的归类见仁见智，呈现出各种分类方法，反映了对方剂不同角度的理解。但从各种分类方法的先后演变来看，大体可以看到方剂分类经历了对方剂非本质形式上的七方划分、依附临床病证的按病证分类、以方剂功效认识为基础的十剂分类、据方剂先后演化的按主方或类方分类、沟通病证与立法的八阵分类以及统一方证与功效的依法分类等不断深化的认识过程。但至今未能找到一种既能完全满足逻辑性要求，又切合临床运用的理想的方剂分类方法，方剂的分类仍有待研究。

第四章

方剂的制方理论

第一节 方剂的配伍

一、配伍的概念及其意义

配伍（Compatibility），是指根据病情需要和药物性能，有选择的将两味或两味以上的药物配合在一起使用。由于药物的功效各有所长，性能各有所偏，不同的药物之间存在着多样的相互作用，《神农本草经》将其概括为相须、相使、相畏、相杀、相恶、相反等，反映了药物同用时既可能产生积极的作用，也可能导致消极的结果。随着药物配伍应用认识的发展及临床用药经验的积累，目前方剂中药物的配伍目的与形式已远远超出"七情"所论范畴。药物通过合理的配伍应用，能够增强疗效，消除或缓解某些药物对人体的不利影响，扩大治疗范围，适应复杂多变的病情。配伍是中医临床用药的主要形式，也是方剂组成的基础。

二、配伍的常见形式

（一）同类相须

指性能功效相类似的药物配合运用，通过药物之间的协同作用而增强疗效。这种协同作用一方面源于各药效能的相加，另一方面是利用药物作用的不同特点而加强疗效。例如，麻黄与桂枝皆味辛性温，具有发汗散寒之功，而麻黄长于开腠发汗以解卫分之郁，桂枝长于温经散寒以透营分之滞，二药配伍，可明显增强发汗散寒解表之力；大黄与芒硝皆具寒凉之性，均能攻下泻热，而大黄长于荡涤肠腑，芒硝长于软坚润燥，二药配伍，可增强泻热攻积之效；人参与黄芪皆具甘温之性，均可益气补脾，而人参长于补气，黄芪又可升阳，二药配伍，能增强益气健脾之功。此外，临床常用的羌活配独活以祛风胜湿、石膏配知母以清热泻火、银花配连翘以清热解毒、熟地配白芍以养血补虚、桃仁配红花以活血祛瘀、附子配干姜以温里祛寒、山楂配麦芽以消食和胃、全蝎配蜈蚣以止痉定搐等等，均属此类。

（二）异类相助

指主要功效虽异但作用环节关联的药物配合应用，其中以一种（类）药为主，另一种（类）药为辅，通过辅药对主药的协同或互补作用而提高疗效，或产生新的功效。根据配伍增效的机理不同，主要有以下几类。

1. 将性能功效方面有某些共性的药物配伍，藉其共性以协同增效，并利用辅药之个性特长而增强主药的治疗效果。例如，燥湿化痰的半夏与行气化痰的橘皮合用，二药均可化痰，且橘皮又可行气而使"气顺痰消"，二味同用能增强燥湿化痰之效；补气利水的黄芪与利水健脾的茯苓合用，二药均可利水，且茯苓又能健脾而助运化，二味同用能增强补气利水之效；行气疏肝的川楝子与活血行气的延胡索配伍，二药均可行气，且延胡索又长于活血止痛，二味同用能增强行气止痛之效。

2. 将不同类型的补益药物配伍同用，通过调动人体阴阳、气血、脏腑之间的相生互化机能，以加强补益虚损之效。例如，补血的当归配伍补气的黄芪以补气生血而加强补血之效，滋阴益髓的熟地配伍补肾温阳的菟丝子以"阳中求阴"而加强补阴之效，温补元阳的附子、肉桂配伍滋肾填精的熟地、山茱萸以"阴中求阳"而加强补阳之效。再如，治疗肺阴不足证，用滋阴润肺的麦冬配伍益气补脾的人参以"培土生金"，可加强补益肺阴之效；治疗肝阴不足证，用滋阴养血的枸杞子配伍滋阴补肾的生地以"滋水涵木"，可加强补益肝阴之效。此外，根据精与血同源、气与阳互涵的原理，以填精益髓的熟地配伍养血活血的当归，或温阳补火的附子配伍补气的人参等，有利于精血互化，气阳相生，提高疗效。

3. 将通利透散药物与祛邪主药配伍同用，令邪有去路，以缩短病程，提高疗效。常用的有针对邪气壅盛之证，配伍泻下药以开邪气下行之路。例如，用清热的黄连为主配伍大黄以导热下行，可加强清热泻火之效，即所谓"以泻代清"；用活血祛瘀的桃仁为主配伍大黄以导瘀下行，可加强活血祛瘀之效；用坠痰下气的礞石为主配伍大黄以开痰火下行之路，可加强泻火逐痰之效。或针对邪气有外达之机，配伍疏透药物以因势利导，透邪外达。例如，用清营解毒的水牛角为主，配伍透散的银花、连翘，以增清透营热之力，谓之"透热转气"；以清热泻火的石膏，配伍疏风透表的薄荷，有利于气热外达。根据脏腑相合理论，采用脏病通腑的配伍，使邪有去路。例如，以清泄肺热的石膏或清肺化痰的瓜蒌皮为主配伍泻下通腑的大黄，可导肺脏痰热下行，加强清肺泄邪之效；以清心泻火的黄连为主，配伍利水通淋的木通，可导心热下行，加强清心泻火之功。

（三）相反相成

"相反"是指药物性能相反，如药性的寒热温凉之异，作用趋向的升降浮沉之殊，功效的开阖补泻之别。通过相反药物的配伍，既可通过其互补或相助以增强疗效或产生新的功效，即所谓"反激增效"之意，又能够借其相互牵制之性而制约某种偏性。

1. 寒热并用 即将寒凉药与温热药配伍同用。例如，治疗肝经郁火犯胃之胁痛吞酸，由于火热宜清，郁结宜开，以苦寒之黄连清肝胃之火，少佐辛热之吴茱萸开郁降逆，既能加强清肝和胃之功，又无凉遏凝滞之偏；治疗寒实冷积之便秘，以附子与大黄相伍，大黄的寒性被附子辛热所制而泻下之功犹存，共成温下寒积之功。

2. 补泻同施 即将补益药与祛邪药配伍同用。例如，治疗肾阴不足之证，以熟地益髓填精，滋阴补肾为主，佐以泽泻降泄肾浊，并制约熟地之滋腻，使补益之效增强而无腻滞之弊；治疗湿热下注之淋证，以清热利水之木通配伍生地清热滋阴，使清热利水之效增强而无渗利伤阴之偏。

3. 升降相随 即将升浮上行之药与沉降下行之药配伍同用。例如，治疗肠失传化之便秘，以苁蓉或大黄降泄下行，佐以升麻或桔梗轻宣升阳，开提肺气，以增肠腑传导之力；治疗中虚气陷之脱肛，以黄芪、柴胡补气升阳，佐以枳壳宽肠下气，使浊降而清升，以助升阳举陷之效。其他如柴胡之升配伍枳壳之降以调理肝脾气机、桔梗之升配伍枳壳之降以疏畅胸中气机、麻黄之宣配伍杏仁之降以协调肺气宣降等等，均为升降相配以协调平衡气机之例。

4. 散收同用 即将收敛固表之药与辛散宣发之药配伍同用。例如，以温散化饮的干姜、细辛配伍收敛肺气的五味子，既加强止咳平喘之效，又无耗散肺气之偏；以宣肺平喘之麻黄配伍敛肺定喘之白果，既增强宣肺平喘之力，又可防麻黄辛散太过耗伤肺气；以解肌散邪的桂枝配伍养阴敛营的白芍，既可奏调和营卫之功，又能使发散不伤阴，敛阴不碍邪；以益气固表之黄芪配伍疏风散邪之防风，既可加强固表御风之效，亦能使固表而不留邪，发散而不伤正。

5. 动静相辅 即将气辛味薄、具有流动走窜之性的药物，与滋腻味厚、具有凝涩敛滞之性的药物配伍同用。例如，以滋腻味厚的熟地配伍辛香味薄的川芎，使补中有行，补而不滞，有助于加强补血之效。《景岳全书》谓之"用纯气者，用其动而能行；用纯味者，用其静而能守；有气味兼用者，合和之妙，贵乎相成"。

6. 刚柔相济 即将辛温刚燥药物与甘缓柔润药物配伍同用。例如，治疗脾阳虚弱之失血，用附子配伍阿胶以温中养血止血；治疗阴虚气逆之呕吐，用半夏配伍麦冬以滋阴降逆和胃；治疗肾阳不足之腰痛，用狗脊配伍熟地以温肾益精强腰。上述药物配合同用，皆有补而不滞，温而不燥之妙。

7. 通涩并行 即将通利之药与固涩之药配伍同用。例如，用凉血散瘀的丹皮配伍收涩止血的侧柏炭，既有凉血止血之效，又使血止而无留瘀之弊；以利湿分清的萆薢配伍固精益肾的益智仁，既有化浊分清之效，又无渗利泄精之虞；以泻火攻积的大黄配伍涩肠止痢的石榴皮，既有祛邪止痢之效，又免"闭门留寇"之偏。

（四）制毒纠偏

指在使用某些药性峻猛或有毒药物时，通过配伍适当药物以制约其毒烈偏颇之性，从而减轻或消除对人体可能产生的不良影响。制约药物毒性的常用配伍如半夏配生姜、芫花配大枣、常山配槟榔、乌头配白蜜等，缓解药物烈性的常用配伍如大黄配甘草、附子配甘草等。

（五）引经报使

利用药物"归经"的特性，针对主治证候的病位，配伍适当药物以引导其他药物直达病所，使药力选择性发挥作用而加强疗效。例如，治疗脾胃经疾病的方剂中配伍升麻为引，治疗肝胆经疾病的方剂中配伍柴胡为引，治疗上部病变的方剂中配伍桔梗以载药上达，治疗下部病变的方剂中配伍牛膝以引药下行。

以上从不同角度列举的药物配伍方法，反映了中药配伍应用中增效减毒的基本原理。正是上述多种配伍形式的综合运用构成了丰富多彩的中药复方，为中医临床的辨证论治提供了有效的工具。

第二节　方剂的组成

　　方剂是在辨证立法的基础上选择若干味药物通过配伍而组成的。药物的功效各有长短，通过合理配伍，能够扬长避短，调偏制毒，增强或改变其原有的作用，消除或缓解其对人体的不利影响。药物配伍是方剂组成的基础，常用药对是构成方剂的基本单位，而方剂则是针对病证及病机的诸多方面，利用药物之间相互协同和相互制约的关系，使群药配合成一个有机的整体，最大限度地发挥其治疗作用，从而适应较为复杂病情的治疗需要。

一、组成原则

　　方剂组成（Composition of Formulae）必须遵循一定的原则。组方是在辨证立法的基础上，针对病因病机，以药物的性味、归经、功效为依据，利用药物相辅相成和相反相成等配伍原理，有主次轻重地安排药物组合成方，务使方中的药物及其配伍与病证病机丝丝入扣，使药物配伍后的综合效用与所立治法高度统一。方剂的组成原则（Principle for Composing Formulae）可概括为"依法选药，主从有序，辅反成制，方证相合"。遣药组方既要重视药物之间的配伍关系，还应重视药物配伍与病证的针对性，做到方中有法，药证相应。

二、方剂结构

　　方剂是一个由多药味构成的有机整体。通常方中具有相对独立效能的药物或药群构成方剂的若干部分，而这些部分又通过其间的相互联系构成了整体的方剂。从整体与部分的关系来看，一个方剂的典型结构（Model of Formula Constitution）包括了"君、臣、佐、使"四个部分。"君臣佐使"的概念最早由《内经》所提出，《素问·至真要大论》："主病之谓君，佐君之谓臣，应臣之谓使"。"君一臣二，制之小也。君二臣三佐五，制之中也。君一臣三佐九，制之大也"。即通过借喻封建国家体制中君、臣、佐、使的等级设置，以说明药物在方剂中的主次地位与相互关系。明·何柏斋在《医学管见》中对君臣佐使的具体职能作了进一步的阐明："大抵药之治病，各有所主。主治者，君也；辅治者，臣也；与君相反而相助者，佐也；引经及引治病之药至于病所者，使也"。以后又经过历代医家对君臣佐使含义的不断完善，使其成为认识成方结构与临床遣药组方的圭臬。

　　君药（Monarch）　　是针对主病或主证的主要方面起主要治疗作用的药物。君药是为解决疾病主要矛盾或矛盾的主要方面，即针对病证的主要病因、主导病机或主症而设，是方剂组成中核心部分，不可缺少。君药通常具有药力较强，药味较少以及用量较大的特点。

　　臣药（Minister）　　是辅助君药加强其治疗作用的药物。一般而论，其药味较君药为多，其药力与药量较君药为小，与君药多具有特定的增效配伍关系。在一些复杂证候的治疗方剂中，臣药还对兼病或兼证起治疗作用。

　　佐药（Assistant）　　其含义有三：一是佐助药，指配合君、臣药以加强治疗作用，或用以治疗次要病证的药物；二是佐制药，指消除或缓解君、臣药毒性、烈性与偏性的药物；三是反佐药，指病重邪甚而且拒药不受的情况下，配用与君药性能相反而在治疗中起到相成作用的药物。佐药一般用药味数稍多，用量较小。药味在方剂中是佐助、佐制还是反佐，则应视病情治疗的需要和君、臣药物的性能而定。

使药（Guide）　其含义有二：一是引经药，能引导方中药物的药力直达病所。二是调和药，具有调和方中诸药的性能，协调诸药的相互作用或起到矫味作用。使药通常味数少，用量较小。

上述方剂结构中君、臣、佐、使的设定是以所治病情和被选药物的性能特点为依据的。君药是方剂中的核心部分，臣、佐、使药则是围绕君药，在增效、制毒以及全面兼顾病情等不同层次上的配伍部分。需要指出的是，不是所有方剂都需要君、臣、佐、使四个部分俱备，但君药不可或缺。如某些方剂中只有君、臣药而无佐、使药，或只有君、佐药而无臣、使药。由于一药常兼备多种性能，因此在方中可以担任多重角色而同时兼有多种作用，如方剂中某味药既是君药，同时又可兼有使药的职能，而同一味臣药或佐药，也可同兼佐药或使药的职能。总之，方剂中君、臣、佐、使是否齐备，由病情的复杂程度与治疗需要所决定。方剂的"君、臣、佐、使"结构理论强调作为整体的方剂内部各部分之间的关系，要求组方时应根据病情的轻重缓急、标本虚实以及治法的具体要求，做到选药精当，配伍层次分明，结构严谨。现结合病证，以麻黄汤为例进一步说明君、臣、佐、使的组成含义及其具体运用。

君药—麻黄，辛温，宣通卫阳以发散风寒，宣通肺气以止咳平喘。

臣药—桂枝，辛甘温，透营达卫，解肌发汗，助麻黄发汗解表而散风寒，兼温经止痛。

佐药—杏仁，苦温，降泄肺气，助麻黄平喘止咳。

使药—炙甘草，甘温，调和诸药药性。

麻黄汤主治外感风寒表实证，症见恶寒发热无汗，头身疼痛，咳喘，苔薄白，脉浮紧等。本证的病因为外感风寒；病机为风寒束表，毛窍闭塞，肺气失宣；治疗从发汗散寒解表，宣肺平喘止咳立法。方中以麻黄为君，既可发汗散寒解表，又可宣肺平喘而止咳，针对主要病机。以桂枝为臣，既辅助助君药以加强发汗解表之力，又兼顾寒滞经脉的头身疼痛。以杏仁为佐，合麻黄宣而能降，助君药以加强平喘止咳之功。以炙甘草为使，调和方中透营达卫、宣肃肺气之间，有调和诸药的协同作用。如此配伍，重点突出，主次分明，层次清楚，结构严谨，恰合病情。

三、病证症结合的组方思路

临床组方时，不仅要考虑方剂结构的完整性与严谨性，也要考虑组方用药对疾病病情的针对性与适用性，二者密不可分。君臣佐使的组方结构理论强调了在病情针对性基础上的组方完整性与严谨性。临床组方中，一些医家在把握疾病发展演变规律和配伍用药经验的基础上，根据"病-证-症"及其之间的相互关系，发展了一种"病-证-症"结合，治有主次，分进合击的组方配伍思路。

（一）因病选药

不同的疾病有贯穿其全过程的病因病机，有其自身发展、变化的规律。中医学历来讲辨病论治，如《伤寒杂病论》的每一篇章，均冠以辨某病脉证并治之名。人们在长期医疗实践中也积累了针对某些病的具有一定专属性的有效方药，如伤食治方保和丸、疟母治方鳖甲煎丸、肺痈治方千金苇茎汤、破伤风治方玉真散等；又如黄疸主用茵陈，痢疾主用黄连、白头翁、鸦胆子，尿血主用小蓟，蛔虫主用雷丸、乌梅，疟疾主用常山、槟榔等。临证辨病名，识病性，因病选药，成为组方的基础。

临床不同疾病出现相同证候常可采用相同的治疗方药，即"异病同治"。但不同疾病出现相同证候，其证的内涵有时并不完全相同，如同一湿热证候既可见于中医外感湿热病，也可见于内伤脾胃病；既可见于西医细菌性痢疾或阿米巴痢疾病，也可见于慢性溃疡性结肠炎或大肠肿瘤。此时若一味强调"有是证，用是药"，仅按一般清热化湿法来遣药组方，常难以取得满意疗效。"因病选药"可以提高用药的针对性，是对辨证论治理论的深化和发展。

（二）因证配伍

证是对疾病的病因、病位、病性、病势等多种状况的反映或概括，反映了疾病不同阶段的病情状态。辨证论治落实在临证组方环节上，则强调以证候为中心来进行组方配伍。因证组方以疾病当时的综合反应状态为调节要点，综合考虑证候病机中的病因、病位、病性、病势等诸要素，在治法指导下，有主次的、针对性的配伍用药。不少中药以治证为专长，如人参补脾肺之气而生津液、当归养肝血而能活血、熟地滋肾阴而能填精益髓、附子补火助阳而能温经逐寒、石膏清泻肺胃而能透热、干姜温中暖脾而守中、桃仁活血而能逐瘀下行等，多为临证组方中常用药味。因证配伍强调把握疾病的阶段性矛盾，多环节和动态调节，是"异病同治"的基础。

（三）因症用药

症是组成证候的单位和辨识证候的重要依据，一个证由多个相关症状所构成。尽管单个症状对于疾病证候只有部分意义，在构成证候的症状群中，不同症状对于证候内在本质的反映程度也不完全相同，但症状的有无轻重常常能反映证候的变化和病情的缓急，或对证候的形成、发展起到重要的作用。相对于证而言，症状多属于从属地位，往往随着病或证的解除而消失。不过有些症状，在整个疾病或证候变化中本属次要矛盾或矛盾的次要方面，但在特别情况下可以影响疾病或证候的转归，并转变上升为主要矛盾。此时治疗，在因证审机用药配伍的基础上，兼顾或重视对某些症状的处理是必要的。有些中药，如仙鹤草止血、椒目截喘、蛇床子止痒、麝香开窍、木贼退翳、元胡止痛等则以疗症为专长。例如胃肠病的肝胃积热证可见胃脘灼痛，吞酸嘈杂，烦躁易怒，口苦口干等症，组方宜以泻肝清胃为主体，兼入乌贼骨、煅瓦楞子以制酸止痛。若积热损伤胃络，迫血妄行而致呕血、便血，若出血不甚，组方加入生地炭、侧柏叶炭止血以兼顾即可；若出血甚，则当急以犀角地黄汤以凉血止血为先。症状的变化常提示证候的病机变化，所谓"症随病移"，如温热病气分热甚证，如见高热势减，但发热入夜加重，口渴虽已不甚，但舌质红而转绛，可知气热已入营分，治疗组方需由辛寒清气转为清营透热的配伍用药。因此，症状的轻重缓急及其在病证中的主次关系，也是组方遣药的重要依据之一。

总之，中医临床立足于辨证论治，但也重视辨病与辨症。将"病-证-症"三者综合考虑可以提高组方对病情的针对性与适应性。需要指出的是，由于病在一定阶段总是表现为一定的证，而证总是有其特定的主症，因此病-证-症之间是相互联系的。如茵陈治黄疸，以治阳黄为擅长；黄连疗痢疾，用于火毒或湿热证最宜；木贼退翳明目，适用于肝经风热证。可知，所谓药物疗病、治证、对症的专能也是相对的，很难截然分开。因此"病-

证-症"要求综合考虑药物的性能特点及其配伍规律,讲究用药精专,以保证方剂结构上的严谨性。

在现代中西医结合临床中,人们从"病-证-症"的角度,或以证为切入点,兼顾病和症,如慢性病毒性肝炎、泌尿系统结石、慢性肾小球肾炎不同患者表现为肝肾阴虚证均以滋补肝肾的六味地黄丸为主体,分别选配白花蛇舌草、蚤休等抑制病毒药,或金钱草、海金沙、鸡内金等通淋排石药,或丹参、益母草、牛膝等活血、抗纤维化药;或以病为中心,兼顾证和症,如冠心病心绞痛患者以活血祛瘀为大法,选用具有缓解血管痉挛、抗血小板黏附、聚集及血栓形成作用的冠心Ⅱ号方为基础,根据患者寒、热、虚、实的不同证情适当选配芳香温通、清热活血、补益气血、涤浊通痹等药味。这些有效的临床实践不仅创制了一批高效新方,也为探索中医组方模式提供了新的思路。随着中医和中西医结合对病证认识的不断深化、用药经验的不断拓展及更多的病、证、症治疗专药的发现,"病-证-症"结合组方的理论也将不断得到完善,并成为传统"君臣佐使"制方理论的一个重要补充。

第三节 方剂的变化

任何成方都是针对某一特定证候而制定的。由于患者的体质、年龄、性别、生活习惯等不同,其所处环境、季节、气候有所差异,使得临床所见证候千差万别。因此,临床运用成方时,应针对具体病情,在组方原则的指导下,对所选方剂进行必要的加减化裁,使方药与病证完全吻合,丝丝入扣,才能达到预期的治疗目的。谨守组方原则,强调成方的变化运用,反映了中医辨证论治中原则性与灵活性的统一。方剂的变化(Modification of Formula),归纳起来主要有以下三种形式。

一、方剂药味的增损

方剂的功效是药物配伍后综合作用的反映,当增加或减去某些药物时,全方的功效也必然随之发生变化。临床常根据方剂的这种特性,通过增损原方的某些药物,使之更适合现证的治疗需要。即当原方所治主证与现证大体相同时,减去原方中某些与现证不相适宜的药物,或加上某些现证需要而原方中又没有的药物,由于这类药物在方中大多处于佐使药的地位,其变化不至引起原方功效的根本改变,故又称为"随症加减"。清代医家徐大椿曾说:"欲用古方,必先审病者所患之症,悉与古方前所陈列之症皆合,更检方中所用之药,无一不与所现之症相合,然后施用;否则必须加减,无可加减,则另择一方"(《医学源流论》)。例如:四君子汤主治脾胃气虚证,症见面色㿠白、语声低微、气短乏力、食少便溏、舌淡苔白、脉细弱,该方由人参、白术、茯苓、炙甘草组成,功在益气补脾。若除上述症状之外又出现脘闷腹胀,则为脾虚不运,兼有气滞之象,可在四君子汤中加入陈皮以行气消胀,即演化方异功散。若药味的增损引起了原方君药或其主要配伍关系改变,则会引起原方功效发生本质变化。例如,将麻黄汤中的桂枝换成石膏,就成为麻黄杏仁甘草石膏汤。前者以麻黄为君药,与桂枝配伍以发汗散寒,治疗风寒表实证;后者以麻黄与石膏君臣相伍共同发挥宣泄肺热作用,治疗肺热咳喘证。虽然两方仅一药之差,但由于各自的君药及其配伍关系不同，使辛温解表之方变为辛凉解表之剂。所以，临床在对成方中的药物进行增损时，应当注意把握方中各药的配伍关系。

二、方剂药量的加减

指方剂的组成药物不变，仅通过增加或减少方中药物的用量，以改变其药效的强弱乃至配伍关系，以适应治疗的需要。药量的加减对于方剂功效的影响主要有两种情况：一是由于药量的加减而使原方的药力增强或减弱或扩大治疗范围。如四逆汤和通脉四逆汤均由附子、干姜、炙甘草三药组成，且均以附子为君，干姜为臣，炙甘草为佐使。但前方附、姜用量相对较小，功能回阳救逆，主治阴盛阳微而致的四肢厥逆、恶寒蜷卧、下利清谷、脉沉微细的证候；后方附、姜用量较前方均有增加，温里回阳之功增强，能够回阳通脉，主治阴盛格阳于外而致四肢厥逆，身反不恶寒，其人面色赤，下利清谷，脉微欲绝的证候（表4-1）。又如《伤寒论》中桂枝加芍药汤由桂枝汤加大芍药用量而成，此方既能解肌散邪，又兼和里缓急；治疗太阳病误下，表证未解，脾络受损，但见发热、恶寒、自汗、腹满时痛等证，使桂枝汤原方适应证得以扩展。二是由于药量的增减导致了原方君药的改变，从而使其主要功效发生变化。如由大黄、枳实、厚朴组成的小承气汤与厚朴三物汤，前者以大黄四两为君，枳实三枚为臣，厚朴二两为佐，重在泻下热结以通便，主治热结便秘证；后者厚朴用量增至八两，是小承气汤的四倍，为君药，枳实加至五枚为臣药，大黄量不变为佐，重在行气除满以通便，主治气滞便秘证（表4-2）。

表4-1 　　　　　　　　　　　　**四逆汤与通脉四逆汤鉴别表**

| 方 名 | 组成药物 | | | 功 用 | 主 治 病 证 |
	君	臣	佐 使		
四逆汤	生附子 一枚	干姜 一两五钱	炙甘草 二两	回阳救逆	阴盛阳微所致四肢厥逆，恶寒蜷卧，下利清谷，脉沉微细
通脉四逆汤	生附子一枚（大者）	干姜 三两	炙甘草 二两	回阳通脉	阴盛格阳所致四肢厥逆，身反不恶寒，其人面色赤，下利清谷，脉微欲绝

注：上述药物剂量，是汉代张仲景所著《伤寒论》中记载的用量（下同）。

表4-2 　　　　　　　　　　　　**小承气汤与厚朴三物汤鉴别表**

| 方 名 | 组成药物 | | | 功 用 | 主 治 病 证 |
	君	臣	佐 使		
小承气汤	大黄四两	枳实三枚	厚朴二两	泻热通便	阳明腑实证（热结）：潮热谵语，大便秘结，腹痛拒按
厚朴三物汤	厚朴八两	枳实五枚	大黄四两	行气通便	气滞便秘证（气闭）：脘腹满痛不减，大便秘结

由上可见，四逆汤和通脉四逆汤、桂枝汤与桂枝加芍药汤两组方剂中的药量虽有轻重之异，但其剂量的改变并未影响原方的配伍关系，结果引起全方作用发生强弱的变化或兼有新的功效，所主证候的病机基本相同，仅病情轻重或病机的次要方面有异；而小承气汤与厚朴三物汤则由于药量的增减导致了方中君药及其配伍关系的改变，以致两方的功效和主治证发生了较大的变化。所以，适度增减方中药物剂量，可适应证候轻重缓急的不同治疗需要。不过当剂量的变化超出一定范围时，则会改变原方的主要功效，所适应病证的病机主次矛盾变化而引起证候发生差异。例如：四物汤由熟地、白芍、当归、川芎组成，若重用熟地为君，能够用于血虚之证；若重用川芎为君，则适宜于血瘀之证。又如：越鞠丸由香附、川芎、苍术、栀子、神曲组成，治疗气、血、痰、火、湿、食之六郁证。若气郁为主者，重用香附为君；血瘀为主者，重用川芎为君；湿郁为主者，重用苍术为君；火郁为主者，重用栀子为君；食郁为主者，重用神曲为君。

三、方剂剂型的变化

同一方剂的组成药物与剂量完全相同，但配制的剂型不同，其功效和适应证亦有区别。这种差异就口服剂型而言，主要表现为药力强弱峻缓之别，所治证候有轻重缓急之异。例如：传统上认为，"汤者，荡也；丸者，缓也"，意即汤剂的作用快而力峻，丸剂的作用慢而力缓，临床常据此择宜而用。如理中丸和人参汤，两方组成与用量完全相同，但前方研末炼蜜为丸，治疗脾胃虚寒，脘腹疼痛，纳差便溏，虚寒较轻，病势较缓，取丸以缓治；后方水煎作汤内服，主治中上二焦虚寒之胸痹，症见心胸痞闷，自觉气从胁下上逆，虚寒较重，病势较急，取汤以速治（表4-3）。但是，由于汤剂与丸剂的制剂工艺不同，有效成分及其生物利用度也存在着差异，因而二者在功效方面可能还存在着不同程度的质的差异。汤丸剂型的改变有可能改变方剂的功效与主治，提示在理解不同剂型的作用差异时必须予以综合考虑。

表4-3　　　　　　　　　　　　　理中丸与人参汤鉴别表

方　名	组成药物				主治病证	制剂用法
	人参	干姜	白术	炙甘草		
理中丸	三两	三两	三两	三两	中焦虚寒，脘腹疼痛，自利不渴，病后喜唾	炼蜜为丸如鸡子黄大，每服1丸
人参汤	三两	三两	三两	三两	中上二焦虚寒，心胸痞闷，气从胁下上逆	水煎，分三次服

近年来，随着传统剂型的改革和制剂工艺的发展，除了丸、散、膏、丹、汤剂外，又出现了注射剂、气雾剂、片剂等许多新的制剂。由于制备工艺和给药途径不同，尤其是静脉给药，其功效的差异更为显著。例如，清热解毒中药静脉给药，其效应较之肌肉给药增强8倍，较之口服则增强20倍以上。再如黄连解毒汤中黄连与黄柏的有效成分盐酸小蘗碱，可

与黄芩中的黄芩苷产生沉淀反应，若制成注射剂去除沉淀后则影响药效；而传统的黄连解毒汤剂中黄连、黄柏与黄芩、栀子等共同煎煮后，其药液中的沉淀混悬物经胃肠道吸收还原后仍可发挥作用，药效因此不受影响。

以上成方变化运用的几种形式，可以分别应用，亦可以结合运用。例如由麻黄汤变化成麻黄杏仁甘草石膏汤，不仅有组成药物桂枝与石膏的药味变化，而且亦有药量的变动（表4－4）。或者伴随剂型的更换，用量也可进行调整，例如张元素将《金匮要略》的枳术汤改制成枳术丸，在加配药味外还置换了原方中枳实与白术的用量比例。总之，通过对成方药味、药量与剂型的变化，可使调整后的方剂与证候更加吻合，从而更好地适应辨证论治的需要。

表4－4 　　　　　　　　　　　　麻黄汤与麻杏石甘汤比较

方 名	组 成 药 物				功 用	主 治 病 证
	君	臣	佐	使		
麻黄汤	麻黄 三两	桂枝 二两	杏仁 七十个	炙甘草 一两	辛温解表 宣肺平喘	外感风寒表实证。恶寒发热， 头痛身疼，无汗而喘，脉浮紧
麻杏甘石汤	麻黄 四两	石膏 半斤	杏仁 五十个	炙甘草 二两	辛凉宣泄 清肺平喘	外感风邪，肺热壅闭证。 身热不解，汗出而喘，脉浮滑而数

综上所述，方剂的药味增损、药量加减或者剂型变化都会对其功效产生不同程度的影响，其中涉及原方君臣药物配伍关系变化的药味或药量的改变，常引起原方功效与主治发生较大的变化，应予特别注意。常见的三种变化形式又可根据临证需要，或单独运用，或合并运用。方剂的学用中，只有很好地理解原方立法制方的主旨，弄清方中君臣佐使的配伍关系，掌握方剂变化运用的规律，才能做到师古而不泥古，变化而不离宗，知常达变，机圆法活。

第五章
剂型与用法

将药物配伍成方之后，还须根据病情需要、药物性质以及给药途径，将原料药进行加工，制成适宜的剂型（Preparation），采用适当的给药方法（Administration）。正确地使用方剂，有助于更好地发挥乃至增强治疗效果。

第一节　常用剂型

古代医家在长期的临床实践中，创造了丰富多彩的传统剂型，现代医家在保留传统内容的基础上，又研制出多种新剂型，以适应临床各科疾病的治疗需要。方剂的剂型，从给药途径来分，包括外用剂型与内服剂型；从剂型形态来分，包括液体剂型、固体剂型与半固体剂型等。现对常用剂型的特点介绍如下：

一、汤剂

汤剂（Decoction）是将药物饮片混合加水浸泡，再煎煮一定时间，去渣取汁而成的液体剂型。汤剂主要供内服，如麻黄汤、桂枝汤等。外用的多作洗浴、熏蒸及含漱。汤剂的特点是吸收较快，能迅速发挥药效，特别是便于根据病情的变化而随证加减使用，适用于病证较重或病情不稳定的患者，有利于满足辨证论治的需要，是中医临床运用最广泛的一种剂型。汤剂的不足之处是服用量大，某些药物的有效成分不易煎出或易挥发散失，煎煮费时而不利于危重患者的抢救，口感较苦而小儿难以接受，亦不便于携带等。

二、散剂

散剂（Powder）是将药物粉碎，混合均匀而制成的粉末状制剂。根据其用途，分内服和外用两类。内服散剂一般是研成细粉，以温开水冲服，量小者亦可直接吞服，如七厘散、行军散等。亦有制成粗末，临用时加水煎煮去渣取汁服的，称为煮散，如银翘散、败毒散等。外用散剂一般作为外敷、掺撒疮面或患病部位，如金黄散、生肌散等；亦有作点眼、吹喉等外用的，如八宝眼药、冰硼散等。散剂的特点是制备方法简便，吸收较快，节省药材，性质较稳定，不易变质，便于服用与携带。

三、丸剂

丸剂（Pill）是将药物研成细粉或用药材提取物，加适宜的黏合剂制成的圆形固体剂型。丸剂与汤剂相比，吸收较慢，药效持久，节省药材，体积较小，便于携带与服用。适用于慢性、虚弱性疾病，如六味地黄丸、香砂六君丸等；也有取峻药缓治而用丸剂的，如十枣丸、抵当丸等；还有因方剂中含较多芳香走窜药物，不宜入汤剂煎煮而制成丸剂的，如安宫牛黄丸、苏合香丸等。常用的丸剂有以下几类：

1. 蜜丸　是将药物细粉用炼制蜂蜜为黏合剂制成的丸剂，分为大蜜丸和小蜜丸两种。蜜丸性质柔润，作用缓和持久，并有补益和矫味作用，常用于治疗慢性病和虚弱性疾病，如理中丸、六味地黄丸等。

2. 水丸　是将药物细粉用水（冷开水或蒸馏水）或酒、醋、蜜水、药汁等为黏合剂制成的小丸。水丸较蜜丸易于崩解，吸收快，易于吞服，适用于多种疾病，如防风通圣丸、左金丸等。

3. 糊丸　是将药物细粉用米糊、面糊、曲糊等为黏合剂制成的小丸。糊丸黏合力强，质地坚硬，崩解、溶散迟缓，内服可延长药效，减轻毒剧药的不良反应和对胃肠的刺激，如舟车丸、黑锡丹等。

4. 浓缩丸　是将药物或方中部分药物煎汁浓缩成膏，再与其他药物细粉混合干燥、粉碎，用水或蜂蜜或药汁制成丸剂。因其有效成分含量高，体积小，剂量小，易于服用，可用于治疗多种疾病。

其他尚有蜡丸、水蜜丸、微丸、滴丸等。

四、膏剂

膏剂（Soft Extract or Adhesive Plaster）是将药物用水或植物油煎熬去渣而制成的剂型。有内服和外用两种，内服膏剂有流浸膏、浸膏、煎膏三种；外用膏剂分软膏、硬膏两种。其中流浸膏与浸膏多数用作调配其他制剂使用，如合剂、糖浆剂、冲剂、片剂等。现将煎膏与外用膏剂分述如下。

1. 煎膏　又称膏滋。是将药物加水反复煎煮，去渣浓缩后，加炼蜜或砂糖制成的半液体剂型。其特点是口味甘甜，体积小，含量高，便于服用，有滋润补益作用，多用于慢性虚弱患者，有利于较长时间用药，如鹿胎膏、八珍益母膏等。

2. 软膏　又称药膏。是将药物细粉与适宜的基质制成具有适当稠度的半固体外用制剂。其中用乳剂型基质的亦称乳膏剂。多用于皮肤、黏膜或创面。软膏具有一定的黏稠性，外涂后渐渐软化或溶化，使药物慢慢吸收，持久发挥疗效，适用于外科疮疡疖肿、烧烫伤等。

3. 硬膏　又称膏药。是以植物油将药物煎至一定程度，去渣，煎至滴水成珠，加放黄丹等搅匀、冷却制成的硬膏。用时加温摊涂在布或纸上，软化后贴于患处或穴位上。硬膏也有药效持久，使用与携带方便的优点，可用于治疗局部疾病和全身性疾病，如疮疡肿毒、跌打损伤、风湿痹证以及腰痛、腹痛等，常用的有狗皮膏、暖脐膏等。

五、酒剂

酒剂（Medicated Wine）又称药酒，是将药物用白酒或黄酒浸泡，或加温隔水炖煮，去渣取液供内服或外用。酒有活血通络、易于发散和增益药效的特性，故常于祛风通络和补益方剂中使用，如风湿药酒、参茸药酒、五加皮酒等。外用酒剂尚可祛风活血，止痛消肿。

六、丹剂

丹剂（Dan）并非一种固定的剂型，内服丹剂有丸剂，也有散剂，每以药品贵重或药效显著而名之曰丹，如至宝丹、活络丹等。外用丹剂亦称丹药，是以某些矿物类药经高温烧炼制成的不同结晶形状的制品，如九一丹、五五丹等。常研粉涂撒疮面，亦可制成药条、药线和外用膏剂，主要用于外科的疮疡、痈疽、瘰瘤等病。

七、茶剂

茶剂（Medicinal Tea）是将药物经粉碎加工而制成的粗末状制品，或加入适宜黏合剂制成的方块状制剂。用时以沸水泡汁或煎汁，不定时饮用。大多用于治疗感冒、食积、腹泻，近年来又有许多健身、减肥的新产品，如午时茶、刺五加茶、减肥茶等。

八、露剂

露剂（Distillate）亦称药露，是用新鲜含有挥发性成分的药物，用蒸馏法制成的芳香气味的澄明水溶液。一般作为饮料及清凉解暑剂，常用的有金银花露、青蒿露等。

九、锭剂

锭剂（Lozenge）是将药物研成细粉，或加适当的黏合剂制成规定形状的固体剂型，有纺锤形、圆柱形、条形等。可供外用与内服，研末调服或磨汁服，外用则磨汁涂患处，常用的有紫金锭、万应锭、蟾酥锭等。

十、条剂

条剂（Medicated Roll）亦称药捻，是将药物细粉用桑皮纸粘药后搓捻成细条，或将桑皮纸捻成细条再粘着药粉而成。用时插入疮口或瘘管内，能化腐拔毒，生肌收口，常用的有红升丹药条等。

十一、线剂

线剂（Medicated Thread）是将药丝线或棉线置药液中浸煮，经干燥制成的外用制剂。用于治疗瘘管、痔疮或赘生物，通过所含药物的轻度腐蚀作用和药线的机械紧扎作用，使其引流通畅或萎缩、脱落。

十二、搽剂

搽剂（Liniment）是将药物与适宜溶媒制成的专供揉搽皮肤表面或涂于敷料贴于局部的溶液型、乳状液或混悬液制剂。有保护皮肤和镇痛、消炎及抗刺激作用，常用的有松节油搽剂、樟脑搽剂等。

十三、栓剂

栓剂（Suppository）古称坐药或塞药，是将药物细粉与基质混合制成的一定形状的固体制剂。用于腔道并在其间融化或溶解而释放药物，有杀虫止痒、滑润、收敛等作用。栓剂的特点是通过直肠或阴道黏膜吸收，有 50%～70% 的药物不经过肝脏而直接进入大循环，一方面减少药物在肝脏中的"首过效应"，同时减少药物对肝脏的毒性和副作用，还可以避免胃肠液对药物的影响及药物对胃黏膜的刺激作用。婴幼儿直肠给药尤为方便，常用的有小儿解热栓、消痔栓等。

十四、冲剂

冲剂（Granula）是将药材提取物加适量赋形剂或部分药物细粉制成的干燥颗粒状或块状制剂，用时以开水冲服。冲剂具有作用迅速、味道可口、体积较小、服用方便等特点，深受患者欢迎，常用的有感冒退热冲剂、复方羊角冲剂等。

十五、片剂

片剂（Tablet）是将药物细粉或药材提取物与辅料混合压制而成的片状制剂。片剂用量准确，体积小。味很苦或具恶臭的药物压片后可再包糖衣，使之易于服用。需在肠道吸收的药物，则可包肠溶衣，使之在肠道中崩解。此外，尚有口含片、泡腾片等。

十六、胶囊剂

胶囊剂（Capsule）分硬胶囊剂、软胶囊剂（胶丸）和肠溶胶囊剂，大多供口服应用。硬胶囊剂是将一定量的药材提取物与药粉或辅料制成均匀的粉末或颗粒，充填于空心胶囊中制成；或将药材粉末直接分装于空心胶囊中制成，如全天麻胶囊、羚羊感冒胶囊等。软胶囊剂是指将一定量的药材提取物密封于球形或椭圆形的软质囊材中，可用滴制法或压制法制备。软胶囊剂外观整洁，易于服用，可掩盖药物不良臭味，提高药物稳定性，生物利用度亦较好，有的尚能定时定位释放药物，为较理想的药物剂型之一。常用的中药软胶囊有牡荆油胶丸、芸香油胶丸、麻仁软胶囊等。肠溶胶囊剂系指采用特制胶囊盛装药材粉末或其提取物的一种胶囊剂，其胶囊经药用高分子材料处理或用其他适宜方法加工而成，囊壳不溶于胃液，但能在肠液中崩解而释放活性成分。

十七、糖浆剂

糖浆剂（Syrup）是将药物煎煮去渣取汁浓缩后，加入适量蔗糖溶解制成的浓蔗糖水溶液。糖浆剂具有味甜量小、服用方便、吸收较快等特点，尤适用于儿童服用，如止咳糖浆、桂皮糖浆等。

十八、口服液

口服液（Oral Liquor）是将药物用水或其他溶剂提取，经精制而成的内服液体制剂。该制剂集汤剂、糖浆剂、注射剂的制剂特色于一体，具有剂量较小、吸收较快、服用方便、口感适宜等优点。近年来发展很快，尤其是保健与滋补性口服液日益增多，如人参蜂王浆口服液、杞菊地黄口服液等。

十九、注射剂

注射剂（Injection）是将药物经过提取、精制、配制等步骤而制成的灭菌溶液、无菌混悬液或供配制成液体的无菌粉末，供皮下、肌肉、静脉注射的一种制剂。具有剂量准确、药效迅速、适于急救、不受消化系统影响的特点，对于高热、神志昏迷等急证以及难以口服用药的患者尤为适宜，如清开灵注射液、生脉注射液等。

以上剂型各有特点，临证应根据病情与方中药物特性酌情选用。此外，尚有灸剂、熨剂、灌肠剂、气雾剂、海绵剂、油剂、霜剂、膜剂、离子透入剂等亦在临床广泛应用，目前中成药剂型已达 60 种左右，其中一些中药传统产品，正在通过剂型改进研发成新的剂型，将进一步方便广大患者，提高临床药效。

第二节　汤剂制备

汤剂是方剂在临床最为常用的剂型，制备汤剂时应根据药物的性质及病情的特点采取适当的煎煮方法，否则就有可能影响疗效。故徐大椿说："煎药之法，最宜深讲，药之效不效，全在乎此。"（《医学源流论》）

一、煎药用具

以瓦罐、砂锅为好，搪瓷器具亦可，忌用铁器、铜器，因为有些药物与铜、铁一起加热之后，会产生沉淀，降低溶解度，甚至会引起化学变化，产生副作用。煎药器皿的容量宜稍大一些，以利于药物沸腾时不断翻滚，促使有效成分加速浸出，并可避免外溢耗损药液。煎药器皿须加盖，以防水分蒸发过快，使药物的有效成分过早挥发或不能完全溶出。

二、煎药用水

除处方有特殊规定者外，一般以水质纯净为原则，如自来水、井水、蒸馏水等。前人常用流水、泉水、甘澜水（亦称劳水）、米泔水等。根据药物的特点和疾病的性质，也有用酒或水酒合煎的。用水量应视药量、药物质地及煎药时间而定，由于饮片均为失水后的干品，一旦加水引起药材细胞膨胀时，会吸收大量的水分，因此在煎煮时，一定要加足够量的水。每剂药多煎煮 2 次，有的煎煮 3 次，第一煎水量可适当多些，一般以漫过药面 2～4cm 为宜，第二、三煎的水量则可略少，每次煎得量 100～200ml。

三、煎药火候

煎药的火候有"武火"与"文火"之分。急火煎煮谓之"武火"，慢火煎煮谓之"文火"。一般先用武火，沸腾后改用文火。有时还要根据药物性味及煎煮所需时间的要求，酌定火候。如解表与泻下剂，宜用武火，煎煮时间应较短，加水量亦较少；补益之剂，宜用文火，煎煮时间应较长，加水量亦较多。如不慎将药煎煮焦枯，则应弃之不用，以防发生不良反应。

四、特殊药物的处理

煎药前，先将药物温水浸泡 20~30 分钟之后再煎煮，以利于其有效成分的煎出。对某些有特殊煎服要求的药物，应在处方中加以注明。

1. 先煎 介壳与矿物类药物，因质地坚实，药力难以煎出，应打碎先煎，煮沸后 20 分钟左右，再下其他药，如龟板、鳖甲、石决明、生牡蛎、代赭石、生龙骨、生石膏、磁石等。某些泥沙多的药物如灶心土、糯稻根等，以及质轻量大的植物药如通草、丝瓜络、夏枯草等，宜先煎取汁澄清，然后以其药汁代水煎其余药物，处方时注明"煎汤代水"。

2. 后下 气味芳香的药物，用其挥发油取效的，宜在其他药物即将煎好时下，通常煎煮 5 分钟左右即可，以防有效成分的散失，如薄荷、砂仁、豆蔻等。用大黄取其攻下通腑时，一般煎 10~15 分钟即可。对所有应后下的药物，亦宜先行浸泡后再煎。

3. 包煎 某些药物煎煮后可致药液浑浊，或对咽喉有刺激作用，或易于粘锅的药物，如赤石脂、滑石、车前子、旋覆花、蒲黄等，宜用纱布袋将药包好，再放入锅内与其他药物同煎。

4. 另炖或另煎 某些贵重药物，为了保存其有效成分，避免同煎时被其他药物吸收，可另炖或另煎，如人参，应切成薄片，放入加盖碗内，隔水炖 1~2 小时。对于贵重而又难以煎出气味的羚羊角、水牛角等，应切成薄片另煎 2 个小时取汁和服，亦可用磨汁或锉成细粉调服。

5. 溶化（烊化） 胶质、黏性大而且容易溶解的药物，如阿胶、鹿角胶、龟板胶、饴糖、蜂蜜之类，用时应单独加温溶化，再加入去渣的药液中微煮或趁热和匀后服，以免和其他药物同煎时粘锅煮焦，且黏附他药，影响疗效。

6. 冲服 某些芳香或贵重药物不宜加热煎煮者，应研为细末，用药液或温开水冲服，如牛黄、麝香、琥珀、沉香等；药物粉末和药物鲜品的自然汁亦需冲服，如紫雪、云南白药、肉桂末、参三七粉、生藕汁、生萝卜汁等。

此外，汤剂煎取药液后，应对药渣进行适当压榨，再收取部分存留药液，如此可以提高药材有效成分的浸出率。

第三节 服药方法

服药是否得法，对疗效也有一定的影响。所谓"病之愈不愈，不但方必中病，方虽中病，而服之不得其法，则非特无功，而反有害，此不可不知也。"（《医学源流论》）

一、服药时间

应当根据病位高下、病情轻重、药物类型以及病证特点来决定药物服用的时间。一般来说，病在上焦，宜食后服药；病在下焦，宜食前服药。急性重病应不拘时服，慢性病则应定时服药。补益药与泻下药，宜空腹时服；安神类药物，宜临卧时服；对胃肠有刺激性的药物，应食后服；治疟药宜在发作前2小时服。还有少数方剂的服药时间有特殊要求，如十枣汤应平旦时服、鸡鸣散应五更时服等等。

二、服用方法

服药次数，汤剂一般是一日1剂，将两次或三次煎煮之药液合并，分2~3次温服；但急病重证，或顿服以使药力集中，或一日数服、煎汤代茶频服，以使药力持续，甚至一日连服2剂，以加强疗效。慢性病服用丸、散、膏、酒等剂型时，一般一日服2~3次。服用汤药，大多采取温服，但也有例外，如治疗热证可以寒药冷服，治疗寒证可以热药热服，意在辅助药力；若病情严重时，可能发生服药后呕吐的"拒药"反应，此时则应寒药热服，或热药冷服，以防拒药不受。服药剂量，服用峻烈的药物以及有毒性的药物时，宜从小量开始，逐渐加量，取效即止，慎勿过量，以免发生中毒反应或戕伤人体正气。此外，对于服汤药后出现恶心呕吐者，可在药液中加入少量姜汁，或用鲜生姜擦舌，或嚼少许陈皮，然后再服汤药，或采用冷服，小量频饮的方法。对于昏迷患者、吞咽困难者，可用鼻饲法给药。

三、药后调护

通过观察患者的药后反应而施以合理的调护方法，有助于提高临床疗效和加速病体康复。例如服用发汗解表类汤剂，应观察患者有无汗出、汗量多少、汗液性质以及颜色、肢温、脉象、伴随症状的变化等。若药后微有汗出，热退身凉，说明表证已解，则停后服，以防过汗伤正；若汗出而热不退，则应继续给药；若无汗或汗出不彻，可加服热粥，或适当提高室温、添加衣被等，以助取汗。凡发汗只宜遍体微汗，若见患者大汗淋漓、面色苍白、脉微欲绝，即为汗出太过，亡阳虚脱之象，应及时施以回阳固脱之法。若服用泻下、驱虫杀虫方药者，应注意观察患者大便的形状、颜色、数量、气味、有无虫体的排出，第一次排便时间、排便次数等。一般润下剂药力和缓，药后便通还可继续服用1~2日；而服峻下剂后，若大便不下或仅有数枚燥屎，可间隔4小时后再服药；若燥屎后带有稀便，表明药已中病，应停服后药。若服逐水药后泻下不止，在停药同时可服冷粥或饮冷开水止之；若服药后患者出现剧烈腹痛、泄泻不止或频繁呕吐、大汗淋漓、心悸气短等反应，表明气随津脱，应及时施以益气回阳固脱之法，同时给患者饮用糯米粥或小米粥、红枣汤等以养胃止泻。由于上述方药极易损伤脾胃，故药后应注意调理脾胃，可给予米汤或清淡素食以养胃护脾。此外，药后注意告诫患者慎劳役、戒房事、节恚怒等，对患者康复亦十分重要。

第四节 服药食忌

服药食忌（Dietetic Restraint），又称"忌口"，是指服用中药时应注意的饮食禁忌。中药的知识与应用经验是我们的祖先在寻找食物过程中逐步发现与积累起来的，《神农本草经》所载365种药物，约一半以上既是药物又是食物，可见药物和食物之间存在着密切的联系。中药有四气五味，食物亦然。所以在服用中药期间，不适当的饮食可能会加重旧病，或者变生新病，并影响药物疗效的发挥，甚至诱发不良反应。因此注意饮食宜忌，也是确保临床用药有效而安全的措施之一。食忌主要包括病证禁忌和药物禁忌两方面。

病证的饮食禁忌 一般而言，不论罹患何病，皆应少食肉类、生冷、豆类及其他不易消化的食物，以免增加肠胃负担，影响药物吸收，脾胃虚弱者尤应注意。正如《本草纲目》所说："凡服药，不可杂食肥猪犬肉，油腻羹鲙，腥臊陈臭诸物；凡服药，不可多食生蒜、胡荽、生葱、诸果、诸滑滞之物。"除上述一般的食忌之外，若患热证者，尤应忌食辛辣、酒、鱼、肉类等，恐助热生痰；患表证或麻疹者，宜少食生冷及酸味食物，免其收敛而影响药效；患虚寒证者，避免过量饮茶及多食萝卜，因其性凉下气有可能降低温补之效；若气滞腹胀胸闷者，忌豆类、白薯，以免更增气胀之苦。此外，患肝病者，忌食辛、辣、油腻；患哮喘、过敏性皮肤病、疮毒等，少食鸡、羊、猪头肉、鱼、虾、蟹等发物。《医学心传全书》："寒病忌生冷；热病忌温性，如椒辣之品；肝阳忌鸡之升提，并忌温品；气病忌酸敛之品；毒病忌海鲜、鸡、虾发物；血枯忌生冷；呆胃忌油腻；胃寒忌生冷；痒疮忌粥饭；水臌忌盐；怀胎忌香、忌活血；胎前忌热，产后忌寒；痛经忌寒、酸；停经忌寒冷及酸收。"可供参考。

药物的饮食禁忌 《本草纲目》载有："苍术、白术忌雀肉、青鱼"，"甘草忌猪肉、菘菜、海菜"，"地黄、何首乌忌一切血、葱、蒜、萝卜"，"牛膝忌牛肉"，"补骨脂忌猪血、芸苔"，"半夏忌羊肉、羊血、饴糖"，"服厚朴者忌豆，食之动气"，"荆芥忌驴肉、反河豚、无鳞鱼、蟹"，"紫苏忌鲤鱼"，"薄荷忌鳖肉"，"威灵仙忌茶、面汤"等。再如《饮膳正要》中云："有茯苓，勿食醋"，"有黄连、桔梗，勿食猪肉"；"有常山，勿食生葱、生菜"；"有朱砂，勿食血"等。此外，"服人参、鹿茸忌食萝卜"；"服鳖甲忌食苋菜"；"蜜反生葱"等，亦常见诸多种古典医籍。中药的饮食禁忌，是历代医家长期的临床实践总结，虽然其中不少经验尚缺乏足够的临床资料，其机理还不能被现代科学所揭示，但饮食影响药物对人体的作用，由此可能导致的不良反应或副作用则是客观存在的。中医在服药食忌方面积累的大量经验，值得我们重视并加以进一步研究。

第六章
影 响 方 剂
疗 效 的 因 素

影响方剂疗效的因素是多方面的，也是十分复杂的。辨证是否准确，立法是否妥当，组方药味选配、药量配比、剂型选择、服用方法与病情是否针对，患者个体的差异性和生活环境等，均可影响方剂的疗效。现代研究表明，下述一些因素对方剂的疗效有重要影响。

第一节　机体方面的因素

一、生理情况的影响

年龄、性别、体质、情志状态等因素，对方剂药理作用的发挥影响甚大。不同年龄对药物的反应也不同。相对于成年人，幼儿脏腑娇嫩，许多器官、系统尚处于发育阶段，功能尚未完善，当慎用攻伐或温补；老年人脏腑渐衰，气血已虚，则不任峻烈攻泻。男女性别有异，受激素的影响不同，对某些药物的敏感性则有所不同，如妇女月经期可使部分药物的代谢和清除加快，服用含生物碱的麻黄、解热镇痛的柴胡、防己等会使药物的疗效减弱；一些妇科方药如乌鸡白凤丸、乾坤丹等因对女性内分泌系统的影响发挥调经种子的作用，而用于男性患者则可能出现不同的效用。情志变化或精神状态也会影响机体对药物的敏感性和耐受性。中医认为，体质反映人体生理状态下气血阴阳的偏颇，也是影响药物耐受性和反应性的重要因素。体壮之人，腠理致密，肠胃坚实，可胜厚重之药；体弱之人，不任疏泄，药宜轻薄，有时无毒之药也易有副作用，正如《内经》所告诫的"能胜毒者以厚药，不胜毒者以薄药"。现代认为，药物因机体个体差异有量与质的两种表现，即药理学上所谓的高敏性和耐受性。不同体质的人对同一方药既可增效减毒，也可能减效增毒，或改变其作用趋向。此外，某些过敏体质的患者对某种药物很容易发生过敏反应，临床见有口服人参糖浆、静滴生脉液等出现过敏反应的报道。

二、病理状态的影响

根据方证相关的原理，方药只有与病证对应时，其性能效用才能充分发挥，即方药的效用对其所作用的机体状态（病证类型）具有依赖性。不同的病理状态影响药物在体内分布、代谢、敏感性而使药效发生变化甚至逆转。有研究表明，黄芩、穿心莲等药对正常体温并无降低作用，发热患者使用后则可出现解热作用；肝肾疾病患者的代谢排泄功能减弱，影响药物体内的代谢过程，往往使药物的作用时间延长，而且易导致蓄积中毒。临床麻疹患者使用透疹方药需在正气抗毒于表，腠理欲开未开之时，因势利导，作用才强；若正虚毒陷，邪毒去表尚远，则不能达到疏达透疹之目的。孕妇一般禁忌使用渗利、温燥、泻下、攻破等品，但当药证相合，则不会影响胎儿，所谓"有故无殒"。徐灵胎曾谓之："盖病者之性情气体，有能受温热者，有能受寒凉者，有不受补者，有不禁攻者，各有不同。"（《医学源流论》）

第二节　方药方面的因素

一、药物与配伍

　　药材质量的优劣直接影响方剂疗效的高低，而药材的质量涉及药材的原品质（与药材的产地、采收时间、生长环境与周期、栽培技术等有关，影响药材中有效成分的含量，直接影响方药疗效）、加工炮制方法与技术（可改变药物的性味、升降沉浮与归经，影响药材中成分的含量，与方药的安全性与有效性有关）及药材的储藏与保管（防止药材变质及其成分破坏或丢失）等方面。在方剂运用中，药物配伍是影响方药疗效的重要因素，通常涉及药味与剂量两个方面。有实验证明，回阳救逆的四逆汤全方的升压作用不仅明显优于方中各单味药，并能减慢窦性心律，避免单味附子所产生的异位心律失常，表明全方药味通过配伍发挥增效减毒作用；对血府逐瘀汤中活血和行气两组药群及其配伍对大鼠急性微循环障碍模型影响的观察表明，活血和行气两组药群合用（全方）在改善模型微循环方面的作用较单用活血或行气组强，提示方中行气与活血药味间配伍的协同作用。也有实验观察到，白虎加人参汤中知母与人参单用均有明显的降血糖作用，但二味合用时则只在一定配伍比例时（知母与人参的原方配比为 5∶3）才有一定的降糖作用，两者配比在 5∶9 时几乎无降糖作用，此时加入石膏可使降糖效果恢复，并在一定范围内，降糖作用与石膏加入量成正相关；依次加入粳米和甘草，降糖作用逐渐加强，结果提示方内药味之间存在比较复杂的剂量配伍关系。对泻黄散方中防风与全方抗炎作用关系的研究发现，防风虽可以增强全方的抗炎作用，但若使用原剂量或小于原剂量对全方抗炎作用强度影响不大，而大剂量却有使全方抗炎作用减弱的趋势，结果提示该方配伍防风的必要性及剂量不宜过大。

二、用量因素

　　方药剂量大小对其疗效也有密切关系，所谓"中医不传之秘在量上，中医治病的巧处在量上"，这里主要讨论复方作为一个整体的单服用量。已知许多单味药的不同功效与其用量有关，如大黄小量健胃，稍大量则泻火通便；红花小量能养血，中量能活血，大量能破血；芫花小量有利尿作用，稍大剂量反能抑制泌尿；商陆小剂量可兴奋血管运动中枢，增加肾脏血流量而利尿，稍大剂量反而尿量减少；甘草小量调和药性，中量能清热解毒利咽，大剂量则缓急解痉。复方由多味药物组成，在常用量范围内，其药理作用的量效关系的确没有西药明显，经验中的单服用量主要是根据疾病的轻重缓急和患者年龄而定。但复方常有多方面的效用，其效用与剂量有关。如临床经验表明，六神丸内服治疗咽喉疾患的成人日用量为

5～10粒，用于心衰、心房扑动、流行性乙脑的日用量为 60 粒，而用于白血病的日用量为 90～120 粒；药理实验观察到，大鼠或小鼠灌服银翘散呈现解热、抗敏、抗炎、发汗、抑制肠蠕动作用的有效剂量分别为 20g/kg、10g/kg、1.5g/kg、0.267g/kg、0.213g/kg，提示复方也存在效用与其剂量的选择性问题，临床一味通过增加服用剂量来提高疗效是不适宜的。曾有报道，桂枝汤一日给予 2 剂的小鼠腹腔巨噬细胞吞噬功能明显高于一日给予 1 剂的小鼠；连日服的作用强于非连日服；一日总量分 3 次口服，每次间隔 2.5 小时，作用也明显强于总量一次服，证明桂枝汤宜多次分服的合理性以及连续使用的必要性。

三、制剂因素

剂型选择是否合理，也能影响方药的疗效。《神农本草经》载："疾有宜服丸者，宜服散者，宜服汤者，宜服膏者，亦兼参用，所病之源以为其制耳。"李东垣指出："汤者荡也，去大病用之；散者散也，去急病用之；丸者缓也，不能速去而缓治之也。"说明不同剂型有不同的作用特点。现代药剂学认为，药物因剂型差别而有不同的释放特性，可影响药物的吸收、作用强度、作用部位、起效和持续时间、毒副作用等。如瓜蒂散用散剂有涌吐痰食的作用，改用汤剂则无此效；五苓散汤剂的利尿效用不如散剂为高。也有研究发现，六神丸在水溶液状态下不稳定，疗效迅速降低，甚至无效，不适于用汤剂，而制丸则比较合理。又如大黄黄连泻心汤制成汤剂，大黄与黄连产生的鞣质在胃肠道中缓慢分解，转为鞣酸与小檗碱，则能分别发挥疗效。若制成注射液，则需将沉淀物去掉，否则就会导致失效。有些中药只有在特定的剂型中才能发挥疗效，如朱砂、麝香等药只宜入丸、散剂，而不能入煎剂。雷丸中所含的蛋白分解酶在加热至 70℃ 时便失去活性，因此用雷丸驱虫必须研末冲服，否则没有驱虫效果。

四、给药途径因素

方剂内药物的作用形式及药效发挥通常受给药途径的影响。有些经口服进入胃肠的药物，其有效成分在胃肠中吸收，再进入血液循环，从而发挥治疗作用。但药物进入体内后，需经过一系列的复杂的生理、生化反应过程，并受到多种因素的干扰与影响。不同方药因给药途径不同而有不同的效用。如芒硝主要成分是硫酸钠，内服不易被肠壁吸收，存留肠内形成高渗溶液并阻止肠内水分吸收，使肠内容积增大，引起机械刺激，促进肠蠕动加快，以发挥泻下通便、软坚散结的作用；其外用时，则增强体内网状内皮系统的吞噬功能，加快淋巴细胞的生成，故有较好的清热消肿之功，常外敷用于治疗肿毒。某些不适宜口服给药（其有效成分遇胃酸分解或有禁忌）的方剂有时可采用直肠给药，以发挥局部或全身治疗作用。此外，注射给药、皮肤给药、黏膜给药、呼吸道给药等途径各有长短，给药时均要结合病情，合理选择，正确运用。

第三节 中药与西药联合使用

中药与西药联合使用通常指临床中药和西药同时合用或先后使用的情况，是现代中医临床最为普遍的现象。中西药合用的范围相当广，药物之间也存在相互作用的复杂关系。临床经验表明，不少情况下中西药联用时并未出现明显的不良反应，而合适的中西药并用常能提高疗效，降低毒性，减少不良反应；但不适宜的联用有时也会降低药效、出现不良反应及毒副作用。目前，已经了解到中西药合用时会存在以下一些相互作用的形式。

一、胃肠道中的相互作用

中西药物可在胃肠道中发生络合、吸附、氧化还原、沉淀等，或因改变酸碱环境而影响吸收和疗效发挥。如含有机酸中药如乌梅、木瓜、山茱萸、五味子等，可促进四环素族抗生素的吸收而促进疗效；在酸性环境中酶的作用下，皂苷极易水解失效，而皂苷与金属离子易形成沉淀而影响吸收，一些含有皂苷成分的中药如人参、三七、远志、桔梗等不宜与酸性较强或含有金属盐类药物合用；碱性较强的中药与阿司匹林、胃蛋白酶合剂等酸性药物合用，易发生中和反应，而使两种药物的排泄加快，疗效降低；含槲皮素的中药或中成药，如桑叶、旋覆花、柴胡、槐花、山楂丸、槐角丸等，则不宜与含钙、镁、铝、铋的西药如碳酸钙、硫酸镁、氢氧化铝、碳酸铋等合用，因中药中的槲皮素多以糖苷形式存在，在体内吸收代谢过程中，可能分解产生苷元槲皮素，其与上述阳离子形成络合物，性质改变，疗效降低。

二、在肝脏的相互作用

主要表现为两方面：一是因酶促作用降低药效。如乙醇是一种酶诱导剂，能增加肝脏药酶的活性，使西药在体内代谢增强，半衰期缩短，药效显著降低，因此含乙醇的中成药如国公酒、风湿酒、骨刺消痛液等不宜与苯巴比妥、苯妥英钠、安乃近等同服。二是因酶抑制作用增加毒副反应。如单胺氧化酶抑制剂可抑制单胺氧化酶的活性，使去甲肾上腺素、多巴胺、5-羟色胺等单胺类神经递质不被酶破坏而贮存于神经末梢中，而麻黄碱可促进这些神经递质释放，引起头痛、头晕、恶心、腹痛、呼吸困难、心律不齐、运动失调及心肌梗死，严重者可引起高血压危象。因此，中药麻黄及含麻黄的中成药如气管炎丸、定喘丸等不宜与单胺氧化酶抑制剂优降宁、异烟肼等合用。

三、在肾脏排泄时的相互作用

酸性中药及复方可酸化尿液，增加阿司匹林、消炎痛、磺胺、青霉素、苯巴比妥、苯妥英钠等酸性西药在肾小管的重吸收，提高血药浓度而提高疗效；而由硼砂组成的中成药或其他碱性中成药则可碱化尿液，从而增加酸性西药的排泄，减少其重吸收，会降低疗效。

四、药物分布方面的相互作用

中西药物联用可影响药物的体内分布，从而使疗效减弱，甚至产生毒副反应。如碱性中药硼砂与西药卡那霉素、链霉素、庆大霉素、新霉素等同时，能使这些抗生素排泄减少，在增加或延长疗效的同时，又能增加脑组织中的药物浓度，产生前庭紊乱的毒性反应，形成暂时性或永久性的耳聋及行动蹒跚，对少年儿童危害较大。

五、药效学上的相互作用

临床观察到，不少中西药合用能增加疗效和减轻不良反应，如香连化滞丸与痢特灵合用对痢疾疗效良好；鱼腥草、重楼、桔梗与氨茶碱、苯海拉明合用制成咳痰敏，治疗慢性气管炎疗效可靠；舒心散冲剂与扩冠剂心可定配用可延长有效期；参附注射液不但能加强升压药如阿拉明、多巴胺等的升压作用，而且还能减少对升压药的依赖性；消炎解毒丸与地塞米松合用对内毒素性心脏损伤具有一定的保护作用；三黄泻心汤加减方与西药止血剂合用有明显的加速止血作用；补中益气汤、六味地黄丸、芪贞冲剂等与肿瘤化疗配合使用可使肿瘤患者生存期延长或治愈率提高；小半夏加茯苓汤与化疗药物顺箔合用能明显减轻后者胃肠道反应等。但也有减弱疗效或增强毒性的可能，如参茸片与胰岛素同用，则可因为其拮抗作用使后者的降糖作用减弱；冰凉花、蟾酥、荚竹桃等含有强心类物质的中药，与洋地黄类强心药合用，在总剂量增加的情况下，可引起强心苷中毒，易出现心动过缓，甚至停搏等严重中毒症状；石膏、牡蛎、珍珠母等含钙离子的中药，与某些治疗心血管疾病的西药，如洋地黄类强心苷、心可定、心痛定等合用时，可引起心律失常和传导阻滞。

总之，中药与西药之间也存在着类似于"相须相使"、"相恶相畏"及"相反相杀"的配伍关系，中西药联合使用涉及临床疗效与安全性。如何发挥中西药相互协同、增强疗效，相互制约、降低毒副作用以及避免不适宜的联用？是一个值得重视的临床问题。相信随着经验的积累和相关研究工作的开展，人们将在中西药联用中主动地去扬长避短，使中西医结合优势得到更好的发挥。

第四节 其他方面的因素

一、煎药因素

中医在煎药方面积累了大量丰富的经验，清代名医石寿棠曾指出："阴液大亏，又夹痰涎，则浊药轻煎，取其流行不滞（如地黄饮子是也）；如热在上焦，法宜轻荡，则重药轻泡，取其不犯下焦（如大黄黄连泻心汤是也）；如上热下寒，则寒药淡煎，温药浓煎，取其上下不碍（如附子泻心汤是也）。或先煎以取其汁，或后煎以取其气，或先煎以取其味厚而缓行，或后煎以取其气薄而先至（如大承气煎之法）。欲其速下，取其流水；欲其缓中，用甘澜水。欲其上升外达，用武火；欲其下降内行，用文火。"

现代研究发现，在方剂诸药共煎过程中，可能会发生酸碱中和、取代、水解、聚合、缩合、氧化、变性等化学反应，因而方中药物分煎合并与全方药物共煎的药效是不完全相同的。方剂中诸药共煎可使成分增容而增效，甚至能产生新的化合物。如芍药甘草汤中芍药苷的含量明显高于单味生白芍煎液；关木通及含关木通的龙胆泻肝汤水煎液中的马兜铃酸含量明显低于等量单味生药关木通中的马兜铃酸含量，说明煎煮过程影响了其有关成分的溶出；当归承气汤中大黄总蒽醌的溶出率随当归磷脂含量的升高而增加。煎煮方法不当也可引起方剂中有效成分含量的减少。如含挥发性成分的方剂，通常煎煮时间愈长，其挥发性成分损失量愈大，而采用回流煎煮则可减少其损失量。此外，对于影响方剂的疗效和安全性的某些中药煎煮方法，应予特别注意。如杏仁所含苦杏仁苷可因煎煮时间过长，水解而产生氢氰酸并随水蒸气逸散，止咳作用减弱；石斛所含类脂类生物碱只在久煮后其水解产物才能起治疗作用；乌头类中药久煎可使其毒性成分乌头碱分解为乌头次碱及乌头原碱，其毒性减至原来的1/2000。

二、饮食因素

由于药物的吸收与消化道的理化因素有关，如空腹、饱腹、进食的质量、黏度、温度、饮食的酸碱度等，对药物吸收均会产生影响。在胃中不吸收而在肠内吸收的药物，其奏效起始时间，决定于药物离开胃进入十二指肠的速率。而一些受胃酸和胃酶活性影响而不稳定的药物，在胃内滞留时间的长短则直接影响药物的有效性及疗效的起始时间。饮食的质与量对胃排空速率有很大的关系。所以，临床安排给药不仅要考虑药物与食物之间的相互协同、拮抗作用抑或毒副作用，也要考虑饮食对胃排空速率的影响。中医对某些方剂在服用时间上有平旦空腹、餐前或饭后等特殊要求，虽然这些经验尚未得到现代研究的证实，但仍值得临床重视。

三、服药时间

人处气交之中，与天合度。人体脏腑阴阳盛衰、经络气血流注、气机升降出入等都呈现节律性变化，药物作用于人体引起反应必然受到其节律的影响。由于机体存在昼夜节律的变化，因此在昼夜节律的不同时间给予药物，在生物利用度、排泄、血药浓度等方面常出现不同改变，表现出药效和毒性上不同变化规律。曾观察到：急性实验中，按动物昼夜节律的不同时间给某种药物，其作用或毒性可相差数倍或几十倍；慢性实验中，用巴豆油涂擦小鼠皮肤，可以得到较高的肿瘤发生率，但在中午反复涂擦却难以获得预期效果；二甲苯在白天用药才能得到较高的乳癌发生率。目前已观察到不少药物在药效反应上存在昼夜节律的变化。有关中药作用与时间关系的研究也曾发现桂枝汤对小鼠的急性毒性呈明显的时间依赖性，动物休息期（白昼）用药的毒性大于活动期（夜间）；桂枝汤小鼠活动期给药，其解热作用明显强于静止期（白昼）给药，结果表明桂枝汤在活动期给药毒性低而疗效高。除昼夜节律的变化外，岁气时令气候也会感应人体，因加相胜，用药时也应注意，《内经》所谓"用温远温，用热远热，用凉远凉，用寒远寒"即是指此。曾有研究发现，温阳祛寒方麻黄附子细辛汤在气温20℃以下时（常温条件）给药可使小鼠体重和抗冷冻（-3℃～-5℃）能力显著增加，但在25℃以上时（夏令季节）给药则使小鼠体重减轻和抗冻能力减弱。近些年来，临床出现一些冬病夏治或夏病冬治的成功经验也是中医适时给药方面的很好例子。

第七章

临床处方规范

处方（Recipe）是医生实施治疗的方案，是临床运用方药的具体形式和药房配药的法定依据。处方不仅在内容上应做到药证相符、配伍合理、药量恰当，而且在形式上也应做到书写规范、药物剂量及用法标注明确、字迹清晰端正等。处方可以直接反映出医生辨证论治的水平和其职业责任心。因此，掌握处方的格式和开方的基本要求，既是方剂学的基本技能之一，也是提高疗效的重要环节。

第一节　处方的概念

处方是医疗和药剂配制的重要书面文件。具体地说，处方是由注册的执业医师和执业助理医师（以下简称"医师"）在诊疗活动中为患者开具的、由药学专业技术人员审核、调配、核对，并作为发药凭证的医疗用药的医疗文书（《处方管理办法》）。狭义地讲，处方是医师诊断患者病情后，为其预防和治疗需要而写给药房调剂和配发的文件。广义地讲，凡制备任何一种药剂的书面文件，均可称为处方。本节主要讨论前者。狭义的处方又称医师处方，包括临床医师开写的中药处方和西药处方（本节主要论述中药处方）。医师处方是医师对患者治病用药的凭证，是药房调配药剂、指导患者用药及结算医疗药品费用的依据。它具有法律、技术和经济上的意义。医师或药剂人员对因开写处方或调配处方差错而造成的医疗事故，应负有法律上的责任。因此医师、药剂人员须在处方上签名或盖章以示负责。处方在技术上写明了药品名称、数量、制成何种剂型及用法用量等，保证药剂规格、剂量，使用药物有效安全。处方在经济上，可按照处方来检查和统计药品的消耗量，尤其是贵重药品、毒性药品及麻醉药品，以供作报销、预算采购的依据，并作为药房向患者收取药品费用的依据。

一、处方的类型

医师处方分为普通处方、特殊处方、病室处方和急症处方。特殊处方指法律规定的处方，病室处方指医院内的专用药品处方。处方由各医疗机构按规定的格式统一印制。麻醉药品处方、急诊处方、儿科处方、普通处方的印刷用纸应分别为淡红色、淡黄色、淡绿色、白色。并在处方右上角以文字注明。

二、处方的格式

处方格式分为三项，前记一般包括医疗、预防、保健机构名称，处方编号，患者姓名、性别、年龄、门诊或住院病历号，科别或病室和床位号、临床诊断、开具日期等，并可添列专科要求的项目。正文：以 Rp 或 R（拉丁文 Recipe "请取" 的缩写）标示，分列药品名称、规格、数量、用法用量。后记包括医师签名和或加盖专用签章，药品金额以及审核、调配、核对、发药的药学专业技术人员签名。

三、中药处方的书写

中药处方药物的书写一般从左至右横写药名，竖行排列。凡药味较多的处方，可分二到三列排。对药名为两字组成者，如黄芩、黄连、栀子等，可同排一列；而药名为三字组成者，如龙胆草、车前子、鱼腥草之类，另排一列。药物用法，宜注明在药品之后上方，并以括号以示醒目。如滑石(布包)、阿胶(烊化)、龟板(先煎)、肉桂末(冲服)等。对某些药物的产地、炮制方法、品种质量，如有特殊要求时，亦应在药名之前或前上方写出。例如：制半夏、怀牛膝、鲜石斛；或(炒)麦芽、(煅)灵磁石、(飞)朱砂、(去毛)枇杷叶等。药物的用量，应紧接每味药物之后书写，如白术 10g、炙甘草 5g 等。每味药之间应有 1~2 个字的间距。处方笺式样及具体书写格式可参看下图。一些医院的中医门诊处方中还包括了简要的辨证立法栏，在没有详尽的病例记录的情况下，应重视该栏内容的书写。

处方笺

门诊号：__000180__ 科别：__内科__ 处方日期：__2007 年 3 月 14 日__

姓 名：__李某__ 性别：__女__ 年 龄：__30 岁__

住 址：__长沙市杏林路 105 号__

剂 数：__3__

用 法：__水煎服。每日 1 剂，分 2 次温服。忌食辛辣、浓茶、鱼腥。__

荆 芥 __6g__ 木 通 __6g__ 牛蒡子 __6g__

防 风 __6g__ 蝉 蜕 __5g__ 生石膏(先煎) __10g__

当 归 __10g__ 苦 参 __6g__ 胡麻仁 __6g__

知 母 __5g__ 生 地 __10g__ 炙甘草 __3g__

医 师：__赵某__ 药剂员：_____

核对人：_____ 计 价：_____

第二节　中医临床处方规范

处方是供药房配药的依据，关系到治病的效果甚至患者性命安危。为提高处方质量，促进合理用药，保障患者用药安全，必须加强中药处方开具、调剂、使用的规范化管理。

1. 处方记载患者的一般项目应清晰、完整，并与病历记载相一致。

2. 每张处方只限于一名患者的用药。

3. 处方字迹应当清楚，不得涂改。如有修改，必须在修改处签名及注明修改日期。

4. 处方一律用规范的中文名称书写。医疗、预防、保健机构或医师、药师不得自行编制药品缩写名或使用代号。书写药品名称、剂量、规格、用法、用量要准确规范，不得使用"遵医嘱"、"自用"等含糊不清字句。

5. 年龄必须写实足年龄，婴幼儿写日、月龄。必要时，婴幼儿要注明体重。中成药、中药饮片要分别开具处方。

6. 中成药处方，每一种药品须另起一行。每张处方不得超过五种药品。

7. 中药饮片处方的书写，可按君、臣、佐、使的顺序排列。详细书写格式参阅前面"中药处方的书写"章节。

8. 用量。一般应按照药品说明书中的常用剂量使用，特殊情况需超剂量使用时，应注明原因并再次签名。

9. 为便于药学专业技术人员审核处方，医师开具处方时，除特殊情况外必须注明临床诊断。

10. 开具处方后的空白处应划一斜线，以示处方完毕。

11. 处方写完后，要仔细检查药物、剂量、用法等，对处方笺上难以写尽而又应作特别交代的事项，应向患者口头交代清楚。如服用止血剂，应嘱患者静卧休息，有利于止血；某些方药的服药食忌。如外用之方，应交代清楚药物的具体用法及注意事项等。

12. 处方医师的签名式样和专用签章必须与在药房留样备查的式样相一致，不得任意改动，否则应重新登记留样备案。

中篇 各论

第八章

解表剂

解表剂（Formulae for Releasing the Exterior）是以解表药为主组成，具有发汗解肌、疏达腠理、透邪外出等作用，主治表证的一类方剂。解表剂属于八法中的"汗法"。

肌表是人体的藩篱，口鼻内通于肺，肺应皮毛。外感六淫伤人，首犯肌表肺卫，出现恶寒发热、头身疼痛、鼻塞咳嗽、脉浮等表证。此时病邪轻浅，当遵"因其轻而扬之"，"其在皮者，汗而发之"的治疗原则，使邪气从肌表而出。如果失时不治，或治不得法，六淫之邪不能及时外解，势必转而深入，变生他证。前人所谓"善治者，治皮毛，其次治肌肤，其次治筋脉，其次治六腑，其次治五脏，治五脏者，半生半死也"（《素问·阴阳应象大论》）。外感六淫初期，及时使用解表剂治疗，不仅使邪从外解，还能防病传变，使疾病早期获愈。因此，解表剂在外感病的治疗中具有重要意义，汗法冠于八法之首的意义也即在此。

六淫之邪有寒热之异，人体又有虚实之别，临床表证则主要有表寒、表热及虚人外感几种类型，所以解表剂一般可分为辛温解表、辛凉解表和扶正解表三类。

解表剂除用于解除表证外，还可用于麻疹、疮疡、水肿、疟疾、痢疾等初起兼有表证者。麻疹多因时疫邪毒外发肌表所致，若肌表受邪，邪毒外发受抑，可致疹出不畅，甚至有内陷之机，解表剂可散外邪、畅肌表，助疹毒外达；水肿初期兼有表证者，多与外邪犯表，肺失肃降，水道不利有关，解表剂能发散外邪、开玄府，宣通肺气而利水道，有助水液从汗、尿外排；肌表疮疡初起多伴发热恶寒等表证，其病机常涉及邪毒犯表，营卫壅滞，解表剂能发散外邪，宣通营卫，有助疮疡的消散；痢疾若因外邪不解，初陷肠腑，或疟疾因外感时邪引发者，解表剂可升散透邪，解除表证，使表畅里和。

解表剂现代临床被广泛用于感染性、炎性、免疫性、心血管和神经系统的多种疾病，其中最多用于流感和感冒、上呼吸道感染、扁桃体炎、支气管炎、肺炎、支气管哮喘、流行性脑膜炎和乙型脑炎早期；还常用于急性肾炎、风湿及类风湿性关节炎、荨麻疹、鼻炎、咽喉炎、病毒性角膜炎以及痤疮、慢性湿疹、颈椎病、肩周炎等病。药理研究表明，解表剂除有发汗、解热、镇痛、抗炎、抗病原微生物、抗过敏等作用外，还涉及对诸如物质代谢、消化、血液、循环等其他多个系统的影响。据此推测中医解表发汗"祛邪"的现代内涵，可能主要是通过促进汗腺分泌和血管舒张反应而起到排泄毒素的作用。通过发汗能改善全身和局部的循环功能，促进代谢产物的排泄和局部炎症的吸收；循环功能的加强，又可增强肾小球滤过等作用，从而排除体内潴留的水分和毒素。此外，周围血管的扩张，还可发散体温而使发热消退。解表的疗效是其增强体表循环、抗菌、抗病毒、解热、镇痛等多种作用的综合结果，它既可以增强机体抵抗疾病的生理防御反应，又可以消除致病因子对机体的病理反应，以及调整机体某些失调功能使之恢复正常，从而控制疾病的传变，中断病程，使机体获得康复。

解表剂多用辛散轻扬之品，不宜久煎，以免药性耗散，作用减弱。服用解表剂后，宜增加衣被，或避风寒、以助汗出或防外邪复入。解表取汗，应以遍身微汗为佳。太过与不及，均不适宜。服药期间，还应忌辛辣、生冷、油腻，以免影响药物吸收和药效的发挥。使用解表剂当以外邪所致的表证为要，如表邪未尽，又出现里证者，应先解表后治里，或以解表为主，兼治其里；表里证俱急者，又当表里双解。如病邪已入里，或麻疹已透、疮疡已溃、正虚水肿、吐泻失水等，均不宜使用解表剂。

第一节　辛温解表

辛温解表剂（Formulae for Releasing Exterior with Pungent-Warm Herbs），适用于由外感风寒引起的发热、恶风寒，头项强痛、肢体酸痛、口不渴、舌苔薄白、脉浮等表证，常用辛温解表药如麻黄、桂枝、荆芥、防风、苏叶、羌活等为主组成。风寒表证中，或邪犯肌表，肺失宣降；或风寒夹湿，经络阻滞；或肌表被郁，肺胃气滞；或阳盛之体，邪从热化；或暑令感寒，或素有寒饮，内外合邪而有各种伴随兼证。故本类方剂又常配伍宣肺止咳、除湿通络、理气行滞、清泄里热、温化痰饮等药。代表方剂如麻黄汤、桂枝汤、九味羌活汤、香薷饮、小青龙汤等。

麻　黄　汤
Ephedra Decoction
（Mahuang Tang）
（《伤寒论》）

【组成】麻黄三两，去节（6g）　桂枝二两，去皮（4g）　甘草一两，炙（3g）　杏仁七十个，去皮（9g）

【用法】上四味，以水九升，先煮麻黄，减二升，去上沫，内诸药，煮取二升半，去滓，温服八合。覆取微似汗，不须啜粥，余如桂枝法将息（现代用法：水煎服）。

【功效】辛温发汗，宣肺平喘。

【主治】外感风寒表实证。恶寒发热，头痛身疼，无汗而喘，舌苔薄白，脉浮紧。

【制方原理】风寒袭表，卫阳被郁，营气涩滞，毛窍闭塞，故见恶寒发热、头痛身疼而无汗，且脉浮紧；肺卫相通，卫郁窍闭，则肺气失宣，故上逆而咳喘；风寒在表，故舌苔薄白。针对本证风寒束表，营卫郁滞，肺失宣降之病机，治宜发散风寒，通畅营卫，宣肺平喘，以使表邪散，腠理开，营卫畅，肺气宣，诸证得解。

　　方中麻黄苦辛性温，为肺经专药，善开腠理而发越人体阳气，其发汗解表、宣肺平喘，为君药。营涩卫郁，但以麻黄解卫郁，则营涩难畅，故又以温经散寒、透营达卫之桂枝为臣，与麻黄相须为用，一发卫分之郁，一透营分之邪，既加强发汗散寒解表之力，又兼温通经脉以除头身疼痛。肺主肃降，恐方中麻、桂上行宣散太过，故佐以杏仁降利肺气，与麻黄相配，宣降相宜，以增强止咳平喘之功。炙甘草既能调和麻、杏之宣降，又能缓和麻、桂相合之峻烈，使汗出不致太过而耗伤正气，是使药而兼佐药之用。四药相合，透营畅卫峻发汗，宣降肺气止咳喘。

　　制方特点：方中麻黄配桂枝透营畅卫，解表发汗之力峻；麻黄伍杏仁，宣降肺气，止咳平喘之效增；甘草调和于营卫、宣降之间。

　　【临床应用】

　　1. 用方要点　本方适用于风寒表实证。临床用方辨证要点为恶寒发热，无汗而喘，苔薄白，脉浮紧。

　　2. 临证加减　外感风寒较轻，不需强力发汗，见头身疼痛不甚、鼻塞咳嗽、胸满气短者，去方中桂枝（《和剂局方》三拗汤），或加苏叶、荆芥；肺郁生痰，兼咳痰气急者，可加苏子、橘红、桑白皮、赤茯苓（《和剂局方》华盖散）；风寒郁热，兼心烦口渴者，可加石膏、黄芩；风寒夹湿，见无汗而头身重痛、舌苔白腻者，可加苍术或白术（《金匮要略》麻黄加术汤）；风湿郁热，去桂枝，加苡仁（《金匮要略》麻杏苡甘汤）。

　　3. 现代运用　主要用于普通感冒、流行性感冒、小儿高热、支气管哮喘、类风湿性关节炎、荨麻疹、银屑病等。

　　4. 使用注意　风热表证，或表寒化热入里之里热证禁用；外感表虚自汗、新产妇人、失血患者忌用；高血压和心脏病患者应慎用。

　　【现代研究】

　　1. 药理研究　麻黄汤对大鼠有显著的发汗作用，其作用呈显著的量－效相关性，且与方中的麻黄、桂枝配伍有关。对用肺炎球菌皮下注射复制的大鼠"类表寒"模型早期出现的寒战、耸毛等症状以及伴随的肛温降低、寒冷应急引起的动物免疫功能低下、由氨水或机械刺激引起的动物咳嗽均有明显的对抗或抑制作用。本方还能促进小鼠泪腺和唾液腺的分泌，对抗由三联菌苗、新鲜酵母等致热源引起的动物体温升高，对大鼠蛋清性足跖部炎症也有一定的抑制作用；能缓解支气管平滑肌痉挛，阻止过敏介质的释放，抑制抗体的产生；并能直接兴奋 α－肾上腺素受体，使末梢血管收缩，缓解支气管黏膜的肿胀。本方在体外能使呼吸道合胞体病毒（RSV）的噬菌体噬斑形成过程中的噬斑数显著减少。麻黄汤的上述发汗、解热、抗炎、止咳、平喘、抗病毒、抗低体温、调整免疫功能等作用，为理解麻黄汤发汗解表、宣肺平喘的功效提供了一定的药理学依据。

　　2. 临床研究　流行性感冒 120 例，其中无肺炎并发症者单用麻黄汤原方，伴有肺炎者选加鱼腥草、大青叶、板蓝根、银花、连翘等药味。结果 120 例中无并发症者 1～2 剂痊愈，有并发症者 5～7 剂痊愈。经确诊的周围神经病 76 例，随机分为两组：中药治疗组 36 例，用本方去杏仁，加橘络，研末冲服（日 2 次）；西药对照组 36 例，用维生素 B_1 130mg 和地巴唑片 10mg（日 3 次），连续治疗 3 周。结果两组治疗总有效率分别为 68.75% 和 23.68%，中药治疗组疗效显著高于西药对照组。

【附方】

大青龙汤（《伤寒论》）　麻黄去节，六两（12g）　桂枝二两（6g）　甘草炙，二两（5g）杏仁去皮尖，四十粒（6g）　石膏碎，如鸡子大（12g）　生姜三两（9g）　大枣擘，十二枚（3枚）以水九升，先煮麻黄减二升，去上沫，内诸药煮取三升，去滓，温服一升，取微似汗。汗出多者，温粉扑之。一服汗者停后服，汗多亡阳遂虚，恶风烦躁，不得眠也。功效：发汗解表，清热除烦。主治：外感风寒。发热恶寒，寒热俱重，脉浮紧，身疼痛，不汗出而烦躁者。

大青龙汤由麻黄汤加味而成，其麻黄用量增加一倍，故其发汗之力尤峻。所主为寒重束表，卫郁而里始化热之证，故倍麻黄用量；但纯用辛温发汗，恐其助热，所以又加石膏以清热除烦为佐。辛温峻汗必耗气津，郁热烦躁必伤津液，故又倍用炙甘草用量，并增姜、枣，既缓辛温峻散之力，又合石膏收甘寒生津之效，还可益气和中，调营卫助汗源，使汗出表解，寒热烦躁并除。此方发汗之力尤强，用之当慎。

桂 枝 汤

Cinnamon Twig Decoction

（Guizhi Tang）

（《伤寒论》）

【组成】桂枝去皮，三两（9g）　芍药三两（9g）　甘草炙，二两（6g）　生姜切，三两（9g）大枣十二枚，擘（4枚）

【用法】上五味，㕮咀三味，以水七升，微火煮取三升，去滓，适寒温，服一升。服已须臾，啜热稀粥一升余，以助药力。温覆令一时许，遍身漐漐微似有汗者益佳，不可令如水流漓，病必不除。若一服汗出病瘥，停后服，不必尽剂；若不汗，更服，依前法；又不汗，后服小促其间，半日许令三服尽；若病重者，一日一夜服，周时观之。服一剂尽，病证犹在者，更作服。若不汗出，乃服至二三剂。禁生冷、黏滑、肉面、五辛、酒酪、臭恶等物（现代用法：水煎服）。

【功效】解肌发表，调和营卫。

【主治】外感风寒表虚证及营卫不和证。头痛发热，汗出恶风，或鼻鸣干呕，苔白不渴，脉浮缓或浮弱者。

【制方原理】本证所感风寒而以风邪为主，受病之体为营卫俱弱者。盖风为阳邪，其性开泄。风邪伤卫，腠理不固，卫气外泄，营阴不得内守，故汗出而发热恶风不解，即所谓"营卫不和"。卫得风而强，营不守而弱，故《伤寒论》称其为"卫强营弱"。然卫强而不能固护，汗出而营阴受损，所以本证实为"营卫俱弱"，习称为表虚证。皮毛肌腠内通肺胃，邪犯肌表，则肺气不利，胃失和降，故鼻鸣干呕。风伤营卫之表证，故苔白不渴，脉浮缓或浮弱。综上所述，本方证病机为外感风寒，卫伤营弱，营卫不调，肺胃失和。治宜解肌散邪，扶卫助营，调和营卫，兼和肺胃。营卫源于中焦，故调和营卫，当顾中焦脾胃。

方中桂枝辛甘而温，透营达卫，外散风寒，为君药；芍药酸苦而凉，益阴敛营，为臣药。君臣相合，相须为用，共调营卫。生姜辛温，既助桂枝解肌散邪，又能暖胃止呕；大枣甘平，益气和中，滋脾生津；且姜枣相合，可升腾脾胃之气津而益营助卫，合为佐药。炙甘草甘温而益气和中，合桂枝"辛甘化阳"以扶卫；合芍药"酸甘化阴"以助营；兼调和诸药，并为佐使之用。本方配伍严谨，法中有法，被前人誉为"仲景群方之冠，乃滋阴和阳，调和营卫，解肌发汗之总方也"（《伤寒来苏集》）。

本方稍减桂、芍用量，加葛根散邪舒筋，主治邪郁太阳，经气不舒见项背强几几者，名为桂枝加葛根汤；加厚朴、杏仁兼能下气平喘，主治宿有喘病，又感风寒而见桂枝汤证者，或风寒表证误用下剂后，表证未解而微喘者，名为桂枝加厚朴杏子汤。

制方特点：①配伍严谨而有层次：方中桂、芍调肌表，姜、枣和脾胃，甘草分别与桂姜、芍枣扶卫助营，且两调于表里营卫之间；②服法讲究：首先是药煎取汁，"适寒温"服之，继"服已须臾，啜热稀粥"，以借水谷之精气，充养中焦，使易酿汗，外邪速去而不致复感；后"温覆令一时许"，以避风助汗；待其"遍身漐漐，微似有汗"，是肺胃和调，津液得通，营卫和谐，故谓"益佳"。

【临床应用】

1. 用方要点 本方有解肌发表、调和营卫的作用，不仅用于外感风寒表虚证，还可用于病后、产后、体弱表现的营卫不和证。临床用方辨证要点为身热，汗出恶风，舌淡苔白，脉浮缓。

2. 临证加减 根据营卫不和的偏颇，调整方中药物用量或加味。邪羁卫强见发热明显，增加桂枝、生姜用量；卫阳不足见恶寒明显，增加桂枝、甘草用量，或加附子；卫气虚甚见漏汗不止，加黄芪、白术；营弱见汗多脉细，增加芍药、甘草用量；营气虚甚，再加当归；营卫俱弱见身痛、脉沉迟，加人参；卫虚肺滞，见鼻痒流涕者，可加黄芪、防风、苍耳子、辛夷等。

3. 现代运用 主要用于普通感冒、流行性感冒、上呼吸道感染等见风寒表虚证者。加减后还用于神经衰弱、神经性头痛、病毒性心肌炎、妊娠恶阻、皮肤瘙痒、荨麻疹、过敏性鼻炎等。

4. 使用注意 表实无汗，或表寒里热、温病初起、中焦湿热者，本方不宜。

【现代研究】

1. 药理研究 桂枝汤煎剂灌胃能显著抑制小鼠流感病毒性肺炎的肺肿胀；经此方灌胃处理后的动物血清在体外能显著抑制副流感等病毒所致的细胞病变作用。煎剂口服能对抗小鼠皮肤毛细血管通透性增高，抑制角叉菜胶或甲醛性足肿胀的形成和发展；显著减少小鼠自主活动，并与巴比妥钠协同，提高入睡率，延长睡眠时间；能降低醋酸刺激腹膜所致的扭体发生数，腹腔注射能提高小鼠对热刺激的痛阈值。本方还能延长氨水诱致的小鼠咳嗽潜伏期、提高气管内酚红排泌量；延长组胺诱致豚鼠哮喘发生的潜伏期。研究表明，桂枝汤有抗病毒、抗炎、镇静、镇痛、止咳祛痰、抗敏等作用。

一定剂量范围内，桂枝汤可降低正常大鼠体温以及酵母所致的大鼠发热，对安痛定所致的大鼠体温降低有升温作用；增加正常大鼠足跖部的汗腺分泌，或抑制安痛定所致的汗腺分泌亢进及拮抗阿托品引起的汗腺分泌减少；抑制因注射新斯的明引起的小鼠肠蠕动亢进和拮抗肾上腺素引起的肠蠕动抑制。对免疫功能呈抑制状态的病毒感染小鼠，可提高其巨噬细胞吞噬功能、血清凝集素、溶血素效价和外周血中 T 细胞百分率；降低左旋咪唑引起的免疫功能增强模型小鼠的血清凝集素、溶血素效价和外周血中 T 细胞百分率，使之接近或恢复到正常水平。研究表明，桂枝汤在体温、汗腺分泌、肠蠕动、免疫等方面具有双向调节作用，为其调和营卫，即补偏救弊、调节紊乱的内涵提供了一定的现代依据。

2. 服法研究　桂枝汤对活动期动物的解热作用强于静止期动物，提示桂枝汤对人宜白昼服用。提高环境温度并辅以药后灌服小米粥，能增强桂枝汤的抑制病毒性肺病变和提高其单核巨噬细胞吞噬功能，说明"啜热粥温覆以助药力"的科学性。以巨噬细胞功能为指标，小鼠给予桂枝汤每日 2 剂的作用强于每日 1 剂；连日服的作用强于非连日服；一日总量分三次口服，每次间隔 2.5 小时，作用也明显强于总量一次服，证明桂枝汤宜多次分服的合理性。

3. 临床研究　50 例发热的婴幼儿，分为中药治疗组 30 例和西药对照组 20 例，分别用桂枝汤加白薇方（以 250ml 水煎，频频灌服）和西药（应用抗生素、地塞米松或柴胡注射液等静滴，配合复方大青叶针剂及托恩等口服）。结果中药组和对照组的总有效率分别为96.7% 和 90%，且中药组降温作用较快，且持续稳定，无大汗等副作用。

用桂枝汤加味治疗肠易激综合征 35 例，腹痛甚加木香、槟榔，腹泻剧加葛根、黄连，阴虚肠燥加地黄、玄参、麦冬，阳虚便秘加苁蓉，湿热加通幽草、败酱草，气阴虚加太子参。每日 1 剂，治疗 10～20 天，服药期间停服其他药物。结果治愈 28 例，有效 5 例。

【附方】

桂枝加龙骨牡蛎汤（《金匮要略》）　桂枝　芍药　生姜各三两（9g）　甘草二两（6g）　大枣擘，十二枚（3 枚）　龙骨　牡蛎各三两（15g）　上七味，以水七升，煮取三升，分温三服。功效：调和阴阳，潜阳涩精。主治：虚劳病阴阳两虚，男子失精，女子梦交，少腹弦急，阴部寒冷，目眩发落，脉虚芤迟者。

本方虽为桂枝汤加味，但方证为久病遗精者，精液耗损，阴伤及阳，阴阳两虚，其主治已与表证无涉。方取桂枝汤，意不在解肌散邪，而在资助营卫以调补阴阳，所谓桂枝汤"内证得之，化气调阴阳"。方中加龙骨、牡蛎潜镇摄纳，使阳固阴守，精不外泄。

九味羌活汤

Nine-Herb Decoction with Notoptreygium

（Jiuwei Qianghuo Tang）

（《此事难知》引张元素方）

【组成】羌活（10g）　防风（6g）　苍术（6g）　细辛（2g）　川芎（3g）　白芷（3g）
生地黄（3g）　黄芩（3g）　甘草（3g）　（注：原书未标注剂量）

【用法】㕮咀，水煎服。若急汗热服，以羹粥投入；若缓汗温服，而不用汤投之也。

【功效】发汗祛湿，兼清里热。

【主治】外感风寒湿邪，兼有里热证。恶寒发热，肌表无汗，头痛项强，肢体酸楚疼
痛，口苦而渴，苔白脉浮者。

【制方原理】本方所主证候为外感风寒湿邪，内有蕴热所致。风寒湿邪束于肌表，皮毛
闭塞，阳气不得外达，故恶寒发热，无汗头痛；寒湿伤于经络，气血运行不畅，故肢体酸楚
疼痛；阳旺之体，邪郁化热，或素有内热，故见口苦而渴；苔白、脉浮为邪犹在表。本证病
机为外感风寒湿邪，邪束肌表，滞于经络，阳郁蕴热。治宜发汗以祛风散寒除湿，行气活血
以通络止痛，兼清里热。

方中羌活主入太阳，辛温发散，善祛在表之风寒湿邪，故为君药。防风主入厥阴，尤能
散风；苍术主入太阴，除湿力强。此二味助羌活以发汗除风湿，合为臣药。细辛主入少阴，
散寒通络，尤能止痛；白芷主入阳明，祛风散寒，兼能宣痹；川芎主入少阳，祛风止痛，尤
能行气活血。此三味助君臣，祛风散寒除湿以除表邪，通经活络以止头身痛，皆为佐药。黄
芩、生地清泻里热，兼制辛温助热、香燥伤津，亦为佐药。炙甘草调和诸药，为使药。诸药
相合，共奏发汗祛湿，宣痹止痛，兼清里热之功。

制方特点：①辛温升散与寒凉清热药配伍，则升而不峻，寒而不滞。"②药备六经，通
治四时，权变活法。

【临床应用】

1. 用方要点　本方为四时感冒风寒湿邪的通用方剂，对外感风寒湿、表实无汗而兼有
里热者最宜。临床用方辨证要点为恶寒发热，寒多热少，头痛无汗，肢体酸楚疼痛，口苦
微渴。

2. 临证加减　根据受邪经络和风寒湿邪之偏颇，调整方中药味。无口苦口渴，去黄芩、
生地；苔白厚腻，去黄芩、生地，重用苍术，加枳壳、厚朴之类，以增强行气化湿之力。

3. 现代运用　主要用于感冒、流感，还常用于风湿性关节炎、急性荨麻疹、坐骨神经
痛、周围性面瘫、带状疱疹后遗神经痛等。

4. 使用注意　风热表证、里热亢盛以及阴虚内热者本方不宜。

【现代研究】

1. 药理研究　九味羌活汤水提物 10.5g/kg 和醇提物 20g/kg 或 25g/kg 剂量口服灌胃，
能明显减少醋酸所致小鼠的扭体次数，提高热板法所致小鼠的痛阈值；醇提液 30g/kg 能明
显抑制巴豆油引起的小鼠耳肿胀和蛋清引起的大鼠足肿胀；水煎液 8.1g/kg 和 21.6g/kg 可

使疫苗或啤酒酵母、内毒素等多种致热原引起的发热模型动物（家兔、大鼠）体温下降，且作用迅速；10.5g/kg 剂量能减少小鼠自发活动次数。本方还能明显促进抗体生成。研究表明，九味羌活汤具有镇痛、抗炎、解热、镇静、调节免疫等作用。

2. 制剂研究 以水溶性浸出物、总挥发油、黄芩苷和镇痛作用为指标，实验比较观察该方袋泡剂与水煎剂的差异，结果袋泡剂溶出速率和镇痛作用明显优于水煎剂，提示本方使用时不宜久煎。

3. 临床研究 痹证患者 46 例用九味羌活汤加味治疗，并设对照组 27 例，用西药非甾体抗炎药为主治疗。结果中药治疗组的有效率显著高于西药治疗组（P < 0.05）。用九味羌活汤加减方（羌活、苍术、桂枝、细辛、葛根、白芷、威灵仙、川芎、生地、桃仁、红花、甘草）治疗颈椎病 27 例，若增生严重，重用威灵仙；颈椎僵硬增加葛根、桂枝用量。结果：自觉症状及体征完全消失 14 例，症状与体征基本消失 8 例，部分好转 4 例，无效 1 例。总有效率达 96.3%。用本方加味治疗 152 例急性荨麻疹，偏风寒加生姜、葱白；偏风热去细辛；药敏性重用甘草，加绿豆；寄生虫引起加槟榔、乌梅；反复发作加蝉衣、地肤子等。每日 1 剂，煎服。结果服用 3 剂痊愈 119 例，服用 5～10 剂痊愈 25 例。带状疱疹后遗神经痛患者 21 例以本方为基础，肝经郁热加柴胡、丹皮、胆草，脾虚蕴湿加白术、茯苓，气滞血瘀加丹参、延胡索。每日 1 剂，水煎，早、中、晚分服，7 天为 1 疗程。结果总有效率为 80%。

不良反应：用本方加减治疗四时感冒风寒表证患者 120 例，治疗中 9 例患者见有不良反应，主要表现为口干、唇干、咽干、烦躁等症。

香 薷 散
Elsholtzia Powder
（Xiangru San）
（《太平惠民和剂局方》）

【组成】香薷一斤（9g） 白扁豆微炒 厚朴姜制，各半斤（各6g）

【用法】上为粗末，每三钱（9g），水一盏，入酒一分，煎七分，去滓，水中沉冷。连吃二服，随病不拘时。

【功效】祛暑解表，化湿和中。

【主治】夏月伤于寒湿之阴暑证。恶寒发热，无汗，胸闷，腹痛吐泻，头重身痛，舌苔白腻，脉浮。

【制方原理】所谓阴暑，乃夏月乘凉饮冷，感受寒湿所致。寒邪外束肌表，故见恶寒发热、无汗、身痛头重、脉浮；暑湿伤中，脾胃失和，则见胸闷泛恶、腹痛吐泻、舌苔白腻等症。本证病机为寒邪束表，暑湿伤中，表郁里滞。治宜解表散寒，祛暑化湿，理气和中。

方中香薷辛温发散风寒而能祛暑，所谓"夏月之麻黄"，其芳香又能化湿和中，故以之解表散寒，祛暑化湿，为君药；辅以姜厚朴之苦辛温，行气化湿而除满止吐，为臣药；更用白扁豆以渗湿消暑，健脾和中，为佐药。入酒少许同煎，意在增强表散之力。三药合用，共成祛暑解表，化湿和中之剂。

制方特点：解表与化湿并举，健脾与行气同用，为夏月伤于寒湿之良方。

【临床应用】

1. 用方要点 本方主治夏月乘凉饮冷，伤于寒湿之阴暑证。临床用方辨证要点为恶寒发热，无汗，头重胸闷，舌苔白腻，脉浮。

2. 临证加减 兼内热而见烦躁，酌加黄连以清热除烦；素有脾虚，中气不足，再加人参、白术、茯苓、橘红以益气健脾燥湿。

3. 现代运用 主要用于夏月感冒、急性胃肠炎等属寒邪束表，暑湿伤中者。

4. 使用注意 中暑之发热汗出，心烦口渴者，本方不宜。

【现代研究】

1. 药理研究 香薷饮灌胃给药，20g/kg 能显著降低小鼠 90 分钟内的活动次数；26.67g/kg 能明显降低 90 分钟内的扭体数（醋酸扭体法）并提高痛阈值（热板法）；抑制啤酒酵母致热大鼠的肛温；20g/kg 能显著提高小鼠外周 T 淋巴细胞数及其转化率和内毒素抗体效价。本方对兔离体肠肌痉挛有明显的抑制作用，且存在明显的量效关系。研究表明，本方有镇静、镇痛、解热、解痉以及提高细胞和体液免疫功能等作用，为本方祛暑解表，化湿和中功效的认识及其临床应用提供了一定的药理基础。

2. 临床观察 疱疹性咽炎患儿分为中药治疗组（126 例）和西药对照组（57 例），中药治疗组采用香薷饮加味方（香薷、佩兰、厚朴、银花、连翘、扁豆、生大黄），药材用开水 200ml 左右浸泡 30 分钟以上，首次服药 20~30ml，以后可小量频服。当热退、症状减轻或每日大便次数超过 4 次时须停用生大黄，服药中可加白糖以矫味；呕吐酌加藿香、生姜。对照组采用病毒灵按每日 10mg/kg，分 3 次口服；病毒唑每日 10~15mg/kg，肌注或静滴；呕吐、腹泻、烦躁者对症处理。两组中年龄较小、高热不退、伴有细菌感染或出现其他并发症者，酌情使用抗生素；体温高于 39℃者给予药物及物理降温。结果中药治疗组的总有效率为 100%。中药组和西药组的患儿体温恢复正常平均时间分别为 2.3 天和 3.5 天，症状、体征消失的平均时间分别为 5.5 天和 6.9 天。

【附方】

新加香薷饮（《温病条辨》） 香薷二钱（6g） 银花三钱（9g） 鲜扁豆花三钱（9g）厚朴二钱（6g） 连翘二钱（9g） 水五杯，煮取二杯，先服一杯，得汗，止后服，不汗再服，服尽不汗，更作服。功效：祛暑解表，清热化湿。主治：暑温复感于寒湿。发热头痛，恶寒无汗，口渴面赤，胸闷不舒，舌苔白腻，脉浮而数。

按：本方与香薷散均为祛暑解表剂，但本方由香薷散加金银花、连翘，扁豆改为扁豆花，易香薷散辛温而成"辛温复辛凉法"，主治暑温兼寒湿证，虽恶寒无汗而有口渴面赤，当与香薷散所主之阴暑证相区别。

小青龙汤
Minor Bluegreen Dragon Decoction
（Xiaoqinglong Tang）
（《伤寒论》）

【组成】麻黄去节，三两（9g）　芍药三两（9g）　干姜三两（3g）　五味子半升（3g）　甘草炙，三两（6g）　桂枝三两，去皮（6g）　半夏洗，半升（9g）　细辛三两（3g）

【用法】以上八味，以水一斗，先煮麻黄，减二升，去上沫，内诸药。煮取三升，去滓，温服一升。

【功效】解表散寒，温肺蠲饮。

【主治】风寒客表，水饮内停证。恶寒发热，无汗，喘咳，痰多而稀，或痰饮咳喘，不得平卧，或身体疼重，头面四肢浮肿，舌苔白滑，脉浮。

【制方原理】本方证为素体寒饮，复感风寒所致。素有寒饮多为阳弱不能布化，津液停聚所致，此时其脾肺之气已虚，津液也乏。今又外感风寒，皮毛闭塞，卫阳郁闭，故恶寒发热，无汗身痛；外寒引动里饮，肺气上逆，故喘咳胸痞，痰多而稀；饮甚外溢肌肤可为浮肿身重；舌苔白滑而脉浮者，是外寒内饮之征。本证病机为风寒外束肌表，寒饮迫肺外溢，肺失宣降，并兼阳弱津乏。其外寒内饮，扭结不解，单纯发汗解表则水饮不除；专于蠲化水饮则风寒不解，当行发汗蠲饮、内外合治；但阳弱津乏，又当兼顾气液。

方用麻黄、桂枝为君，发汗解表，除外寒而宣肺气。干姜、细辛为臣，温肺化饮，兼助麻、桂解表。半夏为佐，祛痰化饮，助臣药以强力蠲饮，并兼降逆和胃。然气弱津乏，纯用辛温发散，既恐耗伤肺气，又虑温燥伤津，故以五味子敛肺气而止咳喘，芍药益阴血而敛津液，合为佐制之用。炙甘草益气和中，调和药性，兼为佐、使。诸味相配，外解风寒，内化水饮，恢复肺之宣降，诸证自平。

制方特点：①解表化饮，表里并治；②配伍主以辛温发散，兼化寒饮，佐制酸收为基本结构；③方中干姜温以化饮，细辛辛以散寒，五味子酸以敛肺。三味合制即"姜辛五味"药法，为温肺化饮的常用药对。

本方与大青龙汤相较，两方所主皆系风寒束表，但彼兼郁热烦躁，此兼寒饮内停。故两者发表之药相同，而治里之药有别。大青龙汤配用石膏以清热除烦，小青龙汤则伍以姜、辛、夏而温化寒饮，其寒热有别，临证不可以其名同"青龙"而混淆误用。

【临床应用】

1. 用方要点　本方是治疗外寒里饮的重要方剂。临床用方辨证要点为恶寒发热，无汗，咳喘痰多而稀，胸满，口不渴，苔薄白，脉浮。

2. 临证加减　外邪表闭重、恶寒无汗，重用麻黄、桂枝；外寒已解、喘咳未止，去麻黄、桂枝；寒饮偏重、胸满痰多，重用细辛、半夏；痰饮郁结、肺气上逆、咳逆喉鸣，加射干、紫菀、款冬花；里饮郁热、喘而烦躁，加石膏；郁热伤津、口渴，去半夏，加栝楼根；里饮偏重、小便不利、小腹满，去麻黄，加茯苓。

3. 现代运用 主要用于慢性支气管炎急性发作、支气管哮喘、老年性肺气肿、肺炎，适当加减也可用于肺水肿、肺心病、过敏性鼻炎等病。

4. 使用注意 阴虚痰喘者禁用。

【现代研究】

1. 药理研究 小青龙汤全方及其大部分组成药物都可不同程度地拮抗组胺、乙酰胆碱和氯化钡等引起的离体豚鼠气管收缩，显示程度不等的气管平滑肌松弛作用。其中麻黄、细辛、五味子三药水煎剂的作用较全方醇提取液、煎剂及麻黄，细辛、干姜的三药水煎剂为强。小鼠长期灌服本方后，其血浆环磷酸腺苷明显升高，可对抗 β - 受体兴奋剂异丙肾上腺素所致 β - 受体下调。推测本方的支气管平滑肌弛缓作用，与其上调 β - 受体水平、增加腺苷酸环化酶活性有关。本方有明显的抗过敏作用，能抑制卵蛋白（EA）致敏的离体豚鼠肠管的舒尔茨（Schultz）和戴尔（Dale）反应，对抗肥大细胞的脱颗粒反应，稳定肥大细胞膜，抑制过敏介质的释放，抑制皮肤被动过敏反应，抑制毛细血管通透性增加。此外，本方还有扩张外周血管、升高皮肤温度、改善肾上腺皮质功能及肺机能、降低血流阻力、改善血液循环、促进红细胞糖酵解等药理作用。本方上述作用为认识本方解表蠲饮、止咳平喘的功效及其临床用于小儿支气管哮喘、特应性或 IgE 高值支气管哮喘、过敏性鼻炎等病提供了一定的药理学依据。

2. 临床研究 慢性阻塞性肺病 50 例用乌体林斯注射，配合加味小青龙汤（重用黄芪）为中西医结合组，同设 52 例用气管炎菌苗治疗为对照组。连续治疗 2 个疗程，每个疗程 12 周。结果中西医结合组的总有效率（80%）明显高于对照组（52.7%），且该组患者的免疫力明显增强，感染次数明显减少，肺功能显著改善。35 例结核渗出性胸膜炎患者在使用抗痨西药基础上，加用小青龙汤加味治疗，每日 1 剂，治疗 7 ~ 15 天。结果 10 例服用中药 7 剂，20 例服 8 ~ 15 剂后胸水全部消失，另 5 例胸水减少 75%；25 例体温恢复正常，10 例仍有低热。病态窦房结综合征中医辨证属于阳气虚为主的患者 24 例，用小青龙汤作为基本方治疗。阳虚明显加附子、补骨脂；气虚加黄芪、党参或人参；气阴两虚去干姜、细辛，加西洋参、麦冬；痰湿加薤白、瓜蒌、菖蒲；瘀血加赤芍、丹参、红花；早搏加苦参、当归；尿少加白术、茯苓。每日 1 剂，水煎，分早晚两次服用，连续治疗 4 周。治疗期间停用影响心率的中西药。结果总有效率为 91.7%，治疗后的平均基础心率显著高于治疗前（P < 0.01）。

第二节 辛凉解表

辛凉解表剂（Formulae for Releasing Exterior with Pungent-Cool Herbs），适用于外感风热表证，简称表热证。表热证主要临床表现为发热，微恶风寒，头痛咳嗽，口渴咽痛，舌苔薄白或微黄，脉浮数等。临证常用辛凉解表药，如薄荷、银花、桑叶、菊花、牛蒡子、葛根等为主组成。外感表热证中，邪从口鼻而入，直犯上焦，或咽喉不利，或肺失宣降；或上焦蕴热，热伤津液；间有疹毒外发，邪郁肌表，疹发不畅等内外合邪之证机。故本类方剂又常配伍解毒利咽、宣肺止咳、清泄里热、甘寒生津、解毒透疹等药味。代表方剂如桑菊饮、银翘散、麻杏甘石汤、升麻葛根汤等。

银 翘 散

Honeysuckle Forsythia Powder

（Yinqiao San）

（《温病条辨》）

【组成】连翘一两（9g）　银花一两（9g）　苦桔梗六钱（6g）　薄荷六钱（6g）　竹叶四钱（4g）　生甘草五钱（5g）　荆芥穗四钱（5g）　淡豆豉五钱（5g）　牛蒡子六钱（9g）

【用法】上杵为散，每服六钱，鲜苇根汤煎，香气大出，即取服，勿过煮。肺药取轻清，过煮则味厚而入中焦矣。病重者，约二时一服，日三服，夜一服；轻者三时一服，日二服，夜一服；病不解者，作再服（现代用法：按原方比例酌情增减，改作汤剂，水煎服；亦可制丸或散剂服用）。

【功效】辛凉透表，清热解毒。

【主治】温病初起。发热无汗，或有汗不畅，微恶风寒，头痛口渴，咳嗽咽痛，舌尖红，苔薄白或薄黄，脉浮数。

【制方原理】本方所主证候乃温热邪气初犯肺卫所致。“温邪上受，首先犯肺”（《外感温热篇》）。肺卫相通，肺合皮毛，所以温病初起，多见发热、头痛、微恶风寒；邪郁卫分，腠理闭塞，则汗出不畅或无汗。喉为肺之门户，温热犯肺，肺失清肃，则咳嗽；上熏咽喉，损伤津液，见咽痛、口渴。其病机为外感温热毒邪，卫表郁闭，肺热津伤，肺失清肃。治当辛凉透散以畅其表，清肺护津并解其毒，宣降肺气以复其清肃。

本方遵《素问·至真要大论》“风淫于内，治以辛凉，佐以苦甘”之旨而制。方中银花、连翘，芳凉清解，既辛凉透邪，又清热解毒，兼芳香辟秽，合为君药。薄荷、牛蒡子辛凉，疏散风热而清利咽喉；更配辛温之荆芥穗、豆豉宣发腠理，共助君药透散之力，并为臣药。桔梗宣肺利咽，竹叶清泄上焦以除烦，苇根清肺生津以止渴，共为佐药。甘草清热解毒，合桔梗尤能利咽止痛，兼调中和药，为佐使。诸药相合，共奏疏风透表，清热解毒之功。

制方特点：①主以辛凉透散，辅佐以清热解毒、宣肺利咽、生津护液、甘缓和中，为风热表证治疗组方的基本结构；②方中疏风散邪与清热解毒药相伍，外散风热而兼内解热毒；③散邪主用辛凉，稍佐辛温，加强其透表之力又不悖辛凉之旨。

【临床应用】

1. 使用要点　本方为治疗风热表证之常用方剂。临床用方辨证要点为发热，微恶风寒，口渴，咽痛，舌尖红，苔薄白或薄黄，脉浮数为依据。

2. 临证加减　热夹湿浊，胸膈满闷，加藿香、郁金；津伤渴甚，加花粉；热毒较甚，项肿咽痛，加马勃、元参；热伤血络，衄，去芥穗、豆豉，加白茅根、侧柏炭、栀子炭；肺气不利，咳甚，加杏仁；二、三日病不解，热渐入里，加细生地、麦冬；再不解，热甚及小便短，再加石膏、知母或黄芩、栀子。麻疹初起，透发不齐，加浮萍、蝉蜕；热入营分，疹色红赤，加地黄、赤芍。风热壅滞肌肤，疮痈初起，加蒲公英、大青叶、紫花地丁等。

3. 现代运用 主要用于流行性感冒、流行性腮腺炎、扁桃体炎、急性上呼吸道感染有很好疗效。还常用于乙脑、流脑、咽炎、咽峡疱疹、麻疹、肺炎、药物性皮炎等病。

4. 使用注意 风寒感冒者忌用。

【现代研究】

1. 药理研究 银翘散灌胃能促进大鼠足跖部汗液分泌。其煎剂、片剂、袋泡剂对啤酒酵母、2，4－二硝基苯酚所致大鼠发热模型，皆有明显的解热作用。电生理研究表明，本方可解除致热原对热敏神经元的抑制，使之恢复正常，同时抑制冷敏神经元发放冲动，降低机体产热水平，从而达到解表散热的效果，为中枢性解热药。银翘散全方及其单味药对多种细菌及病毒均有抑制作用，对感染甲型流感病毒的72－243株大鼠有一定的保护作用。对大鼠蛋清性足肿胀、组织胺所致小鼠的皮肤毛细血管通透性亢进有明显抑制作用，但对二甲苯和5－羟色胺所致小鼠毛细血管扩张和通透性增高均无明显影响。研究表明，本方具有发汗、解热、抗菌、抗病毒及抗炎等作用，为其透表散邪、清热解毒功效提供一定的现代理解。

2. 临床研究 本方治疗流行性感冒和上呼吸道感染，疗效显著，其退热作用迅速，多数患者服用3～5剂即可痊愈。有报道用本方合剂治疗小儿上呼吸道感染500例，结果肛温在39℃以上者的有效率和治愈率分别为88.3%和77.3%，肛温在40℃以上者的有效率和治愈率分别为90%和79.5%。另有用本方加贯众、大青叶、板蓝根为基本方，随症加味治疗散发性脑炎71例，高热加水牛角、生地、丹皮、赤芍、黄连；轻度意识障碍加菖蒲、远志；昏迷鼻饲安宫牛黄丸；抽搐加钩藤、僵蚕、生牡蛎。水煎服，每日1剂。配合激素、甘露醇、抗生素等治疗。结果治愈及好转63例，总有效率为88.73%。

急、慢性咽喉炎136例用加味银翘散治疗：金银花、连翘各12g，桔梗、淡竹叶、荆芥、淡豆豉、牛蒡子、射干、僵蚕、乌梅各10g，芦根、鱼腥草各15g，薄荷（后下）、生甘草各6g。每日1剂，水煎服，5天为1疗程。经1～3疗程治疗后，治愈（症状体征消失）120例，好转（症状消失，咽后壁滤泡增生未能消失）16例。爆发性剧烈风疹400例用本方治疗，高热加石膏、知母；疹色红加赤芍、丹皮；疹色淡加滑石、通草；淋巴肿大加夏枯草、昆布；心胸烦闷加焦山栀；鼻衄加黄芩、白茅根。水煎服，每日1剂。结果服药2剂后症状消失，395例均获治愈。

桑 菊 饮

Mulberry Leaf and Chrysanthemum Decoction

（Sangju Yin）

（《温病条辨》）

【组成】 桑叶二钱五分（7.5g） 菊花一钱（3g） 杏仁二钱（6g） 连翘一钱五分（5g） 薄荷八分（2.5g） 桔梗二钱（6g） 甘草生，八分（2.5g） 苇根二钱（6g）

【用法】 水二杯，煮取一杯，日二服。

【功效】 疏风清热，宣肺止咳。

【主治】风温初起。但咳，身热不甚，口微渴者。

【制方原理】本方主治为外感风热之轻证。风温袭肺，肺失清肃，故气逆而咳；受邪轻浅，津未大伤，故身热不甚，口仅微渴，故以"但咳"为其主症。其中肺经风热，肺卫失宣为本证病机要点。治宜疏散风热，清宣肺气。方中桑叶清透肺络之热，菊花清散上焦风热，并作君药。薄荷辛凉透表，助桑、菊散上焦风热；桔梗开肺、杏仁降肺，二药宣降相伍，既助桑、菊以祛邪，又理肺气而止咳，共为臣药。连翘辛寒质轻，清透膈上浮游之热；苇根甘寒，清热生津止渴，共为佐药。甘草润肺止咳，调和诸药，兼具佐使之用。诸药配合，共成疏风散热，宣肺止咳之功。本方以轻清辛散与苦平宣降相伍，即"辛凉微苦"为特点。

本方与银翘散均为治疗温病初起的辛凉解表剂，但银翘散有银花、荆芥穗、豆豉、牛蒡子、竹叶，透表清热之力强；本方有桑叶、菊花、杏仁，肃肺止咳之功大。所以吴氏称银翘散为"辛凉平剂"，桑菊饮为"辛凉轻剂"。

【临床应用】

1. 用方要点 本方药轻力薄，属"辛凉轻剂"，适宜于风温或风热犯肺之轻证。临床用方辨证要点为咳嗽身热不甚，口不甚渴，舌尖红，苔薄白，脉浮数。

2. 临证加减 邪甚病重，可仿原书加减法。气分热甚，气粗似喘，加石膏、知母以清泄气热；肺热重，咳嗽频频，加黄芩以清肺止咳；津伤较重，口渴较甚，加花粉以清热生津。此外，肺热咳甚伤络，咳痰夹血，可加茅根、藕节、丹皮以凉血止血；咳痰黄稠，不易咳出，加瓜蒌皮、浙贝母以清化热痰。

3. 现代运用 主要用于上呼吸道感染、急性扁桃体炎、肺炎、麻疹、流行性乙型脑炎、百日咳等。

4. 使用注意 风寒咳嗽忌用。

【现代研究】

1. 药理研究 本方（最小起效剂量0.45g/kg）能使五联菌苗和啤酒酵母所致的发热模型动物（家兔，大鼠）体温下降，作用显著，效果与复方阿司匹林相似，具有吸收快、起效快、排泄迅速，作用维持时间短等特点。对实验性急性炎症模型有较强的抑制作用，并能明显增加大鼠肾上腺中胆固醇的含量，降低肾上腺中维生素C含量，升高血浆中醛固酮和皮质醇水平，兴奋下丘脑－垂体－肾上腺皮质轴，通过多种途径整合而实现抗炎作用。能显著抑制新斯的明诱发的小鼠肠道运动亢进，抑制肠蠕动。体外实验证明，对金黄色葡萄球菌、溶血性链球菌、卡他球菌、白喉杆菌、大肠杆菌等有明显抑制作用。研究表明，本方具有退热、抗炎、抗菌等作用，为其疏风散热功效的理解提供了一定的药理依据。

2. 临床研究 用桑菊合剂治疗以咳嗽痰稠、发热（体温在39℃以下）、口干咽痒为主要表现的上呼吸道感染375例。结果有效359例，无效16例，并观察到本方的退热和止咳效果迅速。另有用本方加减治疗小儿肺炎52例，疗程3～7天，总有效率达90%，且未见不良反应。用本方加蝉衣、百部、金沸草为基本方，治疗喉源性咳嗽54例，其中脾肺气虚加黄芪、太子参、白术、防风；肺阴不足加麦冬、花粉、玉蝴蝶等；肝火加青黛、海蛤壳；肾阴虚加山茱萸、金樱子等。水煎服，每日1剂。结果痊愈48例，好转4例，无效2例。

麻杏甘石汤
Ephedra, Apricot, Licorice and Gypsum Decoction
(Maxing Ganshi Tang)
(《伤寒论》)

【组成】 麻黄去节，四两 (5g)　　杏仁去皮尖，五十个 (9g)　　甘草炙，二两 (6g)　　石膏碎，绵裹半斤 (18g)

【用法】 以水七升，煮麻黄去上沫，内诸药，煮取二升，去滓，温服一升。

【功效】 辛凉宣泄，清肺平喘。

【主治】 肺热壅盛证。身热不解，有汗或无汗，咳逆气急，甚或鼻煽，口渴，舌苔薄白或黄，脉浮滑而数。

【制方原理】 本方所主证候是由风热袭肺，或风寒郁而化热，热壅于肺所致。肺合皮毛，肺热蒸腾，热迫津泄，故有汗而身热不解。若肺热壅遏，或表邪兼夹，卫气郁闭，则身热而无汗。肺中热盛，清肃失常，肺气上逆，故喘逆气急、鼻煽。热盛汗出，俱可伤津，故口渴喜饮。表里俱热，正尚未虚，故脉浮滑而数。本证病机要点为肺热壅甚，不得宣泄，肺逆津伤。治疗急当宣泄肺热。

方中以麻黄为君，宣肺开表以使里热得以外达，是"火郁发之"之义，兼散表邪。但麻黄性温，故以辛甘大寒之石膏为臣，清泄肺胃，兼透热生津。此君臣相合，温寒相制，且石膏用量大于麻黄，可使宣通肺气而不助热，清泄肺热而不碍畅表，共成辛凉宣泄之功。佐以杏仁降气，助麻黄宣降以止咳平喘。炙甘草益气和中，合麻黄宣散肺邪而无耗气之忧，伍石膏清热生津而无伤中之弊，且能调和诸药，为佐使。全方四味，配伍严谨，为清肺平喘之良剂。

制方特点：①立法上开肺透表，使肺热得以宣泄；②配伍上温清宣降，辅反成制，清泄肺热而无凉遏之虑，复肺升降而能相得益彰。

本方与麻黄汤在配伍上虽仅一味之差（石膏与桂枝），但立法上辛凉与辛温迥异；两方同治身热而喘，但本方主治邪热壅肺之喘，麻黄汤主治风寒表闭之喘。

【临床应用】

1. 用方要点　本方为清泄肺热之要方。临床用方辨证要点为身热，喘急，脉数。

2. 临证加减　风寒在表未尽，无汗恶寒，加荆芥、豆豉；风热在表不解，微恶风寒，加银花、薄荷。常根据肺热和表郁的轻重，调整石膏与麻黄的配伍比例，如肺中热甚，汗大出，重用石膏；表郁不畅，汗少或无汗，增麻黄量。肺热气壅，胸满喘急，加桑白皮、葶苈子；邪热灼津成痰，咳痰稠黄，加瓜蒌、贝母；热甚津伤，烦热渴饮，加知母、芦根。

3. 现代运用　主要用于感冒、急性气管炎、支气管炎、肺炎、百日咳，还常用于荨麻疹、咽喉炎、痔疮、口疮、鼻窦炎、肺心病等。

4. 使用注意　方中麻黄宜先煎；风寒和虚证喘逆，禁用本方。

【现代研究】

1. 药理研究 本方灌胃对多种刺激原引起的动物咳嗽均有明显抑制作用。其煎剂、醇提液经腹腔注射，使小鼠气管冲洗液中酚红含量明显增加；对豚鼠药物性喘息有明显保护作用，可使其引喘潜伏期明显延长，对组织胺、乙酰胆碱、5－羟色胺、氯化钡所致的豚鼠离体气管平滑肌痉挛有明显拮抗作用。本方对伤寒、副伤寒疫苗所致家兔体温升高有明显降温作用，对伤寒疫苗所致家兔体温升高的降温作用较单味石膏强。加味麻杏甘石汤腹腔注射对大鼠甲醛引起的足趾肿胀、棉球肉芽肿增生均有明显抑制作用。水煎醇沉制剂能显著提高小鼠血清溶菌酶含量及腹腔巨噬细胞的吞噬率，促进淋巴细胞转化，增加脾指数，显著提高皮肤迟发反应。本方可显著减少大鼠腹腔致敏肥大细胞脱颗粒率，使致敏肠管组织胺的释放量显著降低，缓解由于抗原刺激而增强的肠管蠕动，并能保护肠管中的肥大细胞免受抗原的攻击；对小鼠被动皮肤过敏反应、鲜蛋清致敏的豚鼠离体回肠过敏性收缩均有较强的抑制作用。体外对多种菌属中多个菌株均有不同程度的抑制作用。本方制成的口服液治疗小儿急性上呼吸道感染，能增强机体网状内皮系统免疫功能和促进吞噬细胞的吞噬功能，抑制细胞免疫功能，抑制中和抗体产生。可使肺心病急性发作期属肺肾气虚外感偏热型患者的全血比黏度、全血还原黏度、血沉及血沉方程 K 值明显下降。麻杏甘石汤上述镇咳、祛痰、平喘、解热、抗炎、增强机体免疫功能、抗变态反应、抗病原微生物、改善血液循环等作用，为本方辛凉宣泄，清肺平喘功效的理解提供了一定的药理学依据。

2. 临床研究 肺炎患儿 116 例以加味麻杏甘石汤（生麻黄、杏仁、生石膏、甘草、葶苈子、桑白皮、地龙、瓜蒌仁、黄芩、浙贝母）为基础方，热重便秘加大黄，口唇紫绀加丹参、红花。水煎取液，分上午和晚上两次保留灌肠。每次用量 40～120ml，并视年龄和病情轻重适当增减药量或配合抗生素。结果痊愈 57 例，好转 51 例，无效 8 例，总有效率为 93.1%。另有 76 例支原体肺炎住院患者按入院顺序随机分成麻杏甘石汤为主的中西医治疗组 56 例和单纯西药组 20 例，单纯西药组用红霉素 2.0g，静脉滴注，每日 1 次；中西医治疗组除按单纯西药组的用药外，加用中药麻杏甘石汤加味方：炙麻黄、杏仁、知母、炙甘草各 10g，生石膏（先煎）、鱼腥草、野荞麦根各 30g，炒黄芩 15g。其中咳甚加川贝母粉（冲服）6g，枇杷叶 10g；喘息加地龙 15g，僵蚕 10g；痰黏咳不爽者加橘核 15g，麦冬 10g。水煎，每日 1 剂，分 2 次服。2 周为 1 疗程，连用 1～2 个疗程。结果两组发热消失时间分别为 3.6±0.9 和 5.4±1.7 天，咳嗽消失时间分别为 8.1±1.0 和 15.0±1.1 天，胸部阴影消失时间为 17.4±1.6 和 21.5±1.2 天，中西医治疗组疗效显著高于单纯西药组（P＜0.05）。

120 例经久难治的急、慢性鼻炎患者，用本方（生麻黄、杏仁各 10g，生石膏 30～120g，甘草 3g）加减，风寒加细辛（后下）3g，葱白（后下）20g；阳虚加炮附子（先煎）10～15g，生黄芪 15～30g；痰热加浙贝、胆南星各 10g；热毒壅盛，加黄芩 10g，芦根 15g，薏苡仁 30g；病程长达 1 年以上加全虫、紫草各 10g。水煎，每日 1 剂，分早、晚饭后温服。儿童用量酌减。结果显效 62 例，有效 56 例，无效 2 例，总有效率为 88.3%。

【附方】

越婢汤（《金匮要略》） 麻黄六两（9g） 石膏半斤（18g） 生姜三两（9g） 甘草二两（6g） 大枣十五枚（4枚） 用法：上五味，以水六升，先煮麻黄，去上沫，内诸药，煮取三升，分温三服。功效：发汗利水。主治：风水恶风，一身悉肿，脉浮而渴，续自汗出，无大热者。

按：本方与麻杏甘石汤所治皆见有汗，均用麻黄配石膏，清肺泄热。但本方证有"一身悉肿"，是表闭肺郁，水道不利，水溢肌表，故增大麻黄用量，并配生姜，意在开玄府以泄肌表之水。不喘，故去杏仁，且加大枣滋脾，伍生姜以调和营卫。

柴葛解肌汤
Bupleurum and Pueraria Decoction to release Superficial Muscles
(Chaige Jieji Tang)
(《伤寒六书》)

【组成】柴胡（6g） 干葛（9g） 甘草（3g） 黄芩（6g） 羌活（3g） 白芷（3g） 芍药（6g） 桔梗（3g） （原方未注剂量）

【用法】水二盅，姜三片，枣二枚，《杀车槌法》加石膏末一钱；煎之热服。

【功效】辛凉解肌，清泄里热。

【主治】外感风寒，郁而化热之证。恶寒渐轻，身热增重，无汗头痛，目痛鼻干，心烦不眠，眼眶痛，舌苔薄黄，脉浮微洪。

【制方原理】本方主治为太阳风寒表证未解，邪入阳明、少阳形成的三阳合病。风寒袭表，卫阳闭郁，本应恶寒发热，今恶寒渐轻而身热转盛，是寒郁肌表化热所致。阳明经脉行于鼻两侧，行至鼻根，经眼眶下行；少阳经脉行耳后，入耳中，出耳前，行至面颊达眶下。入里之热初入阳明、少阳，故见目痛、鼻干、眶痛；热扰心神，故心烦不眠；舌苔薄黄，脉浮微洪，是里有热但表未尽解之象。本证病机为太阳风寒未解，化热入里而以阳明郁热为中心。治疗当辛凉解肌发表为主，兼清里热。

方中葛根辛凉透散，主入阳明，其外散肌热，内清里热；柴胡尤擅透表退热，疏畅气机。二药合用，解肌透热，相得益彰，共为君药。羌活善散太阳风寒，白芷善散阳明风邪，合助柴、葛解肌散邪，兼除头目眼眶诸痛，为臣药。黄芩、石膏清泄里热；桔梗宣利肺气以助疏散外邪；芍药、甘草酸甘化阴，兼制疏散太过；生姜、大枣调和营卫而助解肌，俱为佐药。甘草和中调药，兼为使药。诸药相伍，共奏解肌清热之功。

本方原书各药均未标注用量，陶氏唯于《杀车槌法》中特别注明石膏只加一钱，可知本方侧重在解肌散邪，所主证候虽属三阳合病，但以太阳阳明之表证为主。全方以表里同治，侧重透散疏泄；寒温并用，主以辛凉清解为立法组方要点。

【临床应用】

1. 用方要点 本方对表邪未解，郁而化热，里热未甚者最为适宜；也可用于三阳合病者。临床用方辨证要点为热重寒轻，头痛鼻干，舌苔薄黄，脉浮微洪。

2. 临证加减 表寒重，无汗恶寒甚，去石膏、黄芩，加麻黄、苏叶；表寒不甚，无恶寒头痛，去羌活、白芷；热盛津伤，口渴舌干，加知母、花粉。

3. 现代运用 主要用于流行性感冒、上呼吸道感染等以发热为主症的病证。

4. 使用注意 方中黄芩用量不宜过大，以免有碍解肌疏邪；太阳表证尚未入里者忌用本方，恐其引邪入里。

【现代研究】

1. 药理研究　家兔口服柴葛解肌汤，可显著抑制由内毒素和内生性致热源诱发的体温升高，并使兔脑脊液中环磷酸腺苷（cAMP）含量下降；本方按13.3g/kg给予灌胃，90分钟后可显著减少小鼠自主活动次数，作用可维持2小时以上；本方13.5g/kg灌胃30分钟或60分钟后可显著减少小鼠扭体次数（扭体法）或提高痛阈值（热板法）；小鼠内毒素第2次注射后连续口服柴葛解肌汤5天，血中抗内毒素抗体效价显著增高。研究表明，柴葛解肌汤具有解热、镇静、镇痛、免疫增强等作用，为该方解肌清热功效的理解提供了一定的药理学依据。

2. 临床研究　外感高热患者110例用柴葛解肌汤原方治疗取得满意疗效。柴胡18g，葛根20g，黄芩12g，羌活10g，白芷10g，桔梗10g，生石膏30g，白芍10g，甘草3g，生姜3片，大枣2枚，用冷水浸泡后武火急煎，沸后改用微火20分钟，得药汁500ml，半日内分3次温服。结果多数患儿服用2～4剂发热就退至正常。另有用本方加减方（柴胡、葛根、黄芩、羌活、桂枝、生石膏、知母、银花、连翘、大青叶、板蓝根、鱼腥草、甘草）治疗呼吸道感染发热125例，发热在39.5℃以上者，每日2剂。结果全部有效，其中在24小时内退热62例，24～48小时内退热51例，48～72小时内退热12例。小儿病毒性脑炎22例，用加减柴葛解肌汤（柴胡、黄芩、栀子、葛根、白芷、赤芍、菊花、银花、薄荷、生地各10g，板蓝根20g，甘草3g），水煎服，每日1剂；另加中药制剂川琥宁注射液80～160mg＋5%葡萄糖液150ml静脉滴注、20%甘露醇150～250ml快速静脉滴注，平均治疗14天。结果治愈8例，好转9例，无效转诊5例，总有效率为77%。

【附方】

柴葛解肌汤（《医学心悟》）　柴胡三钱二分（6g）　葛根一钱五分（9g）　甘草五分（3g）芍药一钱（6g）　黄芩一钱五分（6g）　知母一钱（5g）　生地二钱（9g）　丹皮一钱五分（3g）贝母一钱（6g）　水煎服。心烦加淡竹叶十片，谵语加石膏三钱（15g）。功效：解肌清热。主治：春温夏热之病，发热头痛与正伤寒同，但不恶寒而口渴者。

按：本方较陶氏柴葛解肌汤少羌活、白芷、桔梗，是避用辛温香燥，恐其助热伤津；多知母、贝母、丹皮、生地，是加强其清气凉血滋阴之力。本方重在清里，而陶氏方则重在解肌，两方同中有异，不可不知。

升麻葛根汤
Cimicifuge and Pueraria Decoction
（Shengma Gegen Tang）
（《阎氏小儿方论》）

【组成】升麻（3g）　葛根细锉（3g）　芍药（6g）　甘草锉（3g）各等分

【用法】原方同为粗末，每服四钱，水一盏半煎至一盏，量大小与之，温服无时。

【功效】辛凉解肌，解毒透疹。

【主治】麻疹初起未发，或发而不透，身热恶风，头痛身痛，喷嚏咳嗽，目赤流泪，口渴，舌红苔干，脉浮数。

【制方原理】 本方原治痘疹，今多用于麻疹初起。麻疹由肺胃蕴热，热毒外发所致。今麻疹初起未发，或发而不透，为外邪郁表所致。肺气失宣，故见发热恶风、头痛、喷嚏咳嗽；热邪上攻头面，故见目赤流泪；热毒耗伤津液，故口渴、舌红苔干。本证病机要点为肺胃热毒，因邪气郁表，外不能宣透，内则耗伤津液。治疗当开其肌腠，助疹外透，使邪有出路；同时内清温毒，兼顾津液。

方中升麻甘辛而凉，主入阳明，外能解肌透疹，内善清热解毒，为君药。葛根辛凉，内清里热而生津，外开腠理以发汗，尤能解肌透疹，为臣药。君臣相伍，解肌透疹，解毒清热，相得益彰。芍药和营泄热，甘草益气解毒，并为佐药，助君、臣泄热解毒；且芍药与甘草相合，能养阴和中，使汗出疹透而不伤气阴。

制方特点：①解肌透散、清热解毒及益营护液为疹发不畅治方之基本结构；②专病用专药，升麻、葛根有透疹之专能，其相须伍用，内清在里之热毒，外发肌表之郁邪，为解肌透疹之要药。

【临床应用】

1. 使用要点 本方宜于麻疹初起，疹尚未发，或虽发不能畅透者。本方具有清热解毒，升阳解肌的作用，还可用于治疗瘟疫、阳明热利等病证。临床用方辨证要点为疹出不畅，舌红，脉数。

2. 临证加减 麻疹初起，须用辛凉轻宣透发之品，不宜苦寒或温热。疹发不畅因风寒束表，加荆芥穗、苏叶、防风；因风热郁表，加薄荷、蝉蜕、牛蒡子、银花；咳嗽加前胡、杏仁；心烦尿赤，加木通、竹叶；热窜血分，疹色深红，方中白芍易赤芍，加丹皮、紫草、茅根；热毒上攻，咽喉肿痛，加桔梗、马勃、元参；热毒内甚，身热烦渴，加石膏、知母。

3. 现代运用 主要用于麻疹、风疹等儿科出疹性疾病，也常用于感冒、病毒性肺炎、肠炎、痢疾、鼻炎、疱疹、水痘、中心性视网膜炎及银屑病等。

4. 使用注意 疹发不透，疹毒内陷而见气急喘息者忌用本方；麻疹已出者禁用。

【现代研究】

1. 药理研究 本方具有解热，抗炎，抗病原微生物，解痉，镇痛，镇静，镇咳，祛痰作用。体外抑菌实验表明，升麻、芍药、甘草对结核杆菌、痢疾杆菌、溶血性链球菌、肺炎双球菌、葡萄球菌、伤寒杆菌、大肠杆菌、绿脓杆菌等均有抑制作用。

2. 临床研究 带状疱疹、单纯性疱疹20余例，以疱疹瘙痒疼痛、局部渗液、恶寒发热为主症，用本方加紫草治疗，每日1剂；结果：轻者服用1剂，重者服用3剂，均获满意疗效。另有用加减升麻葛根汤（升麻、甘草各3g，葛根、茯苓、车前子各10g，乌梅5g，炒白芍、防风、苍术各6g，藿香8g）治疗婴幼儿秋季腹泻39例，风寒加紫苏叶，风热加钩藤，湿热加黄连，高热加羚羊角粉，脾虚以白术易苍术，泻甚加石榴皮，食滞加山楂炭、炒麦芽、神曲，随年龄大小增减药量，每日1剂，水煎，分2~3次服；结果：显效16例，有效20例，无效3例，总有效率为92.3%。300例经多次检查乙肝5项大三阳的乙型肝炎门诊患者，伴有不同程度的腹胀、纳差、肝区隐痛、肝酶长期反复升高、肝硬化或脾肿大及少量腹水，用升麻葛根汤加味方（升麻、葛根、赤芍、金银花、黄芪各30g，陈皮、甘草各6g）治疗。其中黄疸加茵陈、金钱草各30g；肝区隐痛加川楝子、醋延胡索各30g；腹胀纳差去黄芪，加木香 10g，炒麦芽 20g，砂仁 6g；腹水加白术、白茯苓、猪苓、泽泻各 10g，车前子 15g。3 个月为 1 疗程，治疗 1 ~ 3 个疗程。以临床症状、肝功能和乙肝 5 项指标及肝脾 B 超的改善为判断标准，结果治愈 195 例，显效 76 例，好转 28 例，无效 1 例。

【附方】

竹叶柳蒡汤（《先醒斋医学广笔记》）　西河柳五钱（6g）　荆芥穗一钱（4.5g）　干葛一钱五分（4.5g）　蝉蜕一钱（3g）　炒牛蒡一钱五分（4.5g）　薄荷一钱（3g）　知母蜜炙，一钱（3g）　玄参二钱（6g）　麦冬去心，三钱（9g）　淡竹叶三十片（5g）　甘草一钱（3g）　甚者加石膏五钱（15g），冬米一撮。用法：水煎服。功效：透疹解表，清泄肺胃。主治：痧疹透发不出，喘嗽，烦闷躁乱，咽喉肿痛者。

缪希雍认为"痧疹乃肺胃热邪所致"。本方为透疹良方，既能解肌透疹，又兼清热解毒、生津除烦之用，较升麻葛根汤更为全面。其透疹之力较强，最宜于麻疹初起透发不出而里热较甚者。唯方中西河柳发泄透疹，用量不宜过大，疹点已透者不可再用。

第三节　扶正解表

扶正解表剂（Formulae for Releasing Exterior by Strengthening the Genuine-Qi），适用于体质素虚又感外邪而致的表证。正虚感邪之表证的治疗当解表与扶正兼顾，此时扶正在于助解表邪而不伤正气，并非为扶虚所用。此类方剂常用益气、助阳、滋阴、养血药与解表药配合而成。由于外邪有寒热之别，虚人常有兼夹病邪，如阳虚生内寒、气虚多痰湿、阴虚生内热，血虚多津少等，故组方配伍中当酌情兼顾。代表方剂如败毒散、再造散、加减葳蕤汤等。

败 毒 散

Antiphlogistic Powder

（Baidu San）

（《小儿药证直诀》）

【组成】柴胡洗去芦　前胡　川芎　枳壳　羌活　独活　茯苓　桔梗炒　人参各一两（30g）　甘草半两（15g）

【用法】上为末，每服二钱（6g），入生姜、薄荷煎（现代用法：按原方比例酌定用量，作汤剂，水煎服）。

【功效】益气解表，散风祛湿。

【主治】气虚之人，外感风寒湿邪证。憎寒壮热，无汗，头项强痛，肢体酸痛，鼻塞声重，咳嗽有痰，胸膈痞满，舌苔白腻，脉浮濡，或浮数而重取无力。

【制方原理】本方又名人参败毒散，为素体气虚，外感风寒湿邪证而设。邪滞肌表，卫阳郁遏，经脉不利，故憎寒壮热而无汗、头项强痛、肢体酸痛；素体气虚，脾弱不运，湿痰内生，加之风寒犯肺，肺气不宣，津液不布，痰湿阻滞气机，故鼻塞声重、胸膈痞闷、咳嗽有痰。舌苔白腻、脉浮濡或浮数而重取无力，是外邪在表而气虚停湿之征。本证病机要点为外感风寒湿邪，邪滞肌表经络；脾弱痰湿内阻，肺脾气滞；气虚不能祛邪外出。治宜益气扶正助祛邪，解表祛风除寒湿，兼行健脾化痰，调畅气机。

方中羌活、独活辛温发散，通治一身上下之风寒湿邪，通络止痛，并为君药。柴胡辛散解肌，川芎行血祛风，并为臣药，助君药解表退热、宣痹止痛。枳壳降气，桔梗开肺，前胡祛痰，茯苓渗湿，共为佐药以畅脾肺而宽胸膈，除痰湿而止咳嗽。更以小量人参益气，一则扶正气以助解表，二则使祛邪不伤正，亦为佐药。甘草调和诸药，兼以益气和中；生姜、薄荷发散外邪，皆为佐使。

制方特点：内外并调，主以祛风散寒、除湿通络以解表，兼行健脾除湿、化痰理气以和里，使表解里疏。

本方原为小儿而设。因小儿形气未充，故用小量人参，"培其正气，败其邪毒"，故名"败毒散"。后世推广用于年老、产后、大病后尚未复元，以及素体虚弱而感风寒湿邪见表寒证者，俱有良效。本方具有发散风寒、疏导经络、行气和血之功，亦可治风寒湿邪郁于肌腠，发为疮疡，初起而脓未成，外见寒热无汗者。

清代医家喻昌常用本方治时疫初起，外邪陷里之痢疾者，使陷里之邪，还从表出而愈，称为"逆流挽舟"之法。但本方多辛温香燥之品，若因暑温、湿热蒸迫肠中而成痢疾者，则不可误用。

【临床应用】

1. 用方要点 本方适用于气虚外感风寒湿邪之证。临床用方辨证要点为憎寒壮热，头身重痛，无汗，脉浮重取欠力。

2. 临证加减 气不虚者，去人参；内停湿浊，寒热往来，舌苔厚腻，加草果、槟榔以燥湿化浊，行气散结；内有蕴热，口苦苔黄，加黄芩以清里热。疮疡初起，去人参；风热蕴毒，加银花、连翘以清热解毒，散结消肿；风寒郁滞，寒热无汗，去薄荷、生姜，加荆芥、防风以开表散滞。风毒瘾疹，加蝉蜕、苦参以疏风止痒，清热除湿。

3. 现代运用 主要用于感冒、支气管炎、过敏性皮炎、荨麻疹、湿疹、皮肤瘙痒等。

4. 使用注意 外感风热、邪已入里化热及阴虚外感者，均忌用。

【现代研究】

1. 药理研究 人参败毒散按大（34.2g/kg）、中（17.1g/kg）、小（8.55g/kg）不同剂量灌胃，能升高寒冷应激小鼠的碳粒廓清指数，其中大、中剂量能提高其外周血 T 淋巴细胞百分率和 T、B 淋巴细胞转化率。本方中剂量能提高注射环磷酰胺的寒冷应激小鼠白细胞吞噬指数和血清溶血素抗体的生成，对抗二硝基氯苯（DNCB）所致寒冷应激或地塞米松造成的细胞免疫低下模型小鼠迟发型变态反应（DTH）低下，抑制环磷酰胺模型小鼠的 DTH 反应亢进，结果提示该方对小鼠细胞免疫功能有一定的双向调节作用。本方小剂量能提高氢化可的松阳虚小鼠 T、B 淋巴细胞转化率，大、中剂量均能明显对抗阳虚加寒冷应激小鼠血浆 cAMP/cGMP 的比值下降，还可显著抑制大鼠蛋清性、角叉菜胶性足趾肿胀及二甲苯所致小鼠耳郭肿胀；提高氨水喷雾所致小鼠咳嗽模型的 EDT_{50} 及延长其咳嗽潜伏期，大剂量能提高其气管酚红排泌量。热板法和扭体法实验证明，本方大、中剂量均有显著镇痛作用。本方对体外多种细菌有一定抑制作用。败毒散上述抗炎、镇痛、止咳、化痰、抑菌及免疫调节等作用，为认识该方扶正益气、祛风散寒、除湿止痛等功效及其临床应用提供了一定的药理学依据。

2. 临床研究　用荆防败毒散加味（羌活 12g，独活 12g，柴胡 12g，前胡 15g，桔梗 12g，枳实 15g，荆芥 10g，防风 10g，川芎 10g，黄芩 20g）为基本方治疗虚寒型感冒 90 例，咳嗽加苏叶 15g，百部 15g，杏仁 10g；流涕严重加辛夷花 10g，细辛 5g；头痛重加白芷 10g，蔓荆子 10g；口干加沙参 15g，玉竹 12g。每日 1 剂，3 天为 1 疗程，治疗 1~2 个疗程。结果治愈 73 例，显效 16 例，有效 1 例，总有效率为 100%。小儿病毒性上呼吸道感染 37 例用败毒散原方治疗，水煎，每日 1 剂。结果治愈 17 例，显效 18 例，总有效率为 94%。另有用败毒散加减（党参 3g，茯苓 5g，柴胡 3g，防风 3g，羌活 3g，葛根 3g，薄荷 3g，生甘草 2g，生姜 3g）治疗小儿秋季腹泻 100 例。呕吐加法夏 3g；食滞加山楂 4g，鸡内金 5g；尿少加车前子 5g；湿热明显加黄芩 3g，六一散 6g；久泻滑脱加石榴皮 4g，乌梅 5g。水煎，每日 1 剂，分 2 次服。结果痊愈 96 例，总有效率为 96%。

【附方】

参苏饮（《太平惠民和剂局方》）　人参　苏叶　葛根　前胡　半夏姜汁炒　茯苓各七钱半（各 22g）　陈皮　甘草　桔梗　枳壳麸炒　木香各五钱（15g）　用法：㕮咀，每服四钱（12g），水半盏，姜七片，枣一枚，煎六分，去滓，微温服，不拘时（近代用法：按原方比例酌减，加姜三片，枣三枚，水煎服）。功效：益气解表，祛痰止咳。主治：外感风寒，内有痰饮。恶寒发热，头痛鼻塞，咳嗽痰多，胸膈满闷，苔白脉浮。

按：本方与败毒散同有人参、前胡、茯苓、甘草、桔梗、枳壳，但本方有苏叶、葛根、半夏、陈皮、木香，而无羌、独、芎、柴，亦不加薄荷，且姜、枣同用，故能扶正解表，散风寒而和营卫，除痰饮而止咳满。本方发散之力弱，作用温和，宜于老幼体弱之人，外感风寒而内有痰湿之病证。

再 造 散
Renewal Powder
（Zaizao San）
（《伤寒六书》）

【组成】黄芪（6g）　人参（3g）　桂枝（3g）　甘草（1.5g）　熟附子（3g）　细辛（2g）　羌活（3g）　防风（3g）　川芎（3g）　煨生姜（3g）（原书未注用量）

【用法】水二盅，枣二枚，煎至一盅。《杀车槌法》加炒芍药一撮，煎三沸，温服。

【功效】助阳益气，散寒解表。

【主治】阳气虚弱，感冒风寒证。头痛身热恶寒，寒重热轻，无汗肢冷，倦怠嗜卧，面色苍白，语言低微，舌淡苔白，脉沉无力，或浮大无力。

【制方原理】本方所主证为阳气虚甚，感冒风寒所致。风寒外袭，邪在肌表，故身热恶寒、无汗头痛；素体阳虚，神气失养，故倦怠嗜卧、神疲懒言、面色苍白；阳虚内寒，又受风寒，阳气益馁，故热轻寒重、舌淡苔白、脉沉弱或浮大无力。本证病机要点为阳虚感寒，邪郁肌表；正气不支，无力祛邪。此时，若纯用辛温峻烈之剂，因阳虚不能作汗，邪难得汗出从表而解，或虽得汗出恐有阳随汗脱之虞，故陶节庵称此为"无阳证"。治当助阳益气，解表散寒。

方中以熟附子、桂枝、细辛为君，温里助阳，散寒解表；更以黄芪、人参为臣，补元气，固肌表，既助君药以鼓邪外出，又可防阳随汗脱。羌活、川芎、防风为佐，疏风行血，以加强君药解表散寒之力；芍药凉血益阴和营，兼制附、桂、羌、辛之温燥。甘草益气和中缓峻，使汗出不致过猛，邪尽去而正不伤，是佐助而兼佐制；生姜温胃，大枣滋脾，合以调和营卫而助汗出，俱为佐使。诸药配伍，相辅相成，扶正而不留邪，发汗而不伤正，以免顾此失彼，变生不测。

本方虽仿效麻黄细辛附子汤法，却又不用发越阳气之麻黄；复用桂枝汤加羌、防、芎，于发汗之中兼和营卫；生姜用煨，使其专事温胃而逊发散；芍药炒用，使其和营制燥而不碍汗。其药法的用心之处，值得体会。

【临床应用】

1. 用方要点 本方用于阳气素虚而又外感风寒者甚合。临床用方辨证要点为恶寒发热，热轻寒重，无汗肢冷，神疲懒言，舌淡苔白，脉沉无力。

2. 临证加减 表闭无汗，加苏叶、荆芥；中焦虚寒、腹痛便溏，干姜易煨姜，加白术；内有寒饮，咳嗽痰稀，加半夏、茯苓；关节疼痛加独活、威灵仙等。

3. 现代运用 主要用于老年人感冒、风湿性关节炎及缓慢性心律失常等。

4. 使用注意 血虚感寒或湿温初起者忌用本方。

【现代研究】

临床研究 以再造散加减（生黄芪30g，人参5g，桂枝10g，甘草3g，熟附子6g，细辛3g，羌活10g，防风10g，川芎10g，煨生姜3g）治疗过敏性鼻炎70例。鼻黏膜充血加黄芩，过敏性哮喘者加地龙、全蝎、苏子、蜜麻绒，嗅觉障碍加白芷、辛夷、佩兰叶。日1剂，水煎服，早晚分用，30天为1疗程。结果显效32例，总有效率为97.14%。另有用本方（黄芪15g，党参10g，川芎5g，羌活10g，防风30g，桂枝10g，淡附片10g，细辛3g，羌活9g，防风9g，川芎12g，白芍10g，炙甘草5g，生姜10g，大枣5枚）治疗100例寒冷性荨麻疹经中、西药治疗效果不显者，发作时用本方汤剂控制，症状消失后改用该方散剂，连续半个月以巩固疗效。结果当年治愈84例，次年追访复发13例。老年冠心病缓慢性心律失常36例用再造散（黄芪30g，人参10g，桂枝9g，制附子9g，细辛6g，羌活9g，防风9g，川芎12g，赤芍12g，炙甘草6g）随症加减。气虚甚，炙甘草增至30g，并加黄精30g；瘀血重加丹参30g，桃仁12g，红花12g；胸闷痰多加瓜蒌30g，半夏12g。水煎温服，每日1剂，10天为1疗程，连续治疗4个疗程。结果显效18例，有效15例，无效3例，总有效率91.67%。

【附方】

麻黄附子细辛汤（《伤寒论》） 麻黄去节，二两（5g） 附子炮，去皮，破八片，一枚（3g）

细辛二两（3g）　三味以水一斗，先煮麻黄，减二升，去上沫，内诸药，煮取三升，去滓，温服一升，日三服。功效：助阳解表。主治：少阴病始得之，反发热，脉沉者。

按：本方治太少两感于寒，其着眼处在"少阴病，始得之"，邪入不深，阳气虽虚但不甚，用麻、附配细辛，助阳发汗，使表里之邪速解。与再造散相比，本方温阳益气之力弱，适用于阳虚不甚而初感外寒者。

加减葳蕤汤
Modified Fragrant Solomonseal Decoction
（Jiajian Weirui Tang）
（《通俗伤寒论》）

【组成】生葳蕤二钱至三钱（9g）　生葱白二枚至三枚　桔梗一钱至钱半（5g）　东白薇五分至二钱（3g）　豆豉三钱至四钱（9g）　苏薄荷一钱半（5g）　炙甘草五分（5g）　红枣二枚

【用法】水煎，分温再服。

【功效】滋阴清热，发汗解表。

【主治】素体阴虚，外感风热证。头痛身热，微恶风寒，无汗或有汗不多，咳嗽心烦，口渴咽干，舌红脉细数。

【制方原理】本方所主为阴虚之体外感风热者。外感风热，肺卫不畅，故见头痛身热而微恶风寒、咳嗽。阴虚多生内热，感受外邪易从热化，热伤津液，故心烦、口渴咽干、舌红、脉数。本证病机要点为阴虚津液不足，风热上袭肺卫，兼有内热。治疗当滋阴生津，疏散风热，兼清内热。大凡滋阴之品，在表证未解之时，一般不宜早用，以免留邪。今阴虚液少，汗源不充，若单纯发汗，不仅难为汗解，反有劫阴耗液之弊，惟有滋阴与发汗同用，方能两全。

方中用甘平柔润之葳蕤（即玉竹）为君，滋阴养液，以资汗源，兼润肺燥；以葱白、豆豉、薄荷为臣，疏风散热以解表；桔梗宣肺止咳而利咽喉，白薇益阴凉血而清里热，甘草、红枣甘润滋脾生津助养液，共为佐药，助君臣散邪、润燥、清热；甘草兼调诸药为使。诸药相合，发汗而不伤阴，滋阴而不留邪，为滋阴解表之良剂。

制方特点："滋阴＋解表＋清热"系阴虚外感证治方的基本结构。

【临床应用】

1. 用方要点　本方主要用于素体阴虚而有风热表证者，亦可用于冬温初起，咳嗽咽干、痰不易出者。临床用方辨证要点为头痛身热，微恶风寒，咽干口燥，舌红脉数。

2. 临证加减　表证较重，恶寒无汗，酌加防风、葛根；风热上攻，咽喉肿痛，加牛蒡子、僵蚕；阴虚痰热，咳痰不爽，加瓜蒌皮、浙贝母；心烦口渴较甚，加竹叶、花粉；肺燥肠枯，大便干结，加杏仁、瓜蒌仁。

3. 现代运用　主要用于治疗老年人及产后感冒、急慢性扁桃体炎、咽炎等。

4. 使用注意　外感表证无阴虚者不宜使用。

【附方】

葱白七味饮（《外台秘要》）　葱白连根切，一升（9g）　干葛切，六合（9g）　新豉一合

（6g）　生姜切，二合（6g）　生麦门冬去心，六合（9g）　干地黄六合（9g）　劳水八升，以勺扬之一千遍。用劳水煎至三分减一，去滓，分温三服。相去行八九里，如觉欲汗，渐渐覆之。忌芜荑。功效：养血滋液，解表散邪。主治：病后阴血亏虚，调摄不慎，感受外邪。或失血（吐血、便血、咯血、衄血）之后，复感冒风寒，头痛身热，微寒无汗。

按：本方主治血虚之人复感风寒，方中发汗解表与养血滋阴并用，更用味甘体轻之劳水以养脾胃，使表解而血不伤。本方与加减葳蕤汤同为滋养解表方，但此方养血与辛温解表药合用，彼方滋阴与辛凉解表药并伍，故两方在临床运用上有血虚外感风寒证和阴虚外感风热证之异。

小　结

解表剂主要为治疗外感六淫所致的表证而设，针对风寒表证、风热表证、体虚外感的不同类型而有辛温解表、辛凉解表和扶正解表三类。解表剂具有发汗解肌，疏达腠理，畅通气血，透邪外出，宣郁散结的作用。本类方剂除用于解除表证、透发麻疹外，还可用于腰以上水肿、疟痢、疮疡初起而有表证者。

1. 辛温解表　适用于风寒表证。根据风寒偏颇、表证轻重，选配不同发汗强度的辛温解表药是配伍的要点。麻黄汤以麻黄与桂枝并用，发汗之力较强，并能宣肺平喘，为辛温发汗之重剂，适用于恶寒发热、无汗咳喘之风寒表实证。桂枝汤中桂、芍并用，散中寓敛，发汗力虽弱，但善调营卫，更伍姜、枣、草尤能资助营卫，外感风寒表虚证和内伤杂病之营卫失调者均可使用。九味羌活汤主以辛温，稍佐寒凉，所用风药兼备六经，有发汗祛湿、宣痹止痛、兼清里热之功；主治外感风寒夹湿，兼有里热而见寒热无汗、头身重痛，伴见口苦微渴者。香薷散主用香薷祛暑散寒，配伍扁豆、厚朴祛暑化湿，适用于夏月内伤脾胃，外感风寒之阴暑证。小青龙汤以麻、桂与姜、辛、夏及味、芍同用，为辛散、温通、酸收合法，其内外合治，发汗解表散风寒，温肺蠲饮平咳喘，适用于素有寒饮，复感风寒而见寒热无汗、喘咳痰稀者。

2. 辛凉解表　适用于外感风热表证。本类方剂以辛凉疏散、宣畅肺气、清热利咽、生津护液为基本配伍结构。桑菊饮重在宣肺而解表力弱，适用于风热袭肺，但咳身热，口微渴者；银翘散主用辛凉，辅以辛温，透表散邪力强，且能清热解毒，适用于温病初起，表热较甚，汗出不畅，咽痛口渴者。麻杏甘石汤中麻黄与石膏并用，辛温开散与辛寒清透相配，以宣泄肺热为功效特点，适用于邪热壅肺之身热喘咳证。柴葛解肌汤辛凉解肌，兼清里热；适用于太阳风寒化热，初入阳明，但里热未甚或三阳合病者。升麻葛根汤辛凉解肌，尤善解毒透疹；适用于麻疹初起未发，或发而不透，头痛身热而表闭不甚者。

3. 扶正解表　适用于正虚而感外邪所致的表证。扶正有助阳、益气与滋阴、养血之别，解表有祛散风寒与风热之异，且发散不宜太过，还当兼顾素体之寒热。败毒散主用风药辛散，稍佐人参以益气解表，并兼伍除湿化痰理气药，适用于气虚之体外感风寒湿者，或时行感冒而兼痰湿气滞者。再造散主用温补，辅佐辛温，助阳解表；适用于阳气虚馁而见表里俱寒者。加减葳蕤汤滋阴解表,适用于素体阴虚,外感风热所致的表热证。

复习思考题

1. 试述解表剂的功效、适应范围、使用注意及各类解表方的基本配伍结构。
2. 结合方证病机演变,阐述麻黄汤与大青龙汤、麻杏甘石汤在药法上的联系。
3. 简述九味羌活汤的临证化裁思路。
4. 小青龙汤主治外寒里饮证,方中为何配伍酸收的五味子、芍药?
5. 什么情况下辛凉解表剂中可以配伍辛温解表药?配伍中应注意什么?
6. 如何理解有汗、无汗均可使用麻杏甘石汤?临床如何变化方中石膏与麻黄的配伍用量?
7. 根据升麻葛根汤的制方学理,该方除用于麻疹初起透发不畅证外,推测还可用于哪些病证?
8. 请结合中、西医学理,分析桂枝汤临床运用范围广的理由。

第九章
泻下剂

泻下剂（Purgative Formulae）是以泻下药为主组成，具有通导大便、泻下积滞、攻逐水饮等作用，主治里实证的一类方剂。泻下剂属于八法中的"下法"。

里实证的范围较广，包括气滞、血瘀、停痰、积饮、食滞、燥屎、虫积等诸多有形之邪所引起的病证，本章讨论肠道积滞与水饮壅盛的治法方剂，余者可参见其他章节。

肠道积滞与水饮壅盛均为有形之邪引起的病证。根据《素问·至真要大论》"其实者，散而泻之"；"其下者，引而竭之"；"留者攻之"等原则，治以泻下，使腑气通畅，里实得除，气血调和。

由于人体素质有虚实的差异，在里结实之邪有寒热燥水的不同，立法用方亦因之而异。热结在里，当用寒下；冷积寒凝，当用温下；燥实内结，当用润下；水饮内结，可用逐水。若里实甚，病势急，可用峻下；里实不甚，病势不急，可用缓下；若里实甚，病势急，但又正气虚弱者，治疗时就应考虑邪正两个方面，既要积极去除病邪，又要酌情配伍一些扶正之品，以攻补兼施，邪正兼顾。因此，泻下剂可分为寒下、温下、润下、逐水、攻补兼施五类。

泻下剂现代临床常用于急腹症，如急性胰腺炎、胆道感染和胆石症、急性阑尾炎、急性肠梗阻、各种原因所致的便秘；还可用于渗出性胸膜炎、肝硬化腹水、肾性水肿、肾功能衰竭、多器官功能不全综合征；也有用于流行性出血热、精神分裂症等疾病的报道。药理研究表明，泻下剂有促进肠管蠕动，调整肠胃吸收分泌功能，增加肠道血流量，抗菌，降解毒素，改善免疫功能，利尿，改善肾功能等作用。据此推测下法的现代内涵主要涉到通过促进肠管蠕动，增加胃液、肠液的分泌而起到通便作用；通过改善局部血液循环，抗菌，抗内毒素，促进渗出液的吸收，提高免疫功能等作用，有助于炎症的消退；通过利尿、加速毒素排泄，改善肾脏功能而用于水肿积水和肾功能衰竭。

泻下剂为里实证而设。若表证未解，里实不甚，应根据先表后里的原则，先解表邪，待表解里实已成，方可纯用泻下；若表证未除，里实较甚，宜用表里双解之法。对年老体弱，新产血亏，病后津伤者，虽有大便秘结，亦不可专事攻下，或先予攻下，兼顾其虚；或攻补兼施，虚实兼顾。泻下剂易伤胃气，得效即止，慎勿过剂。服泻下剂后，不宜早进油腻或不消化食物，以防重伤胃气。孕妇当慎用泻下剂，以防堕胎。

第一节 寒 下

寒下剂（Purgative Formulae of Cold Nature），适用于里热与燥屎、水饮等互结，阻滞气机引起的大便秘结、腹部胀满或疼痛拒按，甚或潮热谵语，苔黄脉实等里热积滞实证。常用寒下药大黄、芒硝等为主组成。因积滞内阻，易致气滞不行，故多配伍行气药，使腑气通畅，加速积滞的排泄。对于水热互结之证，则常配伍攻逐水饮之品，使水热之邪迅速从二便而泄。代表方剂如大承气汤、大陷胸汤等。

大承气汤
Decoction for Potent Purgation
（Dachengqi Tang）
（《伤寒论》）

【组成】大黄酒洗，四两（12g）　厚朴去皮，炙，八两（24g）　枳实五枚（12g）　芒硝三合（6g）

【用法】上四味，以水一斗，先煮二物，取五升，去滓，内大黄，更煮取二升，去滓，内芒硝，更上微火一二沸，分温再服。得下，余勿服（现代用法：水煎，先煮厚朴、枳实，大黄后下，芒硝溶服）。

【功效】峻下热结。

【主治】热结胃肠的阳明腑实证。大便不通，频转矢气，脘腹痞满，腹痛拒按，按之则硬，日晡潮热，神昏谵语，手足濈然汗出；或热结旁流，下利清水，色纯青，脐腹疼痛，按之坚硬有块；或里热实证之热厥、痉病、发狂等；舌苔黄燥起刺或焦黑燥裂，脉沉实。

【制方原理】本方在《伤寒论》中主治阳明腑实证，由伤寒化热入里，或温病热邪入里，与肠中燥屎相结，壅结肠胃，灼伤津液，腑气不通所致。实热内结，腑气不通，故大便秘结，脘腹痞满胀痛；阳明旺于日晡申时，经气旺盛与邪气相争，故发潮热；又因热盛于里，上扰心神，则见神昏谵语；四肢禀气于阳明，阳明热盛，逼迫津液外泄，则手足濈然汗出。前人用"痞、满、燥、实"四字来概括阳明腑实证的主症。"痞"即自觉胸脘有闷塞压重感；"满"指脘腹胀满，按之有抵抗感；"燥"是肠有燥粪，干结不下；"实"即腹痛拒按，大便不通。至于"热结旁流"，是因肠中实热积结较重，机体为排除热结，逼迫粪水从旁而下。若实热积滞闭阻于内，阳气受遏，不能达于四肢，可见热厥；热盛伤津，筋脉失养，又可出现抽搐等痉病的表现；热扰神明，则神昏，甚至发狂。舌苔黄燥起刺或焦黑燥裂，脉沉实乃燥实内结，热盛伤津之象。上述诸疾，症状虽异，但病机相同，即实热积滞内结肠胃，腑气闭阻，里热亢盛，津液急剧耗伤。治当急下胃肠实热积滞，以救阴液，即"釜底抽薪，急下存阴"之法。

方中用大黄苦寒泻热通便，荡涤肠胃，为君药。但大黄仅善泻热推荡，软坚之力不及，故臣以咸寒的芒硝，既助大黄泻热，又能软坚润燥，二药相须为用，增强峻下之力。积滞内阻，腑气不通，而气机不畅，实热积滞更难下泻，故以厚朴行气散满，枳实消痞破结，既助大黄、芒硝加速积滞的排泄，又可消除腹部胀满的症状，共为佐使。四药合用，具有峻下热结的功效。热结旁流，下利清水，用本方通之，属"通因通用"。热厥证用本方治之，为"寒因寒用"。因六腑以通为用，胃气以下降为顺，今实热积滞壅结肠胃，腑气闭阻，本方峻下热结，可承顺胃气下行，恢复肠腑通降功能，故方名"承气"。

制方特点：①泻实通腑与行气宽肠相伍，行气以助泻下，泻下有助行气；②制服相宜，先煎枳、朴，后下大黄，芒硝溶服，得峻下之力。

【临床应用】

1. 用方要点　本方为寒下的代表方剂，适用于里热实证。临床用方辨证要点为痞、满、燥、实及舌红、苔黄、脉实。

2. 临证加减　原方厚朴用量倍于大黄，后世医家亦有用大黄重于厚朴者。一般来说，如痞满较重，可重用厚朴；如痞满较轻，则减轻厚朴用量。

3. 现代运用　主要用于急性单纯性肠梗阻、粘连性肠梗阻、急性胆囊炎、急性胰腺炎、急性阑尾炎、急性菌痢，以及某些热性病过程中出现高热、神昏谵语、惊厥、发狂而有大便不通，苔黄脉实者。

4. 使用注意　气阴亏虚，或表证未解，燥结不甚者；年老、体弱、孕妇，均当忌用。中病即止，不宜久服。

【现代研究】

1. 药理研究　大承气汤颗粒剂使正常小鼠炭末推进率、湿粪计数明显增加，炭末排出时间明显缩短。经胃给药，对家兔胃动素分泌和胃电活动均有先抑制后促进的作用；经十二指肠插管给药，对胃运动也表现出先抑制后兴奋的特点。大承气冲剂明显提高腹腔感染家兔小肠的运动功能，其泻下作用很可能是通过激活肌醇脂质 IP3 信号转导系统使胃肠平滑肌细胞内 Ca^{2+} 释放增加以及通过钙调蛋白间接地激活一系列蛋白激酶而实现的。本方腹腔注射对大肠杆菌和变形杆菌感染的小鼠均有良好保护作用，其抑菌机制与抑制细菌的 DNA 合成有关；利用鼠、兔内毒素血症模型观察到本方可拮抗和减轻内毒素对机体的损害，其机制可能涉及拮抗内毒素所诱导的脂质过氧化损伤，保护肝线粒体。大承气汤能明显抑制腹膜炎大鼠肠源性内毒素移位，并可增加 ^{125}I – LPS 的粪便排出量，改善腹膜炎大鼠或家兔的肠、肝、肾等脏器的血流量。本方还能保护肠黏膜屏障，具有降低炎性细胞因子的作用以及提高红细胞免疫黏附功能。上述研究表明，大承气汤具有促进肠管运动、增加胃动素释放、抗菌、抗内毒素，增强免疫功能和提高脏器血流量等作用，为其临床用于急性腹膜炎、急性胆囊炎、急性胰腺炎、肠梗阻等病提供了一定的药理学依据。

2. 配伍研究　拆方及均匀设计实验发现方中大黄、芒硝和厚朴是其泻下作用的主要成分，枳实在诸多方面作用不强。大黄和厚朴可明显增加小鼠排便数并明显提高大鼠大肠的推进速率；厚朴、芒硝可明显提高小鼠肠套叠的解除率，大黄作用相对弱些；大黄、芒硝可明显减少小鼠有形粪便排出量，提高大鼠大肠推进速率，增加腹泻小鼠的数量，并明显扩张小鼠小肠容积。

3. 用法研究　用高效液相色谱法测定各不同煎煮液中游离和结合蒽醌类成分如大黄末、大黄酸、大黄酚、芦荟大黄素，结果发现芒硝、厚朴、枳实与大黄配伍时大黄各蒽醌类成分含量均发生规律性变化并与煎煮方法有关，证明传统"先枳、朴，后大黄，溶芒硝"煎法的科学性在于提高了方中主要有效成分的溶出量，为其药效作用提供了物质基础。

4. 临床研究　以大承气汤为主中西医结合非手术治疗单纯性肠梗阻82例，总有效率91.46%，明显高于对照组。大承气汤保留灌肠治疗肠梗阻60例，疗效满意。用大承气汤加味治疗急性胰腺炎 50 例，15 天为 1 疗程。结果治疗组治愈 36 例，好转 10 例，未愈 4 例，总有效率为 92%，优于对照组。以大承气汤治疗急性胆源性胰腺炎 72 例，设对照组 46 例，结果治疗组总有效率 93.10%，对照组为 87.00%。该方还能明显缩短疗程、减少并发症、提高治愈率、减少住院时间。用大承气汤加味并重用大黄（用量至 60g）治疗狂躁证 49 例。结果 38 例痊愈，总有效率 89.80%。本方保留灌肠治疗多器官功能不全综合征（MODS）25 例，并与常规治疗进行比较，结果大承气汤能明显缩短 MODS 好转及恢复时间，且能降低 MODS 病死率。

【附方】

1. 小承气汤（《伤寒论》）　大黄酒洗，四两（12g）　厚朴去皮，炙，二两（6g）　枳实炙，三枚大者（9g）　上三味，以水四升，煮取一升二合，去滓，分温二服。初服汤，当更衣，不尔者，尽饮之；若更衣者，勿服之。功效：轻下热结。主治：阳明腑实轻证。大便不通，潮热谵语，脘腹痞满，舌苔老黄，脉滑而疾；痢疾初起，腹中胀痛，里急后重者，亦可用之。

2. 调胃承气汤（《伤寒论》）　大黄去皮，清酒洗，四两（12g）　甘草炙，二两（6g）　芒硝半升（10g）　以水三升，煮二物至一升，内芒硝，更上微火一二沸，温顿服之，以调胃气。功效：缓下热结。主治：阳明胃肠燥热证。大便不通，口渴心烦，或蒸蒸发热，舌苔正黄，脉滑数；以及肠胃积热而致发斑、口齿咽喉肿痛等。

3. 复方大承气汤（《中西医结合治疗急腹症》）　厚朴15g　炒莱菔子各15～30g　枳实9g　生大黄（后下）9g　赤芍15g　桃仁9g　芒硝（冲服）9～15g　水煎服。最好用胃管注入，经2～3小时后，可再用本方灌肠，以加强攻下之力，有助于梗阻的解除。功效：通里攻下，行气活血。主治：单纯性肠梗阻，属于阳明腑实而气胀较明显者。

按：大承气汤、小承气汤、调胃承气汤三方习称“三承气汤”。其中大承气汤中大黄生用后下，以泻热除实；芒硝溶服，软坚润燥；且加枳实、厚朴行气除痞满，故攻下之力最为峻猛，主治痞、满、燥、实俱备之阳明腑实重证。小承气汤不用芒硝，且三味同煎，枳、朴用量亦减，故攻下之力较轻，具有轻下热结的功效，主治痞、满、实而燥证不明显的阳明腑实轻证。调胃承气汤仅用硝、黄，无行气之枳、朴，芒硝虽后下，但大黄与甘草同煮，故本方攻下之力缓和，具有缓下热结的功效，主治阳明燥实内结而无痞满之证。复方大承气汤由大承气汤加莱菔子、桃仁、赤芍而成，泻结下气祛瘀作用增强，适用于肠梗阻而气血瘀滞较重者。

大陷胸汤

Major Decoction for Relieving Phlegm-Heat in the Chest

（Daxianxiong Tang）

（《伤寒论》）

【组成】大黄去皮，六两（10g）　芒硝一升（10g）　甘遂一钱匕（1g）

【用法】上三味，以水六升，先煮大黄，取二升，去滓，内芒硝，煮一二服，内甘遂末，温服一升，得快利，止后服（现代用法：先煎大黄，溶芒硝，冲甘遂末）。

【功效】泻热逐水。

【主治】水热互结之结胸证。心下满痛或心下至少腹硬满而痛不可近，大便秘结，日晡小有潮热，或短气烦躁，舌上燥而渴，脉沉紧，按之有力。

【制方原理】本方所治结胸证是由邪热与水饮互结于胸中所致。水热互结，气机阻滞不通，故心下满痛，甚则从心下至少腹硬满剧痛而手不可近；实热内结，腑气不通，津液不得敷布，故大便秘结、舌燥口渴、短气烦躁；日晡潮热是因水热累及阳明；邪盛正不虚，则脉沉紧有力。本证病机要点为水热结胸，津液不行，腑气不通，邪盛证急。治当泻热逐水，急泻其实。方中重用大黄为君，苦寒峻下，荡涤邪热；芒硝咸寒软坚润燥，助大黄破积散结，通腑泻热为臣；佐以甘遂攻逐水饮，泻热散结，与硝、黄合用，使结于胸中之水热从二便分利而去。

制方特点：泻热药与逐水药同用，使水热之邪从二便分消；药仅三味，但力峻效宏，为泻热逐水散结之峻剂。

大陷胸汤与大承气汤同为寒下峻剂，都用硝、黄，但两方在配伍及用法上皆有差异。大承气汤以硝、黄泻热软坚润燥，配枳、朴行气导滞，全方以峻下热结为主，治疗实热积滞胃肠而致大便秘结，腹痛拒按之证。大陷胸汤以硝、黄配伍泻水逐饮之甘遂，全方以泻热逐水为主，治疗水热互结之结胸证，以从心下至少腹硬满而痛为主要表现。尤在泾指出："大陷胸与大承气，其用有心下胃中之分。以愚观之，仲景所谓心下者，正胃之谓，所云胃中者，正大小肠之谓也。胃为都会，水谷并居，清浊未分，邪气入之，夹痰杂食，相结不解，则成结胸。大小肠者，精华已去，糟粕独居，邪气入之，但与秽物结成燥粪而已。大承气专主肠中燥粪，大陷胸并主心下水食；燥粪在肠，必借推逐之力，故需枳、朴，水饮在胃，必兼破饮之长，故用甘遂。且大承气先煮枳、朴，而后内大黄；大陷胸先煮大黄，而后内诸药。夫治上者制宜缓，治下者制宜急，而大黄生则行速，熟则行迟，盖即一物，而其用又不同如此。"（《伤寒贯珠集》）

【临床应用】

1. 用方要点 本方为治水热互结所致结胸证的主方。临床用方辨证要点为心下满痛，大便秘结，潮热烦躁，舌燥而渴，脉沉紧有力。

2. 临证加减 胸中硬满而痛，项强如柔痉状为主，邪结部位偏上，可在大陷胸汤基础上加葶苈子、杏仁以泻肺，并将汤剂改作丸，用白蜜煎服，取缓攻之意。

3. 现代运用 主要用于急性胰腺炎、急性胆囊炎、急性肠梗阻、渗出性胸膜炎等属水热互结者。

4. 使用注意 得快利止，不可再服；正虚、老人、孕妇禁用；甘遂不宜入煎，当冲服。

【现代研究】

1. 药理研究 大陷胸汤对大、小白鼠有明显的利尿作用和促进尿中 Na^+、K^+ 排泄的作用，而且其利尿作用的强度和持续时间与西药速尿相类似，甚至优于速尿。本方对二氯化汞所致的家兔急性肾衰可维持其一定的排尿量，平均保持在中毒前尿量的 5.87%，对照组则无尿液排出。本方对肾衰家兔血中尿素氮无显著影响，但用药后可抑制中毒家兔尿毒症胸腹水的产生。肾脏病理切片表明，大陷胸汤组动物皮质和髓质肾小管坏死、基底膜受损及球囊壁基底膜受损均较对照组明显减轻，且可看到再生细胞。大陷胸汤上述利尿和对急性肾衰的保护作用，为理解其泻热逐水的功效提供了一定的药理学依据。

2. 临床研究　本方改为散剂治疗肠梗阻 248 例，3 日内缓解率达 88%。但肠梗阻有气虚者忌用。125 例流行性出血热少尿期出现大结胸证者，用大陷胸汤治疗，有一定的利尿作用。

第二节　温　下

温下剂（Purgative Formulae of Warm Nature），适用于寒邪与积滞互结于里所引起的大便秘结，腹部胀满，腹痛喜温，手足不温，苔白滑，脉沉紧等里寒积滞实证。寒积滞实证的治疗立法以温里散寒与通下并用，本类方剂常以泻下药大黄、巴豆配伍温里药附子、干姜为主组成。寒积兼有脾胃阳气不足者，宜适当配伍补气之品。代表方剂如大黄附子汤、温脾汤等。

大黄附子汤
Rhubarb and Prepared Aconite Decoction
（Dahuang Fuzi Tang）
（《金匮要略》）

【组成】大黄三两（9g）　附子炮，三枚（9g）　细辛二两（3g）

【用法】以水五升，煮取二升，分温三服。若强人煮取二升半，分温三服。服后如人行四五里，进一服（现代用法：水煎服）。

【功效】温里散寒，通便止痛。

【主治】寒积里实证。腹痛便秘，或胁下偏痛，发热，手足不温，舌苔白腻，脉弦紧。

【制方原理】本方所治之证由寒实内结，阳气不运而致。寒积肠道，气血被阻，传化失职，故见腹痛便秘；阳气不能达于四肢，故手足不温，或阳气被郁而见发热；苔白腻、脉弦紧是寒实之征。本方证的病机要点为寒实内结，阳气不通，肠腑传化失职。根据"寒者热之"、"结者散之"、"留者攻之"的原则，治宜温散寒凝而开闭结，通下大便以除积滞，温里散寒以止疼痛。

方中附子大辛大热，温散寒凝，为君药；大黄泻下通便攻积，为臣药；君臣合用，温里通便以除寒积。细辛辛温宣通，散寒止痛，以助附子散寒止痛之力。三药合用，共奏温里散寒，通便止痛之功。

制方特点：①寒温并用，大黄配附子，寒性被抑而苦下之用得存，即"去性取用"；②主以温通，重用附子佐细辛，温通止痛之力著。

【临床应用】

1. 用方要点　本方为温下法的代表方，适用于寒积实证。临床用方辨证要点为腹痛便秘，手足不温，苔白腻，脉弦紧。

2. 临证加减　气滞腹胀，可加木香、厚朴以加强行气导滞之功；体虚或积滞较轻，可用制大黄；体虚较甚，还可加党参、当归益气养血。

3. 现代运用 主要用于胆囊炎、阑尾炎、肠梗阻、尿毒症等属寒积者。

4. 使用注意 大黄用量一般不宜超过附子。

【现代研究】

1. 配伍研究 以大黄附子汤为基础的不同配方，采用不同提取工艺，应用紫外分光光度法测定乌头碱的含量。结果各组方单煎混合提取液中乌头碱含量比附子单煎下降 20% 左右，各组方合煎提取液中乌头碱的含量比附子单煎下降 45% 左右；细辛与附子配伍对乌头碱的含量无影响。全方配伍及合煎能降低附子中乌头碱的溶出，提示大黄附子汤中大黄有佐制附子毒性的作用。

2. 临床研究 用大黄附子汤灌肠治疗慢性肾功能衰竭 48 例，平均疗程 22.5 天，结果痊愈 3 例，显效 15 例，有效 21 例，无效 9 例，总有效率 81.3%。应用大黄附子汤（生大黄 12g；制附子 10g；北细辛 3g）随症加减，口服给药，治疗慢性肾功能衰竭 46 例，结果显效 16 例，有效 22 例，无效 8 例，总有效率为 82.6%。疗程最长者 240 天，最短者 30 天。

【附方】

三物备急丸（《金匮要略》） 大黄一两（30g） 干姜一两（30g） 巴豆去皮心，熬，外研如脂，一两（30g） 先捣大黄、干姜为末，研巴豆内中，合治一千杵，用为散，蜜和丸亦佳，密器中贮之，莫令泄，主心腹卒暴百病。若中恶客忤，心腹胀满，卒痛如锥刺，气急口噤，停尸卒死者，以暖水、苦酒服大豆许三四丸，或不下，捧头起，灌令下咽，须臾当差；如未差，更与三丸，当腹中鸣，即吐下便差；若口噤，亦需折齿灌之。功效：攻逐寒积。主治：寒实冷积。卒然心腹胀痛，痛如锥刺，气急口噤，大便不通。

按：三物备急丸是为寒实冷积之危急重证而设。因暴急发病，寒积已甚，气机闭阻，非大辛大热之品不能散寒凝，非急攻峻下之品不能通其闭。故方中以巴豆辛热峻下，开通闭塞，干姜辛热，助巴豆祛寒散结，大黄既助巴豆荡涤肠胃，攻除冷积，又可监制巴豆辛热之毒。本方较大黄附子汤力猛效捷，为急下寒积之峻剂。

温 脾 汤
Warming Spleen Decoction
（Wenpi Tang）

（《备急千金要方》）

【组成】大黄四两（12g） 附子大者一枚（9g） 干姜二两（6g） 人参二两（9g） 甘草二两（6g）

【用法】上五味，以水八升，煮取二升半，分三服。临熟下大黄（现代用法：水煎服，大黄后下）。

【功效】温补脾阳，攻下冷积。

【主治】脾阳不足，冷积内停证。便秘，或久利赤白，腹痛，手足不温，苔白，脉沉弦。

【制方原理】本方主治多由平素脾阳不足，或过食生冷，损伤中阳所致。脾阳不足，阳气不运，冷积阻结于肠中，故见腹痛便秘；若寒湿久留，冷积不化，损伤肠络，又可见下利赤白；阳气无力布达于四肢，故四肢不温、脉沉弦。脾阳不足，冷积内阻，虚中夹实是其病机要点。治疗若单纯温补脾阳，则积滞不去；单纯通下积滞，又更伤中阳，故当温补脾阳与导下寒积并用。

方中附子大辛大热，温壮脾阳，以散寒凝；大黄泻下通便，攻下积滞。二药配伍，攻逐寒积，并为君药。干姜辛热，助附子温中散寒，为臣药；附、姜相配，温阳散寒之力益著，并可抑制大黄之寒性。人参甘温，补脾益气，与附、姜相伍，具有益气温阳之功，并防大黄泻下伤中，为佐药。甘草既助人参益气，又可调和诸药为佐使。诸药合用，使寒邪去，积滞行，脾阳复，则诸证自愈。

制方特点：温补脾阳与导下积滞药配伍，为温下寒积之药法。

《普济本事方》中另有一温脾汤，由附子、干姜、桂心、甘草、厚朴各二两，大黄四钱组成；主治"痼冷在肠胃间，连年腹痛泄泻，作休无时"。与《千金方》温脾汤相比，少人参多桂心、厚朴，且大黄用量较小，故本方温阳散寒力强而攻下益气之力弱，所治冷积泄泻为寒重而积轻。

大黄附子汤与温脾汤均以附子配大黄为主体，但前者配伍细辛之辛温宣散，散寒止痛作用较强，宜于寒实积滞所致腹痛便秘而正气不虚者。后者无细辛，但用干姜温中散寒，更加人参、甘草益气健脾，侧重于温补通下，宜于冷积阻滞，脾胃虚寒的虚中夹实证。

【临床应用】

1. 用方要点 本方适用于脾阳不足，冷积阻滞之证。临床用方辨证要点为便秘，或久利赤白，手足不温，苔白，脉沉弦。

2. 临证加减 寒凝气滞，腹中胀痛，加厚朴、木香行气止痛；腹中冷痛，加肉桂温中止痛；积滞不化，苔白厚腻，加厚朴、莱菔子下气导滞；久利赤白，损伤阴血，舌淡脉细，加当归、白芍养血和营。

3. 现代运用 主要用于急性肠梗阻、慢性肾功能不全、胆道蛔虫等证属寒积内停者。

4. 使用注意 热结和津伤便秘者，本方忌用。

【现代研究】

1. 药理研究 温脾汤给脾胃虚寒型便秘模型小鼠灌胃，观察 1 小时后排第一粒大便时间和给药 4 小时内排便总粒数。结果本方可使脾胃虚寒型便秘小鼠的排便时间明显缩短，排便粒数明显增多。温脾汤灌胃对慢性肾衰大鼠尿、血 Ca^{2+}、P^{3+} 及血肌酐（SCr）、尿素氮（BUN）有不同程度的改善；可使脾肾阳虚型慢性肾衰患者肾血流量增加，肾小球滤过率增强，肾功能改善。温脾汤对 5/6 肾切除所致大鼠慢性肾衰（CRF）脂代谢紊乱具有调节作用。经温脾汤治疗的模型大鼠血清总胆固醇（TC）、甘油三酯（TG）和低密度脂蛋白胆固醇（LDLC）显著降低，高密度脂蛋白胆固醇（HDLC）显著升高，肾衰情况有明显改善。温脾汤对嘌呤性 CRF 模型大鼠显示一定治疗作用，增加模型大鼠饮食、体重、尿量；降低血 SCr、BUN 水平；调节血、尿中离子及血浆游离氨基酸水平；减轻肾脏病理性损伤。上述研究结果为理解温脾汤温阳通便功效和临床治疗慢性肾衰提供了一定药理学依据。

2. 临床研究 用温脾汤治疗恶性肿瘤化疗后所致肾衰 32 例，可使患者尿量增加，二便通畅，临床症状改善明显，其中 24 例肾功能恢复正常。另有 20 例慢性肾衰患者应用温脾汤治疗，结果全血黏度、血浆黏度、红细胞聚集指数、红细胞电泳均显著降低。

第三节　润　下

　　润下剂（Formulae for Causing Laxation），适用于肠燥津亏所引起的大便干燥，艰涩难出，舌燥少津等证。常用润下药火麻仁、杏仁等为主，或与寒下药配伍组成。阴血虚弱者，可配伍养血滋阴药；肾气虚弱者，可配伍温肾益精之品；为使腑气通畅，有利于积滞下行，也常配伍行气药。代表方剂如麻子仁丸、五仁丸、济川煎。

麻子仁丸
Hemp Seed Pill
（Maziren Wan）
（《伤寒论》）

　　【组成】麻子仁二升（500g）　芍药半斤（250g）　枳实半斤（250g）　大黄一斤（500g）厚朴炙，去皮，一尺（250g）　杏仁去皮、尖，熬，别作脂，一升（250g）

　　【用法】上六味，蜜和丸，如梧桐子大，饮服十丸，日三服，渐加，以知为度（现代用法：上药共为细末，炼蜜为丸，每次9g，每日1～2次，温开水送服）。

　　【功效】润肠泻热，行气通便。

　　【主治】肠胃燥热之便秘证。大便干结，小便频数，苔微黄，脉细涩。

　　【制方原理】本方原为脾约证而设。"饮入于胃，游溢精气，上输于脾，脾气散精，上归于肺，通调水道，下输膀胱，水精四布，五经并行。是脾主为胃行其津液也"（《素问·经脉别论》）。今胃中燥热，脾受约束，津液不得四布，但输膀胱，而致小便频数；燥热伤津，更加津液下流，胃肠失于濡润，故见大便秘结。正如成无己所说："约者，约结之约，又约束也。""今胃强脾弱，约束津液不得四布，但输膀胱，致小便数而大便硬，故曰其脾为约。"综上所述，本方证病机要点为胃肠燥热内结，脾约不能布津，肠失濡润；治当润燥泻热通便。

　　方中麻子仁味甘性平，质润多脂，入脾胃大肠，益脾胃之阴，尤能润肠通便，为君药。杏仁甘平润燥，入肺与大肠，上肃肺气，下润大肠；芍药苦酸微寒，入肝脾，养血敛阴，缓急和里，共为臣药。大黄泻热，枳实破结，厚朴除满，此三味即小承气汤，以轻下热结，除胃肠燥热，为佐药。蜂蜜甘润，助麻仁润肠，缓小承气攻下，兼为佐使。诸药相合，使热去阴复燥除，大便自调。

　　本方即小承气汤加麻子仁、杏仁、芍药、蜂蜜而成，为泻下药与润肠药并举。方中重用麻子仁，配杏仁、蜂蜜之甘润，主在润肠；虽用小承气泻热通便，但朴、黄用量较轻，且伍以芍药、蜂蜜酸收甘缓，使泻下力缓；原方制丸如梧子大，用法中始自小量仅十丸，不效渐加，都说明本方意在缓下。

制方特点：润下结合，辅佐以酸甘，剂之以丸，始自小量，体现了缓下之药法。

【临床应用】

1. 用方要点　本方为治疗胃肠燥热，津液不足便秘的代表方。临床用方辨证要点为大便干结，小便频数，脉细涩。

2. 临证加减　燥热较甚，苔黄脉数，重用大黄，或加芒硝，以软坚散结，泻热通便；津伤较甚，口干舌燥，加生地、玄参、柏子仁以滋阴通便；热伤血络出血，加槐角、地榆凉血止血。

3. 现代运用　主要用于习惯性便秘、痔疮便秘、肛门手术后大便燥结等属肠胃燥热，津液不足者。

4. 使用注意　津亏血少之便秘，不宜久服；孕妇慎用。

【现代研究】

1. 药理研究　麻子仁丸灌胃，能显著增加小鼠的排便粒数，提高炭末在小肠内的推进率。麻子仁软胶囊和麻子仁丸对便秘模型小鼠均有通便作用，能增加小鼠排便粒数并软化大便；可明显增强动物离体、在体肠平滑肌活动，使肠平滑肌振幅增高，收缩强度增大，收缩频率加快，从而使大肠、小肠推进速度加快。麻子仁润肠口服液对燥结失水型便秘小鼠的排便功能有促进作用，使肠管含水量增加，大肠水分增加尤为明显。麻子仁丸能促进家兔在体肠管运动；能增加肠粘连模型家兔肠系膜前动脉血流量和降低小鼠腹腔粘连级数。上述研究结果表明，麻子仁丸增强肠管运动、增加肠道水分、改善肠系膜血流、促进排便等作用，为其润肠通便功效提供了一定的药理学依据。

2. 临床研究　在用瑞易宁、二甲双胍治疗的基础上，加用麻子仁丸治疗2型糖尿病便秘40例。结果显效34例，有效3例，无效3例（其中2例中途终止治疗），总有效率为92.5%。

【附方】

润肠丸（《脾胃论》）　大黄去皮　当归梢　羌活以上各五钱（各15g）　桃仁汤浸去皮尖，一两（30g）　麻仁去皮取仁，一两二钱五分（37.5g）　除麻仁另研如泥外，捣细，如梧桐子大，每服五十丸，空心服，白汤送下。功效：润肠通便，活血祛风。主治：饮食劳倦，大便秘涩，或干燥闭塞不通，全不思食之风结或血结证。

按：润肠丸与麻子仁丸均为润肠通便之方，但润肠丸以润肠药配合活血祛风药而成，主治饮食劳倦，风结血结，大便秘涩不通证；麻子仁丸则以润肠药与泻热行气药配合组成，治疗胃肠燥热，津液不足的便秘证。

五 仁 丸
Five Kinds of Kernels Pills
(Wuren Wan)
(《世医得效方》)

【组成】桃仁一两（50g）　杏仁炒，去皮尖，一两（50g）　柏子仁半两（25g）　松子仁一钱二分五厘（7g）　郁李仁炒，一钱（5g）　陈皮另研末，四两（200g）

【用法】将五仁别研为膏，入陈皮末研匀，炼蜜为丸，如梧桐子大，每服五十丸，空心米饮送下（现代用法：五仁研为膏，陈皮为末，炼蜜为丸。每服9g，每日1～2次，温开水送服）。

【功效】润肠通便。

【主治】津枯便秘证。大便干燥，艰涩难出，口干欲饮，舌燥少苔，脉细涩。

【制方原理】素体阴虚，或年老津亏，或产后失血等原因，均可致津枯肠燥，大肠传导失司，而大便艰涩难出。本证病机要点为津枯液燥，大肠涩滞不行。其治疗不能妄行攻破，恐更伤津液，只宜滋液润肠通便。

方中杏仁质润多脂，润燥通便，且降肺气而利大肠传导，为君药。桃仁润燥滑肠，活血散结，助杏仁润肠并畅气血，为臣药。柏子仁质润性滑，善治虚秘；郁李仁润燥开结降气，"专治大肠气滞，燥涩不通"（《用药法象》）；松子仁润五脏，悦脾润肠；重用陈皮理气行滞，使气行浊降，此四味共为佐药。炼蜜为丸，以助润下之力，为使药。诸药合用，共奏滋液润燥，润肠通便之功。

制方特点：以脂质丰富的仁类药配伍理气之品，有润通下气之妙。

五仁丸与麻子仁丸均属润下剂。麻子仁丸以润肠药配合小承气汤组成，是润下之中兼能泻热导滞，适用于肠胃燥热的便秘；五仁丸则用含脂质的果仁为主组成，润肠通便作用较大，适用于津枯肠燥的便秘。

【临床应用】

1. 用方要点 本方为治疗津枯肠燥便秘的良方。临床用方辨证要点为大便艰难，舌燥苔少，脉细涩。

2. 临证加减 胃津不足，口干舌燥，加麦冬、玄参、石斛以生津滋液；肠液亏甚，大便燥结，加瓜蒌仁、麻子仁以加强润肠之力；气滞腹胀，加莱菔子、枳壳理气宽肠。

3. 现代运用 主要用于习惯性便秘、痔疮便秘属津枯肠燥者。

4. 使用注意 孕妇当慎用。

【现代研究】

临床研究：用五仁丸加味治疗便秘型肠易激综合征42例，取得较好疗效。多数患者服用五仁丸后3～4天便秘即有改善，经治疗后便秘症状可完全消失，但停药后易反复，再次给药仍有效。热重可加黄连、蒲公英；胀痛拒按、舌黯红或有瘀斑、脉涩，加丹参、乳香、没药；嗳气或因情志不畅易诱发，加柴胡、白芍、香附；气虚加党参、黄芪。

【附方】

润肠丸（《沈氏尊生书》） 当归 生地 枳壳 桃仁 麻仁各等分（各50g） 蜜丸。功效：养血滋阴，润肠通便。主治：血虚便秘。面色唇爪无华，头晕心悸，大便难下，舌淡苔白，脉细涩。

按：本方以养血滋阴药配伍润肠、活血、行气药组成，治疗阴血不足的大便秘结。与五仁丸滋液润肠通便，主治津枯肠燥之便秘略有不同。

济 川 煎

Jichuan Decoction

（Jichuan Jian）

（《景岳全书》）

【组成】当归三至五钱（9~15g）　牛膝二钱（6g）　肉苁蓉酒洗去咸，二至三钱（6~9g）
泽泻一钱半（5g）　升麻五分至七分或一钱（1.5~3g）　枳壳一钱（3g）

【用法】水一盅半，煎七八分，食前服（现代用法：水煎服）。

【功效】温肾益精，润肠通便。

【主治】肾虚便秘。大便秘结，小便清长，腰膝酸软，舌淡苔白，脉沉迟或沉涩。

【制方原理】便秘虽属大肠传导功能失常，但与肾的关系甚为密切，本方即为老年肾虚
便秘而设。肾主五液而司二便，肾阳虚弱，气化无力，津液不布，故小便清长；肾虚精亏，
肠失濡润，传导不利，故大便不通；腰为肾之腑，膝为筋之腑，肾虚气弱，故腰膝酸软。本
证病机要点为肾虚精亏，阳气不足，气化无力，肠腑闭阻；治宜温肾益精，润肠通便。

方中肉苁蓉为肾经专药，咸温润降，既温肾助阳，又益精润肠，为肾虚便秘之要药，用
以为君。当归养血润肠，合君药助精血互化，调补肝肾；牛膝补肝肾，强筋骨，善下行，共
为臣药。枳壳下气宽肠，以助通便；泽泻甘淡，渗利肾浊，合君药使补而不滞；更用少量升
麻，升引阳明之清气，使清升浊降，且有"欲降先升"之妙，共为佐使。诸药合用，有温
润通便之功。方名"济川"，意在资助河川以行舟车之意。

制方特点：①温养肝肾精血而通便；②补泻升降并用，寓补于通，寓升于降。

【临床应用】

1. 用方要点　本方为肾虚精亏之便秘而设。临床用方辨证要点为大便秘结，小便清长，
腰膝酸软，舌淡苔白，脉沉迟。

2. 临证加减　脾胃气虚，神疲乏力，加人参、白术补气健脾；肾虚精亏重，加熟地、
枸杞子加强补肾之力；津枯肠燥，加火麻仁、杏仁以润燥通便；筋骨痿软无力，加杜仲、锁
阳强筋健骨。

3. 现代运用　主要用于老人便秘、习惯性便秘等属肾虚者。

4. 使用注意　燥热及阴虚便秘慎用。

【现代研究】

临床研究　济川煎加减治疗老年性便秘62例；对照组40例，口服福松治疗。1月为1疗程，
2个疗程后判定疗效。结果治疗组总有效率为93.9%，显著高于对照组77.5%（P<0.05）。

第四节 逐 水

逐水剂（Formulae for Eliminating Fluid Retention），适用于水饮壅盛于里所引起的胸水、
腹水、二便不利、脉实有力等证。常用攻逐水饮药芫花、甘遂、大戟、牵牛子等为主组成。

大便秘结者，可配伍泻下药；水饮内停，易阻气机；逐水药峻猛有毒，易伤正气，故还常配伍行气和益气扶正药。代表方剂如十枣汤等。

十 枣 汤
Ten Jujubes Decoction
（Shizao Tang）
（《伤寒论》）

【组成】 芫花　甘遂　大戟各等分

【用法】 三味等分，各别捣为散，以水一升半，先煮大枣肥者十枚，取八合去滓，内药末。强人服一钱匕，羸人服半钱，温服之，平旦服。若下后病不除者，明日更服，加半钱。得快下利后，糜粥自养（现代用法：三药等分为末，每服 1g，清晨空腹大枣十枚煎汤送服）。

【功效】 攻逐水饮。

【主治】 水饮壅盛证。咳唾胸胁引痛，心下痞硬，干呕短气，头痛目眩，胸背掣痛不得息；或一身悉肿，尤以身半以下肿甚，腹胀喘满，二便不利，舌苔滑，脉沉弦。

【制方原理】 本证是因水饮壅盛于里，或停于胸胁，或泛溢内外所致。水停胸胁，气机受阻，故胸胁引痛，甚则胸背掣痛不得息；水饮迫肺，宣降失常，故见咳唾短气；水停心下，气结于中，故心下痞硬；水气犯胃，胃失和降，则干呕；水停脘腹，气机不利，故腹胀、二便不利；饮邪阻滞，清阳不升，故头痛目眩；水饮外溢于肌肤，则为水肿。本证病机要点为水饮壅盛，内停外溢，气机阻滞。因证情急重，非一般化饮渗利之品所能胜任，治当以攻逐水饮为法。

方中合用芫花、甘遂、大戟三味逐水峻品，其逐水饮、除积聚、消肿满之功虽同，但作用部位有别，其中芫花善消胸胁伏饮痰癖，甘遂善逐经隧水湿，大戟善泄脏腑之水，合而用之，胸胁经隧脏腑之水皆可去之。但此三味均为峻泻有毒之品，大毒治病，每伤正气，故方中配伍大枣甘温质润，缓和诸药之峻烈及毒性，兼能培土制水，使邪去而正不伤，减少药后反应。

制方特点：①集三味逐水峻品于一方，佐用大枣制毒缓峻，使攻逐水饮而不伤正；②服法考究，大枣煎汤送服药末，并从小剂量开始，日 1 次，清晨空腹时服用。

【临床应用】

1. 用方要点 本方为攻逐水饮之峻剂。临床用方辨证要点为体质壮实，咳唾胸胁引痛，或水肿腹胀，二便不利，脉沉弦。

2. 现代运用 主要用于渗出性胸膜炎、肝硬化腹水、慢性肾炎腹水或水肿等属水饮内停，正气不虚者。

3. 使用注意 只可暂用，不能久服；服药得快利，水饮已尽，当食糜粥以保养脾胃；水饮未尽去时，可视病情逐渐加量再服；服药后精神萎靡，体力不支者则当暂停服用或与补益药交替使用。孕妇忌用；不宜作汤剂水煎；忌与甘草伍用。

【现代研究】

临床研究 用加味十枣汤（大戟、芫花、甘遂、黄芪）治疗结核性胸膜炎胸腔积液 38 例，并设对照组 30 例，结果治疗组胸腔积液吸收优于对照组。另用八珍汤与十枣汤并用治疗肝硬化腹水 75 例，同设西医对照组。结果治疗组显效 48 例，有效 22 例，无效 5 例，总有效率为 93.3%，显著高于西医对照组。

【附方】

舟车丸（《景岳全书》） 黑丑研末，四两（120g） 甘遂面裹煨 芫花 大戟俱醋炒，各一两（各30g） 大黄二两（60g） 青皮 陈皮 木香 槟榔各五钱（各15g） 轻粉一钱（3g） 上为末，水糊丸如小豆大，空心温水下，初服五丸，日三服，以快利为度。功效：行气逐水。主治：水热内壅，气机阻滞证。水肿水胀，口渴，气粗，腹坚，大小便秘，脉沉数有力。

按：本方系十枣汤加减而成，其中去大枣使本方专于攻邪；加黑丑、大黄泻热通腑，青皮、陈皮、木香、槟榔行气破结，轻粉通窍利水。全方意在泻热通便，行气逐水，使水热之邪从二便分消，故本方峻下之力比十枣汤强，但剂之以丸，为峻剂缓用。

第五节　攻补兼施

攻补兼施剂（Formulae for Purgation Associated with Reinforcement），适用于里实积滞而正虚，见腹满便秘，同时兼有气血不足或阴津内竭之象。此时攻邪则正气不支，补正又邪实愈壅，唯有攻补兼施，邪正兼顾，方为两全之策。常用泻下药大黄、芒硝配伍补益药组成。正虚或为气血不足，或为阴液亏损，故本类方剂根据证候的不同可配伍补养气血、滋阴增液等药。代表方剂如黄龙汤、增液承气汤等。

黄 龙 汤
Yellow Dragon Decoction
（Huanglong Tang）
（《伤寒六书》）

【组成】大黄（9g） 芒硝（9g） 枳实（9g） 厚朴（6g） 甘草（3g） 人参（6g） 当归（9g）（原书未著用量）

【用法】水二盅，姜三片，枣子二枚，煎之后，再入桔梗一撮，热沸为度（现代用法：上方加桔梗3g，姜3片，大枣2枚，水煎，芒硝溶服）。

【功效】泻热通便，益气养血。

【主治】阳明腑实，气血不足证。自利清水，或大便秘结，脘腹胀满，腹痛拒按，身热口渴，神倦少气，谵语，甚则循衣撮空，神昏肢厥，舌苔焦黄或焦黑，脉虚。

【制方原理】本方为素体气血不足，复因伤寒之邪化热入里，或温热病邪，邪热传里而成阳明腑实证而设。热结于里，腑气不通，故大便秘结、腹痛拒按；热结旁流，则自利清水；邪热炽盛，热扰心神，故见神昏谵语、肢厥、循衣撮空；素体不足或温病误治耗伤气血，故见神倦少气、脉虚等。本证病机要点为燥热内结阳明，腑气不通，气血虚弱。证属邪实而体虚，根据"实则泻之"、"虚则补之"的原则，治宜泻热通便与益气养血并用，以泻实扶虚。

方中大黄、芒硝、枳实、厚朴（即大承气汤）泻热通便，荡涤胃肠实热积滞；人参益气，当归补血，扶正以助祛邪，并使攻下而不伤正。肺与大肠相表里，故配桔梗开肺气而通肠胃；生姜布散津液；大枣、甘草补益脾胃以助扶正，甘草兼调和诸药。诸药合用，既能攻下热结，又能补益气血，共成攻下扶正之剂。

制方特点：①泻热通便药与益气养血药同用，攻补兼施侧重在攻，寓补于攻；②寓辛散于苦泄之中，寓升于降，有"欲降先升"之理。

【临床应用】

1. 用方要点 本方主治阳明腑实兼气血不足证。临床用方辨证要点为大便秘结，或自利清水，腹痛拒按，身热口渴，体倦少气，舌苔焦黄，脉虚。

2. 临证加减 原注云："老年气血虚者，去芒硝"，以减缓泻下之力，顾护正气，或酌情加大人参、当归的用量。

3. 现代运用 主要用于流行性脑脊髓膜炎、乙型脑炎、伤寒、副伤寒等证属阳明腑实，兼气血不足表现者。

【现代研究】

1. 药理研究 采用肠管运动在体实验法测定小鼠排便时间及频率和肠推进运动，并与大承气汤作比较。结果发现黄龙汤使排便时间加快，次数增加，便稀且不成形，能明显促进小鼠小肠推进运动，对大鼠大肠推进的直接和间接作用均明显增加，且作用强于大承气汤。

2. 临床研究 用黄龙汤加减治疗老年便秘83例，均系骨科住院卧床患者，年龄大于55岁，见腹胀腹痛，大便不通，饮食不佳，卧床不能活动，少气乏力，面色少华等。全部病例服药1～4剂后，腹部胀痛、大便不通等症均有不同程度的改善，且能减轻骨折疼痛。用黄龙汤配合超激光照射治疗粘连性肠梗阻36例，并设对照组。结果治疗组总有效率97%，高于对照组的81.3%。

【附方】

新加黄龙汤（《温病条辨》） 细生地五钱（15g） 生甘草二钱（6g） 人参另煎，一钱五分（4.5g） 生大黄三钱（9g） 芒硝一钱（3g） 玄参五钱（15g） 麦冬连心，五钱（15g） 当归一钱五分（4.5g） 海参洗，二条（2条） 姜汁六匙（6匙）以水八杯，煮取三杯。先用一杯，冲参汁五分，姜汁二匙，顿服之。如腹中有响声，或转矢气者，为欲便也，候一二时不便，再如前法服一杯；候二十四刻不便，再服第三杯。如服一杯，即得便，止后服，酌服益胃汤（沙参、麦冬、冰糖、细生地、玉竹）一剂。余参或可加入。功效：滋阴益气，泻热通便。主治：热结里实，气阴不足。大便秘结，腹胀，神倦少气，口干咽燥，唇裂舌焦，苔焦黄或焦黑燥裂。

按：黄龙汤与新加黄龙汤均为攻补兼施之剂，黄龙汤以大承气峻下热结，配伍人参、甘草、当归益气养血，主治热结较甚而兼气血不足者；新加黄龙汤用调胃承气汤缓下热结，并重用生地、玄参、麦冬、海参滋阴增液，人参、甘草、当归益气养血，主治热结较轻而正气不足，尤以阴液耗竭较甚者。两方同一扶正泻下之中有攻下和滋阴之偏颇。

增液承气汤
Purgative Decoction for Increasing Fluid
(Zengye Chengqi Tang)
（《温病条辨》）

【组成】玄参—两（30g）　麦冬连心，八钱（24g）　细生地八钱（24g）　大黄三钱（9g）芒硝一钱五分（4.5g）

【用法】水八杯，煮取二杯，先取一杯，不知再服（现代用法：水煎，芒硝溶化，分两次服用）。

【功效】滋阴增液，泻热通便。

【主治】热结阴亏证。燥屎不行，下之不通，口干唇燥，舌红苔黄，脉细数。

【制方原理】本方所治之证系温热病邪，耗伤津液，热结肠胃所致。热结阴亏，肠腑失润，传导不利，则燥屎不行，虽下之亦不通，即所谓"无水舟停"；口干唇燥，舌红苔黄，脉细数，亦为热伤津亏之象。本证病机要点为燥热内结，阴亏液伤，肠腑不行。治当滋阴增液，泻热通便。

方中重用玄参咸寒滋阴清热，润肠通便，为君药；麦冬、生地甘寒养阴生津，为臣药；三药相合即增液汤，有滋阴养液，润燥通便之功。以芒硝、大黄为佐，软坚润燥，泻热通便，使热去阴复。诸药配合，使阴液得复，热结得下，阳明通降，诸症得除。本方为增液汤与调胃承气汤（去甘草）变化而来，故名"增液承气汤"。

制方特点：①滋阴增液与泻热通便药同用，但重在滋养阴液，以泻下热结为辅；②寓清于滋，寓泻于补，属"增水行舟"之法。

《温病条辨》指出："津液不足，无水舟停者，间服增液，再不下者，增液承气汤主之。"说明热结阴亏，燥屎不行者，使用下法，宜当审慎。

【临床应用】

1. 用方要点　本方主治温热病热结阴亏之便秘。临床用方辨证要点为大便秘结，口干唇燥，苔黄，脉细数。

2. 临证加减　口干唇燥甚，加石斛、玉竹、沙参、白芍以养阴生津；便秘腹胀，加枳实、佛手等行气通便。

3. 现代运用　主要用于急性热病高热所引起的便秘、习惯性便秘、痔疮便秘，及肾功能衰竭、大叶性肺炎、痤疮等属阴虚热结者。

4. 使用注意　阴液亏虚，内无热结者，本方不宜。

【现代研究】

临床研究　增液承气汤对防治老年急腹症术后并发症有较好疗效。在老年急腹症的发病过程中，虚实夹杂比例较大，术后解除肠麻痹至关重要。若重本轻标，纯用滋补之剂，则痛胀愈甚；重标轻本，过用通里攻下之药，则阴液愈耗，用增液承气汤攻补兼施，最为恰当。本方用于 89 例此症患者，药后肠鸣音恢复，排气、排便时间均较对照组明显缩短。

【附方】

承气养营汤（《瘟疫论》） 知母（9g） 当归（9g） 生地黄（12g） 大黄（12g） 枳实（9g） 厚朴（9g） 白芍（15g）（原书未著分量） 水煎服。功效：泻热通便，养血滋阴。主治：温病数下亡阴，两眼干涩，唇口燥裂，咽干渴饮，身热不解，大便不通。

按：本方与增液承气汤均能滋阴泻热通便，但承气养营汤是小承气汤加知母、当归、生地、白芍，重在养血滋阴，行气除满，辅大黄以荡涤胃肠热结，治疗热结未尽，阴血已伤者。增液承气汤则由调胃承气汤去甘草并合大剂增液汤而成，滋阴增液之力尤强，兼以泻热通便，治疗热结阴亏之便秘，属"增水行舟"法。

小 结

泻下剂主要为里实证而设，具有通导大便、泻下积滞、攻逐水饮等作用。针对里热积滞、里寒积滞、燥实内结、水饮内停及正虚里实的不同类型而有寒下、温下、润下、逐水和攻补兼施五类。

1. 寒下 适用于里热积滞实证。三承气汤均有泻下热结之功，其中大承气汤硝、黄与枳、朴并用，攻下之力最强，主治痞、满、燥、实四症俱备的阳明腑实重证；小承气汤不用芒硝，并减枳、朴用量，攻下之力较轻，主治痞、满、实而不燥的阳明腑实轻证；调胃承气汤虽硝、黄同用，但无枳、朴，且用甘草缓和二药之性，具缓下热结之功，主治阳明燥、实内结而无痞、满之证。大陷胸汤即调胃承气中甘草易甘遂，但泻热逐水之力峻猛，主治水热互结于胸中所致结胸证。

2. 温下 适用于里寒积滞实证。大黄附子汤、温脾汤均以附子配大黄温里通便为主要组成部分，大黄附子汤中尚有细辛辛温宣通、散寒止痛，主治寒实内结而正气不虚者；温脾汤则用干姜、人参、甘草温补脾阳，主治脾阳不足、冷积内阻之便秘及久利赤白。

3. 润下 适用于肠燥便秘证。麻子仁丸、五仁丸均能润肠通便，但麻子仁丸以润肠药配合小承气汤组成，用治肠胃燥热，脾津不足之便秘；五仁丸集多脂之果仁为主组方，专用于津枯肠燥之便秘。济川煎以温肾益精的肉苁蓉配合升清降浊之品，专治肾虚精亏之便秘。

4. 逐水 适用于水饮壅盛于里的实证。十枣汤以攻逐水饮药配大枣缓峻护胃，逐水之中兼有培土扶正作用，主治悬饮及水肿腹胀属实证者；舟车丸则于逐水药中配以较多行气之品，逐水攻下之力更猛，主治水热内壅，气机阻滞证。

5. 攻补兼施 适用于里实积滞而正虚证。黄龙汤由大承气汤配合益气养血药组成，主治阳明腑实兼气血不足者；增液承气汤则以大量滋阴增液之品配攻下药组成，主治温病热结阴亏之证。

复习思考题

1. 分析"三承气汤"在组成、用量、煎服法、功效、主治方面的异同。
2. 热结旁流、热厥之证为何可用大承气汤治疗？体现了何种治疗原则？
3. 温下剂的主要配伍方法有哪些？并举例说明。
4. 分析大黄在泻下各类方剂中的配伍意义。
5. 分析大枣在十枣汤中的作用，并简述十枣汤的用法要点。
6. 补益药在何种情况下配入泻下剂中，组方配伍中应注意什么问题？

第十章

温里剂

温里剂（Formulae for Warming the Interior）是以温里药为主而组成，具有温中祛寒、回阳救逆、温经通脉作用，主治里寒证的方剂，统称为温里剂。"寒者热之"，"治寒以热"（《素问·至真要大论》）是温里剂的立法依据，温里剂属于八法中的"温法"。

寒证有表寒证和里寒证。表寒证病变部位在肌表营卫，属于解表剂治疗范围；里寒证病变部位在脏腑、经络、筋脉、骨节，属于温里剂主治范畴。里寒证或因寒从外袭，侵入脏腑；或因素体阳虚，寒从内生；或由过服冷食，损伤阳气所致，并以肢冷畏寒，喜温喜按，口淡不渴，舌淡苔白，脉沉或迟为主要表现。治疗里寒证应温里祛寒，根据里寒证病变部位及病机特点，温里剂可分为温中祛寒、回阳救逆、温经通脉三类。

温里剂现代临床被广泛用于炎性、免疫性、心血管和神经系统等多种疾病，主要用于肠胃炎、胃及十二指肠溃疡、胃痉挛、结肠炎、冠心病、心肌梗死、心衰、血栓闭塞性脉管炎、风湿及类风湿性关节炎、雷诺病、女子痛经等疾病。药理研究表明，温里剂具有保护胃黏膜、抑制小肠推进亢进、增强心肌收缩力、扩张血管、改善微循环、增强机体免疫功能、提高中枢神经系统兴奋性、抗缺氧、抗自由基、抗休克等作用。据此推测"温中祛寒"的现代内涵可能涉及保护胃黏膜，促进消化吸收，以及调节胃肠功能等作用；"回阳救逆"可能涉及增强心肌收缩力，抗休克、抗缺氧等作用；"温经通脉"可能涉及扩张血管，改善微循环，抗炎、调节免疫功能。

温里剂使用应注意：其一，辨病变部位，因病证有脏腑筋脉不同，所以选方要有针对性；其二，辨病性真假，如真热出现假寒，则不能误用温里剂。另外，运用温里剂，要因人、因时、因地制宜。再者，寒证多夹虚，应配伍补益药；若阴血不足又有寒证，用温热药应酌情减量，以免重伤阴血；若阴寒太盛，或真寒假热证，应配少量寒凉药，以免药证发生格拒。

第一节　温中祛寒

温中祛寒剂（Formulae for Warming the Middle-energizer to Dispel Cold），适用于脾胃虚寒引起的脘腹疼痛或胀满，喜温喜按，呕吐下利，舌淡苔白，脉沉迟或弱等；常用温中助阳药如干姜、吴茱萸、蜀椒等为主组成。中焦虚寒证中，或脾气虚弱，运化无权；或胃气失和，气机上逆；或脏腑失温，经脉拘急而有多种伴随兼证。故本类方剂又常配伍补气健脾、和胃降逆、缓急止痛等药味。代表方剂如理中丸、小建中汤、吴茱萸汤等。

理 中 丸

Bolus for the Function of Middle Energizer

（Lizhong Wan）

（《伤寒论》）

【组成】人参　干姜　甘草炙　白术各三两（各9g）

【用法】上四味，捣筛，蜜和为丸，如鸡子黄许大。以沸汤数合，和一丸，研碎，温服之。日三四，夜二服。腹中未热，益至三四丸，然不及汤。汤法：以四物依两数切，用水八升，煮取三升，去滓。温服一升，日三服。服汤后，如食顷，饮热粥一升许，微自温，勿发揭衣被（现代用法：水煎服）。

【功效】温中祛寒，益气健脾。

【主治】脾胃虚寒证。脘腹疼痛或胀满，喜温喜按，或呕吐，或下利，倦怠乏力，饮食不佳，舌淡，苔薄白，脉虚弱或沉细。亦可用于阳虚喜唾、胸痹、霍乱、出血及小儿慢惊等。

【制方原理】本方所主脾胃虚寒证多系脾胃虚弱，寒邪入侵或内生所致。因寒主凝滞不通，故脘腹疼痛或胀满；寒得温则散，故喜温；中阳虚弱不得守护，则喜按；胃气不降则呕吐；脾气不升则下利；舌淡、苔薄白、脉虚弱皆为脾胃虚寒之象。本证病机为脾胃虚弱，寒犯中焦，升降悖逆；治宜温中祛寒，益气健脾。

方中干姜辛寒，温中祛寒，以治寒气凝结；人参甘温，益气健脾，以治脾胃虚弱；二味相配，寒虚兼治，共为君药。白术甘苦而温，健脾燥湿，与干姜、人参相配，以增强温中燥湿、益气健脾之力，为臣药。炙甘草益气缓急，既助干姜温阳，又助人参、白术益气，并调和诸药，为佐使药。全方诸药相合，共奏温中祛寒，益气健脾之功。

制方特点：温中祛寒与益气健脾药相配，标本兼顾，为辛热合甘温药法。

又，《金匮要略》中有人参汤一方，主治胸痹之病情较急者。两方的方名不同，但药物和用量相同，因剂型有别，药力则有缓急之别，主治稍异。

【临床应用】

1. 用方要点　本方适用于脾胃虚寒证。临床用方辨证要点为脘腹疼痛或胀满，喜温喜按，或呕吐，或下利，舌淡，苔薄白，脉虚弱。

2. 临证加减　外兼表证，加桂枝（《伤寒论》桂枝人参汤）以解表散寒；寒甚加附子（《和剂局方》附子理中丸），或重用干姜以温中散寒；若夹痰者加茯苓、半夏（《明医杂著》理中化痰丸）以健脾化痰；痞满加枳实、茯苓（《和剂局方》枳实理中丸）以温中行气除满；苔薄黄加黄连（《症因脉治》连理汤）兼清郁热；出血加艾叶、灶心黄土以温阳固涩止血；胸痛加薤白、桂枝以温阳宽胸通痹；呕吐呃逆加丁香、白蔻仁（《全国中药成药处方集》丁蔻理中丸）以温中降逆止呕。

3. 现代运用　主要用于急慢性胃炎、胃及十二指肠溃疡、慢性结肠炎、慢性菌痢、慢性肝炎、冠心病、风湿性心脏病、慢性肾功能不全、小儿多涎症等属中焦虚寒者。

4. 注意事项　湿热或阴虚内热者忌用本方。

【现代研究】

1. 药理研究 理中丸按 4.3g/kg 给利血平脾虚大鼠灌胃，可显著提高模型大鼠自主活动度；每只 1ml 灌胃，提高大鼠血清 D－木糖含量及血清一氧化氮（NO）水平，降低血浆内皮素（ET）含量，显著抑制大黄脾虚小鼠小肠推进运动亢进，对抗阿托品或新斯的明负荷小鼠小肠推进运动的抑制或加强，缓解乙酰胆碱、氯化钡所引起的肠管强直性收缩；对大鼠醋酸型或幽门结扎型胃溃疡均有保护作用。本方还能明显降低缺血兔心、脑、肺等组织匀浆中脂质过氧化物含量，抑制脂质过氧化作用，保护细胞免受损伤。上述研究表明，理中丸具有一定的胃肠运动调节功能、保护胃黏膜、抗氧化损伤等作用，为理解该方温中祛寒、益气健脾功效提供了一定药理学依据。

2. 临床研究 变态反应性鼻炎患者随机分为治疗组 19 例和对照组 17 例，治疗组用人参散（人参、炒白术、干姜、甘草各 10g，研成细粉，混匀；二甲基亚枫 0.2g，加水适量，调药粉成糊状）敷神阙穴，外以活血止痛膏覆盖固定，隔日换药 1 次。对照组给予阿司咪唑口服，每次 10mg，每日 1 次，治疗 1～4 周。结果治疗组和对照组总有效率分别为 94.7% 和 82.4%。虚寒型秋季腹泻患者分为治疗组和对照组，每组各 36 例，治疗组用理中丸加减（炮姜 6g，红参 7g，白术 8g，炙甘草 4g，诃子 7g，乌梅炭 7g，神曲 7g）为基本方，呕吐者加法半夏 6g，发热者加藿香 7g，每日 1 剂，分 3～5 次口服；对照组用派拉西林 100mg/kg，每日 2 次；乳酸菌素 1 片/次，每日 3 次。6 日为 1 疗程。结果治疗组平均泻止时间 2.2 天，治愈率为 100%；对照组平均泻止时间 4.5 天，治愈率为 77.78%。

吴茱萸汤
Evodia Decoction
（Wuzhuyu Tang）
（《伤寒论》）

【组成】吴茱萸洗，一升（24g）　人参三两（9g）　生姜切，六两（18g）　大枣擘，十二枚（12 枚）

【用法】上四味，以水七升，煮取二升，去滓。温服七合，日三服（现代用法：水煎服）。

【功效】温肝暖胃，补虚降逆。

【主治】肝胃虚寒证。食谷欲呕，或干呕、吐涎沫，或吞酸、头痛，或巅顶头痛，或胸膈满闷、手足厥冷，或下利，或烦躁，舌淡，苔薄白，脉沉或迟。

【制方原理】本方所主肝胃虚寒证多系中虚在先，或寒自中生，或肝寒犯胃，浊气上逆所致。中焦虚寒，运化不及，胃气不降，故食谷欲呕；水津不得阳化而随寒气上逆，故吐涎沫；寒邪随肝胃经脉而上犯，故头痛或颠顶头痛；甚则上扰神明，故烦躁；中阳不温四肢，故手足厥冷；舌淡，苔薄白，脉沉或迟皆为虚寒之象。本证病机为肝胃虚寒，寒浊气逆。治宜温补肝胃，散寒降逆。

方中吴茱萸辛热，温肝暖胃，散寒降逆，重用而为君药。生姜温中散寒，降逆止呕，助君药以加强散寒降逆之功，兼制吴茱萸之毒性，为臣药。人参甘温，补中养胃；大枣健脾益气；两药相伍，甘润补气生津以补虚，兼能和里缓急以止痛，合为佐药。全方四药相伍，共奏温补肝胃，散寒降逆之功。

制方特点：肝胃并治，温补兼行；主以温中降逆，佐以益气护阴。

【临床应用】

1. 用方要点 本方适用于肝胃虚寒证。临床用方辨证要点为食谷欲呕，吐涎沫，头痛，手足厥冷，舌淡，苔薄白，脉沉或迟。

2. 临证加减 胃气不降，呕吐明显加半夏、陈皮以理气降逆；寒邪上逆，头痛明显加藁本、白芷以温经止痛；中寒不运，泄泻明显加炒白术、茯苓以健脾止泻。

3. 现代运用 主要用于胃及十二指肠溃疡、幽门梗阻、神经性呕吐、慢性非特异性结肠炎、神经性头痛、冠心病、高血压、痛经等证属肝胃虚寒者。

4. 注意事项 胃热呕逆或阳亢头痛，禁用本方。

【现代研究】

1. 药理研究 吴茱萸汤按30g/kg小鼠腹腔注射，能对抗新斯的明引起的小肠推进功能亢进，促进肠道对水分和氯离子的吸收。脾虚小鼠按0.2ml/10g灌胃，其胸腺重量和巨噬细胞的吞噬能力显著增加。该方体外能显著增加离体蟾蜍心脏输出量，增强其心肌收缩力；增强在体兔心肌收缩力，增加毛细血管数和微血流速度，改善部分微血流态，迅速升高休克兔的血压，并延缓后期血压的下降，增加尿量。上述研究表明，吴茱萸汤具有调节胃肠，增强免疫系统功能及促进心血管功能等作用，为理解吴茱萸汤暖肝温胃、散寒降逆的功效提供了一定的现代药理学依据。

2. 临床研究 吴茱萸汤治疗肝寒犯胃型慢性浅表性胃炎150例。方药：党参30g，吴茱萸5g，生姜、大枣、佛手各10g，延胡索15g，甘松、玫瑰花各6g，厚朴、草豆蔻、砂仁各8g。随症加减：头晕去草豆蔻，加草果8g，泽泻20g；嗳气加丁香5g，降香8g；泛酸加海螵蛸20g，煅瓦楞子30g；口苦加川连3g。水煎服，每日1剂，7日为1疗程。结果：显效69例（46.0%），有效71例（47.3%），无效10例（6.7%），总有效率为93.3%。

小建中汤
Minor Decoction for Strengthening the Middle-energizer

（Xiaojianzhong Tang）

（《伤寒论》）

【组成】桂枝去皮，三两（9g）　芍药六两（18g）　甘草炙，二两（6g）　生姜切，三两（9g）　大枣擘，十二枚　胶饴一升（70ml）

【用法】上六味，以水七升，煮取三升，去滓。内饴，更上微火消解。温服一升，日三服。呕家不可与建中汤，以甜故也（现代用法：水煎服）。

【功效】温中补虚，和里缓急。

【主治】中焦虚寒证。腹中急痛，喜温喜按，或心中悸而烦，或手足烦热，口干咽燥，或虚劳发黄，面色不荣，舌淡，苔薄白，脉细弱。

【制方原理】 本方原为虚劳病之中焦虚寒的腹痛里急证而设。中焦虚寒，不能温养脉络，故腹痛里急、喜温喜按；虚劳病久，中虚不化，气血不足，上不能养心神，故心悸而烦；外不能荣肌肤，故发黄；营卫俱弱，寒热失调，故见口干咽燥、四肢酸楚、手足烦热；舌淡苔薄白，脉细弱也为中焦虚寒，营卫不足之象。本证病机要点为中焦虚寒，营卫俱弱，脏腑失养。治宜温养中焦，滋助营卫，和里缓急。

方中重用胶饴（饴糖）温养脾胃，助生气血，缓急止痛，为君药。桂枝温阳散寒，芍药补血敛阴，两味相合，助君药温中和里，兼能和营调卫，为臣药。大枣健脾补中，助胶饴以益气，助芍药以养血；生姜温胃散寒，助桂枝温中祛寒，合大枣调和营卫，共为佐药。炙甘草甘缓益气，助饴、枣健脾补虚以化营，辅桂枝温阳益气而助卫，协芍药和里缓急以止痛，兼能调和诸药，为佐使药。全方诸药相伍，共奏温养中焦，和里缓急，调补气血之功。

制方特点：①虚劳营卫诸不足，取治于中，有立法之巧；②主以甘温补中，辅助以辛酸，合化阴阳，有配伍之妙。

本方即桂枝汤倍芍药再加胶饴而成。桂枝汤中桂枝、芍药用量相等，有调和营卫之功，主治风寒表虚证；本方倍用芍药，更加胶饴并重用，大剂甘味补中配伍酸收益阴，尤善补虚和里，缓急止痛；并使方中桂、姜之辛散走表趋里而转为温中祛寒，主治虚劳之中焦虚寒，营卫俱弱证。

【临床应用】

1. 用方要点 本方适用于中焦虚寒证。临床用方辨证要点为腹中急痛，喜温喜按，面色不荣，舌淡苔薄白，脉细弱。

2. 临证加减 中焦寒甚见腹中痛甚，生姜易干姜以温中祛寒；气虚乏力，加黄芪（《金匮要略》黄芪建中汤）、人参以益气补虚；血虚见头晕目眩，加当归（《千金翼方》当归建中汤）、阿胶以补血养血；心神失养见心悸失眠，加酸枣仁、茯苓以养心安神。

3. 现代运用 主要用于慢性胃炎、胃十二指肠溃疡、神经衰弱、缺铁性贫血、再生障碍性贫血、功能性发热、慢性肝炎等证属中焦虚寒证。

4. 注意事项 兼夹痰湿，舌苔白腻者，忌用本方。

【现代研究】

1. 药理研究 小建中汤冲剂按2~10g/kg灌胃，能抑制小鼠水浸应激性、消炎痛加乙醇诱发的胃溃疡；能抑制大鼠盐酸、幽门结扎性胃溃疡。本方还能抑制小鼠肠胃推进运动；延长小鼠接触热板致痛反应时间，抑制醋酸引起的小鼠扭体反应；对抗二甲苯引起的耳肿胀和琼脂引起的足肿胀。上述研究表明，小建中汤具有保护胃黏膜、抗溃疡，解痉镇痛、抗炎等作用，为理解本方温中补虚、和里缓急的功效提供了一定的现代药理学依据。

2. 临床研究 慢性乙肝患者分为治疗组68例和对照组54例。治疗组以小建中汤为主随证加减，湿热偏重者加茵陈15g，苍术10g，蒲公英15g，垂盆草10g。气虚偏重者加党参、白术、山药、黄芪各10g；阴虚偏重者加北沙参、麦冬、枸杞子、仙灵脾各10g；血瘀积聚者加红花、石见穿、桃仁、穿山甲各10g；纳谷不香者，选加焦三仙、鸡内金、砂仁等。每日1剂，水煎服。对照组口服云芝多糖胶囊，每次0.5g，每日服3次，部分病例还加服维生素制剂及肌苷等。3个月为1疗程，治疗1~2个疗程。结果治疗组显效47例，有效

15 例，无效 6 例，总有效率为 91％；对照组显效 24 例，有效 14 例，无效 16 例，总有效率为 70％。又用小建中汤加减治疗肠易激综合征 36 例，方药：桂枝、炙甘草各 6～9g，大枣 4 枚、白芍 15～18g，生姜 9g，饴糖 40～60g。血虚明显者加当归 9～12g，自汗、盗汗多者加浮小麦 30g，茯神 9～12g，便秘严重者加火麻仁 6～9g，瓜蒌 30g。每日 1 剂，分 3 次服，治疗 1～6 个月。结果：痊愈 16 例，显效 9 例，好转 7 例，无效 4 例，总有效率为 88.9％。

【附方】

大建中汤（《金匮要略》）　蜀椒去汗，二合（5g）　干姜四两（12g）　人参二两（6g）上三味，以水四升，煮取二升，去滓。内胶饴一升，微火煎取一升半，分温再服。如一炊顷，可饮粥二升，后更服，当一日食糜，温服之。功效：温中散寒，补虚止痛。主治：脾胃寒痛证。心胸中大寒痛，呕不能饮食，脘腹冷痛，上冲皮起，出见有头足，上下痛而不可触近，舌淡，苔薄白，脉紧或弱。

按：本方与小建中汤均主中焦虚寒之腹痛证，两方均用胶饴温中补虚和里，但药法层次有所不同：此方以干姜、蜀椒配伍温中散寒，以人参健中补虚；彼方则以生姜、桂枝温中散寒，以大枣、炙草健中补虚。因此，本方主治中焦虚寒较甚而证情较急者，彼方主治中焦虚寒较轻而证情稍缓者。

第二节　回阳救逆

回阳救逆剂（Formulae for Restoring Yang to Rescue Collapse），适用于阳微阴盛引起的手足厥逆，恶寒蜷卧，面色苍白，汗出淋漓，精神萎靡，舌淡苔白，脉微欲绝等亡阳虚脱证。常用大辛大热之附子、肉桂、干姜等为主组成。阳衰阴盛之证气虚亦甚，或因正虚不固而精津外泄；或阴盛格阳，虚阳外越而有多种伴随兼证，故本类方剂又常配伍补气固脱、收敛固涩、通阳复脉等药味，必要时还稍伍寒凉之品以反佐。代表方剂如四逆汤等。

四 逆 汤
Decoction for Resuscitation
(Sini Tang)
(《伤寒论》)

【组成】附子生用，去皮，破八片，一枚（5g）　甘草炙，二两（6g）　干姜一两半（4.5g）

【用法】上三味，以水三升，煮取一升二合，去滓。分温再服，强人可大附子一枚，干姜三两（现代用法：水煎服）。

【功效】破阴逐寒，回阳救逆。

【主治】少阴病阳微阴盛证。手足厥逆，恶寒蜷卧，腹痛，下利清谷，呕吐，精神萎靡，或心悸怔忡，面色苍白，舌淡，苔薄白，脉微欲绝；或亡阳证。

【制方原理】本方所主系寒邪深入少阴的寒厥证。"四逆"指四肢自指（趾）向上逆冷，直至肘膝以上。手足少阴属心肾，肾为一身阳气之根，心主神明。阴寒内阻，阳虚不温，故手足厥逆、恶寒蜷卧、腹痛；肾命火衰，脾阳不运，故下利清谷；寒气上冲，故呕吐；阳气虚衰，神明失养，故精神萎靡，或心悸怔忡；舌淡苔薄白，脉微欲绝均为阴寒阳衰，阳气欲脱之象。本方证病情急重，其阴寒太盛而充斥内外，阳气虚衰而无力接续，残阳有脱散之危。治宜破阴逐寒，回阳救逆。

方中生附子大辛大热，其性峻烈，走而不守，为补益先天命火之第一要品，破阴逐寒，通行十二经脉，为君药。干姜苦温，守而不走，温脾阳而祛里寒，为臣药。此君臣相配，既壮先天命火，又温后天脾阳，且走守互补，祛寒回阳，相得益彰。炙甘草甘温，益气守中，既解生附子之毒，又合姜、附得辛甘助化阳气，兼缓其峻烈之性而持续药力，为佐使药。三味相合，以奏破阴逐寒，回阳救逆之功。

制方特点：生附子与干姜相配，逐寒回阳，相得益彰；佐使甘草之甘缓，制毒守中，救阳顾阴，以防虚阳暴散。

【临床应用】

1. 用方要点 本方为回阳救逆的代表方，主治阳微阴盛之厥逆证。临床用方辨证要点为手足厥逆，恶寒蜷卧，精神萎靡，面色苍白，舌淡苔薄白，脉微欲绝。

2. 临证加减 病重寒甚，重用附子（《伤寒论》通脉四逆汤）、干姜；体虚脉微，加人参（《伤寒论》四逆加人参汤）、黄芪以益气复脉；阴伤口燥，加五味子、麦冬以滋液敛阴；大汗淋漓，加龙骨、牡蛎以潜阳固脱；呕吐加陈皮、半夏以降逆止呕；肢肿尿少，加茯苓、泽泻利水消肿等。

3. 现代运用 主要用于风湿性心脏病、肺心病之心力衰竭、病态窦房结综合征、急慢性肠胃炎、慢性支气管哮喘、甲状腺机能低下等属少阴虚寒者。

4. 注意事项 附子生用有毒，多用制附子，且需久煎；中病（手足转温）即止，勿用过剂；阴虚者禁用本方。

【现代研究】

1. 药理研究 四逆汤水煎液按 1g/kg 给心肌缺血性模型小鼠灌胃，对缺血心肌显示保护作用，能调节缺血心肌的能量代谢、信号传导、心肌细胞修复和抗氧自由基损伤等多组相关蛋白的表达；按 5g/kg 给心肌缺血性模型大鼠灌胃，可减少心肌细胞凋亡数，增加 bcl-xl 蛋白表达，抑制细胞色素 C 的释放及降低 caspase－3 活性。四逆汤颗粒剂的高、低剂量组均可升高兔血中 6－酮－前列腺素（6－Keto－PGF1a）、降低血栓素 B_2（TXB_2）的含量，调节 TXB_2/6－Keto-PGF1a 的比值。该方能对抗由心源性、内毒素性、失血性、纯缺氧性、血管栓塞性、小肠缺血损伤性引起的各种休克；能显著提高正常和氢化可的松大鼠的血清 IgG 水平。上述研究表明，四逆汤具有显著的心肌保护、改善微循环及抗休克等作用，为理解本方回阳救逆的功效提供了一定的现代药理学依据。

2. 临床研究 四逆汤加味治疗血管迷走性晕厥 96 例。方药：炮干姜、制附子各 6g，炒枳实、炙甘草、炒白芍各 12g，党参 30g，当归、川芎、生地各 12g。面色苍白、汗出不止加龙骨（先煎）、牡蛎（先煎）各 30g；胃纳差、神疲乏力加炒白术 12g，黄芪 30g，茯苓 12g；心悸不宁、失眠多梦加远志 10g，酸枣仁 12g，合欢皮 15g；恶心欲呕、胸闷加姜半夏、陈皮各 12g，桂枝 6g。每日 1 剂，早晚分服。1 个月为 1 个疗程，一般治疗 1 个疗程。随访半年观察疗效。结果：显效 64 例，有效 28 例，无效 4 例，总有效率为 95.8%。又有用四逆汤加味治疗精神分裂症 30 例，方药：附子 10～60g（先煎 1 小时），干姜 10～20g，炙甘草 10g，人参 5～10g，肉桂 10g。水煎 2 次，共取汁 400ml，每日 1 剂，分多次口服，30 天为 1 个疗程。结果：治愈 15 例，显效 9 例，好转 3 例，无效 3 例，总有效率为 90%。

【附方】

1. 参附汤（《正体类要》）　人参四钱（12g）　附子炮，去皮，三钱（9g）　用水煎服，阳气脱陷者，倍用之。功效：益气回阳固脱。主治：阳气暴脱证。四肢厥逆，大汗淋漓，面色苍白，呼吸微弱，或神志昏厥，脉微欲绝。

2. 回阳救急汤（《伤寒六书》）　熟附子（9g）　干姜（6g）　人参（6g）　甘草炙（9g）　白术炒（9g）　肉桂（3g）　陈皮（6g）　五味子（3g）　茯苓（9g）　半夏制（9g）　水二盏，姜三片，煎之。临服入麝香三厘（0.1g）调服。中病以手足温和即止，不得多服（现代用法：水煎服）。功效：回阳固脱，益气生脉。主治：真阳虚衰证。四肢厥逆，恶寒蜷卧，神衰欲寐，吐泻腹痛，面色苍白或青紫，或汗出不止，舌淡苔白，脉微欲绝或无脉。

　　按：四逆汤、参附汤与回阳救急汤均治阳虚脱散证。但四逆汤主用生附子配干姜，其破阴逐寒，回阳救逆，温通之力尤强，适宜于阳微阴盛证；参附汤主以制附子配人参，其益气与回阳并用，药专力宏，尤能益气固脱，主治阳气暴脱证；回阳救急汤则由四逆汤中的熟附子易生附子，并加肉桂、麝香，由炙甘草扩展为六君子汤，再加五味子而成，其温补并行，逐寒回阳，益气固脱，长于回阳生脉，主治真阳虚衰证。

第三节　温经通脉

温经通脉剂（Formulae for Warming the Meridians to Promote Blood Circulation），适用于寒客经络、筋脉、骨节引起的手足厥寒，或肢节疼痛，舌淡苔白，脉沉细等。常用温经散寒药如桂枝、细辛等为主组成。寒邪入侵，或因卫气虚弱，腠理疏松；或因营血不足，筋脉失荣，故本类方剂又常配伍补气助卫、养血和营等药味。代表方剂如当归四逆汤，黄芪桂枝五物汤等。

当归四逆汤
Chinese Angelica Decoction for Restoring Yang
（Danggui Sini Tang）
（《伤寒论》）

【组成】当归三两（9g）　桂枝去皮，三两（9g）　芍药三两（9g）　细辛三两（9g）　甘草炙，二两（6g）　通草二两（6g）　大枣擘，二十五枚（25 枚）

【用法】上七味，以水八升，煮取三升，去滓。温服一升，日三服（现代用法：水煎服）。

【功效】温经散寒，养血通脉。

【主治】血虚寒厥证。手足厥寒，或手足疼痛，或手足麻木，或腰痛，或肌肉关节疼痛，或月经愆期，或痛经，或闭经，舌淡，苔薄白，脉细欲绝。

【制方原理】本方所主血虚寒厥证多系经脉血虚，寒邪外侵，凝滞筋脉所致。寒邪外袭，多因卫阳较弱，寒邪直犯血脉，气血凝滞不达四末，故手足厥寒，或手足疼痛，或手足麻木；或寒邪乘虚侵入胞宫并与血相结，血脉因之而阻滞不利，可见痛经、闭经等。舌淡，苔薄白，脉细欲绝皆为血虚寒凝之象。本证病机为血虚不能滋养，寒邪凝滞经脉。治宜温经散寒，养血通脉。

方中当归补血活血，通利经脉；桂枝温经散寒，活血通脉，共为君药。芍药养血和营，缓急止痛，助当归补血养血；细辛温通经脉，助桂枝散寒止痛，共为臣药。通草通利血脉，兼制桂枝、细辛之辛热伤阴；大枣健脾益气，助归、芍养血，共为佐药。炙甘草补中健脾，合方中辛酸药味以助生营卫，并调和药性，兼为佐使药。方中诸药相合，共奏温经散寒，养血通脉之功。

制方特点：温经散寒与养血活血及甘温补中药配伍，温养血气，散寒通脉，有和营止痛之功。

本方与四逆汤、四逆散均主"四逆"，但其病机各异，用当明辨。本方证由血虚寒滞，血脉不畅所致；其四逆以肢端发凉，或伴有末梢紫黯为特点。四逆汤证由阳衰寒盛，阴阳阻隔所致；其四逆以手足厥寒而过肘膝，并伴全身不温为特点。四逆散证为肝脾不调，气郁不达所致；其四逆以手足不温，或伴心胸烦热为特点。

【临床应用】

1. 用方要点 本方适用于血虚寒厥证。临床用方辨证要点为手足厥寒，或手足疼痛，或肌肉关节疼痛，舌淡，苔薄白，脉细迟。

2. 临证加减 内有久寒，脘痛呕逆，加吴茱萸、生姜以温阳散寒；血虚明显，面甲不华，加阿胶、鸡血藤以养血和营；寒凝血滞，肢节疼痛，加仙茅、乳香、没药以温经活血止痛；风稽经络，手足麻木不仁，加黄芪、威灵仙、僵蚕以益气祛风通络等。

3. 现代运用 主要用于血栓闭塞性脉管炎、多发性神经炎、坐骨神经痛、风湿性关节炎、小儿硬皮肿、雷诺病等。

4. 注意事项 素体湿热偏盛或阴虚内热者，禁用本方。

【现代研究】

1. 药理研究 当归四逆汤水提液按10g/kg、20g/kg分别给小鼠、大鼠灌胃，对酒石酸锑钾所致小鼠扭体反应和电刺激致痛均有抑制作用，对巴豆油所致小鼠耳郭肿胀和角叉菜胶所致大鼠足跖肿胀均有抗炎消肿作用；且能显著延长小鼠凝血时间、凝血酶时间、血浆复钙时间；显著降低大鼠全血比黏度，抑制动-静脉旁路血栓形成，降低大鼠血小板聚集，并促进小鼠皮下血肿的吸收。另有研究表明该方能扩张末梢血管，改善微循环，缓解肠胃及子宫平滑肌痉挛，调节子宫血运状态等作用。当归四逆汤上述作用，为理解其温经散寒，养血通脉的功效提供了一定的现代药理学依据。

2. 临床研究 当归四逆汤加减治疗寒凝血瘀型不稳定型心绞痛85例。方药：当归、桂枝、赤芍、通草各15g，细辛3g，大枣8枚，甘草9g。加减：气虚明显者加黄芪30g，生晒参20g；胸痛甚者加丹参15g，三七粉5g；腹胀、纳差加砂仁15g，莱菔子15g；心悸、心

烦、失眠加夜交藤 30g，酸枣仁 30g；痰湿明显者加半夏 12g，全瓜蒌 30g。每日 1 剂，加水
煎取 300ml，分 3 次温服。必要时配合含化消心痛或硝酸甘油。结果：痊愈（症状完全缓解
1 个月内无心绞痛发作）46 例，占 54.1%；有效（症状明显缓解，心绞痛发作次数减少
50% 以上）28 例，占 32.9%；无效（症状无改善或加重）11 例，占 12.9%，总有效率为
87.1%。当归四逆汤加减治疗类风湿性关节炎 37 例。方药：当归 10g，桂枝 12g，白芍 15g，
赤芍 12g，细辛 6g，附子 15g（先煎 30 分钟），甘草 10g。15 天为 1 个疗程。结果：1 个疗
程后，临床治愈 3 例，好转 3 例；2 个疗程后，临床治愈 11 例，好转 5 例；3 个疗程后，临
床治愈 6 例，好转 8 例，无效 1 例。类风湿因子（RF）治疗前 37 例阳性，治疗后 25 例转
阴，转阴率为 67.6%。

【附方】

乌附麻辛桂姜汤（《中医治法与方剂》）　制川乌 10~60g　制附子 10~60g　麻黄 10g　细
辛 10g　桂枝 30g　干姜 10~30g　甘草 10~30g　蜂蜜 30~120g　用法：制川乌、制附子先煮
1~4 小时，以不麻口为度，后下诸药再煮半小时，汤成去渣，分 3 次温服，连服数剂。功
效：温经散寒，除湿宣痹。主治：痛痹。肢体关节剧烈疼痛，屈伸更甚，痛有定处，自觉骨
节寒凉，得温痛减，舌淡苔白，脉沉紧或弦紧。

按：当归四逆汤与乌附麻辛桂姜汤两方中均有桂枝、细辛，治肢节寒痛。但当归四逆汤
方中以桂枝、细辛与当归、芍药配伍；功能温经散寒，养血通脉；主治血虚寒滞血脉的肢体
关节疼痛，其病情较轻，病变部位较浅，主要在经络血脉。乌附麻辛桂姜汤方中更加用辛热
之川乌、附子和干姜、麻黄；能温经散寒，除湿宣痹，尤以逐寒通痹止痛之力著，但无养血
之功；主治寒着肢节的痛痹，其病情较重，所主寒邪重，或夹湿邪，邪着部位涉及肌肉
筋骨。

黄芪桂枝五物汤
Decoction of Five Drugs Including Astragulus and Cinnamon
(Huangqi Guizhi Wuwu Tang)
(《金匮要略》)

【组成】黄芪三两（9g）　芍药三两（9g）　桂枝三两（9g）　生姜六两（18g）　大枣十二枚
（12 枚）

【用法】上五味，以水六升，煮取二升。温服七合，日三服（现代用法：水煎服）。

【功效】益气和营，温经通痹。

【主治】气血不足，营卫虚滞之痹证。肌肤麻木或疼痛，劳累加重，头晕目眩，四肢无
力，面色不荣，或汗出，舌淡，苔薄白，脉微涩或紧。

【制方原理】本方所主气血虚滞之痹证多系营卫不足，寒痹经脉所致。营卫虚弱，腠理
疏松，风邪侵袭，痹阻经气脉络，肌肤不得气血所养，故肌肤麻木不仁；气血虚弱不能滋荣
上奉，故头晕目眩，面色不荣；舌淡，苔薄白，脉微涩皆为气血虚弱之象。本证病机为气血
虚弱，肌肤、营卫、经气因虚而痹阻。治宜益气和营，温经通痹。

方中黄芪益气固表，补益卫气，为君药。桂枝温阳助卫，通利血脉，与黄芪相配，助卫和营，以温肌肉、充皮肤、肥腠理；芍药养血补血，敛阴和营，与桂枝相配以调和营卫，与黄芪相配以滋补气血，共为臣药。生姜温阳散寒，与桂枝相配，以疏散外邪，为佐药。大枣益气补中，化生气血，并调和诸药，为佐使药。方药相互为用，共奏益气和营，温经通痹之功。

制方特点：桂枝与芍药相配，调和营卫；芍药与黄芪相伍，补益气血；生姜合大枣，调理脾胃，生化气血。

【临床应用】

1. 用方要点 本方适用于气血不足营卫虚滞之痹证。临床用方辨证要点为肌肤麻木不仁或疼痛，舌淡，苔薄白，脉微涩或紧。

2. 临证加减 汗出，加牡蛎、五味子，以敛阴止汗；眩晕加当归、阿胶，以补血养血；风寒侵袭加荆芥、防风，以疏散风寒；肌肤麻木不仁加通草、人参，以益气通脉；夹瘀疼痛加桃仁、红花、川芎，以活血化瘀等。

3. 现代运用 主要用于多发性神经根炎、末梢神经炎、中风后遗症、上肢肌肉震颤、再生障碍性贫血等。

4. 注意事项 素体湿热内蕴、阴虚火旺者，慎用本方。

【现代研究】

1. 药理研究 黄芪桂枝五物汤提取液按 40mg/kg、20mg/kg、10mg/kg 不同用量分别给小鼠灌肠，结果表明该方能显著增强免疫低下小鼠单核－巨噬细胞的吞噬功能和迟发型超敏反应。本方水煎液 20g/kg 给小鼠灌胃，对二甲苯、蛋清所致急性炎症有明显抑制作用，并能降低炎症小鼠毛细血管通透性，抑制棉球肉芽肿增生，提高热板实验小鼠痛阈值，减少醋酸所致小鼠扭体次数。本方还有降低大鼠脑匀浆脂质过氧化和蛋白氧化、提高机体免疫能力及抗疲劳等作用。上述研究为理解黄芪桂枝五物汤益气和营，温经通痹的功效提供了一定的现代药理学依据。

2. 临床研究 椎－基底动脉供血不足性眩晕的患者随机分为 2 组：治疗组 41 例，对照组 34 例，两组均以 15 天为 1 疗程。治疗组方药：黄芪 30g，大枣 15g，白芍 12g，桂枝、当归、川芎、羌活、天麻、石菖蒲、远志各 9g，炙甘草 6g，生姜 3 片。每日 1 剂，水煎取汁，分 3 次温服。对照组：口服西其汀口服液，每日 3 次，每次 10ml。结果：治疗组治愈 11 例，显效 15 例，有效 12 例，无效 3 例，总有效率 92.68%；对照组治愈 5 例，显效 10 例，有效 11 例，无效 8 例，总有效率 76.47%。又糖尿病多发性末梢神经病变的患者，随机分为治疗组 38 例，对照组 34 例，均以 4 周为 1 个疗程。治疗组在常规应用降糖药物（口服降糖药或胰岛素注射），控制饮食等治疗的基础上服用黄芪桂枝五物汤加减：黄芪 15g，桂枝 10g，白芍 10g，川芎 12g，丹参 30g，鸡血藤 30g，伸筋草 15g，海风藤 15g，桑枝 30g，地龙 10g，甘草 6g。水煎服，1 日 1 剂。加减：上肢为主者加姜黄、羌活；下肢为主者加牛膝、独活；伴有刺痛、肌肤甲错、指甲变脆者去桂枝、白芍，加桃仁、红花；伴有肢体瘫痪者加全蝎、蜈蚣；伴有胸闷、气短者加檀香、枳壳；对照组加用维生素 B_1 100mg 和维生素 B_{12} 500μg，分别肌肉注射，1 日 1 次。结果：治疗组显效 14 例，有效 19 例，无效 5 例，总有效率为

86.8%；对照组显效 6 例，有效 15 例，无效 13 例，总有效率为 61.7%。

小　结

温里剂为治疗里寒证而设。根据寒邪所伤部位、程度及机体阳气虚甚之别，温里剂分为温中祛寒、回阳救逆、温经散寒三类。

1. 温中祛寒　主治中焦虚寒证。理中丸温中祛寒，益气健脾，既可用丸，也可用汤，是治中焦虚寒、腹痛吐利之主方。吴茱萸汤温肝暖胃，降逆止呕，主治以头痛呕吐为主症的肝胃虚寒、浊阴上逆证。小建中汤以温中补虚，并调阴阳，缓急止痛为功用特点；主治中焦虚寒，兼阴血不足的虚劳里急腹痛证。大建中汤则温建中阳，散寒补虚之力较小建中汤为峻，重在祛寒降逆止痛；适用于中焦阳衰阴盛的心胸脘腹大寒痛、呕不能食之证。

2. 回阳救逆　主治心肾阳衰，阴寒内盛，阳气将亡的危重证候。四逆汤为回阳救逆之主方，主治阴寒内盛，阳气衰微，四肢厥逆，恶寒蜷卧，或呕吐下利，脉沉微等证，本方以辛热佐以甘温为配伍特点，重在祛寒回阳。回阳救急汤由四逆汤加六君子汤及麝香、五味子而成，重在温阳复脉，以回阳救急、益气生脉为功用特点，主治寒邪直中三阴，阴寒极盛，阳微欲脱之证。参附汤温阳与益气并重，药简力专，有回阳益气救脱之功，主治元气大亏，阳气暴脱，手足厥冷，冷汗淋漓，呼吸微弱，脉微欲绝等证。

3. 温经散寒　主治阳虚血弱，寒滞经脉的病证。当归四逆汤为温经散寒，养血通脉之方；主治血虚寒凝经脉之手足厥冷、脉细欲绝等证。黄芪桂枝五物汤益气温经，和营通痹；主治营卫俱虚，卫外不固，风寒客于营卫，以肌肤麻木不仁为主症的血痹证。乌附麻辛桂姜汤温经散寒，除湿宣痹；主治寒湿痹阻经络，血行不畅，以肢节剧烈疼痛为主症的寒湿痛痹。

复习思考题

1. 温里剂的分类及适应证如何？使用时应注意哪些问题？
2. 理中丸的适应证及组方意义如何？临证怎样变化运用？
3. 吴茱萸汤与理中丸均可治腹痛吐利等证，其病机有何区别？简述二方的配伍要点。
4. 小建中汤是由何方变化而来？主治何证？与大建中汤在方证、配伍方面有何异同？
5. 四逆汤主治何证？方中配伍炙甘草的意义何在？
6. 回阳救急汤是由四逆汤演化发展而来，试从组方配伍的角度，阐述其演变思路。
7. 四逆汤、当归四逆汤、四逆散三方均以"四逆"名方，其病机与适应证有何不同？

第十一章

清热剂

清热剂（Formulae for Clearing away Heat）是以清热药为主组成，具有清热、泻火、凉血、解毒以及滋阴透热等作用，主治里热证的一类方剂。清热剂属于八法中的"清法"。

温、热、火三者同属一性，只是程度不同。温盛为热，热极为火，火热壅盛又可化毒，总称为热。里热证成因不外外感与内生，外感六淫皆可入里化热，而内生火热多由五志过极、脏腑偏胜所致。里热证范围甚广，就病因而言，有外感发热与内伤发热之别；从病位而论，有热在气分、营分、血分以及不同脏腑之异；据性质而分，有实热、虚热之异；加之热盛成毒、气血同病等因素，其证候表现复杂，治法用方各异。所以清热剂一般可分为清气分热、清营凉血、气血两清、清热解毒、清脏腑热、祛暑清热、清虚热七类。

清热剂现代临床被广泛用于以炎症为重要病理特征，以发热为主要临床症状的多种感染性疾病。此类病变大多属于中医温病范畴，中医所谓温热火毒之邪，基本涵盖了现代医学所谓的各种病原微生物及其释放的各类毒素。此外，部分方剂可用于中暑以及多种代谢性疾病，如糖尿病、甲状腺机能亢进等。药理学研究表明，清热剂大多具有抗菌、抗病毒、抗支原体等多种抗病原微生物作用，同时具有抗炎、抗感染、抗过敏以及解热、镇痛、解毒等作用。此外，部分方剂具有降血糖、增强免疫、镇静、抗凝等作用。据此推测中医"清热"的现代内涵可能主要是通过抑制或杀灭多种病原微生物，中和其毒素，调节免疫功能及减轻其过敏反应而发挥抗炎和退热等作用。

使用清热剂，首先要正确把握其适应证。清热剂一般是在表证已解，热已入里，且里热虽盛，尚未结实的情况下使用。若邪热在表，当先解表；里热成实，则宜攻下；表邪未解，热已入里，又当表里双解。其次要注意辨别热证的性质、阶段、部位、程度，因证选方用药，方能中病。热在气而治血，则引邪深入；热在血而治气，则血热难平；阴虚火旺屡用寒凉药而热不退，是阴液重伤，水不制火，即王冰所言"寒之不寒是无水也"，须滋阴壮水，使阴复热自退。三要注意辨别热证的真假，真寒假热证禁用清热剂。四要注意护胃、保津，因寒凉苦燥之品容易伤胃劫津，故不宜久服，必要时可配醒脾和胃、护阴生津之品。此外，还要根据病情需要进行"反佐"，即在清热剂中配伍少许热药或寒药热服，以免邪盛拒药。

第一节　清气分热

清气分热剂（Formulae for Clearing away Heat from Qifen），适用于外邪传入气分而致身热面赤，烦渴引饮，汗出恶热，舌红脉数之证。常用清热泻火药如石膏、知母、竹叶等为主组成。外邪传入气分多以无形之热弥漫为特征，且气分邪热容易耗气伤津，故本类方剂常配伍益气养阴生津之品。代表方剂如白虎汤、竹叶石膏汤等。

白 虎 汤
White Tiger Decoction
（Baihu Tang）
（《伤寒论》）

【组成】　石膏碎，一斤（50g）　　知母六两（18g）　　甘草二两（6g）　　粳米六合（9g）

【用法】　上四味，以水一斗，煮米熟，汤成去滓，温服一升，日三服。

【功效】　清热除烦，生津止渴。

【主治】　阳明气分热盛证。壮热面赤，烦渴引饮，汗出恶热，脉洪大有力。

【制方原理】　本方治证乃伤寒化热内传阳明之经，或温病邪热传入气分。邪已内传，里热正盛，故见壮热面赤、不恶寒反恶热；热灼津伤，而见烦渴引饮；里热蒸腾，迫津外泄，乃使大汗出；邪热盛于经，气血动于脉，故脉洪大有力。本证病机关键为阳明气分热盛，热灼津伤；治当直清里热，除烦生津。

方中重用石膏为君药，辛甘大寒，入肺胃经，取其辛能走表，解肌退热；甘寒能止渴生津，能清泄阳明（气分）之实热，清热除烦，使热清而津不伤。知母为臣，苦寒质润，助石膏清泄肺胃实热，并能滋阴生津。君臣相须为用，增强清热生津之功。粳米、甘草既能益胃生津，又可防止君臣药大寒伤及脾胃，为佐使药。四药相伍，清透、滋养、护中并用，既可大清气分之热，又可滋阴保津，使邪热顿挫而正不伤，共成清热除烦、生津止渴之剂。

【临床应用】

1. 用方要点　本方适用于阳明气分热盛证。临床用方辨证要点为"四大"症状，即大热、大汗、大渴、脉洪大有力。

2. 临证加减　热盛而气津大伤，汗多脉大无力，或背微恶风寒，加人参（《伤寒论》白虎加人参汤）；温疟见身无寒但热，骨节疼烦，或风湿热痹，壮热，关节肿痛，加桂枝（《金匮要略》白虎加桂枝汤）；湿温病而热重于湿，胸痞汗多苔腻，或风湿热痹，身热，关节肿痛，加苍术（《类证活人书》白虎加苍术汤）；兼阳明腑实，神昏谵语，大便秘结，小便赤涩，加大黄、芒硝；温热病气血两燔，高热烦渴，神昏谵语，抽搐，加羚羊角、水牛角、钩藤；温病见寒热往来，热多寒少，加柴胡以增和解之功；消渴见烦渴引饮属胃热，加麦冬、天花粉、芦根等，以增强生津止渴之力。

3. 现代运用　主要用于感冒高热不退、大叶性肺炎、流行性乙型脑炎、流行性出血热、牙龈炎等属气分热盛者。

4. 使用注意　表证未解之发热无汗、口不渴者，以及血虚发热或气虚发热，渴喜温饮，脉洪不胜重按者，忌用本方。

【现代研究】

1. 药理研究　退热作用研究表明，对内毒素所致家兔发热，单味知母组平均退热0.7℃，单味石膏组为0.3℃，石膏知母组为1.2℃，白虎汤组为1.3℃；而单味甘草组及石膏甘草粳米组均无退热作用。石膏退热维持时间较短,知母较长。知母与石膏合用,清热作用更加显著。比较白虎汤、单味石膏煎剂、知母甘草煎剂、除去钙离子的白虎汤对实验性致热家兔的退热作用,发现白虎汤确具一定的退热作用,10%及30%的单味生石膏煎剂的作用较弱,后两者则未能表现出退热作用。故认为石膏是白虎汤退热作用的主要药物,钙离子是石膏退热的主要成分。另有研究证实,石膏作用可被方中其他药物所加强,但不随石膏用量的增加而增强;方中使用粳米或加大其用量,可明显增加汤药中石膏晶体颗粒数,即对石膏有助溶作用。另外,白虎汤还能显著降低皮下注射流行性乙型脑炎病毒感染小鼠的死亡率;能增强腹腔巨噬细胞的吞噬功能,提高血清溶菌酶的含量,促进淋巴细胞转化,显著提高再次免疫抗体滴度。上述解热、抗病毒、增强免疫系统功能等作用,为理解白虎汤清热生津功效提供了一定的现代药理学依据。

2. 临床研究　白虎汤:生石膏(先煎)20g,知母、粳米各10g,甘草3g。治疗小儿高热68例,结果:总有效率达到95.6%。咽喉肿痛加板蓝根、野菊花各10g;并发肺炎加鱼腥草、大青叶10g;腹泻加茯苓、白头翁各10g;小便黄、量少加白茅根、木通各10g。

竹叶石膏汤
Lophatherum and Gypsum Decoction
(Zhuye Shigao Tang)
(《伤寒论》)

【组成】竹叶二把(6g)　石膏一斤(50g)　半夏洗,半升(9g)　麦门冬去心,一升(20g)
人参二两(6g)　甘草炙,二两(6g)　粳米半升(10g)

【用法】上七味,以水一斗,煮取六升,去滓,内粳米,煮米熟,汤成去米,温服一升,日三服。

【功效】清热生津,益气和胃。

【主治】伤寒、温病、暑病之后,余热未清,气津两伤证。身热多汗,心胸烦闷,气逆欲呕,口干喜饮,或虚烦不寐,舌红苔少,脉细数。

【制方原理】本方所治病证乃热病之后,余热留恋而气津已伤,胃气不和所致。里热未清,故见身热有汗不解、心胸烦闷;气津渐耗,故口干喜饮;胃失和降,故气逆欲呕;虚烦不寐,舌红苔少,脉细数等亦为热伤气津之象。当清补兼施,邪正兼顾;治宜清热生津,益气和胃。

方中重用石膏清热生津,除烦止渴;竹叶清热除烦,兼以生津,共为君药。人参益气,麦冬养阴生津,合而双补气津,为臣药。半夏和胃降逆止呕,其性虽属温燥,但配入诸多清热生津药中,则温燥之性被制而降逆之用尚存,且有助于转输津液,使补而不滞;粳米甘平,养胃和中,为佐药。甘草益气和中调药,为佐使药。诸药相伍,清、补两顾,清热兼和胃,补虚不恋邪,共收清热生津、益气和胃之功。

本方系白虎汤衍化而来,即白虎汤去知母,加人参、麦冬、竹叶、半夏,为清补兼施之剂。与白虎汤相比,正如《医宗金鉴》所言"以大寒之剂,易为清补之方"。白虎汤主治阳明气分热盛，重在清热祛邪，为清气分热之主方；本方清热之力稍逊，但扶正和胃之功略胜，主治热势已衰，余热未清而气津两伤，治以清、补两法并用，为清补之剂。

【临床应用】

1. 用方要点 本方适用于伤寒、温病、暑病等热病后期，余热未清，气津两伤证。临床用方辨证要点为身热多汗，心胸烦闷，气逆欲呕，口干喜饮，舌红少苔，脉虚数。

2. 临证加减 阴虚火逆，口舌糜烂，舌红而干，加石斛、天花粉、沙参以清热养阴；胃火炽盛，消谷善饥，舌红脉数，可加知母、黄连、玄参以加强清热生津之力。

3. 现代运用 主要用于中暑、小儿夏季热、流行性乙型脑炎、流行性脑脊髓膜炎、肺炎后期、糖尿病干渴多饮等属热伤气津者。

4. 使用注意 正盛邪实，大热未衰不宜使用。湿热中阻，胸闷干呕，苔黄腻者，忌用本方。

【现代研究】

1. 药理研究 本方对实验性糖尿病模型动物有降低血糖作用。以四氧嘧啶致病小白鼠作为外因性糖尿病模型，以遗传性发病小白鼠 KK–CA^y 作为内因性胰性糖尿病模型，本方水提物按 500mg/kg 腹腔注入，观察 6 小时后血糖下降百分比。结果发现，本方可使四氧嘧啶糖尿病小白鼠血糖明显下降；对 KK-CA^y 小白鼠，在禁食条件下血糖明显下降，而非禁食时降糖作用不明显。竹叶石膏汤的降血糖作用，为其临床用于糖尿病提供了一定的现代药理学依据。

2. 临床研究 竹叶石膏汤（淡竹叶 15g，生石膏 35g，半夏 10g，党参 15g，麦冬 12g，粳米 15g，甘草 4g）治疗流行性出血热 34 例，按病程分期加减：发热期去党参，重用石膏；低血压期重用党参或人参，加五味子益气固脱。少尿期重用石膏，加白茅根、玄参、水牛角等养阴凉血生津；多尿期加生山药、五味子、益智仁、覆盆子、菟丝子、桑螵蛸以育阴生津，补肾益气；恢复期加玉竹、黄精、生山药等，气虚甚再加生黄芪，血虚甚再加当归、熟地。结果：全部治愈，疗程最短 7 日，最长 18 日。

【附方】

减味竹叶石膏汤（《温病条辨》） 竹叶五钱（15g） 石膏八钱（24g） 麦冬六钱（18g）甘草三钱（9g） 水八杯，煮取三杯，一时服一杯，约三时令尽。功效：清热养阴生津。主治：阳明温病，热邪伤阴，身热烦渴，舌红少苔，脉浮而促或脉细数。

按：本方与竹叶石膏汤均有清热养阴生津之功，用治温病热邪伤阴之证。然本方乃竹叶石膏汤去人参、半夏、粳米而成，故专于清热养阴生津而益气和胃之力逊之；后者则清热生津，益气和胃之功兼备。临证可择宜而用之。

第二节　清营凉血

清营凉血剂（Formulae for Clearing away Heat from Yingfen and Blood），适用于邪热传营，或热入血分诸证。邪热入营，营阴受损而见身热夜甚，神烦少寐，时有谵语，或斑疹隐隐，舌绛而干；邪热入血则见出血，发斑，如狂，谵语，舌绛起刺等症。此类方剂常用清营凉血药如水牛角、生地、玄参、丹皮等为主组成。由于入营邪热多由气分传来，而且营血热毒炽盛，热邪易与血结，故又常配伍辛凉清透、苦寒解毒、散瘀凉血之品。代表方剂如清营汤、犀角地黄汤等。

清 营 汤
Decoction for Eliminating Heat in Yingfen
（Qingying Tang）

（《温病条辨》）

【组成】犀角三钱（水牛角代，30g）　　生地黄五钱（15g）　　元参三钱（9g）　　竹叶心一钱（3g）　　麦冬三钱（9g）　丹参二钱（6g）　　黄连一钱五分（5g）　　银花三钱（9g）　　连翘连心用，二钱（6g）

【用法】上药，水八杯，煮取三杯，日三服。

【功效】清营解毒，透热养阴。

【主治】热邪初入营分证。身热夜甚，神烦少寐，时有谵语，口渴或不渴，或斑疹隐隐，舌绛而干，脉细数。

【制方原理】邪热入营，灼伤营阴，故身热夜甚、口渴脉数，若口反不渴，乃因邪热蒸腾营阴上潮所致；营气通于心，热扰心营，神明欲乱，故神烦少寐、时有谵语；营血相连，营分之热波及血分，则见斑疹隐隐、舌绛。本证病机要点为邪热由气传营，灼伤营阴，波及血分，但以营分热盛为主，邪热有外达之机。治宜清营解毒，透热养阴。组方配伍当遵《素问·至真要大论》"热淫于内，治以咸寒，佐以苦甘"之旨。

方中水牛角咸寒，其气清灵透发，寒而不遏，清营凉血解毒，且能散瘀，为君药。生地甘寒，清营凉血滋阴；玄参咸寒，滋阴清热解毒；麦冬甘寒，养阴生津清热。三味相合，共助君药清营凉血解毒，为臣药。银花、连翘清热解毒，轻宣透邪，使营分之热转出气分而解，此即叶天士所谓"入营犹可透热转气"之理；黄连苦寒，清心泻火解毒；竹叶用心，长于清心除烦；丹参凉血活血散瘀，以防热与血结。此三味共助君药清心解毒凉血，为佐药。诸药相合，共奏清营泻热解毒、透热养阴活血之功。

制方特点：以清泻营分热毒为中心，佐以养阴生津、透热转气、活血散瘀。

【临床应用】

1. 用方要点　本方适用于邪热初入营分证。临床用方辨证要点为身热夜甚，神烦少寐，或斑疹隐隐，舌绛而干，脉数。

2. 临证加减　气分热盛而营分热轻，宜重用银花、连翘、竹叶等清热解毒药，减水牛角、生地、玄参用量；神昏谵语较重，可加服安宫牛黄丸，以清心开窍；高热烦躁抽搐，可加羚羊角、钩藤、地龙或并服紫雪丹，以凉肝息风；寸脉细数，舌干较甚，可去黄连，以免苦燥伤阴。

3. 现代运用　主要用于流行性乙型脑炎、流行性脑脊髓膜炎、败血症、肠伤寒等多种外感热病属热入营分者。

4. 使用注意　舌白滑者，忌用本方。

【现代研究】

药理研究　按 1ml/kg 由家兔耳缘静脉注入内毒素造成营分热证模型，腹腔注入清营汤 5ml/kg（1ml 溶液相当于 1g 生药），可使其发热高峰净增值和 3.5 小时体温效应指数两项指标均显著降低，表明清营汤对内毒素所致的热证模型有良好的退热作用。体外抑菌实验表明，本方对金黄色葡萄球菌、白色葡萄球菌、甲型链球菌、乙型链球菌、甲型副伤寒杆菌、乙型副伤寒杆菌及变形杆菌均有一定程度的抑菌作用。以上研究为理解本方清营解毒功效提供了一定的药理依据。

【附方】

1. 清宫汤（《温病条辨》）　元参心三钱（9g）　莲子心五分（2g）　竹叶卷心二钱（6g）连翘心二钱（6g）　犀角（水牛角代，30g）　连心麦冬三钱（9g）　水煎服。功效：清心解毒，养阴生津。主治：温病液伤，邪陷心包证。发热，神昏谵语。

2. 神犀丹（《温热经纬》）　犀角（水牛角代）　石菖蒲　黄芩各六两（各 180g）　怀生地绞汁　银花各一斤（各 500g）　金汁　连翘各十两（各 300g）　板蓝根九两（270g）　香豉八两（240g）　元参七两（210g）　花粉　紫草各四两（各 120g）　各生晒研细，以水牛角、生地汁、金汁和捣为丸，每重一钱，凉开水化服，日二次，小儿减半。功效：清热开窍，凉血解毒。主治：温热暑疫，邪入营血证。高热昏谵，斑疹色紫，口咽糜烂，目赤烦躁，舌紫绛等。

按：清营汤、清宫汤和神犀丹均可用治温热病热扰心营所致的发热、谵语等证。清营汤重在清营分之热，兼以透热转气，主治邪热初入营分，气分热邪未尽而又波及血分之证，身热较著而斑疹、昏谵略轻。清宫汤取名"清宫"，即重在清"心包"之热，兼以养阴辟秽解毒，主治热入心营，逆传心包之证，神昏谵语较著而发热略轻，且无斑疹，原书用药犀角取尖，余皆用心，取同类相投，以专清心包之热。神犀丹以清热解毒为主，并伍凉血、开窍之品，主治热入营血，热毒深重，扰心动血之证，较之清营汤和清宫汤证为重，发热、昏谵、斑疹均著。

犀角地黄汤

Rhinoceros Horn and Rehmannia Decoction

（Xijiao Dihuang Tang）

（《备急千金要方》）

【组成】犀角一两（水牛角代，30g）　生地黄八两（30g）　芍药三两（12g）　牡丹皮二两（9g）

【用法】上药四味，㕮咀，以水九升，煮取三升，分三服。

【功效】清热解毒，凉血散瘀。

【主治】①温病血分证。身热谵语，斑色紫黑，舌绛起刺。②热伤血络证。吐血，衄血，便血，尿血，舌质红绛，脉数。③瘀热内结证。喜忘如狂，胸中烦痛，漱水不欲咽，自觉腹满，大便色黑易解。

【制方原理】热入血分，心肝受病，一则上扰心神，而致神昏谵语、烦乱不安；二则迫血妄行，上出于口鼻可见吐血、衄血，下出于二阴可见便血、尿血，外溢于肌肤可见发斑。邪居阴分，热蒸阴津上潮，故漱水不欲咽。舌质红绛，亦为血分热盛之象。本证病机要点为热入血分，动血耗血，伤络致瘀，阴血受损。叶天士《温热论》言："入血就恐耗血动血，直须凉血散血。"治宜清热解毒，凉血散瘀。

方中水牛角，直入血分，清心凉血解毒，为君药。生地清热凉血而滋阴，既助水牛角清血分之热，又可复已伤之阴血，兼能止血，为臣药。赤芍药、丹皮清热凉血，活血散瘀共为佐药。四药合用，共成清热解毒、凉血散瘀之剂。

制方特点：清热之中兼养阴，凉血之中配散瘀，使热清血宁而无耗血之虑，凉血止血而无留瘀之弊。

按：本方与清营汤均以水牛角、生地为主，均治热入营血证。但清营汤在清热凉血解毒中配伍清气之品，以使入营之热转出气分而解，适用于邪热初入营分尚未动血之证；本方则着重清热解毒，凉血散瘀，用治热毒深陷血分而见耗血动血之证。

【临床应用】

1. 用方要点 本方适用于热入血分证。临床用方辨证要点为各种出血，斑色紫黑，神昏谵语，身热烦躁，舌质红绛。

2. 临证加减 瘀热互结之蓄血，喜忘如狂，可加大黄、黄芩以清热逐瘀；郁怒而挟肝火，可加柴胡、黄芩、栀子以清泻肝火；若心火炽盛，可加黄连、黑栀子以清心泻火；热盛神昏，可同时送服紫雪丹或安宫牛黄丸，以清热开窍醒神；吐血，可加三七、白茅根、花蕊石以清胃止血；衄血，可加黄芩、青蒿、白茅根以清肺止血；尿血，可加白茅根、小蓟等以通淋止血；便血，可加槐花、地榆以清肠止血；发斑，可加紫草、青黛等以加强凉血化斑之功。

3. 现代运用 主要用于急性重型肝炎、弥漫性血管内凝血、紫癜病、流行性脑脊髓膜炎、斑疹伤寒，以及溃疡病出血等属血分热盛者。

4. 使用注意 阳虚或气虚之失血证，禁用本方。

【现代研究】

1. 药理研究 对五联菌苗致家兔发热模型，口服犀角地黄汤可使其体温明显下降，但起效缓慢，给药4小时后才有显著性意义，作用与阿司匹林（0.2ml/kg）相似，可持续6小时以上。将家兔分为犀角地黄汤组（45ml/kg）、黄连解毒汤组（17ml/kg）、合用方组（60ml/kg）、生理盐水对照组。按0.5ml/kg进行菌液注射出现类血分证后进行各组用药，观察96小时后血液流变学、血液细菌培养数和死亡数等指标。结果：三方对实验模型有关指标均有一定改善作用，其中合用方作用最佳。上述研究为犀角地黄汤清热解毒功效提供了一定的药理依据，同时提示犀角地黄汤与黄连解毒汤合用有可能提高临床疗效。

2. 临床研究 犀角地黄汤加味配合抗过敏西药，治疗小儿过敏性紫癜38例，显效32例，有效6例，总有效率100%，优于单纯西药组（P<0.05）。

第三节　清热解毒

清热解毒剂（Formulae for Clearing away Heat and Toxins）适用于三焦火毒热盛、胸膈热毒壅聚或风热疫毒发于头面等证。三焦火毒热盛常见有烦热错语，发斑及外科之痈疽疔毒等；胸膈热聚主要见有身热面赤，胸膈烦热，口舌生疮，便秘溲赤等；疫毒发于头面则见头面红肿焮痛、咽喉不利等。本类方剂常以黄芩、黄连、黄柏、栀子、连翘等清热泻火解毒药为主组成。若热聚胸膈，不从下泻，常致燥热内结、便秘溲赤，故需配伍泻下药导热下行，"以泻代清"；风热疫毒发于头面之时亦常郁于肌表，故需配伍辛凉疏散之品，以"火郁发之"。代表方剂如黄连解毒汤、凉膈散、普济消毒饮。

黄连解毒汤
Coptis Decoction to Relieve Toxicity
（Huanglian Jiedu Tang）

（《外台秘要》）

【组成】黄连三两（9g）　黄芩　黄柏各二两（各6g）　栀子擘，十四枚（9g）

【用法】上四味切，以水六升，煮取二升，分二服。

【功效】泻火解毒。

【主治】三焦火毒热盛证。大热烦躁，口燥咽干，错语不眠；或热病吐血，衄血；或热甚发斑；或身热下痢；或湿热黄疸；或外科痈疡疔毒，小便黄赤，舌红苔黄，脉数有力。

【制方原理】本方治证乃实热火毒壅盛于上、中、下三焦所致。火热毒邪内扰心神，则见大热烦躁、错语不眠；热灼津伤则口燥咽干；血为热迫，随火上逆，则为吐衄；热伤络脉，血溢肌肤，则为发斑；热毒下迫大肠，则为下痢；热壅肌肉，则为痈疡疔毒。小便黄赤，舌红苔黄，脉数有力，皆为热毒炽盛之象。本方治证虽多，但其病机则一，均由实火热毒炽盛，充斥三焦引起。治宜清热泻火解毒。

方中黄连清心火，兼泻中焦火热，为君药。因心主神明，火主于心，泻火必先清心，心火宁则诸经之火自降。黄芩清肺热，泻上焦之火，为臣药。黄柏泻下焦之火，为佐药。栀子通泻三焦之火，导火热下行，使之从下而去，为佐使药。四药合用，苦寒直折火毒，上中下三焦兼顾，使火邪去而热毒清，诸症可除。

制方特点：聚苦寒清热药于一方，苦寒直折火毒，三焦俱清。

【临床应用】

1. 用方要点　本方泻火解毒之力颇强，适用于一切实热火毒，三焦热盛之证。临床用方辨证要点为大热烦躁，口燥咽干，舌红苔黄，脉数有力。

2. 临证加减　便秘，加大黄以通便泻火；吐血、衄血、发斑，酌加玄参、生地、丹皮以清热凉血；瘀热发黄，加茵陈、大黄以清热祛湿退黄。

3. 现代运用 主要用于急性肠炎、急性细菌性痢疾、急性黄疸型肝炎、败血症、脓毒血症、流行性脑脊髓膜炎，以及其他感染性炎症等属热毒为患者。

4. 使用注意 本方大苦大寒，不可多服或久服；津液受损较重者，本方不宜。

【现代研究】

1. 药理研究 黄连解毒汤对内毒素所致家兔发热的解热作用起效慢，但持续时间长，给药 6 小时后体温仍继续下降。体外抑菌实验表明，黄连解毒汤对金黄色葡萄球菌、白色葡萄球菌、乙型链球菌、甲型副伤寒杆菌、乙型副伤寒杆菌、变形杆菌、痢疾杆菌等有较强的抑菌作用，而对其他细菌作用不明显。黄连解毒汤对小鼠应激性溃疡具有显著的抑制作用，并对小鼠烧灼性溃疡有明显的促愈作用。以上研究为理解本方清热泻火解毒功效提供了一定的药理学依据。

2. 临床研究 中风后高热 48 例，黄连解毒汤 50～100ml 口服或胃管注入，每日 2～3 次，5 日为 1 个疗程；对照组用物理降温配合冬眠合剂。两组患者均给予控制血压、吸氧、维持水电解质及酸碱平衡、抗生素应用等常规治疗。结果：中药组显效 28 例，好转 17 例，总有效率为 93.75%，明显优于对照组有效率 61.70%。

【附方】

泻心汤（《金匮要略》） 大黄二两（10g） 黄连一两（5g） 黄芩一两（5g） 上三味，以水三升，煮取一升，顿服之。功效：泻火解毒，燥湿泻热。主治：邪火内炽，迫血妄行，以致吐血、衄血、便秘、溲赤等；或湿热内蕴而为黄疸，见胸痞烦热、舌苔黄腻；或积热上冲而致目赤且肿、口舌生疮；或外科疮疡，见有心胸烦热、大便干结者。

按：本方与黄连解毒汤同为泻火解毒之方，但本方配入大黄以加强泻热降火之功，即所谓"以泻代清"；黄连解毒汤为苦寒直折火毒之剂，重在清泻三焦火热。

凉 膈 散
Powder for Clearing Heat from pleural
（Liangge San）

（《太平惠民和剂局方》）

【组成】 川大黄 朴硝 甘草燼，各二十两（各9g） 栀子仁 薄荷去梗 黄芩各十两（各6g） 连翘二斤半（24g）

【用法】 上药为粗末，每服两钱（6g），水一盏，入竹叶七片，蜜少许，煎至七分，去滓，食后温服；小儿可服半钱（1.5g），更随岁数加减服之。得利下，住服（现代用法：上药共为粗末，每服 6～12g，加竹叶 3g，蜜少许，水煎服。亦可作汤剂煎服）。

【功效】 泻火通便，清上泻下。

【主治】 上中二焦火热证。身热口渴，面赤唇焦，胸膈烦热，口舌生疮，或咽痛吐衄，便秘溲赤，或大便不畅，舌红苔黄，脉滑数。

【制方原理】 本方主治乃上中二焦邪郁生热，火热炽盛，聚于胸膈所致。热聚胸膈，郁而不达，灼伤阴津，故见身热口渴、胸膈烦热；火热上冲，而见面赤唇焦、口舌生疮、咽痛、吐衄等；燥热内结，不从下泻，故见便秘溲赤，或大便不畅；舌红苔黄，脉滑数，均为火热之象。本证病机为热聚胸膈，火毒内结。治宜清泻胸膈郁结之火热。

方中重用连翘清热解毒，透散上焦火热，为君药。黄芩清胸膈郁热，山栀通泻三焦，引火下行，合为臣药。薄荷、竹叶轻清疏散，以解热于上；大黄、芒硝泻火通便，以荡热于下，共为佐药。白蜜、甘草既能缓和硝、黄峻泻之力，又能益胃护津，且白蜜又可润肠通便，为佐使药。诸药配伍，共成泻火通便、清上泻下之功。

制方特点：清上与泻下并行，泻下为清上而设，以泻为清。

【临床应用】

1. 用方要点 本方适用于上中二焦火热证。临床用方辨证要点为胸膈烦热，面赤唇焦，烦躁口渴，舌红苔黄，脉数或滑数。

2. 临证加减 大便燥结较重，硝、黄用量可适当增加；火热较甚，口渴重者，加石膏、花粉泻火生津；心经热甚，口舌生疮者，加黄连清心泻火；咽喉肿痛溃烂，加板蓝根、山豆根、桔梗解毒利咽；吐衄不止，加鲜茅根、鲜藕节凉血止血。

3. 现代运用 主要用于咽喉炎、口腔炎、急性扁桃体炎、胆道感染、急性黄疸型肝炎、流行性脑脊髓膜炎等属上中二焦火热炽盛者。

4. 使用注意 服用本方得利下，应当停服，以免损伤脾胃；孕妇及体虚者慎用。

【现代研究】

1. 药理研究 凉膈散对家兔内毒素温病模型具有明显的解热作用，其解热机理可能与减少细胞因子 TNF 产生及抑制中枢性发热介质 PGE_2、cAMP 合成释放，继而影响丘脑下部体温调节中枢有关。凉膈散对内毒素血症小鼠的肝脏库弗氏细胞表面 CD_{14} 表达上调以及清道夫受体（SR）表达下调有明显的抑制作用，并能减轻内毒素所致的肝损伤，两者均呈现明显的剂量相关性，其减轻肝损害与调节 CD_{14} 及 SR 表达呈平行关系。提示调节 CD_{14} 及 SR 表达是凉膈散调节炎症因子表达、减轻内毒素损伤的细胞信号转导机制之一。以上研究为深入理解本方清热泻火解毒功效提供了一定的现代药理学依据。

2. 临床研究 凉膈散加减（生大黄 3~5g，山栀、连翘、金银花、黄芩各 10g，杏仁、薄荷、竹叶各 5g，甘草 3g）治疗小儿急性扁桃体炎 508 例，结果：治愈 452 例，好转 52 例，无效 4 例，治愈率 88.97%，总有效率 99.21%。

普济消毒饮
Universal Benefit Decoction to Eliminate Toxin
（Puji Xiaodu Yin）
（《东垣试效方》）

【组成】黄芩酒炒 黄连酒炒，各五钱（各15g） 陈皮去白 甘草生用 玄参 柴胡 桔梗各二钱（各10g） 连翘 板蓝根 马勃 牛蒡子 薄荷各一钱（各5g） 僵蚕 升麻各七分（各3g）

【用法】上方为末，汤调，时时服之，或蜜拌为丸，嚼化（现代用法：水煎服）。

【功效】清热解毒，疏风散邪。

【主治】大头瘟。恶寒发热，头面红肿焮痛，目不能开，咽喉不利，舌燥口渴，舌红苔黄，脉数有力。

【制方原理】大头瘟（又名大头天行）乃风热疫毒之邪壅于上焦，发于头面所致。风热疫毒，郁于肌肤，则恶寒发热；攻冲于上，则见头面红肿焮痛、目不能开、咽喉不利；邪热耗伤肺胃津液，故见舌燥口渴；舌红苔黄，脉浮数有力皆为热毒壅盛之象。本证病机要点为风热疫毒，上壅头面，外郁肌肤；其病位在上，病势向外。治宜清热解毒，疏风散邪。

方中重用酒黄芩、酒黄连清热泻火解毒，以祛上焦热毒，为君药。连翘、牛蒡子、薄荷、僵蚕辛凉疏散风热，为臣药。玄参、马勃、板蓝根既助君药清上焦热毒，又合薄荷、桔梗、甘草以清利咽喉，玄参且有防止伤阴之用；陈皮理气疏壅，有利于散邪消肿，共为佐药。升麻、柴胡疏散风热，寓有"火郁发之"之意，并引诸药上达头面；甘草清热解毒，调和诸药，共为佐使。诸药相伍，清散并用，共收清热解毒、疏风散邪之功。

【临床应用】

1. 用方要点 本方为治疗大头瘟的常用方。临床用方辨证要点为头面红肿焮痛，恶寒发热，咽喉不利，舌红苔黄，脉浮数。

2. 临证加减 表证明显，加荆芥、防风、蝉蜕、桑叶以增强疏风散邪之力；大便秘结，加酒大黄以泻热通便；兼睾丸疼痛，加川楝子、龙胆草、蒲公英以泻肝散结；兼气虚，少加人参以扶正祛邪。

3. 现代运用 主要用于颜面丹毒、流行性腮腺炎、流行性出血热、急性扁桃体炎、急性淋巴结炎、带状疱疹等属风热疫毒上攻者。

4. 使用注意 本方用药多苦寒辛散，素体阴虚以及脾虚便溏者慎用。

【现代研究】

1. 药理研究 体外抑菌试验表明，普济消毒饮煎剂具有明显的抗菌、抑菌作用，而且药液经高压处理后药效不减，其中对链球菌、金黄色葡萄球菌、白色葡萄球菌、肺炎球菌的抗菌作用较强。此研究为理解本方清热解毒功效提供了一定的现代药理学依据。

2. 临床研究 普济消毒饮加减治疗流行性腮腺炎 90 例，全部治愈，其中服 3 剂药痊愈者 72 例，服 6 剂药痊愈者 17 例，服 9 剂药痊愈者 1 例。

第四节　气血两清

气血两清剂（Formulae for Clearing away Heat from the Qi and Blood Stages），适用于温病气血两燔之证。症见以气分热盛为主的大热烦渴；以血热妄行为主的吐衄、发斑；以热毒内陷为主的神昏谵语等。主要以石膏、知母清气泻热，水牛角、生地凉血解毒，黄连、黄芩泻火解毒等综合配伍为特征，代表方剂如清瘟败毒饮。

清瘟败毒饮
Antipyretic and Antitoxic Decoction
（Qingwen Baidu Yin）
（《疫疹一得》）

【组成】生石膏大剂六两至八两（180～240g）；中剂二两至四两（60～120g）；小剂八钱至一两二钱（24～36g）　小生地大剂六钱至一两（18～30g）；中剂三钱至五钱（9～15g）；小剂二钱至四钱（6～12g）　乌犀角大剂六钱至八钱（水牛角代，180～240g）；中剂三钱至五钱（90～150g）；小剂二钱至四钱（60～120g）　真川连大剂四钱至六钱（12～18g）；中剂二钱至四钱（6～12g）；小剂一钱至一半钱（3～4.5g）　栀子（9g）　桔梗（6g）　黄芩（9g）　知母（9g）　赤芍（9g）　玄参（12g）　连翘（10g）　甘草（5g）　丹皮（9g）　鲜竹叶（6g）（以上十味，原书无用量）

【用法】先煎石膏数十沸，后下诸药。

【功效】清热解毒，凉血泻火。

【主治】瘟疫热毒，气血两燔证。大热渴饮，头痛如劈，干呕狂躁，谵语神昏，或发斑，或吐衄，或四肢抽搐，或厥逆，舌绛唇焦，脉沉细而数，或沉数，或浮大而数。

【制方原理】本方主治瘟疫热毒，充斥内外，气血两燔之证。热毒化火，火盛伤津，故见大热渴饮、舌绛唇焦；热毒上攻，内扰神明，则头痛如劈、干呕狂躁、谵语神昏；热燔营血，则发斑、吐衄；热深厥深，发为肢厥。脉沉细而数，或沉数，或浮大而数，分别示病情重、中、轻之不同。本证为温病气血两燔之重证，非用大剂寒凉，难当沃焦救焚之重任。治疗当用大剂寒凉之品，清热解毒，凉血泻火。

本方系由白虎汤、黄连解毒汤、犀角地黄汤三方合并加减而成。方中重用石膏配知母、甘草、竹叶，是取法白虎汤，意在大清气分之热且保津；黄连、黄芩、栀子、连翘同用，是仿黄连解毒汤方意，重在通泻三焦火热毒邪；水牛角、生地、赤芍、丹皮、玄参相配，即犀角地黄汤加味，旨在清热解毒，凉血散瘀。此三方相合，直折火热，气血两清。桔梗为使，载药上行。"此大寒解毒之剂，故重用石膏，先平甚者，而诸经之火，自无不安矣"（《疫疹一得》）。可知本方虽合三方加减而成，但以白虎汤大清阳明气分热为主，辅以泻火解毒、凉血散瘀，相辅相成，共收清瘟败毒之效。

【临床应用】

1. 用方要点　本方适用于瘟疫热毒，充斥内外，气血两燔之证。临床用方辨证要点为大热渴饮，头痛如劈，狂躁，谵语神昏，或吐衄发斑，舌绛唇焦。

2. 临证加减　原书指出"如斑一出，即加大青叶，并少佐升麻四五分，引毒外透，此内化外解，浊降清升之法"；头痛殊甚，两目昏花者，加菊花、夏枯草以清肝经火热；骨节疼烦，腰如被杖，加黄柏、知母以清肾经火毒；热盛动风，四肢抽搐，加羚羊角、钩藤以凉肝息风；热闭心包，神昏谵语，加服安宫牛黄丸或紫雪以清心开窍；体虚，可加西洋参以双补气阴。

3. 现代运用　主要用于流行性乙型脑炎、流行性脑脊髓膜炎、流行性出血热、重型肝炎、败血症、脓毒血症等属瘟疫热毒，气血两燔者。

4. 使用注意 根据病情轻重确定石膏、生地、水牛角、黄连的用量，余药酌定用量。

【现代研究】

1. 药理研究 清瘟败毒饮煎剂对内毒素诱发家兔温病气血两燔证之发热具有明显的抑制作用，与对照组相比，平均发热曲线降低，最大发热高度和体温反应指数较小；能改善家兔注射内毒素后白细胞呈先降低后升高现象，并能拮抗血小板降低；能拮抗高黏综合征（血瘀），具有解聚、降黏、稀释血液（凉血化瘀）作用。该方在抑制家兔气血两燔证模型发热效应的同时，使血浆升高的 cAMP 降低，下降的 cGMP 升高，调节 cAMP 和 cGMP 比值；并具有保护内脏器官、减轻脏器组织病理损害的作用。上述研究为理解本方清热解毒、凉血泻火功效和其临床治疗感染性疾病提供了一定的药理学依据。

2. 临床研究 用清瘟败毒饮为主治疗流行性出血热 120 例，设单纯西药治疗组 60 例为对照，结果：中药治疗组平均发热天数、多尿天数、血小板恢复至正常天数、尿蛋白转阴天数均明显短于对照组（P<0.01），其少尿期和低血压休克期越期率均明显高于对照组（P<0.01），并发症发生率低于对照组（P<0.05）。

第五节 清脏腑热

清脏腑热剂（Formulae for Removing Heat from Zang-Fu Organs），适用于邪热偏盛于某脏腑所产生的火热证，根据火热所在脏腑不同，分别选用相应的清热药物为主组成。如肺经有热，常选黄芩、桑白皮、石膏等；心经有热，可用黄连、栀子、木通、莲子心等；脾胃有热，多用石膏、黄连、升麻等；肝胆实火，首选龙胆草、夏枯草、青黛等；热在大肠，则用白头翁、黄连、黄柏等。并针对热盛伤阴、火热耗气、湿邪内阻、气滞血瘀等不同病机或兼证，相应地配伍养阴、益气、祛湿、行气、活血等药味。代表方剂如泻白散、导赤散、清胃散、泻黄散、龙胆泻肝汤、芍药汤、白头翁汤等。

泻 白 散
White-Purging Powder
（Xiebai San）
（《小儿药证直诀》）

【组成】地骨皮 桑白皮炒，各一两（各15g） 甘草炙，一钱（一本中甘草作半两）

【用法】上药锉散，入粳米一撮，水二小盏，煎七分，食前服（现代用法：水煎服）。

【功效】清泻肺热，止咳平喘。

【主治】肺中伏火之咳喘。咳嗽，甚则气喘，皮肤蒸热，日晡尤甚，舌红苔黄，脉细数。

【制方原理】肺主气，司呼吸，其气清肃下降，热阻气逆，肺气不降则咳喘；肺外合皮毛，热邪外蒸于肌肤，则皮肤蒸热；舌红苔黄、脉细数，皆为肺热伤阴之象。针对本证肺中伏火，郁蒸伤阴，肺失清肃之病机，治宜清泻肺热，止咳平喘，但用药不宜苦寒凉遏。

方中桑白皮甘寒性降，专入肺经，清泻肺热，止咳平喘，为君药；地骨皮直入阴分而泻肺中伏火兼退虚热，用以为臣；粳米、甘草益气和中，培土生金以扶肺气，共为佐使药。

制方特点：①清中兼润，泻中寓补；②肺脾同调，甘寒清降肺热，甘平养胃益肺。

【临床应用】

1. 用方要点   本方适用于肺中伏火之咳喘证。临床用方辨证要点为咳嗽气急，皮肤蒸热，舌红苔黄，脉细数。

2. 临证加减   肺热重加黄芩、知母等；燥热咳甚，加瓜蒌皮、川贝母等；烦热口渴，加天花粉、芦根、麦冬等；阴虚潮热明显，加青蒿、银柴胡等；兼表热，可与银翘散合用。

3. 现代运用   主要用于小儿麻疹初期，结核、支气管炎、百日咳、小儿肺炎初期或恢复期等属肺中伏火者。

4. 使用注意   外感风寒，或虚寒性咳喘，均非本方所宜。

导 赤 散
Fire-Inducing Powder
（Daochi San）
（《小儿药证直诀》）

【组成】生地黄 木通 生甘草梢各等分（各10g）

【用法】上为末，每服三钱（10g），水一盏，入竹叶（3g）同煎至五分，食后温服（现代用法：作汤剂，水煎服，用量按原方比例酌情增减）。

【功效】清心养阴，利水通淋。

【主治】心经热盛证。心胸烦热，口渴面赤，意欲饮冷，口舌生疮，或心移热于小肠，小溲赤涩刺痛，舌红脉数。

【制方原理】心主神明而位于胸中，热扰神明故心胸烦热；热伤津液则口渴而喜饮冷；心火炎上故面赤、口舌生疮；心与小肠相表里，心热移于小肠则小便赤涩热痛。针对心经热盛及心热下移小肠之病机，治宜清心利水养阴，导心经之火从小便而出。

方中生地甘凉而润，入心肾经，清热凉血，养阴生津，为君药；木通苦寒，入心与小肠，上清心火，下利小肠，为臣药。生地配木通，养阴而不恋邪；木通配生地，利水而不伤阴。竹叶清心除烦，通利小便，导热下行，为佐药；生甘草梢直达茎中而止淋痛，并能清热解毒，调和诸药，为佐使药。

制方特点：合清热利水与柔润滋养于一体，清热而不伤阴，滋阴而不碍邪。

【临床应用】

1. 用方要点   本方为治心经火热证的常用方。临床用方辨证要点为心胸烦热，口舌生疮，或小便赤涩，舌红脉数。

2. 临证加减   心火较甚加黄连；小便淋沥不畅，加车前子、赤茯苓，或加萹蓄、瞿麦、滑石；血淋加白茅根、小蓟、旱莲草；阴虚较甚，加麦冬。

3. 现代运用 主要用于口腔炎、急性泌尿系感染、小儿鹅口疮、小儿夜啼等属心经有热或心热下移小肠者。

4. 使用注意 本方苦寒阴柔，脾胃虚弱者当慎用。

【现代研究】

1. 配伍研究 含关木通的导赤散与单味药关木通的肾毒性比较实验研究表明，单味关木通组的大鼠肾功能指标明显高于空白对照组（$P < 0.01$），而导赤散组肾功能损伤性指标明显低于关木通组，全方配伍的合理性药液的肾毒性成分马兜铃酸含量也显著低于单味关木通组。肾脏病理学改变也明显轻于单味木通组。此结果提示，经过配伍后关木通的肾毒性可大大降低，为理解本方配伍的合理性提供了部分现代药理学依据。

2. 临床研究 以银翘导赤散治疗由霉菌感染而引起的小儿口腔黏膜溃疡63例。处方：银花、连翘、焦山栀、生地黄各10g，木通4g，生甘草2g，淡竹叶20片。口渴甚者加天花粉；咽红肿者加桔梗、山豆根；溲赤短少者加车前子；大便干结者加全瓜蒌。结果：全部有效。其中治愈61例，占96.8%；好转2例，占3.2%。一般服药1～4剂即愈。

【附方】

清心莲子饮（《太平惠民和剂局方》） 黄芩 麦冬去心 地骨皮 车前子 甘草炙,各半两（各15g） 石莲肉去心 白茯苓 黄芪蜜炙 人参各七钱半（各20g） 锉末，每服三钱（10g），水一盏半，煎取八分，去滓，水中沉冷，空心食前服（现代用法：水煎服，用量按原方比例酌减）。功效：清心火，益气阴，止淋浊。主治：心火偏旺，气阴两虚，湿热下注证。遗精淋浊，血崩带下，遇劳则发；或肾阴不足，口舌干燥，烦躁发热。

按：本方与导赤散同具清心养阴利水之功，但本方清心与利水之力较强，兼有补气之功。

清 胃 散

Powder for Clearing away Stomach Heat

（Qingwei San）

（《脾胃论》）

【组成】生地黄 当归身各三分（各6g） 牡丹皮半钱（9g） 黄连六分,夏月倍之,黄连临时增减无定（6g） 升麻一钱（6g）

【用法】上药为末，都作一服，水一盏半，煎至七分，去滓，放冷服之（现代用法：作汤剂，水煎服）。

【功效】清胃凉血。

【主治】胃火上攻证。牙痛牵引头疼，面颊发热，其齿喜冷恶热；或牙宣出血，或牙龈肿痛溃烂；或唇舌颊腮肿痛；口气热臭，口干舌燥，舌红苔黄，脉滑数。

【制方原理】足阳明胃之经脉循面颊，分布于耳前、前额等处，并绕口唇，入上齿龈，手阳明大肠经脉络下齿龈，胃火循经上攻故见牙痛牵引头痛、面颊发热，甚或牙龈红肿溃烂，或唇舌颊腮肿痛、口气热臭、口干舌燥。阳明为多气多血之府，胃热每致血分亦热，故易见牙宣出血。舌红苔黄，脉滑数，皆为胃中热盛之象。针对本证胃有积热，循经上攻，灼伤血络之病机，治宜清胃凉血。

方中黄连大苦大寒，清泻胃中实火，为君药。升麻辛甘微寒，清热解毒，升而能散，可宣达郁遏之伏火，有"火郁发之"之意，为臣药。胃热则血分亦热，胃中积热势必耗伤阴血，故以生地、牡丹皮凉血止血，清热养阴，以除血中伏火；当归养血和血以助消肿，共为佐药。升麻主入阳明而兼为使药。本方清散并施，使上炎之火得清，郁遏之火得散。《医方集解》载本方有石膏，则其清胃之力更强。

制方特点：①清气与凉血并行，升清与降浊同施；②苦降与升散并用，黄连得升麻则泻火而无凉遏之弊，升麻得黄连则散火而无升焰之虞。

【临床应用】

1. 用方要点　本方为治疗胃火牙痛的常用方。临床用方辨证要点为牙痛牵引头脑，面颊发热，齿龈肿痛或溃烂，口气热臭，舌红苔黄，脉滑数。

2. 临证加减　大便秘结，加大黄；胃热较甚，口渴饮冷，重用石膏，再加玄参、天花粉；牙衄可加牛膝。

3. 现代运用　常用于口腔炎、牙周炎、三叉神经痛、舌炎、齿槽脓肿等属胃火上攻者。

4. 使用注意　牙痛属风寒或肾虚火炎者，不宜使用。

【现代研究】

药理研究　清胃散对蛋清所致的大鼠足跖浮肿有明显的抑制作用，对纸片法形成的大鼠肉芽肿也有显著的抑制作用，对金黄色葡萄球菌，绿脓杆菌有一定抑制作用，能增强小鼠巨噬细胞吞噬功能。上述研究表明，清胃散具有抗炎、抑菌及提高免疫力作用，为理解其清胃凉血的功效提供了一定的现代药理学依据。

玉 女 煎
Jade Lady Brew
（Yunü Jian）
（《景岳全书》）

【组成】生石膏三至五钱（5～30g）　熟地三至五钱或一两（9～30g）　麦冬二钱（6g）　知母牛膝各一钱半（各5g）

【用法】上药用水一盏半，煎七分，温服或冷服。

【功效】清胃火，滋肾阴。

【主治】胃热阴虚证。烦热干渴，头痛，牙痛，或牙齿松动，牙龈出血，舌红苔黄而干；亦治消渴，消谷善饥等。

【制方原理】本方原书主治"少阴不足，阳明有余"，即阴虚胃热证。胃热循经上攻，故见头痛、牙痛；热扰心神且灼伤津液，则见烦热口渴；热伤胃经血络，则牙龈出血；肾主骨，齿为骨之余，肾虚则可见牙齿松动；舌红苔黄且干，也为少阴不足而又热盛伤阴之象。针对本方水亏火盛相因为病，而以火盛为主的病机，治宜清胃火、滋肾阴。

方中石膏辛甘大寒以清阳明有余之热，为君药。熟地甘而微温，滋阴补肾以补少阴之不足，为臣药。知母苦寒质润，既助石膏以清胃热，又助熟地滋肾阴；麦冬甘寒清热养阴，共为佐药。牛膝导热引血下行，且补肝肾，为佐使药。

制方特点：清热与滋阴并进，虚实兼治，胃肾并调。

本方与清胃散均可治胃热牙痛，但本方属清润之剂，主治"阳明有余，少阴不足"之牙痛、牙衄、牙齿松动、烦热干渴等症；清胃散属泻火凉血之剂，主治胃中实火上攻所致之牙痛，齿龈肿痛或溃烂等症。

【临床应用】

1. 用方要点 本方适用于胃热阴虚证。临床用方辨证要点为烦热干渴，牙痛齿松，或牙龈出血，舌红苔黄而干等。

2. 临证加减 火盛，可加栀子、地骨皮以清热泻火；血分热盛，齿衄出血量多，去熟地，加生地、玄参以增强清热凉血之功。

3. 现代运用 主要用于牙龈炎、糖尿病、急性口腔炎、舌炎等属胃热阴虚者。

4. 使用注意 脾虚便溏者，本方不宜。

【现代研究】

1. 药理研究 玉女煎以 10g/kg、20g/kg 给小鼠连续灌胃给药 7 天，观察其对实验性糖尿病小鼠的降血糖作用。结果显示：该方对正常血糖无明显影响，对由四氧嘧啶所致的糖尿病小鼠有明显的治疗和预防作用，并显著对抗肾上腺素引起的小鼠血糖升高。此外，该方小鼠灌胃的最大耐受量为 275g/kg，相当于成人日用量的 112 倍，提示该方临床用药较安全。

2. 临床研究 玉女煎加减治疗慢性萎缩性胃炎 35 例取得很好疗效。基本方药：生石膏 15g，知母 20g，麦冬 30g，生地 18g，沙参 30g，牛膝 6g。加减：口干、便秘加玄参 20g，玉竹 15g；嘈杂不适加煅瓦楞子 30g，贝母 10g；喜热畏寒加炮姜 6g。每日 1 剂，水煎服。对照组 15 例口服维酶素片，每次 2 片，每日 3 次。两组均以 1 个月为 1 个疗程，共治疗 3 个疗程。结果：治疗组显效 25 例，对照组显效 4 例；总有效率治疗组为 88.57%，对照组 60%，有显著性差异（P<0.05）。

泻 黄 散

Yellow-Purging Powder

（Xiehuang San）

（《小儿药证直诀》）

【组成】藿香叶七钱（21g）　栀子仁一钱（6g）　石膏五钱（15g）　甘草三两（90g）　防风去芦，切，焙，四两（120g）

【用法】上药锉，同蜜酒微炒香，为细末，每服一至二钱（3~6g），水一盏，煎至五分，温服清汁，无时（现代用法：水煎服，用量依原方比例增减）。

【功效】泻脾胃伏火。

【主治】脾胃伏火证。口疮口臭，烦渴易饥，口燥唇干，舌红脉数，以及脾热弄舌等。

【制方原理】脾开窍于口，以唇为外候，伏火熏蒸于上，则见口疮口臭；脾热及胃，津液内耗，故见烦渴；热能令人消谷，故可见消谷善饥。舌为心之苗，脾脉连舌本，散舌下，心脾有热，"令舌络微紧，则时时舒舌"（《小儿药证直诀》）。另外，口舌干燥，亦必时时弄以自润。由此可见，本证乃脾胃伏火熏蒸于上所致，治宜清泻与疏散兼行。

方中石膏辛甘大寒，直入脾胃以清其热；栀子苦寒泻火，并能引热下行从小便而出，具清上彻下之功，二药共用为君；脾胃伏火，若单用苦寒清泻，其伏火难免抑遏不解，故重用臣药防风，升散脾中伏火，亦取"火郁发之"之意；藿香叶芳香醒脾，一以恢复脾胃之气机，一以助防风疏散脾中伏火，为佐药；甘草和中泻火，用蜜酒调服，可缓调中上二焦，使泻脾而不伤脾，皆为佐使。此所谓"盖脾胃伏火，宜徐而泻却，非比实火当急泻也"（《王旭高医书六种》）。

制方特点：清降与升散并用，使泻火而无凉遏之弊，为脾胃伏火郁热证治方配伍之要。

按：本方与清胃散同具清胃作用。但本方清泻与升发并用，兼顾脾胃；清胃散是清胃与凉血并行，兼以益阴和血。

【临床应用】

1. 用方要点　本方适用于脾胃伏火证。临床用方辨证要点为口疮口臭，烦渴易饥，口燥唇干，舌红脉数，或有弄舌。

2. 临证加减　胃火内盛，烦渴易饥，可减防风量，加知母、花粉；心脾积热，烦躁不宁，可加灯心草、赤茯苓；小便短赤，可加滑石；肠道结热便秘，可加大黄；脾胃郁热之口疮弄舌，当以清泻为主，宜酌减防风用量。

3. 现代运用　主要用于小儿鹅口疮、咽喉炎、口腔炎、痤疮、颜面湿疹等属脾胃伏火者。

4. 使用注意　小儿先天不足、大脑发育不全之弄舌者禁用；阴虚有热者禁用。

【现代研究】

药理研究　泻黄散对巴豆油所致小鼠耳肿胀及组胺所致的毛细血管通透性增高有明显抑制作用。比较泻黄散及防风的不同配伍对全方抗炎作用的影响，结果表明单味防风对上述二项指标无明显作用，但加入泻黄散中则有明显的协同作用，防风可增加泻黄散中石膏、山栀等药的抗炎作用，减去 4/5 的防风用量，未见全方抗炎作用明显减弱，而大剂量防风能使全方抗炎作用减弱。以上结果提示防风"升阳散火"的配伍作用在泻黄散中有重要意义，但用量似乎亦不宜过大。

龙胆泻肝汤
Gentiana Decoction for Purging the Liver
(Longdan Xiegan Tang)
(《医方集解》)

【组成】龙胆草酒炒（6g）　黄芩炒（9g）　栀子酒炒（9g）　泽泻（12g）　木通（9g）　车前子（9g）　当归酒洗（3g）　柴胡（6g）　生甘草（6g）　生地黄酒炒（9g）（原书未注用量）

【用法】水煎服。亦可用丸剂，每服 6～9g，每日 2 次，温开水送下。

【功效】泻肝胆实火，清下焦湿热。

【主治】①肝胆实火上炎证。头痛目赤，胁痛口苦，耳聋，耳肿，舌红苔黄，脉弦数有力。②肝经湿热下注证。阴肿，阴痒，筋痿阴汗，小便淋浊，或妇女带下黄臭，舌红苔黄腻。

【制方原理】肝之经脉绕阴器，布胁肋。肝胆经实火炽盛，循经脉而发病，在上部可见头痛目赤、耳聋耳肿、口苦，在中部可见胁肋胀满疼痛；若肝经湿热循经下注，则见阴肿阴痒、筋痿阴汗、小便淋浊，或妇女带下黄臭等；脉弦数有力，舌红苔黄腻等皆为肝胆火盛及湿热之象。针对本证肝胆实火循经上炎或肝经湿热下注的病机，治宜清泻肝胆实火、清利肝经湿热。

方中龙胆草大苦大寒，上泻肝胆实火，下利肝经湿热，泻火除湿，两擅其功，用以为君；黄芩、栀子苦寒泻火，燥湿清热，加强君药泻火除湿之力，用以为臣；湿热壅滞下焦，故用渗湿泄热之车前子、木通、泽泻，导湿热下行，引邪从小便而出，用以为佐；肝为藏血之脏，肝经实火本易伤阴，且所用苦燥渗利之药，更伤其阴，故又佐以当归、生地养血滋阴，使祛邪而不伤正。肝喜条达而恶抑郁，火热内郁而使用大量苦寒降泄之品，恐肝胆之气被遏，故用柴胡疏畅肝胆，且与黄芩相合，既解肝胆之热，又增清上之力，亦为佐药；甘草既可防苦寒之品伤胃，又可调和诸药，为佐使药。诸药合用，共奏泻肝胆实火、清下焦湿热之功。方中龙胆草、栀子、当归及生地皆用酒炒，其用意在于借酒之上行疏散之力，减少苦寒药寒凉遏邪之弊。

制方特点：清利并行，降中寓升，寓补于泻。

【临床应用】

1. 用方要点 凡属肝胆实火上炎或肝经湿热下注所致诸证均可使用。临床用方辨证要点为口苦溺赤，舌红苔黄，脉弦数有力。

2. 临证加减 肝胆实火较盛，可去木通、车前子，加黄连；风火上炎见头痛眩晕，目赤易怒，加菊花、桑叶、夏枯草；湿盛热轻，可去黄芩、生地，加滑石、薏苡仁；火毒结滞，玉茎生疮，或阴囊红肿热痛，可去柴胡，加连翘、黄连、大黄。

3. 现代运用 主要用于顽固性头痛、高血压、眼部炎症、耳部炎症、肝胆及泌尿系统炎症等属肝胆火盛或下焦湿热者。

4. 使用注意 本方为苦寒通利之剂，中病即止；非实火及湿热俱盛者、脾胃虚弱及阴虚阳亢者，本方均不宜。少数服药后出现皮肤瘙痒、潮红、散在荨麻疹，伴心慌胸闷等症。

【现代研究】

1. 药理研究 ①提高机体免疫机能，如增强小鼠胸腺重量、增强小鼠巨噬细胞吞噬功能、促进淋巴细胞转化等。对小鼠绵羊红细胞抗体生成中的初次免疫有抑制作用，而对再次免疫则呈显著增强效果，显示对特异性体液免疫的调整效应。②心血管调节作用，如有降压及扩张外周血管作用，对心肌收缩力呈现先抑制后增强作用，对心率的影响先明显减慢，后逐渐恢复。③消化系统作用，如有抗急性肝损伤、抑制肠平滑肌收缩及减少胆汁流量等作用。④其他作用，如抗炎、抗过敏、利尿、抑菌及体内抗感染作用，镇静、抗惊厥作用，清除自由基及抗氧化等作用。上述作用为理解本方泻肝胆实火、清下焦湿热的功效提供了一定的现代药理学依据。

2. 临床研究　以加味龙胆泻肝汤（生地 20g，龙胆草、栀子、黄芩、柴胡、泽泻、车前子、当归、赤芍、元胡各 10g，乳香、没药、木通、生甘草各 6g）加减治疗带状疱疹 64 例，每日 1 剂，水煎分 2 次口服；对照组 64 例予维生素 B₁₂ 250ug，维生素 B₁ 100mg，肌内注射，每日 1 次。病毒灵 0.1～0.2g，每日 3 次口服。结果，疼痛停止天数与皮疹痊愈天数治疗组分别为 5.4 与 5.88 天，对照组分别为 9.07 及 10.34 天。治疗组疗效明显优于对照组（P < 0.05）。用龙胆泻肝汤治疗肝火扰心型失眠 56 例（龙胆草 10g，黄芩 10g，焦山栀 10g，柴胡 12g，泽泻 12g，车前子 10g，生地 12g，当归 12g，通草 6g，淡竹叶 6g，生龙骨 20g，生牡蛎 20g，酸枣仁 12g，竹茹 6g），水煎服每日 1 剂。对照组 54 例予舒乐安定 2mg，睡前口服，谷维素 20mg，日 3 次。治疗 4 周。结果，治疗组临床总有效率为 89.28%；对照组总有效率为 68.52%。治疗组疗效明显优于对照组，两组相比有显著性差异（P < 0.05）。

【附方】

当归龙荟丸（《丹溪心法》）　当归一两 (30g)　龙胆草五钱 (15g)　栀子　黄连　黄柏　黄芩各一两 (各 30g)　芦荟　大黄各五钱 (各 15g)　木香一钱五分 (5g)　麝香五分 (1.5g)（一方加青黛五钱）　上为末，炼蜜为丸，如小豆大，小儿如麻子大，生姜汤下，每服二十丸（现代用法：为末，水泛为丸，每服 6g，日 2 次，温开水送下）。功效：清泻肝胆实火。主治：肝胆实火。头晕目眩，神志不宁，谵语发狂，或大便秘结，小便赤涩。

按：本方与龙胆泻肝汤均为清泻肝经实火之方，但龙胆泻肝汤泻火之力较强，并能清利湿热；本方则配用泻下药，使实火从二便分消。

左　金　丸
Left-Running Metal Pill
(Zuojin Wan)
（《丹溪心法》）

【组成】黄连六两 (18g)　吴茱萸一两 (3g)

【用法】上药为末，水丸或蒸饼为丸，白汤下五十丸（现代用法：为末，水泛为丸，每服 3g，温开水送服。亦可作汤剂，水煎服，用量按原方比例酌定）。

【功效】清肝泻火，降逆止呕。

【主治】肝火犯胃证。胁肋胀痛，嘈杂吞酸，呕吐口苦，脘痞嗳气，舌红苔黄，脉弦数。

【制方原理】"诸逆冲上，皆属于火"；"诸呕吐酸，暴注下迫，皆属于热"。火郁肝经，经气不畅，故胸胁胀痛；肝火犯胃，胃失和降，故嘈杂吞酸、呕吐口苦、脘痞嗳气；舌红苔黄、脉弦数均为肝火之象。针对本证肝郁化火，横逆犯胃，肝胃不和的病机，治宜清泻肝火、降逆止呕。

方中重用苦寒之黄连为君药，既能清肝火，使肝火得清自不横逆犯胃；又能泻胃火，使胃火得清，胃气自降。肝主疏泄，性喜条达而恶抑郁，肝经郁火，不宜纯用苦寒降泄，故少佐辛热之吴茱萸，开肝郁，降胃逆，既可助黄连和胃降逆止呕，又可佐制黄连的苦寒伤胃之弊，使泻火而无凉遏之虞。两药合用，肝胃同治，使肝火得清，胃气得降，诸症自愈。

制方特点：①辛开苦降、寒热共投，使泻火降逆而无凉遏之弊；②肝胃同治。

【临床应用】

1. 用方要点 本方是治疗肝火犯胃，肝胃不和的常用方剂。临床用方辨证要点为胁痛，口苦，呕吐，吞酸，舌红苔黄，脉弦数。

2. 临证加减 吞酸重，加乌贼骨、煅瓦楞子；胁肋痛甚，与四逆散、金铃子散合用。

3. 现代运用 主要用于胃炎、食道炎、消化性溃疡等属肝火犯胃者。

4. 使用注意 根据清热与开郁之比重而酌定两药剂量。虚寒性呕吐吞酸证忌用。

【现代研究】

配伍研究 通过灌胃"冰 + NaOH"或无水乙醇建立大鼠寒或热的胃黏膜损伤模型以研究左金丸与反左金对药（黄连：吴茱萸为1:6）配伍对两种胃黏膜损伤的作用，结果表明左金丸能明显减轻无水乙醇致热模型中大鼠急性胃黏膜损伤（P < 0.01），反左金对药则无效。而在"冰 + NaOH"致寒模型中，反左金对药的胃黏膜保护作用则明显优于左金丸。另外，黄连与吴茱萸分别以6:1、2:1、1:1三种不同比例配伍观察，各配伍对大鼠灌服党参与黄芪造成的热证模型影响。结果表明，6:1和2:1黄连与吴茱萸的配伍能改善热证模型的病理变化，而1:1的组方则无明显作用。以上结果为左金丸在临床上治疗胃炎、胃溃疡和食管炎及临床用方须依据病证的寒热偏颇调整黄连和吴茱萸的用量比例提供了部分药理学依据。

【附方】

1. 连附六一汤（《医学正传》） 黄连六钱（18g） 附子炮，一钱（3g） 上细切，作一服，加生姜三片，大枣一枚，水一盏半（225ml），煎至一盏（150ml），去渣，稍热服。功效：泻肝火，止胃痛。主治：肝火犯胃，胃脘痛甚，诸药不效者。

2. 戊己丸（《太平惠民和剂局方》） 黄连 吴茱萸 白芍各五两（各10g） 为末，面糊为丸，如梧桐子大。每服二十丸（6g），浓煎米饮下，空心日三服（现代用法：亦可作汤剂，水煎服）。功效：疏肝理脾，清热和胃。主治：肝脾不和证。胃痛吞酸，腹痛泄泻。

按：左金丸、连附六一汤、戊己丸同具苦降辛开的配伍方法，均可治疗胃痛吞酸等症。左金丸中黄连六倍于吴茱萸，在清肝泻火的同时有降逆止呕之效；连附六一汤则易吴茱萸为大辛大热的附子，在清肝泻火同时有辛通滞气、散结止痛之效；戊己丸中黄连与吴茱萸等量，加用白芍，寒热并用，兼有养血柔肝、和里缓急之功。

芍 药 汤

Peony Decoction

（Shaoyao Tang）

（《素问病机气宜保命集》）

【组成】芍药一两（15～20g） 当归半两（9g） 黄芩半两（9g） 黄连半两（9g） 槟榔 木香 甘草各二两（各5g） 大黄三钱（9g） 官桂二钱半（2～5g）

【用法】上药㕮咀，每服半两（15g），水二盏，煎至一盏，食后温服（现代用法：水煎服）。

【功效】清热燥湿，调气和血。

【主治】湿热痢疾。腹痛，便脓血，赤白相兼，里急后重，肛门灼热，小便短赤，舌苔黄腻，脉弦数。

【制方原理】湿热壅滞气机，肠中积滞不通，故腹痛、里急后重；湿热疫毒伤及肠络，搏结气血，酿为脓血，故下痢赤白；肛门灼热，小便短赤，舌苔黄腻，脉象弦数等俱为湿热内蕴之象。针对本证湿热壅滞肠中，气血失调的病机，治宜清热燥湿、调和气血。

方中黄连、黄芩，味苦性寒；归大肠经，苦以燥肠胃之湿，寒以清大肠之热，二药共用为君，清热燥湿、厚肠止痢以除致病之因。重用芍药苦酸微寒，养血和营，柔肝缓急，"止下痢腹痛后重"；配当归行血和血，体现了"行血则便脓自愈"之意；木香、槟榔行气导滞，体现"调气则后重自除"之理。四药合用，调和气血，共为臣药。佐入苦寒之大黄，清热解毒，通便导滞，且可破瘀，取"通因通用"之意，使湿热积滞从大便而去；又佐少量辛热之肉桂，助当归、芍药行血和血，又可防止苦寒伤中及冰伏湿热之邪。甘草益胃和中，调和诸药，与白芍相配，又可增强缓急止痛之功，为佐使之药。诸药合用，共奏清热燥湿、调和气血之功。

制方特点：清热燥湿与调和气血并用；下积除滞寓"通因通用"之理。

【临床应用】

1. 用方要点　本方为治疗湿热痢疾的常用方。临床用方辨证要点为痢下赤白，腹痛里急，舌苔黄腻。

2. 临证加减　热甚津伤，苔黄而干去肉桂，加生地；兼有食滞见苔腻脉滑，加山楂、神曲；热毒较重，加白头翁、银花；痢下赤多白少，或纯下赤冻，加丹皮、地榆；白多赤少，气滞较甚，可加砂仁、厚朴、车前子。另外，原方后有"如血痢渐加大黄；汗后脏毒加黄柏半两"，可供参考。

3. 现代运用　主要用于细菌性痢疾、阿米巴痢疾、过敏性结肠炎、急性肠炎、肠道易激综合征等属于湿热为患者。

4. 使用注意　痢疾初起兼表证及虚寒性下痢均禁用。

【现代研究】

1. 药理研究　芍药汤煎剂对大肠杆菌、绿脓杆菌、变形杆菌、金黄色葡萄球菌均有抑制作用，其中对变形杆菌的抑制作用更为明显；还能明显减轻巴豆油混合致炎剂所致的小鼠耳郭充血水肿。方中槟榔在芍药汤中具有双重作用：一方面能够增强胃肠蠕动，有利于排除胃肠积滞，并能增强全方的抗菌作用；另一方面可使全方的毒性明显增加，提示在临床运用芍药汤时应特别注意槟榔的合理使用。

2. 临床研究　放射性直肠炎多为盆腔或下腹部肿瘤放疗引起的并发症，临床表现为腹痛或腹泻、便血、里急后重，严重者可引起直肠阴道瘘。根据病程长短可分为急性期和慢性期。采用芍药汤加减治疗急性放射性直肠炎 36 例，并与西药保留灌肠 27 例比较。结果中药组 36 例治愈 8 例，显效 15 例，有效 7 例，无效 6 例；对照组 27 例中治愈 2 例，显效 8 例，有效 6 例，无效 11 例，两组比较差异显著（P<0.05）。

【附方】

1. 葛根黄芩黄连汤（《伤寒论》）　葛根半斤（15g）　甘草二两，炙（6g）　黄芩三两（9g）　黄连三两（9g）　上四味，以水八升，先煮葛根，减二升，内诸药，煮取二升，去滓。分温再服。功效：清泻里热，解肌散邪。主治：表证未解，邪热入里证。身热，下利臭秽，胸脘烦热，口干作渴，喘而汗出，舌红苔黄，脉数或促。

2. 黄芩汤（《伤寒论》）　黄芩三两（9g）　芍药二两（9g）　甘草二两，炙（3g）　大枣十二枚（4枚）　以水一斗，煮取三升，去滓，温服一升，日再，夜一服。功效：清热止利，和中止痛。主治：热泻热痢。身热口苦，腹痛下利，舌红苔黄，脉数。

3. 香连丸（《太平惠民和剂局方》，原名大香连丸）　黄连二十两，用吴茱萸十两，同炒令赤，去吴茱萸不用　木香四两四钱八分　醋糊为丸，梧桐子大，每服二十丸，饭饮吞下。功效：清热燥湿，行气化滞。主治：湿热痢疾。脓血相兼，腹痛，里急后重等。

按：芍药汤、葛根黄芩黄连汤、黄芩汤、香连丸四方均治热痢，但各有不同：芍药汤清热燥湿，调气和血之力较强，主治湿热痢疾之重证；葛根黄芩黄连汤清热止利，外解表邪，主治表证未解，热邪入里的下利；黄芩汤与香连丸药简力薄，作用平和，适宜肠热泻痢之轻证，其中黄芩汤以缓急止痛见长，香连丸以调气化带为优。

白头翁汤
Pulsatilla Decoction
（Baitouweng Tang）
《伤寒论》

【组成】白头翁二两（15g）　黄柏三两（12g）　黄连三两（6g）　秦皮三两（12g）

【用法】上药四味，以水七升，煮取二升，去滓，温服一升（现代用法：水煎服）。

【功效】清热解毒，凉血止痢。

【主治】热毒痢疾。腹痛，里急后重，肛门灼热，泻下脓血，赤多白少，渴欲饮水，舌红苔黄，脉弦数。

【制方原理】热毒壅滞肠道，气机阻滞，则腹痛、里急后重；热毒下迫大肠，则肛门灼热；热毒熏灼肠胃气血，化以为脓，故见泻下脓血、赤多白少；痢下与热邪均可损伤阴液，故见渴欲饮水；舌红苔黄，脉弦数均为里热炽盛之象。针对本证热毒深陷大肠血分的病机要点，治宜清热解毒、凉血止痢。

方中白头翁，味苦性寒，归大肠与肝经，能入血分，清热解毒，凉血止痢，是治疗热毒血痢之要药，故用以为君；黄连苦寒，泻火解毒，燥湿厚肠，亦为治痢之要药，黄柏泻火于下，又可燥湿坚肠，与黄连共用为臣，以助白头翁清热解毒，燥湿止痢；秦皮苦寒而性涩，入大肠经，既助君臣药清热燥湿，又可收涩止痢，有急则治其标之意，为佐药。四药相伍，共奏清热解毒、凉血止痢之功。

制方特点：苦寒清解为主，兼以凉血止痢，标本兼顾。

按：本方与芍药汤同为治痢良方，但白头翁汤清热解毒兼凉血燥湿止痢，芍药汤清热燥湿与行气调血并用；前者赤多白少，后者脓血相兼。

本方加甘草、阿胶，名白头翁加甘草阿胶汤《金匮要略》，主治"产后下利虚极"。该方是祛邪与扶正兼顾之剂，非独产后宜之。凡属阴虚血弱而病热痢者，均可用之。

【临床应用】

1. 用方要点　本方适用于热毒痢疾。临床用方辨证要点为下痢脓血，赤多白少，腹痛，里急后重，舌红苔黄，脉弦数。

2. 临证加减　外有表邪，恶寒发热，加葛根、银花、连翘；纯下血痢，可加丹皮、赤芍、地榆；腹痛、里急后重明显，加木香、槟榔、枳壳；兼食滞，可加焦山楂、枳实；用治阿米巴痢疾，配合吞服鸦胆子（桂圆肉包裹）疗效较好。若发病急骤，下痢鲜紫脓血，壮热口渴，烦躁舌绛，属疫毒痢者，当急用本方加水牛角、生地、丹皮等；兼神昏痉厥，可配服紫雪丹。

3. 现代运用　主要用于细菌性痢疾、阿米巴痢疾等肠道疾病，也可用于眼部、呼吸系统、泌尿生殖系统感染性疾病属热毒偏盛者。

4. 使用注意　纯血痢者，本方不宜；素体脾胃虚弱者，亦当慎用。

【现代研究】

药理研究　白头翁汤具有显著的抗菌、抗阿米巴原虫、抗炎、抗溃疡及增强白细胞及单核-巨噬细胞系统吞噬功能作用，白头翁汤及其组成药物对家兔离体肠管呈不同程度的抑制作用，其中白头翁汤及黄连、黄柏的抑制作用较强，秦皮、白头翁的抑制作用较为缓和。白头翁汤与清热解毒药（蒲公英、紫花地丁、败酱草、鱼腥草）相配伍，能使大肠杆菌毒素造模家兔血浆内毒素明显减少、血液黏度明显增加、凝血酶原时间明显缩短、血球压积明显增高、5-羟色胺明显减少、纤溶活性减弱，对家兔模型起到明显的保护作用。

第六节　祛暑清热

祛暑清热剂（Formulae for Clearing away Summer-heat），适用于夏月暑热证。症见身热面赤，心烦，小便短赤，舌红脉数或洪大等。常用清热祛暑药如西瓜翠衣、银花、扁豆花、荷叶、竹叶心等为主组成。暑性升散，易耗气伤津，故又常配伍益气生津之品。代表方剂如清络饮、清暑益气汤。

清 络 饮
Decoction for Removing Heat from the Lung Channel
(Qingluo Yin)

（《温病条辨》）

【组成】鲜荷叶边二钱（6g）　鲜银花二钱（6g）　丝瓜皮二钱（6g）　西瓜翠衣（6g）　鲜

扁豆花一枝（6g）　鲜竹叶心二钱（6g）

【用法】以水二杯煮取一杯，日二服（现代用法：水煎服）。

【功效】祛暑清热。

【主治】暑热伤肺，邪在气分证。身热口渴不甚，但头目不清，昏眩微胀，舌淡红，苔薄白等。

【制方原理】本方原治暑温发汗后余邪不解者，原书方后又注云"凡暑伤肺经气分之轻证皆可用之"。二者病机皆为暑在肺经气分，邪气轻微，津伤未甚。暑热上扰清窍，故见头目不清、昏眩微胀；暑病邪浅病轻，故身热口渴不甚；舌淡红、苔薄白亦为邪浅病轻之象。既为余邪、微暑，故不必重剂，只宜辛凉芳香以祛暑清热，以免药过病所。

方中鲜银花辛凉芳香，清解暑热；鲜扁豆花芳香清散，解暑化湿，共为君药。西瓜翠衣清热解暑，丝瓜络清肺透络，并为臣药。鲜荷叶用边者，取其祛暑清热之中而有舒散之意；暑气通于心，又以鲜竹叶清心除烦并利水导热下行，共为佐使。方中六药多用鲜者，取其气清芬芳，清解暑热之效更优。

制方特点：汇集芳香轻药，清透气分及肺络暑热，所谓暑热伤肺，邪浅病轻之剂。

【临床应用】

1. 用方要点　本方是治疗暑热伤肺轻证的常用方。临床用方辨证要点为身热口渴不甚，头目不清，昏眩微胀，舌淡红，苔薄白。

2. 临证加减　暑热较重，身热口渴汗出较多，加石膏、知母等。原书加减云："手太阴暑湿，但咳无痰，咳声清高者，清络饮加甘草、桔梗、麦冬、甜杏仁、知母主之。"

3. 现代运用　主要用于防治中暑、小儿夏季热等属于热伤肺经气分者，亦可用以代茶，预防暑病。

4. 使用注意　表寒较重，或暑热夹湿者，本方不宜使用。

清暑益气汤
Decoction for Eliminating Summer-heat and Benefiting Qi
（Qingshu Yiqi Tang）

（《温热经纬》）

【组成】西洋参（6g）　石斛（15g）　麦冬（9g）　黄连（3g）　竹叶（6g）　荷梗（15g）甘草（3g）　知母（6g）　粳米（15g）　西瓜翠衣（30g）

【用法】水煎服（原书未注明剂量及用法）。

【功效】清暑益气，养阴生津。

【主治】中暑受热，气津两伤证。身热多汗，心烦口渴，小便短赤，体倦少气，精神不振，脉虚数。

【制方原理】暑热伤人则身热；暑性升散而致腠理开泄，故见多汗；热伤津液，加之汗多伤津，故见口渴、小便短赤；暑气通于心，暑热扰心，故见心烦；暑热耗气，气随津脱，故见体倦少气、精神不振、脉虚数。本证暑热盛而气津两虚，若只清暑热则气津难复，单用益气生津则暑邪不除，治宜清解暑热与养阴生津并举。

方中以西瓜翠衣清热解暑；西洋参益气生津，养阴清热，共为君药。荷梗助西瓜翠衣清热解暑；石斛、麦冬甘寒质润，助西洋参养阴生津，且石斛兼能清热，麦冬兼能清心除烦，共为臣药。黄连苦寒，其功专于泻火，以助清热祛暑之力，且能清心除烦；知母苦寒质润，泻火养阴；竹叶甘淡，清热除烦，且能导热下行，均为佐药。甘草、粳米益胃和中，调和诸药，共为佐使药。

制方特点：清暑热与益气阴并施，清暑而不伤正，益气而不留邪。

按：本方与竹叶石膏汤均能清解暑热，益气生津，但本方清暑养阴生津之力较强，而竹叶石膏汤则清热和胃之功较强。

【临床应用】

1. 用方要点　本方主治暑热之气津两伤证。临床用方辨证要点为身热汗多，口渴心烦，体倦少气，脉虚数。

2. 临证加减　暑热较重，可加石膏；气津耗伤较重而暑邪较轻，应重用西洋参、石斛、麦冬等，或减去黄连以免苦燥伤阴；暑热夹湿，舌苔白腻者，可去阴柔之麦冬、石斛、知母，加藿香、六一散等；小儿夏季发热，可去黄连、知母，加白薇、地骨皮。

3. 现代运用　主要用于中暑、小儿及老人夏季热、功能性发热、夏季哮喘、部分急性传染病之恢复期属气阴两虚者。

4. 使用注意　暑病夹湿，舌苔垢腻者，本方不宜。

【现代研究】

药理研究　本方具有较强的抗病原微生物作用，且能增强机体的免疫功能，并有解热、镇痛、健胃、利尿等作用。另有研究表明，小鼠在高温条件下饲养后，消化道运动功能下降，血液中水分减少而组织间含水量增加，白细胞的吞噬功能降低，灌服清暑益气汤后上述各项指标均恢复到正常水平。同时用本方对主诉疲劳、倦怠的患者进行治疗观察，用药后疲劳倦怠感明显改善，尿液与疲劳度观测值也得到了改善。以上结果为理解本方清暑益气，养阴生津的功效提供了部分现代药理学依据。

第七节　清虚热

清虚热剂（Formulae for Clearing away Heat of Deficiency Type），适用于热病后期，邪留未尽，阴液已伤所致的夜热早凉、舌红少苔；或由肝肾阴虚以致骨蒸潮热或久热不退的虚热证；或阴虚火扰之发热盗汗证。常用甘寒、咸寒或苦寒质润之青蒿、鳖甲、生地、知母、地骨皮等为主组成。根据气虚、血虚、虚火亢盛等不同病机侧重，相应地配伍补气、补血及苦寒泻火等药。代表方剂如青蒿鳖甲汤、清骨散、当归六黄汤。

青蒿鳖甲汤
Sweet Wormwood and Turtle Shell Decoction
（Qinghao Biejia Tang）
（《温病条辨》）

【组成】青蒿二钱（6g）　鳖甲五钱（15g）　细生地四钱（12g）　知母二钱（6g）　丹皮三钱（9g）

【用法】上药以水五杯，煮取二杯，日再服（现代用法：水煎服）。

【功效】透热养阴。

【主治】温病后期，邪伏阴分证。夜热早凉，热退无汗，舌红少苔，脉细数。

【制方原理】本方所治证候为温病后期，阴液已伤，余热未清，深伏阴分而致。人体卫阳之气，日行于表而夜入于里。阴分本有伏热，阳气入阴则助长邪热，阴不制阳，故入夜身热，早晨卫气行于表，阳出于阴，则热退身凉。至于无汗，或为阴液亏耗，不能作汗；或为邪不出表，而仍归于阴分。舌红少苔，脉细数，皆阴虚有热之象。此阴虚邪伏之证，既不能纯用养阴，以免滋腻太过而恋热留邪；更不能单用苦寒，以免化燥伤阴。治疗应养阴、清热兼顾，使阴复则足以制火，邪去则其热自退。因热邪深伏，又当辛凉透散，使邪热透出阳分而解，故治宜透热养阴立法。

方中青蒿苦辛而寒，其气芳香，清中有透散之力，清热透络，引邪外出；鳖甲咸寒，入至阴之分，滋阴退热，入络搜邪，两药相合，共为君药。正如吴瑭释之："此方有先入后出之妙，青蒿不能直入阴分，有鳖甲领之入也；鳖甲不能独出阳分，有青蒿领之出也。"生地甘寒，助鳖甲滋养血分之阴；知母苦寒质润，助鳖甲养阴，且可清气分之热，为臣药。丹皮辛苦而凉，助青蒿泻阴中之火，为佐药。诸药合用，共奏透热养阴之效。

制方特点：清透之中寓以养阴之品，使养阴而不恋邪，祛邪而不伤正。

【临床应用】

1. 用方要点　本方用于温热病后期，余热未尽而阴液不足之虚热证。临床用方辨证要点为夜热早凉，热退无汗，舌红少苔，脉细数。

2. 临证加减　肺痨骨蒸，阴虚火旺，加沙参、旱莲草；气阴两伤，身倦干渴，加人参、麦冬；小儿夏季热属阴虚有热，酌加白薇、荷梗等；慢性肾盂肾炎或肾结核见低热不退、尿热短黄、脉细数，加白茅根、泽泻；麻疹后肺炎属邪留阴分，可加银柴胡、白薇、地骨皮。

3. 现代运用　主要用于发热性传染病后期、原因不明的发热、小儿夏季热、慢性肾盂肾炎、结核病、手术后低热等属阴虚内热者。

4. 使用注意　方中青蒿应后人；阴虚欲作抽搐者，本方不宜。

【现代研究】

临床研究　48 例癌性发热患者随机分为 2 组，每组 24 人。治疗组以青蒿鳖甲汤加味治疗，对照组以消炎痛治疗。结果：治疗组显效 5 例，有效 13 例，总有效率 75%；消炎痛组显效 2 例，有效 9 例，总有效率 45.8%。治疗组仅 1 例体温回升，消炎痛组有 10 例体温回升。

清 骨 散
Clearing Bone-heat Powder
（Qinggu San）
（《证治准绳》）

【组成】银柴胡一钱五分（5g）　胡黄连　秦艽　鳖甲醋炙　地骨皮　青蒿　知母各一钱（3g）　甘草五分（2g）

【用法】水二盅，煎八分，食远服（现代用法：水煎服）。

【功效】清虚热，退骨蒸。

【主治】肝肾阴虚，虚火内扰证。骨蒸潮热，或低热日久不退，形体消瘦，唇红颧赤，咽干盗汗，或口渴心烦，舌红少苔，脉细数。

【制方原理】阴虚生内热，故见骨蒸潮热；虚火上炎，则见唇红颧赤；虚火迫津外出，故夜寐汗出；真阴亏损，不能充养肌肤，日久遂成形体消瘦；阴虚则阴液不能上承，故口渴咽干；阴虚内热，心神被扰，故见心烦；舌红苔少、脉象细数均为阴虚内热之象。诸症皆由肝肾阴亏，虚火内扰所致。治以清虚热为主，佐以滋阴，使虚热退而阴液复。

方中银柴胡甘苦微寒，善退虚劳骨蒸之热而无苦燥之弊，为君药。胡黄连、知母、地骨皮三药，均有入阴分退虚火之功，善治骨蒸劳热，同为臣药。青蒿、秦艽均为辛凉之品，善透伏热使其外解；鳖甲咸寒，既能滋阴潜阳，又可引药入阴分以清虚热，与知母相合，养阴退热之力益彰，共为佐药。少用甘草调和诸药且顾护胃气，为佐使药。诸药合用，共奏清虚热，退骨蒸之效。

【临床应用】

1. 用方要点　本方适用于阴虚内热，虚劳骨蒸证。临床用方辨证要点为骨蒸潮热，形瘦盗汗，咽干口渴，舌红少苔，脉细数。

2. 临证加减　血虚甚，加当归、芍药、生地；咳嗽，加阿胶、麦门冬、五味子；兼气虚，加黄芪、党参；食欲不佳、大便溏薄等属脾胃虚弱，宜去胡黄连、知母，加扁豆、山药等。

3. 现代运用　主要用于结核病或其他慢性消耗性疾病的发热骨蒸属阴虚内热者。

4. 使用注意　青蒿应后入；阴虚无骨蒸者本方不宜。

【现代研究】

临床研究　用清骨散加减治疗创伤性发热持续不退21例，疗效满意。其中男13例，女8例，年龄最大63岁，最小14岁。处方：银柴胡、地骨皮各18g，黄连、知母各9g，秦艽15g，青蒿（后下）、甘草各6g，白薇30g。20例服药1~2剂后即退热。

【附方】

秦艽鳖甲散（《卫生宝鉴》）　地骨皮　柴胡　鳖甲去裙，酥炙，用九肋者，各一两（9g）秦艽　知母　当归各半两（各5g）　上药为粗末，每服五钱（15g），水一盏，青蒿五叶，乌梅一个，煎至七分，去滓。空心，临卧温服。功效：滋阴养血，清热除蒸。主治：阴亏血虚，风邪传里化热之风劳病。骨蒸盗汗，肌肉消瘦，唇红颊赤，口干咽燥，午后潮热，咳嗽，困倦，舌红少苔，脉细数。

按：本方与清骨散同治阴虚发热。其不同点在于清骨散以一派清虚热之品组方，治阴虚内热之骨蒸潮热；本方是养阴清热与透解祛风并进，治风劳病之骨蒸劳嗽。

当归六黄汤
Chinese Angelica and Six Herbs Decoction
（Danggui Liuhuang Tang）
（《兰室秘藏》）

【组成】当归　生地黄　熟地黄　黄连　黄柏　黄芩各等分（各6g）　黄芪加一倍（12g）

【用法】上为粗末。每服五钱（15g），水二盏，煎至一盏，食前服，小儿减半服之（现代用法：水煎服）。

【功效】滋阴泻火，固表止汗。

【主治】阴虚火旺之盗汗证。发热盗汗，面赤心烦，口干唇燥，大便干结，小便黄赤，舌红，脉数。

【制方原理】阴虚火扰，阴液不能内守，故见发热盗汗；虚火上炎，则见面赤心烦；虚火内耗阴津则见口干唇燥、大便干结、小便短赤；舌红、脉数亦均为阴虚火旺之象。针对本证阴虚火旺的病机，治宜滋阴泻火，固表止汗。

方中当归、生地、熟地入肝肾而滋阴养血，阴血充则水能制火，共用为君。盗汗乃因水不济火，火旺迫津所致，故方中配伍黄连、黄芩、黄柏清热泻火除烦，且有"苦以坚阴"之意，热清则火不内扰，阴坚则汗不外泄，共为臣药；汗出过多，表气不固，故倍用黄芪益气实卫，固表止汗，且可合当归、熟地益气养血，为方中佐药。诸药合用，共奏滋阴泻火、固表止汗之功。

制方特点：滋阴养血、泻火清热、益气固表并进，标本共图。

【临床应用】

1. 用方要点　本方是治疗阴虚火旺盗汗之常用方。临床用方辨证要点为盗汗面赤，心烦溲赤，舌红，脉数。

2. 临证加减　阴虚而实火较轻，去黄芩、黄连，加知母；津亏液乏，口干便干较甚，加麦冬、元参；盗汗甚，加麻黄根、浮小麦、五味子；潮热咽干，尺脉有力，加龟板、知母。

3. 现代运用　主要用于结核病、甲状腺机能亢进、干燥综合征、白塞氏病、更年期综合征、糖尿病等以发热、盗汗为主属阴虚火扰者。

4. 使用注意　脾胃虚弱，纳减便溏者本方不宜。

小　结

清热剂主要为治疗里热证而设，针对气分热盛、热入营血、气血两燔、火毒壅盛、脏腑热盛、暑热病证以及虚热病证等不同类型，分为清气分热、清营凉血、清热解毒、气血两清、清脏腑热、祛暑清热、清虚热七类。清热剂具有清热泻火，凉血解毒，滋阴透热，祛暑清热等作用。本类方剂除用于外感病邪热传入气分、营分、血分诸证外，还可用于五志过极，脏腑偏胜所致的内生火热以及夏月季节，中暑受热所致的暑热病证。

1. 清气分热　适用于热入气分证。根据气分热盛之程度，选配不同清热强度的清热泻火药为配伍要点。白虎汤为辛寒之剂，辛甘大寒之石膏与苦寒质润之知母相配，清气分热之力最强；功可清热除烦，生津止渴；主治阳明气分热盛，壮热汗出，烦渴，脉洪大等。竹叶石膏汤属清补之方，以石膏、竹叶清热，配人参、麦冬、半夏益气养阴和胃；功可清热生津，益气和胃，较之于白虎汤清热之力稍逊，但扶正和胃之功略胜；适用于热病之后，气阴已伤，余热未尽，胃气失和，身热汗出，心烦口渴，气逆欲呕，舌红脉细数等。

2. 清营凉血　适用于热入营血分证。营分之热多由气分传入，故清营"犹可透热转气"，即清营常需配伍清气之品；热入血分常易耗血伤阴或与血结而为瘀，故常以清营凉血配合养阴、散瘀为其配伍要点。清营汤以水牛角、生地清营凉血与银花、连翘透热转气相配，可使营分之热透转气分而解，清营解毒，透热养阴；适用于身热夜甚，神烦少寐，斑疹隐隐，舌绛脉数之邪热初入营分证。犀角地黄汤以水牛角、生地清热养阴与芍药、丹皮凉血散血相配，清热解毒，凉血散瘀；适用于热灼心营之身热谵语，斑色紫黑，舌绛起刺；或热伤血络之吐血，衄血，便血，尿血；或蓄血瘀热之喜忘如狂，胸中烦痛，大便色黑易解等。

3. 清热解毒　适用于火毒热盛证。根据热毒壅聚部位不同，以针对性地选择泻火解毒药为其配伍要点。黄连解毒汤纯用大苦大寒之品，"三黄"相配可苦寒直折上、中、下三焦火热毒邪，适用于三焦火毒热盛，烦热错语，吐衄发斑，以及痈疽疔毒等。凉膈散以连翘、黄芩、栀子清热解毒与大黄、芒硝泻火通便相配，清上泻下，"以泻为清"；适用于热聚胸膈，病在上中二焦，身热面赤，胸膈烦热，口舌生疮，便秘溲赤等。普济消毒饮以清热解毒药与疏散风热药相伍，体现"火郁发之"之法；功可清热解毒，疏风散邪；主治风热疫毒壅于上焦、发于头面之大头瘟。

4. 气血两清　适用于温病气血两燔证。清瘟败毒饮由白虎汤、犀角地黄汤、黄连解毒汤三方组合加减而成，其清热保津、凉血散瘀、泻火解毒三法并进，功可清热解毒，凉血泻火；主治瘟疫热毒，充斥内外，气血两燔之重证。

5. 清脏腑热　适用于邪热偏盛于某一脏腑所产生的火热证。本类方剂多按脏腑火热证候之不同，分别使用相应的清热药物。泻白散以清肺降火药与健脾养胃药合用，具有泻肺清热，止咳平喘之功；主治肺有伏火的咳喘，日晡热甚等。导赤散以清心利水药与养阴清热药相配，功可清心利水养阴；适用于心经热盛或心热下移小肠而见口舌生疮，小便短赤涩痛等症。泻黄散以清泻药与升发药并用，功效泻脾胃伏火；适用于脾胃伏火之口疮，口臭，小儿弄舌等。龙胆泻肝汤以清泻肝火药与清利湿热药、养血柔肝药、疏肝解郁药相伍，功可泻肝胆实火，清下焦湿热；适用于肝胆实火上炎之头痛胁痛，口苦目赤，或肝经湿热下注之淋浊、阴肿、阴痒等。左金丸以大剂苦寒药与少量辛热药相配，功可清泻肝火，降逆止呕；适用于肝火犯胃之呕吐，口苦，吞酸等。芍药汤与白头翁汤同为清热止痢之方，但前者清热燥湿与调和气血共用，适用于湿热阻滞肠腑气血而致的湿热痢疾，症见腹痛、下痢赤白、里急后重等；后者由苦寒解毒燥湿药组成，寓涩于清，功兼凉血止痢，适用于热毒痢疾而见腹痛、便脓血、赤多白少、里急后重者。

6. 祛暑清热　适用于夏月暑热证。此类方剂多由甘凉清气之祛暑清热药如西瓜翠衣、鲜荷叶等组成。暑热后期，气阴两伤者，又常配伍益气养阴之品。清络饮功可祛暑清热，用药轻清宣透，适用于暑热伤肺，邪轻病浅，口渴不甚，但头目不清，昏眩微胀等；夏季代茶常服，亦可预防中暑。清暑益气汤于清暑之中配以益气养阴之品，适合于中暑受热，气阴两伤，身热汗多，心烦口渴，小便短赤，体倦少气等。

7. 清虚热　适用于阴虚发热证。本类方剂常以滋阴清热的鳖甲、知母、生地与清透伏热的青蒿、秦艽、银柴胡等配合成方。青蒿鳖甲汤透热与养阴并重，有"先入后出"之妙；适用于热病伤阴，邪扰阴分，夜热早凉、热退无汗。清骨散以一派清虚热药为主组方，兼以滋阴透热；适用于阴虚内热，虚劳骨蒸，骨蒸潮热，或低热日久不退，形体消瘦，唇红颧赤，咽干盗汗等。当归六黄汤以养血育阴与泻火除热并进，兼以益气固表，适用于阴虚火扰之盗汗等症。

复习思考题

1. 简述清热剂的分类、适应证、代表方剂及其使用注意事项。

2. 白虎汤、白虎加人参汤、竹叶石膏汤、清暑益气汤四方在组成、功效、主治等方面有何异同？

3. 清气分热、清营凉血与气血两清三类方剂在立法与适应证方面有何异同？

4. 试分析清营汤与犀角地黄汤在组成、配伍、功效、主治等方面的异同点。

5. 清营凉血剂中为何常配伍活血祛瘀药？并举方说明之。

6. 应用黄连解毒汤时应注意哪些问题？为什么？

7. 试析凉膈散和普济消毒饮的用药配伍特点及其适应证候。

8. 泻白散与麻黄杏仁甘草石膏汤都可治疗肺热咳喘，临床如何区别应用？

9. 简析导赤散主治证的病机特点和该方的立法组方要点？

10. 清胃散中为何重用升麻？

11. 试结合方证病机分析泻黄散的配伍特点。

12. 试析龙胆泻肝汤中配伍生地、黄芩及柴胡的意义。

13. 龙胆泻肝汤与左金丸均可清泻肝火，在临床上如何区别使用？

14. 根据暑热病的病机演变，概括其主要治方的药法特点。

15. 青蒿鳖甲汤与清骨散在组成、功效、主治方面有何异同？

16. 试析当归六黄汤中配伍黄芩、黄连、黄柏以及黄芪的意义。

第十二章

和解剂

　　和解剂（Formulae for Mediation）具有和解少阳、调和肝脾、调和胃肠、表里双解、截疟等作用，是治疗邪在少阳、肝脾不和、肠胃不和、表里同病，以及疟疾等病证的一类方剂。和解剂属于八法中的"和法"。

　　少阳位于人体表里之间，邪入少阳，既不宜发汗，又不宜吐下，唯有外透内清之法以和解之。又少阳属胆与三焦，少阳发病，易致三焦失疏，气机不利，胆气郁滞。而胆附于肝，与肝相表里，肝胆与脾胃关系密切。肝旺每易乘脾，胆热则易犯胃，导致肝脾不和。另胃肠同属阳明，肠胃不和多由寒热错杂，升降失调，虚实相兼所致。此类病证的治疗选用纯温、纯清、纯补、纯泻等法均难收效，而肝脾同调，寒热并治，升降配合，邪正兼顾等法最为适宜。此外，因疟疾为邪伏膜原，而膜原外通肌腠，内近肠胃，为三焦之门户，居一身半表半里之处，其临床表现又似少阳证，前人有"疟不离少阳"之论，故连类而及。再者，表证未除，里证又急者，单用表散则里证不去，仅治其里则外邪不解，需表里同治，内外分解，使病邪得以表里分消。根据上述病证和方剂功效特点，本章分为和解少阳、调和肝脾、调和胃肠、表里双解四类。

　　和解剂组方配伍较为独特，常常是祛邪与扶正、透表与清里、疏肝与健脾、温里与清热诸法兼施，无明显寒热补泻偏颇，性质平和，作用和缓，照顾全面。此为本类方剂的优势所在，也是其运用范围较广，适应病证较为复杂的主要原因。

　　和解剂现代临床被广泛用于内、外、妇、儿各科，涉及呼吸、消化、心血管、神经、精神、泌尿、生殖多系统的疾病，其中最多用于发热、流行性感冒、疟疾、胆汁反流性食管炎、胃炎、胆囊炎、胆石症、肝炎、肝硬化、肝炎后综合征、胰腺炎、慢性结肠炎、肠易激综合征、抑郁症、经前期综合征、乳腺增生症、月经失调等；也常用于结膜炎、中耳炎、流行性腮腺炎、支气管炎、支气管哮喘、病毒性心肌炎、高脂血症、血管性头痛、眩晕、癫痫、更年期综合征、小儿厌食症等。药理研究表明，和解剂对肝胆、胃肠道、血液循环、免疫、中枢神经、内分泌代谢等多个系统均有影响，具有保肝、利胆、胃肠调节及保护胃黏膜；抗病原体、抗炎、镇静；增强免疫功能、调节植物性神经和内分泌系统功能、调节心脑血管功能、改善血液流变性；抗肿瘤以及对抗放射性损伤等作用。这些研究为理解本类方剂和解少阳，调和肝脾，调和肠胃的现代作用内涵提供了一定依据。

　　本类方剂虽然性质平和，但毕竟以祛邪为主，且和解调和之中多有所侧重。临证使用须辨清病位与证候性质，权衡表里、上下、寒热、虚实之主次偏颇，斟酌遣药配伍进退，务使药证切合以应病情之需。

第一节 和解少阳

和解少阳剂（Formulae for Harmonizing Shaoyang Meridian），适用于邪在少阳而见寒热往来，胸胁苦满，心烦呕吐，不欲饮食，口苦咽干，目眩，脉弦之证。常用宣透清解药如柴胡、黄芩、青蒿等为主组成。少阳证中，或胆热犯胃，胃气失和；或经气失畅，湿聚痰阻而可见多种兼证。故本类方剂又常配伍降逆和胃、行气疏郁、祛湿化痰等药。因少阳为枢，邪易内传，故和解少阳方中佐以益气扶正之品亦为常法。代表方剂为小柴胡汤、蒿芩清胆汤。治疟剂则多以截疟药与燥湿化痰行气药相伍，代表方剂为柴胡达原饮。

小柴胡汤
Minor Bupleurum Decoction
（Xiaochaihu Tang）
（《伤寒论》）

【组成】柴胡半斤（24g）　黄芩三两（9g）　人参三两（9g）　半夏洗，半升（9g）　甘草炙，三两（9g）　生姜切，三两（9g）　大枣擘，十二枚（4枚）

【用法】上七味，以水一斗二升，煮取六升，去滓，再煎，取三升，温服一升，日三服（现代用法：水煎服）。

【功效】和解少阳。

【主治】①伤寒少阳证。往来寒热，胸胁苦满，默默不欲饮食，心烦喜呕，口苦，咽干，目眩，舌苔薄白，脉弦。②妇人伤寒，热入血室，经水适断，寒热发作有时。③疟疾、黄疸以及内伤杂病而见少阳证者。

【制方原理】少阳位于太阳、阳明表里之间。伤寒邪犯少阳，正邪交争于表里之间，正胜欲拒邪出于表，邪胜欲入里并于阴，病有乍进乍退之势，故见往来寒热；足少阳经脉起于目锐眦，其支者，下胸中，贯膈循胁，络肝属胆。邪在少阳，经气不利，郁而化热，胆火上炎，而致胸胁苦满、心烦、口苦、咽干、目眩；胆热犯胃，胃失和降，故默默不欲饮食而喜呕；舌苔薄白是邪尚未入里化热，脉弦为少阳病之主脉。若妇人经期，血海空虚，邪热乘虚而入，热与血结，致经水不当断而断，寒热发作有时，也为邪在少阳之征。针对本证邪犯少阳，经气不利，内蕴胆热，胃失和降，邪正交争，邪欲内陷之病机，治宜疏解少阳、清胆和胃、扶正祛邪。

方中柴胡苦辛微寒，轻清升散，入肝胆经，善于透散少阳半表之邪，又能疏畅经气之郁滞，重用为君药。黄芩苦寒，长于清泄少阳半里之热，为臣药。君臣相配，外透内清，共解少阳之邪，是和解少阳的基本结构。半夏、生姜和胃降逆止呕，生姜且可兼制半夏之毒；人参、大枣益气健脾，既扶正以祛邪，又防邪以内传，均为佐药。炙甘草助参、枣扶正，且能调和诸药，为使药。诸药合用，使邪气得解，枢机得利，胆胃调和而证自除。前人誉其为

"少阳枢机之剂，和解表里之总方"（柯琴《伤寒来苏集》）。

制方特点：①疏透与清泄并用，祛邪与扶正同施；②以和解少阳为主，兼和胃气，胆胃并治。

小柴胡汤为和剂，服后一般不经汗出而病解，但也有药后得汗而愈者，这是正复邪却，胃气和之故。正如《伤寒论》所说："上焦得通，津液得下，胃气因和，身濈然汗出而解。"若少阳病证因误治损伤正气，或患者素体正气不足，服用本方，也可见到先寒战后发热而汗出的"战汗"现象，属正胜邪却之征。

【临床应用】

1. 用方要点　本方主治少阳不和证。临床用方辨证要点为往来寒热，胸胁胀满，不欲饮食，呕恶，口苦，脉弦。重在辨识病机，不必待其证候悉俱。

2. 临证加减　表邪未尽，恶寒微发热，去人参，加桂枝兼以解表；胃气和而痰热较盛，胸中烦而不呕，去半夏、人参，加瓜蒌清热化痰、理气宽胸；热盛津伤而口渴，去半夏，加天花粉清热生津；肝气乘脾而腹中痛，去黄芩，加芍药柔肝缓急止痛；气滞痰凝，胁下痞硬，去大枣，加牡蛎软坚散结；黄疸加茵陈蒿、栀子清热利湿退黄；疟疾加草果、青蒿、常山燥湿截疟。

3. 现代运用　主要用于感冒、流行性感冒、疟疾、慢性肝炎、肝硬化、急慢性胆囊炎、胆石症、胆汁反流性胃炎、中耳炎等属邪踞少阳，胆胃不和者。

4. 使用注意　阴虚血少者慎用。

【现代研究】

1. 药理研究

①对肝胆系统的作用：本方能明显抑制肝损伤模型动物脂质过氧化反应，消除氧自由基，抑制细胞内钙池释放钙，对肝细胞有直接保护作用；本方不同组别对鸭乙肝病毒（DHBV）均有一定抑制作用，而全方组作用较拆方组（柴胡、黄芩、半夏、生姜）和单味柴胡组为优，且其抗 DHBV 作用较为持久，停药后无反跳，提示本方"扶正祛邪"配伍的合理性；本方对 CCl_4 所致慢性肝纤维化大鼠模型，能减轻肝细胞损害，保护肝细胞，减轻炎症反应以及抗肝纤维化作用；小柴胡汤对试管内 11 种不同分化程度的人肝、胆道系统癌细胞株抑制效果，特别是对胆囊、胆道系统癌细胞株抑制作用明显。小柴胡汤全方对肝癌细胞增殖的抑制效果比单独使用各种药效成强。本方抗肿瘤作用机制有两个方面：一是免疫调节作用，能激活巨噬细胞，促进 IL-1 的产生，增强 NK 细胞的活性，产生抗肿瘤效果；二是抑制肝癌细胞增殖，能诱导肝癌细胞的形态改变，并使癌细胞停滞于细胞周期的静止期，本方能激活 Oddi 括约肌调节作用，从而有效地防止十二指肠液由乳头逆流，并防止胆汁郁积。②对免疫功能的影响：本方在调控免疫反应方面具有多种复杂机制，其作用中以对免疫抑制状态最为有效，同时也能改善免疫亢进模型。本方对由激素和角叉菜胶引起的免疫低下有显著调控效果。本方可提高 NK 细胞活性，影响 T 细胞亚群消长，有 B 细胞有丝分裂刺激作用，并可促进抗体产生。给骨髓移植患者服本方观察到患者淋巴细胞在 1~3 个月增加，CD4 和 CD8 在 2~3 个月增加，辅助 T 细胞、活性 T 细胞、NK 细胞增加，淋巴细胞幼稚化反应显示一时亢进性。说明本方能增强 T 淋巴细胞活性，使机体免疫功能增强。给病毒性

心肌炎模型小鼠服小柴胡汤、拆方Ⅰ（黄芩、柴胡）和拆方Ⅱ（人参、大枣、甘草），结果发现：小柴胡汤和拆方Ⅱ在病毒性心肌炎急性期均能明显提高 NK 细胞活性，有调节 T 细胞亚群功能。三种组方对心肌免疫均有明显保护作用，但以小柴胡汤作用最优。③调节内分泌和抗炎作用：本方对垂体－肾上腺皮质系统呈现双向调节作用。实验表明，在类固醇减量过程中合用小柴胡汤，可以缓解因连续使用类固醇引起的 ACTH 分泌抑制；而对应激时 ACTH 分泌亢进有抑制倾向。另有研究显示本方既具有糖皮质激素样作用，又能减弱糖皮质激素引起的糖皮质激素受体的调节作用。小柴胡汤口服有明显解热抗炎作用，能显著降低腐败甘草浸膏和 2，4－二硝基酚所致家兔体温升高，对抗角叉菜胶诱发大鼠踝关节肿胀和醋酸引起小鼠的毛细血管通透性增加。给胸膜炎模型大鼠灌服小柴胡汤及不同药群配方，结果其全方及药群配伍各组大鼠胸腔渗出液体积、渗出液中白细胞数量、髓过氧化物酶（MPO）、肿瘤坏死因子－α（TNF－α）及血清白细胞介素－8（IL－8）含量均显著降低；柴芩组、姜夏组、全方组胸膜炎胸腔渗出液中白细胞介素－1β（IL－1β）含量显著降低。说明小柴胡汤及其药群配伍均有显著的抗炎作用，对胸膜炎有一定的防治作用。④对胃肠道的影响：大鼠反流性胃炎模型实验表明，本方能够显著抑制胃黏膜水肿、充血及瘀血等病变，减轻炎细胞浸润和腺体增生性改变，对胃黏膜损伤有明显保护作用；可使豚鼠离体回肠平滑肌松弛，有明显的抗乙酰胆碱、抗钡、抗组织胺作用；对胃肠动力有促进作用，其机制可能与升高血和胃组织中胃动素（MOT）有关。

小柴胡汤上述保肝、利胆、抗炎、抗病毒、免疫及内分泌调节、胃肠调节及保护胃黏膜等作用，为理解本方和解少阳的现代内涵提供了一定的药理学依据。

2. 临床研究 用本方加栀子、滑石为基本方，治疗慢性迁延性肝炎 41 例，临床治愈 26 例，好转 13 例；慢性活动性肝炎 21 例，临床治愈 10 例，好转 8 例。将原发性肝癌病例随机分为两组，治疗组 30 例采用放疗、化疗等合并小柴胡汤加减；对照组 30 例仅用放疗、化疗。结果治疗组各项指标均优于对照组。儿童病毒性脑膜炎、脑炎 21 例，均有寒热往来或不规则发热，在西医治疗 3~5 天后加服柴胡 9g，黄芩、半夏、人参、玄参、连翘、板蓝根、牛蒡子各 6g。水煎，日 1 剂。经 7~20 天治疗，痊愈 18 例；好转 2 例，无效 1 例。用小柴胡汤合苏连饮治疗因幽门括约肌功能失调引起的胆汁反流性胃炎 20 例，每日 1 剂，水煎服。期间忌酒、辛辣、生冷和不易消化之物。停药 14 天后复查胃镜。结果：治愈 15 例，有效 4 例，无效 1 例。疗程最短 4 天，最长 28 天，平均 15 天。

【附方】

柴胡枳桔汤（《重订通俗伤寒论》） 柴胡一钱至钱半（3~4.5g） 枳壳钱半（4.5g） 姜半夏钱半（4.5g） 鲜生姜一钱（3g） 青子芩一钱至钱半（3~4.5g） 桔梗一钱（3g） 新会皮钱半（4.5g） 雨前茶一钱（3g） 水煎服。功效：和解透表，宣畅气机。主治：往来寒热，两头角痛，耳聋目眩，胸胁满痛，舌苔白滑，脉右弦滑，左弦而浮大。

按：本方由小柴胡汤去人参、甘草、大枣，加枳壳、桔梗、陈皮、雨前茶组成。原书谓本证系"邪郁腠理，逆于上焦，少阳经病偏于半表证也"。治当促邪外透，故加枳壳、桔梗、陈皮宣畅气机，开发上焦；去枣留姜，取其辛散，助柴胡透邪；雨前茶（上等绿茶）清热降火，助黄芩清泄邪热。如此配合，使少阳经证偏于半表之邪得以外透而解。

蒿芩清胆汤

Sweet Wormwood and Scutellaria Gallbladder-Clearing Decoction

(Haoqin Qingdan Tang)

(《重订通俗伤寒论》)

【组成】青蒿脑钱半至二钱 (4.5~6g)　淡竹茹三钱 (9g)　仙半夏钱半 (4.5g)　赤茯苓三钱 (9g)　青子芩钱半至三钱 (4.5~9g)　生枳壳钱半 (4.5g)　广陈皮钱半 (4.5g)　碧玉散 (滑石、青黛、甘草，包) 三钱 (9g)

【用法】水煎服。

【功效】清胆利湿，和胃化痰。

【主治】少阳湿热痰浊证。寒热如疟，寒轻热重，口苦胸闷，吐酸苦水，或呕黄涎而黏，甚则干呕呃逆，胸胁胀痛，小便黄少，舌红苔白腻，间现杂色，脉数而右滑左弦。

【制方原理】少阳是足少阳胆和手少阳三焦的合称。邪踞少阳，枢机不利，胆经不舒而蕴热，三焦不畅而停湿，湿热蕴蒸而生痰浊，遂呈少阳三焦湿热痰浊为患。邪郁少阳表里之间，正邪交争，故寒热如疟；热邪偏盛，故寒轻热重；肝胆经脉循胸胁，湿热壅滞，经气不利，故胸胁胀痛；胆热犯胃，胃浊上逆，故呕吐酸苦水，或呕黄涎而黏，甚则干呕呃逆；湿阻三焦，水道不畅，故小便短少黄赤；病在少阳，湿热痰浊为患，故舌红苔腻、脉数而右滑左弦。本证少阳胆经热盛，三焦气机不利，湿热痰浊中阻，胃失和降。治宜清胆利湿，行气化痰，和胃降逆。

方中青蒿脑 (即青蒿新发之嫩芽) 苦寒芳香，善清透少阳邪热，又辟秽化湿；黄芩苦寒，清泄胆热，且燥湿，两药相合，既透邪外出，又内清湿热，并为君药。竹茹清胆胃之热，化痰止呕；半夏燥湿化痰，和胃降逆，两药相伍，加强化痰止呕之功，共为臣药。枳壳下气宽中，消痰除痞；陈皮理气化痰，宽胸畅膈；碧玉散、赤茯苓清热利湿，导湿热下行从小便出，均为佐使药。诸药配伍，胆热清，痰湿化，气机畅，胃气和，症自愈。

制方特点：以清透少阳胆热为中心，兼行清化中焦痰浊，清利三焦湿热，即透邪于外，清热于内，化浊于中，利湿于下，所谓"分消走泄"法。

按：本方与小柴胡汤均有和解少阳之功，均治寒热往来，胸胁不适者。但蒿芩清胆汤证属少阳里热偏盛兼湿热痰浊者，见热重寒轻、吐酸苦水或吐黄涎、小便黄少、舌红苔腻、脉数等症，故侧重于清泄化浊，而无补益之功。小柴胡汤证属伤寒邪入少阳，胆胃不和，正气偏虚者，见不欲饮食、舌苔薄白等症，故清散并用，邪正兼顾。

【临床应用】

1. 用方要点　本方为治疗少阳热盛，兼痰湿内阻的要方。临床用方辨证要点为寒热如疟，寒轻热重，口苦胸闷，吐酸苦水，舌红苔腻，脉弦滑数。

2. 临证加减　胆热犯胃，呕吐重，加黄连、苏叶清热止呕；湿重，加藿香、白豆蔻、厚朴芳化湿浊；湿热发黄，加茵陈蒿、栀子清热利湿退黄；小便不利，加车前子、泽泻、通草清热利湿。

3. 现代运用 主要用于急性黄疸型肝炎、急性胆囊炎、胆汁反流性胃炎、耳源性眩晕、肾盂肾炎、肠伤寒、疟疾、钩端螺旋体病等属少阳湿热者。

4. 使用注意 脾胃虚寒者慎用。

【现代研究】

1. 药理研究 蒿芩清胆汤对金黄色葡萄球菌、大肠埃希菌、绿脓假单胞菌及流感病毒均有抑制作用；并有较强的抗内毒素效应，可减少内毒素感染小鼠的死亡率。对二甲苯诱导的小鼠耳肿胀和低分子右旋糖苷诱导的大鼠足跖肿胀，以及由啤酒酵母等引起的大鼠发热皆有明显而较持久的抑制作用。本方能提高小鼠巨噬细胞吞噬能力，升高玫瑰花环形成率和胸腺指数，有促进特异及非特异性免疫机能的作用。此外，本方可增加兔胆汁流量，减轻胆道系统炎症，降低血清转氨酶、胆红素而具有保肝利胆作用；还可抑制胃液胃酸分泌，促进胃排空运动，保护胃黏膜，其作用机制可能是通过增强胃黏膜屏障实现的。上述蒿芩清胆汤的抗菌、抗病毒、抗内毒素、抗炎、解热、保肝利胆，以及免疫调节、胃肠调节等作用为其临床治疗发热、肝胆系统疾病、胃炎以及部分传染性疾病提供了药理学依据。

2. 临床研究 用蒿芩清胆汤治疗系统性红斑狼疮活动期 60 例，处方：青蒿 30g，黄芩 15g，竹茹 10g，半夏 10g，陈皮 10g，枳壳 10g，赤茯苓 15g，碧玉散 10g。每日 1 剂，水煎服。同时服用泼尼松 1mg/kg·d，每 2 周减量 10mg，至 30mg 后每 2 周减量 5mg，维持量每日 10mg，3 个月为 1 疗程。结果：总有效率 81.67%，在改善狼疮活动性指数、血沉、C_3、24 小时尿蛋白定量、抗 dsDNA 抗体方面取得满意效果。用本方加减治疗外感发热 48 例，涉及上呼吸道感染、胆囊炎、泌尿系感染、肠伤寒、恙虫病等传染病与感染性疾病。根据湿热在三焦不同部位侧重而随证化裁，结果总有效率为 91.17%。其中无效的 4 例诊为伤寒、恙虫病各 2 例，后配合静滴氯霉素治疗而获痊愈。用本方治疗胆汁反流性胃炎 40 例，伴食管炎加白及、地榆、石见穿；胃糜烂加仙鹤草、田三七；吐酸嘈杂合左金丸或乌贝散；便秘加生大黄。每日 1 剂，水煎服，20 天为 1 疗程。总有效率 87.5%。

柴胡达原饮

Bupleurum Membrane-Source-Opening Beverage

（Chaihu Dayuan Yin）

（《重订通俗伤寒论》）

【组成】柴胡钱半（4.5g）　生枳壳钱半（4.5g）　川朴钱半（4.5g）　青皮钱半（4.5g）　炙甘草七分（2g）　黄芩钱半（4.5g）　苦桔梗一钱（3g）　草果六分（2g）　槟榔二钱（6g）荷叶梗五寸（10~15g）

【用法】水煎服。

【功效】透达膜原，祛湿化痰。

【主治】痰湿阻于膜原证。间日发疟，胸膈痞满，心烦懊恼，头眩口腻，咳痰不爽，舌苔厚如积粉，扪之糙涩，脉弦而滑。

【制方原理】膜原外通肌腠，内近胃腑，为三焦之门户，居一身半表半里之位。邪从口鼻而入，阻于膜原半表半里，正邪相争，则疟疾发有定时。三焦气机失畅，积湿酿痰，故胸膈痞满；湿郁热伏，内扰心神则心烦懊侬；内阻清阳则头眩；痰湿内郁于肺则咳痰不爽。苔厚如积粉，扪之糙涩，脉弦滑，均为痰湿阻于膜原之征。本证病机为邪阻膜原，湿遏热伏，气机不畅。因邪不在表，忌用发汗，胃腑不实，不宜攻下。治宜开达膜原，祛湿化痰，透表泄热，疏畅气机。

方中柴胡透表解热，以疏达膜原气机；黄芩清热泻火，以降泄膜原郁热，共为君药。桔梗、枳壳理气消痞，宣肺化痰，以开宣上焦；厚朴、草果行气燥湿，截疟祛痰，以宽畅中焦；青皮、槟榔下气散结，以疏利下焦。六药合用，开达三焦之气机，使膜原之邪从三焦而外达肌腠，均为臣药。佐以荷梗升清透邪；使以甘草调药和中。本方以透表清里、宣上畅中疏下为特点，使膜原开达，表里和解，三焦通利，邪祛热清，湿化痰消，疟自缓解。"虽云达原，实为和解三焦之良方"。

【临床应用】

1. 用方要点 本方为治疗温疫或疟疾，邪阻膜原，湿遏热伏而湿重于热的常用方。临床用方辨证要点为寒热往来，胸膈痞满，舌苔厚如积粉，扪之糙涩，脉弦滑。

2. 临证加减 疟疾，加青蒿、常山以增截疟之功；痰湿重见舌苔满白，加半夏、茯苓祛湿化痰；痰湿蕴热见，心烦懊侬甚，加栀子、豆豉清透郁热；温热疫毒，化火伤阴见口干苔燥，加知母、芍药清热养阴。

3. 现代运用 主要用于疟疾、流行性感冒及不明原因的发热等属湿遏热伏而湿偏重者。

4. 使用注意 温疫、疟疾属热重于湿者本方不宜。

【现代研究】

1. 药理研究 达原饮能明显对抗内毒素所致的大鼠体温升高，且对正常体温也有一定的降低作用。

2. 临床研究 用达原饮治疗 21 例小儿病毒性脑炎，临床表现为发热，或伴恶寒，头晕头痛，纳差，肢酸倦怠，或伴恶心呕吐，苔白厚腻，脉濡数。结果：显效 15 例，有效 4 例，无效 2 例。服药后见效时间最短为 3 天。用柴胡达原饮治疗证属外感兼湿热，疫毒之邪在肺卫、气分证的流感发热 100 例，结果服药后 1 天之内体温恢复正常者 62 例，3 天内全部患者体温正常，头痛恶寒，肌肉关节酸痛等症状基本消失。

【附方】

1. 达原饮（《温疫论》） 槟榔二钱 (6g) 厚朴一钱 (3g) 草果仁五分 (1.5g) 知母一钱 (3g) 芍药一钱 (3g) 黄芩一钱 (3g) 甘草五分 (1.5) 上用水二盅，煎八分，午后温服。功效：开达膜原，辟秽化浊。主治：温疫或疟疾，邪伏膜原。憎寒壮热，或一日三次，或一日一次，发无定时，胸闷呕恶，头痛烦躁，舌边深红，舌苔白厚如积粉，脉弦滑数。

2. 截疟七宝饮（《太平惠民和剂局方》） 常山 (9g) 陈橘皮不去皮 青橘皮不去皮 槟榔 草果仁 甘草炙 厚朴去粗皮 生姜制各等分（各6g） 上件㕮咀，每服半两，用水一碗，酒一盏，同煎至一大盏，去滓，露一宿，来日再烫温服（现代用法：用水酌加酒煎，疟发前 2 小时温服）。功效：燥湿祛痰，理气截疟。主治：痰湿疟疾。寒热往来，数发不止，舌苔白腻，寸口脉弦滑浮大。

按：达原饮为柴胡达原饮去柴胡、青皮、枳壳、桔梗、荷叶梗，加滋阴和血之知母、芍药而成。辛香燥烈与寒凉阴柔相伍，于祛痰湿之中又兼清热滋阴之功，透解之力虽不及柴胡达原饮，但清热作用略胜，且无温燥伤阴之弊。截疟七宝饮集截疟祛痰行气之品于一方，药性温燥，纯属祛邪之剂，适宜于痰湿疟疾而正气未虚、内无郁火者。原方以水酒同煎，通行气血而助药势，且可减缓常山致吐的副作用。

第二节　调和肝脾

调和肝脾剂（Formulae for Regulating and Harmonizing the Liver and Spleen），适用于肝脾不和证。其证多由肝气郁结，横逆犯脾，或脾虚失运，肝木乘脾而致，症见脘腹胸胁胀痛，不思饮食，腹痛泄泻，月经不调等。常用疏肝理气药配伍健脾助运药为主组方。肝脾不调，或气滞血瘀，或营血不足，或停湿郁热，或胃气上逆等，故此类方剂又常配伍柔肝缓急、活血养血、祛湿清热、和胃降逆之品。代表方剂为四逆散、逍遥散、痛泻要方等。

四　逆　散
Powder for Treating Cold Limbs
（Sini San）

（《伤寒论》）

【组成】甘草炙　枳实破，水渍，炙干　柴胡　芍药各十分（各6g）

【用法】上四味，捣筛，白饮和服方寸匕，日三服（现代用法：水煎服）。

【功效】透邪解郁，疏肝理脾。

【主治】①阳郁厥逆证。手足不温，或身微热，或咳，或悸，或小便不利，或腹痛，或泻利下重，脉弦。②肝脾不和证。胁肋胀闷，脘腹疼痛，脉弦。

【制方原理】本方所治"四逆"，缘于外邪传经入里，气机被遏，不得疏泄；或肝气郁结，脾土壅滞不运以致阳气内郁，不能达于四末。"此证虽云四逆，必不甚冷，或指头微温，或脉不沉微，乃阴中涵阳之证，唯气不宣通，是为逆冷"，与阳衰阴盛的四肢厥逆有本质区别。若气滞阳郁化热，则身微热；心胸阳气失于宣通，则或咳或悸；水道失于通调，则小便不利；肝气乘脾，胃肠气机不利，则腹痛或泄利下重；肝郁脾滞，气机失畅则胁肋脘腹胀闷疼痛。脉弦主肝郁，也主疼痛。可见本证虽然临床表现多样，但阳郁气滞是病机关键。治宜调畅气机，透邪解郁，疏肝理脾。

方中柴胡入肝胆经，其性轻清升散，既疏肝解郁，又透邪升阳，使肝气条达，阳郁得伸，为君药。白芍敛阴养血，柔肝泄热，使肝体得养，则肝用易复，为臣药。枳实理气破滞而畅脾运，既助柴胡调畅气机，又合白芍调理气血，为佐药。甘草为使，一调和诸药；二益脾和中以扶土抑木；三合白芍以缓急止痛。四药合用，使邪去郁解，气血调畅，清阳伸展，四逆自愈。原方用白饮（米汤）和服，也取中气和则阴阳之气自相顺接之意。

制方特点：①柴胡配芍药，散收疏养并用使散而不过，疏而无伤；伍枳实，升降并用，使升降相因。②肝脾同治，气血并调。

【临床应用】

1. 用方要点 本方原治阳郁厥逆证，后世多用作疏肝理脾之基础方。临床用方辨证要点为胁肋疼痛，脘腹胀痛，脉弦。

2. 临证加减 阳郁重见发热四逆，增柴胡用量加强透热解郁之功；气郁见胸胁胀痛，加香附、郁金行气解郁止痛；气郁化热见心胸烦热，加栀子、黄芩清泄郁热；脾虚湿阻见小便不利，加茯苓、白术、泽泻健脾利湿。

3. 现代运用 主要用于慢性肝炎、胆囊炎、胆石症、胆道蛔虫症、肋间神经痛、胃溃疡、胃炎、胃肠神经官能症、附件炎、输卵管阻塞、急性乳腺炎等属肝胆气郁、肝脾或胆胃不和者。

4. 使用注意 阳衰阴盛之寒厥忌用本方。

【现代研究】

1. 药理研究 ①对消化系统和平滑肌的作用：柴胡、枳实合煎及分煎合用，均可明显增强小鼠胃排空及小肠推进功能，合煎剂作用最强，而芍药和甘草则呈抑制作用，本方对胃肠功能的影响取决于柴胡与枳实、芍药与甘草两组药物使用的剂量；本方能使麻醉大鼠的胆汁流量提高 1.3 倍，而且方中各味药物用量配比不同，对胆汁流量的影响也不同，当柴胡、枳实、白芍、炙甘草配比为 5∶5∶1∶1 时胆汁流量提高 3.4 倍，正交试验结果表明柴胡是方中主要成分，其次为白芍、枳实、炙甘草，但枳实与柴胡交互作用明显；本方对多种实验性肝损伤有明显的改善作用，其主要通过对肝细胞膜的保护作用，促进肝细胞保护性因子 NO 的产生，以及影响免疫细胞的活化、移动及杀伤能力等来完成；本方水提醇剂可抑制家兔平滑肌的收缩运动，使其频率减慢，幅度减小，并能对抗乙酰胆碱、氯化钡所致的肠痉挛，与肾上腺素的肠管抑制作用有协同作用。②对心血管系统的作用：本方静脉注射能明显增加麻醉开胸猫心肌收缩力，加强心脏的射血功能，有类似于去甲肾上腺素的作用，且其作用持续较长时间。并能延长小鼠 P－R 间期，使心率变慢；对抗乌头碱诱发大鼠心律失常，也能降低氯仿所致小鼠室颤率，有明显抗心律失常效果。但加大剂量可引起 I 度房室传导阻滞和 T 波高耸等毒性作用。提示本方静脉给药对伴心率快而节律不齐的休克患者可能有益。进一步研究表明，本方静脉给药对家兔或狗的内毒素休克、心源性休克、失血性休克及胰岛素休克均有明显保护效果，这些作用可能与其兴奋肾上腺素 α、β 受体，加强心脏功能，提高机体耐缺氧能力，提高血氧分压，抑制血小板聚集及抗心律失常等有关。③对免疫系统的作用：本方可明显促进免疫抑制状态小鼠腹腔巨噬细胞的吞噬功能；提高 T 淋巴细胞转化率，增强 NK 细胞活性；对小鼠脾重指数下降也具有保护作用。

四逆散上述保肝、利胆、调节胃肠、促进免疫功能，以及强心、抗心律失常等多种作用，为理解本方调和肝脾的功效及现代临床治疗消化系统疾病提供了一定的药理学依据，同时也提示本方对于心血管疾病治疗具有潜在价值。

2. 临床研究 治疗慢性胆囊炎 103 例，加神曲、郁金、延胡索；伴结石，加大枳实用量，再加金钱草、大黄、芒硝；急性发作，加黄芩、银花、大黄、芒硝，配合静脉补液及解痉止痛等药物。结果：除 19 例伴结石反复发作改为手术治疗外，其余 84 例中临床治愈 78 例，仍有症状者 6 例。以四逆散加代赭石、露蜂房、地龙、贝母、百部、五味子，水煎服，治疗经胸透或胸片、血常规检查均无异常的顽固性咳嗽 40 例。结果：治愈 39 例，无效 1 例。用四逆散合桂枝汤水煎服，10 天为 1 疗程，调治亚健康状态 426 例，并从睡眠质量、疲劳状态、中医临床症状三方面量化计分。结果表明本方能很好地改善亚健康状态中老年人的睡眠和疲劳状态。

逍 遥 散
Free Wanderer Powder
(Xiaoyao San)
(《太平惠民和剂局方》)

【组成】柴胡去苗 当归去苗，锉，微炒 茯苓去皮，白者 白芍药 白术各一两（各30g）甘草微炙赤，半两（15g）

【用法】上为粗末，每服二钱（6g），水一大盏，烧生姜一块切破，薄荷少许，同煎至七分，去滓热服，不拘时候（现代用法：研为粗末，每服 6～9g，加煨姜、薄荷少许，煎汤温服，每日 3 次。亦可作汤剂，水煎服，用量按原方比例酌减。亦用丸剂，每次 6～9g，每日 2 次）。

【功效】疏肝解郁，养血健脾。

【主治】肝郁血虚脾弱证。两胁作痛，头痛目眩，口燥咽干，神疲食少，或往来寒热，或月经不调，乳房胀痛，舌淡，脉弦而虚。

【制方原理】足厥阴肝经"布胁肋，循喉咙之后，上入颃颡，连目系，上出额，与督脉会于巅"。肝郁经气不舒，则胁肋作痛，头痛目眩，乳房胀痛；血虚失润，则口燥咽干；肝失疏泄，木郁土壅，脾失健运，则神疲食少。肝胆互为表里，肝经郁滞，少阳失舒，故可见往来寒热；肝郁血虚，脾弱失运，故可致妇女月经不调、舌淡、脉弦而虚。本证病机为肝郁血虚，肝体失养；脾弱不运，生化乏源；木不疏土，土不荣木。治宜疏肝解郁，养血柔肝，健脾助运。

方中柴胡疏肝解郁，条达肝气以复肝用，为君药。当归、白芍养血和血，敛阴柔肝，养肝体以助肝用，又防柴胡劫肝阴，共为臣药。白术、茯苓、甘草健脾益气，既能实土以御木侮，又使营血生化有源；加薄荷少许，助柴胡疏达肝经之郁滞；烧生姜温运和中，且能辛散达郁，共为佐药。甘草调和药性，兼为使药之用。诸药合用，肝郁得舒，血虚得养，脾运得健而诸症自除。

制方特点：肝脾同调，气血兼顾；疏中寓养，补中寓疏。

【临床应用】

1. 用方要点 本方为调气疏肝，养血健脾的名方，又是妇科调经常用方。临床用方辨证要点为两胁作痛，神疲食少，月经不调，脉弦而虚。

2. 临证加减 肝郁气滞较甚，加香附、郁金、青皮疏肝行气；肝郁血虚日久，蕴热化火，兼见潮热、烦躁易怒、颊赤口干、月经先期、脉弦虚数，加丹皮、栀子凉血散瘀，清热泻火（《内科摘要》加味逍遥散）；肝血瘀滞，加川芎、丹参、桃仁活血祛瘀；血虚甚，加熟地滋阴补血（《医宗己任篇》黑逍遥散）；脾虚甚，加党参、黄芪健脾补气。

3. 现代运用　主要用于慢性肝炎、肝硬化、胆石症、慢性胃炎、胃肠神经官能症、经前期紧张症、乳腺小叶增生、更年期综合征、抑郁症；也可用于慢性盆腔炎、子宫肌瘤、视神经萎缩、黄褐斑等病属肝郁血虚脾弱者。

4. 使用注意　方中柴胡、薄荷用量不宜太重。

【现代研究】

1. 药理研究　①对中枢神经系统的影响：本方可减少正常小鼠的自发性活动，协同戊巴比妥钠的镇静催眠作用，对戊四氮所致小鼠惊厥有对抗作用，表现出明显的中枢抑制效应。采用慢性束缚法建立大鼠肝郁模型，逍遥散治疗后可使模型动物脑内降低的去甲肾上腺素与多巴胺含量均显著增高。提示本方治疗神经精神疾病的作用机理可能与影响中枢单胺类神经递质含量有关。另有研究表明本方能明显抑制应激对大鼠海马神经元造成的损伤及神经元内 Nissl 体的减少，且作用效果与用药时间呈正相关；可以通过抑制海马神经元细胞外大量 Ca^{2+} 内流，阻止 Ca^{2+} 超载，从而改善应激大鼠的学习记忆状况。②对消化系统的影响：本方能减轻四氯化碳所致大鼠急性肝损伤，使血清转氨酶降低，减轻肝细胞的脂肪病变及退行性变，促进肝细胞再生，具有保肝作用；可使大鼠胃液明显增加，并能使小鼠炭末推进率增加，肠兴奋性提高；对家兔离体肠平滑肌有明显松弛作用，此作用与肾上腺素无关；体外抗幽门螺杆菌实验结果显示，当逍遥散浓度达到 55mg/ml 时，杀菌率在 98.5% 以上。③对内分泌功能的影响：本方有类似雌激素样作用，可使动物子宫重量明显增加，使雄鼠精囊减重；对摘除卵巢后的小鼠阴道角化细胞无明显影响，表明本方具有温和的雌激素样活性，此作用是通过卵巢而实现的；对以左旋甲状腺素诱生甲亢小鼠的研究显示，甲亢小鼠可有血清胆固醇、促甲状腺激素下降，碱性磷酸酶、T_3、T_4 上升，予服逍遥散加减方后，可使上述指标明显改善。

本方的神经－内分泌调节、保肝及胃肠功能调节作用为其临床治疗神经精神系统疾病、妇科疾病和消化系统疾病提供了一定的药理学依据。

2. 临床研究　用随机双盲对照法将 110 例抑郁性神经症患者分为逍遥散治疗组 58 例，安慰剂组 52 例。结果：逍遥散组治愈 17 例，显效 24 例，有效 12 例，无效 5 例，总有效率 91.38%；安慰剂组显效 5 例，有效 12 例，无效 35 例，总有效率 32.69%。另治疗组患者 24 小时尿 3－甲氧基 4－羟基苯乙二醇硫酸酯盐（MHPG·SO₄）排出量明显增加，与对照组差异非常显著（$P < 0.001$），说明逍遥散对抑郁性神经症有良好疗效，其作用机制可能与增加中枢去甲肾上腺素代谢有关。用加味逍遥散 7.5g，分 3 次饭前服，连服 16 周，治疗慢性甲状腺炎 20 例，其中甲状腺功能正常者 14 例，亚临床型功能减退者 2 例，功能减退者 4 例，均有不同程度的弥漫性甲状腺肿大。结果：自觉症状好转者 12 例，尤其是无力感、颜面浮肿、头痛、头重感、肩酸和顽固性便秘改善明显；6 例血中 b-TSH 值逐渐降至正常。用丹栀逍遥散治疗脾虚肝郁蕴热型更年期综合征 60 例，显效 23.33%，有效 56.66%，总有效率 80%。其与用己烯雌酚、安宫黄体酮治疗的 60 例比较，疗效有显著差异。

【附方】

当归芍药散（《金匮要略》） 当归三两（9g） 芍药一斤（30g） 茯苓四两（12g） 白术四两（12g） 泽泻半斤（15g） 川芎三两（9g） 上六味，杵为散，取方寸匕，酒和，日三服（现代用法：水煎服）。功效：养血调肝，健脾利湿，缓急止痛。主治：肝血不足，脾虚湿停证。腹中拘急，绵绵作痛，头晕心悸，小便不利，足跗浮肿，舌质淡，脉弦细。

按：当归芍药散与逍遥散均有芍药、当归、白术、茯苓四味，具有养肝血，健脾气之功。但逍遥散以柴胡为君，而重在疏肝解郁。本方重用芍药为君，以养血补肝，缓急止痛为主；另有泽泻、川芎，渗湿力强，兼调畅气血，为治疗肝脾失调，血虚湿停所致腹痛、下肢浮肿之良方。

痛泻要方
An Important Formula for Treating Diarrhea with Pain
(Tongxie Yaofang)
(《丹溪心法》)

【组成】炒白术三两（90g） 炒芍药二两（60g） 炒陈皮一两五钱（45g） 防风一两（30g）

【用法】上细切，分作八服，水煎或丸服（现代用法：作汤剂，水煎服，用量按原方比例酌减）。

【功效】补脾柔肝，缓痛止泻。

【主治】脾虚肝旺之痛泻。肠鸣腹痛，大便泄泻，泻必腹痛，泻后痛缓，舌苔薄白，脉两关不调，左弦而右缓。

【制方原理】土虚木乘，脾受肝制，运化失常，故泻必腹痛、泻后痛减，且每因情志不舒而作；肝脾失和，故其脉两关不调，弦主肝实，缓主脾虚。本证病机为肝旺疏泄太过，脾虚运化不及。治宜补脾抑肝，柔肝缓急，理气止泻。

方中白术甘苦而温，补脾燥湿以扶土虚，重用为君药。白芍酸寒，柔肝缓急止痛，合白术于土中泻木，为臣药。陈皮辛苦而温，理气燥湿，健脾和胃，助白术以加强脾胃运化之功，为佐药。防风辛散升浮，入肝脾经，助白术以升清止泻，协白芍以舒郁调肝，兼佐使之用。四药相合，脾健肝和，气机调畅，痛泻自止。

制方特点：补脾柔肝而以实脾为主；寓升于补，寓疏于敛。

【临床应用】

1. 用方要点 本方为"扶土抑木"法的代表方。临床用方辨证要点为肠鸣腹痛，大便泄泻，泻必腹痛，泻后痛减，脉弦而缓。

2. 临证加减 水湿偏盛见泄泻如水样，加茯苓、车前子以利小便而实大便；久泻，加炒升麻以升阳止泻；脾虚较甚见神疲乏力，加党参、山药以健脾益气；湿邪化热见舌苔黄腻，加黄连以清热燥湿。

3. 现代运用 主要用于急性肠炎、慢性结肠炎、肠易激综合征、神经性腹泻等属脾虚肝旺者。

4. 使用注意　湿热、热毒或伤食所致腹痛泄泻,本方不宜。

【现代研究】

1. 药理研究　本方对家兔离体肠平滑肌蠕动有明显抑制作用,并可对抗乙酰胆碱、组织胺等对肠道平滑肌的兴奋作用;对痢疾杆菌、大肠杆菌及金黄色葡萄球菌均有抑制作用。提示本方泻肝补脾,缓急止泻的功效与其抑制肠管活动和抗菌作用有关。

2. 临床研究　用本方水煎服,治疗肠易激综合征25例,兼脾虚加太子参、葛根;兼肝郁加柴胡、郁金、枳壳;兼血瘀加赤芍、丹参、泽兰;兼脾肾阳虚合用四神丸;同时用本方煎汁保留灌肠。设口服西药复方哌啶片治疗25例为对照组。结果:两组治疗总有效率分别为92%和72%,中药组疗效显著高于西药对照组。用本方加升麻、秦皮、赤石脂为主,随症加减治疗均经纤维结肠镜检查确诊的溃疡性结肠炎35例,每日1剂,29天为1疗程。结果:显效30例,有效5例。其中30例随访1年,疗效巩固者28例,2例复发。

第三节　调和胃肠

调和胃肠剂(Formulae for Regulating and Harmonizing the Intestine and Stomach),适用于肠胃不和之寒热错杂,升降失常,虚实相兼证,表现为心下痞满,呕吐下利等。常用辛温药干姜、生姜、半夏等与苦寒药黄连、黄芩等为主,配伍人参、大枣、甘草等益气和中之品组成。代表方剂为半夏泻心汤。

半夏泻心汤
Pinellia Heart-Purging Decoction
(Banxia Xiexin Tang)
(《伤寒论》)

【组成】半夏洗,半升(12g)　黄芩　干姜　人参各三两(各9g)　黄连一两(3g)　大枣擘,十二枚(4枚)　甘草炙,三两(9g)

【用法】上七味,以水一斗,煮取六升,去滓,再煎,取三升,日三服(现代用法:水煎服)。

【功效】寒热平调,消痞散结。

【主治】寒热错杂之痞证。心下痞,但满而不痛,呕吐,肠鸣下利,舌苔腻而微黄。

【制方原理】本方原治小柴胡汤证因误下,损伤中阳,寒从中生,少阳邪热乘虚内陷,以致邪聚中焦,壅塞气机,而成寒热错杂之痞证。痞指堵塞不舒,满而不痛,按之濡软;心下即是胃脘。中气既伤,升降失常,胃气不降则呕吐;脾气不升则下利。本证寒热错杂,虚实相兼,气机结滞,升降失常,病机甚为复杂。治宜散寒清热,辛开苦降,补虚泻实。

方中半夏辛苦而温,善能散结除痞,和胃降逆,为君药。干姜辛热,温中散寒,合半夏开结以行滞;黄连、黄芩苦寒,降泄以除热,同为臣药。君臣相配,辛开苦降,温清并进,使寒热除而气机畅，升降复常。人参、大枣、炙甘草，甘温补虚和中，既调养损伤之中气，又可防芩、连之苦寒伤阳及姜、夏之辛热燥阴，合为佐药。甘草尚能调和诸药，兼作使药。本方用夏、姜辛温开结散寒；芩、连苦寒降泄清热；参、枣、草甘温益气补虚。

制方特点：寒热并用以和阴阳，辛苦合用以复升降，补泻兼施以调虚实。

本方减干姜二两，加生姜四两，名为"生姜泻心汤"，能温胃止呕而散水气，主治水气偏重，水热互结于中焦，呕逆较为突出者；甘草加至四两，名为"甘草泻心汤"，其调中补虚之力增强，主治脾胃受损较重，下利日数十行，水谷不化，干呕，心烦不安者。

【临床应用】

1. 用方要点　本方为治疗中气虚弱，寒热错杂，升降失常而致肠胃不和的代表方。临床用方辨证要点为心下痞满，呕吐泻利，苔腻微黄。

2. 临证加减　热多寒少，以芩、连为主；寒多热少，重用干姜；中气不虚，或舌苔厚腻者，可去参、枣，加苍术、厚朴行气燥湿；气结重而心下痞较甚，加枳实、生姜开结散滞。

3. 现代运用　主要用于急慢性胃炎、胃及十二指肠溃疡、慢性肠炎、神经性呕吐、消化不良、慢性肝炎、早期肝硬化、口腔黏膜溃疡等属中气虚弱，寒热错杂者。

4. 使用注意　气滞、食积，或痰浊内结所致之心下痞满，本方不宜。

【现代研究】

1. 药理研究　①对胃肠运动的影响：本方可促进大鼠胃运动，作用强于吗丁啉，而对新斯的明引起的强烈胃运动有明显抑制作用。另有研究表明，本方对正常小鼠胃排空及小肠推进无明显影响，而对阿托品引起的胃排空抑制和新斯的明引起的胃排空亢进，以及对芬氟拉明、多巴胺引起的小肠推进减慢和新斯的明引起的小肠推进加快均有明显的拮抗作用。提示本方对胃肠运动呈双向调节作用，其作用机制可能与胆碱能系统有关。②胃黏膜的保护作用：本方对大鼠幽门结扎型溃疡有保护作用；对胃酸性胃溃疡有明显的治疗作用，但对胃液量、胃蛋白酶活性、总酸度、游离酸度、胃出血程度等无显著影响。其机制可能与加强胃黏膜屏障，促进黏膜细胞的再生修复作用有关。本方对应激性溃疡也有抑制作用，同时可明显抑制胃黏膜单胺物质 5 - 羟色胺的减少，呈剂量依赖性；对该应激模型脑内 NE 和 5 - 羟色胺神经系统活动的异常亢进呈抑制倾向。提示半夏泻心汤对应激性溃疡治疗不仅直接作用于消化系统，而且涉及介导脑内情感系统和中枢抑制等调节作用。

2. 配伍研究　半夏泻心汤由辛开之半夏、干姜，苦降之黄芩、黄连，甘补之人参、炙甘草、大枣三组药物组成。通过制备大鼠慢性萎缩性胃炎模型，观察胃黏膜形态、胃液游离酸、总酸度、胃蛋白酶活性等指标，对本方进行拆方研究，探讨其配伍规律。结果：甘补组炎症区胃黏膜水肿、充血较微，只见到散在淋巴细胞浸润现象，腺体主细胞形态正常，呈现出对浅表性炎症及腺体萎缩的良好改善作用；辛开组除炎症区胃黏膜浅表性炎症轻微外，黏液分泌细胞化生现象不明显；苦降组除减轻浅表性炎症及间质细胞浸润外，对腺体萎缩及黏液分泌细胞化生无显著影响；全方组的综合作用优于其他各组。各组均有不同程度的调节胃分泌的作用，其中甘补与辛开或苦降合用能提高胃液游离酸度和总酸度，但降低胃蛋白酶活性，全方组的调节作用最佳，提示其组方的合理性。

本方对胃肠运动的双向调节、胃黏膜保护作用可能是其平调寒热，开降气机的药理学基础。

3. 临床研究　本方加减治疗脾胃湿热型慢性胃炎 83 例，其中慢性浅表性胃炎 65 例，慢性萎缩性胃炎 18 例，幽门螺杆菌阳性者 57 例。结果：近期临床治愈 51 例，显效 23 例，有效 6 例，无效 3 例，总有效率 96.38%；HP 转阴 46 例；治疗后胃镜复查均有改善，其中对充血、水肿、糜烂等活动性炎症改善明显，而对黏膜色泽灰白、颗粒增生和血管透见的改善较差。

重症恶阻患者 36 例，其中初次妊娠 26 例，多次妊娠 10 例。主要表现为恶心呕吐，不能进食，食后呕吐更甚，甚则呕吐物呈咖啡色，用本方加砂仁、陈皮、续断、杜仲、柿蒂治疗，每日 1 剂，水煎服。结果：服药 3 剂治愈 12 例，服药 6 剂治愈 15 例，服药 7～12 剂治愈 9 例，总有效率为 100%。

恶性肿瘤化疗引起的消化道反应 128 例患者均在化疗后 1～3 天出现脘腹痞满，纳呆，恶心呕吐等症状，用本方为主治疗，呕吐明显加代赭石、旋覆花，厌食明显加莱菔子、炒麦芽，腹痛明显加延胡索、白芍，腹泻者加茯苓、炒白术。每日 1 剂，水煎，分多次少量温服，服药 3～6 剂。结果：显效 86 例，有效 39 例，无效 3 例，总有效率为 97.66%。

【附方】

黄连汤（《伤寒论》）　黄连　甘草炙　干姜　桂枝各三两（各 9g）　半夏洗，半升（9g）人参二两（6g）　大枣擘，十二枚（4 枚）　上七味，以水一斗，煮取六升，去滓，温服一升，日三服，夜二服。功效：寒热并调，和胃降逆。主治：上热下寒证。胸脘痞闷，烦热，腹中痛，欲呕吐，或肠鸣泄泻，舌苔白滑，脉弦者。

按：本方即半夏泻心汤黄芩易桂枝、黄连加至三两而成。主治胸中有热，胃中有寒，见胸中烦闷、腹痛、吐利等上热下寒之证，方中黄连清上热，干姜、桂枝温下寒，以分消胸胃上下之寒热。虽寒热并调，辛开苦降，但重在辛开温通。

第四节　表里双解

表里双解剂（Formulae for Releasing Evils from Both the Exterior and Interior），适用于表里同病。所谓表里同病，是指表证未解，又见里证，或原有宿疾，复感外邪而出现表证与里证同时并见的证候。表证有表寒、表热之异，里证又有寒、热、虚、实之别，故表里同病之疾不外表证兼里寒、表证兼里热、表证兼里实以及表证兼里虚四种类型。本类方剂主要是为表里俱急之证而设，根据表里同病的不同证型分别由解表药配伍泻下药、清热药或温里药组成。代表方剂为石膏汤、大柴胡汤、防风通圣散、五积散等。

石 膏 汤

Gypusum Decoction

（Shigao Tang）

（《深师方》，录自《外台秘要》卷一）

【组成】石膏（30g）　黄连　黄柏　黄芩各二两（各6g）　　香豉一升，绵裹（9g）　栀子十枚，擘（9g）　麻黄三两，去节（9g）

【用法】上七味，切，以水一斗，煮取三升，分为三服，一日并服，出汗。初服一剂，小汗；其后更合一剂，分二日服。常令微汗出，拘挛烦愦即差，得数行利，心开令语。毒折也（现代用法：水煎服）。

【功效】清热泻火，发汗解表。

【主治】伤寒表证未解，里热已炽证。壮热无汗，身体沉重拘急，鼻干口渴，烦躁不眠，神昏谵语，脉滑数或发斑。

【制方原理】表有实邪，卫气闭郁，正邪相争，故壮热无汗、身体拘急；邪郁营卫，虽未内传肠胃而成腑实之证，但三焦俱热，毒火内炽，故见鼻干口渴、烦躁不眠、神昏谵语；若邪热迫血妄行，则吐衄、发斑皆可出现；里热炽盛，故见滑数之脉。针对本证表邪未解，里热炽盛之病机，治宜解表与清里兼顾。

方中石膏辛甘大寒，辛可解肌，寒能清热，为清热除烦之要药，又不碍解表药之发散，用以为君，并以之命名。麻黄、豆豉辛温而散，发汗解表，使在表之邪从外而解，为臣药。君臣相协，而成表里同治之功。黄连、黄芩、黄柏、栀子（即黄连解毒汤）皆大苦大寒之品，长于泻火解毒，四药与石膏相伍，使三焦之火从里而泄，共为佐药。诸药配伍，苦辛并用，寒温兼施，辛温得辛寒、苦寒，发表开闭而不助里热；苦寒得辛温、辛寒，清泄里热又不碍表邪，为解表清里、开郁泻火之良剂。

【临床应用】

1. 用方要点　本方适用于外邪郁表，里热壅盛之证。临床用方辨证要点为壮热无汗，鼻干口渴，烦躁脉数。

2. 临证加减　表有微汗，方中麻黄减半，以防伤表；大便微溏，减去石膏，加葛根升脾胃之清阳；高热烦躁、神昏谵语，可配合安宫牛黄丸以清心开窍。

3. 现代运用　主要用于急性肺炎、流行性出血热、流行性乙型脑炎、小儿夏季热、败血症等多种急性热病属表邪未解，里热已炽之证者。

4. 使用注意　非火盛者不宜使用；虚人慎用；忌猪肉、冷水。

大柴胡汤
Major Bupleurum Decoction
(Da Chaihu Tang)
(《金匮要略》)

【组成】柴胡半斤（15g）　黄芩三两（9g）　芍药三两（9g）　半夏洗，半斤（9g）　生姜切，五两（15g）　枳实炙，四枚（9g）　大枣擘，十二枚（4枚）　大黄二两（6g）

【用法】上八味，以水一斗二升，煮取六升，去滓，再煎，温服一升，日三服（现代用法：水煎2次，去滓，再煎，分2次温服）。

【功效】和解少阳，内泻热结。

【主治】少阳与阳明并病。往来寒热，胸胁苦满，呕不止，郁郁微烦，心下痞硬，或心下满痛，大便不解或协热下利，舌苔黄，脉弦数有力。

【方解】邪气未离少阳，交争于表里之间，经气不畅，故见往来寒热、胸胁苦满等症。然邪入阳明，化热成实，心烦因之加重，而见郁郁微烦。少阳之邪未解，胆热犯胃，加之热结阳明，腑气不通，则胃气上逆益甚，故见呕不止、心下满痛或痞硬、大便秘结、苔黄等；若里热下迫，大肠传导失司，则可出现协热下利之象；正盛邪实，故脉象弦数而有力。本证少阳与阳明并病，少阳不和，阳明热结，治当和解少阳以祛外邪，泻下阳明以除热结。

本方系小柴胡汤与小承气汤加减而成。方中重用柴胡为君，专入少阳，疏邪透表。大黄入阳明泻热通腑；黄芩清少阳之郁热，与柴胡同用，尤能和解少阳。此两味合为臣药。枳实行气破结，配大黄可内泻热结，行气消痞；芍药缓急止痛，伍枳实调和气血，以除心下满痛；半夏和胃降逆，又重用生姜，则止呕之功更著。此四味共为佐药。大枣和中益气，合芍药酸甘化阴，既可防热邪入里伤阴，又能缓和枳实、大黄泻下伤阴之弊；与生姜相配，亦可调和营卫，调和诸药，兼为佐使。全方以和解为主兼泻下，使少阳与阳明之邪得以双解。

制方特点：外解少阳、内泻阳明，集疏、清、通、降于一方。

【临床应用】

1. 用方要点　本方是治疗少阳阳明并病的代表方。临床用方辨证要点为往来寒热，胸胁苦满，呕吐，便秘，苔黄，脉弦数有力。

2. 临证加减　脘胁痛剧，加川楝子、延胡索、郁金等以行气活血止痛；恶心呕吐剧烈，加姜竹茹、黄连、旋覆花等以降逆止呕；发黄，加茵陈、栀子以清热利湿退黄；胆结石，加金钱草、海金沙、郁金、鸡内金以化石。

3. 现代运用　主要用于急性胰腺炎、急性胆囊炎、胆石症、胆道蛔虫病、胃及十二指肠溃疡等属少阳不和，阳明结热者。

4. 使用注意　需根据病机中少阳与阳明的轻重偏颇，斟酌方中和解与泻下药物之比例。

【现代研究】

1. 药理研究　大柴胡汤可抑制猪血清和二甲亚硝胺诱生的肝羟脯氨酸含量的升高，抑制凝血酶原时间的延长。对四氯化碳所致小鼠肝硬化有显著的抑制作用，并可抑制肝纤维化的发展。能增加急性阻塞性黄疸大鼠机体抗病的能力，提高胆汁酸受体表达，减轻内毒素血症，从而减轻肝脏损害，保护肝功能。大柴胡汤有疏肝利胆作用，能明显提高胆汁中胆汁酸含量，降低胆红素、糖蛋白含量，降低胆石形成率，还能有效地降低血中中性脂肪。大柴胡汤的上述保肝利胆作用，为其和解少阳、内泻热结的功效提供了一定的现代药理学依据。

2. 临床研究 对 120 例确诊为老年性急性胆囊炎者，以大柴胡汤加减治疗。湿热重加青蒿、蒲公英，呕吐甚加黄连、生姜，气郁重加延胡索、川楝子，右胁痛如针刺加三棱、莪术。水煎服，每日 1 剂，7 天为 1 疗程。结果：治愈 79 例（65.8%），显效 22 例（18.3%），有效 9 例（7.5%），无效 10 例（8.3%）。以本方加减治疗胆绞痛 324 例，热偏盛加银花、蒲公英、连翘，湿偏重加苍术、薏米，寒偏重加附子、干姜，痛剧加九香虫、延胡索、五灵脂，芍药倍量，两胁顶窜作痛加川楝子、广郁金，肝胆湿热并重加黄连、栀子、龙胆草，大便燥结不通加芒硝，腹满燥实俱盛加川朴、芒硝。结果：单服中药解除疼痛者306 例，占 94.4%；中西药并用解除疼痛者 13 例，占 4.1%；经保守治疗无效转外科手术者5 例，占 1.5%。

【附方】

1. 复方大柴胡汤（《中西医结合治疗急腹症》） 柴胡 9g 黄芩 9g 枳壳 6g 川楝子 9g 延胡索 9g 白芍 9g 生大黄（后下）9g 木香 6g 蒲公英 15g 生甘草 6g 水煎服。功效：和解少阳，理气泄热。主治：溃疡病急性穿孔缓解后，腹腔感染。上腹及右下腹压痛，肠鸣，便燥，身热，苔黄，脉数。

2. 清胰汤（《中西医结合治疗急腹症》） 柴胡 15g 黄芩 9g 黄连 9g 杭白芍 15g 木香 9g 延胡索 9g 生大黄（后下）15g 芒硝（冲服）9g 水煎服。功效：清热泻实，疏肝止痛。主治：肝郁气滞，脾胃蕴热，腑实便结的急性胰腺炎。

按：以上三方，或药味之差，或药量有异，均能解表攻里，主治外有表邪、里有实积之证，然效用却各有侧重。大柴胡汤重在和解少阳，复方大柴胡汤强于清热解毒，清胰汤力专泻实通腑。

防风通圣散
Miraculous Ledebouriella Powder
（Fangfeng Tongsheng San）
（《宣明论方》）

【组成】防风 川芎 当归 芍药 大黄 薄荷叶 麻黄 连翘 芒硝各半两（各 15g）石膏 黄芩 桔梗各一两（各 30g） 滑石三两（90g） 甘草二两（60g） 荆芥 白术 栀子各一分（各 3g）

【用法】上为末，每服二钱（6g），水一大盏，生姜三片，煎至六分，温服。

【功效】疏风解表，泻热通便。

【主治】风热壅盛，表里俱实证。憎寒壮热，头目昏眩，目赤睛痛，口苦而干，咽喉不利，胸膈痞闷，咳呕喘满，涕唾稠黏，大便秘结，小便赤涩，舌苔黄腻，脉数有力。并治疮疡肿毒，肠风痔漏，鼻赤癜疹等。

【制方原理】风热之邪在表，正邪相争，故憎寒壮热；风热上攻，则头目昏眩、目赤睛痛；风热上淫肺胃，故见咽喉不利、胸膈痞闷、咳呕喘满、涕唾稠黏；内有蕴热，则口苦口干、便秘溲赤；至于疮疡肿毒、肠风痔漏、鼻赤癜疹等证，亦为风热壅盛，气血怫郁所致。本证病机为风热壅盛，表里俱实。治宜疏散风热以解表邪，泻热攻下以除里实。

方中薄荷、防风、荆芥、麻黄疏风散表，使表邪从汗而解；大黄、芒硝泻热通便，荡涤积滞，使实热从下而去。两组药物相配，既可表散外邪，又能泻热除实。石膏清泄肺胃，连翘、黄芩泻火解毒，桔梗清利咽喉，四药合用，以清解肺胃之热。栀子、滑石清热利湿，与硝、黄相伍，使里热从二便分消。火热之邪，灼血耗气；汗下并用，亦易伤正，故用当归、芍药、川芎养血和血，白术健脾燥湿，甘草和中缓急，又能调和诸药。煎药时加生姜三片，意在和胃助运。此为"表里、气血、三焦通治之剂"。（《王旭高医书六种·退思集类方歌注》）

制方特点：集汗、下、清、利、补五法于一方，分消表里邪热，兼顾气血，祛邪而不伤正，扶正又不碍邪。

【临床应用】

1. 用方要点　本方主治表里俱实之证。临床用方辨证要点为憎寒壮热，口苦咽干，二便秘涩，苔黄脉数。

2. 临证加减　呕涎咳嗽，加姜半夏下气化痰；无憎寒，去麻黄；内热不盛，去石膏；无便秘去大黄、芒硝；体质壮实，去当归、芍药、白术等扶正之品。

3. 现代运用　主要用于感冒、高血压、偏头痛、肥胖症、习惯性便秘、急性结膜炎、老年性瘙痒、面部蝴蝶斑、斑秃等属风热壅盛，表里俱实者。

4. 使用注意　虚人及孕妇慎用。

【现代研究】

临床研究　服用防风通圣丸治疗偏头痛15例，每次6g，每日2次，服药1个月及2个月后，对二磷酸腺苷及肾上腺素诱导的血小板最大聚集率的平均数均有显著下降（P<0.05），15例中有8例2个月来头痛未发作，发作明显减少者3例，发作次数减少一半者1例，无效3例，总有效率80%。以本方治疗200例急性结膜炎患者，白睛赤甚加红花，痒甚加蒺藜、蝉蜕、蔓荆子；痛甚加白芷、羌活、没药；眼眵多，加苡仁、泽泻；眼胞肿甚，加蒲公英、银花、鱼腥草；大便不结，去芒硝；素体阴虚、血亏、自汗盗汗者，不用或少用麻黄。结果均在5天之内治愈。本病属内外合邪，表里俱病，临床表现俱为实热证，故宜本方上下分消、疏散、清利、通下并用。运用本方治疗胆碱能性荨麻疹60例，每日1剂，分早晚2次服，并设立对照组50例，口服特非那丁60mg，每日2次，甲氰咪胍、脑益嗪各25mg，每日3次。两组均10日为1个疗程，3个疗程评定疗效。结果：总有效率为治疗组91.67%、对照组74%，两组比较有显著性差异。

五 积 散
Five Accumulations Powder
（Wuji San）
（《仙授理伤续断秘方》）

【组成】苍术　桔梗各二十两（各600g）　枳壳　陈皮各六两（各180g）　芍药　白芷　川芎　当归　甘草　肉桂　茯苓　半夏汤泡，各三两（各90g）　厚朴　干姜各四两（各120g）麻黄去根、节，六两（180g）

【用法】上除枳壳、肉桂两件外，余锉细，用慢火炒令色变，摊冷，次入枳壳、肉桂令匀。每服三钱（9g），水一盏，加生姜三片，煎至半盏，热服；凡被伤头痛，伤风发寒，每服二钱（6g），加生姜、葱白煎，食后热服（现代用法：除作散剂外，亦作汤剂，水煎服，用量按原方比例酌情增减）。

【功效】发表温里，顺气化痰，活血消积。

【主治】外感风寒，内伤生冷证。身热无汗，头痛身疼，项背拘急，胸满恶食，呕吐腹痛；以及妇女心腹疼痛，月经不调等属于寒凝气滞血瘀者。

【制方原理】外感风寒，邪郁肌表，腠理闭塞，故见发热无汗、头痛身疼、项背拘急等表实证；内伤生冷，或宿有积冷，脾胃阳气受损，运化失常，痰阻气滞，气血不和，故胸满恶食、呕吐腹痛，或腹胁胀痛。寒凝气滞，气血不和，又可见妇女心腹疼痛、月经不调；寒束肌表，积冷内停，多见苔白腻、脉沉弦或浮迟等征象。本证寒、湿、气、血、痰五邪积结，五积之中尤以寒积为主。治当以发汗解表，温里祛寒为主；健脾助运，燥湿化痰，调气活血为辅。

方中麻黄、白芷辛温发汗，解表散邪，以除外寒；干姜、肉桂温里祛寒。四药合用，可除寒积，为方中主体。苍术、厚朴苦温燥湿，健脾助运，以祛湿积；半夏、陈皮、茯苓、甘草相伍为二陈汤，可行气燥湿化痰，以消痰积；当归、川芎、芍药活血止痛，以化血积；桔梗与枳壳升降气机，宽胸利膈，善行气积；炙甘草兼能和中健脾，调和诸药。诸药合用，表里同治，有化解寒、湿、气、血、痰五积之功，故名五积散。全方配伍全面，示人以治疗寒、湿、气、血、痰五积证之大法，为治疗五积证之效方。汪昂谓之："为解表温中除湿之剂，去痰消痞调经之方也。"（《医方集解》）

制方特点：以解表温里，祛除寒邪为主；佐以健脾助运，燥湿化痰，调气活血。

【临床应用】

1. 用方要点　本方为外感风寒，内伤生冷所致之五积证的代表方。临床用方辨证要点为寒热无汗，胸腹胀满，苔白腻，脉沉迟。

2. 临证加减　表寒证重，桂枝易肉桂以加强解表之力；表寒证轻，去麻黄、白芷，以减轻发汗之力；里寒偏盛，加制附片以温里散寒；胃寒甚见呕吐清水者，加吴茱萸以温中散寒，降逆止呕；气虚，加人参、黄芪、白术以益气扶正；无血瘀，去川芎、当归；痛经，加延胡索、炒艾叶、乌药以温经止痛。

3. 现代运用　主要用于坐骨神经痛、腰痛、喘咳、胃痛、痛经属于表里寒湿者，也常用于妇女寒湿带下、风寒湿所致的鹤膝风、流注等。

4. 使用注意　素体阴虚，或湿热为患者，本方不宜。

【现代研究】

1. 药理研究　以葡聚糖蓝作为胃肠道标记物观察五积散对小鼠胃肠运动功能的影响，结果本方有明显促进胃排空及小肠推进功能的作用，作用与西沙必利相近。

2. 临床研究　用本方加减治疗坐骨神经痛 50 例，最短 7 天，最长 34 天，结果全部有效。以本方治疗慢性盆腔炎伴痛经者 80 例，经期服药时加益母草、蒲黄、五灵脂；带下量多者加芡实。10 天为 1 疗程。结果 3 个疗程后的总有效率为 92.5%。

小　结

和解剂适应范围较广泛，凡邪在少阳，或伏膜原，肝脾不和，胃肠不和，气血不和以及表里同病等均可使用。本章按功效分为和解少阳、调和肝脾、调和胃肠及表里双解四类。

1. 和解少阳　适用于邪在少阳的病证。小柴胡汤是和解少阳的主方，以疏透的柴胡与清泄的黄芩并用为基本配伍结构；主治往来寒热，胸胁苦满，默默不欲饮食，心烦喜呕等伤寒少阳证。蒿芩清胆汤清胆利湿，和胃化痰；主治寒热如疟，寒轻热重，口苦胸闷，吐酸苦水，舌红苔腻，脉弦滑数等少阳湿热痰浊证。柴胡达原饮透表清里，开达膜原，祛湿化痰；适用于间日发疟，胸膈痞满，心烦懊侬，头眩口腻，舌苔垢腻等痰湿阻于膜原证。

2. 调和肝脾　适用于肝脾不和证。本类方剂以散收、疏养并用，肝脾、气血兼顾为配伍要点。四逆散透邪解郁，疏肝理脾；主治阳气内郁而致手足不温，以及肝郁脾滞之胁腹疼痛、泄利下重等证。逍遥散系四逆散衍化而成；功能疏肝解郁，养血健脾；主治肝郁血虚脾弱所致两胁作痛，头痛目眩，神疲食少，月经不调，脉弦而虚等证。痛泻要方补脾柔肝，缓痛止泻；主治脾虚肝旺之痛泻证。

3. 调和胃肠　适用于邪在胃肠，以致升降失常、寒热互见、虚实夹杂的病证。半夏泻心汤为其代表方，本方寒热、苦辛、补泻并用；功能平调寒热，和胃降逆，开结消痞；主治中气虚弱，寒热错杂，升降失常，肠胃不和之心下痞满、吐泻等证。

4. 表里双解　适用于表里同病之证。石膏汤清热泻火，发汗解表；主治邪闭肌表，三焦热盛之壮热无汗，身体沉重拘急，鼻干口渴，烦躁脉数等症；为解表清里剂。大柴胡汤与防风通圣散均为解表攻里剂：前者和解少阳、内泻热结，主治少阳阳明合病之往来寒热、胸胁苦满、呕不止、郁郁微烦、心下痞硬、大便不解或下利等证；后者集汗、下、清、利、补于一方，主治风热壅盛，表里俱实之憎寒壮热、头目昏眩、目赤睛痛、口苦口干、咽喉不利、胸膈痞闷、大便秘结、小便赤涩、舌苔黄腻、脉数有力等证。五积散发表温里，顺气化痰，活血消积；主治外感风寒，内伤生冷所致寒、湿、气、血、痰五积证，见身热无汗，头痛身疼，项背拘急，胸满恶食，呕吐腹痛等。

复习思考题

1. 试述和解剂的功效、适应范围及组方配伍特点。
2. 试结合方证病机,阐述小柴胡汤的配伍意义与特点。
3. 蒿芩清胆汤主治少阳证,为何选青蒿而不用柴胡?方中为何未配伍扶正之品?
4. 小柴胡汤与四逆散都以柴胡为君,试从选药配伍方面分析两方功效的不同点。
5. 芍药在四逆散、逍遥散、痛泻要方中的配伍意义各是什么?
6. 试结合方证病机,阐述半夏泻心汤的配伍意义及特点。
7. 试比较大柴胡汤与小柴胡汤在组成、功效、主治方面的异同点。
8. 防风通圣散体现了哪些治法的综合运用?其用药配伍特点是什么?

第十三章

补益剂

补益剂（Tonic Formulae）是以补益药为主而组成，具有补养人体气、血、阴、阳等作用，主治各种虚证的一类方剂。补益剂属于八法中的"补法"。

虚证可由先天禀赋不足所致，更多是因后天调养失宜或疾病耗损正气而成。治疗应宗"虚则补之"（《素问·三部九候论》）；"损者益之"、"劳者温之"（《素问·至真要大论》）；"因其衰而彰之"；"形不足者，温之以气；精不足者，补之以味"（《素问·阴阳应象大论》）之法。精、气、血、津液耗伤逐渐恢复，以维持人体脏腑、经络的正常生理活动。

虚证的病位虽涉及人体各个脏腑，但其证候表现不外气虚、血虚、阴虚、阳虚四类。由于气、血、阴、阳在生理上相生相依，病理上相互影响，因而气血两虚与阴阳两虚之证亦较常见。补益剂相应地分为补气、补血、气血双补、补阴、补阳、阴阳双补六类。

补益剂的遣药配伍，除针对虚证性质与所虚脏腑施以相应的补益药物之外，还注重根据人体气血、阴阳、脏腑之间存在着的相生互化关系，通过补其所生而加强补虚之效。例如，气血相生，故血虚者补血时，常酌伍补气之品以助生化，甚至着重补气以生血，即所谓"血虚者，补其气而血自生"（《温病条辨》）。但气虚者补气时，较少配伍补血药，恐其阴柔滞气，即使佐以补血药亦不宜多用，过之则滋腻碍胃。再如，阴阳互根，故阳虚者补阳时，可佐以补阴之品，以阳根于阴，使阳有所附，并藉阴药的滋润以制阳药之温燥；阴虚者补阴时，亦佐以补阳之品，以阴根于阳，使阴有所化，并藉阳药的温运以制阴药之凝滞。此即张介宾所云："善补阳者，必于阴中求阳，则阳得阴助而生化无穷；善补阴者，必于阳中求阴，则阴得阳升而泉源不竭。"（《类经》）又如，依据五脏之间的相生规律，采取"虚则补其母"之法，在补肺方剂中配入补脾之药（培土生金），在养肝方剂中配入补肾之药（滋水涵木），有助于脏腑虚损的恢复。此外，肾为先天之本，五脏六腑之根；脾为后天之本，气血生化之源，因而补脾益肾在虚证的治疗中具有重要意义。补益法中又有峻补、平补之异，临证可根据需要择宜而用。

补益剂现代临床被广泛用于呼吸、心血管、消化、神经、内分泌、泌尿、生殖等各系统多种慢性疾病，以及代谢性疾病与多种老年病。其中最多用于慢性支气管炎、支气管哮喘、冠心病等疾病缓解期，以及免疫功能失调、慢性疲劳综合征、贫血、代谢性疾病、不孕不育症等；还常用于恶性肿瘤患者放化疗后不良反应、更年期综合征、功能性子宫出血、骨折延迟愈合等疾病。药理研究表明，补益剂具有调节免疫与内分泌功能，改善物质代谢，促进造血功能，保护胃肠黏膜，提高生殖机能、抗疲劳、抗衰老、抗肿瘤等多方面作用。据此推测中医补虚扶正的现代内涵可能主要是通过调节及促进机体免疫功能而起到预防疾病与促进病体康复作用；通过促进核酸与蛋白质合成，提高血液 SOD 活性，抑制自由基生成并降低MDA 水平，使细胞凋亡率显著降低而起到抗疲劳与抗衰老作用；通过降低总胆固醇（TC）

和肝中脂肪含量，升高血清高密度脂蛋白胆固醇（HDL－C）及（HDL－C/TC）比值，增加肝糖原含量而起到调脂降糖作用；通过促进骨髓有核细胞增生，提高红系细胞造血功能而起到补血作用；通过调节性激素水平和性腺组织内 DNA 和 RNA 含量而恢复内分泌功能与提高生殖机能；通过抗炎镇痛，加速胶原的合成与分泌，促进钙盐沉积，加快骨折局部凝血块的吸收速度而起到促进骨折愈合作用；通过抑制多种化学诱变剂的诱瘤，促进骨髓干细胞和淋巴组织增生，活化网状内皮系统，抑制肿瘤的药物代谢酶系统等而起抗肿瘤作用；通过促进恢复化疗药物导致的睾丸、胸腺和脾萎缩，保护血红蛋白、白细胞、血小板功能，防止心、肝、肾功能的损害而防止或减轻放化疗药物的毒副作用等等。补益方正是通过上述多种作用增强机体的抗病能力，促进器官组织与功能的恢复，调节机体某些失衡的机能而达到补虚扶弱及却病延年的目的。

应用补益剂，首先应辨别证候的虚实真假。张介宾云："至虚之病，反见盛势；大实之病，反有羸状。"（《景岳全书》）真虚假实，误用攻伐，必致虚者益虚；真实假虚，误用补益，可令实者更实。其次，补益之药多滋腻之味，易于碍胃滞气，常须佐以和胃理气之药，令补而不滞。对于脾胃素弱，"虚不受补"者，宜以调理脾胃为先。其三，正气虚损又兼湿阻、痰滞、热扰、食积者，当视邪实与正虚的主次缓急，采取先攻后补，或先补后攻，或攻补兼施等法，务使祛邪而不伤正，补虚而不碍邪。其四，补益剂入汤剂宜文火久煎，以使有效成分充分溶出，服药以空腹或饭前为佳，若急证则不受此限。此外，应用补益剂的目的主要是补虚扶弱，防治疾病，故体质强壮者不可滥用，以免导致阴阳气血失衡而对机体造成损害。

第一节 补 气

补气剂（Formulae For Tonifying Qi），适用于因脾肺气虚引起的倦怠乏力，少气懒言，语音低微，动则气促，面色萎白，食少便溏，舌淡苔白，脉虚弱之证。常用补气药如人参、党参、黄芪、白术、炙甘草等为主组成。由于脾胃气虚，运化力弱，而补气之品易于碍胃，故补气健脾方宜配伍少量行气药物为佐，使之补而不滞。此外，气虚证中，或脾失健运，水湿内停；或中虚气陷，清阳不升；或久病气虚，累及阴血；或肺虚痰滞，气逆不降而有各种伴随兼证，故本类方剂又常配伍理气、渗湿、升阳举陷、补血、养阴、化痰止咳等药。代表方剂如四君子汤、参苓白术散、补中益气汤、生脉散、人参蛤蚧散等。

四君子汤
Four-Noble Ingredients Decoction
（Sijunzi Tang）
（《圣济总录》）

【组成】人参去芦　白术　茯苓去皮（各9g）　甘草（6g）各等分
【用法】上为细末。每服二钱（15g），水一盏，煎至七分，通口服，不拘时候；入盐少许，白汤点亦得（现代用法：水煎服）。

【功效】益气健脾。

【主治】脾胃气虚证。面色萎白，语声低微，气短乏力，食少便溏，舌淡苔白，脉虚弱。

【制方原理】脾胃气虚，健运失职，胃纳不振，则饮食减少、大便溏薄；气血生化不足，脏腑组织失于濡养，则面色萎白、语声低微；脾气亏虚，肢体失养，则四肢倦怠；舌淡，苔薄白，脉虚弱，均为中焦脾胃气虚之象。《医方考》云："夫面色萎白，则望之而知其气虚矣；言语轻微，则闻之而知其气虚矣；四肢无力，则问之而知其气虚矣；脉来虚弱，则切之而知其气虚矣。"针对本证脾胃气虚，运化无权，气血乏源之病机，治宜补益中焦脾胃之气，以恢复其运化受纳之功。

方中人参甘温益气，健脾养胃，为君药。白术甘温而兼苦燥之性，甘温补气，苦燥健脾，与人参相协，益气补脾之力益著，为臣药。茯苓甘淡，健脾渗湿，与白术相伍，前者补中健脾、守而不走，后者渗湿助运、走而不守，二者相辅相成，健脾助运之功益彰，为佐药。炙甘草甘温益气，合人参、白术可加强益气补中之力，又能调和方中诸药，为佐使药。诸药甘温平和，补而不滞，利而不峻，作用冲和平淡，颇合脾欲甘、喜燥恶湿、喜通恶滞的生理特性。"常服温和脾胃，进益饮食，辟寒邪瘴雾气"（《太平惠民和剂局方》），犹如宽厚平和之君子，故有"四君子汤"之名。

【临床应用】

1. 用方要点　本方是治疗脾胃气虚证的常用方，亦是补气的基本方。临床用方辨证要点为面色萎白，食少神倦，四肢乏力，舌淡苔白，脉虚弱。

2. 临证加减　脾虚气滞，胸脘痞闷，加陈皮（《小儿药证直诀》异功散）；脾虚聚湿生痰，咳痰苔腻，或胃气失和，恶心呕吐，可加半夏、陈皮（《和剂局方》六君子汤）；湿阻气滞，脘腹胀满，可加陈皮、半夏、木香、砂仁（《古今名医方论》香砂六君子汤）；气虚及阳，脏腑失于温煦，畏寒腹痛，可加干姜、附子。

3. 现代运用　主要用于慢性胃炎、消化性溃疡、乙型肝炎、妊娠胎动不安、小儿感染后脾虚综合征等属脾胃气虚者。

【现代研究】

1. 药理研究　四君子汤通过对抗乙酰胆碱（Ach）作用而能抑制动物在体胃肠道运动，对胃肠激素失衡具有调整作用。能明显改善衰老模型出现的体力下降、御寒能力和对缺氧的耐受力降低，具有抗自由基损伤的功能，有利于延缓衰老。本方还有明显的抗突变和抗肿瘤及免疫调节作用。为理解该方健脾助运、实卫表、培补后天以养先天的功效提供了一定的现代药理学依据。

2. 临床研究　以四君子汤为主加味治疗胃黏膜脱垂属脾胃气虚证者 30 例。处方：党参、白术、茯苓、炙甘草、黄芪、百合、鸡内金、神曲、莱菔子。疼痛重加延胡索、枳壳，恶心呕吐者加半夏、竹茹，伴上消化道出血者加三七或服云南白药粉剂。经临床症状和胃镜检查评定疗效。结果：治愈 16 例，显效 8 例，有效 6 例。用黄芪合四君子汤治疗病毒感染性皮肤病 16 例。药用黄芪 60g，党参 9g，白术 3g，茯苓 9g，甘草 3g；每日 1 剂，6 周为 1

疗程；结果：痊愈 7 例，有效 7 例，无效 2 例。

【附方】

七味白术散（《小儿药证直诀》，原名"白术散"） 人参二钱五分（7g） 白茯苓五钱（15g） 白术五钱（15g） 藿香叶五钱（15g） 木香二钱（6g） 甘草一钱（3g） 葛根五钱，渴者加至一两（15～30g） 上药为粗末，每服三钱（9g），水煎温服。功效：健脾止泻。主治：脾胃久虚，呕吐泄泻，频作不止，精液枯竭，口渴烦躁，但欲饮水，乳食不进，羸瘦困劣。

七味白术散由四君子汤加葛根、藿香、木香而成。葛根升阳止泻，藿香化湿和中，木香畅达气机而令气行湿化，藿香、葛根又可解表，故适用于脾虚夹湿泄泻，或兼外感者尤宜。

参苓白术散
Ginseng, Poria and Bighead Atractylodes Powder
（Shenling Baizhu San）
（《太平惠民和剂局方》）

【组成】莲子肉去皮，一斤（500g） 薏苡仁一斤（500g） 缩砂仁一斤（500g） 桔梗炒令深黄色，一斤（500g） 白扁豆姜汁浸，去皮，微炒，一斤半（750g） 白茯苓二斤（1000g） 人参去芦，二斤（1000g） 甘草炒，二斤（1000g） 白术二斤（1000g） 山药二斤（1000g）

【用法】上为细末。每服二钱（6g），枣汤调下。小儿量岁数加减（现代用法：水煎服，用量按原方比例酌情增减）。

【功效】益气健脾，渗湿止泻。

【主治】脾虚夹湿证。面色萎黄，四肢乏力，形体消瘦，胸脘痞闷，纳差食少，或吐或泻，或咳嗽痰多色白，舌淡苔白腻，脉虚缓。

【制方原理】脾胃虚弱，运化无权，气血乏源，故纳差食少、面色萎黄、形瘦乏力；脾虚生湿，阻于中焦，升降失调，则胃气上逆而为呕吐，湿浊下趋而为泄泻；湿聚成痰，上贮于肺，则咳嗽痰多色白；湿性重浊黏滞，阻遏气机，故胸闷不舒、脘痞失畅；舌淡，苔白腻，脉虚缓等皆为脾虚夹湿之象。针对本证脾胃气虚，运化失司，湿浊内生之病机，治宜补气健脾，兼以渗湿为法。

方中人参、白术、茯苓益气健脾渗湿，共为君药。配伍山药、莲子肉健脾益气，厚肠止泻；并用扁豆、薏苡仁健脾助运，渗湿止泻，为臣药。砂仁化湿醒脾，行气和胃；桔梗宣开肺气，通利水道，并载诸药上行而有培土生金之功，为佐药。炙甘草益气和中，调和诸药，用为佐使。大枣煎汤调药，亦助补益脾胃之功。诸药配伍，补中焦之虚，助脾气之运，渗停聚之湿，行气机之滞，恢复脾胃受纳与健运之职，则诸症自除。《古今医鉴》收载本方时又加一味陈皮，更增行气健脾、燥湿和胃之效。本方兼具和胃渗湿及保肺作用，亦可用于肺脾气虚兼夹痰湿之咳嗽，为"培土生金"的常用方剂之一。

制方特点：①主以甘温益气，辅佐以甘淡甘涩及辛散，健脾敛阴，祛湿止泻；②脾肺兼调，主在补脾，蕴"培土生金"之法。

【临床应用】

1. 用方要点　本方药性平和，温而不燥。临床用方辨证要点除脾胃气虚症状外，另有泄泻，或咳嗽咳痰色白，舌苔白腻，脉虚缓。

2. 临证加减　中焦虚寒，腹痛喜得温按，加干姜、肉桂；纳差食少，加炒麦芽、焦山楂、炒神曲；痰色白量多，加半夏、陈皮。

3. 现代运用　主要用于慢性胃肠炎、贫血、肺结核、慢性支气管炎、慢性肾炎、妇女带下清稀量多等属脾虚夹湿者。

【现代研究】

1. 药理研究　参苓白术散能增加肠管对水及氯化物的吸收，大剂量时能抑制肠管的收缩。以参苓白术散加减治疗婴儿泄泻的研究表明，服药后随着泄泻的控制，还伴有腹壁脂肪的增厚及体重的增加，并可见 D–木糖吸收明显增加，表明本方能显著改善脾虚泄泻患儿的小肠吸收功能。以上研究为参苓白术散益气健脾，渗湿止泻的功效提供了一定的现代药理学依据。

2. 临床研究　糖尿病肠病变表现为顽固性无痛性腹泻和吸收不良或脂肪泻，大便每日少者 3~5 次，多者可达 10~20 次，一些患者表现为腹泻与便秘交替出现，甚至发生顽固性便秘，患者腹泻间歇期可出现正常的排便活动。采用参苓白术散加减治疗糖尿病肠病 36 例，基本方为莲子肉 20g，薏苡仁 60g，砂仁（后下）9g，桔梗 12g，党参 30g，甘草 9g，山药 45g，补骨脂 10g，肉豆蔻 10g。加减：气虚甚加大山药用量至 60g，加石榴皮 10g；阴虚甚加麦冬 15g，生地 15g；瘀血甚加丹参 30g，丹皮 10g，赤芍 12g；心烦口渴加知母 15g，麦冬 15g，栀子 9g，葛根 9g。若便秘时上药用量减半，并去补骨脂、肉豆蔻，加石决明 15g；若双足发凉而麻，加牛膝 15g，桑枝 12g，独活 10g。水煎，每日 1 剂，早晚饭后温服，继服原降糖药，保持血尿糖正常，停用其他西药。结果：痊愈 27 例，有效 7 例，无效 2 例，总有效率 94.4%。

【附方】

资生丸（《先醒斋医学广笔记》，原名"保胎资生丸"）　人参人乳浸，饭上蒸，烘干，三两（9g）　白术三两（9g）　白茯苓为细末，水澄，蒸，晒干，入人乳再蒸，晒干，一两半（4.5g）　广陈皮去白，略蒸，二两（6g）　山楂肉蒸，二两（6g）　甘草去皮，蜜炙，五钱（3g）　怀山药切片，炒，一两五钱（4.5g）　川黄连如法炒七次，三钱（1g）　薏苡仁炒三次，一两半（4.5g）　白扁豆炒，一两半（4.5g）　白豆蔻仁不可见火，三钱五分（1g）　藿香叶不见火，五钱（1.5g）　莲肉去心，炒，一两五钱（4.5g）　泽泻切片，炒，三钱半（1g）　桔梗米泔浸，去芦，蒸，五钱（1.5g）　芡实粉炒黄，一两五钱（4.5g）　麦芽炒，研磨，取净面，一两（3g）　上为细末，炼蜜为丸，如弹子大。每次一丸，重二钱（6g），用白汤或清米汤、橘皮汤、炒砂仁汤嚼化下。功效：益气健脾，和胃渗湿，消食理气。主治：妊娠三月，阳明脉衰，胎元不固。亦治脾胃虚弱，食少便溏，脘腹作胀，恶心呕吐，消瘦乏力等证。

资生丸乃参苓白术散去砂仁，加陈皮、白豆蔻、藿香叶、泽泻理气醒脾，祛湿化浊；山楂、麦芽消食和胃化滞；芡实健脾化湿，黄连和胃清湿热而成。故较之原方理气和胃之效益著，又增清化湿热之功。本方原书主要用于保胎，故又名"保胎资生丸"，现代临床则常用于治疗脾胃气虚，又夹湿积化热，症见食少便溏、消瘦乏力等症者。

补中益气汤
Decoction for Reinforcing Qi in the Middle Energizer
（Buzhong Yiqi Tang）
（《内外伤辨惑论》）

【组成】黄芪一钱（18g）　甘草炙，五分（9g）　人参去芦　升麻　柴胡　橘皮　当归身酒洗　白术各三分（各6g）

【用法】上哎咀，都作一服，水三盏，煎至一盏，去渣，早饭后温服。如伤之重者，二服而愈，量轻重治之。

【功效】补中益气，升阳举陷。

【主治】①脾不升清证。头晕目眩，视物昏瞀，耳鸣耳聋，少气懒言，语声低微，面色萎黄，纳差便溏，舌淡脉弱。②气虚发热证。身热，自汗，渴喜热饮，气短乏力，舌淡而胖，脉大无力。③中气下陷证。脱肛，子宫脱垂，久泻久痢，崩漏等。

【制方原理】脾胃虚弱，生化乏源，脏腑经络无以为养，则肢倦体软、面色萎黄、纳少便溏、少气懒言、语声低微；若气虚腠理失固，阴液外泄，则动辄汗出。中虚气陷，清阳不升，若水谷精微不能上输头面，清窍失养，则见头晕目眩、视物昏瞀、耳鸣耳聋；若津不上承则口渴，惟渴喜热饮，饮量不多，舌质淡胖等可资与其他热证之渴相鉴别；若清阳陷于下焦，郁遏不达可致发热，李杲称之为"阴火"；若中气下陷，升举无力，可致久泻、久痢、崩漏下血不止等气血津精滑脱散失之疾，或致脱肛、子宫脱垂、胃下垂等内脏下垂。本证病机为脾胃气虚，清阳不升，固摄无力。治宜益气补脾，升阳举陷。

方中黄芪入脾肺经，既可补中益气，升阳举陷；又擅补肺实卫，固表止汗，故重用为君药。人参、白术、炙甘草甘温补中，合黄芪则补气健脾之功益著，同为臣药。气虚日久，常损及血，故配伍当归养血和营；陈皮调理气机，以助升降之复，使清浊之气各行其道，并可理气和胃，使诸药补而不滞，俱为佐药。再少入轻清升散的柴胡、升麻，协诸益气之品以升提下陷之中气，二药兼具佐使之用。炙甘草调和诸药，亦作使药。诸药配伍，可使脾胃健运，元气内充，气虚得补，气陷得举，清阳得升，则诸证可除。

本方以补气药配伍升阳药的组方思路深得后世推崇，明清医家治疗气虚下陷之证多师法其意。如《景岳全书》取参、芪、术、草辅以升麻，药简力专，用于中气下陷，血失统摄之血崩血脱证，名为举元煎。《医学衷中参西录》则仅重用一味黄芪补气升阳，佐以升麻、柴胡、桔梗，用治胸中大气下陷，气短喘促，脉象微弱之证，名之升陷汤。

制方特点：①益气升阳药法，即重用甘温益气，稍佐升散之品；②主以补气健脾，佐以养血、行滞，气血兼调，补而不滞。

【临床应用】

1. 用方要点　本方为补气升阳，甘温除热的代表方。临床用方辨证要点为体倦乏力，少气懒言，面色㿠白，脉虚软无力。

2. 临证加减 头痛，轻者加蔓荆子，重者加川芎，以助升阳止痛之力；腹痛，加白芍以缓急止痛；气滞脘腹痞胀，加枳壳、木香、砂仁；久泻不愈，加莲子肉、诃子、肉豆蔻以增涩肠止泻之功；发热心烦较甚，加黄柏、生地以泻下焦之阴火；外感风寒，兼恶寒头痛，加苏叶、防风以扶正祛邪。

3. 现代运用 主要用于治疗肌弛缓性疾病，如子宫脱垂、胃肝脾肾等内脏下垂、胃黏膜脱垂、脱肛、疝气、膀胱肌麻痹所致癃闭、重症肌无力等；常用于原因不明的低热、慢性结肠炎、乳糜尿、功能性子宫出血、习惯性流产、原发性低血压等属中气不足，清阳不升者。

4. 使用注意 阴虚火旺及实证发热者禁用；肾元虚惫者忌用。

【现代研究】

1. 药理研究 补中益气汤对在体或离体子宫及其周围组织有选择性兴奋作用；对小肠的作用较复杂，当蠕动亢进时呈抑制作用，当肠管处于抑制状态时，则使之蠕动增强。减去方中升麻、柴胡后，其作用减小，且不持久，表明升麻、柴胡与方中其他药物似有协同作用。本方水煎剂能明显促进小肠对葡萄糖的吸收，增加胰蛋白的浓度和蛋白质合成，小剂量对家兔十二指肠的自发活动呈兴奋作用，大剂量则对肠自发活动呈抑制作用。本方对实验性溃疡模型具有良好的保护作用，提高正常大鼠以及消炎痛处理大鼠的胃壁结合黏液含量和腺胃部组织 PGE_2 含量，促进黏液分泌，从而加强胃黏膜屏障作用。可促进细胞免疫，对体液免疫呈双向调节作用。此外，本方还有一定的抗突变、抗肿瘤、强心、抗缺氧、抗疲劳等作用。上述研究为理解补中益气汤益气健脾、升阳举陷的功效提供了一定的药理学依据。

2. 临床研究 内服补中益气提取剂 7.5g/d 治疗子宫下垂或子宫脱垂 37 例，疗效满意。其中 A 组 14 例子宫下垂，单独服用补中益气汤，显效 1 例，有效 6 例，无效 7 例；B 组 5 例子宫下垂，补中益气汤与雌三醇并用，有效 2 例，无效 3 例；C 组子宫下垂 6 例、子宫脱垂 4 例，补中益气汤与环形子宫托并用，有效 7 例（子宫脱垂 2 例），恶化 2 例（子宫脱垂 2 例）；D 组子宫下垂 6 例、子宫脱垂 2 例，补中益气汤、雌三醇和环形子宫托并用，显效 1 例（子宫脱垂 1 例），有效 5 例（子宫脱垂 1 例），无效 2 例，且 D 组的显效例可以除去环形子宫托。结果表明，补中益气汤对子宫下垂有一定疗效，对子宫脱垂也有试用价值。

【附方】

益气聪明汤（《东垣试效方》） 黄芪 甘草各半两（各15g） 芍药一钱（3g） 黄柏酒制，锉，炒黄，一钱（3g） 人参半两（15g） 升麻 葛根各三钱（各9g） 蔓荆子一钱半（4.5g） 上㕮咀。每服三钱（9g），水二盏（400ml），煎至一盏（200ml），去滓温服，临卧近五更再煎服之。功效：益气升阳，聪耳明目。主治：饮食不节，劳役形体，脾胃不足，清阳不升，白内障，耳鸣，或多年目暗，视物不能。

本方用参、芪、草配伍升麻、葛根、蔓荆子以补中益气，升引清阳于头面；并配黄柏、芍药以清热降火，适宜于中气虚弱，清阳不升，清窍失荣之头晕眼花、耳聋目障者。

人参蛤蚧散
Ginseng and Gecko Powder
(Renshen Gejie San)
(《博济方》)

【组成】蛤蚧一对，新好者，用汤洗十遍，慢火内炙令香，研细末 人参 茯苓 知母 贝母去心，煨过，汤洗 桑白皮各二两（各60g） 甘草炙，五两（150g） 大杏仁汤洗，去皮、尖，烂煮令香，取出，研，六两（180g）

【用法】上为细末，入杏仁拌匀研细。每服半钱（6~9g），加生姜二片，酥少许，水八分，煎沸热服。如以汤点频服亦妙。

【功效】补肺益肾，止咳定喘。

【主治】肺肾气虚，痰热内蕴咳喘证。咳嗽气喘，呼多吸少，声音低怯，痰稠色黄，或咳吐脓血，胸中烦热，身体羸瘦，或遍身浮肿，脉浮虚。

【制方原理】肺肾气虚，气无所主，虚气上逆则发为咳喘，且呼多吸少、声音低怯；肺肾气虚，津液失布，凝聚为痰，蕴而化热，痰热阻肺，则咳痰色黄而稠；痰热蕴肺，灼伤血络，甚至肉腐血败，酝酿成脓，故胸中烦热、咳吐脓血；水湿泛溢肌肤，则遍身浮肿；正气久虚，脏腑肌肉失养，则身体羸瘦、脉来浮而虚弱无力。本证病机为肺肾气虚，痰热内蕴，气逆不降。治宜补肺益肾，清热化痰，止咳定喘。

方中蛤蚧甘咸微温，长于峻补肺肾之气而纳气平喘，又能止劳嗽，为治虚喘之要药；人参甘温不燥，长于大补元气而益肺脾，二药相伍，益肺肾而止喘嗽，共为君药。茯苓渗湿健脾以绝生痰之源；甘草重用，合茯苓健脾补中，助人参、蛤蚧益气扶正，同为臣药。佐以杏仁、桑白皮肃降肺气，止咳定喘，合茯苓通调水道，利水以消面浮足肿；知母、贝母清热润肺，化痰止咳，二药相合，善治喘急咳嗽，痰涎壅盛。甘草调和药性，兼作使药。全方补肺纳气而不留痰邪，清热化痰而不伤肺气，与久病正虚邪实之证甚合。

制方特点：清润平和，补益而不腻滞，利气而不峻烈。

【临床应用】

1. 用方要点 本方适用于咳喘时久，肺肾虚衰，兼有痰热之证。临床用方辨证要点为咳嗽气喘，痰稠色黄，脉浮而虚。

2. 临证加减 无明显热象，减去桑白皮、知母；干咳痰少，口燥咽干，舌红少苔，加麦冬、沙参等以养阴润肺；咳吐脓血或痰中带血，加白茅根、地榆炭、侧柏炭等以清热凉血止血。

3. 现代运用 主要用于治疗慢性支气管炎、支气管哮喘、支气管扩张症、肺气肿、肺结核等病属肺肾气虚兼有痰热者。

4. 使用注意 肺肾虚寒，或兼新感外邪者，本方不宜。

生 脉 散
Pulse-generating Powder
（Shengmai San）

（《医学启源》）

【组成】人参　麦冬各三钱（各9g）　五味子十五粒（6g）

【用法】水煎服。

【功效】益气养阴，敛汗生脉。

【主治】气阴两伤证。肢体倦怠，气短声低，汗多懒言，干咳少痰，口干舌燥，舌干红少苔，脉微细弱或虚大而数。

【制方原理】本方原为治疗"肺中伏火，脉气欲绝"而设，意在"补肺中元气不足"；后人又将其用于"暑伤于气，脉虚弦细芤迟，属元气虚脱"之证（《万病回春》）。此证乃肺热久羁，或外感暑热而致气阴大伤，甚则元气虚脱。诸气者，皆属于肺，肺气虚则倦怠乏力、语声低微、气短懒言；累及五脏，脉道失充，则脉来微细，指下难及，或虚大而数。故王士雄说："方名生脉，则热伤气之脉虚欲绝可知矣。"（《温热经纬》）若元气大伤，气脱津泄，甚则出现"气促上喘，汗出而息不续，命在须臾"（《赤水玄珠全集》）。热灼阴液或汗泄津伤，故见干咳痰少、口干舌燥、舌干红少苔等阴津亏损之象。诸症皆由肺气虚损，元气不足，阴液匮乏，津气耗散而起。治宜益气补肺，滋阴生津，敛汗生脉。

方中人参大补元气，益肺生津，固脱止汗，为君药；麦冬滋阴润燥，与人参相协，气阴双补，相得益彰，为臣药；五味子益气生津，敛阴止汗，与参、麦相伍，既可固气津之外泄，又能复气阴之耗损，为佐药。三药相伍，虽有气阴双补之功，实以人参补气为主。由于气复津生，汗止阴存，脉得气充，则可复生，故以"生脉"名之。

制方特点：益气、生津、敛阴合法，有生脉、补肺、固脱之功。

【临床应用】

1. 用方要点　本方是治疗气阴两虚证的代表方剂。临床用方辨证要点为体倦气短，自汗神疲，口燥咽干，舌红脉虚。

2. 临证加减　方中人参为益气固脱要药，如元气大虚，当用红参或别直参；阴虚较显，选生晒参、西洋参；气阴不足未至虚脱之轻证，人参可以党参代之。肺阴不足，干咳无痰，病久不愈，加生熟地、玄参以滋肾润肺；阴虚生热，五心烦热，加生地、知母、鳖甲以清退虚热；阴盛阳浮，汗出较多，加山茱萸、麻黄根、煅龙牡以增敛阴止汗之力。

3. 现代运用　主要用于治疗冠心病、心绞痛、心律不齐、心肌炎等心血管系统疾病，肺心病、慢性支气管炎等呼吸系统疾患，以及各类休克、中暑等属气阴两虚者。

4. 使用注意　气阴两虚而兼实邪者，本方不宜。病情急重者，人参用量宜重。

【现代研究】

1. 药理研究　生脉液对在体心肌缺血再灌注损伤有明显保护作用，可促进损伤心肌DNA合成，加速损伤心肌的修复，显著提高小鼠的耐缺氧能力，从而增强心肌收缩力，改善心功能。生脉注射液显著提高内源性糖皮质激素水平，提高老年大鼠肝脏内琥珀酸脱氢酶的活性，增加肝脏内核糖核酸和糖原的含量。生脉散可使高温导致的动物死亡率降低，减轻心肌磷酸肌酸及 cAMP 含量的耗竭。生脉散具有改善冠状动脉循环、强心、心脏保护及抗应激等作用，为本方补益元气、敛阴生脉之功效提供了一定的现代理解。

2. 临床研究 心源性哮喘与右心功能不全有关，生脉散具有一定的改善或增强心功能作用。有报道用生脉散（党参 10g，麦冬 10g，五味子 10g）为主治疗心源性哮喘 16 例；气虚者加黄芪，阴虚重者加沙参、生地，伴血瘀者加丹参、赤芍、益母草、泽兰，伴痰湿壅肺者加桑白皮、杏仁、全瓜蒌等，重者党参改红参。结果：显效 8 例，好转 5 例，无效 3 例。

第二节 补 血

补血剂（Formulae for Tonifying the Blood），适用于血虚证。症见面色萎黄，头晕目眩，唇爪色淡，心悸失眠，舌淡脉细；或妇女月经不调，量少色淡，或经闭不行等。常用补血药如当归、地黄、白芍、阿胶、枸杞子、龙眼肉等为主组成。由于有形之血生于无形之气，且血脉无以充盈易致血行涩滞，故本类方剂又常配伍补气与活血之品。代表方剂如四物汤、当归补血汤、归脾汤等。

四 物 汤
Four-Ingredient Decoction
（Siwu Tang）
（《仙授理伤续断秘方》）

【组成】白芍药　川当归　熟地黄　川芎各等分

【用法】每服三钱（9g），水一盏半，煎至七分，空心热服。

【功效】补血和血。

【主治】营血虚滞证。心悸失眠，头晕目眩，面色无华，形瘦乏力，妇人月经不调，量少或经闭不行，脐腹作痛，舌淡，脉细弦或细涩。

【制方原理】阴血亏虚，脏腑形体失却濡养可出现多种病变：或清窍、形体失濡，头晕目眩，面色无华，唇甲色淡，舌淡；或心失所养，神不守舍，心悸怔忡，失眠多梦；或不能外充形体，形瘦乏力；或血海空虚，脉道涩滞，月经量少色淡，不能应时而至，或前或后，甚至经闭，脐腹作痛，脉细无力。本方病机为营血虚滞，脏腑形体失濡。治宜补血调血。

方中熟地甘温味厚，长于滋养阴血，补肾填精，为补血要药，故为君药。当归甘温质润，补血养肝，和血调经，既可助熟地补血之力，又可行经隧脉道之滞，用为臣药。白芍酸甘质柔，养血敛阴，与地、归相协则滋阴养血之功益著，并可缓挛急而止腹痛；川芎辛散温通，上行头目，下行血海，中开郁结，旁通络脉，与当归相伍则畅达血脉之力益彰，二者同为佐药。全方补血取治肝肾，兼调冲任，并以地、芍之阴柔凝滞合归、芎之温通流动，为补血调血之良方。

制方特点：动静结合，刚柔相济，补而不滞，通而不破。

【临床应用】

1. 用方要点　本方是补血的常用方，又是调经的基本方。临床用方辨证要点为头晕心悸，面色无华，舌淡，脉细。

2. 临证加减　兼气虚，加人参、黄芪等补气生血（《脉因证治》圣愈汤）；瘀滞重，白芍易赤芍，并加桃仁、红花，以加强活血祛瘀之力（《医垒元戎》桃红四物汤）；血虚有寒，加肉桂、炮姜、吴茱萸等温通血脉；血虚有热，加黄芩、丹皮，熟地易生地清热凉血；妊娠胎漏，加阿胶、艾叶等止血安胎（《金匮要略》胶艾汤）。原方中诸药剂量等分，具体运用时可参考《蒲辅周医疗经验》"川芎量宜小，大约为当归之半，地黄为当归的二倍"；以及《谦斋医学讲稿》"用作养血，熟地、当归较重，白芍次之；在不用熟地时，白芍的用量又往往重于当归"等经验。

3. 现代运用　主要用于妇科月经不调、胎产疾病，荨麻疹、扁平疣等皮肤病，过敏性紫癜、神经性头痛等属营血虚滞者。

4. 使用注意　湿盛中满，大便溏泄者忌用；大失血者，本方不宜。

【现代研究】

1. 药理研究　四物汤能显著促进正常大鼠及血虚证模型大鼠的造血功能，明显抑制体外血栓形成而改善血液的高黏状态；可促进细胞免疫，抑制体液免疫，具有调节机体免疫功能；有抗缺氧、延缓衰老等作用。上述作用为理解本方补血调血的功效提供了一定的药理学依据。

2. 临床研究　辨证应用四物汤治疗月经不调疗效满意。对于月经先期，血热证以四物汤加丹皮、黄芩、栀子、青皮、代赭石；阴虚证加生地、丹皮、青皮、地骨皮、玄参、黄柏、知母；气虚不摄证加黄芪、党参、川断、艾叶、柴胡。治疗月经后期，寒凝证用四物汤加肉桂、干姜、吴茱萸、细辛；血虚证加黄芪、丹参、柏子仁；血瘀证加桃仁、红花、失笑散、香附。月经先后无定期者，加柴胡、香附、青皮、茯苓、黄芩、丹皮、代赭石。治疗经行量少或闭经，属寒湿凝滞者予当归、川芎、桂枝、干姜、吴茱萸、苍术、茯苓；气滞血瘀者加桃仁、红花、失笑散；气血两虚者合四君子汤加香附、黄芪、丹参；肝肾阴虚者加枸杞、枣皮、首乌、麦冬。

当归补血汤

Chinese Angelica Decoction for Tonifying Blood

（Danggui Buxue Tang）

（《内外伤辨惑论》）

【组成】黄芪一两（30g）　当归酒洗，二钱（6g）

【用法】上㕮咀。以水二盏，煎至一盏，去滓，空腹时温服。

【功效】补气生血。

【主治】血虚发热证。肌热面赤，烦渴欲饮，舌淡，脉洪大而虚，重按无力。亦治妇人经期、产后血虚发热头痛；或疮疡溃后，久不愈合者。

【制方原理】血为气之母，运载阳气以行全身。若劳倦内伤，阴血耗损，阳气无所依附，则见肌热面赤、烦渴欲饮、发热头痛、脉象洪大等阴不维阳，阳气浮越于外之象。是证以阴血亏虚为本，阳浮发热为标，但有形之血不能速生，外浮之阳气若不及时挽回则恐有散亡之虞。治当"急则治标"，力挽其浮越之阳气，留得一分阳气，便有一分生机，俟阳气渐回，虚热渐退，再缓图其本。

方中黄芪甘温纯阳，功擅补气固表，重用以急固行将散亡之阳气，浮阳若得挽回，则诸危殆之候可缓，此即"有形之血不能速生，无形之气所当急固"之理，且其补气亦助生血之功，使阳生阴长，气旺血充，故为君药。配以少量当归养血和营，补虚治本为臣，再得黄芪生血之助，使阴血渐充，阳气渐涵，则虚热自退。对于疮疡溃后因气血不足而久不愈合者，亦可予以本方补气养血以助生肌收口。

本方所治血虚发热证候表现与阳明气分热盛证颇为相似。但白虎汤证由外感六淫之邪而致，为热盛津伤，性质属实；而当归补血汤证由劳倦内伤引起，为血虚阳浮，性质属虚。前者证见大渴而喜冷饮，身大热而大汗出，脉洪大而有力；后者证见口渴而喜温饮，身虽热而无汗，脉洪大而重按无力。正如李杲所说："血虚发热，证象白虎，惟脉不长实有辨耳，误服白虎汤必死。"(《内外伤辨惑论》)

制方特点：黄芪五倍于当归，益气生血，兼能摄血、固表。

【临床应用】

1. 用方要点　本方原为血虚发热证而设，系补气生血的代表方。临床用方辨证要点为舌淡，脉大而虚，重按无力。

2. 临证加减　血虚津亏，口干舌燥，加人参、麦冬、生地；阳浮较甚，肌热脉数，加白薇、桑叶、银柴胡；血虚证而无阳浮发热之象，黄芪之量宜减，酌加熟地、白芍，或合四物汤同用；气不摄血之出血，加仙鹤草、血余炭等。

3. 现代运用　主要用于治疗妇人经期、产后血虚发热等属血虚阳浮证者，以及各种贫血、过敏性紫癜、妇人月经过多，以及疮疡久溃不愈等属血虚气弱或气不摄血者。

4. 使用注意　阴虚发热者禁用。

【现代研究】

1. 药理研究　当归补血汤可促进模型动物的造血机能，能明显提高 B 淋巴细胞和 T 淋巴细胞活性，提高小鼠红细胞免疫功能及有清除免疫复合物作用；对缺糖缺氧所致心肌细胞损伤和四氯化碳所致小鼠肝损害均有明显保护作用。上述研究为理解本方补气生血的现代内涵提供了一定的药理学依据。

2. 临床研究　用当归补血汤治疗术后发热 23 例，疗效满意。患者体温可数日甚至 1 周左右达到 38℃～39.5℃，运用抗生素无明显效果。主方为黄芪 60g，当归 12g。小儿减为半量。结果：有 18 例患者 1～3 日内体温恢复正常，5 例于 1 周左右体温恢复正常。

归 脾 汤
Restore the Spleen Decoction
(Guipi Tang)
(《正体类要》)

【组成】白术　当归　白茯苓　黄芪炒　龙眼肉　远志　酸枣仁炒，各一钱（各3g）　木香五分（1.5g）　甘草炙，各三分（1g）　人参一钱（3g）

【用法】加生姜、大枣，水煎服（原方生姜、大枣无用量）。

【功效】益气补血，健脾养心。

【主治】①心脾气血两虚证。心悸怔忡，健忘失眠，盗汗虚热，体倦食少，面色萎黄，舌淡，苔薄白，脉细弱。②脾不统血证。便血，皮下紫癜，妇女月经超前，量多色淡，或淋漓不止，舌淡，脉细弱。

【制方原理】脾虚不运，气血生化乏源，则心神失养；神明不安而见心悸怔忡、健忘失眠；或摄血无力，血溢脉外而见便血、崩漏、皮下紫癜；气血不足，四肢百骸失其所养，故体倦食少、面色萎黄、舌淡脉细弱等俱现；阴血亏虚，阳气失于涵养，虚阳外浮亦可见盗汗虚热之象。本证病机为脾虚不运，气衰血少，心神失养，血失统摄。治当益气健脾助统运，补血养心安神志。

方中人参"补五脏，安精神，定魂魄"（《神农本草经》），可补气生血，养心益脾；龙眼肉补益心脾，养血安神，共为君药。黄芪、白术助人参益气补脾，当归助龙眼肉养血补心，同为臣药。茯苓、远志、酸枣仁宁心安神；木香理气醒脾，与补气养血药配伍，使之补不碍胃，补而不滞，俱为佐药。炙甘草益气补中，调和诸药，为佐使药。煎药时少加生姜、大枣调和脾胃，以资生化。诸药配伍，使脾气旺而血有所生、血有所摄，血脉充则神有所舍、血有所归，故方以"归脾"名之。

制方特点：心脾同治，重在补脾；气血并补，重在益气。

【临床应用】

1. 用方要点　本方是治疗心脾气血不足的常用方。临床用方辨证要点为心悸失眠，体倦食少，便血及崩漏，舌淡，脉细弱。

2. 临证加减　血虚较甚，面色无华，头晕心悸，加熟地、阿胶等；崩漏下血兼少腹冷痛，四肢不温，加艾叶炭、炮姜炭；崩漏下血兼口干舌燥，虚热盗汗，加生地炭、阿胶珠、棕榈炭。

3. 现代运用　主要用于神经衰弱、冠心病、胃及十二指肠溃疡出血、功能性子宫出血、再生障碍性贫血、血小板减少性紫癜等属心脾气血两虚及脾不统血者。

【现代研究】

1. 药理研究　本方有明显增强小鼠记忆力的作用，对小鼠肝、脑过氧化脂质生成与小鼠脑内脂褐质生成有显著抑制作用，对小鼠血浆中超氧化物歧化酶（SOD）活性呈剂量依赖性激活作用。其降低自由基诱发过氧化反应的重要机理之一可能与提高机体 SOD 和过氧化氢酶（CAT）活性有关。以上研究结果为归脾汤养心安神的功效提供了一定的现代理解。

2. 临床研究 以归脾汤加减治疗心脏神经官能症 69 例取得较好疗效。基本方：黄芪 30g，当归 12g，党参 12g，茯神 12g，酸枣仁 30g，远志 6g，川芎 15g，丹参 15g，葛根 20g，大枣 6g，炙甘草 10g。失眠较甚加合欢皮 15g，夜交藤 15g；自汗较甚加龙骨、牡蛎各 20g。每日 1 剂，连服 20 天。结果：治愈 42 例，好转 24 例，无效 3 例，总有效率 95.65%。运用归脾汤加减治疗过敏性紫癜 31 例，药用：党参 20g，茯苓 15g，白术 15g，黄芪 30g，当归 20g，龙眼肉 15g，仙鹤草 20g，三七粉 2g（单包冲服），白茅根 30g，茜草 15g，大枣 5 枚，炙甘草 10g。每日 1 剂，水煎早晚分服，两个月为 1 疗程。结果：治愈 24 例，好转 5 例，总有效率为 93.5%。

第三节　气血双补

气血双补剂（Formulae for Tonifying Both Qi and Blood），适用于气血两虚证，症见面色无华，头晕目眩，心悸怔忡，食少倦怠，气短懒言，舌淡，脉虚无力等。常用补气药如人参、黄芪、白术等与补血药如当归、熟地、白芍、阿胶等共同组成方剂。代表方剂如八珍汤、炙甘草汤等。

八 珍 汤
Eight-Treasure Decoction
（Bazhen Tang）

（《瑞竹堂经验方》）

【组成】当归去芦　川芎　熟地黄　白芍药　人参　甘草炙　茯苓去皮　白术各一两（各 30g）

【用法】上咬咀。每服三钱（9g），水一盏半（300ml），加生姜 5 片，大枣 1 枚，煎至七分（200ml），去滓，不拘时候，口服。

【功效】益气补血。

【主治】气血两虚证。面色苍白或萎黄，头晕目眩，四肢倦怠，气短懒言，心悸怔忡，饮食减少，舌淡苔薄白，脉细弱或虚大无力。

【制方原理】本方治证多由久病失治或病后失调，或失血过多，以致气血两虚而见上述诸症，治宜益气与补血并施。方中人参与熟地相配，甘温益气补血，共为君药。白术协人参益气补脾，当归助熟地补益阴血，同为臣药。白芍养血敛阴，川芎活血行气，使补而不滞，合地、归而彰补血之效；茯苓健脾渗湿，炙甘草益气补中，伍参、术而助益脾之功，俱为佐药。甘草调和药性，兼作使药。煎加生姜、大枣，亦可调脾胃而和诸药。

本方以四君子汤与四物汤合方，兼具补气与补血之效，故以"八珍"名之。若再加黄芪、肉桂甘温纯阳，鼓舞气血生长，则补益之力更胜，名十全大补汤（《传信适用方》），因其药性偏温，宜于气血虚甚而偏寒者。

【临床应用】

1. 用方要点　本方是治疗气血两虚证的常用方。临床用方辨证要点为气短乏力，心悸失眠，头目眩晕，舌淡，脉细无力。

2. 临证加减　心悸失眠，加酸枣仁、柏子仁以养心安神；胃弱纳差，加砂仁、神曲以消食和胃。

3. 现代运用　主要用于病后虚弱、贫血、神经衰弱等多种慢性病，以及妇女月经不调、习惯性流产，溃疡久不愈合等属气血不足者。

【现代研究】

1. 药理研究　八珍汤与四物汤均能促进急性贫血的血细胞再生，其主要表现在网状红细胞的转变成熟过程，尤以八珍汤作用较显著。本方能促使血压很快恢复正常，并维持一定时间，而且对机体整个机能状态也有改善，说明急性大量失血时，气血双补较之单纯养血补血为佳，与补气有助于生血的理论一致。

2. 临床研究　用八珍汤加味治疗末梢神经炎 13 例，病程最长 60 天，最短 2 天。是证乃气虚不足运，血虚不足濡所致。基本方：党参、白术、白芍各 30g，茯苓 10g，川芎、川乌、甘草各 6g，熟地 9g，黄芪 20g，当归、鸡血藤、川断各 15g。发病于上肢者加独活 15g，羌活 9g；发病于下肢者加木瓜、牛膝各 15g；脘满纳呆者去熟地、甘草。服药最多者 36 剂，最少 12 剂，平均 24 剂。结果：11 例临床症状消失，肢体活动自如，示治愈；2 例临床症状减轻，肌力提高Ⅰ～Ⅱ级，示好转。

【附方】

1. 人参养荣汤（养荣汤）（《三因极一病证方论》）　黄芪　当归　桂心　甘草炙　橘皮　白术　人参各一两（各30g）　白芍药三两（90g）　熟地黄　五味子　茯苓各三分（各22g）远志去心，炒，半两（15g）　上锉散。每服四钱（12g），水一盏半（300ml），加生姜 3 片，大枣 2 个，煎至七分（200ml），去滓，空腹服。功效：益气补血，养心安神。主治：心脾气血两虚证。倦怠无力，食少无味，惊悸健忘，夜寐不安，虚热自汗，咽干唇燥，形体消瘦，皮肤干枯，咳嗽气短，动则喘甚；或疮疡溃后气血不足，寒热不退，疮口久不收敛。

2. 泰山磐石散（《古今医统大全》）　人参　黄芪各一钱（各3g）　白术　炙甘草各五分（各1.5g）　当归一钱（3g）　川芎　白芍药　熟地黄各八分（各2.4g）　续断一钱（3g）　糯米一撮　黄芩一钱（3g）　砂仁五分（1.5g）　水一钟半（300ml），煎八分（240ml），食远服。但觉有孕，三五日常用一服，四月之后方无虑也。功效：益气健脾，养血安胎。主治：气血虚弱，胎元不固证。胎动不安，堕胎滑胎，面色淡白，倦怠乏力，不思饮食，舌淡苔薄白，脉滑无力。

按：以上两方皆由四君子汤合四物汤加减而成。其中人参养荣汤较之八珍汤无行气动血之川芎，而多养心安神之五味子、远志，行气和胃之橘皮，且重用白芍，故养血之功胜于八珍汤，又兼宁心安神之效，宜于气血两虚伴心神失宁者。泰山磐石散系八珍汤减去茯苓，加黄芪、续断、砂仁、黄芩、糯米而成。去茯苓者，因其淡渗易使津液下行外泄，对养胎不利；加黄芪者，以其益气升阳，有提固胎元之用；加续断、砂仁、黄芩者，以其益肾和胃清热而利胎元之固；加糯米则可助本方补中之力，变单纯补益气血之剂为妇科安胎良方。

炙甘草汤
Prepared Licorice Decoction
（Zhigancao Tang）
（《伤寒论》）

【组成】甘草炙，四两（12g）　　生姜切，三两（9g）　　人参二两（6g）　　生地黄一斤（50g）桂枝去皮，三两（9g）　　阿胶二两（6g）　　麦门冬去心，半升（10g）　　麻仁半升（10g）　　大枣擘，三十枚（10枚）

【用法】上以清酒七升，水八升，先煮八味，取三升，去滓，纳胶烊消尽，温服一升，一日三次（现代用法：水煎服，阿胶烊化，冲服）。

【功效】益气养血，通阳复脉，滋阴补肺。

【主治】①虚劳心悸。脉结代，心动悸，虚羸少气，舌光少苔，或质干而瘦小。②虚劳肺痿。咳嗽，涎唾多，形瘦短气，虚烦不眠，自汗盗汗，咽干舌燥，大便干结，脉虚数。

【制方原理】本方原治伤寒脉结代，心动悸，系由阴血不足、阳气虚弱所致。阳气虚弱，无力鼓动血脉，脉气不相接续，则脉来或结或代，至数不齐；阴血不足，血脉无以充盈，心失其养，则心悸不宁；气血阴阳俱虚，形体失于充养，则虚羸少气、舌光少苔或质干瘦小。肺痿之成，亦由阳气虚弱，阴血不足，脏腑、清窍、形体失养所致。可见虽然本方治证临床表现多端，但均与阳气、阴血不足有关。治宜益气养血，通阳复脉，滋阴补肺。

方中炙甘草补气生血，养心益脾；生地黄滋阴补血，充脉养心。二药重用，益气养血以复脉之本，共为君药。人参、大枣补益心脾，合炙甘草则养心复脉，补脾化血之功益著；阿胶、麦冬、胡麻仁甘润养血，配生地黄则滋心阴、养心血、充血脉之力尤彰；桂枝、生姜辛温走散，温心阳，通血脉，使气血流畅以助脉气接续，同为佐药。煎煮时加入清酒，以酒性辛热，可行药势，助诸药温通血脉之力。数药相伍，使阴血足而血脉充，阳气复而心脉通，气血充沛，血脉畅通，则悸可定，脉可复。由于炙甘草、人参亦可补肺气，润肺止咳；阿胶、麦冬又善养肺阴，治肺燥；生地、胡麻仁长于滋补肾水，与胶、地相合而有"金水相生"之功，故可用于虚劳肺痿的治疗。诸药配伍，气血阴阳并补，并以益气养血滋阴之力为著。

制方特点：①气血阴阳并补，重在滋阴补血；②心脾肺肾同调，重在补益心肺；③寓通于补，补而不腻，使气血通行。

【临床应用】

1. 用方要点　本方为气（阳）血（阴）并补之剂。临床用方辨证要点为脉结代，心动悸，虚羸少气，舌红少苔。

2. 临证加减　阴虚较甚，舌光而萎，将生地易熟地；心悸怔忡较甚，加酸枣仁、柏子仁、龙齿、磁石；阴伤肺燥较甚，酌减桂枝、生姜、酒，以防温药耗阴劫液之弊。

3. 现代运用　主要用于治疗功能性心律不齐、冠心病、病毒性心肌炎、甲状腺机能亢进等病属阴血不足，心气虚弱者，以及老慢支、肺结核等属气阴两虚者。

4. 使用注意 本方用于复脉定悸,方中炙甘草宜重用。阴虚内热者慎用;中虚湿阻,便溏胸痞者不宜。

【现代研究】

1. 药理研究 炙甘草汤能够降低氯仿诱发小鼠室颤的发生率,缩短乌头碱诱发大鼠心律失常持续时间,降低乌头碱诱发大鼠室速和室颤发生率,降低结扎大鼠左冠状动脉前降支诱发心律失常的发生率。其作用机理可能与改善植物神经系统功能紊乱,抑制交感神经偏亢有关。本方对心肌缺血再灌注损伤有保护作用,减慢大鼠右心房窦房结的自律性活动,还可延长心肌的功能不应期。上述研究为本方复脉定悸提供了一定的药理学依据。

2. 临床研究 以炙甘草汤加味治疗35例严重心律失常(冠心病21例,心肌炎10例,心肌病4例)。心电图提示:窦速3例、窦缓8例、病窦3例、逸搏心律4例、频发早搏9例、房颤4例、室速4例。基本方:炙甘草15g,阿胶、桂枝、麦冬、麻仁、生姜各12g,党参、生地、黄芪各30g,当归、瓜蒌、薤白各20g。若胸闷者加郁金、降香,不寐加生白芍、酸枣仁各30g,畏寒加附子10g,多汗加五味子10g,阴虚口干加沙参、玉竹各15g,血瘀加丹参20g,伴心衰者静脉滴注生脉注射液。结果:临床治愈10例,显效15例,有效7例,无效3例,总有效率91.4%。

【附方】

加减复脉汤(《温病条辨》) 炙甘草六钱(18g) 干地黄六钱(18g) 生白芍六钱(18g) 麦冬不去心,五钱(15g) 阿胶三钱(9g) 麻仁三钱(9g) 上以水八杯,煮取三杯,分三次服。功效:滋阴养血,生津润燥。主治:温热病后期,邪热久羁,阴液亏虚证。身热面赤,口干舌燥,脉虚大,手足心热甚于手足背者。

按:本方由复脉汤(炙甘草汤)加减而成,故名加减复脉汤。因温病后期,热灼阴伤,故去甘温之人参、大枣,温燥之桂枝、生姜;加白芍酸寒敛阴,与甘草相伍又有酸甘化阴之功。诸药相配,寓酸敛于滋润之中,寓清凉于补益之中。本方重在滋液敛阴而复脉,与炙甘草汤同一"复脉"中有温凉通敛之异。

第四节 补 阴

补阴剂(Formulae for Tonifying Yin),适用于阴虚证。症见形体消瘦,头晕耳鸣,潮热颧红,五心烦热,盗汗失眠,腰酸遗精,咳嗽咯血,口燥咽干,舌红少苔,脉细数等。常用补阴药如北沙参、天麦冬、石斛、玉竹、山茱萸、生熟地、龟板、鳖甲等为主组成。由于阴之生有赖阳之化,而且阴虚证中常因水不制火而生热,或阴虚及血而血虚,或肝体失养而气郁,或金水不生而肺燥等多种兼证,故本类方剂又常配伍温阳健脾、清热降火、填精补血、疏肝理气、润燥宁肺等药物。代表方剂如六味地黄丸、左归丸、大补阴丸、一贯煎等。

六味地黄丸

Six-Ingredient Pill with Rehmannia

(Liuwei Dihuang Wan)

(《小儿药证直诀》)

【组成】熟地黄八钱（24g）　　山萸肉　干山药各四钱（各12g）　　泽泻　牡丹皮　白茯苓去皮，各三钱（各9g）

【用法】上为末，炼蜜为丸，如梧桐子大。每服3丸，空心温水化下。亦可水煎服。

【功效】滋阴补肾。

【主治】肾阴虚证。腰膝酸软，头晕目眩，耳鸣耳聋，盗汗，遗精，消渴，骨蒸潮热，手足心热，舌燥咽痛，牙齿动摇，足跟作痛，以及小儿囟门不合，舌红少苔，脉沉细数。

【制方原理】肾阴不足，精亏髓少，骨失所养，则腰膝酸软无力、牙齿动摇；脑为髓之海，肾阴亏损，髓海空虚，则头晕目眩；肾开窍于耳，肾阴不足，精不上承，则耳鸣耳聋；肾藏精，为封藏之本，肾阴虚损，水不制火，相火内扰精室，则遗精；阴虚生内热，甚者虚火上炎，则骨蒸潮热、消渴、盗汗、舌红少苔、脉沉细数等。小儿囟门久不闭合，亦为肾虚生骨迟缓所致。本证基本病机为肾虚精亏（本），虚火内扰（标）。治宜滋阴补肾为主，兼以清热，所谓"壮水之主，以制阳光"。

方中重用熟地黄，味甘纯阴，主入肾经，长于滋阴补肾，填精益髓，为君药。山茱萸酸温，主入肝经，滋补肝肾，秘涩精气；山药甘平，主入脾经，"健脾补虚，涩精固肾"（《景岳全书》），补后天以充先天，同为臣药。君臣相协，不仅滋阴益肾之力相得益彰，而且兼具养肝补脾之效。肾为水脏，肾元虚馁每致水浊内停，故又以泽泻利湿泄浊，并防熟地黄之滋腻恋邪；阴虚阳失所制，故以丹皮清泄相火，并制山茱萸之温；茯苓淡渗脾湿，既助泽泻以泄肾浊，又助山药之健运以充养后天之本，俱为佐药。六药合用，为平补肾阴的常用方剂。

制方特点：①三阴并补，以补少阴为主；②补泻兼行，以补为主，补不碍邪，泻不伤正。

【临床应用】

1. 用方要点　本方是治疗肾阴虚证的基本方。临床用方辨证要点为腰膝酸软，头晕目眩，口燥咽干，舌红少苔，脉沉细数。

2. 临证加减　阴虚火盛，骨蒸潮热，加知母、黄柏以助清热泻火之力（《医方考》知柏地黄丸）；肝肾阴虚，两目昏花，视物模糊，加枸杞子、菊花以养肝明目（《麻疹全书》杞菊地黄丸）；肺肾阴虚，或咳或喘，加麦冬、五味子以养阴敛肺止咳（《体仁汇编》麦味地黄丸）；肾阴亏损，肾不纳气而喘咳气逆，加五味子以益肾敛肺（《症因脉治》都气丸）；肝肾阴亏，风阳上扰，头晕目眩，耳鸣耳聋，加磁石、石菖蒲、五味子以滋肾潜阳通窍（《重订广温热论》耳聋左慈丸）；阴虚血热，崩漏下血，合二至丸以凉血止血；阴虚阳亢，头晕目眩，加石决明、龟板。

3. 现代运用　主要用于慢性肾炎、高血压病、糖尿病、肺结核、甲状腺机能亢进、中心性视网膜炎等属肾阴不足者。

4. 使用注意 脾虚食少便溏者，本方不宜。

【现代研究】

1. 药理研究 六味地黄丸能明显缩小缺血再灌注大鼠心肌的梗死区；降低高脂饲料组大鼠肝中脂肪含量，有助于恢复和改善肝脏的正常解毒排泄功能，增加小鼠肝糖原的含量；降低实验性高血糖小鼠的血糖水平。六味地黄汤可增强荷瘤动物机体的单核吞噬系统的吞噬功能，降低正常和化学诱变的动物骨髓多染细胞微核出现率，对于突变和癌变具有一定的防护作用，对体液免疫亦显示增强作用。本方能明显减轻硫酸庆大霉素的耳毒性，提高实验性佝偻雏鸡血清钙、磷浓度；对牙周病肾阴虚模型动物的牙周组织具有保护作用。上述研究为六味地黄丸滋阴补肾功效的认识提供了一定的实验依据。

2. 临床研究 抗癌药物（环磷酰胺、长春新碱、氨甲蝶呤、丝裂霉素、氟尿嘧啶、阿霉素、顺氯铵铂等）所致的毒副作用常现阴虚之象，用六味地黄丸治疗有较好疗效。欲接受化疗的肿瘤患者165例分为六味地黄口服液组（治疗组）、十全大补口服液组（对照组）、单纯化疗组，治疗组和对照组均在化疗第1天即开始服药，每次10ml，每日3次，连服20天；化疗组用安慰剂，每次1包，每日3次。结果表明：六味地黄口服液在化疗期间对造血功能、免疫功能，心、肝、肾脏器功能均有良好的保护作用并有改善临床症状的功效，其中抗多种化疗药物的毒副作用总有效率为：治疗组84.4%、对照组62.5%、化疗组12.9%，其中化疗组中有27例出现明显的毒副作用。六味地黄口服液组明显优于十全大补口服液组（P<0.05）和单纯化疗组（P<0.01）。

左 归 丸
Restore the Left（Kidney）Decoction
（Zuogui Wan）
（《景岳全书》）

【组成】大怀熟地八两（240g）　山药炒，四两（120g）　枸杞四两（120g）　山茱萸肉四两（120g）　川牛膝酒洗，蒸熟，三两（120g）　菟丝子制，四两（120g）　鹿胶敲碎，炒珠，四两（120g）　龟胶切碎，炒珠，四两（120g）

【用法】上先将熟地蒸烂杵膏，炼蜜为丸，如梧桐子大。每服百余丸，食前用滚汤或淡盐汤送下。亦可水煎服，用量按原方比例酌减。

【功效】滋阴补肾，填精益髓。

【主治】真阴不足证。腰酸腿软，头晕眼花，耳聋失眠，遗精滑泄，自汗盗汗，口燥舌干，舌红少苔，脉细。

【制方原理】肾阴亏损，精髓不充，封藏失职，则头目眩晕、腰酸腿软、遗精滑泄；阴虚阳失所制，清窍失濡，故自汗盗汗、口燥舌干；舌红少苔，脉细等亦为阴虚有热之象。本证病机为精髓亏损，阳失潜涵，封藏无能。治宜滋补肾阴，封填精髓。

方中重用熟地滋阴补肾，填精益髓，为君药。臣以龟板胶、鹿角胶血肉有情之品，峻补精髓。其中龟板胶甘咸而寒，善补肝肾之阴，又能潜阳；鹿角胶甘咸微温，益精补血之中又能温补肾阳，与诸滋补肾阴之品相伍有"阳中求阴"之效，炒珠服用以缓其滋腻碍胃之弊。山茱萸养肝滋肾，涩精敛汗；山药补脾益阴，滋肾固精；枸杞子补肾益精，养肝明目；菟丝子平补阴阳，固肾涩精；川牛膝益肾补肝，强腰壮骨，俱为佐药。诸药配伍，共奏益肾滋阴、填精补髓之功。

本方由六味地黄丸中减"三泻"之药，加龟鹿二胶等滋阴补肾之品而成。所用诸药纯补无泻，"阳中求阴"，变调补肾阴之方为填补真阴、纯甘壮水之剂，开滋补肾阴的又一法门。因其"壮水之主，以培左肾之元阴"（《景岳全书》），故以"左归"名之。若仅用地、药、萸、杞，再加茯苓、甘草，煎汤服用，则名"左归饮"，较之左归丸滋补之力为缓。

【临床应用】

1. 用方要点 本方是治疗真阴不足，精髓亏乏之证的常用方。临床用方辨证要点为头目眩晕，腰酸腿软，形体羸瘦，舌瘦质红少苔，脉细。

2. 临证加减 肾失封藏而遗精滑泄，宜改川牛膝为怀牛膝；真阴不足，虚火上炎，骨蒸潮热，手足心热，去枸杞子、鹿角胶，加女贞子、麦门冬；大便燥结，去菟丝子，加肉苁蓉；汗出多，加黄芪、浮小麦。

3. 现代运用 主要用于老年性慢性支气管炎、高血压病、老年性痴呆、慢性肾炎、腰肌劳损、不孕症等属真阴亏损者。

4. 使用注意 脾虚便溏者慎用；长期服用，宜配醒脾助运之品。

【现代研究】

1. 药理研究 左归丸可通过促进输卵管上皮分泌而有利于胚卵发育。新生期大鼠给予左旋谷氨酸单钠（MSG）损害下丘脑弓状核（ARC），成年后大鼠除表现生长发育迟缓、体重减轻外，还可见到下丘脑单胺类递质中多巴胺、去甲肾上腺素等含量显著降低，胸腺体积缩小、重量减轻，脾脏淋巴细胞对 Con-A 诱导的增殖反应减弱，下丘脑室旁核促肾上腺皮质激素释放激素（CRH）阳性细胞及垂体前叶促肾上腺皮质激素（ACTH）分泌细胞数量明显增多，肾上腺束状带紊乱不齐细胞数量增多，血窦扩张充血明显，血浆皮质酮及血浆 ACTH 和下丘脑 CRH 等浓度增高等。结果表明，左归丸能够有效地参与 MSG 大鼠 HPA 轴的调节，提示肾阴虚证可能与 HPA 轴功能亢进伴细胞免疫功能低下、中枢单胺类递质的代谢异常等病理生理过程有关。

2. 临床研究 多发性神经炎以四肢远端麻木无力、痛觉障碍为特征，与中医肝肾阴虚，筋骨失养有关。用左归丸加减治疗 56 例基本方：熟地、山药、桑寄生、川断各 20g，山萸肉、菟丝子、枸杞子、牛膝、杜仲、威灵仙、秦艽、当归各 15g，川芎 10g。肝肾亏虚者去当归、川芎，加知母 10g，龟板 15g；脾胃虚弱者去熟地、山萸肉，加党参、黄芪各 20g，茯苓 25g。每日 1 剂，水煎服，早晚各 1 次。结果：治愈 42 例，好转 14 例，总有效率 100%。

【附方】

七宝美髯丹（《积善堂方》，录自《本草纲目》） 赤、白何首乌各一斤（各 500g），米泔水浸三四日，瓷片刮去皮，用淘净黑豆二升，以砂锅木甑，铺豆及首乌，重重铺盖蒸之，豆熟取出，去豆晒干，换豆再蒸，如此九次，晒干，为末　赤、白茯苓各一斤（各500g），去皮，研末，以水淘去筋膜及浮者，取沉者捻块，以人乳十碗浸匀，晒干，研末　牛膝八两，去苗，酒浸一日，同何首乌第七次蒸之，至第九次止，晒干　当归八两，酒浸，晒　枸杞子八两，酒浸，晒　菟丝子八两，酒浸生芽，研烂，晒（250g）　补骨脂四两，以黑脂麻炒香（120g）　上为末，炼蜜为丸，如弹子大，共150丸。每次1丸（5g），每日3次，清晨温酒送下，午时姜汤送下，卧时盐汤送下。功效：补益肝肾，乌发壮骨。主治：肝肾不足证。须发早白，脱发，齿牙动摇，腰膝酸软，梦遗滑精，肾虚不育等。

七宝美髯丹亦为补益肝肾名方，是方以滋阴养血与温阳固精合法，有阴阳并补之功，尤重滋养精血，诸补药之中配以健脾渗湿助运之品，寓泻于补，补而不滞，药力较之左归丸略为平和，久服而无偏胜之弊。

大补阴丸
Major Yin Supplementation Pill
（Dabuyin Wan）
（《丹溪心法》）

【组成】黄柏炒褐色　知母酒浸，炒，各四两（各120g）　熟地黄酒蒸　龟板酥炙，各六两（各180g）

【用法】上为末，猪脊髓、蜜为丸。每服70丸（6~9g），空心盐白汤送下。

【功效】滋阴降火。

【主治】阴虚火旺证。骨蒸潮热，盗汗遗精，咳嗽咯血，心烦易怒，足膝疼热，或消渴易饥，舌红少苔，尺脉数而有力。

【制方原理】肾阴亏损，阴不制阳，相火妄动，则见骨蒸潮热、盗汗遗精、足膝疼热、舌红少苔，尺脉数而有力等症。肝肾同源，水能涵木，若母病及子，损及肝阴，肝阳偏亢，疏泄失职，则急躁易怒、心烦意乱；若肾水不能上滋肺金，加之虚火灼肺，损伤肺络，可见咳嗽咯血。本证以阴虚为本，火旺为标，且阴愈虚而火愈炽，火愈炽而阴愈损，二者互为因果。治当滋阴与降火并行。

方中熟地益髓填精；龟板为血肉有情之品，擅补精血，又可潜阳。二药重用，意在大补真阴，壮水制火以培其本，共为君药。黄柏、知母清热泻火，滋水凉金，相须为用，泻火保阴以治其标，并助君药滋润之功，同为臣药。再以猪脊髓、蜂蜜为丸，取其血肉甘润之质，助君药滋补精髓，兼制黄柏之苦燥，用为佐使。诸药合用，使水充而亢阳有制，火降则阴液渐复。《医宗金鉴》称本方"能骤补真阴，承制相火，较之六味功效尤捷"。

制方特点：培本清源，标本兼顾，但以滋阴培本为主，清热降火为辅。

【临床应用】

1. 用方要点　本方为滋阴降火的常用方。临床用方辨证要点为骨蒸潮热，舌红少苔，尺脉数而有力。

2. 临证加减　骨蒸潮热较著，加地骨皮、银柴胡；咯血、吐血量多，加仙鹤草、旱莲

草、白茅根；肺中燥热，咳痰不爽，加麦冬、贝母；火甚烁津，消渴，加天花粉、黄连；足
膝疼热，加怀牛膝、桑寄生；盗汗甚，加山茱萸、煅龙牡；遗精较甚，加金樱子、芡实、潼
蒺藜。

3. 现代运用　主要用于肺结核、肾结核、甲状腺机能亢进、糖尿病等属阴虚火旺者。

4. 使用注意　脾胃虚弱，食少便溏者不宜。

【现代研究】

1. 药理研究　大补阴丸能够降低正常及四氧嘧啶糖尿病模型小鼠的血糖，对阴虚小鼠
的血糖降低也有一定的保护作用；对正常小鼠的体液免疫和细胞免疫功能均有一定的增强作
用，对阴虚小鼠的体液免疫和细胞免疫功能降低有显著的保护作用。上述结果为本方滋阴降
火作用提供了药理学证据。

2. 临床研究　以大补阴丸治疗尿路感染反复发作，迁延不愈，以致阴液损伤而实火内
留者 90 例。基本方：生地黄 12g，生龟板 24g，黄柏 15g，知母 15g，大青叶 18g，半枝莲
18g，萹蓄 30g，鸭跖草 30g。尿痛短涩者加瞿麦 15g，车前子 30g，六一散（包）30g；少腹
或尿道胀急者加枳壳 10g；血尿者加小蓟草 30g，白茅根 30g，蒲黄 10g；尿浊者加萆薢 15g，
薏苡仁 15g；年老体弱或遇劳即发及下坠欲尿或尿不自禁者可加黄芪 15g，党参 15g，白术
12g，升麻 10g；舌红少津或光剥者加玄参 10g，石斛 10g，芦根 30g；伴有高热者可用柴胡注
射液肌注。结果：治愈 70 例，治愈率达 77.7%。

【附方】

虎潜丸（《丹溪心法》）　黄柏酒炒，半斤（240g）　龟板酒炙，四两（120g）　知母酒炒，
二两（60g）　熟地黄　陈皮　白芍各二两（各60g）　锁阳一两半（45g）　虎骨（用代用品）
炙，一两（30g）　干姜半两（15g）（一方加金箔一片，一方用生地黄，一方无干姜）　上为
细末，炼蜜为丸，每丸重 9g，每次 1 丸，日服 2 次，淡盐汤或温开水送下。亦可水煎服，
用量按原方比例酌减。功效：滋阴降火，强壮筋骨。主治：肝肾不足，阴虚内热之痿证。腰
膝酸软，筋骨痿弱，步履乏力，或眩晕，耳鸣，遗精，遗尿，舌红少苔，脉细弱。

按：虎潜丸与大补阴丸均有熟地、龟板、黄柏、知母，可滋补肝肾，清降虚火，用于肝
肾阴虚火旺证。然大补阴丸以猪脊髓、蜂蜜为丸，故滋补精血之功略胜；虎潜丸尚有锁阳、
虎骨、白芍、干姜、陈皮，故补血养肝之力较佳，并能强筋壮骨，为治痿证的专方。

一　贯　煎
All-the-Way-Through Brew
（Yiguan Jian）

（《续名医类案》）

【组成】北沙参　麦冬　当归（各9g）　生地黄（18～30g）　枸杞子（9～18g）　川楝子
（4.5g）（原书未注用量）

【用法】水煎服。

【功效】滋阴疏肝。

【主治】 阴虚肝郁证。胸脘胁痛，吞酸吐苦，咽干口燥，舌红少津，脉细弱或虚弦。亦治疝气瘕聚。

【制方原理】 肝阴亏虚，失于条达，气郁而滞，或胸胁隐痛，绵绵不休；或久而结为疝气、瘕聚；或横逆犯胃，而致胃气失和，脘痛吞酸吐苦。咽干口燥，舌红少津，脉来细弱或虚弦，皆为肝阴不足之象。本证病机要点为肝阴不足，肝体失柔，肝气郁滞。治宜滋阴养血以柔肝体，疏畅气机以平肝逆。

方中重用生地为君药，益肾养肝，滋水涵木。枸杞子补肝肾，益精血；当归养血补肝，且养血之中有调血之能，补肝之中寓疏达之力，同为臣药。佐以北沙参、麦冬养阴生津，润燥止渴，清金益胃；川楝子苦寒，疏肝泄热，行气止痛，配入大队甘寒滋阴养血药物之中，既无苦燥伤阴之弊，又可泄肝火而平横逆，亦为佐药。全方诸药相合，使肝体得养而阴血渐复，肝气得疏则诸痛自除。

制方特点：①滋水涵木、清金制木、培土抑木三法并用；②大队甘凉柔润药中少佐苦辛疏泄，滋而不腻。

【临床应用】

1. 用方要点 本方为治疗阴虚肝郁而致胁脘疼痛的常用方剂。临床用方辨证要点为胁脘疼痛，吞酸吐苦，舌红少津，脉虚弦。

2. 临证加减 气滞不舒，胁痛较甚，加合欢花、玫瑰花；肝强乘脾，脘腹痛甚者，加芍药、甘草；肝郁络滞，胁中瘕聚，加鳖甲、牡蛎；虚热内扰，虚烦不寐，加酸枣仁、知母；阴虚肝旺，头目昏晕者，加石决明、天麻；阴虚胃热，口苦而干者，少加酒炒川连。

3. 现代运用 主要用于治疗慢性肝炎、慢性胃炎、胃及十二指肠溃疡、肋间神经痛、神经官能症、慢性睾丸炎等属阴虚气滞者。

4. 使用注意 肝郁脾虚停湿者，本方不宜。

【现代研究】

1. 药理研究 一贯煎及其加味方（一贯煎加黄芪、延胡索、青皮等）水煎剂对四氯化碳引起的小鼠肝损伤有明显保护作用；能防止幽门结扎大鼠胃溃疡的发生，其机制可能与增强防御因子（胃黏膜抵抗力）有关。本方还具有显著的抗疲劳、抗缺氧、抗炎、增强巨噬细胞吞噬功能、镇静和镇痛等作用，并能拮抗乙酰胆碱所致的离体家兔肠管痉挛。上述结果为本方用于治疗肝、胃等消化系统疾病提供了药效学依据。

2. 临床研究 用一贯煎加减治疗中心性视网膜炎45例，基本方：生地、沙参、丹参各15g，当归、枸杞、麦冬、桑椹、青葙子各10g，川楝子6g。加减：口干、眼干涩较甚，舌红面干加石斛、玉竹；眼胀痛去川楝子，加白芍、郁金、珍珠母；便秘加玄参、麻仁；失眠多梦加夜交藤、枣仁、生龙齿；纳差、乏味加神曲、砂仁、麦芽；黄斑区水肿，渗出而甚者加泽泻、茯苓或茯神、车前子；黄斑区充血或有出血点加丹皮、旱莲草、三七。每日1剂，水煎服。结果：痊愈35例，显效8例，无效2例，总有效率达95.5%。多数患者于服药10～15剂后，视力开始上升。

【附方】

1. 二至丸（《扶寿精方》，又名女贞丹） 冬青子去梗叶，酒浸一昼夜，粗布袋擦去皮，晒干

为末 旱莲草待出时，采数担捣汁熬浓 二药为丸，如梧桐子大。每夜酒送下 100 丸（现代用法：女贞子粉碎成细粉，过筛。墨旱莲加水煎煮 2 次，合并煎液，滤过，滤液浓缩至适量，加炼蜜 60g 及适量的水，与上述粉末泛丸，干燥即得。每服 9g，温开水送下，一日 2 次）。功效：补肝益肾，滋阴止血。主治：肝肾阴虚证。眩晕耳鸣，失眠多梦，口苦咽干，腰膝酸痛，下肢痿软，须发早白，月经量多，舌红苔少，脉细或细数。

2. 桑麻丸（胡僧方，录自《寿世保元》。又名扶桑至宝丹、扶桑丸） 嫩桑叶采数十斤，择家园中嫩而存树者，长流水洗，摘去蒂，晒干，1 斤（500g） 巨胜子（即黑脂麻）四两（120g） 白蜜一斤（500g） 上为末，炼蜜为丸，如梧桐子大。每服百丸，白开水送下，每日 2 次。三月之后，体生轸粟；此为药力所行，慎勿惊畏，旋则遍体光洁如凝脂然，服至半年之后，精力转生，诸病不作，久服不已，自登上寿。（《医方集解》本方用法：将脂麻擂碎，熬浓汁和蜜炼至滴水成珠，入桑叶末为丸。早盐汤、晚酒下）。功效：滋肝肾，清头目，除风痹。主治：阴虚血燥，头晕眼花，久咳不愈，津枯便秘，风邪久羁，肢体麻痹，肌肤干燥等。

按：二至丸、桑麻丸与一贯煎均有滋养肝肾之功，可治疗肝肾阴虚之证。其中二至丸药性甘凉平和，补而不滞，润而不腻，且有凉血止血之功；桑麻丸养血力优，兼具祛风明目之效；一贯煎滋补力强，并有疏肝解郁之能。三方各有所长，临证可斟酌选用。

第五节 补 阳

补阳剂（Formulae for Tonifying Yang），适用于肾阳虚证。症见面色㿠白，形寒肢冷，腰膝酸痛，下肢软弱无力，小便不利，或小便频数，尿后余沥，少腹拘急，男子阳痿早泄，妇女宫寒不孕，舌淡苔白，脉沉细，尺部尤甚。常以补阳温肾药如附子、肉桂、巴戟天、肉苁蓉、仙灵脾、仙茅、鹿角胶等为主组成。由于阳之生有赖阴之助，而且阳虚证中，常因阳气虚弱，气不化水而致水湿停聚；或阳虚不固而致小便频数、遗精滑泄等，故本类方剂又常配伍补阴、利水、固涩等药。代表方剂如肾气丸、右归丸等。

肾 气 丸
The Kidney-Qi Bolus
（Shenqi Wan）
（《金匮要略》）

【组成】干地黄八两（240g） 山药四两（120g） 山茱萸四两（120g） 泽泻三两（90g）茯苓三两（90g） 牡丹皮三两（90g） 桂枝 附子炮，各一两（各30g）

【用法】上为末，炼蜜为丸，如梧桐子大。每服 15 丸（6g），加至 25 丸（10g），酒送下，日再服。亦可作汤剂，用量按原方比例酌减。

【功效】补肾助阳。

【主治】肾阳不足证。腰痛脚软，身半以下常有冷感，少腹拘急，小便不利；或小便反多，入夜尤甚，阳痿早泄，舌淡而胖，脉虚弱，尺部沉细或沉弱而迟；以及痰饮、水肿、消渴、脚气、转胞等。

【制方原理】肾阳虚衰，肢体经脉失于温养，则腰脊膝胫酸痛乏力，身半以下常有冷感。肾与膀胱相表里，阳虚气化失司，或水停于内，小便不利，少腹拘急不舒，甚则发为水肿、脚气；或膀胱失约而小便反多，入夜阳消阴长，故夜尿尤频。肾阳不足，水液失于蒸化，津不上承，则口渴不已；液聚成痰，则发为痰饮。舌质淡而胖，尺脉沉细或沉弱而迟，皆为肾阳虚弱之象。本证病机为肾阳不足，温煦无能，气化失司，水液代谢失常。治宜补肾助阳为主，辅以化气利水。

方中附子大辛大热，温阳补火；桂枝辛甘而温，温通阳气。二药相合，意在补肾阳之虚，助气化之复。肾为水火之脏，内舍真阴真阳，阳气无阴则不化，所谓"善补阳者，必于阴中求阳，则阳得阴助而生化无穷"（《类经》），故重用干地黄滋阴补肾生精，配伍山茱萸、山药补肝养脾益精，以收蒸精化气，阴生阳长之效。方中补阳药少而滋阴药多，可见其立方之旨，并非峻补元阳，乃在于微微生火，鼓舞肾气，即取"少火生气"之义。泽泻、茯苓利水渗湿，配桂枝又善温化痰饮；丹皮活血散瘀，伍桂枝则可调血分之滞，此三味寓泻于补，俾邪去而补药得力，并制诸滋阴药助湿碍邪之虞。诸药合用，助阳之弱以化水，滋阴之虚以生气，使肾阳振奋，气化复常，则诸症自除。

制方特点：①大队填精滋阴药配少量辛热温阳药，为补肾温阳之药法；②标本同治，补中寓泻，兼能化气行水。

【临床应用】

1. 用方要点 本方为补肾助阳的常用方剂。临床用方辨证要点为腰痛脚软，小便不利或反多，舌淡而胖，尺脉沉弱或沉细而迟。

2. 临证加减 畏寒肢冷较甚，将桂枝改为肉桂，并加重桂、附用量；兼痰饮咳喘，加干姜、细辛、半夏；夜尿多，加巴戟天、益智仁、金樱子、芡实；水湿泛溢，阴盛阳微，《济生方》重用附子助阳破阴，再加车前子、牛膝利水导下（加味肾气丸）。

3. 现代运用 主要用于慢性肾炎、糖尿病、甲状腺功能低下、性神经衰弱、慢性支气管炎、慢性前列腺肥大等属肾阳不足者。

4. 使用注意 阴虚火旺者忌用。

【现代研究】

1. 药理研究 肾气丸可降低氢化可的松致肾阳虚模型小鼠血浆、肾上腺、胸腺及脑组织线粒体的脂质过氧化水平，改善自由基代谢异常状况；提高阳虚小鼠和老龄大鼠的学习记忆能力；显著增强小鼠抗体非特异性细胞免疫功能与体液免疫功能，促使抗体提前产生；可使大鼠附睾重量、精子数、活动精子百分率及睾丸组织 cAMP 量、血清睾丸酮量明显增加。在骨折愈合前期服用肾气丸，可加速骨胶原的合成和分泌，对钙盐沉积过程具有促进作用。此外，肾气丸还具有一定的降血糖、降血脂等作用。上述研究结果为理解肾气丸补肾抗衰，防治多种老年性疾病提供了一定的现代依据。

2. 临床研究 用金匮肾气丸治疗老年性尿失禁患者 13 例，病程 3 月至 1 年以上不等。用法：晨起服 2 丸，盐水冲服，每日 1 次，10 天为 1 疗程。结果：痊愈 6 例，显效 4 例，好转 2 例，无效 1 例。以肾气丸加味治疗冠心病心动过缓 30 例，基本方：熟地 15g，山药 15g，山萸肉 15g，丹皮 6～9g，茯苓 9g，泽泻 9g，桂枝 6g（或肉桂粉 1.5g 冲服），附子 6g，巴戟天 10g，黄芪 15g，田七粉（冲）1～1.5g，木香（后入）4.5g。舌质偏紫者加桃仁 9g，红花 6g；苔腻者加白芥子 12g，瓜蒌皮 10g。对照组 24 例给予潘生丁、复方丹参片。结果：治疗组显效 16 例，有效 12 例，无效 2 例；对照组显效 7 例，有效 8 例，无效 9 例；治疗组总有效率 93.3%，显著优于对照组的 62.5%（P＜0.05）。

右 归 丸
Restoring the Right（Kidney）Bolus
（Yougui Wan）
（《景岳全书》）

【组成】大怀熟地八两（240g）　山药炒，四两（120g）　山茱萸微炒，三两（90g）　枸杞微炒，四两（120g）　鹿角胶炒珠，四两（120g）　菟丝子制，四两（120g）　杜仲姜汤炒，四两（120g）　当归三两（90g）　肉桂二两，渐可加至四两（60～120g）　制附子二两，渐可加至五六两（60～180g）

【用法】上先将熟地蒸烂杵膏，加炼蜜为丸，如梧桐子大。每服百余丸（6～9g），食前用滚汤或淡盐汤送下；或丸如弹子大，每嚼服二三丸（6～9g），以滚白汤送下（现代用法：亦可水煎服，用量按原方比例酌减）。

【功效】温补肾阳，填精益髓。

【主治】肾阳不足，命门火衰证。年老或久病气衰神疲，畏寒肢冷，腰膝软弱，阳痿遗精，或阳衰无子，或饮食减少，大便不实，或小便自遗，舌淡苔白，脉沉而迟。

【制方原理】肾阳亏虚，火不生土，则气衰神疲、畏寒肢冷、饮食减少、大便不实；命门火衰，精气虚冷，封藏失职，则腰膝软弱、阳痿遗精、或阳衰无子；肾与膀胱相表里，肾阳虚弱则膀胱失约，可见小便清长，甚而自遗；舌淡苔白，脉沉而迟亦为肾阳虚衰之象。本证病机为命门火衰，精亏髓乏。治宜温补肾阳，填精益髓。

方中附子、肉桂辛热入肾，温壮元阳，补命门之火；鹿角胶甘咸微温，补肾温阳，益精养血。三药相辅相成，以培补肾中元阳，共为君药。熟地黄、山茱萸、枸杞子、山药皆甘润滋补之品，可滋阴益肾，养肝补脾，填精补髓，与桂、附、鹿胶相伍有"阴中求阳"之功，同为臣药。菟丝子、杜仲补肝肾，强腰膝；当归养血和血，助鹿角胶以补养精血，以使精血互化，俱为佐药。诸药纯补无泻，立法意在"益火之源，以培右肾之元阳"（《景岳全书》），故以"右归丸"名之。若去鹿角胶、菟丝子、当归，加甘草，作汤内服，名"右归饮"，较之右归丸益肾补虚之功逊。

本方乃肾气丸去"三泻"（泽泻、丹皮、茯苓）之品，再加温肾益精之鹿角胶、菟丝子、杜仲、枸杞子、当归而成。由于聚补肾群药，纯补无泻，故益肾壮阳之力颇著，为填精温阳之峻剂，适用于精气俱亏，命门火衰证。而肾气丸立意在于"少火生气"，且补中寓泻，补力平和，宜于肾中阳气不足而兼水湿、痰饮内停之证。

【临床应用】

1. 用方要点 本方为治精亏髓乏，命门火衰的常用方。临床用方辨证要点为气怯神疲，畏寒肢冷，腰膝酸软，脉沉迟。

2. 临证加减 火不暖土，食少便溏，去当归，加干姜、白术；命门火衰之泄泻不止，加五味子、肉豆蔻；气衰神疲较甚，加人参；阳虚精滑或带下，加补骨脂、金樱子、芡实；阳痿，加巴戟天、肉苁蓉、海狗肾；腰膝冷痛，加胡芦巴、怀牛膝。

3. 现代运用 主要用于肾病综合征、老年骨质疏松症、精少不育症，以及贫血、白细胞减少症等属肾阳不足者。

4. 使用注意 本方纯补无泻，内有湿浊者不宜。

【现代研究】

1. 药理研究 右归丸对大鼠卵巢生长卵泡发育具有促进作用。其水煎剂显著降低四氯化碳引起的小鼠血清谷丙转氨酶升高。本方还可改善和调节 B 淋巴细胞的功能，促进体液免疫；使免疫受抑大鼠缩小减重的脾脏完全恢复甚至超过正常水平。上述促性腺功能、保护肝脏、增强机体免疫力等作用，为理解本方温补肾阳、填精益髓的功效提供了一定的现代药理学依据。

2. 临床研究 用右归丸加减治疗男性雄激素缺乏综合征 28 例。处方：熟地黄 24g，炒山药 12g，山茱萸 9g，枸杞子、杜仲（姜汁炒）、菟丝子各 12g，熟附子、肉桂各 6g，当归 9g，鹿角胶（炒珠）、淫羊藿各 12g，巴戟天、肉苁蓉、覆盆子、蛇床子各 10g，每日 1 剂，水煎，分 2 次温服，连服 1 个月。结果：治疗前乏力 26 例、健忘 24 例、食欲不振 22 例、性欲下降 27 例、情绪异常 23 例，而在治疗后分别减为 12、17、15、15、10 例。治疗后的血清睾丸酮水平较治疗前显著升高（$P < 0.01$）。

【附方】

1. 斑龙丸（《青囊集方》，录自《医学正传》） 鹿角胶炒成珠子 鹿角霜 菟丝子酒浸，研细 柏子仁 熟地黄各半斤（各 250g） 白茯苓 补骨脂各四两（各 120g） 上为细末，酒煮米糊为丸，或以鹿角胶入好酒烊化为丸，如梧桐子大。每服五十丸（6～9g），空心姜、盐汤送下。老人、虚人常服。功效：温肾填精，补虚延年。主治：肾阳亏虚，精气不足，遗精滑泄，阳痿腰痛，盗汗耳鸣，体倦心烦。

2. 五子衍宗丸（《摄生众妙方》） 枸杞子八两（240g） 菟丝子酒蒸，捣饼，八两（240g） 五味子研碎，二两（60g） 覆盆子酒洗，去目，四两（120g） 车前子二两（60g） 上药俱择道地精新者，焙、晒干，共为细末，炼蜜为丸，如梧桐子大。每服空心九十丸（6～9g），上床时五十丸，白沸汤或盐汤送下，冬月用温酒送下。功效：填精补髓，益肾种子。主治：肾虚腰痛，尿后余沥，遗精早泄，阳痿不育。

按：右归丸、斑龙丸、五子衍宗丸等均为温肾益精之名方，常用于肾阳亏虚，精气不足之证。其中右归丸填精益髓而补阳；斑龙丸于诸补肾药中配入柏子仁以宁心安神；五子衍宗丸则配五味子、覆盆子固精充精，车前子寓通于补。可见诸方同一补肾填精中而有温阳补火、固精宁心及生精种子之效用偏颇。

第六节 阴阳双补

阴阳双补剂（Formulae for Tonifying Both Yin and Yang），适用于阴阳两虚证。症见头晕目眩，腰膝酸软，阳痿遗精，畏寒肢冷，自汗盗汗，午后潮热等。常用补阴药如熟地、山茱萸、龟板、何首乌、枸杞子和补阳药如肉苁蓉、巴戟天、附子、肉桂、鹿角胶等共同组成方剂。本类方剂是补阴剂与补阳剂的结合运用。临床运用时应根据阴阳虚损的程度，分辨轻重主次，调整补阴及补阳两类药物的适宜比例。代表方剂如龟鹿二仙胶、地黄饮子等。

龟鹿二仙胶
Tortoise Shell and Deerhorn Two Immortals Glue
(Guilu Erxian Jiao)
(《医便》)

【组成】 鹿角用新鲜麋鹿杀角，解的不用，马鹿角不用；去角脑梢骨二寸绝断，劈开，净用，十斤（5000g） 龟板去弦，洗净，捶碎，五斤（2500g） 人参十五两（450g） 枸杞子三十两（900g）

【用法】 前三味袋盛，放长流水内浸三日，用铅坛一只，如无铅坛，底下放铅一大片亦可，将角并板放入坛内，用水浸，高三五寸，黄蜡三两封口，放大锅内，桑柴火煮七昼夜，煮时坛内一日添热水一次，勿令沸起，锅内一日夜添水五次；候角酥取出，洗，滤净取淬，其淬即鹿角霜、龟板霜也。将清汁另放，外用人参、枸杞子用铜锅以水三十六碗，熬至药面无水，以新布绞取清汁，将淬石臼水捶捣细，用水二十四碗又熬如前；又滤又捣又熬，如此三次，以淬无味为度。将前龟、鹿汁并参、杞汁和入锅内，文火熬至滴水成珠不散，乃成胶也。候至初十日起，日晒夜露至十七日，七日夜满，采日精月华之气，如本月阴雨缺几日，下月补晒如数，放阴凉处风干。每服初起一钱五分，十日加五分，加至三钱止，空心酒化下，常服乃可（现代用法：上用铅坛熬胶，初服酒服4.5g，渐加至9g，空腹时服用）。

【功效】 滋阴填精，益气壮阳。

【主治】 真元虚损，精血不足证。腰膝酸软，形体瘦削，两目昏花，发脱齿摇，阳痿遗精，久不孕育。

【制方原理】 肾精亏虚，筋骨失养，形体失充，则腰膝酸软无力、肌肉瘦削、男子精少不育、妇女经闭不孕；精血既亏，上窍失养，则视物昏花；肾为五脏阴阳之根，肾精亏虚，阳气阴血皆失其化育，久之精血阴阳俱馁，结果阳痿遗精、发脱齿摇、未老先衰，诸虚百损之症俱现。本证病机为肾元虚损，精血阳气不足。治宜阴阳并补，滋阴填精，益气养血。

方中鹿角胶甘咸微温，温肾壮阳，益精养血；龟板胶甘咸而寒，填精补髓，滋阴养血。二味俱为血肉有情之品，能补肾益髓以生精血，共为君药。人参大补元气，与鹿、龟二胶相伍，既可补气生精以助滋阴壮阳之功，又能籍补后天脾胃以资气血生化之源；枸杞子补肾益精，养肝明目，助君药滋补肝肾精血，同为臣药。四药合用，阴阳气血并补，先天后天兼顾，药简力宏，共成填精补髓、滋阴养血、益气壮阳之功，不仅可治真元不足，诸虚百损，亦能抗衰防老、生精种子、益寿延年。

【临床应用】

1. 用方要点　本方为滋补阴阳气血之剂。临床用方辨证要点为腰膝酸软，形瘦神疲，两目昏花，阳痿遗精。

2. 临证加减　虚阳上扰，头晕目眩，加杭菊花、明天麻息风止眩；精关不固，遗精滑泄，加金樱子、潼蒺藜补肾固精；腰膝酸软较甚，加怀牛膝、杜仲补肾壮骨；阳痿，可加淫羊藿、海狗肾等暖肾壮阳。

3. 现代运用　主要于内分泌障碍引起的发育不良、重症贫血、神经衰弱以及性功能减退等属真元不足，阴阳两虚者。

4. 使用注意　脾胃虚弱，食少便溏者，本方不宜。

【现代研究】

1. 药理研究　龟鹿二仙胶冲剂能对抗环磷酰胺引起的小鼠白细胞总数减少、腹腔巨噬细胞吞噬功能下降、T淋巴细胞减少及血清溶血素的降低，并使之接近正常水平。结果表明，本方具有增强机体免疫功能的作用。

2. 临床研究　以龟鹿二仙胶加味治疗原发性低血压62例属阴阳两虚证（头晕乏力，心悸气短，或失眠多梦，记忆力减退，舌淡红，苔薄白，脉虚，血压均低于90/60mmHg）者，药用龟板30g，鹿角霜15g，党参30g，枸杞子15g，菟丝子15g，沙苑子、当归各12g，熟地黄18g。每日1剂，20剂为1疗程，一般用2个疗程。结果：痊愈35例，显效19例，有效6例，无效2例，总有效率96.7%。

【附方】

二仙汤（《中医方剂临床手册》）　仙茅　仙灵脾各9~15g　巴戟天　当归各9g　知母黄柏各4.5~9g　水煎服。功效：调补阴阳。主治：阴阳俱虚，虚火上炎。头晕头痛，或头昏目眩，体倦乏力，腰酸腿软，筋惕肉瞤，阵发性面项潮红，时有烘热或怕冷，心烦自汗。

本方主要用于更年期综合征之阴阳两虚，虚火上炎之证。方中仙茅、仙灵脾、巴戟天温补肾阳；黄柏、知母泻火保阴；当归温润养血而调理冲任。本方以温肾壮阳药配伍滋阴泻火药同用，乃补中寓泻之剂；与龟鹿二仙胶甘润纯补，滋阴助阳者有别。

地黄饮子

Rehmannia Decoction

（Dihuang Yinzi）

（《圣济总录》）

【组成】熟干地黄焙　巴戟天去心　山茱萸炒　肉苁蓉酒浸，切，焙　附子炮裂，去皮脐　石斛去根　五味子炒　桂去粗皮　白茯苓去黑皮，各一两（各30g）　麦门冬去心，焙　远志去心菖蒲各半两（各15g）

【用法】上锉，如麻豆大。每服三钱匕（9~15g），水一盏，加生姜三片，大枣二枚

（擘破），同煎七分，去滓，食前温服。

【功效】滋肾阴，补肾阳，化痰开窍。

【主治】瘖痱。舌强不能言，足废不能用，口干不欲饮，足冷面赤，脉沉细弱。

【制方原理】瘖者，舌强不能言语也；痱者，足废不能行走也。下元虚衰，则筋骨痿软无力，甚至足废不用；足少阴肾脉挟舌本，肾虚精气不能上承，舌本失荣，加之虚阳上浮，痰浊随之上泛，阻塞心之窍道，故舌强不语；口干不欲饮，足冷面赤，脉沉细而弱，均属肾阴不足，虚阳浮越之象。本证病机为下元衰惫，阴阳两虚，痰浊上泛，机窍不利。治宜温补下元，兼以化痰开窍。

方中熟地、山茱萸补肾填精，肉苁蓉、巴戟天温壮肾阳，四药合用以治下元虚衰之本，共为君药。附子、肉桂助阳益火，协肉苁蓉、巴戟天温暖下元，补肾壮阳，并可摄纳浮阳，引火归原；石斛、麦冬滋阴益胃，补后天以充养先天；五味子酸涩收敛，合山茱萸可固肾涩精，伍肉桂能摄纳浮阳，纳气归肾。五药合用，助君药滋阴温阳补肾之力，同属臣药。石菖蒲、远志、茯苓化痰开窍，以治痰浊阻窍之标，与诸补肾药相伍，又可交通心肾，俱为佐药。煎药时少加姜、枣以和胃补中，调和药性，《黄帝素问宣明论方》收载本方时又加薄荷数叶，以疏郁利咽，并增本方轻清宣窍之力，用为佐使。诸药配伍，使下元得以补养，浮阳得以摄纳，水火相济，痰化窍开，则瘖痱可愈。

制方特点：阴阳并补，上下兼治；补中有敛，寓通于敛。

【临床应用】

1. 用方要点 本方为治肾虚瘖痱主方。临床用方辨证要点为舌强不语，足废不用，脉沉弱。

2. 临证加减 肾虚为主，宜去石菖蒲、远志等宣通开窍之品；以阴虚为主，而痰火盛，去附、桂，酌加川贝母、竹沥、陈胆星、天竺黄等清化痰热；兼气虚神疲倦怠，酌加黄芪、人参益气补虚。

3. 现代运用 主要用于晚期高血压病、脑动脉硬化、中风后遗症、脊髓炎、老年性痴呆等属肾阴阳两虚者。

4. 使用注意 瘖痱而兼气火升动，肝阳偏亢者禁用。

【现代研究】

1. 药理研究 地黄饮子能明显促进实验性脑栓塞大鼠下丘脑正中隆突与垂体门脉的血液循环。本方能延长果蝇平均寿命和最高寿命；降低老年大鼠血清及肝、脑组织的过氧化脂质（LPO）含量，提高血清谷胱甘肽过氧化物酶（GSH－Px）和超氧化物歧化酶（SOD）水平及相关组织线粒体的膜流动性；能对抗或改善东莨菪碱和环己酰亚胺所致的小鼠记忆损伤；延长正常及中年小鼠的游泳和耐缺氧时间。以上研究为本方补肾抗衰、开窍益智的临床运用提供了一定的实验依据。

2. 临床研究 以地黄饮子加减治疗脑梗死疗效满意。治疗组用药：干地黄、巴戟天、山茱萸、石斛、肉苁蓉、附子、五味子、肉桂、白茯苓、麦冬、石菖蒲、远志各12g，薄荷6g，生姜3片，大枣3枚。其中肝阳偏亢，痰火盛者去附子、肉桂，加夏枯草15～30g，天竺黄、胆南星各12g。每日1剂，浓煎取汁，每日服3次。同时配以地奥黄芪注射液30ml加入5%葡萄糖液250ml静脉滴注，每日1次。对照组以胞磷胆碱及丹参注射液静脉滴注，口服脉通胶囊2粒，日3次。结果：治疗组29例，显效22例，改善5例，无效2例，总有效率93.1%；对照组25例，显效14例，改善4例，无效7例，总有效率72.4%。两组总有效率有显著性差异（P<0.05）。

小　结

补益剂是为治疗虚证而设，针对机体气血阴阳虚损的不同类型及其兼夹证候而有补气、补血、气血双补、补阴、补阳、阴阳双补六类。补益剂具有补虚扶弱、固本御邪、抗老防衰等作用，故除用于治疗各类虚损之证外，还广泛用于疾病的预防及养生保健等。

1. 补气　适用于气虚证。根据脏腑病理生理特点，选配相应药物为本类方剂的配伍要点。四君子汤由人参、白术、甘草、茯苓配伍而成，为益气健脾的基本方；适用于脾胃气虚、运化乏力之证。参苓白术散在四君子汤的基础上配伍了甘平淡渗及理气行滞药味，而有益气健脾、渗湿止泻之功；主治脾胃气虚夹湿之泄泻以及肺脾气虚兼夹痰湿之咳嗽。补中益气汤重用黄芪并佐以升麻、柴胡，故长于补气升阳；适用于脾胃气虚，清阳不升的发热，或中虚气陷的脱肛、子宫下垂等。人参蛤蚧散补肺益肾，止咳定喘；常用于咳喘日久，肺肾虚衰，痰热内蕴之证。

2. 补血　适用于血虚证。根据血液化生营运的病理生理特点，选配相应药物为本类方剂的配伍要点。四物汤据肝肾精血互化之理，以填精养血药配伍活血药而成，补而不滞，宜于营血虚滞之证，为妇科调经之良方。当归补血汤以大剂黄芪配伍小量当归，既有补气生血之能，又有固表收敛浮阳之效，是治疗血虚发热证的首选方剂。归脾汤中主用参、芪、术等补气药味，配伍当归、龙眼肉及枣仁、远志、茯神等宁心安神之品；功擅益气补血，健脾养心；善治心脾气血两虚及脾不统血之证。

3. 气血双补　适用于气血两虚证，以补气药与补血药合用为配伍要点。八珍汤为四君子汤和四物汤的复方，补气与补血并重，是气血双补的代表方；适用于久病失治或病后失调的气血两虚之证。炙甘草汤滋阴养血，益气温阳之药兼备；其重用地黄，佐以桂枝、生姜等辛温通阳之品，是气血并补而偏于养阴通阳；主治阴阳气血重损之心动悸，脉结代。

4. 补阴　适用于阴虚证。根据阴阳相生互化之理及兼夹病理环节而选配相应药物是本类方剂的配伍要点。六味地黄丸为滋阴补肾的代表方，是方三阴并补而主补少阴，寓泄泻于填补之中，有调补之能，适宜于肾阴不足而致的多种疾患。左归丸为纯甘壮水之剂，阳中求阴，长于滋阴补肾，填精益髓，宜用于真阴不足、精髓亏损之证，其滋之力较强。大补阴丸重用滋阴之品，配伍知母、黄柏之清热泻火，为滋阴降火之方；常用于肝肾阴亏，相火亢盛之证。一贯煎在滋补肝肾药味中配入川楝子疏肝解郁；适用于肝肾阴虚，肝气不舒之脘胁疼痛、吞酸吐苦等证。

5. 补阳　适用于阳虚证。根据阴阳相生互化之理及兼夹病理环节而选配相应药物是本类方剂的配伍要点。肾气丸和右归丸均有温补肾阳的作用，主治肾阳不足诸证。其中肾气丸以少量桂枝、附子与大剂滋阴药味配伍，意在阴中求阳，少火生气；佐用活血渗利药以寓泻于补；适用于肾中阳气不足而兼水湿痰饮之证。右归丸则纯补无泻，重用填精补肾之品；阴中求阳，功擅温补命火，填精补髓；适用于真阳虚衰之证。

6. 阴阳双补 适用于阴阳两虚证，以补阴药与补阳药并用为组方要点。龟鹿二仙胶滋阴填精，益气壮阳；适用于真元虚损，精血不足所致的阳痿遗精、两目昏花、久不孕育之证。地黄饮子滋阴补阳，并能开窍化痰；适用于下元亏虚，痰浊上阻之瘖痱证。

复习思考题

1. 试述补益剂的概念、分类、配伍特点及使用注意事项。
2. 补中益气汤与普济消毒饮方中均有升麻、柴胡，其配伍意义有何不同，为什么？
3. 四君子汤、参苓白术散与补中益气汤均有益气补脾之功，临床如何区别使用？
4. 补血剂为什么常配伍补气药？试举例分析说明。
5. 当归补血汤为何重用黄芪？该方与白虎汤均可治疗发热，临床如何区别运用？
6. 四物汤、归脾汤、八珍汤、逍遥散均为妇科调经常用方，它们在功效和主治方面有何不同？
7. 一贯煎与逍遥散均常用于治疗肝气郁滞之胁痛，临床如何区别运用？
8. 补阳剂中为何常配伍补阴药？试举例分析说明。
9. 肾气丸中滋阴药数倍于温阳药而为补阳之剂，你是如何理解的？方中应以何药为君？
10. 六味地黄丸与肾气丸两方在组成、功效和主治方面有哪些异同？简述其制方之理。

第十四章

固涩剂

固涩剂（Formulae for Inducing Astringency）是以固涩药为主组成，具有收敛固涩的作用，主治气、血、精、津液耗散滑脱证的一类方剂。固涩剂属于"十剂"中"涩可固脱"的范畴。

气、血、精、津液是人体不可缺少的营养物质，既不断被机体所消耗，又不断由脏腑所化生，如此盈亏消长，周而复始，维持着人体正常的生命活动，即所谓"人之血气精神者，所以奉生而周于性命者也"（《灵枢·本藏》）。一旦气、血、精、津液耗散滑脱，轻者使机体正气亏虚，重者危及生命。此时宜遵"散者收之"及"涩可固脱"之法，应用固涩方以制止气、血、精、津液的耗散滑脱，体现"急则治标"的原则。

由于引起耗散滑脱的病因和病位不同，散失物质亦有气、血、精、津液之殊，其临床表现各异，常见的有自汗盗汗、久咳不已、久泻不止、遗精滑泄、小便失禁、带下量多等。因此，根据功效及所主证候的不同，固涩剂可分为固表止汗、敛肺止咳、涩肠止泻、涩精止遗、收涩止带五类方剂。

固涩剂现代临床被广泛用于呼吸系统、消化系统、生殖系统和神经系统的多种疾病，其中最多用于预防感冒，以及治疗反复呼吸道感染、慢性支气管炎、过敏性鼻炎、肠易激综合征、溃疡性结肠炎、遗尿、神经性尿频、男性不育、睾丸鞘膜积液、慢性前列腺炎、慢性子宫内膜炎、非炎性白带过多症等。固涩剂的药理研究表明，此类方剂多具有镇静、抗炎、调节植物性神经功能、免疫功能及增强垂体－肾上腺皮质功能，促进组织器官病理损害修复等方面的作用。

固涩剂所治的耗散滑脱之证，多与正气亏虚相关，临证选用此类方剂应根据气血、阴阳、精气、津液耗伤程度的不同，相应地配伍补益药，使之标本兼顾。本类方剂重在收敛固涩，为正虚无邪者设，若外邪未去，不宜过早使用，以免有"闭门留寇"之弊。对于热病多汗、痰饮咳嗽、火扰精泄、热痢初起、伤食泄泻、湿热带下等由实邪所致之证，均非本类方剂所宜。

第一节　固表止汗

固表止汗剂（Formulae for Consolidating the Exterior to Stop Sweating）适用于表虚卫外不固，腠理疏松，或心阳不潜所致阴液不能内守引起的自汗、盗汗，常用固表止汗药如麻黄根、浮小麦、煅龙骨、煅牡蛎等为主组成方剂。汗证多因肺脾气虚，卫外不固；或心阳不潜，阴液外泄所致。故本类方剂常配伍益肺补脾、潜阳敛液等药。代表方剂如玉屏风散、牡蛎散等。

玉屏风散
Jade-Screen Powder
（Yupingfeng San）
（《医方类聚》）

【组成】防风一两（30g）　黄芪蜜炙　白术各二两（各60g）

【用法】上㕮咀。每服三钱（9g），水一盏半，加大枣一枚，煎七分，去滓，食后热服。

【功效】益气固表止汗。

【主治】肺卫气虚证。汗出恶风，面色㿠白，舌淡苔薄白，脉浮虚。亦治虚人易感风邪。

【制方原理】卫行于脉外，分布于体表，行温养肌肤腠理，调节汗孔开合，防御外邪入侵之职。肺主一身之气，外合皮毛，卫气输布体表充养肌肤，全赖肺气的宣发作用。一旦肺气虚弱，则宣发无能，卫外无力，腠理失固，易为风邪所袭，故常感恶风怯寒。表虚失固，营阴不能内守，津液外泄，则身常自汗；面色㿠白，舌淡苔薄白，脉浮虚，为肺脾气虚之象。本证病机要点为气虚表疏。治宜益气实卫，固表止汗。

方中黄芪甘温，可"入肺补气，入表实卫，为补气诸药之最"（《本草求真》），且能健脾益气充肺，俾脾肺气充，表固卫实，用为君药。白术健脾益气，助黄芪益气固表，为臣药。两药合用，既可补脾胃而助运化，使气血生化有源，又能补肺气而实肌表。防风甘温不燥，走表而散风御邪，为佐药。黄芪得防风，则固表而不留邪；防风得黄芪，则祛邪而不伤正。煎药时少加大枣，意在加强本方益气补虚之力。诸药合用，表虚自汗之人服之，能益气固表以止汗泄；体虚易感风邪之人服之，能益气固表以御外邪。本方益气固表，止汗御风之功有如挡风之屏，珍贵如玉，且为散剂，故以"玉屏风散"名之。

制方特点：补中兼疏，寓散于收，相反相成。

本方与桂枝汤均可用治表虚自汗。然本方证之自汗乃卫气虚弱，腠理不固而致；桂枝汤证之自汗，因外感风寒，营卫不和而致。本方功专固表止汗，兼以祛风；桂枝汤则主在解肌散邪，调和营卫。吴崑谓之"是自汗也，与伤风自汗不同。伤风自汗，责之邪气实；杂证自汗，责之正气虚。虚实不同，攻补亦异"（《医方考》）。

【临床应用】

1. 用方要点　本方为益气固表的代表方。临床用方辨证要点为恶风自汗，易感外邪，舌淡脉虚。

2. 临证加减　汗出量多，加浮小麦、煅牡蛎、麻黄根等以加强固表止汗之效；表虚外感风寒，头痛鼻塞，汗出恶风，可与桂枝汤合用，以益气固表、调和营卫。

3. 现代运用　主要用于预防或治疗小儿及成人反复发作的上呼吸道感染，也常用于慢性肾小球肾炎、过敏性鼻炎、慢性荨麻疹、支气管哮喘等因气虚受风而反复发作者，以及术后、产后等因体虚所致的多汗。

4. 使用注意　外感表虚汗出、阴虚盗汗证，本方不宜。

【现代研究】

1. 药理研究　玉屏风散煎剂灌胃能显著提高卵清蛋白（OVA）致敏和激发的过敏性鼻炎小鼠 Th1/Th2 比值和抑制 Th2 细胞的过度表达。其所含多糖成分对环磷酰胺造成免疫低下小鼠及二硝基氯苯（DNCB）所致的迟发型超敏反应均有显著增强作用。玉屏风口服液可显著对抗醋酸氢化泼尼松（HPA）所致的外周血 ANAE 淋巴细胞减少，明显提高正常小鼠巨噬细胞的吞噬功能，完全对抗 HPA 所致的吞噬功能降低，使其恢复至正常水平。上述研究为理解本方益气固表的功效提供了一定的现代药理学基础。

2. 临床研究　132 例反复呼吸道感染的儿童，分为中药治疗组 67 例和西药对照组 65 例。治疗组在抗感染及对症治疗的基础上加用玉屏风散加党参、茯苓，研末口服；对照组在常规抗感染及对症治疗外加用斯奇康注射液，肌肉注射，隔日 1 次。两组均以 2 个月为 1 疗程，停药后每月随访 1 次，连续观察 6 月。结果：中药治疗组的总有效率为 88.1%，显著高于西药对照组的 64.6%。

牡 蛎 散
Oyster Shell Powder
（Muli San）
（《太平惠民和剂局方》）

【组成】黄芪去苗土，一两（30g）　麻黄根洗，一两（9g）　煅牡蛎米泔浸，刷去土，火烧通赤，一两（30g）

【用法】上三味为粗散，每服三钱（9g），水一盏半，小麦百余粒（30g），同煎至八分，去滓热服，日二服，不拘时候（现代用法：水煎服）。

【功效】敛阴止汗，益气固表。

【主治】体虚自汗、盗汗证。常自汗出，夜卧尤甚，久而不止，心悸惊惕，短气烦倦，舌淡红，脉虚弱。

【制方原理】气虚卫外不固，肌表空疏则为自汗；汗为心之液，汗出过多，耗伤心阴，则心阳不潜，津液外泄，故夜卧汗出尤甚而为盗汗。汗出久而不止，耗损心之气阴，心神失养，则心悸惊惕、心烦体倦；舌淡红，脉虚弱均为气耗阴伤之象。本证的病机要点为表虚卫外不固，阴伤心阳不潜。治宜益气固表止汗，敛阴潜阳养心。

方中牡蛎咸涩微寒而质重，能敛阴潜阳，镇惊安神，其煅制而用，尤善收涩止汗，故为君药。生黄芪甘温，益气实卫，固表止汗，助君药以加强其固表止汗之功，为臣药。此君臣相配，是标本兼顾。麻黄根甘平，功专收敛止汗，助君臣以增固表之力，为佐药。小麦甘凉，专入心经，养阴益气，"止虚汗"（《本草纲目》），且能清心除烦，为佐使药。诸药合用，共奏敛阴止汗、益气固表之功。方中小麦《医方集解》易为浮小麦，则收涩止汗之力更强，但养心之功稍逊。

制方特点：补肺益气，养心敛阴，固表止汗。

本方与玉屏风散均可治卫外虚弱，腠理不固之自汗证。但本方长于敛阴潜阳，善治诸虚不足，心阳不潜，心阴被耗之自汗、盗汗者；玉屏风散则长于健脾补肺，益气固表，且补中寓散，故宜于表虚气弱之自汗或易感风邪者。

【临床应用】

1. 用方要点 本方适用于气虚卫弱，阴伤阳浮之自汗、盗汗证。临床用方辨证要点为汗出，悸烦，脉虚弱。

2. 临证加减 气虚明显，用黄芪，再加人参、白术以益气；阳虚见汗出畏寒，可加附子、桂枝；偏于阴虚，加生地黄、白芍、五味子；盗汗甚，加糯稻根、山茱肉等。

3. 现代运用 主要用于肺结核病、妇女产后体虚、植物神经功能失调以及其他慢性疾病之多汗属心肺气阴不足者。

4. 注意事项 阴虚火旺之盗汗、亡阳之脱汗，本方不宜。

【现代研究】

临床研究 小儿多汗症 318 例用牡蛎散加味方（煅牡蛎、生黄芪、麻黄根、浮小麦、五味子）治疗。阳虚加白术、桂枝、山药、防风；阴虚加当归、麦冬、地骨皮、酸枣仁；气阴两虚加党参、白术、当归、麦冬、大枣。水煎服，每日 1 剂，治疗 3 ~ 10 天。结果：痊愈 264 例，好转 33 例，有效 21 例，总有效率为 100%。

第二节　敛肺止咳

敛肺止咳剂（Formulae for Astringing the Lung to Stop Cough）适用于久咳肺虚，气阴耗伤而致的咳嗽、气喘、自汗、脉虚数等。常用敛肺止咳药物五味子、罂粟壳、乌梅等为主组成方剂。本类病证因久咳不已，耗气伤津；或肺失宣降，津聚成痰；或虚火内生，灼伤肺络。故此类方剂常配伍滋阴益气、宣肃肺气、润肺清热、化痰止血等药。代表方剂如九仙散等。

九 仙 散
Nine-Immortal Powder
（Jiuxian San）
（《卫生宝鉴》）

【组成】人参　款冬花　桑白皮　桔梗　五味子　阿胶　乌梅各一两（各30g）　贝母半两（15g）　罂粟壳去顶，蜜炒黄，八两（240g）

【用法】上为末，每服三钱（9g），白汤点服，嗽住止后服（现代用法：水煎服）。

【功效】敛肺止咳，益气养阴。

【主治】久咳伤肺，气阴两虚证。咳嗽日久不已，甚则气喘自汗，痰少而黏，脉虚数。

【制方原理】久咳不已，以致肺气耗散，肺阴亏损，肺虚不敛，而见久咳不愈，甚则气喘；肺主气，外合皮毛，肺虚卫弱，肌表不固，则见自汗；肺之气阴耗伤，肺失清肃，津液输布失常，津聚为痰，则见痰少而黏；脉虚数，也是气阴两伤之象。本证病机为久咳伤肺，气阴两虚，痰热内蕴。治宜敛肺止咳，益气养阴；兼以清化痰热，肃降肺气。

方中罂粟壳味酸涩，入肺经而善于"收敛肺气，止咳嗽"（《滇南本草》），重用而为君药。五味子、乌梅亦为酸敛之品，合而增强罂粟壳敛肺止咳之力，且能生津润肺，敛肺止汗，同为臣药。人参益气生津而补肺，阿胶滋阴养血而润肺，合用而双补肺脏气阴；更以款冬花化痰止咳，下气平喘；桔梗宣利肺气，化痰止咳；桑白皮泻肺清热，降气平喘；贝母润肺化痰，清热止咳。此六味共为佐药。全方诸药相合，既能敛肺止咳，又能益气养阴、化痰平喘，是治久咳肺虚之良方。

制方特点：主以敛肺止咳，兼行补气润肺、清热消痰、降肺利气。

【临床应用】

1. 用方要点 本方适用于久咳伤肺，气阴两虚证。临床用方辨证要点为久咳不愈，或喘而自汗，脉象虚数。

2. 临证加减 肺肾亏虚而见喘咳甚，呼多吸少，加蛤蚧、胡桃肉；气虚甚而见气短乏力，加黄芪、炙甘草；阴虚甚而见口燥咽干，舌红苔干，加麦冬、百合；肺络伤而见痰中带血，加白及、白茅根、仙鹤草。

3. 现代运用 主要用于慢性气管炎、肺气肿、百日咳等属气阴不足之久咳者。

4. 注意事项 肺中多痰，或外有表邪者忌用本方。方中罂粟壳不宜多服、久服。

【现代研究】

临床研究：喉源性咳嗽30例用加减九仙散（方中人参改玄参，去桔梗、阿胶、罂粟壳，加荆芥）治疗。其中干咳无痰，舌红少苔者，浙贝母易为川贝母10g，再加百合10g，桑叶6g；喉痒甚者加蝉蜕10g，牛蒡子6g；咽痛明显者加射干10g，薄荷6g；痰黏难咯者加海浮石12g，瓜蒌15g；痰黄稠者去五味子、乌梅，加黄芩、知母各10g，瓜蒌15g。每日1剂，7日为1疗程。服药2个疗程。结果：23例症状消失，3例咳嗽次数明显减少，4例无效，总有效率为87%。

第三节 涩肠止泻

涩肠止泻剂（Formulae for Consolidating the Intestines to Stop Diarrhea），适用于脾肾虚寒所致之泻痢日久，大便滑脱不禁的病证。本类方剂主以涩肠止泻药如罂粟壳、肉豆蔻、诃子、赤石脂、禹余粮、乌梅、五味子等为主组成。久泻不愈，多由脾胃虚寒，不能腐熟水谷；或肾阳不足，火不暖土，脾失健运所致；久泻气陷，易致气滞；泻痢日久，又可致营血亏耗。故此类方剂中常配伍温肾助阳、健脾益气、理气行滞、滋阴养血等药味。代表方剂如四神丸、真人养脏汤等。

四 神 丸

Four-Miracle Pill

（Sishen Wan）

（《内科摘要》）

【组成】肉豆蔻 五味子各二两（各6g） 补骨脂四两（12g） 吴茱萸浸，二两（6g）

【用法】上为末，生姜四两（12g），红枣五十枚，用水一碗，煮姜、枣，水干，取枣肉，丸桐子大，每服五、七十丸（6～9g），空心食前服（现代用法：水煎服）。

【功效】温肾暖脾，涩肠止泻。

【主治】脾肾虚寒之五更泻。五更时泄泻，不思饮食，食不消化，或腹痛喜温，腰酸肢冷，神疲乏力，舌淡苔薄白，脉沉迟无力。

【制方原理】五更泻指每于五更时分发生的泄泻，又称肾泄或鸡鸣泻。本病多由命门火衰，火不暖土，脾失健运所致。《素问·金匮真言论》云："鸡鸣至平旦，天之阴，阴中之阳也，故人亦应之。"此时肾中元阳，每于夜半发动至五更，所谓阴中之阳渐长。如阳虚内寒，肾阳升动却遇凝寒阻闭，阳弱不胜凝寒，升动反而下降，加之命火不温脾土，脾阳不升而水谷下趋，故令五更泄泻。脾阳不运，故不思饮食、食不消化；阴寒凝聚，脏腑失煦，故腹痛、腰酸肢冷；舌淡苔薄白，脉沉迟无力也为脾肾虚寒之象。本证病机要点为脾肾阳虚，寒邪内生，大肠失固。治宜温肾暖脾，涩肠止泻。

方中补骨脂辛苦而温，补肾助阳，温脾止泻，尤善补命门之火以散寒邪，为治肾虚泄泻之要药，故重用为君药。肉豆蔻涩肠止泻，温中行气，与补骨脂相配既可助温肾暖脾，又能涩肠止泻，为臣药。吴茱萸辛热，温中暖胃，散寒止痛；五味子酸温，固肾涩肠，此二味合助君臣以温脏涩肠止泻。重用生姜以温胃散寒，大枣补脾益胃以生津液，合为佐使药。诸药配伍，令火旺土强，寒去肠固，肾泄自愈。《医方集解》记载本方服法宜在"临睡时淡盐汤或白开水送下"，要求择时服药，以能截其病势而确保疗效，所谓"若平旦服之，至夜药力已尽，不能敌一夜之阴寒故也"。

制方特点：①以温涩止泻为主旨，温肾暖脾与涩肠养胃并行；②重用姜、枣，制以丸剂，意在温补脾胃、鼓舞运化。

【临床应用】

1. 用方要点 本方适用于脾肾虚寒，火不生土，肠失固摄之五更泄泻或久泻。临床用方辩证要点为慢性泄泻，不思饮食，肢冷神疲，舌淡苔白，脉沉迟无力。

2. 临证加减 久泻中气下陷而见脱肛，加黄芪、升麻；脾肾阳虚甚而见洞泄无度，畏寒肢冷，加附子、肉桂等。

3. 现代运用 主要用于慢性结肠炎、过敏性结肠炎、肠结核、肠易激综合征之久泻或五更泻等属脾肾虚寒者。

【现代研究】

1. 药理研究 四神丸能降低大黄、蓖麻油引起的小鼠腹泻次数，并能抑制正常小鼠和拮抗溴吡斯的明作用后小鼠的炭末推进率。全方及其组成二神丸、五味子散和单味药五味子、吴茱萸对家兔离体肠管的自发活动均有明显抑制作用，并能对抗乙酰胆碱或氯化钡引起的肠痉挛。四神丸与肾上腺素抑制肠管作用的比较表明，四神丸的抑制作用并非通过α受体而起作用。上述研究结果为四神丸的涩肠止泻功效提供了一定药理学依据。

2. 临床研究　肠易激综合征116例辨证为脾胃虚寒型，口服四神丸，每日2次，每次1丸，同时配合脐部外敷药物，3周为1疗程，观察1~3个疗程。结果：1个疗程治愈86例，2个疗程治愈26例，3个疗程治愈2例，无效2例，总有效率为98.28%。四神丸（改汤剂）与痛泻要方合用治疗五更泻36例，每日1剂，水煎分3次服，10剂为1个疗程。结果：治疗后15天内痊愈26例；1个月内痊愈8例，无效2例。总计治愈34例，总有效率94%。

真人养脏汤
Nourishing the Viscera Decoction
(Zhenren Yangzang Tang)
(《太平惠民和剂局方》)

【组成】人参　当归去芦　白术焙，各六钱（各18g）　肉豆蔻面裹煨，半两（15g）　肉桂去粗皮，八钱（24g）　甘草炙，八钱（24g）　白芍药一两六钱（48g）　木香不见火，一两四钱（42g）　诃子去核，一两二钱（36g）　罂粟壳去蒂萼，蜜炙，三两六钱（108g）

【用法】上锉为粗末，每服二大钱（6~9g），水一盏半，煎至八分，去渣，食前温服。忌酒、面、生冷、鱼腥、油腻（现代用法：水煎服）。

【功效】涩肠固脱，温补脾肾。

【主治】久泻久痢之脾肾虚寒证。大便滑脱不禁，日夜无度，甚至脱肛坠下，或大便脓血，下痢赤白，脐腹疼痛，里急后重，喜温喜按，倦怠食少，舌淡苔白，脉迟细。

【制方原理】脾主运化，赖肾中阳气之温煦。如泻痢日久，损伤脾肾，脾虚中气下陷，肾虚关门不固，故见久泻，甚则大便滑脱不禁，脱肛坠下；脾肾阳虚，虚寒内生，寒邪凝滞，损伤肠络而见下痢赤白或便脓血、脐腹疼痛而喜温喜按；脾虚不运，久泻耗正，气血俱虚，则见倦怠神疲、舌淡苔白、脉迟细。本证病机为脾肾虚寒，固摄无权，气血两虚，且病势比较重急。治当涩肠固脱为先；辅以温补脾肾，扶助气血。

方中罂粟壳能"止泄痢，固脱肛"（《本草纲目》），重用取其涩肠固脱而止泻痢，为君药。肉豆蔻、诃子温脾涩肠，以助君药涩肠固脱之力，同为臣药。肉桂辛热，益火壮阳，助肉豆蔻温肾暖脾散寒；人参、白术益气健脾，当归、白芍益阴养血，合之双补气血；更用木香芳香醒脾，行气止痛，既合归、芍调和气血以除脓血后重，又兼制君臣补涩而防气机壅滞，此六味俱为佐药。炙甘草健脾和药，兼为佐使。全方诸药相合，共奏涩肠固脱、温肾暖脾、调补气血之功。

制方特点：①涩肠固脱与温肾暖脾、调补气血并用，标本兼顾；②主用涩敛甘补，佐以辛香调气和血，使涩补而不滞。

本方与四神丸同为固涩止泻之剂。本方重在涩肠固脱，兼行温补；主治泻痢日久，甚或大便失禁、脱肛。四神丸则主在温肾，兼行暖脾涩肠；主治命门火衰，火不暖土所致的五更泻。

【临床应用】

1. 用方要点　本方适用于脾肾虚寒之久泻久痢。临床用方辨证要点为泻痢日久，滑脱不禁，腹痛喜温，食少神疲，舌淡苔白，脉迟细。

2. 临证加减　中气下陷而兼脱肛，加黄芪、升麻、柴胡；虚寒较甚而见洞泄无度，完谷不化，加炮附子、干姜、补骨脂。

3. 现代运用　主要用于慢性结肠炎、慢性痢疾、肠结核、慢性肠炎之久泻久痢属脾肾虚寒，气血不足者。

4. 注意事项　不宜久服；泻痢虽久而积滞热毒未清者禁用。

【现代研究】

1. 药理研究　真人养脏汤能明显减少溃疡性结肠炎模型大鼠4周时肿瘤坏死因子（TNF-α）表达，改善其恢复期模型的炎性反应。本方对大鼠急性应激性溃疡、幽门结扎性溃疡、消炎痛性溃疡和醋酸性溃疡均有明显的抑制和保护作用，其机理可能是通过中和胃酸、抑制胃蛋白酶活性、减少胃液、消化蛋白质，从而抑制溃疡的发生和保护溃疡面而促进愈合。

2. 临床研究　用真人养脏汤加减治疗溃疡性结肠炎32例。其中腹痛重加延胡索、五灵脂；晨起腹痛重加补骨脂、五味子；食少纳呆加高良姜、草豆蔻；便血脱肛加白头翁、石榴皮、椿根皮。每天1剂，水煎，分2次服。15天为1疗程，连服2~3个疗程。结果：临床痊愈2例，显效13例，有效13例，无效4例，总有效率为87.5%。

【附方】

1. 桃花汤（《伤寒论》）　赤石脂一半全用，一半筛末，一斤（30g）　干姜一两（3g）　粳米一升（30g）　上三味，以水七升，煮米令熟，去滓，温服七合，内赤石脂末方寸匕（6g），日三服。若一服愈，余勿服。功效：温中涩肠止痢。主治：虚寒血痢证。下痢日久不愈，便脓血，色暗不鲜，腹痛喜温喜按，小便不利，舌淡苔白，脉迟弱或微细。

2. 赤石脂禹余粮汤（《伤寒论》）　赤石脂碎，一斤（30g）　禹余粮碎，一斤（30g）　上二味，以水六升，煮取二升，去滓，分温三服。功效：涩肠止泻。主治：泻痢日久，滑泻不禁。

按：桃花汤和赤石脂禹余粮汤均为涩肠止泻之剂，治疗久泻久痢之证。二方均用赤石脂，但桃花汤另有干姜和粳米，兼能温中养胃，宜于脾胃虚寒的泻痢者；赤石脂禹余粮汤中配有禹余粮，其固涩之力强，宜于下焦滑脱之泻痢不禁者。

第四节　涩精止遗

涩精止遗剂（Formulae for Stabilizing the Essence to Stop Emission and Enuresis），适用于肾虚失藏，精关不固之遗精、滑泄；或肾虚不摄，膀胱失约之遗尿、小便频数证。常用涩精止遗药如沙苑蒺藜、桑螵蛸、芡实、金樱子、莲子肉等为主组成方剂。盖肾主藏精，为封藏之本，心主神志与肾精摄藏密切相关，故此类方剂又常配伍补肾、宁心等药。代表方剂如金锁固精丸、桑螵蛸散等。

金锁固精丸
Golden Lock Pill to Stabilize Essence
（Jinsuo Gujing Wan）
（《医方集解》）

【组成】沙苑蒺藜去皮，炒　芡实蒸　莲须各二两（各60g）　龙骨酥炙　牡蛎盐水煮一日一夜，煅粉，各一两（各30g）

【用法】莲子粉糊为丸，盐汤下（现代用法：水煎服）。

【功效】补肾涩精。

【主治】肾虚不固之遗精滑泄。遗精滑泄，腰酸耳鸣，四肢酸软，神疲乏力，舌淡苔白，脉细弱。

【制方原理】肾主藏精，肾虚则封藏失司，精关不固，见遗精滑泄；腰为肾之府，肾开窍于耳，肾虚精亏，府窍失养，则腰酸耳鸣；肾亏气弱，则四肢酸软、神疲乏力；舌淡苔白，脉细弱也为精气不足之象。本证病机为肾虚封藏失司，精气被耗。治宜固肾涩精。

方中沙苑蒺藜甘温补肾，"为泄精虚劳要药，最能固精"（《本经逢源》），为君药。莲子、芡实益肾涩精，健脾养心，协交心肾，助君药以增固肾涩精之力，同为臣药。龙骨、牡蛎煅制而用，涩精止遗，兼潜阳安神；莲须功专固肾涩精。三药共助君臣以加强固涩之力，俱为佐药。全方诸药合用，共奏补肾益精、固精止遗之功。本方秘肾气，涩精关，效如"金锁"之固，故名"金锁固精丸"。

制方特点：主以固肾涩精，兼行调养心脾，体现了"精病调神"的治法思路。

【临床应用】

1. 用方要点　本方适用于肾虚精关不固之遗精滑泄证。临床用方辨证要点为遗精滑泄，腰痛，耳鸣，舌淡苔白，脉细弱。

2. 临证加减　偏于肾阳虚而见腰膝冷痛、尿频，酌加菟丝子、补骨脂、附子；偏于肾阴虚而见梦遗腰酸、手足心热，酌加龟板、女贞子、熟地黄；心肾不交而见心悸失眠，酌加酸枣仁、远志、五味子；肾虚精亏而腰痛膝软明显，加杜仲、桑寄生；肾虚气弱见遗精滑泄日久不愈，加黄芪、山萸肉、金樱子。

3. 现代运用 主要用于性神经功能紊乱、男子不育症、神经官能症，亦常用于慢性肾炎、慢性前列腺炎、乳糜尿等属肾虚精气不固者。

4. 注意事项 湿热下注，或心肝火旺之遗精忌用。

【现代研究】

1. 药理研究 金锁固精丸加味方分别在造模即刻、第 15 天及第 30 天给予阿霉素肾病模型大鼠灌胃，结果发现各给药组大鼠的尿蛋白和血脂显著降低，血清总蛋白和白蛋白升高，肾组织病理损伤减轻。其中以造模即刻给药组的疗效最佳。

2. 临床研究 男性不育症患者 32 例用金锁固精丸加减治疗。其中肾阳虚加附子、肉桂；阴虚火旺加知母、黄柏、丹皮；兼湿热加蒲公英、苍术、薏苡仁、苦参；气滞血瘀加柴胡、白芍、丹参、桃仁、红花。每日 1 剂，早、晚各服 1 次，30 天为 1 疗程。服药期间节制房事，戒烟酒。治疗 3 个疗程。结果：痊愈 10 例，临床治愈 17 例，显效 3 例，无效 2 例，总有效率为 93.75%。

【附方】

水陆二仙丹（《洪氏集验方》） 芡实 金樱子各等分（各 12g） 取芡实连壳杂捣令碎，晒干为末。复取金樱子去外刺，并其中子，洗净，捣碎，入甑中蒸令熟，却用所蒸汤三两过，取所淋糖樱汁入银铫，慢火熬成稀膏，用以和芡实末，丸如梧桐子大，每服盐汤下五十丸（6g）。功效：补肾涩精。主治：男子遗精白浊，小便频数，女子带下，纯属肾虚不摄者。

按：本方与金锁固精丸均有补肾涩精作用，但本方补涩之力不及金锁固精丸强。

桑螵蛸散
Mantis Egg-case Powder
（Sangpiaoxiao San）
（《本草衍义》）

【组成】 桑螵蛸 远志 菖蒲 龙骨 人参 茯神 当归 龟甲各一两（各 30g）

【用法】 以上为末，夜卧人参汤调下二钱（6g）（现代用法：水煎服）。

【功效】 调补心肾，固精止遗。

【主治】 心肾两虚之尿频或滑精证。小便频数，或尿色白浊如米泔水，或遗尿、滑精，心神恍惚，健忘，舌淡苔白，脉细弱。

【制方原理】 本方所治由心肾两虚，水火不交而致。肾藏精，与膀胱相表里，肾虚不摄则膀胱失约，而见小便频数，或尿如米泔色，甚至遗尿；精关不固，则遗精滑泄。心藏神，心气不足，神失所养，且肾精不足，不能上交于心，故见心神恍惚、健忘；舌淡苔白，脉细弱，均为心肾不足之象。本证病机为心肾两虚，水火失交，精神失藏。治宜调补心肾，固精止遗，养心安神。

方中桑螵蛸甘咸平，补肾固精缩尿，为君药。龙骨宁心安神，收涩固精；龟甲滋阴潜阳，益肾补心。二药相合，助君药以固涩止遗，补益心肾，同为臣药。人参大补元气，当归养血补心，二药共益气血；茯神宁心安神，菖蒲宣窍宁心，远志安神定志，且通肾气上达于心，此三味相合，协交心肾而调神，俱为佐药。诸药配合，既能补肾固精、涩精止遗，又能养心安神、交通上下。

制方特点：补涩兼行，固精宁神，心肾并治。

本方与金锁固精丸均为涩精止遗之方，但金锁固精丸纯用补肾涩精之品组成，专治肾虚精关不固之遗精滑泄；本方则在涩精止遗的基础上配伍养心安神、交通心肾之品，主治心肾两虚所致的尿频或遗尿、遗精、心悸健忘等症。

【临床应用】

1. 用方要点 本方适用于心肾两虚，水火不交证。临床用方辨证要点为小便频数，或遗尿、遗精，心神恍惚，舌淡苔白，脉细弱。

2. 临证加减 膀胱虚冷见小便频数或遗尿，合缩泉丸（益智仁、乌药、山药）；遗精滑泄不止，加山茱萸、沙苑蒺藜、五味子；心神不宁见失眠健忘，酌加酸枣仁、五味子。

3. 现代运用 主要用于小儿习惯性遗尿、神经性尿频、肾功能减退、糖尿病等属心肾两虚者。

4. 注意事项 下焦湿热，或肾阳虚弱之尿频或失禁者，本方不宜。

【现代研究】

临床研究 治疗急性尿道综合征患者67例。其中桑螵蛸散组37例，用该方每日1剂，水煎2次，合并煎液，早晚分服；对照组30例，口服谷维素（每次10mg，每日3次），安定片（每次2.5mg，每日3次）。用药1周为1个疗程，共治疗3个疗程。结果：桑螵蛸散组治愈20例，好转15例，无效2例，总有效率为94.6%；对照组治愈10例，好转12例，无效8例，总有效率为73.3%；桑螵蛸散组疗效显著优于对照组。

【附方】

缩泉丸（《魏氏家藏方》） 天台乌药细锉 益智仁大者，去皮，炒，各等分 上为末，山药炒黄研末，打糊为丸，如梧桐子大，曝干；每服五十丸（6g），嚼茴香数十粒，盐汤或盐酒下（现代用法：每日1~2次，每次6g，开水送下）。功效：温肾祛寒，缩尿止遗。主治：膀胱虚寒证。小便频数，或遗尿，小腹冷，舌淡，脉沉弱。

第五节 收涩止带

收涩止带剂（Formulae for Astringency to Stopping Morbid Leukorrhea）适用于妇女带下之证。带下病多因脾肾虚弱，任带不固，湿浊下注所致。临证组方常以补脾益肾药，如山药、芡实为主，配伍收涩止带及利湿化浊之品，如白果、椿根皮、鸡冠花，以及车前子、薏苡仁等。代表方剂如完带汤、收涩止带汤等。

完 带 汤

Ending Morbid Leukorrhea Decoction

（Wandai Tang）

（《傅青主女科》）

【组成】白术土炒，一两（30g）　山药炒，一两（30g）　人参二钱（6g）　白芍酒炒，五钱（15g）　车前子酒炒，三钱（9g）　苍术制，三钱（9g）　甘草一钱（3g）　陈皮五分（2g）　黑芥穗五分（2g）　柴胡六分（2g）

【用法】水煎服。

【功效】补脾疏肝，化湿止带。

【主治】脾虚肝郁，湿浊下注之带下证。带下色白，清稀无臭，肢体倦怠，大便溏薄，舌淡苔白，脉缓或濡弱。

【制方原理】本方所治之带下，由脾虚不运，湿浊不化，肝气不舒，带脉不固而成。脾虚不运，湿浊下趋，故见带下色白量多、清稀无臭；脾虚化源不足，则倦怠乏力；脾虚湿停，清阳不升，则大便溏薄；舌淡苔白，脉缓濡弱，亦为脾虚湿盛之象。本证病机为脾虚肝郁，湿浊下注。治宜健脾疏肝，化湿止带。

方中重用白术、山药补脾益气，化湿止带，其中白术土炒尤能健脾燥湿化浊，山药兼能补肾固精止带，共为君药。人参益气补中，资君药补脾之力；苍术辛香苦燥，善燥湿运脾化浊。二药助白术健脾祛湿之力，令脾旺湿化，乃治带之本，同为臣药。柴胡疏肝理气，白芍养血柔肝，二药相合，养肝体而调肝用；车前子利湿泄浊，引湿从小便去；陈皮理气燥湿，令气行而湿化，兼制参、术之滞；芥穗祛风胜湿，炒黑又能收涩止带，皆为佐药。甘草益气健脾，和中调药，为佐使药。诸药合用，健脾调肝，祛湿化浊，舒畅气机，而使带下得止。

制方特点：肝脾同治，主以健脾助运，辅以祛湿化浊，佐以调肝舒郁。

【临床应用】

1. 用方要点　适用于脾虚肝郁，湿浊不化之白带证。临床用方辨证要点为带下色白，清稀无臭，舌淡苔白，脉缓弱。

2. 临证加减　可选加煅龙骨、煅牡蛎、海螵蛸、芡实、椿根皮以增强收涩止带之功。带下日久，肾气亏虚见腰痛膝软，加菟丝子、杜仲、川断；肝郁较甚见胸胁胀痛，加香附、青皮、川芎；肾经虚寒见带下清冷、色白量多，加鹿角霜、巴戟天。

3. 现代运用　主要用于慢性阴道炎、慢性宫颈炎、子宫附件炎等带下属脾虚肝郁，湿浊下注者。

4. 注意事项　肝经郁热，或湿热下注之带下证，本方不宜。

【现代研究】

临床研究　完带汤加减治疗非炎性带下病60例。方药由炒白术、党参、生山药、柴胡、炒荆芥穗、车前子、川续断、桑寄生、海螵蛸、鹿角霜、狗脊所组成。其中脾虚湿盛，加茯苓、莲肉；肾虚而带任不固，加补骨脂、艾叶、鸡冠花。每日1剂，分2次温服，2周为1个疗程。结果：治愈38例，显效18例，无效4例，总有效率为93%。

【附方】

易黄汤（《傅青主女科》）　山药炒，一两（30g）　芡实炒，一两（30g）　黄柏盐水炒，二钱（6g）　车前子酒炒，一钱（3g）　白果碎，十枚（12g）　水煎服。功效：补脾益肾，清热祛湿。主治：肾虚湿热带下。带下黏稠量多，色黄如浓茶汁，其气腥秽，舌红，苔黄腻。

收涩止带汤
Decoction of Astringency to Stopping Morbid Leukorrhea
（Shouse Zhidai Tang）
（《治法与方剂》）

【组成】怀山药　芡实（各15g）　白鸡冠花（9g）　菟丝子　杜仲　续断　白术（各12g）椿根皮（10g）

【用法】水煎服。

【功效】补肾健脾，收涩止带。

【主治】肾气不固，脾虚失摄之带下证。白带清稀，量多，日久不止；伴有腰酸如折，小便频数清长，夜间尤甚，大便溏薄。苔薄白，脉沉迟。

【制方原理】本证由素体肾气不足，或房劳多产，伤及脾肾，固藏失职，阴液滑脱下渗引起。脾肾亏虚，任带不固，则见带下清稀量多；带下日久，伤及肾脏精气，腰府失充，则见腰酸如折；气化无能则小便频数清长。脾虚不运，则见大便溏薄。苔薄白，脉沉迟，亦为脾肾虚损之象。本方证病机为肾脾两虚，任带失固。治宜补肾健脾，固涩止带。

方中以山药、芡实补脾益肾，固涩止带，其中"山药之补，本有过于芡实，而芡实之涩，更有胜于山药"（《本草求真》），故合用共为君药。椿根皮苦涩止带，白鸡冠花甘凉，两药合用以增收涩止带之功，同为臣药。菟丝子助阳益精，平补之中又具收涩之性；杜仲、续断补肾固精止带，兼能强壮腰膝；白术健脾除湿止带。此四味补肾健脾，共为佐药。诸药合用，寓补于涩，强肾健脾，使固摄有权，带下自止。

本方与完带汤均治带下证，两方中均有山药和白术，同有健脾止带之功。但本方多用收涩止带药，并配伍补肾固精药，功主补益固涩，适宜于脾弱肾虚不摄之清带如注，日久不止者；完带汤中重用健脾祛湿之品，并配伍调肝理气药，功偏调补兼行，适宜于脾虚肝郁湿注之白带量多者。

【临床应用】

1. 用方要点　本方适用于肾气不固，脾虚失摄之妇女带下证。临床用方辨证要点为带下清稀，色白量多，日久不止，腰酸便溏，苔薄白，脉沉迟无力。

2. 临证加减　偏湿加茯苓、薏苡仁、萆薢、苍术；偏热加黄芩、黄柏、败酱草；偏寒加干姜、小茴香、肉桂；带下日久不止可选加龙骨、牡蛎、金樱子等。

3. 现代运用　主要用于慢性阴道炎、慢性宫颈炎、非炎性白带过多症等属肾气不固，脾虚失摄者。

4. 注意事项　肝经火热，或湿热下注之带下证，本方不宜。

小 结

固涩剂为正虚不固，气血精津滑脱散失之证而设。本章方剂按功效分为固表止汗、敛肺止咳、涩肠止泻、涩精止遗、收涩止带五类。

1. 固表止汗 玉屏风散和牡蛎散均有固表止汗之功，用于治疗汗多之证。但玉屏风散功专益气固表，适用于肺卫气虚，易感风邪或自汗之证；牡蛎散收敛止汗之功著，兼能益气育阴潜阳，主治体虚卫外不固，又复心阳不潜而致的自汗与盗汗。

2. 敛肺止咳 九仙散重用罂粟壳，敛肺止咳力强，又配伍益气养阴、化痰止咳之品；善治肺气虚，肺阴伤之久咳不已、短气自汗之证。

3. 涩肠止泻 真人养脏汤、四神丸皆能温阳补肾、涩肠止泻，均用于脾肾虚寒之泻痢不止。但真人养脏汤长于补益气血，固涩之力较强；四神丸偏重于温肾暖脾，涩肠之力较弱。

4. 涩精止遗 金锁固精丸、桑螵蛸散均能涩精止遗，主治遗精、遗尿诸症。但金锁固精丸重在固肾涩精，适用于肾虚不固之遗精；桑螵蛸散重在调补心肾，适用于心肾两虚之尿频或遗精而见神志恍惚、健忘心悸之证。

5. 收涩止带 完带汤和收涩止带汤均有益气健脾、收涩止带之功，主治虚性之带下证。但完带汤长于补脾调肝、化湿止带，适宜于脾虚肝郁、湿浊下注之带下证；收涩止带汤则长于补肾固涩，适宜于肾脾两虚、固摄无权之带下日久不止证。

复习思考题

1. 分析固涩剂与补益剂在主治、立法及配伍方面的异同。
2. 玉屏风散与牡蛎散均可用治卫虚不固之自汗，临床应如何区别使用？
3. 简述真人养脏汤与四神丸在功效、主治方面的异同。
4. 四神丸、参苓白术散、痛泻要方均治泄泻，临床应如何区别使用？
5. 分析金锁固精丸与桑螵蛸散两方在功效、配伍及主治等方面的异同。
6. 简述完带汤与收涩止带汤的制方原理。

第十五章

安神剂

安神剂（Formulae for Calming the Spirit）是以安神药或交通心肾水火药为主组成，具有安神定志作用，主治神志不安疾患的一类方剂。

神志不安，常表现为心悸、失眠、多梦、健忘、烦躁、惊狂等。心藏神，肝藏魂，肾藏志，故神志不安证常与心、肝、肾三脏阴阳偏盛偏衰，或其相互关系失调有关。引起神志不安证的原因比较复杂，本章讨论的是内伤杂病中由脏腑功能失调所引起，以神志不安为主症的一类病证的治疗方剂。引起该类病证的常见原因有：一为外受惊恐，或肝郁化火，内扰心神，以惊恐、喜怒、烦躁、狂乱等为主要表现，多属实证，治宜重镇安神；二为思虑太过，阴血暗耗，心神失养，以心悸、健忘、失眠、多梦等为主要表现，多属虚证，治宜补养安神；三为心火偏亢，或肾水不足，心肾失交，以心烦、失眠、多梦、惊悸等为主要表现，多属虚实夹杂证，治宜交通心肾。故本章方剂分为重镇安神、补养安神和交通心肾三类。

安神剂现代临床被广泛用于精神神经系统、心血管系统疾病。其中最多用于神经官能症、癔症、焦虑症、更年期综合征、心脏神经官能症、心脏过早搏动、窦性心动过速等疾患。药理研究表明，安神剂具有镇静催眠、抗焦虑、抗抑郁、改善学习记忆等作用。据此推测中医"安神"的现代内涵可能主要是通过对中枢神经递质的影响，或对神经－内分泌－免疫网络功能的调控而发挥其调节神志等作用。

需要注意的是，神志不安病证常由因火、因痰、因瘀等不同所致。因火热而狂躁者，治当泻火；因痰而惊狂者，治宜祛痰；因瘀而发狂者，治应祛瘀，其相应治疗方法可与有关章节互参。重镇安神剂多由金石类药物组成，使用时需打碎先煎；此类药物易伤胃气，不宜久服，脾胃虚弱者，可配合服用健脾和胃之品；某些安神药，如朱砂等具有一定毒性，久服能引起慢性中毒。本类方证多与精神因素有关，用药的同时配合必要的心理疏导，以提高疗效。

第一节　重镇安神

重镇安神剂（Formulae for Sedating and Calming the Spirit），适用于心肝阳亢或火旺，内扰心神引起的神志不安证。症见心神烦乱，失眠多梦，惊悸怔忡等。根据"重可镇怯"的原则，常用朱砂、磁石、珍珠母等金石类重镇安神药物为主组成。因阳亢多热，易耗伤阴血，故常配伍黄连等以清心泻火；地黄、当归等以滋阴养血，扶阴配阳。代表方剂如朱砂安神丸、珍珠母丸等。

朱砂安神丸
Cinnabar Pill for Calming the Spirit
（Zhusha Anshen Wan）
（《内外伤辨惑论》）

【组成】 朱砂五钱（15g）　黄连六钱（18g）　炙甘草五钱半（16.5g）　生地黄二钱半（8g）
当归二钱半（8g）

【用法】 朱砂另研，余药为末，汤浸蒸饼为丸，如黍米大，朱砂为衣。每服十五至三十
丸，津唾咽下，或凉水、温水送下亦得（现代用法：上药研末，炼蜜为丸，每次6~9g，临
睡前温开水送服；亦可作汤剂，用量按原方比例酌减，朱砂研细末水飞，以药汤送服）。

【功效】 镇心安神，泻火养阴。

【主治】 心火偏亢，灼伤阴血证。心烦神乱，失眠多梦，惊悸怔忡，舌尖红，脉细数。

【制方原理】 心火亢盛，内扰心神，故心烦神乱、失眠多梦；心火灼伤阴血，心神失
养，故惊悸怔忡；舌为心之苗，心火上炽，故舌红；脉细数也为阴伤火盛之象。本证病机为
心火亢盛，灼伤阴血，神气浮越。治宜清心泻火，养血益阴，镇摄心神。

方中朱砂为甘寒质重之品，专入心经，长于镇心安神，并泻降心火，为君药；黄连苦
寒，长于清心泻火，与朱砂相伍，重镇以安神，清心以除烦，为臣药；生地黄滋阴清热，当
归养血和血，此二味补养被耗之阴血，共为佐药；炙甘草甘缓益气，护中和药，既益耗散之
心气，又防黄连、朱砂寒凉质重而伤胃，为佐使药。诸药合用，既泻偏盛之心火，镇浮游之
心神，又补耗伤之阴血，标本兼顾，使心火得降，阴血上充，神志得安，故以"安神"
名之。

制方特点：镇清结合，清中有养，标本兼顾。

【临床应用】

1. 用方要点　本方适用于心火亢盛，灼伤阴血所致的神志不安证。临床用方辨证要点
为惊悸，失眠，心烦，舌红，脉细数。

2. 临证加减　心火亢盛，胸中烦热甚，加栀子、莲子心；神乱惊恐，加龙骨、牡蛎、
磁石；失眠多梦较重，加酸枣仁、夜交藤、合欢皮。

3. 现代运用　主要用于神经官能症、抑郁症、心动过速等属心火亢盛，阴血受伤者。

4. 使用注意　方中朱砂有毒，不宜久服。本方不宜与碘化物或溴化物同用，以防引起
医源性肠炎。

【现代研究】

1. 药理研究　采用多导睡眠描记技术研究朱砂安神丸对猫睡眠－觉醒的影响。结果发
现，本方能显著性地缩短清醒期、延长慢波睡眠Ⅰ期（SWSⅠ）及总睡眠时间，但对慢波
睡眠Ⅱ期（SWSⅡ）及异相睡眠（PS）无明显影响；能缩短SWSⅠ，SWSⅡ及PS的潜伏
期，翻转对氯苯丙氨酸的睡眠剥夺效应。采用家兔心律失常病理模型考察朱砂、朱砂安神丸
及去朱砂之朱砂安神丸的抗心律失常作用，结果发现以上方药均能对抗氯仿－肾上腺素和草
乌注射液所致的家兔心律失常，其作用强度为朱砂安神丸＞朱砂＞去除朱砂之朱砂安神丸。

上述研究表明，朱砂安神丸具有镇静催眠和抗心律失常作用，为认识其镇心安神的功效提供了一定的现代药理学依据。

2. 临床研究　以朱砂安神丸为主治疗 54 例不同类型的心脏过早搏动，每次 1 丸，首次倍量，一日 2 次，温开水送服。兼气虚血亏者加服生脉饮，每次 1 支，每日 2 次；兼心血瘀阻者加服复方丹参片，每次 3 片，每日 3 次；阴虚火旺者不加用药物。1 周为 1 疗程。治疗期间停用其他抗心律失常药物，1 周后均做心电图检查。结果：30 例室性早搏中显效（用药后心电图示早搏消失）15 例，有效（临床症状明显减轻）12 例，无效（用药后心电图无变化，症状改善不明显）3 例；15 例房性早搏中显效 7 例，有效 6 例，无效 2 例；9 例房室交界性早搏中，显效 4 例，有效 4 例，无效 1 例。

【附方】

桂枝甘草龙骨牡蛎汤（《伤寒论》）　桂枝去皮，一两（6g）　甘草炙，二两（12g）　牡蛎熬，二两（12g）　龙骨二两（12g）　上四味，以水五升，煮取二升半，去滓，温服八合，日 3 服。功效：温通心阳，重镇安神。主治：心阳虚损，心神浮越证。心悸欲得按，烦躁，脉虚无力或细弱。

桂枝甘草龙骨牡蛎汤所治之烦躁原系火逆误下更复烧针，伤及心阳，心阳不潜所致。方中桂枝、甘草合用补益心阳，龙骨、牡蛎相伍镇潜心阳，为温镇合法。适宜于心阳不足，心神浮越的心胸悸动证。

珍珠母丸
Concha Margoritifera Usta Pill
(Zhenzhumu Wan)
(《普济本事方》)

【组成】真珠母研如粉，同碾，三分（22.5g）　当归洗，去芦，薄切，焙干后秤　熟干地黄酒洒，九蒸，九曝焙干，各一两半（各45g）　人参去芦　酸枣仁微炒，去皮，研　柏子仁研，各一两（各30g）　犀角镑为细末（现多用水牛角代）　茯神去木　沉香忌火　龙齿各半两（各15g）

【用法】上为细末，炼蜜为丸如梧子大，辰砂为衣，每服四五十丸，金银、薄荷汤下，日午、夜卧服（现代用法：上药研末，炼蜜为丸，酌减，朱砂研细末水飞，以汤药送服）。

【功效】镇心安神，平肝潜阳，滋阴养血。

【主治】心肝阳亢，阴血不足证。夜卧不宁，时而惊悸，或入夜少寐，头晕目眩，脉细弦。

【制方原理】心肝血虚，心神失养；心肝阳旺，亢阳扰神，神魂不宁，故见夜卧不安、时而惊悸。阴血亏虚，清空失养，加之亢阳上扰，故见头晕目眩。脉细弦为血虚肝旺之象。本方证病机为心肝血虚，亢阳上扰，神气不摄。治宜镇心安神，平肝潜阳，滋阴养血。

方中珍珠母、龙齿平肝潜阳，镇心安神，共为君药。酸枣仁、柏子仁、茯神，三药合用，补心肝之血，养心安神宁志；人参益气养心，熟地、当归滋阴养血，共为臣药。水牛角清心肝之热而镇惊；沉香性降，摄纳浮阳，合为佐药。取辰砂为衣，金银、薄荷汤送服，引诸药直入心经，增全方镇心平肝清热之效，也为佐使。综观全方，标本兼顾，使阴复阳潜，心肝承制，神安魂宁。

制方特点：①合镇降、摄纳与滋养三法于一方；②标本兼顾，平肝潜阳，镇心安神以治标，滋养阴血以治本。

本方与朱砂安神丸均为重镇安神之剂，均含朱砂、地黄和当归，可治惊悸不寐之症。但朱砂安神丸以朱砂为君，配以黄连，重在泻火镇心；主治心火偏旺兼有阴血损伤之神志不安。珍珠母丸中珍珠母、龙齿为君，配以酸枣仁、柏子仁、人参等补心安神药，重在镇心平肝、滋养安神；主治心肝阳亢，阴血不足之神志不安。

【临床应用】

1. 用方要点　本方所治为阴血不足，心肝阳亢所致的神志不安。临床用方辨证要点为失眠，惊悸，头晕目眩，脉弦细。

2. 临证加减　惊悸失眠甚，加磁石、牡蛎等；肝阳偏亢，阳亢化风，头晕目眩甚加天麻、钩藤等。

3. 现代运用　主要用于高血压、神经官能症、癫痫等属心肝阴虚阳亢者。

4. 使用注意　脾胃虚弱、痰湿较甚者本方不宜；方中朱砂有毒，不可过量或久服。

【现代研究】

临床研究　121 例因负性生活事件所致失眠患者随机分为治疗组（63 例）和对照组（58 例），两组均给予赛乐特治疗。治疗组加服珍珠母丸加减：珍珠母粉 22.5g，龙齿、沉香、朱茯神各 15g，当归、熟地各 15g，党参、炒酸枣仁、柏子仁各 30g，水牛角片 30g。呕恶加姜半夏、代赭石；头痛、心烦易怒加黑山栀、丹皮；汗多加五味子；头晕加天麻、钩藤；耳鸣加灵磁石、潼蒺藜。每日 1 剂，水煎，分早晚服。两组疗程均为 90 天。治疗期间和停药后 2 周观察疗效，用睡眠障碍量表（SDRS）和汉密尔顿焦虑量表（HAMA）对两组临床疗效及不良反应情况进行评价。结果：治疗组显效 22 例，好转 35 例，无效 6 例；对照组显效 13 例，好转 28 例，无效 17 例。治疗组疗效优于对照组（P < 0.01），且恶心、头晕等不良反应发生率也较对照组低（P < 0.01）。

【附方】

磁朱丸（《备急千金要方》，原名神曲丸）　神曲四两（120g）　磁石二两（60g）　朱砂一两（30g）　上三味末之，炼蜜为丸，如梧子大，饮服三丸（2g），日三服。功效：重镇安神，聪耳明目。主治：心肾不交证。视物昏花，耳鸣耳聋，心悸失眠。亦治癫痫。

本方所主为肾阴不足，水不济火，心阳偏亢所致。方中磁石益阴潜阳明目，朱砂清心重镇安神，神曲健脾助运和中，三药相合，使心火下降，肾水上济，精充神安，诸症得除。

第二节　补养安神

补养安神剂（Formulae for Calming the Spirit with Nourishment），适用于气血亏虚，神失所养所致的神志不安证。见虚烦少寐，心悸健忘，舌嫩苔少，脉细弱等。常用酸枣仁、柏子仁、茯神等养心安神药，配伍人参、当归、生地、麦冬等补养药为主组成。代表方剂如安神定志丸、天王补心丹、酸枣仁汤等。

安神定志丸
Spirit-Quieting Mind-Stabilizing Pill
（Anshen Dingzhi Wan）
（《医学心悟》）

【组成】 人参 茯苓 茯神 远志各一两（各30g） 石菖蒲 龙齿各五钱（各15g）

【用法】 上药为末，炼蜜丸如梧桐子大，辰砂为衣，每服二钱，黄酒送服（现代用法：每日3次，每次1丸）。

【功效】 益气养心，安神定志。

【主治】 心胆气虚，心神不宁证。神情恍惚，喜忘，心悸怔忡，多梦易惊，气怯神疲，面色㿠白，舌淡，脉细弱。

【制方原理】 素体禀赋不足，或内伤久病，致心胆气虚。心气不足，神失充养，则心悸怔忡、夜寐多梦；如复受惊恐，则神不守舍，神情恍惚，甚则惊恐不安；气弱停湿，浊蒙神机，则气怯神疲；面色㿠白，舌淡，脉细弱为心胆气虚之象。本证病机为心胆气虚，痰浊内阻，心肾不交。治宜益气化浊，交通心肾，安神定志。

方中人参大补元气，补心养神，令气足神旺，为君药。茯苓健脾渗湿，茯神宁心安神，为臣药；远志、菖蒲化浊宣窍，交通心肾，为佐药；龙齿、朱砂质重，镇心安神，合为佐使。诸药合用，共奏益气养心、化浊宣窍、安神定志之功。

【临床应用】

1. 用方要点 本方适用于心胆气虚，心神不宁证。临床用方辨证要点为惊恐失眠，心悸怔忡，舌淡，脉细弱。

2. 临证加减 神不守舍见善惊易怒，加珍珠母、琥珀；气血不足见心悸失眠，加龙眼肉、酸枣仁；气阴不足见汗出多，加山萸肉、五味子；肾虚多梦失精，加山药、芡实。

3. 现代运用 主要用于神经衰弱、精神抑郁、心律不齐或心动过速等属心胆气虚者。

【现代研究】

1. 药理研究 安神定志丸能显著减少小鼠自发活动次数，明显延长戊巴比妥钠所致小鼠的睡眠时间；能降低戊四氮所致的小鼠惊厥死亡率，延长士的宁所致的实验动物惊厥发生的潜伏期，降低电击引起的动物惊厥发生率。上述结果表明，安神定志丸具有镇静、助眠及抗惊厥作用。

2. 临床研究 采用安神定志丸合酸枣仁汤（党参、酸枣仁、夜交藤各20g，茯神15g，川芎6g，远志12g，菖蒲、知母、炙甘草各10g，水煎；朱砂冲服3g）治疗顽固性失眠36例，其中善惊易怒明显者，加珍珠母10g，琥珀1.5g（冲服）；多梦易醒或失眠明显者，加龙眼肉20g，五味子10g；汗出多者，加生牡蛎30g，黄芪15g，浮小麦30g；心悸气短者，加黄芪15g，桂枝6g，白术12g。每日1剂，水煎温服，连续治疗四周。结果：治愈28例，显效5例，好转2例，无效1例，总有效率97%，未见不良反应。

天王补心丹
Heavenly King Cardiotonic Pellet
（Tianwang Buxin Dan）
（《校注妇人良方》）

【组成】人参去芦　白茯苓去皮　玄参微炒　丹参微炒　桔梗　远志去心，各五钱（各15g）
当归酒洗　五味子　麦门冬去心　天门冬去心　柏子仁炒　酸枣仁各一两（各30g）　生地黄酒
洗，四两（120g）

【用法】上药为末，炼蜜丸如梧桐子大，朱砂为衣。临卧，竹叶煎汤送下三钱，或与龙
眼汤佳。忌胡荽、大蒜、萝卜、鱼腥、烧酒（现代用法：为细末，炼蜜为小丸，用朱砂为
衣，每服6~9g，温开水送下）。

【功效】补心安神，滋阴清热。

【主治】阴亏内热，心神不宁证。虚烦少寐，心悸失眠，神疲，梦遗健忘，手足心热，
口舌生疮，大便干结，舌红少苔，脉细数。

【制方原理】思虑过度，暗耗心血，阴少血亏，心神失养，故见虚烦心悸、失眠健忘；
虚火上炎则口舌生疮；虚热内扰，故手足心热；肾阴不足，火扰精室而见梦遗；舌红少苔，
脉细数为阴虚内热之征。本证病机为心肾阴血亏虚，虚火内扰，心神失养。治宜补心安神，
滋阴清热。

方中重用生地黄滋阴清热，为君药。玄参、天冬滋阴降火，麦冬养阴清热；酸枣仁、柏
子仁补血养心安神，共为臣药。人参、茯苓、当归益气补血以充养神气；五味子酸以收敛心
气而安神，远志助肾交心而定志，共为佐药。桔梗载药上行，宜开上焦气机；朱砂为衣，镇
心定悸；丹参主入心经，引药直达病所，活血调神，此三味共为佐使。诸药合用，令肾阴
复，心血充，虚火降，神志自安。

制方特点：补养安神，以滋阴养血为主；心肾两治，重在补心。

天王补心丹与归脾汤皆有补血养心安神之功，均可用于心失所养而致的心悸、健忘、失
眠等症。但天王补心丹补养心肾，滋阴降火，主在恢复心肾水火之协交；适宜于阴虚内热，
心肾不足者。归脾汤补养心脾，益气养血，重在恢复火土相生之德；适宜于气血不足，心脾
两虚者。

【临床应用】

1. 用方要点　本方适用于阴血亏虚，虚火内扰之神志不安证。临床用方辨证要点为虚
烦少寐，心悸怔忡，手足心热，舌红少苔，脉细数。

2. 临证加减　虚热不甚，去玄参、天冬；热扰下焦见小便短涩，加竹叶、通草；心阳
不潜见心悸怔忡，加龙齿、琥珀；肾虚不摄见遗精滑泄，加金樱子、芡实。

3. 现代运用　主要用于神经衰弱、精神分裂症、心脏病、甲状腺机能亢进等属心肾阴
虚有热者。

4. 使用注意　脾虚便溏者慎用。服药期间忌食辛辣。

【现代研究】

1. 药理研究　应用跳台法观察天王补心丹对由东莨菪碱、亚硝酸钠及乙醇引起的小鼠记忆获得、记忆巩固及记忆再现障碍不同模型的影响，发现本方均能提高上述各模型小鼠的跳台数。结果表明，天王补心丹对记忆障碍小鼠的恢复有促进作用，提示该方有改善学习记忆的作用。

2. 临床研究　以天王补心丹去生地、桔梗加熟地、山萸肉、琥珀、石菖蒲等治疗 52 例焦虑症患者，同时配合解释、安慰等心理疗法，连续治疗 21 天。结果：痊愈 29 例（55.77%），显效 12 例（23.08%），有效 4 例（7.7%），无效 7 例（3.46%），总有效率为 86.55%。另有报道，阴虚血亏型失眠患者 66 例随机分为中药组和西药组：中药组 36 例，以天王补心丹加磁石，每晚 1 剂，水煎，睡前服用；西药组 30 例，服用舒乐安定，每次 2~4mg，每晚睡前口服，14 天为 1 疗程。结果：中药和西药两组的治疗总有效率分别为 86.5% 和 66.7%，中药组疗效显著优于西药对照组（P<0.01）。

【附方】

柏子养心丸（《体仁汇编》）　柏子仁四两（12g）　枸杞子三两（9g）　麦门冬　当归　石菖蒲　茯神各一两（各3g）　玄参　熟地黄各二两（各6g）　甘草五钱（6g）　功效：养心安神，滋阴补肾。主治：阴血亏虚，心肾失调证。精神恍惚，惊悸怔忡，夜寐多梦，健忘盗汗。

按：柏子养心丸与天王补心丹两方中皆有麦门冬、当归、玄参、柏子仁等味，有滋补心肾之功，可用于心肾阴血亏虚之心悸失眠证。但柏子养心丸重用柏子仁，配伍熟地黄、枸杞等味，益精补肾之力较强；适宜于精血不足，心肾两虚的神志不安证。天王补心丹重用生地，配伍天冬、丹参、朱砂等味，兼有滋阴清热之功；适宜于阴虚火扰，心肾两虚的神志不安证。

酸枣仁汤
Wild Jujube Seed Decoction
（Suanzaoren Tang）
（《金匮要略》）

【组成】酸枣仁炒，二升（18g）　甘草一两（3g）　知母二两（6g）　茯苓二两（6g）　川芎二两（6g）

【用法】上五味，以水八升，煮酸枣仁得六升，内诸药，煮取三升，分温三服（现代用法：水煎服）。

【功效】养血安神，清热除烦。

【主治】肝血不足，虚热内扰证。虚烦不安，失眠心悸，头目眩晕，咽干口燥，舌红，脉细弦。

【制方原理】肝主藏血而舍魂，心主血脉而藏神。肝阴血虚，虚热扰心，神魂不定，故虚烦失眠；肝阳偏旺，上扰清空，则头目眩晕；阴虚燥热，则咽干口燥；舌红、脉细弦为肝血不足，虚热内生之征。本证病机为肝阴血虚，内生燥热，虚热内扰。治宜养血安神，清热除烦。

方中重用酸枣仁养肝血，安心神，为君药。茯苓健脾宁心，知母清热除烦、滋阴润燥，共为臣药。川芎疏肝活血，与酸枣仁相伍，酸收与辛散并用，补肝体，助肝用，即所谓"肝欲散，急食辛以散之，用辛补之，酸泻之"（《素问·脏气法时论》）；甘草和中缓急，调和诸药，为佐使。诸药配伍，共奏补血调肝、养心安神、清热除烦之功。

制方特点：主以调肝安神，兼行滋肾清热，健脾宁心；主以酸收，佐以辛散、甘缓。

本方与天王补心丹均属滋养安神之剂，均可治阴血不足、虚热内扰之虚烦失眠。但本方重在治肝，用于肝血不足之虚烦失眠，伴有头目眩晕、脉弦细者；天王补心丹则心肾兼顾，重在治心，用于心肾阴血亏虚之心悸失眠，伴有手足心热、口舌生疮者。

【临床运用】

1. 用方要点 本方适用于肝血不足，虚热内扰证。临床用方辨证要点为虚烦失眠，咽干口燥，舌红，脉弦细。

2. 临证加减 虚烦失眠甚，加夜交藤、合欢花；虚热甚而兼见盗汗，加牡蛎、浮小麦、五味子；神气不定而易惊，加龙齿、珍珠母。

3. 现代运用 主要用于神经衰弱、心脏神经官能症、忧郁症、更年期综合征等属血虚内热者。

4. 使用注意 方中酸枣仁宜捣碎先煎。

【现代研究】

1. 药理研究 酸枣仁汤能明显减少小鼠自主活动次数，增加阈下剂量戊巴比妥钠致小鼠睡眠只数，延长阈上剂量戊巴比妥钠致小鼠睡眠时间，且作用呈现一定的剂量依赖性。小鼠灌服酸枣仁汤后脑组织 β 内啡肽及强啡肽 A_{1-13} 的含量显著升高，结果表明，该方具有镇静、催眠作用，并与提高脑组织内啡肽有关。酸枣仁汤口服灌胃在 7.5～15g/kg 剂量范围内能显著增加高架十字迷宫（EPM）焦虑模型大鼠的运动能力。进一步研究发现酸枣仁汤能升高 EPM 焦虑模型大鼠血清一氧化氮水平，升高模型大鼠降低的血清白细胞介素 1－β、肿瘤坏死因子 α。结果表明，该方具有抗焦虑作用，其机制可能涉及对脑神经递质、血管调节及免疫因子的调节。

2. 临床研究 用酸枣仁汤（酸枣仁 15～20g，茯苓 10～15g，知母 10g，川芎 10g，甘草 5g，加水煎煮 2 次取汁 300ml，分早晚服用，每日 1 剂）加减治疗虚证顽固性失眠 36 例。用药期间停用一切镇静药，晚饭后禁饮浓茶、咖啡等兴奋性食物，按时就寝，服药时间 1～4 周。结果：治愈 20 例，好转 14 例，无效 2 例，总有效率为 94.44%。又有报道用酸枣仁汤治疗脑血栓失眠患者 182 例，治疗效果良好。方法：酸枣仁 15g，茯苓 10g，川芎 5g，知母 10g，甘草 3g，加水煎 2 次，合并煎液后浓缩为 500ml。分中、晚服用，每日 1 剂，疗程 30 天。结果：治愈 123 例（67.58%），有效 42 例（23.07%），改善 2 例（1.10%），无效 15 例（8.24%）。

甘麦大枣汤
Licorice, Wheat and Date Decoction
（Ganmai Dazao Tang）
（《金匮要略》）

【组成】甘草三两（9g）　小麦一斤（30g）　大枣十枚（10枚）

【用法】上三味，以水六升，煮取三升，温分三服。

【功效】养心安神，和中缓急。

【主治】脏躁。精神恍惚，喜悲伤欲哭，心中烦乱，不能自主，睡眠不安，甚至言行失常，呵欠频作，舌红少苔，脉细数。

【制方原理】脏躁为情志之病，与心肝二脏关系密切，每因忧思悲哀过度，脏阴不足，心阴受损，肝气失和所致。心阴不足，心神失养，故见睡眠不安；神不守舍，故见精神恍惚、心中烦乱；肝失疏泄，故喜悲伤欲哭，甚至言行失常；阴阳失和，阳欲入阴，上下相引，故呵欠频作；舌红少苔，脉细数为阴血不足之象。本证病机要点为脏阴不足，心肝失养，肝气不和。治宜益阴润燥，调养心肝，安神定魄。

本方遵"肝苦急，急食甘以缓之"（《素问·脏气法时论》）；"心病者，宜食麦"（《灵枢·五味》）之旨而组方。方中小麦甘平凉润，养心益脾，除烦安神，故重用为君药。甘草甘平性缓，益气生津，和中缓急，为臣药。佐以大枣甘温质润，益气补脾，养血和营，润燥缓急。全方药虽三味，但集甘润平补，有养心调肝、和中安神之功效。

本方与酸枣仁汤均具滋养安神之效，均治心肝阴血不足之失眠。但本方主在养心安神，缓急和中；适宜于脏阴不足，心肝失养之脏躁证。酸枣仁汤则长于补血调肝，除烦安神；适宜于肝阴血虚，虚热内扰之虚烦失眠。

【临床应用】

1. 用方要点　本方为治脏躁的常用方剂。临床用方辨证要点为精神恍惚，悲伤欲哭，不能自主，舌红少苔，脉细数。

2. 临证加减　阴虚明显见心烦不眠，舌红少苔，加生地、百合；肝血不足，头目眩晕，脉弦细，加酸枣仁、当归；血少津亏见大便干燥，加黑芝麻、何首乌；阳亢不潜见心悸怔忡，肌肉惕动，加龙齿、白芍、紫石英。

3. 现代运用　主要用于癔症、癫痫、神经衰弱、更年期综合征等多种精神神经性疾病属脏阴不足者。

4. 使用注意　痰火内盛的精神失常者，本方不宜。

【现代研究】

1. 药理研究　以孤养加慢性不可预见性中等刺激进行抑郁症大鼠造模，观察甘麦大枣汤及其加味方对抑郁症大鼠行为学及皮层单胺类神经递质的影响。结果显示：各方药组大鼠垂直活动、水平运动均较模型组显著增加，糖水消耗接近正常，脑去甲肾上腺素（NE）含量和3-甲氧基-4-羟基苯乙二醇（MHPG）含量均显著减少；其疏肝加味方组大鼠 MHPG含量较模型组显著减少；其化痰加味方组大鼠脑多巴胺（DA）含量较模型组显著增加。结果表明：甘麦大枣汤及其加味方能够纠正抑郁症模型大鼠行为学变化，但不同加味方在作用方式上可能不同。甘麦大枣汤还能延长戊巴比妥钠诱导小鼠的睡眠时间，增加入睡动物数，明显抑制小鼠的自主活动及苯丙胺诱发的活动增强，降低戊四氯诱发的小鼠惊厥死亡率。有人用本方加煅磁石制成"心瘾散"，发现其能延长戊巴比妥钠诱导小鼠的睡眠时间，延长士的宁诱发的小鼠惊悸厥伏期，明显抑制兔离体肠管平滑肌收缩，提高小鼠对高温的痛阈值，提高醋酸诱发的小鼠镇痛百分率。上述研究表明，甘麦大枣汤具有一定的抗抑郁、催眠、镇静、抗惊厥、解痉、镇痛等作用。

2. 临床研究 单纯性不寐患者 68 例，随机分为两组：中药组 38 例，以甘麦大枣汤加减治疗，水煎服，日 1 剂，分早、晚服；西药组 30 例，每晚睡前口服谷维素、安定。连续治疗 3 周。两组的治疗总有效率分别为 97.4% 和 83.3%。甘麦大枣汤合酸枣仁汤（酸枣仁 20g，知母 6g，茯神 6g，川芎 6g，甘草 3g，浮小麦 30g，大枣 7 枚）治疗精神失常症 46 例。其中血虚甚见头眩晕重，加当归、白芍、枸杞子；虚火重见咽干口燥甚加麦冬、生地黄；寐而易惊加珍珠母镇惊安神；兼见盗汗加五味子、牡蛎安神敛汗。治疗期间勿食辛辣之品，注意心理疏导治疗。15 天为 1 个疗程，治疗 2 个疗程后判定疗效。结果：痊愈 20 例，显效 23 例，无效 3 例，有效率为 93.5%。

第三节　交通心肾

交通心肾剂（Formulae for Harmonizing the Relationship Between Heart and Kidney），适用于心肾水火关系失调所致的神志不安证。症见虚烦不眠，或夜梦纷纭，心悸健忘，遗精或早泄，舌红苔少，脉细数等。常用清心降火药如黄连、莲子心、朱砂等与滋肾养阴药如龟板、地黄等配伍而成，一些调治心肾两脏的药物如远志、菖蒲、莲子、柏子仁等也常被选用。由于心肾不交常与中焦不和、三焦失畅有关，故此类方剂还常选配和中化痰、升降气机（如茯苓、半夏、沉香、肉桂）等药物。代表方剂如交泰丸、黄连阿胶汤等。

交　泰　丸
Grand Communication of the Heart and Kidney Pill
（Jiaotai Wan）

（《韩氏医通》）

【组成】黄连五钱（18g）　肉桂五分（3g）

【用法】煎百沸，入蜜，空心服（现代用法：研为细末，炼蜜为丸。每服 1 丸，每日 2 次）。

【功效】交通心肾。

【主治】心火偏亢，心肾不交证。怔忡不宁，或夜寐不安，口舌生疮，舌红，脉左寸浮洪或数，两尺沉细。

【制方原理】 心为火脏，肾为水脏。肾水上济心阳使心火不亢，心火下济肾阴使肾水不寒，是为心肾水火既济。今肾之气化不利，肾阴不能上济，则心火偏亢，神不守舍，故怔忡不宁、夜寐不安；舌为心苗，心火上灼，故口舌生疮、舌红；脉寸洪、尺沉细为心阳偏亢，肾弱不化之象。本方证病机要点为心火偏亢，心肾不交。治宜泻降心火，助肾气化，交通心肾。

方中重用苦寒之黄连以清心降火除烦，为君药；稍佐小量之肉桂，引火归元，温肾助气化，兼制黄连苦寒伤中遏阳。二药相伍，清心降火而令心阳下潜济肾阳，温肾助气化而使水津升腾济心阴，如此心肾上下水火既济，心神得安，不寐自除。

制方特点：①心肾两调，主以清心；②寓温于清，寓降于升，寓相反相成之理。

【临床应用】

1. 用方要点 本方为治心火偏亢，心肾不交所致心神不安的常用方剂。临床用方辨证要点为心悸失眠，口舌生疮，舌红，脉左寸洪。

2. 临证加减 心阴不足见口干舌燥，舌红少苔，加生地、麦冬；心火亢旺见心胸烦热，口舌生疮，加竹叶、莲子心；肾阳不足见腰膝足冷，增肉桂用量，加补骨脂。

3. 现代运用 主要用于神经官能症、心律失常、更年期综合征以及多种口腔疾病等属心火偏亢，心肾不交者。

4. 使用注意 作汤使用时，黄连用量宜酌减。

【现代研究】

1. 药理研究 交泰丸能显著抑制小鼠自主活动，有协助戊巴比妥钠的中枢抑制作用和抗激怒作用，效果均优于单味黄连或肉桂。观察了交泰丸中黄连与肉桂不同配伍比例与镇静催眠作用的关系，结果发现不同比例的配方中以黄连用量倍于肉桂所组成的交泰丸作用最强，以原方黄连与肉桂之比（10：1）作用最好。

2. 临床研究 89 例失眠患者用交泰丸加味方（黄连、肉桂、茯苓、酸枣仁、琥珀以 12：2：4：6：4 比例，研极细末，装胶囊）治疗，每次 3g，每日 2 次口服，14 日为 1 疗程。用药 1~2 个疗程后观察疗效。结果：治愈 69 例，好转 18 例，总有效率达 97.8%。

【附方】

朱雀丸（《选奇后集》） 茯神去皮，二两（60g） 沉香半两（15g） 上为细末，炼蜜为丸如小豆大，每服 6g，食后人参汤下，加朱砂为散更妙。功效：补心安神，交通心肾。主治：心气不足，心火不降，肾水不升之心神不宁证，见怔忡、健忘、失眠等。

本方主以人参大补心气，辅以茯神养心安神，佐以沉香引火归元，下交于肾。全方主在补心降火助肾以安神强志，善治心气不足、心肾不交之神志不安证。

黄连阿胶汤
Coptis and Ass-Hide Gelatin Decoction
（Huanglian Ejiao Tang）
（《伤寒论》）

【组成】黄连四两（12g）　　黄芩二两（6g）　　芍药二两（6g）　　鸡子黄二枚　　阿胶三两（9g）

【用法】上五味，以水六升，先煮三物，取二升，去滓，内胶烊尽，小冷，内鸡子黄，搅令相得，温服七合，日三服（现代用法：先煎前三味，去渣取汁，阿胶烊化，待稍冷，再入鸡子黄搅匀，分2次服）。

【功效】滋阴降火，除烦安神。

【主治】阴虚火旺，心火偏亢，心肾不交证。心烦不得眠，口燥咽干，舌红，脉细数。

【制方原理】邪入少阴，从阳化热，热灼真阴，阴液亏损，则水不济火。肾水亏于下，心火亢于上，扰及心神，故心烦不得眠；火亢水亏，阴虚燥热，故口燥咽干；舌红，脉细数为阴虚火旺之征。本方证病机要点在于肾水下亏，心火亢旺，心肾不交。治宜滋养肾阴，清降心火，协交心肾。

方中黄连苦寒，清热泻火；阿胶甘平，滋阴补血。两药相伍，滋肾阴，降心火，除烦安神，共为君药。芍药酸寒，养血敛阴，助阿胶滋阴养血；黄芩苦寒清热，助黄连清热泻火，合为臣药。鸡子黄甘平，滋阴养血，调中安神，既助胶、芍之滋养阴血，又制芩、连之苦寒化燥伤中，为佐药。诸药合用，上泻心火，下滋肾水，使水复火降，心肾相交，共奏滋阴降火、除烦安神之功。

制方特点：心肾水火并调，滋阴与泻火兼施。

【临床应用】

1. 用方要点　本方适用于阴虚火旺，心肾不交证。临床用方辨证要点为心烦不眠，口咽干燥，舌红苔少，脉细数。

2. 临证加减　心火亢盛，心胸烦热，加山栀、莲子心、竹叶心；阴伤液亏，口燥咽干较甚，加元参、生地、石斛、麦冬；阴虚阳亢，心悸怔忡，加龙齿、珍珠母；心肝血虚，失眠多梦，加酸枣仁、柏子仁。

3. 现代运用　主要用于神经衰弱、更年期综合征、甲状腺机能亢进、心肌炎、心律失常、口腔溃疡等属心肾阴虚火旺者。

4. 使用注意　阴虚火热不甚者，本方不宜。

【现代研究】

1. 药理研究　黄连阿胶汤可显著抑制小鼠足部电击诱发的激怒状态，延长行为绝望模型小鼠悬尾不动时间，减少小鼠自主活动性，缩短小鼠从转棒上落下的时间。结果表明，黄连阿胶汤具有镇静和抗焦虑作用。采用大肠杆菌内毒素相隔24小时腹腔注射法造成大鼠弥漫性血管内凝血（DIC）模型，分别采用黄连阿胶汤与肝素进行治疗。结果表明，黄连阿胶汤能显著减轻实验动物的发热程度，缩短发热时间，改善凝血机制，对抗防止实验大鼠血小板数、红细胞压积的下降及纤维蛋白原的上升，其作用优于肝素。

2. 临床研究　黄连阿胶汤加减：黄连 10g，白芍 12g，阿胶（烊化）、女贞子、黄柏、鸡内金、枣仁各 15g，龟板（先煎）25g，龙齿 30g，磁石、生地各 20g，鸡子黄 2 枚。每日1 剂，水煎服。治疗广泛性焦虑症 30 例，失眠严重者临时加服硝西泮 5～10mg。6 周为 1 疗程，并于 6 个月后随访，以汉密尔顿焦虑量表（HAMA）减分率为疗效标准。结果：痊愈15 例，显效 8 例，有效 4 例，无效 3 例，总有效率为 91.4%。另有用黄连阿胶汤：黄连 5g，黄芩 8g，白芍 10g，阿胶（烊化）12g，鸡子黄（冲服）2 枚。治疗复发性口疮 112 例，其中舌绛、小便短涩合导赤散加麦冬；大便秘结加大黄。每日 1 剂，水煎 2 次，取两次药液混合，分 4 次温服。结果：治愈 78 例，有效 31 例，无效 3 例，总有效率 97.3%。

【附方】

孔圣枕中丹（《备急千金要方》）　龟甲　龙骨　远志　菖蒲　功效：补肾宁心，益智安神。主治：肾精不足，神志不安证。健忘失眠，心神不安，或头目眩晕。

按：孔圣枕中丹与黄连阿胶汤均治肾阴亏虚之心烦失眠。但孔圣枕中丹偏于补肾潜阳，适宜于肾精不足之健忘失眠等证；黄连阿胶汤偏于滋阴降火，适宜于阴虚火旺之心烦失眠等证。

小　结

安神剂为神志不安证而设，按其功效分为重镇安神、滋养安神、交通心肾三类。

1. 重镇安神　朱砂安神丸、珍珠母丸均具重镇安神之功，但朱砂安神丸长于重镇安神，泻火养阴；适用于心火偏亢，阴血损伤之心神烦乱、失眠多梦等。珍珠母丸长于平肝潜阳，宁心安神，滋养阴血；适宜于心肝阳亢，阴血不足，心神不宁之惊悸失眠、头晕目眩等。

2. 补养安神　安神定志丸、酸枣仁汤、天王补心丹、甘麦大枣汤均具补养安神之效。但安神定志丸偏于益气镇惊；适宜于心胆气虚，心神不宁所致惊恐失眠、梦中惊惕、脉细弱等。酸枣仁汤长于养血安神，清热除烦；适用于肝血不足，虚热内扰之虚烦失眠、目眩咽干等；天王补心丹则长于滋阴清热，补心安神；适用于心肾阴亏，虚火上炎之心悸失眠，常伴手足心热、健忘梦遗等。甘麦大枣汤长于养心调肝，和中缓急；善治心阴不足，肝气失和之脏躁。

3. 交通心肾　交泰丸和黄连阿胶汤均具交通心肾，降火安神之用。其中交泰丸长于清泻心火；适宜于心火偏亢之心中烦悸、夜寐不安。黄连阿胶汤善于滋肾阴，降心火；适用于水亏火炽之心烦不眠、口咽干燥、舌红苔少、脉细数。

复习思考题

1. 试述安神剂的分类依据及其临床使用注意事项。
2. 请总结安神类方剂的组方配伍思路。
3. 试比较天王补心丹和归脾汤在配伍、功效及主治等方面的异同。
4. 酸枣仁汤主治肝阴血虚所致的虚烦不眠证，方中为何配用川芎？
5. 指出朱砂安神丸与黄连阿胶汤在主治和配伍药法上的异同。
6. 请联系"心肾不交"的脏腑病机，阐述安神方中"交通心肾"的药法及其意义。

第十六章

开窍剂

凡以芳香开窍药为主组成，具有开窍醒神作用，治疗神昏窍闭病证的方剂，统称开窍剂（Formulae for Resuscitation）。

神昏窍闭之证有虚实之分。属实者称为闭证；症见牙关紧闭，口噤，两手握固，脉实有力；多由邪气壅盛，蒙蔽心窍所致。属虚者称为脱证；症见汗出肢冷，手撒遗尿，呼吸气微，口开目合；多因正气虚脱所致，非本章讨论范畴。根据闭证的临床表现不同，又可分为热闭和寒闭两种：热闭又称阳闭，因温邪热毒内陷心包，或因痰热蒙蔽心窍所致；寒闭又称阴闭，多因寒湿痰浊之邪或秽浊之气蒙蔽心窍所致。热闭治宜清热开窍，简称凉开；寒闭治当温通开窍，简称温开。因此，开窍剂分为凉开和温开两类。

开窍剂现代用于治疗流行性乙型脑炎、流行性脑脊髓膜炎、病毒性脑炎、脑血管意外、肝性脑病、肺性脑病、冠心病心绞痛、癫痫、癔症、中毒性痢疾等病；部分方剂外敷可治疗毛囊炎、蜂窝组织炎、急性乳腺炎、急性淋巴结炎以及带状疱疹、流行性腮腺炎、急性睾丸炎等。药理研究表明，开窍剂具有抗惊厥、镇静、复苏、解热、抗炎等作用。据此推测，中医开窍醒神的机理，可能主要是通过消除部分昏迷病因，减轻昏迷对大脑组织的损害程度，保护大脑组织；调节兴奋与抑制的平衡，使中枢神经系统的功能恢复正常，促使昏迷患者苏醒。

使用开窍剂注意事项：一是辨清神昏窍闭之虚实，若属脱证，切忌使用开窍剂，否则耗散元气，危殆立至。至于内闭外脱之证，则应在开窍的同时，配合使用益气回阳救阴之品。二是辨清闭证之属寒属热，正确地选用凉开或温开。三是对于阳明腑实证而见神昏谵语者，应以寒下为主；若阳明腑实而兼有邪陷心包之证，则应根据病情缓急，先予开窍，或先投寒下，或开窍与寒下并用，才能切合病情。四是开窍剂大多为芳香药物，辛散走窜，只宜暂用，不可久服，久服则易伤元气，故临床多用于急救，中病即止。此外，麝香、牛黄等药，有碍胎元，孕妇慎用。五是开窍剂多制成丸剂、散剂或注射剂，使用丸、散剂时宜温开水化服或鼻饲，不宜加热煎煮，以免药性挥发，影响疗效。

第一节 凉 开

凉开剂（Formulae for Inducing Resuscitation with Cold Drugs），适用于温热邪毒内陷心包及痰热蒙蔽心窍之热闭证；症见高热，神昏，谵语，甚或痉厥等。其他如中风、痰厥、脑部外伤及感触秽浊之气而致突然昏倒、不省人事等属热闭者，亦可选用。凉开剂组方多以芳香开窍药如麝香、牛黄、冰片、安息香、郁金、石菖蒲等为主，常配伍清热药如水牛角、黄连、黄芩、石膏等组方，或配清热豁痰之品，或配宁神息风之药。代表方剂如安宫牛黄丸、紫雪、至宝丹。

安宫牛黄丸
Peaceful Palace Bovine Bezoar Pill
（Angong Niuhuang Wan）
（《温病条辨》）

【组成】牛黄 郁金 犀角（水牛角代） 黄连 黄芩 山栀 朱砂 雄黄各一两（各30g） 梅片 麝香各二钱五分（各7.5g） 真珠五钱（15g）

【用法】上为极细末，炼老蜜为丸，每丸一钱（3g），金箔为衣，蜡护。脉虚者，人参汤下；脉实者，银花、薄荷汤下。每服一丸。大人病重体实者，日再服，甚至日三服；小儿服半丸，不知，再服半丸（现代用法：以水牛角代犀角，上药为极细末，炼蜜为丸，每丸3g，每服1丸，每日1次；小儿酌减，每日1次，或遵医嘱）。

【功效】清热解毒，开窍醒神。

【主治】邪热内陷心包证。高热烦躁，神昏谵语，口干舌燥，喉中痰鸣，舌红或绛，脉数。亦治中风神昏，小儿惊厥属邪热内闭者。

【制方原理】本方证为温热之邪内陷心包，痰热蒙蔽清窍所致。温邪热毒，内闭心窍，必扰神明，故高热烦躁、神昏谵语；里热炽盛，灼津炼液为痰，故见口干舌燥、喉中痰鸣。"温邪内陷之证，必有黏腻秽浊之气留恋于膈间"（《成方便读》），邪热夹痰浊上蒙清窍，势必加重神昏。本方证病机要点为热毒炽盛，灼津成痰，内闭心包，机窍窒塞。治宜清热解毒，豁痰开窍，清热化浊，开窍复神。

方中牛黄味苦而凉，清心解毒，豁痰开窍为君药；麝香辛温，通行十二经，长于开窍醒神；水牛角咸寒，清心凉血解毒，合为臣药。三药合用，体现清心开窍，凉血解毒之旨。以苦寒之黄连、黄芩、栀子清热泻火解毒，助牛黄、水牛角以清心包之热毒；冰片、郁金芳香辟秽，通窍开闭，以加强麝香开窍醒神之效；朱砂、珍珠镇心安神，以除烦躁不安；雄黄助牛黄以豁痰解毒，共为佐药。炼蜜为丸，以和胃调中为使。用金箔为衣，亦取其重镇安神之效。诸药合用，共奏清热解毒、开窍醒神之功。原书在用法中指出："脉虚者，人参汤下"，是取人参补气扶正，以加强其清热开窍之功，但脉虚为正不胜邪之兆，故应严密观察其病情变化，慎防其由闭转脱；"脉实者，银花、薄荷汤下"，是增强其清热透解之效。

制方特点：清热泻火、凉血解毒之品与芳香开窍药相配伍，意在驱邪外出，正所谓"使邪火随诸香一齐俱散也"（《温病条辨》）。

【临床应用】

1. 用方要点 本方为治疗热陷心包证的常用方，亦是凉开法的代表方。临床用方辨证要点为神昏谵语，高热烦躁，舌红或绛，脉数有力。

2. 临证加减 用《温病条辨》清宫汤煎汤（元参心、莲子心、竹叶卷心、连翘心、犀角、连心麦冬）送服本方，可增强清心解毒之力；邪陷心包，兼有腑实，大便秘结，以本方化调生大黄末内服。

3. 现代运用 主要用于乙型脑炎、流行性脑脊髓膜炎、颅脑外伤、小儿高热惊厥及感染或中毒引起的高热神昏等属热闭心包者。

4. 使用注意 中病即止，不宜过服、久服；寒闭证及脱证禁用；孕妇慎用。

【现代研究】

1. 药理研究 安宫牛黄丸对家兔实验性氨昏迷有缓解作用，可降低死亡率；通过对实验兔脑脊液乳酸脱氢酶和脑组织化学乳酸脱氢酶的研究表明，本方对细菌、内毒素性脑损伤有一定保护作用，提示本方对脑细胞的组织保护作用可能是其开窍醒神作用的原理之一。对伤寒三联疫苗引起的家兔发热有明显解热作用；本方口服可延长小鼠戊巴比妥钠睡眠时间，对抗硝酸士的宁引起的小鼠惊厥；抑制蛋清性关节炎大鼠的踝部肿胀，激活大鼠腹腔巨噬细胞的吞噬能力。结果表明该方具有保护脑组织、解热、镇静、抗惊厥及抗炎等作用。

2. 临床研究 以口服本方为主治疗各种原因所致的小儿"痰"、"热"、"惊"、"厥"证候340例，其中以"痰"、"热"为主要临床表现者310例，以"惊"、"厥"为主要表现者30例。药后2天热退痰消喘平者254例，占74.7%；6天内痊愈者331例，占97.3%，2天内不再出现惊厥者23例，占77%。表明本方具有良好的退热作用。

【附方】

1. 牛黄清心丸（《痘疹世医心法》） 黄连生，五钱（200g） 黄芩 栀子各三钱（各120g） 郁金二钱（80g） 辰砂一钱半（60g） 牛黄二分半（10g） 上为细末，腊雪调面糊为丸，如黍米大。每服七八丸，灯心汤送下。现代用法：口服，小丸（1.5g）每次2丸，大丸（3g）每次1丸，每日2～3次。功效：清热解毒，开窍醒神。主治：温热之邪内陷心包证。身热烦躁，神昏谵语，以及小儿高热惊厥、中风昏迷等属热闭心包证者。

2. 清开灵（《中药制剂汇编》） 牛胆酸 猪胆酸 水牛角 珍珠母 黄芩素 金银花提取物 栀子 板蓝根 用法：制成注射剂，每支2ml，每次2～4ml，每日1～2次，肌肉注射或静脉点滴。功效：清热解毒，镇静安神，芳香开窍。主治：热陷心包证。身热烦躁，神昏谵语，抽搐惊厥。

按：牛黄清心丸与安宫牛黄丸同为凉开之剂，可用于热陷心包之神昏谵语或小儿急惊等。但安宫牛黄丸清热解毒及芳香开窍之力大，常用于温热之邪内陷心包及痰热蒙蔽清窍之重证；牛黄清心丸清心开窍之力稍逊，常用于小儿高热惊厥，或热闭神昏之轻证。清开灵系安宫牛黄丸减去水牛角、牛黄、珍珠等贵重药材，并改变剂型而成；其清热开窍之力虽不及安宫牛黄丸，但为注射剂，作用直接，起效迅速。

紫 雪
Purple Snow special Pill
(Zixue)
（《外台秘要》）

【组成】寒水石 石膏 滑石 磁石各三斤（各1500g） 玄参 升麻各一斤（各250g）羚羊角 水牛角屑 沉香 青木香各五两（各150g） 丁香一两（30g） 甘草炙，八两（240g）芒硝制，十斤（5000g） 硝石精制，四升（2000g） 麝香五分（1.5g） 朱砂三两（90g） 黄金一百两

【用法】以水一斛，先煮五种金石药，得四斗，去滓后内八物，煮取一斗五升，去滓。取硝石四升，芒硝亦可，用朴硝精者十斤投汁中，微火上煮，柳木篦搅，勿住手，有七升，投入木盆中，半日欲凝，内研朱砂三两，细研麝香五分，内中搅调，寒之二日成霜雪紫色。患者强壮者，一服二分（0.6g），当利热毒；老弱人或热毒微者，一服一分（0.3g），以意节之（现代用法：不用黄金，制成散剂，每瓶装 1.5g。小儿酌情服用，或遵医嘱）。

【功效】清热开窍，息风止痉。

【主治】温热病，热闭心包及热盛动风证。高热烦躁，神昏谵语，痉厥，口渴引饮，唇焦齿燥，尿赤便秘，舌红绛，苔黄燥，脉弦数有力；以及小儿热盛惊厥。

【制方原理】本方证为邪热炽盛，内闭心包，引动肝风所致。邪热炽盛，内陷心包则见高热烦躁、神昏谵语；热灼津伤，故口渴引饮、唇焦齿燥、尿赤便秘；热极动风发为痉厥。小儿热盛惊厥，当属急惊风；亦为邪热炽盛，内陷心包，引动肝风所致。本方证既有热闭心包，又见热盛动风，故治宜清热开窍、息风镇痉。

方中水牛角咸寒，善清心凉血解毒；羚羊角咸寒，为凉肝息风之要药；麝香芳香开窍醒神。三药配伍，清热开窍息风，共为君药。生石膏、寒水石、滑石甘寒，清热泻火，生津止渴；玄参清热泻火而滋阴，升麻清热解毒透邪，俱为臣药。木香、丁香、沉香行气通窍，助麝香开窍醒神；朱砂、磁石、黄金重镇安神，并能清心解毒、潜镇肝阳；硝石、芒硝泻热通便，釜底抽薪，使邪热从肠腑下行而解。上述诸药，俱为佐药。炙甘草益胃和中，调和诸药，并防寒凉质重之品伤脾胃，为佐使药、诸药合用，心肝并治，共奏清热开窍、息风镇痉之功。

制方特点：清热开窍之中兼能凉肝息风镇痉；主用芳香开窍，辅佐以甘寒与重镇。

【临床应用】

1. 用方要点 本方为清热开窍，息风止痉的常用方；适用于热闭心包，热盛动风之证。临床用方辨证要点为神昏谵语，高热烦躁，痉厥，舌红绛，苔干黄，脉数有力。

2. 临证加减 常针对不同证候配合汤剂使用。如热盛动血见发斑出血，可合犀角地黄汤；心经热盛见神昏谵语，可合清宫汤；热盛动风见痉厥，可合羚角钩藤汤；兼有气阴两伤见苔少脉弱，可合生脉散。

3. 现代运用 主要用于外感高热、重症肺炎、猩红热及小儿高热惊厥等以高热神昏抽搐为主症者。

4. 使用注意 中病即止。脱证、虚风内动、小儿慢惊及孕妇禁用。

【现代研究】

1. 药理研究 紫雪灌胃对五联疫苗所致的家兔发热有显著的解热作用，紫雪组给药后 2 小时的解热效果与复方阿司匹林组相比无显著差异，而 4 小时的解热效果显著优于复方阿司匹林组；紫雪还能明显对抗戊四氮及硝酸士的宁引起的小鼠惊厥，延长发生惊厥的时间，降低惊厥率和死亡率。结果表明，本方具有解热、抗惊厥等作用。

2. 临床研究 以高热、痉厥、嗜睡为主症的流行性乙型脑炎患者 55 例采用紫雪、抱龙丸加银花、连翘或与银翘散、白虎汤同用进行治疗。结果：52 例发热逐步下降，伴嗜睡、痉厥缓解，3 例无效。

至 宝 丹
Greatest Treasure Special Bolus
（Zhibao Dan）
（《灵苑方》引郑感方，录自《苏沈良方》）

【组成】生乌犀（水牛角代）　生玳瑁　琥珀　朱砂　雄黄各一两（各30g）　牛黄一分（0.3g）　龙脑一分（0.3g）　麝香一分（0.3g）　安息香一两半，酒浸，重汤煮令化，滤过滓，约取一两净（30g）　金银箔各五十片

【用法】上药为丸如皂角子大，人参汤下一丸，小儿量减（现代用法：口服，每次1丸，每日1次。小儿减量，或遵医嘱）。

【功效】开窍化浊，清热解毒。

【主治】痰热内闭心包证。神昏谵语，身热烦躁，痰盛气粗，苔黄垢腻，脉滑数。中风、中暑、小儿惊厥属痰热内闭者。

【制方原理】本方所治诸证皆为痰热壅盛，内闭心包所致。痰热扰心，甚则蒙蔽神明，则见身热烦躁、神昏谵语；痰涎壅盛，阻塞气道，故喉中痰鸣、辘辘有声、气息粗大。本证病机要点为痰热内闭。治宜清热解毒，化浊开窍。

方中水牛角清心凉血解毒；麝香芳香走窜，开窍醒神；牛黄清心解毒，豁痰开窍。三药共为君药。安息香、龙脑芳香开窍，辟秽化浊，合助麝香开窍醒神；玳瑁镇心安神，清热解毒，助牛黄、水牛角清热解毒之力，三药为臣。雄黄豁痰解毒；朱砂、琥珀、金箔、银箔镇心安神，且琥珀可助麝香通络散瘀开窍，俱为佐药。诸药合用，共奏清热解毒、化浊开窍之功。

制方特点：清热开窍之中尤善化痰醒神；重用芳香开窍，辅以清热豁痰，佐以重镇安神。

安宫牛黄丸、紫雪、至宝丹为凉开剂的常用代表方，合称凉开"三宝"，能清热开窍，均可治疗热闭之证。但安宫牛黄丸长于清热解毒，尤宜于热毒炽盛之高热昏谵者；紫雪长于息风止痉，尤宜于热盛动风之高热痉厥者；至宝丹长于芳香开窍，尤宜于痰热内闭之神昏不语，痰盛气粗者。就其寒凉的程度而言，以"安宫牛黄丸最凉，紫雪次之，至宝又次之"（《温病条辨》）。

【临床应用】

1. 用方要点　本方适用于痰热内闭心包证。临床用方辨证要点为神昏谵语，身热烦躁，痰盛气粗，舌红苔黄垢腻，脉滑数。

2. 临证加减　原书用人参汤送服，意借人参益气养心之力，扶正以助诸药却邪开窍；又有"生姜、小便化下"一法，意取童尿滋阴降火行瘀；生姜辛散祛痰，以加强凉降升散之力。本方清热之力稍逊，可据情使用清宫汤送服。

3. 现代运用　主要用于流行性乙型脑炎、脑血管意外、肝昏迷、小儿惊风等属痰热内闭者。

4. 使用注意　热甚阴伤者忌用；孕妇慎用。

【现代研究】

临床研究 流行性乙型脑炎157例，对其中典型病例之极重型与暴发型病例之痉厥型或热较轻而抽搐重者加用至宝丹治疗，取得显著效果。在运用肺脑双清汤（桑叶、菊花、银花、连翘、杏仁、知母、石膏、栀子、丹皮、黄芩、石决明、钩藤、天麻、甘草）基础上，配合西药抗生素、镇静剂等治疗百日咳并发脑膜炎9例，其中神昏不语、痰闭脉弱者加用局方至宝丹，也取得较好疗效。

第二节 温 开

温开剂（Formulae for Inducing Resuscitation with Warm Drugs），适用于寒湿痰浊，或秽浊之邪闭阻机窍的寒闭证。症见卒然昏倒，不省人事，神昏不语，牙关紧闭，面白唇青，苔白脉迟等。其他如中风、中气、中寒、中恶等所致突然昏倒，不省人事属寒闭者，亦可选用。温开剂组方多以辛温芳香开窍药如苏合香、麝香、安息香等为主，常配伍温里散寒及温通行气药如丁香、荜茇、沉香、木香、檀香、香附等。代表方剂如苏合香丸、紫金锭。

苏合香丸
Storax Pill
（Suhexiang Wan）

（《广济方》，录自《外台秘要》）

【组成】吃力伽（即白术） 光明砂研 麝香 诃黎勒皮 香附子中白 沉香重者 青木香 丁子香 安息香 白檀香 荜茇上者 犀角（水牛角代）各一两（各30g） 薰陆香 苏合香 龙脑香各半两（各15g）

【用法】上为极细末，炼蜜为丸，如梧桐子大。腊月合之，藏于密器中，勿令泄气。每朝用四丸，取井花水于净器中研破服。老小每碎一丸服之，另取一丸如弹丸，蜡纸裹，绯袋盛，当心带之。冷水暖水，临时斟量（现代用法：口服，每次1丸，重3g，小儿酌减，每日1~2次，温开水送服。昏迷不能口服者，可鼻饲给药）。

【功效】温通开窍，行气止痛。

【主治】寒闭证。突然昏倒，不省人事，牙关紧闭，苔白，脉迟。亦治心腹卒痛，甚则昏厥，属寒凝气滞者。

【制方原理】本方证因寒邪、秽浊闭阻气机，蒙蔽心窍所致。寒痰秽浊，闭阻气机，蒙蔽心窍，故突然昏倒、不省人事、牙关紧闭；若寒凝胸腹，气滞血瘀，则心腹卒痛，甚则闭塞气机，则神昏肢厥；苔白脉迟属于阴寒之象。本方证病机要点为寒浊内蒙心包，气机闭阻，神机不运。根据"寒者宜温，闭者宜开"之旨，治宜温通启闭、化浊行气、开窍醒神。

方中苏合香、麝香、冰片、安息香芳香开窍，辟秽化浊，共为君药。木香、香附、丁香、沉香、白檀香、乳香均辛散温通，行气解郁，散寒止痛，兼能活血，合用以开通气机，助君药开窍之力，共为臣药。白术益气健脾，燥湿化浊；诃子收涩敛气，二药合用，既助脾运以运药力，又防诸香辛散走窜太过，耗散真气；水牛角清心解毒，朱砂重镇安神，二药其性虽寒，但配伍于大队温热药之中，兼制诸香辛散温热太过，俱为佐药。全方共奏芳香化浊，温通开窍，行气止痛之功。

制方特点：①集诸芳香药于一方，相须为用，辟秽化浊、行气开窍之力强；②辛温通散中少佐补敛、凉镇之品，相反相成。

【临床应用】

1. 用方要点　本方为温开法的代表方，适用于寒闭证及心腹卒痛属寒凝气滞者。临床用方辨证要点为突然昏倒，不省人事，牙关紧闭，苔白，脉迟。

2. 临证加减　痰浊较重，喉中痰鸣者，可配合涤痰汤鼻饲；体虚脉弱，需用人参煎汤送服，以防内闭外脱。

3. 现代运用　主要用于脑血管意外、肝昏迷、冠心病心绞痛、心肌梗死等属寒闭或寒凝气滞者。

4. 使用注意　中病即止，不宜久服；脱证、热闭证忌用；孕妇慎用。

【现代研究】

临床研究　苏合香丸治疗胆绞痛50例，其中急性胆囊炎42例，胆石症8例。所有病例均在使用阿托品，甚至度冷丁后胆绞痛无缓解时，加用苏合香丸，每次吞服1丸，每日2次，可连服2~3天。治疗结果：12例在合用苏合香丸1丸2~3小时后疼痛明显减轻，连服4丸，2天后疼痛消失；24例服4丸后疼痛明显减轻；10例连服6丸后疼痛消失。除7例手术病例外，其余有效病例门诊随访3个月内无复发。

【附方】

1. 冠心苏合丸（《中国药典》）　苏合香50g　冰片　乳香制，各105g　檀香210g　土木香210g　以上除苏合香、冰片外，其余粉碎成细粉，过筛；冰片研细，与上述粉末配研，过筛、混匀。另取炼蜜适量微温后加入苏合香搅匀，再与上述粉末混匀，制成1000丸即得。嚼碎服，每次1丸，每日1~3次；或遵医嘱。功效：理气活血，宽胸止痛。主治：痰浊气滞血瘀之心绞痛。胸闷或胸痛，憋气。

2. 通关散（《备急千金要方》）　细辛先去土、叶　猪牙皂角去子各一钱（各3g）　上为细末。每用少许，搐入鼻内。功效：通关开窍。主治：气厥，痰厥。

按：冠心苏合丸由苏合香丸药味筛选而成，药仅5味，功善开窍行气、宽胸止痛，尤适宜于心绞痛及胸闷憋气者。通关散与苏合香丸均有开窍之功，可用于气厥、痰厥之证。但通关散药仅2味，不作内服，采用搐鼻取嚏的方法以通关开闭，便于急救催醒之用。

紫 金 锭
Knoxia and Moleplant Loxenge
(Zijin Ding)
(《丹溪心法附余》)

【组成】 雄黄一两（30g）　文蛤一名五倍子，捶碎，洗净，焙，三两（90g）　山慈菇去皮，洗净，焙，二两（60g）　红芽大戟去皮，洗净，焙干燥，一两半（45g）　千金子一名续随子，去壳，研，去油取霜，一两（30g）　朱砂五钱（15g）　麝香三钱（9g）

【用法】 上除雄黄、朱砂、千金子、麝香另研外，其余三味为细末，却入前四味再研匀，以糯米糊和剂，杵千余下，作饼子四十个，如钱大，阴干。体实者一饼作二服，体虚者一饼作三服，凡服此丹但得通利一二行，其效尤速；如不要行，以米粥补之。若用涂疮，立消。孕妇不可服（现代用法：上为细末，糯米糊作锭。口服，每次 0.6 ~ 1.5g，每日 2 次，小儿用量酌减；外用，磨水外搽，涂于患处，每日 3 ~ 4 次）。

【功效】 辟秽解毒，化痰开窍，消肿止痛。

【主治】 秽恶痰浊之时疫。脘腹胀闷疼痛，恶心呕吐，泄泻，痢疾，舌润，苔厚腻或浊腻；痰厥。外敷治疗疮肿毒，虫咬损伤，无名肿毒，以及痄腮、丹毒、喉风等。

【制方原理】 本方证因秽恶痰浊郁阻，气机闭塞，升降失常所致。夏季暑湿当令，易感秽恶痰浊或疫毒之邪，邪干肠胃，运化失司，气机逆乱，升降失常，则脘腹胀闷疼痛、恶心呕吐、泄泻、下痢；若浊邪闭阻气机，蒙蔽清窍，则头昏胸闷，甚则神昏谵语、卒然昏仆。至于疗疮肿毒、痄腮、喉风等，多由湿热酿毒而成。治宜辟秽解毒，化痰开窍，消肿止痛。

方中山慈菇化痰解毒，消肿散结；麝香芳香开窍，辟秽解毒，通络止痛，共为君药。千金子霜与红芽大戟均为有毒之品，取之以毒攻毒，荡涤肠胃，攻逐痰浊，驱除秽恶积垢，使邪毒速从下行；五倍子涩肠止泻，化痰解毒，外用兼治疮疖肿毒，与上二药配伍，使泻下而无滑脱之虞，涩肠而无留邪之弊；雄黄化痰辟秽解毒，四药共为臣药。佐以朱砂重镇安神，兼以解毒。全方共奏辟秽解毒，化痰开窍，消肿止痛之功。

制方特点：①集诸解毒之品于一方，重在解毒辟秽，兼以化痰开窍，以祛邪为主；②攻逐痰浊与收敛止泻相配，使驱邪而无伤正之虞，涩肠又无留邪之弊。

【临床应用】

1. 用方要点　本方用途广泛，既可内服，也可外用；内服主治秽恶痰浊内闭证。临床用方辨证要点为脘腹胀闷疼痛，呕恶泄痢，舌苔厚腻或浊腻。

2. 临证加减　常据证加药磨服或外敷。辟秽解毒可用生姜、薄荷汁入井华水磨服；痰盛之癫狂痫证、抽搐中风，用菖蒲煎汤磨服，以化浊开窍；跌打损伤，用松节油磨服，并外敷患处，以行气活血止痛；进入疫区，用桃根煎汤磨浓，滴鼻并口服少许，以预防感染。

3. 现代运用　主要用于急性胃肠炎、食物中毒、痢疾、癫痫等由秽恶痰浊所致者。外敷可治疗皮肤及软组织急性化脓性感染疾病，如毛囊炎、蜂窝织炎等疖、痈、疮，以及带状疱疹、流行性腮腺炎等属邪实毒盛者。

4. 使用注意　不宜过服久服；孕妇、年老体弱及气血虚弱者忌服。

小　结

开窍剂具有开窍醒神之功，主要针对神昏窍闭（闭证）证而设。开窍剂分为凉开、温开两类，分别适用于热闭证和寒闭证。

1. 凉开　主要由芳香开窍药与泻火解毒、清热化痰及重镇安神等药组成。安宫牛黄丸、紫雪、至宝丹合称凉开"三宝"；均具有芳香开窍，清热解毒，镇惊安神之功；用于身热烦躁，神昏谵语，舌红苔黄，脉数之热闭证。其中安宫牛黄丸药性最凉，长于清热解毒、镇静安神；宜用于热盛毒重，内陷心包所致的高热烦躁、神昏谵语、舌红苔黄、脉数等证。紫雪凉性次之，长于清热凉肝、息风止痉；宜于热陷厥阴，热极动风所致的神昏烦躁、抽搐痉厥、口渴唇焦、舌绛、脉弦数等证。至宝丹凉性最次，长于芳香开窍、辟秽化浊；宜于痰热内闭之昏迷较重、痰盛气粗、舌苔垢腻、脉滑数等证者。

2. 温开　主要由辛温芳香开窍药配伍温里散寒、温通行气及辟秽化痰之品组成。苏合香丸集诸芳香药于一方，行气开窍、辟秽化浊之力强，并兼温通止痛，既主一切寒闭证，又治寒凝气滞所致的心腹疼痛证；通关散通过搐鼻取嚏以通关开闭，为急救催醒之方，主治气厥及痰厥之证；紫金锭集诸解毒之品于一方，重在解毒辟秽，兼以化痰开窍，用途广泛，内服治疗暑令时疫之胀闷吐泻，外敷用治疗疮肿毒、虫咬损伤、无名肿毒等病证。

复习思考题

1. 试述开窍剂分类、适应病证及临床使用注意。
2. 何谓凉开"三宝"？其在功效、主治证方面有何异同？
3. 试述苏合香丸的功效、主治及配伍特点。
4. 参阅现代临床治疗神昏窍闭的经验，指出此类方剂在配伍运用方面的发展。

第十七章
理气剂

理气剂（Formulae for Regulating Qi）是以理气药为主组成，具有行气或降气作用，主治气滞或气逆证的一类方剂。属于八法中的"消法"范畴。

人体气机正常升降出入是维持生命活动的重要形式，如因情志失调，或劳倦过度，或饮食失节，或寒温不适等因素，均可使气机升降出入失常，引起脏腑功能失调而发生疾病。理气剂根据《素问·至真要大论》"逸者行之"、"结者散之"、"高者抑之"以及《素问·六元正纪大论》"木郁达之"等理论而立法。气病范围较广，病机较为复杂，通常有气虚、气闭、气滞、气逆等类型。气虚宜补，气闭宜开，其涉及补益和开窍等类方剂。气机郁滞当行气而调之；气上冲逆，当降气以平之。本章讨论气滞、气逆证的治疗方剂。

理气剂现代临床被广泛用于消化、呼吸、神经、精神、内分泌系统的多种疾病，其中最多用于胃神经官能症、胃及十二指肠溃疡、慢性胃炎、慢性肠炎、胃肠功能紊乱、慢性支气管炎、支气管哮喘、幽门不完全性梗阻、神经性呃逆、膈肌痉挛；还常用于癔症、经前期紧张综合征、痛经、月经不调等病。药理研究表明，理气剂有抗抑郁、抗应激、解痉、镇痛、抗炎等多种作用，涉及对神经、内分泌、免疫、循环等多个系统的调节。据此推测中医"调理气机"的现代内涵，可能涉及对神经、内分泌、免疫等多途径的调节。其中"疏肝解郁"与抗抑郁、抗应激、调节"下丘脑-垂体-肾上腺皮质"轴；"行气宽中"与调节胃肠激素分泌及改善胃肠功能；"行气止痛"与中枢调节及镇痛解痉；"平喘止咳"与降低哮喘模型气道反应性、缓解平滑肌痉挛、纠正 Th_1/Th_2 类细胞因子失衡及镇咳等作用；"和胃降逆"与调节中枢神经、迷走神经、膈肌神经功能等之间可能有更多的关联。

应用理气剂应注意以下几个方面：其一，气滞与气逆常相并见，应权衡主次，在行气与降气配用的同时，斟酌两类药的配伍比重；其二，引起气机异常的病机复杂，如阴寒内盛、七情郁结、湿痰瘀血内阻、气虚不行等既可是气病之因，也可为气病之果，应审证析因，分清因果主次，进行针对性组方；其三，本类方剂多用辛温香燥类药味，易伤津耗气，助热生火，以及动血动胎，故年老体弱、阴虚火旺、孕妇均当慎用。

第一节 行 气

行气剂（Formulae for Promoting the Flow of Qi）具有疏畅气机的作用，适用于气机郁滞的病证。气滞以脾胃气滞和肝气郁滞为多见。脾胃气滞常见脘腹胀痛、嗳气吞酸、恶心呕吐、饮食减少、大便失常等症，治疗方剂常以行气宽中之陈皮、厚朴、枳壳、木香、砂仁等药为主组成；肝郁气滞常见胸胁或少腹胀痛，或疝气痛，或月经不调、痛经等症，治疗方剂常以疏肝理气之香附、柴胡、青皮、郁金、川楝子、乌药等药为主组成。由于气机郁滞，常与血行不畅、湿阻痰聚、食停难消等互为因果；而气郁不行，易于化热生火；肝郁日久，又易暗耗阴血；而气滞之成，每因寒凝为患。故本类方剂又常配伍活血祛瘀、祛湿化痰、消食和中、清热泻火、滋阴养血、温里散寒等药物。代表方剂如越鞠丸、柴胡疏肝散、半夏厚朴汤、厚朴温中汤、枳实薤白桂枝汤、天台乌药散等。

越 鞠 丸
Relieve Stagnancy Pill
（Yueju Wan）
（《丹溪心法》）

【组成】香附　川芎　苍术　栀子　神曲各等分（各6~10g）

【用法】上为末，水丸如绿豆大（原书未著用法用量。现代用法：水丸，每服6~9g，温开水送服。亦可按参考用量比例作汤剂煎服）。

【功效】行气解郁。

【主治】六郁证。胸膈痞闷，脘腹胀满或疼痛，嗳腐吞酸，恶心呕吐，饮食不消。

【制方原理】本方所治乃气、血、痰、火、湿、食六郁而致，其中以气郁为主。气机郁滞，血行不畅可致血郁，津液不行可致湿郁、痰郁，脾运受阻可致食郁，气郁生热可致火郁。六郁既成，故见胸膈痞闷、脘腹胀痛、吞酸呕吐、饮食不消等症。本证病机要点以气郁为先，气血火湿痰食六郁相因为患。治以行气解郁为主，兼解诸郁。

方中香附疏肝行气解郁以治气郁，为君药。川芎为血中气药，既可活血散瘀以治血郁，又可助香附行气解郁；栀子清热泻火以治火郁；苍术燥湿运脾以治湿郁；神曲消食导滞以治食郁。以上四味，合为臣佐药。诸药配合，则气行血活，湿祛热清，食消脾健，气、血、湿、火、食五郁自解。方中未配治痰之品，乃因痰由气滞湿聚，或饮食积滞，或火邪炼津而成，若其他五郁得解，则痰郁自消。方用五味统治六郁，蕴治病求本之意。

制方特点：六郁并治，但以治气郁为主，重在调理气机。

【临床应用】

1. 用方要点　本方是治疗气血湿火食痰六郁证的代表方。临床用方辨证要点为胸膈痞闷，脘腹胀痛，饮食不消等。

2. 临证加减　根据六郁之偏重，调整方中药物用量或随症加减。气郁偏重，胸膈脘腹胀满疼痛，重用香附，酌加青皮、木香、枳壳、厚朴等；血郁偏重，胁肋刺痛，舌质瘀黯，重用川芎，酌加桃仁、赤芍、红花等；湿郁偏重，苔白腻，重用苍术，酌加茯苓、泽泻等；食郁偏重，嗳腐厌食，重用神曲，酌加山楂、麦芽等；火郁偏重，心烦口渴，舌红苔黄，重用山栀，酌加黄芩、黄连等；痰郁偏重，咳吐痰涎，苔腻脉滑，酌加半夏、橘红、瓜蒌等。

3. 现代运用　主要用于胃肠神经官能症、胃及十二指肠溃疡、慢性胃炎、肋间神经痛等属郁证者。

4. 使用注意　血虚阴亏者忌用；不宜与西药磺胺类及大环内酯类药物合用，以免增加其肾毒性。

【现代研究】

1. 药理研究 采用小鼠悬尾实验和小鼠强迫游泳实验两种行为绝望鼠抑郁模型，对口服越鞠丸醇提物和水提物的抗抑郁作用进行比较，连续给药 7 天，结果越鞠丸醇提物能不同程度地缩短行为绝望鼠抑郁模型小鼠悬尾不动时间和强迫游泳小鼠的不动时间，但水提物作用不明显。本方相当于生药 50g/kg·d，连续灌胃 14 天，对慢性应激大鼠抑郁模型有明显的抗抑郁作用，能显著增加模型海马脑源性神经营养因子表达。上述研究为理解本方"行气解郁"的功效提供了一定的现代药理学依据。

2. 临床研究 本方治疗中学生精神失调症 72 例，每服 6g，每日 2 次。结果：治愈 51 例，好转 17 例，无效 4 例，总有效率为 94.4%。又以本方加味（加胆南星、远志等）治疗焦虑抑郁障碍 31 例，每日 1 剂，水煎服，30 天为 1 疗程。结果：痊愈 17 例，显效 9 例，有效 3 例，无效 2 例，总有效率为 93.5%。

柴胡疏肝散
Bupleurum Powder for Relieving Liver Qi
（Chaihu Shugan San）

（《医学统旨》，录自《证治准绳》）

【组成】陈皮醋炒　柴胡各二钱（各6g）　川芎　香附　枳壳麸炒　芍药各一钱半（各5g）甘草炙，五分（3g）

【用法】上作一服。水二盅，煎八分，食前服（现代用法：水煎服）。

【功效】疏肝解郁，行气止痛。

【主治】肝气郁滞证。胁肋疼痛，胸闷喜太息，情志抑郁易怒，或嗳气，脘腹胀满，脉弦。

【制方原理】肝主疏泄，性喜条达，其经脉布胁肋。若情志不遂，肝失疏泄，而致肝郁气滞，经气不利，故胁肋疼痛、胸闷喜太息；情志抑郁或易怒，脉见弦象；肝郁日久，横逆犯胃，胃气失和，故见嗳气频作、脘腹胀满等。本证病机要点是肝失疏泄，气机郁滞，胃气不和。遵"木郁达之"之旨，治当顺其条达之性，畅其郁遏之气，宜疏肝解郁、行气止痛。

本方实由四逆散以枳壳易枳实，加川芎、香附、陈皮而成。方中柴胡功善疏肝解郁，条达肝气，为君药。香附疏肝解郁，理气止痛；川芎开郁行气，活血止痛。二药共助柴胡疏肝理气，为臣药。陈皮、枳壳理气行滞调中；芍药养血柔肝，缓急止痛，共为佐药。炙甘草甘缓和中，兼调诸药，为佐使药。诸药合用，共奏疏肝解郁、行气止痛之功。

制方特点：主以疏肝行气，但疏柔相合，气血兼调，肝胃并治。

【临床应用】

1. 用方要点 本方为治疗肝郁气滞证的常用方。临床用方辨证要点为胁肋疼痛，胸闷善太息，情志抑郁易怒，脉弦。

2. 临证加减 肝郁血滞见胁肋痛甚，加当归尾、郁金、延胡索以行气活血止痛；肝郁化热而见急躁易怒、口苦舌红，加栀子、黄芩、川楝子以清肝泻火；肝气犯脾见脘腹痛甚或攻痛连胁，加青皮、莪术、延胡索以加强理气止痛；肝气犯胃见嗳呃频繁，加旋覆花、代赭石、吴茱萸以降逆止呃；兼肝阴不足而见胁痛口干、舌红少苔，加枸杞子、当归、生地以滋阴柔肝。

3. 现代运用 主要用于慢性肝炎、胆囊炎、胆汁反流性胃炎、肋间神经痛、更年期综合征、痛经、月经不调等属肝郁气滞者。

4. 使用注意 本方辛香偏燥，易耗气伤阴，不宜久服；孕妇慎用。

【现代研究】

1. 药理研究 将实验小鼠和大鼠随机分为柴胡疏肝散高、低剂量组和对照组，比较各组小鼠悬尾和强迫游泳实验的不动时间、自主活动时间及大鼠群居接触时间。结果：本方能明显缩短悬尾及强迫游泳实验中小鼠的不动时间，能对抗群居实验所引起的矛盾冲突状态，减轻动物的焦虑程度，而对其自主活动无显著影响。说明该方有一定的抗抑郁和抗焦虑作用。以经6-羟多巴胺处理的大鼠攻击受试大鼠作为心理应激源，采用高架十字迷宫、开放场地实验检测受试大鼠行为学的改变。结果：接受攻击的各组大鼠与正常组相比均有显著差异，而柴胡疏肝散可以明显缩小模型组与正常组的差异，且与阳性对照药组存在显著性差异。提示强烈的心理应激可导致行为的显著改变，柴胡疏肝散具有调适心理应激能力的作用。

2. 临床研究 以本方每日1剂，水煎服，治疗各种类型的神经官能症213例，总有效率为88.7%。以本方加减（去陈皮，加槟榔、郁金、茯神、淮小麦、百合）治疗伴有抑郁的功能性消化不良（FD）48例，每日1剂，连服4周。结果本方在明显减轻FD患者症状的同时，也能改善精神卫生症状自评量表、汉密尔顿焦虑量表、汉密尔顿抑郁量表评分，治疗前后差异均有显著性。

【附方】

金铃子散（《太平圣惠方》） 金铃子 延胡索各一两（各30g） 为细末，每服三钱（6~9g），酒调下。功效：疏肝清热，活血止痛。主治：肝郁化火证。胸腹胁肋诸痛，时发时止，口苦，或痛经，或疝气痛，舌红苔黄，脉弦数。

金铃子散以金铃子清热疏肝散结，配伍延胡索行气活血止痛，是疏肝与清热、行气与活血并举，尤善止痛；适宜于肝郁化火之诸痛证。

半夏厚朴汤
Pinellia and Magnolia Bark Decoction
（Banxia Houpu Tang）
（《金匮要略》）

【组成】半夏一升（12g） 厚朴三两（9g） 茯苓四两（12g） 生姜五两（15g） 苏叶二两（6g）

【用法】以水七升，煮取四升，分温四服，日三夜一服（现代用法：水煎服）。

【功效】行气散结，降逆化痰。

【主治】痰气郁结之梅核气。咽中如有物阻，咯吐不出，吞咽不下，胸膈满闷，或咳或呕，舌苔白润或白滑，脉弦缓或弦滑。

【制方原理】梅核气以咽中如有物阻、咯吐不出、吞咽不下，但饮食吞咽并无妨碍为临床特征。本方证多因痰气郁结于咽喉所致。情志不遂，肝气郁结，肺胃失于宣降，津液不得正常输布，聚而成痰，痰气相搏，阻于咽喉，则咽中如有物阻、吐之不出、吞之不下；肝气郁结，经气不利，故伴见胁肋胀痛；肺胃失于宣降，故见胸膈满闷，或咳嗽喘急，或恶心呕吐等。本证病机要点为痰气互结，肺胃气逆。治宜行气散结，化痰降逆。

方中半夏辛温入肺胃经，化痰散结，降逆和胃，为君药。厚朴苦辛性温，行气开郁，下气除满，助半夏散结降逆，为臣药。君臣相配，苦辛温燥，痰气并治。茯苓甘淡渗湿健脾，以助半夏化痰；生姜辛温散结、宣散水气、和胃止呕，既助半夏化痰散结、和胃降逆，又能监制半夏毒性；苏叶芳香行气，理肺舒肝，助厚朴行气开郁散结，共为佐药。诸药配伍，共奏行气散结、降逆化痰之功。

制方特点：行气化痰，痰气并治；辛苦合用，开结降逆。

【临床应用】

1. 用方要点 本方为治疗痰气郁结所致梅核气的常用方。临床用方辨证要点为咽中如有物阻，吞吐不得，胸膈满闷，苔白腻，脉弦滑。

2. 临证加减 肝气郁结较甚见胸胁胀痛，加香附、郁金、青皮以疏肝解郁；肺失宣畅见咳嗽较甚，加旋覆花、桔梗、杏仁；胃失和降而见呃逆或呕吐，加陈皮、砂仁；痰瘀结滞而见咽喉结节，加郁金、桃仁、射干等。

3. 现代运用 主要用于癔症、抑郁症、焦虑症、慢性咽炎、慢性支气管炎、慢性胃炎、食道痉挛、放化疗所致的消化道反应等属痰气郁结者。

4. 使用注意 火甚阴伤者，本方忌用；不宜与阿司匹林合用，以免加重胃黏膜损伤。

【现代研究】

1. 药理研究 本方醇提物按130 mg/g灌胃，连续6周，可增加慢性抑郁模型大鼠的蔗糖摄入量，增加其脾脏自然杀伤细胞活性，显著升高血清中高密度脂蛋白水平并降低甘油三酯水平，降低血红细胞内超氧化物歧化酶活性及血清和肝组织中一氧化氮合成酶活性，降低心肌组织中丙二醛含量。结果提示本方具有一定的抗抑郁、增强免疫功能、调节血脂及抗氧化损伤等作用。上述作用为其临床运用提供了一定的现代药理学依据。

2. 临床研究 以本方治疗癔症42例，治愈24例，好转16例，无效2例，总有效率为95.2%。治疗胃轻瘫综合征（胃麻痹、胃无力）38例，治愈15例，好转19例，无效4例，总有效率为89.47%，优于口服吗丁啉对照组。以本方加味（加川芎、苍术）为基本方，随症加减，治疗癔症性瘫痪30例，治愈25例，好转4例，无效1例，总有效率为96.7%。

厚朴温中汤
Magnolia Decoction for Warming the Middle
（Houpu Wenzhong Tang）

（《内外伤辨惑论》）

【组成】厚朴姜制　陈皮去白，各一两（各9g）　甘草炙　茯苓去皮　草豆蔻仁　木香各五钱（各5g）　干姜七分（2g）

【用法】合为粗散，每服五钱匕（5g），水二盏，生姜三片，煎至一盏，去滓温服，食前。忌一切冷物（现代用法：按原方比例酌定用量，加姜三片，水煎服）。

【功效】行气除满，温中化湿。

【主治】脾胃寒湿气滞证。脘腹胀满，或疼痛，不思饮食，四肢倦怠，舌苔白腻，脉沉弦。

【制方原理】本方证因寒湿困中，脾胃气滞所致。脾胃居于中焦，主受纳运化和主四肢。若寒湿困脾致气机阻滞，故见脘腹胀满或疼痛；运化不健，则不思饮食；脾滞湿阻，则四肢倦怠；舌苔白腻、脉沉弦也为脾胃寒湿，中焦受阻之象。本证病机要点为寒湿困脾，中阳不运，气机阻滞。治宜行气除满，温中化湿，醒脾助运。

方中厚朴辛苦温燥，行气消胀，燥湿除满，故重用为君药。陈皮苦辛而温，理气行滞，燥湿调中；草豆蔻辛温芳香，温中散寒，燥湿醒脾，共为臣药。木香助厚朴、陈皮行气调中；干姜、生姜助草豆蔻温中散寒；茯苓渗湿健脾，共为佐药。炙甘草益气和中，调和诸药，为佐使药。诸药配伍，共奏温中燥湿、行气除满、醒脾和中之功。

制方特点：主用苦温辛香，佐以甘淡。

【临床应用】

1. 用方要点　本方是治疗脾胃寒湿气滞证的常用方。临床用方辨证要点为脘腹胀满或疼痛，舌苔白腻。

2. 临证加减　寒邪偏重见脘腹痛甚，加肉桂、高良姜以温中散寒止痛；湿邪偏盛见身重肢肿，加木瓜、大腹皮以下气利水消肿；兼脾虚气弱见倦怠乏力，加党参、白术以健脾益气。

3. 现代运用　主要用于慢性肠炎、慢性胃炎、胃溃疡、妇女带下等属脾胃寒湿气滞者。

4. 使用注意　阳虚气弱、阴虚内热者不宜使用。

【现代研究】

临床研究　用本方加半夏、枳壳，治疗肠易激综合征（腹泻型）39 例，其中寒甚加炮附子、肉桂，上热下寒合半夏泻心汤，煎汤服用，每日1剂，连续用药1月。结果：治愈32 例，好转7 例。用本方加减（减陈皮、茯苓、草豆蔻，加乌药、香附、炒白术、白芍）治疗小儿肠痉挛56 例，腹痛重者加延胡索，腹胀者加莱菔子，恶心呕吐者加藿香、法半夏，连服5 天为1 疗程。结果：治愈47 例，有效8 例，无效1 例，总有效率为98.21%，显著高于西药对照组（服用颠茄、氯丙嗪）。

【附方】

良附丸（《良方集腋》）　高良姜酒洗七次，焙，研　香附子醋洗七次，焙，研各等分（各9g）上药各焙、各研、各贮，用时以米饮加生姜汁一匙，盐一撮为丸（6g），服之立止。功效：行气疏肝，祛寒止痛。主治：肝胃气滞寒凝证。胃脘疼痛，胸胁胀闷，畏寒喜温，苔白脉弦，以及妇女痛经等。

按：厚朴温中汤、良附丸两方均能行气温中止痛。但厚朴温中汤重在行气除满，兼能祛寒燥湿，脾胃并治；适用于寒湿困中，脾胃气滞之脘腹胀满疼痛、舌苔白腻等证。良附丸重在温胃止痛，兼能疏肝，肝胃并治；适用于肝胃气滞寒凝之胸脘胁痛、苔白脉弦等证。

枳实薤白桂枝汤
Immature Bitter Orange，Allium and Cinnamon Twig Decoction
（Zhishi Xiebai Guizhi Tang）
（《金匮要略》）

【组成】枳实四枚（12g）　厚朴四两（12g）　薤白半升（9g）　桂枝一两（6g）　瓜蒌实一枚，捣（12g）

【用法】以水五升，先煮枳实、厚朴，取二升，去滓，内诸药，煮数沸，分温三服（现代用法：水煎服）。

【功效】通阳散结，祛痰下气。

【主治】胸阳不振，痰结气逆之胸痹。胸满而痛，甚或胸痛彻背，喘息咳唾，短气，胁下气逆上冲心胸，舌苔白腻，脉沉弦或紧。

【制方原理】本方证因胸阳不振，聚津成痰，痰气互结所致。痰气结于胸中，气血痹阻，则胸满而痛，甚或胸痛彻背；肺失宣降，故见咳唾喘息、短气；胸阳不振，则阴寒气逆，故有气从胁下冲逆，上攻心胸之感。本证病机以胸阳不振为本，痰气结滞气逆为标，治宜通阳散结，祛痰下气。

方中瓜蒌涤痰散结，宽胸利膈；薤白宣通胸阳，行气散结。二药配伍，通阳散结，行气祛痰，为治疗胸痹的要药，共为君药。枳实下气破结，消痞除满；桂枝通阳散寒，降逆平冲，共为臣药。厚朴燥湿化痰，下气除满为佐。诸药配伍，共奏通阳散结、祛痰下气之功。

制方特点：行气之中兼以化痰散结、降逆平冲。

本方去枳实、厚朴、桂枝，加白酒七升，为瓜蒌薤白白酒汤（《金匮要略》）；具有通阳散结，行气祛痰之功效；主治痰阻气滞之胸痹。瓜蒌薤白白酒汤再加半夏，为瓜蒌薤白半夏汤（《金匮要略》）；具有通阳散结，下气祛痰的功效；主治痰浊较盛之胸痹。

【临床应用】

1. 用方要点　本方是治疗胸阳不振，痰阻气滞而逆之胸痹的常用方。临床用方辨证要点为胸满而痛，胁下气逆上冲心胸，舌苔白腻，脉沉弦或紧。

2. 临证加减　寒重见胸痛肢冷，加干姜、附子以通阳散寒；痰浊重见胸闷、舌苔厚腻，加半夏、茯苓以燥湿化痰；兼血瘀见胸中刺痛、舌暗，加丹参、川芎、桃仁、红花等以活血祛瘀。

3. 现代运用　主要用于冠心病心绞痛、肋间神经痛、非化脓性肋软骨炎等属胸阳不振，痰阻气滞者。

4. 使用注意　阳虚气弱之胸痹不宜单用本方；与单胺氧化酶抑制剂合用有可能会引起"胺毒反应"。

【现代研究】

临床研究　本方加人参为基本方，随症加减，治疗心绞痛 96 例。结果：显效 47 例，好转 44 例，无效 5 例，总有效率 95%；心电图疗效：显效 31 例，好转 42 例，无效 23 例，总有效率 76%。以本方加制附子、红参、丹参、桃仁、红花、仙茅、巴戟天、甘草为基本方，随症加减，每日 1 剂，治疗窦性心动过缓 45 例，以 1 个月为 1 疗程，观察临床症状及心电图变化。结果：总有效率 95.5%，明显高于口服 654 – 2 片对照组（67.4%）（P < 0.05）。提示本方具有扩张冠脉血流、改善心肌供血和调节迷走神经张力，升高心脏窦房结兴奋性的作用。

天台乌药散
Top-Quality Linderae Powder
（Tiantai Wuyao San）
（《圣济总录》）

【组成】天台乌药　木香　小茴香微炒　青皮汤浸，去白，焙　高良姜炒，各半两（各 15g）槟榔锉，二个（9g）　川楝子十个（12g）　巴豆七十粒（12g）

【用法】上八味，先将巴豆微打破，同川楝子用麸炒黑，去巴豆及麸皮不用，合余药共研为末，和匀。每服一钱（3g），温酒送下（现代用法：巴豆与川楝子同炒黑，去巴豆，水煎取汁，冲入适量黄酒服）。

【功效】行气疏肝，散寒止痛。

【主治】肝经寒凝气滞之疝气。少腹引控睾丸而痛，偏坠肿胀，或少腹疼痛，舌淡苔白，脉沉迟或弦。亦治妇女痛经，瘕聚等属寒凝气滞者。

【制方原理】足厥阴肝经抵于少腹，络于阴器。若寒客肝脉，气机阻滞，可见少腹疼痛，痛引睾丸，偏坠肿胀，发为小肠疝气，故有"诸疝皆归肝经"（《儒门事亲》）之说。本证病机为寒凝肝脉，气机阻滞。治宜行气疏肝，散寒止痛。

方中乌药辛温，行气疏肝，散寒止痛，为君药。青皮疏肝破气散结，小茴香温肾暖肝行气，高良姜、木香行气祛寒止痛，合助乌药行气散寒止痛，共为臣药。槟榔直达下焦，行气化滞而破坚；川楝子虽苦寒，但与辛热之巴豆同炒后，其寒性减，行气散结之力增，均为佐药。诸药合用，共奏行气疏肝、散寒止痛之功。

制方特点：行气破结与暖肝散寒药配伍，止痛力著。

【临床应用】

1. 用方要点　本方是治疗肝经寒凝气滞所致疝痛的常用方。临床用方辨证要点为少腹痛引睾丸，舌淡苔白，脉沉弦。妇女痛经见本证也可使用。

2. 临证加减 睾丸痛而偏坠肿胀甚，加荔枝核、橘核行气散结止痛；寒甚而下身冷痛，加肉桂、吴茱萸散寒止痛；寒凝经脉见痛经，加当归、川芎、香附等活血调经；气血瘀滞见脘腹瘕聚，加枳实、三棱、莪术以破气散瘕。

3. 现代运用 主要用于腹股沟疝、睾丸炎、附睾炎、肠痉挛和痛经等属肝经寒凝气滞者。

4. 使用注意 疝痛属肝肾阴虚气滞或兼有内热者，本方不宜。

【现代研究】

临床研究 本方加减（去木香、青皮、高良姜、槟榔、川楝子、巴豆，加延胡索、荔枝核、王不留行、黄柏、莪术、丹参、牛膝）治疗慢性前列腺炎60例，15天为1疗程，治疗4个疗程后评定效果。结果：痊愈28例，显效20例，有效8例，无效4例，总有效率93.33%。

【附方】

1. 加味乌药汤（《奇效良方》，录自《济阴纲目》） 乌药 缩砂 木香 延胡索各一两（各30g） 香附炒，去毛二两（60g） 甘草一两半（45g） 细锉，每服七钱（20g），水一盏半，生姜三片，煎至七分，不拘时温服。功效：行气活血，调经止痛。主治：痛经。月经前或月经初行时，少腹胀痛，胀甚于痛，或连胸胁乳房胀痛，舌淡，苔薄白，脉弦紧。

2. 暖肝煎（《景岳全书》） 当归二三钱（6~9g） 枸杞子三钱（9g） 茯苓二钱（6g） 小茴香二钱（6g） 肉桂一二钱（3~6g） 乌药二钱（6g） 沉香一钱，或木香亦可（3g） 水一盅半，加生姜三五片，煎七分，食远温服。功效：温补肝肾，行气止痛。主治：肝肾不足，寒滞肝脉证。睾丸冷痛，或小腹疼痛，畏寒喜暖，舌淡苔白，脉沉迟。

按：天台乌药散、加味乌药汤、暖肝煎三方均具行气疏肝之功，用治肝经气滞之证。天台乌药散与暖肝煎均可治疗疝气，而天台乌药散功专行气散寒，行气止痛力优，适用于寒凝肝脉、气机阻滞所致小肠疝气痛属实证者；暖肝煎温补肝肾、行气散寒，补中兼行，适用于肝肾不足、寒滞肝脉之疝气痛证属本虚标实者；加味乌药汤则疏肝理气与活血调经并用，适用于肝郁血滞之痛经。

第二节 降 气

降气剂（Formulae for Suppressing Upward Adverse Movement of Qi）具有降气平喘或降逆止呕的作用，适用于肺气或胃气上逆之证。肺气上逆以咳喘为主症；常用降气祛痰，止咳平喘之苏子、杏仁、沉香、款冬花等药为主组成方剂。胃气上逆以呕吐、嗳气、呃逆等为主症；治疗常用降逆和胃止呕之旋覆花、代赭石、半夏、竹茹、丁香、柿蒂等药为主组成方剂。因气逆之证有寒热虚实和兼证的不同，故本类方剂又常酌情配伍清热、温里、祛痰、补虚等药物，以标本兼顾。代表方剂如四磨汤、苏子降气汤、定喘汤、旋覆代赭汤、橘皮竹茹汤等。

四　磨　汤
Four Milled-Herb Decoction
(Simo Tang)
(《济生方》)

【组成】人参 (6g)　　槟榔 (9g)　　沉香 (6g)　　天台乌药 (6g)

【用法】四药各浓磨水，和作七分盏，煎三五沸，放温服。

【功效】行气降逆，宽胸散结。

【主治】肝气郁结气逆证。胸膈胀闷，上气喘急，心下痞满，不思饮食。

【制方原理】本方治证为七情所伤，肝气郁结所致。肝气郁结，横逆胸膈之间，故胸膈胀闷；上犯于肺，肺气上逆，则气急而喘；横逆犯中，脾胃失和，则心下痞满、不思饮食。此证病机为气郁之甚而致气逆冲上。治宜行气降逆，宽胸散结。

方中用乌药辛温，主入肝脾，行气疏肝以解郁，为君药。沉香辛温沉降，下气降逆而平喘，为臣药。槟榔直入下焦，行气破滞，与君臣合用，行气疏肝而消痞满，下气降逆而平喘急，为佐药；然破气之品易耗伤正气，故又佐用人参益气扶正，使郁开而不伤气，且配沉香能温肾纳气以助平喘之力。四药相合，共奏行气降逆、宽胸散结之效。

本方原书名四磨汤，至《成方便读》改称四磨饮，方药不变。本方药物质地坚实，非久煎不能出性，但煎煮过久，又会使芳香的气味散失而削弱疗效，故古人采用磨浓汁再煎沸温服的方法，《时方歌括》引王又原之说："四品气味俱厚，磨则取其味之全，煎则取其气之达，气味齐到，效如桴鼓矣。"其煎服药法寓有深意。

制方特点：配伍上行气与降气并用，破降与补纳相合，开郁降逆而不伤正；制服上浓磨煎沸温服，气味并取，别具一格。

【临床应用】

1. 用方要点　主治肝气郁结兼有气逆之重证。临床用方辨证要点为胸膈胀闷，上气喘急。

2. 临证加减　体壮气实而气结较甚见大怒暴厥，心腹胀痛，可去人参，加木香、枳实以增其行气破结之力；气滞肠闭见大便秘结，腹满或胀痛，加枳实、大黄以通便导滞；下焦虚冷，阴寒冲逆见喘急、肢冷腰痛，送服金匮肾气丸。

3. 现代运用　主要用于支气管哮喘、肺气肿、胃动力不足、小儿消化不良等属气滞兼有气逆者。

4. 使用注意　本方乃破降之峻剂，正气亏虚之神倦脉弱者慎用。

【现代研究】

1. 药理研究　四磨汤在台氏液中浓度为 0.025% ~0.125% 时，对家兔离体回肠呈明显兴奋作用，当浓度为 0.250% ~1.500% 时呈抑制作用，此浓度可部分对抗由乙酰胆碱、氯化钡和组织胺所致的兔离体回肠痉挛。本方按 2.5g/kg 给家兔灌胃 60 分钟后的血清可使家兔离体回肠收缩幅度和收缩频率明显增加。本方大鼠按生药 1.9g/kg、3.8g/kg 和 7.6g/kg 剂量，小鼠按生药 2.7g/kg、5.4g/kg 和 10.8g/kg 剂量灌胃给药，结果不同剂量组均能明显降低大鼠胃液量及总酸度,对胃蛋白酶活性无明显影响,能显著增强胃排空和全胃肠运动;增强或提高小鼠正常、亢进、缓慢小肠运动;明显增加冰点炭末梗阻模型小鼠小肠炭末推进率。以上研究表明,本方具有促进胃肠功能的作用,为理解本方行气降逆、宽胸散结的功效提供了一定的现代药理学依据。

2. 临床研究 以四磨汤口服液治疗功能性消化不良 60 例,结果:显效 35 例,有效 22 例,无效 3 例,总有效率 95.0%,疗效明显优于吗丁啉对照组 80.0% (P<0.05)。本方加柴胡、木香、山药、栀子为基本方,随症加减,治疗胃神经官能症 33 例,15 天为 1 疗程,服用 1~3 个疗程后观察治疗效果。结果:显效(症状完全消失)24 例,有效(症状基本消失)7 例,无效(症状改善不明显)2 例,总有效率 94%。行腹腔手术的 182 例患者(疝修补术除外),术后应用经胃管注入本方,每次 100ml,每日 2 次,注药后夹住胃管 2~3 小时(如不需下胃管的腹部手术,可分次口服),同时随机与 167 例腹腔手术后患者作对照,发现应用本方能促进肠蠕动功能恢复,并有预防腹部手术后肠黏连发生的作用。

【附方】

1. 五磨饮子(《医便》) 木香 乌角沉香 槟榔 枳实 台乌药各等分(各6g) 以白酒磨服。功效:行气降逆,宽胸散结。主治:七情郁结,心腹胀痛,或走注攻冲,及大怒暴厥之气厥证。

2. 六磨汤(《太平惠民和剂局方》,录自《杏苑生春》) 枳壳 槟榔 乌药 人参 木香 沉香(各6g) 用粗碗磨水服。功效:行气降逆,宽胸散结。主治:七情郁结,心腹痞塞,上气喘急,或癃闭。

按:三方同能行气降逆,主治气滞气逆之证。但四磨汤、六磨汤均兼以人参益气扶正,治实防虚,邪正兼顾。其中六磨汤为四磨汤加木香、枳壳而成,故虽亦邪正兼顾,但行散降逆之力较四磨汤为强;而五磨饮子为四磨汤去人参,加木香、枳实而成,并以白酒磨服,全用行气破结之品,功专破气开郁,力猛势峻,仅宜于体壮气实而气结较甚之气郁或气厥证。

苏子降气汤
Perilla Seed Decoction for Descending Qi Downward
(Suzi Jiangqi Tang)
(《备急千金要方》,录自《太平惠民和剂局方》)

【组成】紫苏子 半夏汤洗七次,各二两半(各75g) 当归去芦,两半(45g) 甘草炙,二两(60g) 前胡去芦 厚朴去粗皮,姜汁拌炒,各一两(各30g) 肉桂去皮,一两半(45g)

【用法】为细末,每服二大钱(6g),水一盏半,入生姜二片,枣子一个,苏叶五叶,同煎至八分,去滓热服,不拘时候(现代用法:加生姜 2 片,枣子 1 个,苏叶 2g,水煎服,用量按原方比例酌定)。

【功效】降气祛痰,平喘止咳。

【主治】上实下虚喘咳证。胸膈满闷,咳喘短气,呼多吸少,痰多色白,或腰疼脚弱、肢体倦怠,或肢体浮肿,舌苔白滑或白腻,脉弦滑。

【制方原理】 本方证属于"上实下虚"。"上实"是指痰浊壅肺，肺失宣降，而见胸膈满闷、喘咳痰多、舌苔白滑或白腻、脉弦滑。"下虚"是指肾阳虚衰于下；或肾不纳气，呼多吸少而气短；或肾不主骨而腰疼脚弱；或肾不主水，水泛为痰，外溢为肿等。本证病机要点为痰浊壅肺于上，肾阳不足于下，肺气不降，虽属上实下虚，但以上实为主。治宜降气平喘、祛痰止咳为主，兼顾下元。

方中紫苏子降气平喘，祛痰止咳，为君药。半夏燥湿化痰降逆，厚朴下气宽胸除满，前胡下气祛痰止咳，三药共助紫苏子降气祛痰平喘之功，其中前胡兼能宣散，有降中寓升之义，共为臣药。君臣相配，以治上实。肉桂温助元阳，纳气平喘，以治下虚；当归养血补肝润燥，合肉桂以增温补下元之力，兼制夏、朴之辛燥，并主咳逆上气；略加生姜、苏叶以散寒宣肺，共为佐药。甘草、大枣和中调药，为佐使药。诸药合用，共奏降气祛痰、温肾补虚之功。

制方特点：降气祛痰配伍温肾补虚药，标本兼顾，上下并治，而以治上治标为主。

【临床应用】

1. 用方要点　本方为治疗上实下虚喘咳证的常用方。临床用方辨证要点为胸膈满闷，痰多稀白，苔白滑或白腻。

2. 临证加减　痰涎壅盛，喘咳气逆难卧，加沉香以加强其降气平喘之功；兼风寒表证，加麻黄、杏仁宣肺平喘，疏散外邪；兼气虚，加人参益气扶正。

3. 现代运用　主要用于慢性支气管炎、肺气肿、支气管哮喘等属痰涎壅肺或兼肾阳不足者。

4. 使用注意　肺肾阴虚、肺热痰盛之喘咳证忌用。不宜与阿司匹林合用，以免加剧其对消化道的损害。

【现代研究】

1. 药理研究　以卵清蛋白注射雾化吸入法复制哮喘模型，通过吸入组胺溶液（变应原）引起气道高反应性，观察到苏子降气汤能显著降低哮喘大鼠的气道反应性，并明显改善哮喘大鼠肺组织病理形态学异常；能调节哮喘模型 Th_1/Th_2 类细胞因子的失衡。本方对哮喘模型大鼠肺组织 NF-κB 蛋白表达有明显抑制作用，并能降低血及肺泡灌洗液中 EOS 数量，改善肺组织形态学。结果表明苏子降气汤具有抗敏、抗炎、止喘的作用，其机理可能与下调NF-kB激活细胞数量，降低 NF-kB 蛋白表达，促进 EOS 凋亡，降低支气管壁 EOS 浸润有关。

2. 临床研究　本方加黄芪，每日 1 剂，辅以常规抗生素复方新诺明片（每日 2 次，每次 2 片），治疗慢性喘息型支气管炎 32 例，6 天为 1 疗程。1 疗程后，显效 22 例，有效 9 例，无效 1 例，总有效率为 96.88%。肺活量检测结果：患者肺活量增加 30% 以上者 16 例，占总人数的 50%；增加 15%～30% 者 12 例，占总人数的 37.5%，低于 15% 的 4 例，占总人数的 12.5%。

定 喘 汤
Arresting Asthma Decoction
(Dingchuan Tang)
(《摄生众妙方》)

【组成】白果去壳，砸碎炒黄，二十一枚（9g）　麻黄三钱（9g）　苏子二钱（6g）　甘草一钱（3g）　款冬花三钱（9g）　杏仁去皮、尖，一钱五分（4.5g）　桑白皮蜜炙，三钱（9g）　黄芩微炒，一钱五分（4.5g）　法制半夏三钱（9g），如无，用甘草汤泡七次，去脐用

【用法】水三盅，煎二盅，作二服。每服一盅，不用姜，不拘时候，徐徐服（现代用法：水煎服）。

【功效】宣降肺气，清热化痰。

【主治】风寒外束，痰热蕴肺之哮喘。哮喘咳嗽，痰多气急，痰稠色黄，或微恶风寒，舌苔黄腻，脉滑数。

【制方原理】本方所治哮喘乃因素体痰热内蕴，复感风寒，肺气壅闭，不得宣降所致，故见哮喘咳嗽、痰多稠黄、舌苔黄腻、脉滑数。本证病位虽涉表里，但以痰热内蕴、肺失宣肃为主要病机。治宜宣肺降气、清热化痰为主，兼以宣散表邪。

方中麻黄辛温宣散，宣肺平喘，解散表邪；白果甘涩，敛肺定喘，祛痰止咳。二药合用，一散一敛，既可加强平喘之功，又可使宣肺散邪而不耗气，敛肺定喘而不留邪，相反相成，共为君药。桑白皮泻肺平喘，黄芩清肺泄热，合用以消内蕴之热，共为臣药。苏子、杏仁、半夏、款冬花降气平喘，化痰止咳，助君、臣药以平喘祛痰，共为佐药。甘草生用，调和诸药，且能止咳，为佐使药。诸药合用，共奏宣降肺气、清热化痰之功。

制方特点：降清敛散合法，寓宣于降，寓收于散。

本方与苏子降气汤均为降气平喘之剂，但有温降与清降之异同。本方主用宣散敛降与清热化痰药配伍；有宣降肺气，清热化痰，定喘止咳之功；主治痰热蕴肺，复感风寒，肺失宣肃之哮喘证；伴见痰多稠黄，舌红苔黄腻者。苏子降气汤是以降气平喘与下气祛痰、温肾纳气药配伍；具有降气祛痰，止咳平喘，温肾纳气之功；主治上盛下虚之咳喘证；伴见痰多稀白，舌淡苔白腻者。

本方与小青龙汤均有宣肺解表，祛痰平喘之功，皆可治疗外感风寒，内有痰浊之咳喘。但小青龙汤以麻黄、桂枝配干姜、半夏、细辛；重在解表散寒，温化寒饮；适宜于表寒较重，内有寒饮之咳喘。本方以麻黄、白果与黄芩、桑白皮配伍；虽能解表散寒，但主在宣肺降逆，清泄肺热；适用于痰热内蕴而表寒不著之咳喘。

【临床应用】

1. 用方要点　本方是治疗痰热内蕴所致哮喘的常用方。临床用方辨证要点为哮喘咳嗽，痰多稠黄，苔黄腻，脉滑数。

2. 临证加减　无风寒外束，麻黄可减量，或用炙麻黄，取其宣肺平喘之功；痰稠难咳，酌加瓜蒌、胆南星以加强清热化痰之力；肺热偏重，加石膏、鱼腥草以增清泄肺热之效。

3. 现代运用　主要用于支气管哮喘、喘息性支气管炎等属痰热蕴肺者。

4. 使用注意　哮喘日久属肺肾阴虚者忌用。不宜与强心药、单胺氧化酶抑制药合用。

【现代研究】

1. 药理研究　本方加味方（加葶苈子、桔梗、白芥子、莱菔子各 10g，丹参 15g）可降低支气管哮喘模型小鼠的支气管肺泡灌洗液细胞总数、嗜酸性粒细胞，减少 IL-4 表达，提高 IFN-γ 水平，纠正 Th$_1$/Th$_2$ 的失衡，减轻气道炎症，进而降低气道高反应性，对支气管哮喘有治疗作用。采用气管段酚红法、喷雾致喘法、炎性肿胀及血栓素 2（TXB$_2$）、6-酮-前列腺素 1α（6-K-PGF1α）定量的方法，观测到本方具有化痰、平喘、抗炎作用，能增强酚红在小白鼠支气管的排泄，对组织胺所致豚鼠哮喘具有平喘作用，与氨茶碱对照组相比，作用强度不如后者，但作用时间较长；能抑制 TXB$_2$ 生成，上调 6-K-PGF1α 含量，可能也是抗炎的机制之一。

2. 临床研究　本方为基本方，随症加减，治疗支气管哮喘 36 例，10 天为 1 疗程，服药 1~3 个疗程。结果：显效 18 例，有效 16 例，无效 2 例，总有效率为 94.52%。以本方为基本方，继发感染咳痰黄稠者加鱼腥草、蒲公英，治疗慢性喘息性气管炎 100 例，连服 10 剂为 1 疗程，近期控制 48 例，显效 35 例，好转 14 例，无效 3 例，总有效率 97.9%。在西医常规治疗基础上，配以本方加减方（减款冬花、半夏，加葶苈子、地龙、川芎、赤芍、厚朴、甘草）为基本方，并随症加减，治疗肺心病急性发作期 30 例，对照组 30 例给予西医常规治疗，10 天为 1 疗程，采用症状及血气分析结果观测其疗效。结果：治疗组显效 21 例，好转 7 例，无效 2 例，总有效率 93.33%，疗效显著优于对照组（P<0.05）。

【附方】

葶苈大枣泻肺汤（《金匮要略》）　葶苈熬令黄色，捣丸，如弹子大（9~15g）　大枣十二枚（4~6枚）　先以水三升，煮枣取二升，去枣，内葶苈煮取一升，顿服。功效：泻肺平喘，祛痰利水。主治：肺痈。喘不得卧，胸满胀；或一身面目浮肿，鼻塞，清涕出，不闻香臭酸辛；或咳逆上气，喘鸣迫塞；或支饮胸满者。

按：本方和定喘汤均能平喘。但定喘汤宣散外邪，敛降肺气，清热化痰；主治痰热蕴肺，风寒束表之哮喘咳嗽，痰稠色黄，恶寒发热者。本方则专取苦辛性寒之葶苈子，清热泻肺，涤痰蠲饮；适用于痰热壅肺之喘息不得卧，胸满胀，及支饮胸满者。

旋覆代赭汤
Inula and Hematitum Decoction

（Xuanfu Daizhe Tang）

（《伤寒论》）

【组成】旋覆花三两（9g）　人参二两（6g）　生姜五两（15g）　代赭石一两（6g）　甘草炙，三两（9g）　半夏洗，半升（9g）　大枣擘，十二枚（4枚）

【用法】以水一斗，煮取六升，去滓再煎，取三升，温服一升，日三服（现代用法：水煎服）。

【功效】降逆化痰，益气和胃。

【主治】胃气虚弱，痰浊内阻证。心下痞鞕，嗳气不除，或反胃呕逆，吐涎沫，舌淡，苔白滑，脉弦而虚。

【制方原理】本方原书用于"伤寒发汗，若吐，若下，解后，心下痞鞕，嗳气不除者"。此乃外邪虽经汗、吐、下而解，但中气受损，痰浊内生，阻于中焦，胃气上逆所致。痰浊中阻，气机闭塞，故见心下痞鞕；胃气上逆，故频频嗳气，甚或呕吐、呃逆；痰随气逆，故见呕吐涎沫；舌淡苔白滑，脉弦而虚为中虚痰阻之象。本证病机为中虚痰阻，胃气上逆。治宜化痰降逆为主，兼以益气补虚。

方中旋覆花苦辛咸而微温，功善下气消痰、降逆止噫，为君药。代赭石苦甘而微寒质重，降气坠痰；半夏祛痰散结，降逆和胃；生姜重用，和胃降逆，宣散水气。此三味共助君药以加强下气消痰，散痞止呕之功，同为臣药。人参、炙甘草、大枣甘温益气，健脾养胃，以复中气虚弱之本，俱为佐药。甘草调和诸药，兼作使药。诸药配合，共奏降逆化痰、益气和胃之功。本证胃气虚逆，用代赭石镇降逆气，但其苦寒质重易伤中气，故其用量仅为旋覆花的三分之一；更重用生姜温中制寒，配伍甘味益气和中，制方法度严谨。

制方特点：标本兼治，镇降痰气与补中养胃并行，降逆不伤正，补中不助痰。

【临床应用】

1. 用方要点 本方是治疗中虚痰阻气逆证的常用方。临床用方辨证要点为心下痞鞕，嗳气频作呕呃，苔白滑，脉弦而虚。

2. 临证加减 痰多苔腻，可加茯苓、陈皮化痰和胃；气滞腹胀较甚，加枳实、厚朴等以行气除满；中寒腹痛喜温，加干姜、吴茱萸、丁香以温中祛寒；兼有内热而见舌红苔黄、脉数，减生姜用量，加黄连、竹茹等以清泄胃热。

3. 现代运用 主要用于胃神经官能症、慢性胃炎、支气管哮喘、膈肌痉挛、食管贲门失弛缓症、幽门不全性梗阻、肿瘤化疗后呕吐等属中虚痰阻气逆者。

4. 使用注意 方中代赭石性寒沉降，质重碍胃，胃虚者用量宜小。

【现代研究】

1. 药理研究 本方（10g/kg，每日1次，连续14天）灌胃给药可明显抑制大鼠醋酸性胃溃疡的发生，其作用机理可能与本方阻滞 H_2 受体抑制组织胺对胃酸的分泌有关；本方灌胃（5g/kg 和 10g/kg，每日1次，连续5天）能减少胃液量，抑制胃酸分泌，并降低胃蛋白酶的排出量。本方水煎剂连续给药7日，能显著改善反流性食管炎模型大鼠食管黏膜的病理状况，其作用可能与提高模型大鼠食管下段黏膜 pH 值、降低模型大鼠胃黏膜 pH 值、降低食管黏膜一氧化氮浓度，减轻炎症反应，促进食管下括约肌功能的恢复有关。本方对酸性反流性食管炎模型大鼠胃窦黏膜胃泌素表达有增强作用。旋覆代赭汤上述抗溃疡、抗炎等作用，为理解本方降逆化痰、益气和胃的功效提供了一定的现代药理学依据。

2. 临床研究 本方加减治疗反流性食管炎88例，疗程1个月。显效52例，有效35例，无效1例，总有效率98.9%。本方加味（加白芍、莪术、三棱、炮山甲）治疗幽门不全梗阻26例，4周为1疗程，疗程结束后经胃镜及 X 线复查。结果：治愈14例，好转9例，无效3例，总有效率为88.46%。以本方为基本方，随症加减，治疗21例化疗诱发的顽固性呃逆，3天为1疗程，连续治疗1~2疗程。结果：顽固性呃逆全部缓解14例，部分缓解5例，无缓解2例，起效时间1~5天，平均2.6天达到部分缓解，3.8天达到全部缓解。全组病例未见明显毒性反应。提示本方可以有效治疗化疗诱发的顽固性呃逆，避免大剂量胃复安引起的毒性反应。

橘皮竹茹汤
Tangerine Peel and Bamboo Shavings Decoction
(Jupi Zhuru Tang)
(《金匮要略》)

【组成】 橘皮二斤 (15g)　　竹茹二升 (15g)　　大枣三十枚 (5枚)　　生姜半斤 (9g)　　甘草五两 (6g)　　人参一两 (3g)

【用法】 上六味，以水一斗，煮取三升，温服一升，日三服（现代用法：水煎服）。

【功效】 降逆止呃，益气清热。

【主治】 胃虚有热之呃逆。呃逆或干呕，虚烦少气，口干，舌红嫩，脉虚数。

【制方原理】 呃逆之证，皆因胃气不能和降所致，但有寒、热、虚、实之分。本方证因久病或吐利伤中，胃虚有热，气逆不降所致；故见呃逆或干呕，虚烦少气，口干，舌红嫩，脉虚数等。针对本证病机，气逆宜降，有热宜清，胃虚宜补，故治以降逆止呃、清热和胃为主，兼以益气补中。

方中橘皮辛温，理气和胃以止呃；竹茹甘寒，清热和胃以止呕。两者相伍且重用以增和胃止呃之功，合为君药。生姜辛温，和胃止呕。与竹茹合用，清中有温；人参甘温，益气补虚，与橘皮合用，行中有补，共为臣药。甘草、大枣助人参益气补中以复中虚，并调和药性，是为佐使药。诸药配合，共奏降逆止呃、益气清热之功。

制方特点：①不用镇降药，主在理气和胃以止呕。②寓温于清，清而不寒；寓补于行，补而不滞；全方药性平和。

《济生方》有同名方，乃此方去生姜、大枣，加茯苓、枇杷叶、麦门冬、半夏；功可降逆止呕，和胃清热，治胃热呕逆而气阴俱虚者。

【临床应用】

1. 用方要点　本方是治疗胃虚有热呕逆的常用方。临床用方辨证要点为呃逆频作或呕吐，舌红嫩，脉虚数。

2. 临证加减　兼胃阴不足而口干、舌红少苔，加麦冬、石斛以滋养胃阴；胃热较甚而口渴欲饮、舌红苔黄，加黄连清泻胃热；胃气不虚之呕呃，去人参、甘草、大枣，加柿蒂以增降逆止呕（《温病条辨》新制橘皮竹茹汤）。

3. 现代运用　主要用于妊娠呕吐、幽门不完全性梗阻、膈肌痉挛及术后呃逆不止等属胃虚有热气逆者。

4. 使用注意　实热或虚寒之呕呃忌用。

【现代研究】

临床研究 口服利福平、异烟肼等抗痨药物后，近80%的患者出现恶心、呕吐、干呕、纳差、腹胀等胃肠道症状。在不停服抗痨药物的前提下，采用本方加粳米为基本方，随症加减，治疗因服药所致胃肠反应42例，疗效满意。痊愈29例，好转13例，总有效率100%。应用本方治疗反流性食管炎34例，2周为1疗程，并与对照组（胃复安加甲氰咪呱）对比观察。结果表明，本方总有效率94.1%，疗效优于对照组（P<0.05）。

【附方】

丁香柿蒂汤（《症因脉治》） 丁香（6g） 柿蒂（9g） 人参（3g） 生姜（6g） 水煎服。功效：降逆止呃，温中益气。主治：虚寒呃逆。

按：丁香柿蒂汤与橘皮竹茹汤均有补虚降逆止呃的作用，治疗中焦虚逆之呕呃证，但两方温清有异。丁香柿蒂汤偏于温中散寒，主治胃虚有寒之呃逆，以呃逆因寒发作或加重，伴舌淡苔白、脉沉迟或虚弦等为特点；橘皮竹茹汤偏于和胃清热，主治胃虚有热之呕呃，以伴口干、舌嫩红、脉虚数等为特点。

小　结

理气剂为气滞或气逆证而设，按其主要功用分为行气和降气两大类。

1. 行气 适用于气机郁滞的病证，根据脾胃气滞和肝气郁滞的不同表现，分别以行气宽中或疏肝理气之药为主，结合气郁成因和兼证不同选配相应药味而成。越鞠丸长于行气解郁，用治六郁而以气郁为主之证。柴胡疏肝散长于疏肝解郁，行气止痛；适用于肝郁气滞证而见胁肋疼痛，嗳气太息，脘腹胀满，脉弦者。半夏厚朴汤与枳实薤白桂枝汤都能行气祛痰，但前者兼能开郁降逆，主治情志不舒，痰气郁结所致的梅核气；后者则长于通阳散结，主治胸阳不振，痰浊中阻，阴寒偏盛的胸痹。厚朴温中汤行气之中又以温中燥湿见长，常用于寒湿困中，脾胃气滞之脘腹胀痛。天台乌药散行气逐寒，止痛散结，多用于寒凝气滞之小肠疝气。

2. 降气 适用于气逆诸证。根据肺气上逆或胃气上逆证，分别由降肺祛痰或降逆和胃之药为主，结合寒热虚实及兼证的不同选配相应药味而成。四磨汤降逆与行气并举，降逆疏肝兼有益气之功，用于七情郁结、下元不纳的上气喘急证。苏子降气汤和定喘汤均能降气祛痰而定喘咳。苏子降气汤兼能温肾补虚，主治上实下虚的喘咳证；定喘汤兼能宣肺清热，主治痰热蕴肺的哮喘。旋覆代赭汤、橘皮竹茹汤和丁香柿蒂汤均具有降逆止呕、补气益胃的作用，治疗中虚气逆之嗳呃或呕逆。但旋覆代赭汤长于祛痰除噫，适用于中虚痰阻、胃气上逆的痞噫及反胃呕吐；橘皮竹茹汤则长于理气清胃止呕呃，适用于胃虚呃逆或呕哕偏于热者；丁香柿蒂汤则长于温中止呃逆，用于胃虚呃逆之偏于寒者。

复习思考题

1. 气机异常与哪些脏腑关系密切？选配理气方时应注意哪些？
2. 越鞠丸主治六郁证，但方中为何不配伍祛痰药？指出其临床运用的变化思路。
3. 天台乌药散主治何病证？方中川楝子炮制使用的意义？
4. 瓜蒌薤白白酒汤、瓜蒌薤白半夏汤、枳实薤白桂枝汤三方均治胸痹，如何区别运用？
5. 试联系方证病机指出厚朴在半夏厚朴汤、厚朴温中汤、苏子降气汤中的配伍意义？
6. 比较苏子降气汤和定喘汤在适应证、立法及遣药组方上的异同。
7. 如何理解旋覆代赭汤中的旋覆花与代赭石的用量？
8. 旋覆代赭汤、橘皮竹茹汤、丁香柿蒂汤三方均有益胃降逆作用，临床上如何区别使用？

第十八章

活血祛瘀剂

活血祛瘀剂（Formulae for Promoting Blood Circulation with Removing Stasis）是以活血祛瘀药为主组成，具有促进血行、化瘀行滞、散结消癥等作用，主治血瘀证的一类方剂。属于八法中"消法"范畴。

血是人体重要的营养物质，主于心，藏于肝，统于脾，行于经脉之中，内以荣润五脏六腑，外以濡养四肢百骸，正如《杂病源流犀烛·诸血源流》中所说："血生于脾，统于心，藏于肝，宣布于肺，根于肾，灌溉于一身，以入于脉。故曰血者，神气也。"若生化无源，营血亏损；或血行不畅，瘀滞内停；或离经妄行，血溢脉外，则可形成血虚、血瘀、血溢等血分病证。血虚宜补血，血溢当止血，血瘀须活血祛瘀。本章仅讨论治疗血瘀证的活血祛瘀剂，至于补血与止血则在补益剂和止血剂中介绍。

引起血瘀证的原因有气滞、气虚、寒凝、热灼、跌仆损伤等，其证情复杂，既有寒热虚实之分，又有轻重缓急之别，治疗时必须详审病机，分清标本缓急。本着急则治标，缓则治本，或标本兼顾的治疗原则，血瘀成实者宜攻逐泻下，气滞血瘀者宜调气散瘀，寒凝血瘀者宜温经化瘀，血热瘀滞者宜清热祛瘀，仆损瘀血者宜祛瘀理伤，正虚血瘀者又须邪正兼顾。据此，本章方剂分为泻下逐瘀、行气散瘀、清热祛瘀、温经化瘀、祛瘀理伤、化瘀消癥和扶正祛瘀等七类。

活血祛瘀剂现代临床被广泛用于心脑血管、感染性、炎性、免疫性、肿瘤、神经系统、外周血管、骨伤和妇产科等多种疾病，诸如冠心病心绞痛、心律失常、脑卒中、慢性肝炎、肝纤维化、头痛、月经失调、产后宫体复旧不良及跌打损伤之瘀肿疼痛、筋断骨折、颅内血肿、宫外孕、血栓闭塞性脉管炎、纤维增生、肿瘤、骨质增生等。药理研究表明，活血祛瘀剂除有抑制血小板聚集、抗凝溶栓，改善微循环及血液流变性，调整血流动力学，抗组织缺血性损伤等与循环和血液系统有关的调节作用外，还涉及对诸如物质代谢、免疫、呼吸、神经等多个系统的影响。据此推测中医"活血祛瘀"的现代内涵，主要是通过抗凝溶栓，扩张血管，改善微循环，增加组织器官的血流灌注；增强血管抗损伤能力，调整血管通透性，促进组织细胞功能恢复；调整代谢，增强免疫功能，抗炎抑菌、抗肿瘤以及提高机体抗应激能力等多个环节，以达到"祛瘀生新"的功效。

活血祛瘀剂多为行血破瘀之品，若逐瘀过猛，或久用祛瘀，易伤正气，故在运用时应适当加入养血滋阴等扶正之品，可使祛瘀而不伤正。此外，还应据病情的轻重缓急，选择适宜的剂型。新瘀证急，多用汤剂，取力大效速；久瘀证缓，多用丸散，取其渐消缓散，消瘀不伤正。本类方剂性多破泄，宜中病即止；孕妇及月经过多者当慎用。

第一节　泻下逐瘀

泻下逐瘀剂（Formulae for Promoting the Blood Circulation by Purgation），适用于瘀阻里实之证。多由热入血分，与血搏结，蓄血留瘀；或跌仆损伤脉络，血瘀内阻，郁结化热。临床表现以刺痛有定处、入夜尤甚，或局部有硬结，舌黯红，或有瘀斑瘀点，脉沉实而涩为特征。常用攻下逐瘀药如大黄、芒硝，与行血破瘀药如桃仁、水蛭、虻虫、丹皮等为主组成。瘀阻则气滞，气滞则瘀更甚；瘀阻不散，易从热化，故本类方剂又常配伍理气、清热等药物。代表方剂为桃核承气汤、复元活血汤等。

桃核承气汤
Peach Kernel Purgative Decoction
（Taohe Chengqi Tang）
（《伤寒论》）

【组成】桃仁去皮尖，五十个（12g）　大黄四两（12g）　桂枝去皮，二两（6g）　甘草二两，炙（6g）　芒硝二两（6g）

【用法】上四味，以水七升，煮取二升半，去滓，内芒硝，更上火，微沸，下火，先食温服五合，日三服，当微利。

【功效】泻热逐瘀。

【主治】下焦蓄血证。少腹急结，小便自利，其人如狂，甚则烦躁谵语，至夜发热，或妇人闭经、痛经，脉象沉实或涩。

【制方原理】本方原治太阳表邪未解，随经入腑化热，与血搏结所致的下焦蓄血证。瘀热互结阻于下焦，故少腹急结；病在下焦血分，膀胱气化尚未受影响，故小便自利；热在血分，夜属阴，故至夜发热；瘀热上扰心神，轻则烦躁、其人如狂，重则谵语。胞宫位于下焦，瘀热相结，又可致痛经、闭经等疾。本证病机要点为下焦瘀热互结，瘀热冲逆于上。治当因势利导，立破血逐瘀、攻下泻热之法，使瘀热下行，诸症自解。

本方由调胃承气汤减芒硝用量，加桃仁、桂枝组成。方中桃仁破血祛瘀，大黄逐瘀泻热，二者合用，瘀热并治，攻下蓄血，共为君药。桂枝通行血脉，既助桃仁破血祛瘀，又制寒药凉遏凝瘀之弊；芒硝咸寒软坚，助大黄攻逐瘀热，同为臣药。炙甘草护胃安中，缓诸药峻烈之性，以防逐瘀伤正，并调和药性，为佐使药。五药相伍，攻破结合，能泻能清，共奏破血下瘀、通便泻热之功。服后当"微利"，微利则瘀热清，蓄血去，而诸证可平。

制方特点：①活血祛瘀药配伍泻热攻下药，瘀热同治，并使邪有出路；②苦寒稍佐辛温甘缓，全方凉而不遏，降而不沉。

【临床应用】

1. 用方要点　本方为治疗下焦蓄血证的主方。临床用方辨证要点为少腹急结，小便自利，脉象沉实或涩。

2. 临证加减 跌打损伤，瘀滞疼痛，加赤芍、当归尾、红花、苏木等以活血祛瘀止痛；妇女闭经加牛膝、当归、川芎以行血通经；上部瘀热之头痛头胀，面红目赤，吐衄，加牛膝、生地、丹皮、栀子等以清热凉血，导血热下行。

3. 现代运用 主要用于急性盆腔炎、肠梗阻、精神分裂症、子宫肌瘤、流行性出血热等属瘀热互结者。

4. 使用注意 本方为破血下瘀之剂，孕妇忌用，体虚者慎用。

【现代研究】

1. 药理研究 以大肠杆菌内毒素复制大鼠内毒性热瘀证模型，予桃核承气汤煎剂灌胃，能有效降低血瘀大鼠全血黏度、血浆黏度、红细胞压积，对抗凝血酶原时间和部分凝血酶原时间缩短、降低纤维蛋白原含量；对实热型、燥结型便秘模型小鼠均有明显的通便泻下作用。此外，本方还能明显提高免疫低下小鼠的 IL-2 水平、T 细胞总数、L_3T_4 细胞百分率及 Lyt-2 比值，调整 CD_4^+/CD_8^+ 细胞比例，恢复和增强小鼠的细胞免疫功能，提高机体的抗病能力。本方对 S_{180} 荷瘤小鼠有明显的抑瘤作用（抑瘤率为 35.42%），促进肿瘤坏死因子 α 的分泌，与化疗药物环磷酰胺合用可增强自然杀伤细胞的活性，增强机体的免疫机能，并可拮抗化疗所致的机体免疫功能下降。桃核承气汤上述改善内毒素血症异常血液流变状态、通便泻下、调整免疫功能、抑制肿瘤等作用，为理解该方泻热逐瘀的功效提供了一定的现代药理学依据。

2. 临床研究 以桃核承气汤配合基础疗法（维持水与电解质平衡、酸碱平衡以及一般支持疗法，颅内压过高时予以脱水）治疗急性脑出血 30 例，每次 30ml，每日 2 次，昏迷患者 48 小时内以高位保留灌肠，48 小时后予以鼻饲，并设 30 例单纯用基础疗法对照。结果：其疗效明显优于单纯基础疗法，桃核承气汤组对低切变率和中切变率下测定的全血黏度、全血还原黏度、红细胞压积及血沉、纤维蛋白原较治疗前均有显著降低，提示桃核承气汤可以显著改善脑出血患者血液的浓稠、黏滞、易凝状态和红细胞聚集指数。研究发现，桃核承气汤虽然对高血压性脑出血具有较好的疗效，但主要适用于以肝阳暴亢、风火上扰，风痰瘀血、痹阻脉络，痰热腑实、风痰上扰，风火上扰清窍等四个证型，而对气虚血瘀、阴虚风动、痰湿蒙塞心神等证型疗效较差，提示在临床运用本方治疗脑出血时，辨病勿忘辨证。

【附方】

1. 抵当汤（《伤寒论》） 水蛭熬 虻虫去翅足，熬，各三十只（各6g） 桃仁去皮尖，二十个（5g） 大黄酒洗，三两（9g） 上四味，以水五升，煮取三升，去滓，温服一升。不下，更服。功效：破血下瘀。主治：下焦蓄血之少腹硬满，小便自利，喜忘，如狂或发狂，大便色黑易解，脉沉实，及妇女经闭少腹硬满拒按者。

2. 下瘀血汤（《金匮要略》） 大黄二两（9g） 桃仁二十枚（9g） 䗪虫熬，去足，二十枚（9g） 三味末之，炼蜜和为四丸，以酒一升，煎一丸，取八合，顿服之。功效：破血下瘀。主治：产妇腹痛，因干血内结，著于脐下者；亦治瘀血经闭。

按：抵当汤、下瘀血汤、桃核承气汤均用大黄、桃仁泻热逐瘀，同有破血下瘀之功，主治瘀热相结于下焦之蓄血证。桃核承气汤证属瘀血初结之时，其证尚浅，为逐瘀轻剂，服后微利，不一定下血；抵当汤证瘀结日久深重且证急，少腹硬满较重，故配破血逐瘀的虫类药，为逐瘀峻剂，服后当下血。下瘀血汤证为病久血燥之干血着于脐下，少腹瘀痛而有硬块，故配逐瘀之䗪虫，以蜂蜜为丸，复以酒煎服，乃峻药缓攻之剂。

复元活血汤
Revive Health by Invigorating Blood Decoction
(Fuyuan Huoxue Tang)
(《医学发明》)

【组成】柴胡半两（15g） 栝楼根 当归各三钱（各9g） 红花 甘草 穿山甲炮，各二钱（各6g） 大黄酒浸，一两（30g） 桃仁酒浸，去皮尖，研如泥，五十个（9g）

【用法】除桃仁外，锉如麻豆大，每服一两（30g），水一盏半，酒半盏，同煎至七分，去滓，大温服之，食前。以利为度，得利痛减，不尽服。

【功效】攻下瘀血，疏肝通络。

【主治】跌打损伤。胁肋瘀肿，痛不可忍。

【制方原理】本方所治乃因跌仆损伤，而致瘀留胁下，肝络不通。肝主藏血，以气为用，胁肋为肝经循行部位。瘀血内留，肝气郁滞，络脉不通，故胁肋瘀肿疼痛，甚则痛不可忍。本证病机为跌仆损伤，瘀积胁下，肝络阻滞。治当祛瘀通络，行气疏肝，使恶血去，经络通，瘀痛可除。

方中重用酒制大黄荡涤留瘀败血，引瘀血下行；柴胡主入肝经，走两胁，疏肝行气，与大黄配伍，使药达病所，直攻胁下瘀血，合为君药。桃仁、红花活血祛瘀止痛；穿山甲辛散走窜，破瘀通络，以逐络中瘀血，散结消肿，共为臣药。当归养血和血，既助活血药行瘀血，又可使祛瘀而不伤血；栝楼根即天花粉，既入血分"消仆损瘀血"（《日华子本草》），又能合当归清郁热而润血燥，为佐药。甘草调和诸药，并缓急止痛，兼为佐使。加酒煎服，以增强活血逐瘀之力。诸药配合，重在攻下瘀血，使瘀祛络通，肿痛可消，共建复元活血之功。服药后"以利为度"示瘀血得下；"不尽服"指勿过服，以免伤伐正气。

制方特点：①主以逐瘀活血，辅佐以疏肝、通络；②大黄配柴胡，升降相合，有速攻胁下瘀血之妙。

【临床应用】

1. 用方要点 本方适用于跌打损伤之瘀积胁下之急证。临床用方辨证要点为胁肋瘀肿，疼痛较甚，脉弦紧。

2. 临证加减 肿胀甚，加青皮、木香、香附以行气消肿止痛；瘀痛重，配七厘散同用，也可酌加乳香、没药以助化瘀止痛；瘀阻化热，大便干结，可加芒硝以通便泻热。

3. 现代运用 主要用于胸胁软组织损伤、非化脓性肋软骨炎、肋间神经痛、骨折等属瘀血留滞者。

4. 使用注意 药后当微利，得利痛减，不必尽剂；孕妇忌用。

【现代研究】

1. 药理研究 复元活血汤灌胃能明显提高小鼠痛阈值，抑制二甲苯致耳郭肿胀，扩张耳郭微动、静脉，降低腹腔毛细血管通透性；对闭合性骨折大鼠骨痂生长有明显促进作用，能有效提高骨钙含量，降低血液黏度，改善血液循环。以复元活血汤加味（加皂角刺、黄芪）水煎灌胃，能明显升高 CCl_4 诱导的肝纤维化大鼠血清总蛋白、白蛋白，降低丙氨酸氨基转移酶、天冬氨酸转氨酶；降低血浆透明质酸、Ⅳ型胶原和肝组织透明质酸、层黏连蛋白、Ⅲ型前胶原含量，转化生长因子 β_1 阳性面积显著降低，明显减轻肝组织病理改变，效果优于西药秋水仙碱。复元活血汤的上述作用是其攻下瘀血、疗伤止痛、疏肝通络功效的药理学基础。

2. 临床研究 以复元活血汤加三七粉为基础方治疗肋骨骨折 100 例，痛甚加乳香、没药，痰中带血加藕节、贝母，发热加生地、黄芩，气血胸加苏子、厚朴；同设 100 例西药芬必得对照。结果：治疗组治愈 64 例，好转 30 例，未愈 6 例，总有效率 94%。对照组治愈 45 例，好转 38 例，未愈 17 例，总有效率 83%。两组差异有显著性意义（P<0.05）。提示在肋骨骨折的治疗中，应用中药复元活血汤能加快微循环血流速度，增加毛细血管网的通透性，改善骨折断端局部血液循环，加快血凝块及代谢产物的清除，还可加快软组织的损伤修复和水肿吸收，从而达到促进骨折愈合的目的。

以复元活血汤为主治疗急性胰腺炎 52 例，基本方：桃仁、天花粉、穿山甲各 12g，红花、当归、胡黄连、厚朴各 10g，大黄（后下）、柴胡、赤芍、延胡索各 15g，甘草 6g。湿热甚者加黄芩 15g、茵陈 30g；腹胀甚腑气不通者加芒硝（冲）、枳实各 10g；热毒甚者加小红藤、败酱草各 30g。水煎至 500ml，分 3 次口服或经胃管注入。若病情严重者可同时予上方再煎 300ml，用 150ml 保留灌肠，每日 2 次。并予以胃肠减压，维持水、酸碱、电解质平衡等常规对症处理。结果治愈 46 例，占 88.4%；好转 4 例，占 7.6%；无效中转手术 2 例，占 3.8%，总有效率达 96.1%。

第二节 行气散瘀

行气散瘀剂（Formulae for Promoting the Flow of Qi and Blood Circulation），适用于气血瘀滞引起的心胸脘腹诸痛，或月经不畅，胀闷不适，烦躁易怒，抑郁寡欢等症。常用活血散瘀药如桃仁、红花、川芎、丹参、赤芍、乳香、没药等为主组成。由于血随气行，气滞则血滞，血瘀则气阻，故常配伍枳壳、香附、木香、檀香、青皮等疏理气机药，以加强活血祛瘀之力。另外，瘀阻气滞，易于化热，也常酌情配入清热凉血之品。代表方剂如血府逐瘀汤、丹参饮等。

血府逐瘀汤

Drive out Blood Stasis in the Mansion of Blood Decoction

(Xuefu Zhuyu Tang)

(《医林改错》)

【组成】桃仁四钱（12g）　红花三钱（9g）　当归三钱（9g）　生地黄三钱（9g）　川芎一钱半（5g）　赤芍二钱（6g）　牛膝三钱（9g）　桔梗一钱半（5g）　柴胡一钱（3g）　枳壳二钱（6g）　甘草一钱（3g）

【用法】水煎服。

【功效】活血祛瘀，行气止痛。

【主治】胸中血瘀证。胸痛、头痛日久，痛如针刺而有定处，或呃逆日久不止，入暮潮热，或内热烦闷，或心悸失眠，或急躁易怒，唇黯或两目黯黑，舌质黯红或有瘀斑，脉涩或弦紧。

【制方原理】本方为胸中血瘀证而设。胸中瘀血阻滞，阻碍清阳升达，故胸痛、头痛日久不愈，痛有定处如针刺；胸胁为肝经循行部位，瘀阻日久，气郁不舒，肝失条达之性，则急躁易怒；胃失和降，故呃逆；血瘀化热，病在阴分，故内热烦闷、入暮潮热；血行不利，心神失养，加之瘀热扰及心神，则心悸失眠。唇黯或两目黯黑，舌质黯红或有瘀斑，脉涩等，均为内有瘀血之征象。本证病机为血瘀胸中，瘀阻气滞而蕴热。治当活血化瘀为主，行气止痛为辅，兼行清热。

本方由桃红四物汤合四逆散加减而成。方中桃仁、红花功专活血祛瘀，为君药。当归养血活血，川芎活血行气，赤芍活血祛瘀，此三味共助君药祛瘀之力，合为臣药。柴胡疏肝行气而升达清阳；桔梗开宣肺气，载药上行，合枳壳尤能升降胸胁气机，使气行则血行；牛膝祛瘀通脉，并引瘀血下行，与柴桔同用，升降相因，使胸中瘀血得以下行。生地凉血清热，同赤芍清血中瘀热，合当归又能滋养阴血，使祛瘀不伤正，此五味皆为佐药。甘草养胃和中，调和诸药，兼为佐使药。全方配伍，既化血分瘀滞，又开气分郁结，使瘀血得消，气郁得开，则胸痛诸症可愈。

制方特点：气血兼顾，寓行气于活血之中；行中寓养，使活血而无耗血之虑；升降同施，使气机畅达而瘀化下行。

【临床应用】

1. 用方要点　本方为治疗胸中血瘀证之要方。临床用方辨证要点为胸痛或头痛，痛有定处，舌黯红或有瘀斑，脉涩或弦紧。

2. 临证加减　胸中刺痛甚，可加乳香、没药活血止痛；胀痛甚，加青皮、香附行气止痛；兼胸闷，加瓜蒌、薤白以理气宽胸；胁下有血瘀癥块，加郁金、丹参、鳖甲以活血消癥化积；瘀热甚，重用生地、赤芍，加丹皮以凉血清热。

3. 现代运用　主要用于心脏病、脑动脉硬化、脑血栓、胸部挫伤、肋软骨炎、肋间神经痛等病，以及加减用于多种疾病证属血瘀气滞者。

4. 使用注意 本方活血祛瘀作用较强，孕妇忌用。

【现代研究】

1. 药理研究 血府逐瘀汤小肠给药，可明显扩张高分子右旋糖酐致大鼠急性微循环障碍状态下的微血管，加快血流速度，增加毛细血管开放数，阻断微循环障碍病理过程并促进其恢复，防止因微循环功能紊乱而造成的血压急剧下降。灌胃给药，能明显降低心肌缺血再灌注损伤家兔的全血黏度、血浆比黏度、纤维蛋白原，减轻心肌间质出血、细胞变性组织灶性坏死和炎性细胞浸润，抑制细胞凝聚、崩解；降低心肌组织的肌酸激酶、丙二醛含量，提高超氧化物歧化酶含量。此外，本方灌胃能明显提高偏头痛小鼠痛阈值，提高脑 5 - 羟色胺含量；对 D - 氨基半乳糖氨致肝损伤小鼠有较好的保护作用，且呈明显的量效关系。血府逐瘀汤上述作用为理解本方活血祛瘀、行气止痛功效提供了一定的药理学依据。

2. 临床研究 用血府逐瘀胶囊治疗冠心病心绞痛 60 例，并设硝酸甘油缓释片组 50 例对照。治疗组服用血府逐瘀胶囊，每次 6 粒，每 8 小时服 1 次，1 个月为 1 疗程。观察期间除心绞痛发作时可舌下含化日本心丹或硝酸甘油缓释片外，停用一切抗心肌缺血药物。结果：总有效率为 90%，其中显效率占 48.3%，均为稳定性心绞痛；其止痛作用以轻、中度心绞痛血瘀型疗效最佳；对心电图缺血型 ST - T 波改善总有效率为 65%。而硝酸甘油缓释片组对心绞痛的总有效率为 90%，其中显效率为 48%；对心电图缺血型 ST - T 波改善总有效率为 66%。其疗效与硝酸甘油缓释片无显著性差异。

【附方】

1. 通窍活血汤（《医林改错》） 赤芍一钱（3g） 川芎一钱（3g） 桃仁研泥，三钱（6g） 红花三钱（9g） 老葱切碎，三根（6g） 生姜切片，三钱（9g） 大枣去核，七个（5 枚） 麝香绢包，五厘（0.15g） 黄酒半斤 前七味煎一盅，去滓，将麝香入酒内，再煎二沸，临卧服。大人一连三晚，吃三付，隔一日再吃三付；或七八岁小儿，两晚吃一付；三二岁小儿，三晚吃一付。麝香煎三次后宜换新的（现代用法：水煎服，麝香冲服）。功效：活血通窍。主治：头面瘀阻证。头痛昏晕，或耳聋年久，或头发脱落，面色青紫，或酒渣鼻，或白癜风以及妇女干血痨、小儿疳积而见肌肉消瘦，腹大青筋，潮热，舌黯，或有瘀斑、瘀点。

2. 膈下逐瘀汤（《医林改错》） 五灵脂炒，二钱（6g） 当归三钱（9g） 川芎二钱（6g） 桃仁研如泥，三钱（9g） 丹皮二钱（6g） 赤芍二钱（6g） 乌药二钱（6g） 延胡索一钱（3g） 甘草三钱（9g） 香附一钱半（5g） 红花三钱（9g） 枳壳一钱半（5g） 水煎服。功效：活血祛瘀，行气止痛。主治：膈下血瘀证。肚腹积块，痛处不移，或卧则腹坠，或小儿痞块，肚大青筋，舌黯红或有瘀斑，脉弦。

3. 少腹逐瘀汤（《医林改错》） 小茴香炒，七粒（1.5g） 干姜炒，十分（3g） 延胡索一钱（3g） 没药一钱（6g） 当归三钱（9g） 川芎二钱（6g） 官桂一钱（3g） 赤芍二钱（6g） 蒲黄三钱（9g） 五灵脂炒，二钱（6g） 水煎服。功效：活血祛瘀，温经止痛。主治：少腹寒凝血瘀证。少腹疼痛，胀满，或有积块；或经行腰酸少腹胀；或经行一月三五次，血色黯黑，或有块；或崩漏兼少腹疼痛；或久不受孕。小腹凉，四肢不温，舌黯苔白，脉沉弦而涩。

4. 身痛逐瘀汤（《医林改错》） 秦艽一钱（3g） 川芎二钱（6g） 桃仁三钱（9g）

红花三钱（9g）　甘草二钱（6g）　羌活一钱（3g）　没药二钱（6g）　当归三钱（9g）　五灵脂炒，二钱（6g）　香附一钱（3g）　牛膝三钱（9g）　地龙去土，二钱（6g）　水煎服。功效：活血行气，祛瘀通络，通痹止痛。主治：血瘀痹证。肩痛、臂痛、腰痛、腿痛，或周身疼痛，痛如针刺，经久不愈。

　　按：血府逐瘀汤、通窍活血汤、膈下逐瘀汤、少腹逐瘀汤与身痛逐瘀汤并称为王氏五逐瘀汤，组方多以川芎、当归、赤芍、桃仁、红花为基础，均有活血祛瘀止痛作用，主治瘀血所致病证。其中血府逐瘀汤配伍行气宽胸的枳壳、桔梗、柴胡以及引血下行的牛膝，故宣通胸胁气滞、引血下行之力较好，主治胸中瘀阻之证；通窍活血汤中配伍开窍通阳的麝香、老葱，故活血通窍作用较强，主治瘀阻头面窍道之证；膈下逐瘀汤中配伍香附、乌药、枳壳疏肝行气和延胡索、五灵脂散结消癥之品，故行气止痛之力较大，主治瘀血结于膈下见两胁脘腹胀痛而有积块者；少腹逐瘀汤中配伍温通下焦之小茴香、官桂、干姜，故温经止痛之力较优，主治寒凝少腹之血瘀证见月经不调、痛经等；身痛逐瘀汤中配伍祛风通络之秦艽、羌活、地龙等，故通络宣痹止痛作用较强，多用于风湿瘀阻于经络所致的肢体痹痛等。

第三节　清热祛瘀

　　清热祛瘀剂（Formulae for Clearing away Heat and Promoting Blood Circulation），适用于血热瘀滞之证。常用清热凉血化瘀药如丹皮、赤芍、丹参等为主组成。此证多因热致瘀，或瘀热互结，而热附于瘀则愈加缠绵，瘀为热灼而更加胶固，故常配伍黄芩、黄连、栀子等清热泻火解毒药；又因热灼血分，阴液受损，故也常配伍生地、玄参等滋阴生津药。代表方剂如凉血饮子、犀角地黄汤等。

凉血饮子
Removing Heat from the Blood Decoction
（Liangxue Yinzi）
（《张氏医通》）

【组成】生地黄一钱半（4.5g）　黄连五分（1.5g）　黄芩　荆芥　黑参各一钱（各3g）　红花三分（1g）　赤芍　丹皮各八分（2.5g）　木通七分（2g）

【用法】水煎服。

【功效】凉血散瘀，清热解毒。

【主治】热盛血瘀证。壮热烦渴，肌肤发斑，其色紫黑，或麻疹发而未透，疹色紫赤而黯；甚或喜忘如狂，大便干而色黑易解，但欲漱水不欲咽，舌质绛紫而干，有瘀斑或瘀点，脉数。

【制方原理】本方原治麻疹火毒炽盛，内迫血分，血分瘀热证。麻疹发而未透，肺胃热蕴郁肌表，瘀滞血络，致使疹色紫赤而黯，难以透发，甚则热毒内陷血分，以致壮热烦躁等。后世发展用于温病热入血分，热毒煎灼血中津液，血稠而运行涩滞，渐聚成瘀之热盛血瘀证，《医林改错》所谓"瘟毒在内烧炼其血，血受烧炼，其血必凝"。治当凉血散瘀，清热解毒。

方中生地黄甘苦性寒，凉血清热，滋阴生津，既清血中热毒，又复被灼之阴津；赤芍味苦微寒，清热凉血，活血祛瘀。二药合用，既清血中之热，又散血中之瘀，共为君药。黄芩、黄连苦寒泻火，清热解毒；丹皮辛苦微寒，清热凉血，活血散瘀，共为臣药。红花活血散瘀，木通清心泻火、通利血脉，玄参降火解毒、滋阴生津，三药合助君臣活血散瘀，泻火养阴；荆芥质轻宣散以透疹，共为佐药。诸药合用，共奏凉血散瘀、清热解毒之功。

制方特点：主在凉血化瘀，辅佐以泻火解毒、滋阴。

【临床应用】

1. 用方要点　本方为治热盛血瘀证的代表方剂。临床用方辨证要点为壮热烦渴，肌肤发斑，其色紫黑，舌质绛紫有瘀斑或瘀点，脉数。

2. 临证加减　壮热烦渴，斑疹紫黑，加水牛角、青黛以凉血化斑；蓄血见喜忘如狂，去荆芥，加大黄、桃仁以泻热逐瘀；郁怒而夹肝火，加柴胡、栀子以清肝泻火；热迫血溢之出血，酌加白茅根、小蓟、侧柏叶等以凉血止血。

3. 现代运用　主要用于麻疹发而未透、流行性出血热、过敏性紫癜、败血症等属热盛血瘀者。

4. 使用注意　非热盛血瘀证忌用。

【附方】

丹参饮（《时方歌括》）　丹参一两（30g）　檀香　砂仁各一钱（各5g）　以水一杯半，煎至七分服。功效：活血祛瘀，行气止痛。主治：血瘀气滞之心胃诸痛。

按：本方与凉血饮子均有活血化瘀清热之功，均可治血瘀有热之证。但本方主以丹参活血散瘀，兼能凉血，配伍檀香、砂仁调气以行血，长于活血祛瘀，调气止痛，故治证以血瘀气滞之心胃诸痛而兼热者为宜。凉血饮子则以凉血化瘀的丹皮、赤芍与泻火解毒的黄连、黄芩配伍，参以生地、玄参滋阴生津，活血散瘀之中又能解毒滋阴，故宜于热毒炽盛，煎灼阴津而成瘀者。

第四节　温经化瘀

温经化瘀剂（Formulae for Warming the Channels and Promoting Blood Circulation），适用于寒凝血瘀证。本证常因外寒内侵，或阳虚生寒，以致寒滞血脉，血行不利所致。临床除见血脉瘀滞之证外，常兼见月经不调，量少色黑夹有血块，小腹冷痛，畏寒喜暖，脉迟而涩等。此类方剂常用活血化瘀药如当归、川芎、桃仁、红花等，配伍温经散寒药如桂枝、吴茱萸、炮姜、肉桂等而成。代表方剂如温经汤、生化汤等。

温 经 汤

Warming Meridian Decoction

(Wenjing Tang)

(《金匮要略》)

【组成】吴茱萸三两（9g）　当归二两（6g）　芍药二两（6g）　川芎二两（6g）　人参二两（6g）　桂枝二两（6g）　阿胶二两（6g）　牡丹皮去心，二两（6g）　生姜二两（6g）　甘草二两（6g）　半夏半升（6g）　麦冬去心，一升（9g）

【用法】上十二味，以水一斗，煮取三升，分温三服。

【功效】温经散寒，养血祛瘀。

【主治】冲任虚寒，瘀血阻滞证。漏下日久，月经提前或推后，或一月数行，或经停不至，或痛经，小腹冷痛，唇口干燥，傍晚发热，手心烦热。亦治女子久不受孕。

【制方原理】冲为血海，任主胞胎，二脉皆起于小腹，赖于肝肾精血的充养。冲任虚寒，寒滞胞宫，血行凝涩，故小腹冷痛，或痛经，或月经延后，或闭经不行，甚则宫寒不孕；瘀血阻滞，则血不循经，加之冲任虚损，脉络失养，胞宫溢蓄失常，则漏下不止，或月经超前，或一月数行；瘀碍新生，漏下伤阴，阴血不足，则唇口干燥、傍晚发热、手心烦热。本证病机要点为冲任虚寒瘀阻，尤以寒凝血瘀为中心，故治宜温养冲任，佐以行瘀。

方中吴茱萸温肾暖肝，长于散寒止痛；桂枝温经散寒，兼能活血通脉。二药配伍，温通血脉之力甚，共为君药。当归、芍药、川芎活血养血，祛瘀调经；丹皮活血祛瘀，兼退虚热。四药合而为臣。阿胶、麦冬养血滋阴，合当归、白芍以补虚损之冲任，其中阿胶兼以止血，麦冬兼清虚热。人参、甘草益气健脾和中，以资化源，气足则能生血摄血；半夏、生姜通降胃气以助祛瘀调经，散结行滞以制滋补碍胃。甘草调和药性，兼作使药。诸药配合，共奏温经散寒、养血祛瘀之功效。

制方特点：主在温经化瘀，寓清养于温行之中，温通而不助热，祛瘀而助生新。

【临床应用】

1. 用方要点　本方为妇科调经的常用方，临床用方辨证要点为经来有块，色紫而淡，小腹冷痛，脉迟而细。

2. 临证加减　根据虚、寒、瘀的偏颇及瘀热之有无调整方中药物的用量及药味加减。若寒甚而见月经延后，小腹冷痛，去丹皮、麦冬，重用桂枝、当归，加小茴香、乌药；虚甚而月经超前，或漏下不止而见头眩心悸、面色无华、舌淡脉细，重用当归、阿胶，加熟地、大枣；瘀重而月经延后，或痛经，或闭经，或经下瘀块，舌有瘀斑，重用当归、川芎，加蒲黄、延胡索、乳香、没药；瘀阻蕴热而见烦热时作，可去吴茱萸，加生地、赤芍等。

3. 现代运用　主要用于功能性子宫出血、不孕症、月经不调、慢性盆腔炎、子宫肌瘤等属冲任虚寒，瘀血阻滞者。

4. 使用注意　服药期间禁食生冷。崩漏患者服药后，可能会出现短时出血增多的情况，此属正常现象，但烦热较甚者应慎用。

【现代研究】

1. 药理研究 将温经汤煎液加入大鼠的卵巢培养液中，能明显升高其雌二醇（E_2）、孕酮（P）水平，表明该方可以直接作用于卵巢，促进 E_2、P 的分泌。温经汤煎液加入大鼠的脑垂体前叶细胞培养液中，可促进脑垂体分泌促性腺激素，降低催乳素（LH）的释放；有实验发现，本方首先作用于下丘脑，分泌催乳素释放激素（LH－RH），进而由脑垂体释放LH。提示通过作用于下丘脑、脑垂体，促进 LH－RH 的分泌，或使 LH－RH 促进脑垂体的感受性，是本方治疗中枢性闭经的机制之一。以上研究为理解本方温经散寒、祛瘀调经作用，治疗月经不调、不孕症提供了现代药理学依据。

2. 临床研究 75 例 16~28 岁的下丘脑性闭经患者（其中Ⅰ度闭经 37 例，Ⅱ度闭经 38 例），予温经汤提取物胶囊 7.5g 口服，共 10 周。开始治疗和用药 10 周后分别采血。结果Ⅰ度闭经，服药后，血浆 FSH、LH 和 E_2 分别上升 67.6%、54.1% 和 83.8%。Ⅱ度闭经而无体重减轻的 15 例中，服药后血浆 FSH、LH 和 E_2 分别上升 86.7%、73.3% 和 60.6%。Ⅱ度闭经并有体重减轻的 23 例，药后血浆 FSH、LH 和 E_2 上升者分别为 73.9%、65.2% 和 34.8%。Ⅰ度闭经、Ⅱ度闭经无体重减轻和Ⅱ度闭经并有体重减轻三组出现排卵分别为 62.2%、26.2% 和 21.7%。表明温经汤可促进性腺激素分泌，使血浆激素水平正常化，使无排卵月经周期患者恢复排卵。

温经汤加减治疗寒凝胞中型原发性痛经 35 例，其中气虚乏力加黄芪，去半夏；腰腿酸软、手足畏寒去麦门冬，加附片、艾叶，每日 1 剂，分 3 次口服。每个月经周期自经前 3 天开始服药，连服 5 天至经潮第 2 天，连续治疗 3 个月经周期为 1 疗程。结果痊愈 17 例，显效 11 例，有效 3 例，无效 4 例，总有效率 88.6%。用本方治疗寒凝血瘀型功能性子宫出血 56 例，如偏寒者重用吴茱萸，丹皮减量；偏热者重用丹皮，吴茱萸减量；偏虚重用人参；偏瘀重用当归、川芎；腹痛甚者重用芍药；出血量多者重用阿胶。结果：治愈 48 例，有效 6 例，无效 2 例，总有效率为 96.4%。

【附方】

温经定痛汤（《妇科治疗学》） 当归二钱（6g） 川芎一钱半（4.5g） 延胡索二钱（6g） 红花一钱（3g） 桂枝一钱半（4.5g） 莪术 台乌药各二钱（各6g） 水煎温服。功效：温经行血，理气止痛。主治：妇女下焦寒滞的痛经。少腹冷痛，喜得热熨，经色乌黑，量不太多，腰酸背寒，舌淡苔白，脉沉紧。

按：温经汤与温经定痛汤均用桂枝、当归、川芎温经活血药，皆有温经散瘀止痛的功效，但两方治证中却有虚实之偏颇。温经汤中配伍人参、甘草、阿胶、麦冬、芍药等较多补养药，故以养血补虚见长，适宜于冲任虚损较重之经水不调者；温经定痛汤中配伍乌药、延胡索、红花、莪术等温经化瘀药，故长于祛瘀止痛，适宜于瘀阻较重之痛经者。

生　化　汤
Generation and Transformation Decoction
(Shenghua Tang)
(《傅青主女科》)

【组成】当归八钱（24g）　川芎三钱（9g）　桃仁去皮尖，研，十四粒（6g）　炮姜五分（2g）　炙甘草五分（2g）

【用法】黄酒、童便各半煎服（现代用法：加黄酒适量，水煎服）。

【功效】化瘀生新，温经止痛。

【主治】产后瘀血腹痛。恶露不行，小腹冷痛，脉迟细或弦。

【制方原理】新产之后，营血必亏；调摄不慎，寒邪趁虚而入；产后胞宫多留瘀浊败血而致产后多虚、多寒、多瘀。本方治证由产后血虚受寒，瘀血内阻所致。瘀血内阻，败血不下，故恶露不行、腹部疼痛；寒滞胞宫，故小腹冷痛、脉迟或弦。本证病机为产后血虚受寒，瘀血不行。治宜温经养血，祛瘀生新。

方中重用全当归养血活血，化瘀生新，且能温经散寒，一物三用，颇合产后病机，用为君药。川芎活血行气，桃仁活血祛瘀，合为臣药。炮姜入血散寒，温经止痛；黄酒温通血脉以助活血；童便化瘀，并能引败血下行，共为佐药。炙甘草益气健脾，调和药性，兼为佐使药。全方诸药相合，使瘀血化，新血生，恶露得下，腹痛可愈，故名"生化"。

制方特点：①温补通三法并用，深合产后多虚寒瘀之病机；②制服方法得宜，黄酒、童便各半煎服以增化瘀止痛之力。

【临床应用】

1. 用方要点　本方为治疗产后瘀阻腹痛之要方。临床用方辨证要点为恶露不行，小腹冷痛。

2. 临证加减　瘀块留滞见小腹急结，加炒蒲黄、炒灵脂以消瘀定痛；寒滞胞宫见小腹冷痛，加肉桂以温经散寒；血瘀气滞见小腹痛胀，加乌药、香附、木香以理气止痛；恶露量少，紫黯有块，加益母草、生蒲黄以祛瘀；失血量多见面色无华、脉细，加阿胶、大枣养血；经络瘀滞见乳汁不下，加王不留行、木通以通经下乳。

3. 现代运用　主要用于胎盘残留、子宫复旧不良、人流及引产所致阴道不规则性出血等属血虚寒瘀阻滞者。

4. 使用注意　产后恶露不行属瘀热证者，本方不宜。

【现代研究】

1. 药理研究　生化汤煎剂灌胃能显著降低急性血瘀大鼠全血黏度、全血还原黏度、红细胞聚集指数、红细胞电泳指数，并能降低正常大鼠的血小板聚集率和血小板黏附率，提升红细胞数、血红蛋白浓度。灌服生化汤加味（原方加益母草、荆芥）煎剂，可使已烯雌酚所致小鼠子宫内膜增生的程度减轻，细胞数量减少，复层排列渐趋消失，多数动物的内膜基本恢复正常，子宫壁层的充血水肿与黏膜下腺体分泌也基本消失，肌层的单纯性肥大渐趋消失，糖原含量接近正常。而对已烯雌酚所致切除卵巢小鼠子宫重量的增加，不仅没有对抗作用，且还可使子宫增重，似乎有一定代偿部分卵巢功能，防止子宫萎缩之效应。提示本方有对抗外源性雌激素及对子宫有双向调节作用。以上研究为理解本方的化瘀生新、温经止痛功效，主治产后血瘀等病证提供了现代药理学依据。

2. 临床研究 将 600 例妊娠在 49 天内行药物流产的健康妇女随机分为两组，均口服米索前列醇终止妊娠。其中 300 例为中药组，在服米索前列醇 2 小时后加服生化汤加味（当归15g，川芎 10g，桃仁 15g，甘草 6g，炮姜 10g，红花 9g，天花粉 30g，益母草 40g），每日 1剂，分 2 次服，连续服 4 天。服药后阴道流血过多，服药 8 天后胚囊未排出及排出后因蜕膜残留出血超过 15 天者行清宫术。另 300 例为对照组，单用药物流产。结果：中药组完全流产率为 92.0%，对照组完全流产率为 80.7%；胚囊排出时间，中药组为 5.06 ± 1.56 小时，对照组为 6.45 ± 1.36 小时；阴道流血持续时间，中药组为 10.82 ± 4.23 天，对照组为 13.90± 5.42 天。两组完全流产率、胚囊排出时间及阴道流血持续时间均有显著性差异（P <0.01）。结果表明，生化汤加味方可提高药物流产中完全流产率，缩短胚囊排出时间和缩短阴道流血时间。

第五节 祛瘀理伤

祛瘀理伤剂（Formulae for Promoting Blood Circulation and Treating Trauma），适用于跌仆损伤血络、瘀血内阻引起的瘀肿疼痛，以及筋断骨折。此类方剂多由长于活血祛瘀、消肿定痛药如乳香、没药、血竭、桃仁、红花、苏木等，配伍辛香通络药如麝香、冰片等组成。若损伤严重，筋断骨折者，则常配伍接骨续筋药如骨碎补、自然铜、土鳖虫、续断等。代表方剂如七厘散、接骨丹等。

七 厘 散
Seven-Thousandths of a Tael Powder
（Qili San）
（《同寿录》）

【组成】上朱砂水飞净，一钱二分（4g）　麝香一分二厘（0.4g）　梅花冰片一分二厘（0.4g）
净乳香一钱五分（5g）　红花一钱五分（5g）　没药一钱五分（5g）　血竭一两（30g）　儿茶二钱四分（7.5g）

【用法】上为极细末，瓷瓶收贮，黄蜡封口，贮久更妙。治外伤，先以药七厘，烧酒冲服，复用药以烧酒调敷伤处。如金刃伤重，或食嗓割断，不需鸡皮包扎，急用此药干掺（现代用法：共研极细末，密闭贮存备用。每服 0.22～1.5g，黄酒或温开水送服；或外用适量，以酒调敷伤处）。

【功效】活血散瘀，定痛止血。

【主治】跌打损伤，筋断骨折之瘀血肿痛，或刀伤出血。一切无名肿毒之疮肿瘀痛，烧伤烫伤等。

【制方原理】跌打损伤，轻则气血壅滞，为肿为痛；重则筋断骨折，血流不止。无名肿毒及热毒痰火壅聚肌腠，局部气滞血瘀，以致肌腠骤然肿痛。烧、烫而致皮肤脉络受损，则患处灼热、瘀痛、肿胀。本方所治皆属气血瘀阻，脉络受损之证。治宜活血祛瘀，行气止痛，收敛止血。

方中血竭，专入血分，活血散瘀止痛，且能收敛止血，重用为君药。红花活血散瘀；乳香、没药祛瘀行气，消肿止痛；麝香、冰片辛香走窜，通行经络。此五味合用，活血通络，散瘀止痛，效速力强，共为臣药。儿茶性味凉涩，以助君药收敛止血，并治疮肿；朱砂镇惊安神，以顾跌仆受惊之心慌神乱，兼能解毒，合为佐药。诸药配伍，既可祛瘀行气、消肿止痛，又可收敛止血。本方活血止血并施，内服外敷通用。因其内服量以七厘为度，故名。

【临床应用】

1. 用方要点 本方为伤科跌打损伤之名方，后世发展用治内伤杂病之血瘀疼痛、吐血及烧伤、烫伤、带状疱疹、痔疮等，内服外敷均可。

2. 现代运用 主要用于骨折、外伤性关节炎和关节挫伤、外伤性坐骨神经痛、刀割伤、外科疮疡、痔疮等属气血瘀滞者；也可用于病毒性心肌炎、冠心病心绞痛，以及肝炎胁痛等属血瘀者。

3. 使用注意 孕妇忌用；忌作汤剂；内服药量不宜过大；避免与还原性物质溴化钠、碘化钠、硫酸亚铁等同用。

【现代研究】

1. 药理研究 本方对大鼠机械损伤性炎症、异种蛋白所致的变态反应性炎症模型均有明显的抗炎、消肿作用；并能减轻大鼠松节油囊肿的炎症病变程度，减少炎性渗出量，促进炎性病灶的局限化，使炎症吸收；改善大鼠机械障碍局部组织的血液循环，减轻血运障碍，促进机能障碍的恢复。

2. 临床研究 带状疱疹37例，以七厘散1g，温开水送服，每日2次。同时根据疱疹面积大小取适量七厘散用白酒调涂患处，每日1次。结果：全部治愈。一般用药后1~2天，疼痛即可减轻，4~6天水泡变干，结痂脱落，且无神经痛等后遗症。

【附方】

1. 八厘散（《医宗金鉴》） 苏木面一钱（3g） 半两钱一钱（3g） 自然铜醋淬七次，三钱（9g） 乳香三钱（3g） 没药三钱（3g） 血竭三钱（3g） 麝香一分（0.3g） 红花一钱（3g） 丁香五分（1.5g） 番木鳖油炸，去毛，一钱（3g） 上为细末。黄酒温服；童便调亦可。忌生冷发物，猪头肉、茶水、糯米粥。功效：接骨散瘀。主治：跌打损伤，骨折。

2. 接骨丹（《中医治法与方剂》） 螃蟹（1000g） 脆蛇 自然铜醋煅 三七 土鳖虫（各30g） 血竭（20g） 乳香 没药（各12g） 麝香（0.15g） 海马 人参 白术 茯苓（各15g） 共研细末，成人早晚服3g，儿童减半。功效：接骨续筋，止血散瘀，固本培元。主治：骨折中后期，无骨痂或骨痂稀少者。

按：七厘散、八厘散与接骨丹皆用乳香、没药、血竭、麝香，均有活血祛瘀、消肿止痛的功效，为伤科之常用方。七厘散以活血化瘀药与止血药同用，适宜于跌打损伤之初期；八厘散化瘀止痛力较强，又配伍擅长接骨续筋之自然铜，适宜于筋断骨折者；接骨丹在配伍多味接骨续筋之药味的基础上，更加人参、白术、海马等补气扶正药，其接骨续筋之力更强，适宜于骨折中后期之成骨不良者。

第六节　化瘀消癥

化瘀消癥剂（Formulae for Promoting Blood Circulation and Removing Masses in the Body），适用于瘀停日久，结成癥积之病证。临床常见胁下或腹中包块，或胀或痛，固定不移，按之疼痛，面黯消瘦，舌质紫黯有瘀斑或瘀点，脉细涩等。本类方剂常以桃仁、红花、丹皮及大黄、蟅虫、虻虫、三棱、莪术、鳖甲等活血祛瘀、软坚化癥药为主组成。癥积每由气滞、血瘀、痰聚、湿阻相因胶结所致，故又常配伍行气开郁、祛痰散结、利水化湿药，以增散结消癥之效。此外，血瘀成癥，病程较久，多是正虚邪实，治宜渐消缓散，常须配伍人参、黄芪、当归、白芍、阿胶等补养气血药，使化瘀消癥而不伤正。代表方剂如鳖甲煎丸、桂枝茯苓丸、软坚散结汤等。

鳖甲煎丸
Decocted Turtle Shell Pill
（Biejiajian Wan）
（《金匮要略》）

【组成】鳖甲炙，十二分（90g）　乌扇烧　黄芩　鼠妇熬　干姜　大黄　桂枝　石韦去毛　厚朴　紫葳　阿胶各三分（各22.5g）　柴胡　蜣螂熬，各六分（各45g）　芍药　牡丹去心　蟅虫熬，各五分（各37g）　蜂窠炙，四分（30g）　赤硝十二分（90g）　桃仁　瞿麦各二分（15g）人参　半夏　葶苈各一分（各7.5g）

【用法】上二十三味为末，取煅灶下灰一斗，清酒一斛五斗，浸灰，候酒尽一半，着鳖甲于中，煮令泛烂如胶漆，绞取汁，内诸药，煎为丸，如梧桐子大。空心服七丸，日三服（现代用法：除硝石、鳖甲胶、阿胶外，20味烘干碎断，加黄酒600g拌匀，加盖封闭，隔水炖至酒尽药熟，干燥，与硝石等3味混合粉碎成细粉，炼蜜为丸，每丸重3g。每次服1～2丸，每日2～3次，温开水送下）。

【功效】行气活血，祛湿化痰，软坚消癥。

【主治】疟母、癥瘕。疟疾日久不愈，胁下痞硬成块，结成疟母；及癥积结于胁下，推之不移，腹中疼痛，肌肉消瘦，饮食减少，时有寒热，女子经闭等。

【制方原理】疟母，多因疟邪入踞少阳，迁延过久，反复发作，致使正气渐衰，疟邪深伏经隧，以致气机不利，营血滞涩而成瘀，津液不布而成痰，疟邪（寒热之邪）假血依痰，聚而成形，留于胁下而成。治当软坚消癥。由于本病病程日久，气血渐衰，病邪入络，故非单纯攻逐所能去，故立消而兼补，渐消缓散为法。

方中取鳖甲入肝络软坚消癥，灶下灰消癥祛积，清酒活血通络，三者共为一体，则活血化瘀，消癥散结之功尤著。张璐："此方妙用，全在鳖甲之用灰淋酒，煮如胶漆，非但鳖甲消积、酒淋灰汁也善消积"。赤硝、大黄破血逐瘀，推陈致新；䗪虫、蜣螂、鼠妇、蜂窠、桃仁、牡丹、紫葳（凌霄花）通经活络，破血祛瘀；厚朴、乌扇（射干）、半夏开郁行气，祛痰消癖；瞿麦、石韦、葶苈子利水祛湿，导痰湿从小便而去。以上共为臣药。柴胡合黄芩和解少阳，桂枝配芍药调和营卫；干姜温中祛寒，与黄芩相配，辛开苦降而调寒热；人参、阿胶益气养血，以扶助正气，共为佐药。诸药相合，寒热并用，消补兼施，气血同治，共奏行气活血、祛湿化痰、软坚消癥之功。

制方特点：①集大队虫类入络之品于一方，搜剔其固结之邪；②破血逐瘀与利湿化痰并行，疏解外邪与调和寒热合用，有分消合击之巧；③寓扶正于祛邪之中，并剂之以丸，祛邪而不伤正。

【临床应用】

1. 用方要点　本方原为治疗疟母而设，现代常扩展用于腹中癥块积聚。临床用方辨证要点为癥块结于胁下，推之不移，腹中疼痛，肌肉消瘦，时有寒热，舌黯无华，脉弦细等。

2. 临证加减　疼痛较甚，加三七、延胡索、川芎；气滞甚，加枳壳、木香；寒湿甚，去黄芩、大黄，加附子、肉桂；湿热甚，去干姜、桂枝，加茵陈、栀子；兼腹水，加茯苓、车前子、大腹皮等。

3. 现代运用　主要用于肝硬化、肝脾肿大、肝癌、子宫肌瘤、卵巢囊肿等证属正气日衰，气血痰湿结聚成癥者。

4. 使用注意　癥结而正气虚甚者慎用。

【现代研究】

1. 药理研究　鳖甲煎丸混悬液灌胃，能明显减轻肝纤维化模型大鼠肝脏 I 型胶原、III 型胶原、IV 型胶原和血清透明质酸、层黏蛋白、III 型前胶原含量，增加其肝内循环血量，并抑制肝纤维化组织结缔组织生成因子（CTGF）的表达；能显著抑制 H_{22} 荷瘤小鼠的肿瘤生长，其机制主要是通过抑制肿瘤血管生成、抑制肿瘤血管内皮生长因子、增殖细胞核抗原的表达而实现的。鳖甲煎口服液与鳖甲煎丸作用相似，均能提高 CCl_4 实验性肝纤维化模型大鼠血清白蛋白含量，降低丙氨酸氨基转移酶、乳酸脱氢酶活性和葡萄糖注射液含量，减轻门脉高压和脾重。上述研究表明，鳖甲煎丸具有改善血液循环、抑制肝纤维化、抑制肿瘤生长等作用，为理解该方化瘀消癥功效提供了一定的现代药理学依据。

2. 临床研究　用鳖甲煎丸治疗慢性肝炎肝纤维化 40 例，每次 6 丸，每日 3 次，疗程 3个月。同设 40 例对照，用丹参注射液 16ml、强力宁注射液 200mg 加入 10% 葡萄糖注射液中静脉滴注，每日 1 次，疗程 3 个月。结果：鳖甲煎丸治疗肝纤维化程度较高的慢性肝病患者，可使血清肝纤维化指标如透明质酸、III 型前胶原及层黏蛋白明显下降并接近正常水平；肝脏组织病理学显示炎细胞浸润明显减少，纤维隔变细或变少，疗效明显优于对照组。

【附方】

三棱丸（《医方类聚》引《王氏集验方》）　大黄纸裹，煨　硇砂　三棱煨，趁热切　干漆炒至烟尽　巴豆去皮、油，各一两（30g）　上为末，醋煮面糊为丸，如绿豆大。每服三丸或五七丸（0.3~1g），量人虚实加减服，空心米汤下。功效：破血行气，化瘀消癥。主治：五积六聚，七癥八瘕。

按：本方与鳖甲煎丸均能化瘀消癥，同治腹内癥积癖块。然本方纯由祛瘀破积之品组成，其破泄之力猛，适用于血瘀成癥之实证，非体质壮实者不可使用；鳖甲煎丸则以软坚散结为主，气血痰湿寒热并治，且消补兼施，适用于正气渐衰，气血痰湿寒热相搏，结于胁下之疟母、癥块等。

软坚散结汤
Decoction for Softening and Dissolving Hard Masses
（Ruanjian Sanjie Tang）
（《中医治法与方剂》）

【组成】柴胡（15g） 枳壳（12g） 青皮（9g） 赤芍（15g） 川芎（6g）红花（6g）山甲珠（6g） 通草（6g） 浙贝母（15g） 牡蛎（24g） 夏枯草（30g） 瓜蒌（24g）天葵子（24g） 蚤休（12g） 连翘（15g） 甘草（6g）

【用法】水煎服。

【功效】疏肝化瘀，通络散结。

【主治】肝郁气滞，瘀阻痰结证。乳中有块，坚硬如石，胸胁胀痛，月经不调，舌质黯红，脉弦。

【制方原理】胸胁、乳房为肝经循行之处，故乳房病变多与肝经有关。《外科正宗》曰："乳中结核，形如丸卵，或坠重作痛，或不痛，皮色不变，其核随喜怒消长，多有思虑伤脾，怒恼伤肝，郁结而成也。"肝脉布于胁肋，肝气郁结，故见两胁作痛；肝脉瘀滞，冲任失调，故见月经不调。舌质黯红，脉弦也为肝郁血瘀之征。本证由肝气郁结，经络不通，血行不利，津郁痰生，以致气滞血瘀痰凝结滞乳中而成。治宜疏肝解郁，祛瘀通络，化痰散结。

方中柴胡疏肝解郁，《本草正义》谓其对"肝络不舒"之证"奏效甚捷"；赤芍活血祛瘀，消肿止痛。二药合用，疏肝通络，活血散瘀，共为君药。青皮、枳壳疏肝破气；瓜蒌、浙贝母涤痰散结；川芎、红花行气活血，共为臣药。牡蛎软坚散结，为瘿瘤瘰疬、痰核肿块、癥瘕积聚之要药；穿山甲性善走窜，长于活血消癥，并可透达经络直达病所；通草善通乳络，宣通经脉；夏枯草、天葵子、蚤休、连翘消肿散结，清热解毒。此七味共为佐药。甘草调和诸药，为使药。诸药合用，共奏疏肝解郁、化瘀通络、散结软坚之功。

制方特点：集行气化痰、活血通络、消癥散结、清热解毒诸法于一方，为现代治疗瘀毒肿瘤组方的基本思路。

【临床应用】

1. 用方要点 本方主治乳中结块。临床用方辨证要点为乳中有块，坚硬疼痛，舌质黯红，脉弦。

2. 临证加减 结块坚硬痛甚，选加鳖甲、昆布、海藻以增软坚散结之力。

3. 现代运用 主要用于乳腺小叶增生、乳腺囊肿、乳腺癌等属肝郁气滞，瘀阻痰结者。

桂枝茯苓丸
Cinnamon Twig and Poria Pill
（Guizhi Fuling Wan）
（《金匮要略》）

【组成】桂枝　茯苓　牡丹皮去心　芍药　桃仁去皮尖，熬，各等分（各9g）

【用法】上五味，末之，炼蜜和丸，如兔屎大，每日食前服一丸。不知，加至三丸。

【功效】活血化瘀，缓消癥块。

【主治】瘀血留结胞宫。妊娠胎动不安，漏下不止，血色紫黑晦黯，腹痛拒按，舌质紫黯或有瘀点，脉沉涩。

【制方原理】本方原治妇人素有瘀血癥块，致妊娠漏下不止、腹痛、胎动不安之证。胞宫停积瘀块，复因妊娠阻遏经脉，以致血溢脉外，胎元失养，故见漏下不止、胎动不安；瘀阻不通，故腹痛拒按。遵"有故无殒"（《素问·六元正纪大论》）之旨，采用活血化瘀之法，冀瘀去癥消、漏止胎安。但祛瘀药多碍胎元，特别是逐瘀猛急，易损胎元，故治宜渐消缓散。另外，瘀停有碍新血化生，更加漏下不止又伤阴血；病在下焦，瘀阻津滞，易生水湿。因此，本证病机涉及病程日久、瘀湿互结、出血伤血、胎元失养等多方面，治疗又当兼顾处理。

方中桂枝辛散温通，以通利血脉，为君药。桃仁苦甘平，活血化瘀消癥，为臣药。丹皮辛苦微寒，散血行瘀，兼清瘀热；芍药益阴养血，使祛瘀不伤正；茯苓渗泄下行，益心脾之气而安胎元，合桂枝能化气行水，共为佐药。白蜜甘缓益中，减缓诸药行破之力，以之为丸，可收渐消缓散之效，兼调和诸药，为佐使药。诸药合用，活血祛瘀，健脾养血，缓消癥块，为消癥保胎之良剂。

制方特点：①寒温互用，寓补于消，瘀湿兼治；②剂之蜜丸，服自小量，渐消缓散，不伤胎元。

【临床运用】

1. 用方要点　本方原为瘀留胞宫之妊娠胎动而设，后世被广泛用于瘀结胞宫的经带胎产诸疾。临床用方辨证要点为小腹癥块，腹痛拒按，漏下不止，血色紫黑，舌质紫黯，脉沉涩。

2. 临证加减　血瘀日久，癥块固定不移，加牡蛎、鳖甲、三棱、莪术等以活血消癥；月经过多，或崩漏不止，加失笑散、血余炭等以化瘀止血；经行不畅之痛经，加当归、川芎、香附、延胡索等以活血调经止痛；经闭不行，加泽兰、卷柏、马鞭草等以祛瘀通经。

3. 现代运用　主要用于子宫内膜炎、附件炎、子宫肌瘤、卵巢囊肿、功能性子宫出血等属于瘀滞胞宫证，也常加减用于高血脂、动脉硬化、慢性前列腺炎、血液高黏综合征、慢性肾炎、糖尿病周围神经病变等属痰瘀互结证者。

4. 使用注意　妊娠下血而无瘀者禁用。

【现代研究】

1. 药理研究　桂枝茯苓丸灌胃给药，能显著降低"血瘀"模型大鼠的血液黏度，延长凝血时间、凝血酶原时间和白陶土部分凝血活酶时间，抑制血小板聚集率。大鼠 60mg/kg 灌胃或 10mg/kg 腹腔注射桂枝茯苓丸制剂，可抑制蛋清、甲醛等所致的关节肿，半小时起效，持续时间在 72 小时以上，其强度相当于腹腔注射 20mg/kg 氢化可的松；按此剂量连续给药 7 天，能显著对抗大鼠棉球肉芽肿增生。本方还能抑制组胺、5 - 羟色胺所致的毛细血管通透性增高；对去肾上腺大鼠的关节肿仍有明显对抗作用。提示本方抗炎作用的主要途径不是通过垂体 - 肾上腺系统的调节，而是对抗体内炎性介质的释放、毛细血管通透性增加、渗出水肿及肉芽组织增生等环节发挥作用的。桂枝茯苓丸上述作用，为理解该方化瘀消癥功效提供了一定的现代药理学依据。

2. 临床研究 桂枝茯苓丸加味治疗卵巢囊肿 66 例，基本方药为：桂枝 8g，茯苓 15g，丹皮 12g，赤芍 12g，桃仁 10g，三棱 10g，莪术 10g，皂刺 10g，枳实 10g，青皮 10g，香附 10g，川牛膝 10g，炮穿山甲粉 3g（冲服），水蛭粉 3g（冲服）。气虚者加黄芪 10g，党参 10g；下腹痛加延胡索 10g，五灵脂 10g，生蒲黄 15g；白带过多加红藤 30g，败酱草 30g，薏苡仁 30g。每日 1 剂，水煎服，10 天为 1 疗程；行经期不停药，经净后第 3 天复查 B 超。治疗 1~4 个疗程后，结果痊愈（经 B 超检查囊肿完全消失）48 例、好转（囊肿较前缩小）7 例、无效（囊肿未缩小或增大）5 例（采取手术），治愈率为 72.7%，总有效率 83.3%。

【附方】

1. 卵巢癌一号方（《妇产科学》）白花蛇舌草（20g） 白英（15g） 半枝莲（15g） 鳖甲（12g） 橘核（10g） 桃仁（10g） 红花（9g） 地鳖虫（6g） 昆布（10g） 小茴香（6g） 苡仁（30g） 党参（12g） （原方无剂量）水煎服。功效：破血攻坚，行气解毒。主治：卵巢癌。

2. 宫外孕方（《中医妇科学》） 丹参 15g 赤芍 15g 桃仁 9g 此为宫外孕 Ⅰ 号方；再加三棱、莪术各 3~6g，为宫外孕 Ⅱ 号方。水煎服。功效：祛瘀消癥。主治：宫外孕破裂，下腹一侧突然发生剧烈绞痛，阴道出血，开始量少色紫黯，继则大量出血。

按：卵巢癌一号方、宫外孕方与桂枝茯苓丸均有化瘀消癥之功，均可治妇人瘀停胞宫之证。但卵巢癌一号方祛瘀消癥之力较强，兼有清热解毒、扶正抗癌之功，专治卵巢癌；宫外孕方祛瘀消癥之力稍次，但用汤剂，力较专猛，专为治疗宫外孕而设；桂枝茯苓丸化瘀消癥之力较为缓和，属渐消缓散之剂，适宜于痰（湿）瘀互结的肿块。

第七节　扶正祛瘀

扶正祛瘀剂（Formulae for Strengthening the Body Resistance and Promoting Blood Circulation），适用于气血不足，瘀血内停之证。血瘀日久，气血日亏，可致邪实正虚；气血亏虚，气虚不能帅血，血行无力，脉道涩滞，亦可致脉络瘀阻。正虚血瘀之证，若仅以补虚则血瘀不去，单用祛瘀则易伤正而血终不能行，故治当扶正与祛瘀并举。本类方剂常用桃仁、红花、川芎、赤芍、丹皮等活血化瘀药，与黄芪、人参、当归、熟地、白芍等补养气血药配伍，以邪正兼顾。代表方剂如补阳还五汤、泽兰汤等。

补阳还五汤
Tonify Yang and Recuperation Decoction
（Buyang Huanwu Tang）
《医林改错》

【组成】黄芪生，四两（120g）　当归尾二钱（6g）　赤芍一钱半（5g）　地龙一钱（3g）　川芎一钱（3g）　红花一钱（3g）　桃仁一钱（3g）

【用法】水煎服。

【功效】补气，活血，通络。

【主治】气虚血瘀之中风。半身不遂，口眼㖞斜，语言謇涩，口角流涎，小便频数或遗尿不禁，舌黯淡，苔白，脉缓。

【制方原理】本方所治乃因元气亏虚，不能鼓动血脉运行，脉络瘀阻，肌肉筋脉失养所致。人体之阳气，分布周身，左右各得其半，若气亏十去其五，归并一侧，则对侧失却气血濡养，则半身不遂、口眼㖞斜；气虚瘀阻，舌本失养，则语言謇涩；脾开窍于口，涎为脾之液，元气亏虚，脾液失于固摄，则口角流涎；气虚不能固摄津液，则小便频数，甚或遗尿不禁；苔白，脉缓均属气虚征象。综上脉症，皆由气虚血瘀络阻所致。治宜大补元气，活血通络。

方中重用生黄芪大补元气，使气旺行血，瘀消而不伤正，为君药。当归尾活血通络，且有化瘀不伤血之妙，是为臣药。川芎、赤芍、桃仁、红花助当归尾行气活血祛瘀；地龙长于通经活络以开络中之瘀滞，均为佐药。诸药合用，共成补气活血通络之功，俟气旺血行，瘀去络通，筋肉得养，痿废可愈。

制方特点：大剂补气药配以少量活血、通络之品，重在补气以活血通络。

【临床应用】

1. 用方要点　本方是治疗气虚血瘀之偏瘫的常用方，凡风中经络或风中脏腑之后遗症以偏瘫为主症者均可应用。临床用方辨证要点为气短乏力，舌淡苔白，脉缓或虚弱。

2. 临证加减　风中经络，初得半身不遂，加防风、秦艽、络石藤以祛风通络；脾胃虚弱而见乏力食少，加党参、白术补气健脾；痰浊内阻见痰涎舌腻，加制半夏、陈皮、天竺黄以祛痰化浊；痰瘀阻窍见舌强言謇，加石菖蒲、郁金、远志以化痰开窍。

3. 现代运用　主要用于脑梗死、脑血栓形成、脑动脉硬化症、血管神经性头痛等属气虚血瘀者。

4. 使用注意　黄芪宜重用，宜从小量（30g）开始，逐渐加量可至120g。风痰热瘀、闭阻脑络之中风者禁用。

【现代研究】

1. 药理研究　补阳还五汤煎剂灌胃，能明显降低复合法复制的脑栓塞家兔全血高低切黏度、红细胞压积、血浆比黏度和血小板聚集率，且全方配伍作用明显优于单味活血化瘀药。本方能降低实验性脑缺血大鼠的脑含水量、脑指数及脑梗死体积，对抗脑组织变性和细胞坏死，并能促进长期感觉运动功能的恢复。其机制可能涉及对多条脑缺血损伤通路的干预，其中包括减少兴奋性氨基酸释放、抗氧化损伤、抑制炎症反应、促进内源性神经干细胞增殖、减少神经元凋亡等。上述结果表明，补阳还五汤具有改善微循环、改善血液流变状态及血流动力学与脑保护等作用，为理解本方补气活血通络的功效，临床用于血管性脑病的治疗提供了一定的现代药理学依据。

2. 配伍研究 以纤维蛋白溶解活性、纤溶酶活性为指标，采用均匀设计和灰色系统理论中关联度分析相结合的方法，对补阳还五汤处方进行优选和分析。发现补阳还五汤原方作用最好，处方中当归、赤芍、地龙对纤维蛋白溶解活性影响较大；而当归、赤芍、桃仁对纤溶酶活性影响较大。本方溶栓作用的机理可能是通过增加血浆中纤溶酶活性和直接溶解血栓来实现的。以"冷光源光化学诱导血栓形成动物模型"观察补阳还五汤总方、方中补气药及活血药对模型大鼠梗塞面积、血管损伤半暗带面积及程度、局部脑组织血流、血浆组织纤溶酶原激活剂（t-PA）、纤溶酶原激活剂抑制物（PAI）活性及血浆内皮素（ET）含量的影响。结果表明，补阳还五汤全方对上述指标均有显著性影响，补气药与活血药均可缩小梗塞面积，减轻血管损伤程度，改善梗塞区上游供血区脑组织血流，抑制血浆PAI活性。其中活血药显著降低血浆ET含量，补气药则显著提高血浆t-PA活性，缩小血管损伤半暗区范围。提示补气药与活血药表现出不同方面的作用并形成互补，全方具有作用优势。

3. 临床研究 以补阳还五汤加丹参注射液治疗脑卒中（急性期）108例。药用黄芪30~100g，桃仁10g，红花10g，地龙10g，归尾15g，赤芍15g，川芎10g，丹参30g，鸡血藤30g，僵蚕10g，全虫5g，水蛭10g。便秘者加麻仁10g，杏仁10g，制大黄10g；以下肢无力为主者加川断10g，牛膝10g；血压超过160/100mmHg者加透骨草15g，夏枯草15g。每日1剂，分2次服，连服1个月为1疗程，连用1~2个疗程；复方丹参注射液20~40ml加10%葡萄糖注射液250ml静滴，每日1次，连用14天。伴有意识障碍或病情加重者，短期加用20%甘露醇和清开灵静脉滴注。结果：痊愈72例（66.7%），显效30例（27.8%），无效6例（5.5%）。

<h2 style="text-align:center">泽 兰 汤</h2>
Lycopus Decoction
（Zelan Tang）
（《医学心悟》）

【组成】泽兰二钱（10g） 柏子仁 当归 白芍 熟地 牛膝 茺蔚子各一钱五分（各9~12g）

【用法】水煎服。

【功效】活血通脉，养血调经。

【主治】血瘀血虚证。妇人月经不调，量少色黯夹有瘀块，或经闭不行，脐腹作痛，甚或腹中癥块硬结；伴头目眩晕，心悸失眠，舌黯淡，有瘀点或瘀斑，脉细涩。

【制方原理】本方治证由营血亏虚，血行瘀滞所致。血瘀不行，加之营血亏虚，冲任失养，血海空虚，故见月经不调、量少色黯夹有瘀块，甚或经闭不行；血行瘀滞，不通则痛，则见脐腹作痛、痛如针刺；血瘀日久，结成癥积，故腹中有癥块硬结；心主神志，肝开窍于目，营血不足，心神失养则心悸失眠；目失所养则头目眩晕。舌黯淡有瘀点或瘀斑，脉细涩也为血虚血瘀之征。根据此证病机，治宜养营补血与活血祛瘀并行，使血充瘀消，经水自调。

方中泽兰辛散温通，行而不峻，善活血祛瘀，通脉调经，为妇科经产瘀血病证之要药，为君药。当归补血而能活血，为养血调经之要药；牛膝活血祛瘀，性善下行，长于活血通经，共为臣药。茺蔚子活血调经，益阴明目；熟地、白芍滋养肝肾，合当归则养血补血之力益强；柏子仁补血养心安神；此四味共为佐药。诸药合用，共奏活血通脉、养血调经之功。

制方特点：活血祛瘀与养血补血并行，祛瘀而不伤正，养血以助血行。

【临床应用】

1. 用方要点　本方是治疗血瘀血虚之月经不调、经闭的常用方。临床用方辨证要点为月经不调，量少色黯，或经闭不行，脐腹作痛，舌黯淡有瘀点，脉细涩。

2. 临证加减　血滞甚，将茺蔚子易为益母草，酌加桃仁、红花、川芎等以增活血祛瘀之力；兼寒，加肉桂、炮姜、吴茱萸等以温通血脉；血瘀化热，加丹皮、黄芩，熟地易生地。

3. 现代运用　主要用于妇女月经不调、闭经以及胎产诸疾属血瘀血虚者。

4. 使用注意　孕妇无瘀者忌用。

小　结

活血祛瘀剂主要为血瘀病而设。本章按功效和主治分为泻下逐瘀、行气散瘀、清热祛瘀、温经化瘀、祛瘀理伤、化瘀消癥和扶正祛瘀七类，分别适用于瘀结里实证、气血瘀滞证、热灼血瘀证、寒凝血瘀证、跌仆损伤证、血热瘀滞证和正虚瘀阻证。

1. 泻下逐瘀　本类方剂以逐瘀药与泻下药配伍为主体。桃核承气汤为破血下瘀方，善于攻逐瘀热，宜用于瘀热互结下焦证；复元活血汤则长于攻逐胁下之瘀血，宜用于跌仆损伤、瘀留胁下之胁肋疼痛。

2. 行气散瘀　本类方剂以活血药与行气药配伍为主体。血府逐瘀汤长于行散胸中瘀血，宜用治血瘀气滞，留结胸中之瘀痛。

3. 清热祛瘀　本类方剂以凉血散瘀药与清热药配伍为主体。凉血饮子长于凉血散瘀，清热解毒，宜用于热盛血瘀证。

4. 温经化瘀　本类方剂以温经散寒药与活血化瘀药配伍为主体。温经汤和生化汤均为妇科经产名方，前者能温经散寒，养血行瘀，重在温养，主治冲任虚寒兼瘀血阻滞之月经不调和不孕症；后者能祛瘀生新，温经止痛，宜用于产后恶露不行，少腹疼痛而血虚有寒者。

5. 祛瘀理伤　本类方剂以散瘀止痛药与疗伤理损药配伍为主体。七厘散长于活血散瘀，止痛止血，宜用于跌打损伤，筋断骨折之血瘀肿痛，外用内服均可。

6. 化瘀消癥 本类方剂以活血祛瘀药与消癥化积药配伍为主体。鳖甲煎丸行气活血，祛湿化痰，软坚消癥，为治疟母、癥瘕的常用方剂；软坚散结汤则长于疏肝化瘀，通络散结，宜用于瘀阻痰结的乳癖癥块；桂枝茯苓丸祛瘀消癥，宜用于瘀血留结胞宫之病证。

7. 扶正祛瘀 本类方剂以活血祛瘀药与补养气血药配伍为主体。补阳还五汤为补气活血通络，主治气虚血瘀络阻之中风偏瘫证；泽兰汤则长于活血养血，化瘀调经，主治血瘀血虚之月经不调、经闭。

复习思考题

1. 叙述活血祛瘀剂的适应病证、分类及其各类方配伍要点？
2. 复元活血汤主治何证？方中重用柴胡和大黄的意义何在？
3. 现代临床常将血府逐瘀汤作为活血祛瘀基础方，随症加减广泛用于多种血瘀证的治疗，试从方药学角度分析其理。
4. 温经汤和生化汤都是温养与祛瘀并用的妇科常用方，临床如何区别应用？
5. 联系其他章节内容，结合瘀热证的病机要点，归纳清热祛瘀剂的组方配伍思路。
6. 为什么祛瘀理伤类方剂中常配伍辛香开窍和重镇安神药？
7. 鳖甲煎丸、软坚散结汤和桂枝茯苓丸都能消癥化积，试比较三方功效、主治之异同。
8. 在查阅资料的基础上，试比较分析传统化瘀消癥方与现代抗肿瘤验方在组方用药方面的异同。
9. 补阳还五汤为活血祛瘀剂，方中为什么使用大剂量黄芪？临床应用该方时应注意哪些？

第十九章

止血剂

止血剂（Formulae for Arresting Bleeding）是以止血药为主组成，具有止血作用，主治各种出血证的一类方剂。

血在脉中循行，一方面不断对全身各脏腑组织器官起着营养和滋润作用，一方面又受到心、肺、脾、肝等脏腑功能的调节，保证在脉管内正常运行。因此，脏腑生理功能失常，血不行常道，溢于脉外则引起出血。此外，外感六淫侵袭、七情妄动、跌仆损伤等，也可致血不宁谧，或脉道破损，而致血溢脉外。血液不循常道，或上出于口鼻诸窍，或下出于前后二阴，或外渗于肌肤而见诸如鼻衄、齿衄、咯血、吐血、呕血、便血、尿血、肌衄等各种出血之症。血是营养机体的重要物质，出血可引起血液的丢失，出血过多还可引起严重的后果。止血剂即是为此类证而设立的。《素问·阴阳应象大论》"定其血气，各守其乡"；"其慓悍者，按而收之"等理论为本类方剂的立法依据。

出血之证原因较多，病机也较复杂，有标本缓急、寒热虚实之别。对于突然大出血者，当采用急则治标之法，重在止血；如气随血脱，则又急需大补元气，以救脱为先；慢性出血，应重在治本，所谓澄本清源，其中救急固脱和单纯消除病因的止血法内容见于补益、清热、温里等章节。本章主要讨论的是体现标本兼顾的一类治方。临床常见证候涉及火热炽盛，迫血妄行；阳气不足，血失统摄；瘀血阻络，血不循经；跌仆损伤，血络破损等类型。故本类方剂分为清热止血、温阳止血、散瘀止血和收敛止血几种。

止血剂临床主要用于支气管扩张、肺结核、血小板减少性紫癜、食道及胃底静脉曲张破裂出血、胃及十二指肠溃疡、特发性门脉高压症、痔疮、肛裂、溃疡性结肠炎、尿路结石、肾结核、尿路感染、子宫功能性出血、外伤出血、眼前房出血等。药理研究表明，止血剂除能增加血液中凝血酶活性、血小板数及其黏附率，缩短凝血时间，促进凝血作用外；还对局部血管有不同程度的收缩作用，增加毛细血管抵抗力，降低其通透性，从而起到止血作用。

运用此类方剂需注意：辨别标本缓急，正确选方用药；力求图本，审因论治；因离经之血即是瘀，止血过急也易致瘀滞，故常配活血祛瘀之品，或选配兼具活血止血功能的药味，以防止血留瘀。另可根据出血部位，选择调气及升降之品，如上部出血不宜升提而多配沉降之品，下部出血忌用沉降而多配升提之品。

第一节　清热止血

清热止血剂（Formulae for Clearing away Heat and Arresting Bleeding），适用于血热妄行所致吐血、衄血、咯血、尿血、便血、崩漏等各种出血证。常用清热止血药如白茅根、侧柏叶、大蓟、小蓟、地榆、槐花等为主组成。其证或由肝胃火盛，或热盛阴伤，或肝阳偏亢，或肝火犯肺，或热结下焦，或风热湿毒蕴结大肠等所致。故本类方剂又常配伍清热泻火、滋阴凉血、平肝潜阳、化痰止咳、利尿通淋、疏风行气等药。又由于止血易留瘀恋邪，故本类方剂常配伍活血化瘀药。代表方剂如四生丸、咳血方、槐花散、小蓟饮子、固经丸等。

四 生 丸
Four-Fresh Herb Pill
（Sisheng Wan）
（《妇人大全良方》）

【组成】 生荷叶（9g）　　生艾叶（9g）　　生柏叶（15g）　　地黄（15g）各等分

【用法】 共研，丸如鸡子大，每服一丸（12g），水三盏，煎至一盏，去滓温服，不拘时候（现代用法：作汤剂，水煎服）。

【功效】 凉血止血。

【主治】 血热妄行证。吐血、衄血、咯血等，血色鲜红，口干咽燥，舌红或绛，脉弦数。

【制方原理】 本方所治之出血，皆因血热而致。血分有热，损伤血络，血不循经，妄行而出，则见吐血、衄血，且血色鲜红，脉弦数；热伤津液，失血阴伤，故口燥咽干，舌红或绛。治宜凉血止血，以使血热得清，血自安宁，出血则止。

方中侧柏叶苦涩性微寒，长于清热凉血，收敛止血，为君药。生地苦甘性寒，凉血清热，既助君药凉血止血之力，又能养阴生津，以复已伤之阴，为臣药。生荷叶凉血止血兼具散瘀之效，使止血而无留瘀之弊；生艾叶虽温不烈，且止血力强。二药共助君、臣药以加强止血作用，为佐药。诸药合用，共奏凉血止血之功。

制方特点：①四药生用，意在增强凉血止血作用；②止血之中兼以散瘀，使止血不留瘀；③清热凉血之中佐以温药，又可防止寒凉太过。

【临床应用】

1. 用方要点　本方适用于血热妄行的出血之证。临床用方辨证要点为出血，血色鲜红，舌红，脉弦数。

2. 临证加减　出血量多，加小蓟、藕节、仙鹤草、白茅根以加强凉血止血之功；热盛津伤甚，加玄参、麦冬以滋阴生津。

3. 现代运用　主要用于胃溃疡吐血、肺结核及支气管扩张之咯血、慢性特发性血小板减少性紫癜、妇女更年期功能性子宫出血等属血热妄行者。

4. 使用注意　虚寒性出血者忌用。

【现代研究】

临床研究　四生丸加减治疗更年期功能性子宫出血52例。药用：生地黄12g，生白芍12g，生荷叶12g，生侧柏叶12g，黑地榆12g，阿胶10g（另包烊化）、山茱萸、菟丝子各15g，生艾叶3g，每日1剂，水煎，饭前服用。结果：痊愈32例，好转16例，无效4例，总有效率92.3%。采用当归补血汤合四生丸加减治疗慢性特发性血小板减少性紫癜患者46

例，并与单用西药治疗的 15 例进行对照观察。治疗组用当归补血汤合四生丸加减，药用：生黄芪、侧柏叶各15～30g，阿胶、荷叶、炒槐花、当归各 10～15g，山萸肉、生地各 10～30g，参三七粉（分吞）2～6g，仙鹤草30g，生甘草10g。每日 1 剂，常规水煎，分 2 次温服。治疗组停用强的松及其他免疫抑制剂。对照组用强的松 30mg，口服，每日 1 次。两组均 1 个月为 1 疗程，观察 3 个疗程。血小板计数平均上升率治疗组达 80.4%。对照组为 66.7%。治疗组疗效明显优于对照组，血小板计数上升率有明显差异（P＜0.05）。

咳 血 方
Coughing of Blood Formula
（Kexue Fang）
《丹溪心法》

【组成】青黛水飞（6g）　瓜蒌仁去油（9g）　海粉（9g）　栀子炒黑（9g）　诃子（6g）

【用法】上为末，以炼蜜同姜汁为丸。嚼化（现代用法：水煎服）。

【功效】清肝宁肺，凉血止血。

【主治】肝火犯肺之咳血证。咳嗽痰稠带血，咯吐不爽，心烦易怒，咳引胸胁作痛，口苦便结，舌红苔黄，脉弦数。

【制方原理】本方所治咳血乃为肝火犯肺而致。若肝郁化火，肝火上逆迫肺，灼津炼痰，肺失清肃，故咳嗽痰稠、咳痰不爽；热伤肺络，迫血外溢，故痰中带血；心烦易怒，咳引胸胁作痛，口苦便结，舌红苔黄，脉弦数皆为肝火内炽之征象。本证病位涉及肝肺二脏，病机为肝经火逆犯肺，肺失肃降，血络受伤，火灼炼痰。故治疗宜清降肝火，敛肺宁血，润肺化痰，凉血止血。

方中青黛、栀子性偏寒凉，皆入肝经，清肝泻火，凉血止血；且栀子又能清热除烦，炒黑入血分而加强止血作用。二药合用，意在治本清源，为君药。瓜蒌仁甘寒清润，长于清热化痰，润肺止咳，滑肠通便；海粉咸寒，清肺降火，软坚化痰。二药配伍，为臣药。咳不止则血难宁，故用酸涩之诃子，敛肺降气，止咳化痰，为佐药。诸药合用，共奏清肝宁肺之功，使肝火不犯肺，肺清肃有权，诸症得平。

制方特点：①肺病治肝，寓止血敛降于清肝泻火之中，虽无止血药，却收止血之效；②佐以辛温，使凉降而无凉遏之弊；③服法特殊，蜜丸嚼化，徐徐吸收，药效持久。

【临床应用】

1. 用方要点　本方为治疗肝火犯肺之咯血的常用方。临床用方辨证要点为咳痰黄稠带血，胸胁作痛，舌红苔黄，脉弦数。

2. 临证加减　肺热阴伤较甚，加沙参、麦冬、阿胶以清热养阴；咳血较多，加白茅根、白及、侧柏叶以加强止血之功；咳甚痰多，加川贝母、天竺黄、枇杷叶以清热化痰止咳。

3. 现代运用　主要用于支气管扩张、肺结核咯血等病属肝火犯肺者。

4. 使用注意　肺肾阴虚及脾虚便溏者，本方不宜。

【现代研究】

临床研究 31例肺结核咯血患者分别用咳血方和西药脑垂体后叶素治疗。结果：咳血方组的平均止血时间和止血总有效率分别为32.3小时和92.9%，脑垂体后叶素组分别为86.1小时和47.1%，咳血方疗效明显优于脑垂体后叶素，且副作用少。

槐 花 散
Sophora Flower Powder
（Huaihua San）
（《普济本事方》）

【组成】 槐花炒　柏叶烂杵，焙　荆芥穗　枳壳去瓤，麸炒黄，各等分（12g）

【用法】 上为细末。用清米饮调下二钱（6g），空心，食前服（现代用法：散剂，每服6g，米汤调下；汤剂，水煎服）。

【功效】 清肠止血，疏风理气。

【主治】 风热湿毒蕴结大肠之便血。便前出血，或便后出血，或粪中带血，以及痔疮出血，血色鲜红或晦黯，舌红苔黄或腻，脉数或滑。

【制方原理】 本方原书为治"肠风脏毒下血"而设。"肠风者，下血新鲜，直出四射，皆由便前而来……脏毒者，下血瘀黯，点滴而下，无论便前便后皆然"（《成方便读》）。本证病机为风热或湿毒之邪蕴结大肠血分，血络受损，血渗肠道。故治宜清肠除湿，疏风宽肠，凉血止血。

方中槐花寒凉苦降，既清大肠湿热，又能凉血止血，为君药。侧柏叶苦涩性寒，凉血收敛止血，助君药凉血止血；荆芥穗疏散风邪，炒用入血分而止血，共为臣药。枳壳行气宽肠，与荆芥穗相伍，升中有降，调畅肠道气机，使气顺血和，以利于邪去血止，为佐药。四药合用，清肠止血，疏风行气，使风邪得疏，湿热得清，肠络得宁，诸症自愈。

制方特点：寓行气于止血之中，寄清疏于收涩之内，升降散涩，相反相成。

【临床应用】

1. 用方要点 本方为治风热湿毒蕴结大肠所致便血的常用方。临床用方辨证要点为便血，血色鲜红或晦黯，舌红脉数。

2. 临证加减 大肠热盛，加黄连、黄柏以清肠中之热；便血多，加地榆、大蓟、小蓟以加强凉血止血之功。

3. 现代运用 主要用于痔疮、肛裂、结肠炎等属风热湿毒下迫大肠者。

4. 使用注意 不宜久服；便血日久而正气亏虚者，不宜单用本方。

【现代研究】

药理研究 体外抑菌表明，槐花散对金黄色葡萄球菌抑制能力效果最好，对其他致病菌均有不同程度抑制作用。槐花、侧柏叶、枳壳中均含有一定量黄酮类成分，有减少毛细管通透性，减低血管脆性，缩短流血时间的作用；槐花散中 Ca^{2+} 含量高（1.79%），Ca^{2+} 可促进凝血；其挥发油具有消炎、抗菌、镇痛等作用；所含鞣质有止血、收敛作用。上述研究为理解本方清肠止血、疏风理气的功效及其临床运用提供了现代药理学依据。

【附方】

槐角丸（《太平惠民和剂局方》）　槐角去枝梗，炒，一斤（500g）　防风去芦　地榆　当归酒浸一宿，焙　黄芩　枳壳去瓤，麸炒，各半斤（各250g）　上为末，酒糊为丸如梧桐子大。每服三十丸（9g），米饮送下，不拘时候，久服（现代用法：研末为丸，每服9g，开水送下；或作汤剂，用量按原方比例酌定）。功效：清肠疏风，养血止血。主治：肠风下血，痔疮，脱肛属风邪热毒者。

槐角丸用槐角而不用槐花，具通便止血之功，再配地榆、黄芩、当归，不仅清肠止血之力强于槐花散，且兼养血和血之功，适用于肠风便血、肠热较甚而兼便结者。

小蓟饮子
Small Thistle Decoction
（Xiaoji Yinzi）
（《玉机微义》）

【组成】生地黄　小蓟根　滑石　通草　蒲黄炒　藕节　淡竹叶　当归　山栀仁　甘草各等分（各9g）

【用法】上㕮咀，每服四钱（12g），水煎，空心服（现代用法：水煎服）。

【功效】凉血止血，利水通淋。

【主治】热结下焦之血淋、尿血。尿中带血，血色鲜红，或伴小便频数，赤涩热痛，舌红，脉数。

【制方原理】本方所治血淋或血尿，多因湿热蕴结于下焦膀胱所致。热伤血络，迫血渗于脬中，血随尿出，故尿中带血；热蕴膀胱，气化失司，水道不利，故小便频数，赤涩热痛；舌红、脉数均为火热征象。本证病机为热蕴膀胱，灼伤血络，水道不利。治宜凉血止血，利水通淋。

方中小蓟凉血止血，兼能利尿，擅治血淋、尿血，故为君药。蒲黄、藕节凉血止血，又能活血化瘀，使止血不留瘀，为臣药。木通、滑石、淡竹叶清热利尿通淋，栀子清泻三焦之火，导湿热下行，使热去而小便通利；热伤血络之血淋、尿血，每致阴血耗伤，而利尿通淋药又易伤阴血，故用生地、当归滋阴养血，且生地性寒清热凉血以助君臣药凉血止血，当归性温可使诸寒药凉而不滞。以上共为佐药。甘草缓急止痛，调和诸药，为佐使。全方配伍，共奏凉血止血、清热利水、养阴和血之功。

制方特点：寓散瘀于凉血止血、养阴于利尿通淋之中，使血止不留瘀，利尿不伤阴。

【临床应用】

1. 用方要点　本方为治热结下焦血淋、尿血的代表方。临床用方辨证要点为尿中带血，血色鲜红，舌红，脉数。

2. 临证加减　热甚淋重，加鱼腥草、蒲公英、石韦以利尿通淋；瘀阻尿道痛甚，加川牛膝、琥珀以化瘀止痛；尿中夹石而尿血，加金钱草、海金沙、鸡内金以化石通淋。

3. 现代运用　主要用于急性肾小球肾炎、急性肾盂肾炎、尿道感染、泌尿系结石等属热结下焦者。

4. 使用注意 血淋日久而正虚者，本方不宜。

【现代研究】

临床研究 用小蓟饮子加减治疗膀胱癌尿血 12 例，药用：小蓟、鲜生地黄、蒲黄炭、半枝莲、石见穿、蚤休各 30g，藕节 15g，栀子、三棱、莪术各 10g，淡竹叶 10g，三七粉 5g，当归 10g，木通（或通草）6g，六一散 10g。每日 1 剂，水煎 3 次，取汁 1500ml，分 3 次服。2 个月为 1 疗程，共治 2 个疗程。结果：尿血治愈 3 例，好转 7 例，无效 2 例。用小蓟饮子加减方（小蓟、生薏苡仁各 30g，生地黄、石韦各 15g，生蒲黄、干藕节、生栀子各 12g，淡竹叶、木通、血余炭各 9g）治疗血精症 31 例，每日 1 剂，水煎服。15 天为 1 疗程，2 个疗程后统计疗效，治疗期间禁止性生活。结果：痊愈 22 例，好转 6 例，无效 3 例，总有效率为 90%。

固 经 丸
Stabilizing the Menses Pill
（Gujing Wan）
（《丹溪心法》）

【组成】黄柏炒，三钱（9g） 椿根皮七钱半（22.5g） 香附二钱半（7.5g） 黄芩炒 白芍炒 龟板炙，各一两（各 30g）

【用法】上为末，酒糊为丸，如梧桐子大。每服五十丸（6g），空心温酒或白汤送下（现代用法：水煎服，用量按原书比例酌定）。

【功效】滋阴清热，固经止血。

【主治】阴虚血热之崩漏。经水过期不止，或出血量过多，血色深红或紫黑稠黏，手足心热，腰膝酸软，舌红，脉弦数。

【制方原理】《素问·阴阳别论》曰："阴虚阳搏谓之崩"。本方所治崩漏乃由阴虚血热所致。因肝肾阴虚，相火炽盛，火热扰动冲任，迫血妄行，故见月经过多或崩中漏下，血色深红；血为火热煎熬而滞，故经血紫黑稠黏；阴虚内热，故手足心热，腰膝酸软；舌红、脉弦数也为阴虚火旺，郁热内扰之象。治宜滋阴清热，固经止血。

方中龟板甘咸性寒，滋阴益肾，潜阳降火；白芍酸甘微寒，敛阴益血，养肝柔肝。二药配伍补益肝肾，滋阴清热，重用为君。黄芩、黄柏苦寒直折，清热泻火，坚阴止血，为臣药。椿根皮苦涩性寒，固经止血；香附辛苦微温，疏肝调气和血，兼制诸寒药寒凉留瘀之弊，为佐药。诸药合用，共奏滋阴清热，固经止血之功。

制方特点：①滋阴清热为主，固经止血为辅，标本兼顾；②寓辛温调气于清热止血之中，调和气血而使血止不留瘀。

【临床应用】

1. 用方要点 本方为治阴虚血热之崩漏及月经过多的常用方。临床用方辨证要点为血色深红，甚或紫黑稠黏，舌红，脉弦数。

2. 临证加减 阴虚甚，加女贞子、旱莲草以滋阴凉血；出血日久，加龙骨、牡蛎、海蟪蛸、茜草炭以收涩止血。

3. 现代运用　主要用于功能性子宫出血、人流术后月经偏多及慢性附件炎等属阴虚血热者。

4. 使用注意　虚寒性崩漏者，本方不宜。

【现代研究】

临床研究　采用固经丸治疗人工流产手术后月经过多，疗效满意。本组 80 例中，属功能性月经过多 42 例，胚胎组织残留引起月经过多 20 例，子宫内膜异位症 18 例。药用炙龟板 10g，白芍 12g，黄芩 30g，椿皮、香附、黄柏各 10g。水煎 500ml，每日 1 剂，分 2 次服。结果痊愈（经量、经色恢复正常，停药后 3 个月内无变化）42 例，有效（经量、经色虽恢复正常，但停药后 3 个月内经量仍有不同程度增多）30 例，无效（连续治疗 3 个月未见好转）8 例，总有效率为 90%。

第二节　温阳止血

温阳止血剂（Formulae for Warming Yang and Arresting Bleeding），适用于阳虚不能统血所致之出血证。症见血色晦暗，四肢不温，面色萎黄，喜暖畏寒，脉沉细无力等。常用温涩止血药如灶心黄土、炮姜等为主组方。阳虚失血，多涉脾不统血；且慢性出血，常伴血虚，故本类方剂又常配伍健脾益气药如白术、人参等，滋阴养血药如地黄、阿胶等。代表方剂如黄土汤。

黄 土 汤
Baked Yellow Earth Decoction
（Huangtu Tang）

（《金匮要略》）

【组成】甘草炙　干地黄　白术　附子炮　阿胶　黄芩各三两（各 9g）　灶心黄土半斤（30g）

【用法】上七味，以水八升，煮取三升，分温二服（现代用法：先煎灶心土，澄清去渣，取汤汁，再煎余药，阿胶烊化冲服）。

【功效】温阳健脾，养血止血。

【主治】脾阳不足，脾不统血之出血。大便下血，或吐血、衄血，或妇人崩漏，血色黯淡，四肢不温，面色萎黄，舌淡苔白，脉沉细无力。

【制方原理】本方为治虚寒性出血而设。脾主统血，气能摄血，若脾阳不足，气不摄血则血溢脉外，或血从上溢而为吐衄，或血从下失而为便血、崩漏。中焦虚寒，故血色黯淡，四肢不温；脾不运化及出血日久，营血亏虚，故面色萎黄，舌淡苔白，脉沉细无力。本证以脾阳不足为本，以出血、血虚为标。治宜温阳健脾，养血止血。

方中灶心黄土甘温而涩，主入脾经，温阳健脾，收敛止血，故为君药。炮附子温阳祛寒，白术健脾益气，合而温阳益气摄血；阿胶、干地黄滋阴养血止血，合而补益阴血而止血。以上四药共为臣药。附、术性温刚燥，易伤阴动血；胶、地味厚柔润，易滋滞碍脾。二者配伍，刚柔互济，则无动血、碍脾之虞。黄芩苦寒制约术、附温热之性，兼有止血之功，是为佐药。甘草益气健脾，调和药性，为佐使药。诸药合用，有温阳健脾、养血止血之功。

制方特点：标本兼顾，刚柔相济，温阳而不伤阴动血，滋养而不腻滞碍阳。

【临床应用】

1. 用方要点 本方为治虚寒性出血的常用方。临床用方辨证要点为出血，血色黯淡，舌淡苔白，脉沉细无力。

2. 临证加减 气虚神疲乏力，加党参、黄芪以益气健脾；出血较多，加三七粉、白及、仙鹤草以止血；胃纳差，阿胶易为阿胶珠，并加焦山楂，以增健胃；脾虚便溏，黄芩易为炒黄芩，加党参、茯苓以健脾助运。

3. 现代运用 主要用于子宫功能性出血、胃及十二指肠溃疡出血、痔疮出血等属脾阳不足者。

4. 使用注意 热盛动血者，本方忌用。如缺灶心黄土，可以赤石脂代之。

【现代研究】

临床研究 38 例慢性痢疾患儿按中医辨证，在黄土汤为主方的基础上，分别加入益气养血、清热化湿、活血化瘀、消食导滞等药物，每日 1 剂，煎服，连续服药 1 个月判定疗效。结果：显效 28 例，有效 9 例，无效 1 例，总有效率 97.4%。用黄土汤原方加减（甘草、干地黄、白术、熟附子、阿胶、黄芩各 10g，灶心黄土或用赤石脂 30g）治疗慢性溃疡性结肠炎 100 例，每日 1 剂，分 2 次温服，5~7 天为 1 疗程，总有效率为 98%。

【附方】

柏叶汤（《金匮要略》） 柏叶 干姜各三两（各 9g） 艾叶三把（3g） 以水五升，马通汁一升，合煮取一升，分温再服。功效：温中止血。主治：中焦虚寒之吐血。

第三节 散瘀止血

散瘀止血剂（Formulae for Removing Blood Stasis and Arresting Bleeding），适用于瘀血内阻，血不归经所致出血或因出血而兼瘀血阻滞之证，症见出血，血色紫黯，或夹瘀块。常用散瘀止血药如花蕊石、蒲黄等药为主组方。因瘀血阻滞，血不循经，或血分有热，凝结成瘀，或离经之血成瘀，妨碍血运，故本类方剂又常配伍清热凉血、活血化瘀等药。代表方剂如花蕊石散、生蒲黄汤。

花蕊石散

Marmor Serpentinatum Powder

（Huaruishi San）

（《十药神书》）

【组成】花蕊石煅过，研如粉

【用法】每服三钱（9g），极甚者五钱（15g），用童便一盏煎温调，食后服。如男子病，则和酒一半；女人病，则和醋一半，一处调药。

【功效】化瘀止血。

【主治】瘀血内阻之吐血。吐血不止，血色紫黯，胸脘满闷，口干不欲饮，舌质紫黯，脉涩。

【制方原理】本方所治吐血因瘀血内阻，血不循经所致。瘀伤血络，故见吐血不止、血色紫黯；瘀停气阻，故胸脘满闷；口干不欲饮也为瘀血之象。本证病机要点为瘀血伤络，血不循经。治宜化瘀止血。

方中花蕊石，酸涩而平，功擅收敛止血，又可化瘀，最宜出血而兼有瘀滞之吐血，故为君药。童便善于消瘀止血，兼能益阴；醋能散瘀止血，善治吐血、衄血及便血；酒能通血脉而活血，共助药力，合为佐使药。本方药味虽少，但用法独特，功专效佳，有止血迅捷而不留瘀之妙。

【临床应用】

1. 用方要点　本方为治瘀血阻滞之吐血的代表方。临床用方辨证要点为吐血不止，血色紫黯，舌紫黯，脉涩。

2. 临证加减　出血量多，加三七粉、血余炭以止血；胃脘痛有定处而拒按，加蒲黄、丹参、五灵脂以活血止痛。

3. 现代运用　主要用于上消化道、呼吸道出血证属瘀滞者。

4. 使用注意　孕妇忌用。

【现代研究】

1. 药理研究　花蕊石异名花乳石，为变质岩类岩石蛇纹大理岩的石块，含有大量钙、镁的碳酸盐，并混有少量的铁岩、铝岩及少量的酸不溶物。实验比较了花蕊石生品和炮制品对凝血及出血时间。结果表明，生花蕊石和炮制花蕊石组均能显著缩短凝血时间和出血时间，减少出血量，其中花蕊石炮制后止血作用略有增强。上述研究为本方止血功效提供了一定药理学依据。

2. 临床研究　本方适用于各型咯血。临床以花蕊石散加减治疗 34 例重症咯血患者，效果满意，全部患者均服花蕊石粉 10g，必要时再增服 5g，并用童便送吞。其中阴虚者用北沙参、天麦冬、制白芍、阿胶等，并配合鲜梨汁、生藕汁、甘蔗汁，甚则加西洋参。肺热用焦栀子、马兜铃，热重则用黄芩、黄连、知母；喘咳用炙枇杷叶、桑白皮、光杏仁、川贝母、黛蛤散等；出血明显用仙鹤草、蒲黄炭、白及粉、三七粉、茜草炭、郁金、松烟墨汁等，气虚甚者加别直参等。结果：服药1日血止者27例，2日血止者5例，3日血止者1例，11日血止者1例。

生蒲黄汤
Fresh-Pollen Typhae Decoction
（Shengpuhuang Tang）
（《眼科六经法要》）

【组成】 生蒲黄　旱莲草各12g　丹参　郁金各15g　生地　丹皮　荆芥炭各12g　川芎6g

【用法】 水煎服。

【功效】 凉血止血，活血散瘀。

【主治】 血分瘀热之眼底出血。眼前觉有红色或暗红色，视力模糊，视力减退，视物不清，甚至失明。

【制方原理】 本方为眼底出血而设。火热内扰，热伤血分，迫血妄行，故眼底出血，眼前觉有红色或暗红色；眼底出血，脉络瘀阻，神经失养，故视力随之模糊，甚至失明。本证血热妄行是本，离经瘀血是标，其病机要点为瘀热阻络；故治宜凉血止血，活血散瘀。

方中生蒲黄甘缓性平，既能清热止血，又善活血，标本兼顾，为君药。旱莲草、生地滋阴清热，凉血止血；荆芥炭止血。三药共助君药以止血，合为臣药。丹参、丹皮清热凉血，活血散瘀；郁金、川芎疏肝行气而活血，俱为佐药。诸药合用，共收凉血止血散瘀之功。

制方特点：寓散瘀、调气于凉血止血之中，有凉血散瘀调气之功。

【临床应用】

1. 用方要点　本方为治血热眼底出血的代表方。临床用方辨证要点为眼前觉有红色或暗红色，视力逐渐模糊，查见眼底出血。

2. 临证加减　肝火炽盛，加黄芩、夏枯草以清热凉肝；阴虚火炎，加黄柏、知母、女贞子以滋阴泻火；病久视力渐退，眼底血斑黯红，舌色紫暗，加桃仁、红花、茺蔚子以加强活血祛瘀之功。

3. 现代运用　主要用于视网膜出血、视网膜静脉周围炎等属肝经瘀热者。

4. 使用注意　服药期间，忌食辛辣饮酒，注意调摄精神。

【现代研究】

临床研究　用生蒲黄汤加减治疗外伤性前房出血68例，基础方：生蒲黄（包煎）15g，墨旱莲15g，牡丹皮15g，生地黄15g，荆芥炭15g，丹参12g，郁金10g，川芎10g，水煎服，每日1剂。结果：所有患者的前房积血全部吸收，无继发出血，未出现角膜血染。另有用本方加减治疗视网膜静脉阻塞性眼底出血有效。基本方为：生蒲黄、旱莲草各30g，生地、丹皮各12g，丹参、郁金各15g，荆芥炭12g，川芎6g。并根据出血期、瘀血期、恢复期适当调整药味。每日1剂，水煎，分3次服。10天为1疗程，共治疗3个疗程。另设单纯西药治疗40例为对照组。结果中药治疗组总有效率为87.18%，显著高于西药对照组的65%（P<0.01）。

第四节 收敛止血

收敛止血剂（Formulae for Astringing and Arresting Bleeding），适用于血溢脉外所致出血量较多者。常用收涩止血药如棕榈炭、藕节炭、侧柏炭、生地炭等为主组成。由于血溢脉外，常涉及热伤血脉，或脾虚不摄，或肝肾亏虚等病机，故方中常配伍清热凉血药如山栀、大黄、丹皮，或益气健脾药如黄芪、白术，或补益肝肾药如山茱萸、续断等。另外，本类方剂用药性多涩敛而易留瘀，故又少佐活血化瘀药，使止血不留瘀。代表方剂如十灰散、止血散、固冲汤等。

十 灰 散
Ten Drug Ashes Powder
（Shihui San）
（《十药神书》）

【组成】 大蓟 小蓟 荷叶 柏叶 茅根 茜根 山栀 大黄 牡丹皮 棕榈皮各等分（各9~15g）

【用法】 上药各烧灰存性，研极细，用纸包，以碗盖地上一夕，出火毒。用时先将白藕捣破绞汁，或萝卜汁磨真京墨半碗，调服五钱（15g），食后服下（现代用法：各药烧存性，为末。藕汁或萝卜汁磨京墨适量或温开水适量，调服15g；亦可作汤剂，水煎服，用量按原方比例酌定）。

【功效】 凉血止血。

【主治】 血热妄行之上部出血。咳血、咯血、吐血、衄血，血色鲜红，舌红，脉数。

【制方原理】 本方所治的各种上部出血，皆因肝胃火盛，火性炎上，损伤血络，气逆血升，迫血妄行，上走清窍而致。治宜凉血清火，收涩止血。

方中用大蓟、小蓟、茜根、白茅根、侧柏叶、荷叶凉血止血；棕榈皮收涩止血。诸药相伍，则凉血止血力增；山栀泻火凉血，大黄引热下行，二药相配，以直折血热上逆之势；又恐凉血收敛止血之品止血留瘀，故用丹皮以凉血散瘀，使血热清而无凝血之弊。全方各药均炒炭存性，清热之力减，但收涩止血之效大增。全方配伍，共成凉血止血之用。

制方特点：①烧炭存性，性能兼备，收敛止血而有清热凉血之功；②寓清降于凉血止血之中，使火降热清而血止；寄散瘀于收涩止血之中，使血止而不留瘀。

【临床应用】

1. 用方要点 本方为治血热妄行之上部出血之急救方。临床用方辨证要点为各种上部出血，来势急迫，血色鲜红，舌红，脉数。

2. 临证加减 火气上逆，血热较甚，改为汤剂，方中大黄、栀子可重用以加强清热泻火之功，或加牛膝、代赭石镇逆之品，引血下行；咯血，加白及粉以收敛止血。

3. 现代运用 主要用于上消化道出血、支气管扩张、肺结核出血等属血热者。

4. 使用注意 方中诸药炒炭存性；不可久服；慢性虚寒性出血，本方不宜。

【现代研究】

1. 药理研究 观察不同方法制备的十灰散对小鼠、大鼠及家兔的出血时间、凝血时间、血浆复钙时间、血小板聚集的影响。结果表明，十灰散生品、炭药均有促进凝血系统的止血、凝血作用，可缩短凝血酶原、凝血酶时间和血浆复钙时间，从而对内源性和外源性凝血系统发挥其促进作用，激活多种凝血因子，使凝血时间缩短。促进血小板功能，使扩大型血小板数量增多，利于血小板形成血栓，加强其凝血作用。但炭药效果优于未制炭药材品种。

2. 临床研究 对照组 30 例亚急性重型肝炎患者，在甘利欣、还原型谷胱甘肽、思美泰、优思弗等护肝降酶退黄，补充血浆、白蛋白等支持治疗基础上配合血浆置换，未予任何中药治疗。治疗组 30 例亚急性重型肝炎患者，在对照组治疗方法基础上，以加减十灰散（血余炭 30g，棕榈炭 30g，藕节炭 30g，丹参 15g，三七 6g，大黄 15g，茵陈 50g，板蓝根 10g，蒲公英 30g，栀子 10g，红花 3g，赤芍 30g）保留灌肠，每日 1 次。检测血浆置换前后两组血清内毒素（ET）、肿瘤坏死因子及总胆红素、凝血酶原时间活动度等指标的变化及 1 周后巩固情况。结果：两组血浆置换后的 ET 水平均明显下降，但 1 周后对照组 ET 水平较治疗组显著升高（P < 0.05）。结论：中药复方加减十灰散保留灌肠能有效清除或抑制肠源性内毒素，如配合血浆置换清除循环内毒素能更加有效地帮助重型肝炎患者肝功能恢复。

止 血 散
Arrest Bleeding Powder
(Zhixue San)
(《中医治法与方剂》)

【组成】 花蕊石烧，醋淬（30g） 阿胶珠（30g） 大蓟 小蓟（各18g） 侧柏炭（9g） 焦栀子（15g） 牡蛎 龙骨 代赭石（各24g）

【用法】 研成细末，每日 2 次，每次 3～6g，温开水送服。

【功效】 清热收涩，降逆止血。

【主治】 肝火犯胃之吐血。吐血量多，色乌红，或夹饮食残渣，舌质红，脉弦数。

【制方原理】 本方为治阳亢血热之吐血而设。由于暴怒伤肝，肝阳偏亢，肝火横逆犯胃，胃络受损，故吐血量多、色乌红、夹食物残渣；舌红、脉弦数皆为肝火内炽之征象。治宜清热收涩，降逆止血。

方中大、小蓟苦甘性凉，归心、肝经，长于凉血止血，为君药。阿胶珠、侧柏炭养血收敛止血，花蕊石化瘀止血，共助君药止血之功，以治出血之标，为臣药。栀子清泻肝火，龙骨、牡蛎、代赭石敛肝潜阳降逆，澄本清源，以除出血之因；又龙骨、牡蛎长于收敛固涩，可加强止血作用，共为佐药。诸药合用，共奏清热收敛、降逆止血功效。

制方特点：标本兼顾，清热凉血之中寓于降逆，使肝阳潜以利藏血；收敛止血之中兼有化瘀，使血止而无留瘀之患。

【临床应用】

1. 用方要点　本方为治肝火犯胃之吐血代表方。临床用方辨证要点为吐血量多，色乌红，舌红，脉弦数。

2. 临证加减　肝火偏旺，加黄芩、龙胆草以清泻肝火；吐血不止，加白茅根、藕节、三七粉以增止血作用。

3. 现代运用　主要用于胃及十二指肠溃疡、慢性胃炎、胃癌等吐血属肝火犯胃者。

4. 使用注意　服药期间，忌食辛辣刺激之品，防止暴饮暴食；虚寒性吐血，本方不宜。

固　冲　汤
Decoction for Stabilizing the Chong Meridian
(Guchong Tang)
（《医学衷中参西录》）

【组成】　白术炒，一两（30g）　生黄芪六钱（18g）　龙骨煅，捣细，八钱（24g）　牡蛎煅，捣细，八钱（24g）　山萸肉去净核，八钱（24g）　生杭芍四钱（12g）　海螵蛸捣细，四钱（12g）　茜草三钱（9g）　棕边炭二钱（6g）　五倍子轧细，药汁送服，五分（1.5g）

【用法】　原方未著用法（现代用法：水煎服）。

【功效】　益气健脾，固冲摄血。

【主治】　脾肾亏虚，冲脉不固之血崩。血崩不止或月经过多，色淡质稀，腰膝酸软，心悸气短，神疲乏力，舌淡，脉细弱。

【制方原理】　本方为脾肾亏虚，冲脉不固之血崩而设。冲为血海；脾为后天之本，主统摄血液；肾为先天之本，主司封藏。若脾气虚弱而统摄无权，肝肾不足而冲脉不固，则血崩或月经过多；脾气虚弱，血失温煦，故血色淡而质稀；肝肾亏虚，故腰膝酸软；气血两虚，故心悸气短，神疲乏力，舌淡，脉细弱。本方证不仅出血量多，且见气血虚弱，肝肾不足之证。故治宜益气健脾，固冲摄血，补益肝肾。

方中黄芪、白术益气健脾，使脾气健旺则统摄有权，以固冲摄血，故为君药。山萸肉、白芍补益肝肾，且二味皆属味酸涩敛之品，故又能敛阴养血，共为臣药。君臣相伍，固冲止血以治本。对于气不摄血所致之血崩，还当收敛止血以治标，故用棕榈炭、煅龙骨、煅牡蛎、海螵蛸、五倍子收敛固涩之品，止血固脱；茜草化瘀止血，俱为佐药。诸药合用，共奏益气健脾、固冲摄血之效。

制方特点：①益气健脾，补肾养肝以固其本，收敛固涩止血以治其标；②收敛止血药中少佐散瘀之品，使血止而无留瘀之患。

【临床应用】

1. 用方要点　本方为脾肾两亏，冲脉不固之血崩或月经量多之常用方。临床用方辨证要点为出血量多，色淡质稀，舌淡，脉细弱。

2. 临证加减　兼肢冷汗出，面色苍白，脉微欲绝，加重黄芪用量，并加炮附子、人参以益气回阳固脱。

3. 现代运用 主要用于功能性子宫出血、产后出血过多等属脾肾气虚，冲脉失固者。

4. 使用注意 血热实证之血崩，本方不宜。

【现代研究】

临床研究 以固冲汤加减治疗脾虚型功能失调性子宫出血 12 例。方为白术 15g，白芍 10g，山茱萸 10g，煅龙骨 30g，黄芪 30g，海螵蛸 30g，煅牡蛎 30g，茜草根 15g，五倍子 15g，棕榈炭 10g。每日 1 剂，水煎，分 2 次服。结果：治愈 6 例，有效 4 例，无效 2 例，总有效率达 83.3%。

小 结

止血剂主要为治血溢脉外出现的各种出血证而设，针对因热、因寒、因瘀、因虚等所致出血而分为清热止血、温阳止血、散瘀止血、收敛止血四大类。

1. 清热止血 适用于血热妄行所致吐血、衄血、咯血、尿血、便血、崩漏等各种出血证。本类方剂以凉血止血、清热泻火药为主，配伍滋阴清热、平肝潜阳、化痰止咳、利尿通淋、疏风行气、滋阴补肾、活血化瘀等药而成。四生丸、咳血方主治因热所致上部出血，其中四生丸四药生用，其凉血止血力强，适用于血热妄行之吐血、衄血为主。咳血方未配伍专门止血药，为见标治本之剂；功效重在清肝宁肺，凉血止血；适用于肝火犯肺之咯血。槐花散、小蓟饮子、固经丸均治因热所致下部出血，其中槐花散长于清肠止血，疏风行气；适用于风热湿毒蕴结大肠之便血。小蓟饮子由导赤散加小蓟、蒲黄、藕节、滑石、栀子、当归组成，具有血止而不留瘀、利尿而不伤阴特点；功效偏于凉血止血，利尿通淋；适用于热结下焦之血淋、尿血。固经丸则以滋阴清热为主，固经止血为辅，同时兼疏肝调气，适用于阴虚血热之崩漏为主。

2. 温阳止血 适用于由阳虚不能统血引起的出血证。本类方剂以温阳止血药为主，配伍益气健脾、温里祛寒、滋阴养血等药而成。黄土汤标本同治，刚柔相济；具温阳健脾，养血止血之功；适用于脾阳不足，脾不统血之出血。

3. 散瘀止血 适用于瘀血内阻，血不归经所致出血或因出血引起瘀血阻滞之证。本类方剂由散瘀止血药为主，配伍清热凉血、活血化瘀等药而成。花蕊石散以一味花蕊石为主，功擅收敛止血，又能化瘀；对于出血而兼有瘀滞之吐血，最为适宜。生蒲黄汤善于止血散瘀，既能治离经瘀血，又能防血止留瘀；适用于血分有热之眼底出血，眼前觉有红色或暗红色，视力模糊，甚至失明者。

4. 收敛止血 适用于血溢脉外所致出血。本类方剂由收涩止血药为主，配伍益气健脾、补益肝肾、收敛固涩、活血化瘀等药而成。十灰散十药均炒炭存性，研末冲服，既凉血止血，又收涩止血之功大增，为治血热妄行之上部出血之急救方。止血散集凉血止血、养血止血、收敛止血、清泻肝火、敛肝潜阳之品于一方；功擅清热收涩，降逆止血；适用于肝火犯胃之吐血为主。固冲汤长于益气健脾，固冲摄血，标本兼顾，适用于脾肾亏虚，冲脉不固之血崩，临床当以出血量多，色淡质稀，舌淡，脉细弱为依据。

复习思考题

1. 试述止血剂的功效、适应范围及其使用注意事项。
2. 十灰散原书用法有何特殊？为什么？本方适用于哪种出血证？
3. 咳血方主治何证？叙述其制方原理。
4. 槐花散主治什么原因所致的便血？为什么方中配伍荆芥穗、枳壳？
5. 黄土汤主治脾阳不足，脾不统血出血，方中配伍阿胶、生地、黄芩的意义何在？
6. 黄土汤与归脾汤均可用于脾不统血之便血、崩漏，临床如何区别使用？
7. 生蒲黄汤主治何证？其功效是什么？
8. 固经丸与固冲汤均能治妇女崩漏，临床如何区别使用？

第二十章

治　燥　剂

治燥剂（Formulae for Treating Dryness Syndrome）是由轻宣或滋润药物为主组成，具有轻宣外燥或滋阴润燥的功效，治疗燥证的一类方剂。

燥证有内燥和外燥之分。外燥是感受秋令燥邪所致的病证，其发病始于肺卫，有凉燥与温燥之分。所谓"秋深初凉，西风肃杀，感之者多病风燥，此属燥凉，较严冬风寒为轻；若久晴无雨，秋阳以暴，感之者多病温燥，此属燥热，较暮春风温为重"（《通俗伤寒论》）。内燥是由于脏腑津亏液耗所致的病证，所谓"精血夺而燥伤"。素体阴津不足，大病攻伐太过，久病津液暗耗，吐利损伤津液，房劳竭及精血，过服辛热苦燥等品，皆能导致内燥。内燥发病部位有上燥、中燥、下燥之分，累及脏腑有肺、胃、肾、大肠之别。一般而言，燥在上者，多责之于肺；燥在中者，多责之于胃肠；燥在下者，多责之于肾。

根据《素问·至真要大论》"燥者濡之"的原则，治疗燥证当以濡润为法。但燥证在发病上有内、外不同，治外燥宜轻宣，使燥邪外达；治内燥宜滋润，使脏腑津液复常。故治燥剂分为轻宣外燥和滋阴润燥两大类。外燥之证以肺卫为病变中心，易致肺气失调，故治疗当轻宣祛邪、濡润生津之品与宣肃肺气之药相配伍；内燥之证总以阴亏津伤为主，每虚热内生，故治内燥之方，常以甘寒养阴、润燥生津之药与清降虚热药相配伍。

治燥剂临床上常用于感冒、上呼吸道感染、急慢性支气管炎、白喉、百日咳、急慢性咽炎、肺结核、肺炎、慢性胃炎、消化道溃疡、糖尿病、病后虚弱等多种病证。现代药理研究表明，治燥剂主要具有发汗解热、抗菌消炎、镇咳祛痰、改善消化功能、降血糖、增强机体免疫力等作用。

运用治燥剂应注意辨别燥证类型，外燥宜宣，内燥宜润。人体脏腑相互联系，燥证之表里上下，病机上常相兼互见，组方中常诸法合用。燥邪最易化火，伤津耗气，治燥剂又常配伍清热泻火或益气生津之品，但总以甘寒或咸寒者为宜。至于辛香耗津、苦寒化燥之品，均非燥证治方所宜。本类方剂多用甘凉滋润药，易助湿滞气，故脾虚便溏或气滞湿阻者忌用。

第一节　轻宣外燥

轻宣外燥剂（Formulae for Dispersing the External Dryness），适用于外感凉燥或温燥之证。凉燥其性质近于风寒，有"次寒""小寒"之称。凉燥证系深秋气凉，感受凉燥，肺气不宣所致。症见头痛恶寒，咳嗽痰稀，鼻塞咽干，舌苔薄白等。治宜轻宣温润，常用杏仁、苏叶等苦辛温润药为主而组方，代表方剂如杏苏散；温燥证由初秋燥热，或久晴无雨，燥热伤肺，肺失清肃所致。症见头痛身热，干咳少痰，或气逆而喘，口渴鼻燥，舌边尖红，苔薄乏津等。治宜清宣润肺，常用桑叶、杏仁、沙参等辛凉甘润药物为主而组方。如燥热重，可配石膏、麦冬等甘寒清热润燥之品。代表方剂如桑杏汤、清燥救肺汤。

杏 苏 散

Apricot and Perilla Powder

（Xing Su San）

（《温病条辨》）

【组成】　苏叶　半夏　茯苓　前胡　苦桔梗　枳壳　甘草　生姜　橘皮　杏仁（各6g）大枣（2枚）（原书未著用量）

【用法】　水煎服。

【功效】　轻宣凉燥，理肺化痰。

【主治】　外感凉燥证。头微痛，恶寒无汗，咳嗽稀痰，鼻塞嗌干，苔白，脉弦。

【制方原理】　凉燥乃秋令"小寒"，其性凝滞收敛。凉燥外犯皮毛，卫阳被遏，则恶寒无汗、头痛；凉燥伤肺，肺失输布，津液内停，则咳嗽痰稀；肺开窍于鼻，嗌为肺系，凉燥犯肺，肺气郁遏，则鼻塞嗌干。本证为凉燥外袭，肺气失宣，痰湿内阻。遵《素问·至真要大论》"燥淫于内，治以苦温，佐以甘辛"之旨，治当轻宣凉燥，宣肃肺气，化痰止咳。

方中苏叶辛温，解肌发表，开宣肺气，使凉燥从表而解；杏仁苦温而润，宣降肺气，止咳化痰；两味宣表畅肺，共为君药。前胡疏风透邪，降气化痰，助苏叶解表，兼能止咳；桔梗、枳壳开降气机，理气宽胸，助杏仁宣利肺气，共为臣药。半夏、橘皮、茯苓理气化痰，为佐药。甘草合桔梗宣肺祛痰，兼调药性；生姜、大枣调和营卫，通行津液，共为佐使药。诸药合用，共奏发表宣燥、理肺化痰之功，俾表解痰消，肺气调和，诸症自除。

制方特点：本方为苦温甘辛之药法，外能轻宣发表而解凉燥，内可理肺化痰而止咳嗽。

【临床应用】

1. 用方要点　本方为治疗凉燥证的代表方剂，也常用于外感风寒之痰嗽。临床用方辨证要点为恶寒无汗，咳嗽痰稀，咽干，苔白，脉浮紧。

2. 临证加减　风寒闭表见无汗身痛及脉紧，加羌活、防风；痰不多，去半夏、茯苓；汗后咳不止，去苏叶，加白前；兼湿阻中焦见腹满，加苍术、厚朴以化湿除满；邪滞阳明见头痛兼眉棱骨痛，加白芷、蔓荆子。

3. 现代运用　主要用于流行性感冒、慢性支气管炎、肺气肿等属外感凉燥或风寒袭肺，痰湿内阻者。

4. 注意事项　外感温燥者本方不宜。

【现代研究】

1. 药理研究　杏苏散可使凉燥模型小鼠气管纤毛运动减慢、呼吸道液黏多糖增高、肠液黏多糖增高、血清IgG与呼吸道液IgG增高。研究表明，杏苏散对呼吸道屏障功能具有一定调节作用，这为理解杏苏散轻宣凉燥、化痰止咳的功效提供了一定的现代药理学依据。

2. 临床研究　用本方化裁治疗以咽喉干痒不适、咳嗽少痰等为主症的喉源性咳嗽96

例，所用方药有杏仁、百部、紫菀、款冬花、苏叶、桔梗、乌梅、生姜、半夏、陈皮、炙甘草。每日 1 剂，水煎分 2 次服。其中苔黄厚，痰黏稠加黄芩、贝母、海浮石；苔厚而润，痰白量多者加苍术、厚朴；食滞加山楂、神曲；咳而欲呕加姜竹茹、炙枇杷叶；咽干喉痒加沙参、射干、蝉蜕；舌红，咽痛痰少去半夏，加板蓝根、黄芩、射干。结果：痊愈 61 例，显效 26 例，无效 9 例。

桑 杏 汤
Mulberry Leaf and Apricot Kernel Decoction
（Sang Xing Tang）
（《温病条辨》）

【组成】桑叶一钱（3g）　杏仁一钱五分（4.5g）　沙参二钱（6g）　象贝一钱（3g）　香豉一钱（3g）　栀皮一钱（3g）　梨皮一钱（3g）

【用法】水二杯，煮取一杯，顿服之，重者再作服。

【功效】轻宣温燥，凉润止咳。

【主治】外感温燥证。头痛，身热不甚，口渴，咽干鼻燥，干咳无痰，或痰少而黏，舌红，苔薄白而干，脉浮数而右脉大者。

【制方原理】肺为燥金之脏，燥邪外袭，肺先受之。温燥犯肺，肺津被灼，肺失清肃，故咳嗽无痰，咽干口渴，或少痰稠黏，咯之不爽；肺合皮毛，外感燥邪，肌表不畅，故见头痛，身微热。本证为温燥外袭，肺津受灼之轻证。治宜清宣燥邪，兼以润肺止咳。

方中桑叶轻宣燥热，透邪外出；杏仁宣降邪气，润燥止咳，共为君药。豆豉辛凉解表，助桑叶轻宣透热；象贝母清化痰热，助杏仁止咳化痰；沙参润肺止咳生津，共为臣药。栀子皮质轻而入上焦，清泻肺热；梨皮清热润燥，止咳化痰，均为佐药。诸药合用，外以轻宣燥热，内以凉润肺金，乃辛凉甘润之方，令燥热除而肺津复，则诸症自愈。

制方特点：①轻宣凉散与生津养液并用，透宣温燥而不伤津，凉润肺金而不滋腻；②诸药用量较轻，所谓"轻药不得重用，重用必过病所"。

本方与杏苏散均可轻宣外燥，用治外燥咳嗽。但杏苏散所治系外感凉燥证，凉燥束肺，肺失宣降，津液不布，痰湿内阻，故以杏仁与苏叶为君，配以宣肺化痰之品，所谓苦温甘辛法，意在轻宣凉燥、理肺化痰，可使凉燥解而津液布；桑杏汤所治系外感温燥证，温燥外袭，肺津受灼，故以杏仁与桑叶为君，配伍清热润燥、止咳生津之品，所谓辛凉甘润法，意在轻宣温燥、凉润肺金，可使燥热清而津液复，诸症自除。

桑杏汤与桑菊饮均用桑叶、杏仁，皆可治疗外感热燥，受邪轻浅之咳嗽。但两方同中有异，桑菊饮方中配伍薄荷、菊花、连翘、桔梗、甘草、芦根，侧重于疏散风热，为辛凉解表法，主治风温初起，津伤不甚，见口微渴，伴见恶风、头痛等症者；本方虽亦配伍辛凉解表的豆豉和清泄肺热的栀子皮，但更伍养阴润肺生津的沙参、梨皮及润肺化痰的贝母，为辛凉甘润之法，主治外感温燥，津伤程度相对较甚，口渴明显，伴见咽干鼻燥等症者。

【临床应用】

1. 用方要点 本方为治疗温燥外袭，肺燥咳嗽之轻证。临床用方辨证要点为身微热，干咳无痰，或痰少而黏，舌红苔薄而干。

2. 临证加减 外感温燥偏甚，身热较重，加银花、连翘；气逆咳重，加百部、枇杷叶；邪伤肺络，咳而见血，加白茅根、白及等。

3. 现代运用 主要用于上呼吸道感染、急性支气管炎、支气管扩张咯血、百日咳等属外感温燥，灼伤肺津者。

4. 注意事项 煎煮时间不宜过长。

【现代研究】

1. 药理研究 桑杏汤可使温燥模型小鼠气管纤毛运动减慢，血清 IgG、呼吸道液 IgG 增加。此作用为理解桑杏汤轻宣温燥及凉润止咳的功效提供了一定的药理学依据。

2. 临床研究 用桑杏汤治疗百日咳 72 例，结果 69 例服药 1 剂痉咳的次数和时间即有不同程度减少；24 例服药 3 剂痉咳完全停止；33 例服药 5~10 剂痉咳完全停止。

清燥救肺汤
Decoction for Eliminating Dryness and Rescuing the Lung
(Qingzao Jiufei Tang)
(《医门法律》)

【组成】桑叶经霜者，去枝梗，净叶三钱（9g）　石膏煅，二钱五分（8g）　甘草一钱（3g）人参七分（2g）　胡麻仁炒，研，一钱（3g）　真阿胶八分（3g）　麦门冬去心，一钱二分（4g）杏仁泡，去皮尖，炒黄，七分（2g）　枇杷叶刷去毛，蜜涂，炙黄，一片（3g）

【用法】水一碗，煎六分，频频二三次，滚热服。

【功效】清燥润肺，养阴益气。

【主治】温燥伤肺，气阴两伤证。身热头痛，干咳无痰，气逆而喘，咽喉干燥，鼻燥，心烦口渴，胸满胁痛，舌干少苔，脉虚大而数。

【制方原理】秋令气候干燥，肺合皮毛，上通鼻咽，燥热伤肺，故头痛身热、口渴鼻燥；肺为热灼，气阴两伤，清肃无能，故干咳无痰、气逆而喘；肺气不降，故胸膈满闷，甚则胁痛。舌干少苔、脉虚大而数均为肺脏气阴受损之象。本证病机为温燥伤肺，气阴两伤，肺失清肃。治宜清燥润肺，益气养阴，肃降肺气。

方中重用桑叶为君，其质轻性寒，轻宣肺燥，透邪外出。石膏辛甘而寒，清泻肺热；麦冬甘寒，养阴润肺，合为臣药。此君臣相伍，宣中有清，清中有润。肺主气，"损其肺者，益其气"（《难经·十四难》），而土为金之母，故用人参益气生津，合甘草以培土生金；胡麻仁、阿胶助麦冬养阴润肺，使肺得滋润，治节有权。"肺苦气上逆，急食苦以泄之"（《素问·藏气法时论》），故少用杏仁、枇杷叶苦降肺气而止咳平喘。以上六味，均为佐药。甘草兼能调和诸药，兼为使药。诸药相伍，清散燥热，益气养阴，而奏清燥救肺之功，故以清燥救肺名之。

制方特点：辛寒甘润苦降药法，有清散燥热、益气养阴、肃降肺气之功。

本方与桑杏汤同治温燥伤肺，但邪气有深浅，病证有轻重。桑杏汤证属温燥邪伤肺卫，肺津受灼之轻证，症见身热、咳嗽不甚、右脉数大者，治以轻宣清透合以凉润为法；清燥救肺汤证为燥热伤肺，卫气同病而气阴两伤之重证，症见身热、干咳无痰、气逆而喘、胸膈满闷、脉虚大而数者，故治以清宣润肺与养阴益气并进。

【临床应用】

1. 用方要点 本方为治燥热伤肺重证之主方。临床用方辨证要点为身热，干咳少痰，气逆而喘，舌红少苔，脉虚大而数。

2. 临证加减 燥热灼津生痰，痰多难咳，加贝母、瓜蒌；燥热偏盛，身热较重，加羚羊角；燥热动血，咳逆咯血，去人参，加白及、生地、丝瓜络。

3. 现代运用 主要用于肺炎、支气管哮喘、急慢性支气管炎、肺气肿、肺癌等属燥热伤肺，气阴两伤者。

4. 注意事项 脾虚痰湿，胸膈满闷者，本方不宜。

【现代研究】

1. 药理研究 清燥救肺汤对流感病毒 FM1 感染小鼠有保护作用，能减轻肺组织免疫损伤，其机制可能与减少肺组织中免疫细胞的浸润，减少肺毒性炎症因子 TNF-α、趋化因子 MCP-21 及炎症介质 NO 的水平有关。研究结果为理解该方清燥润肺、养阴益气的功效提供了一定的药理学依据。

2. 临床研究 高原反应性鼻衄绝大部分为干燥性鼻炎，应用本方加味治疗唐古拉山地区（海拔 4800~5230 米）鼻出血34例。结果：痊愈（出血停止，1月以上未复发）28例，有效（治疗后半月内复发，但出血量少，易止血）4例，无效2例。以本方为基本方随症加减治疗放射性肺损害32例，其中胸膜炎胸痛者加柴胡、枳壳；胸腔积液加葶苈子或桑白皮；便秘者加肉苁蓉。水煎服，每日1剂，分3次服。42周为1疗程，共治疗2个疗程。结果：显效10例，有效18例，无效4例，总有效率84.14%，显著高于同设的激素对照组（P<0.01）。

第二节 滋阴润燥

滋阴润燥剂（Formulae for Nourishing and Moistening the Internal Dryness），适用于脏腑津伤液耗所致的内燥证。症见干咳少痰，咽干鼻燥，口中燥渴，干呕食少，消渴，便秘等。常用生津养液药如沙参、麦冬、生地、石斛等品为主组方。阴伤生内热，燥伤气液，故常配清热泻火药如天花粉、元参、天冬等和健脾益气药如山药、黄芪、人参等。代表方剂如养阴清肺汤、麦门冬汤、玉液汤、百合固金汤等。

养阴清肺汤

Nourishing Yin and Cleaning the Lung Decoction

（Yangyin Qingfei Tang）

（《重楼玉钥》）

【组成】 大生地二钱（6g）　　麦冬一钱二分（9g）　　生甘草五分（3g）　　玄参钱半（9g）
贝母去心，八分（5g）　　丹皮八分（5g）　　薄荷五分（3g）　　白芍炒，八分（5g）

【用法】 水煎服。一般日服1剂，重证可日服2剂。

【功效】 养阴清肺，解毒利咽。

【主治】 阴虚肺燥之白喉。喉间起白如腐，不易拭去，咽喉肿痛，初起或发热，鼻干唇燥，呼吸有声，似喘非喘，脉数无力或细数。

【制方原理】 白喉，多由素体阴虚蕴热，复感燥气疫毒所致。《重楼玉钥》曰："此症发于肺肾，凡本质不足者，或遇燥气流行，或多食辛热之物，感触而发。"喉为肺系，肾脉挟咽系舌本，肺肾阴虚，虚火上炎，故咽喉肿痛、鼻干唇燥；虚火疫毒熏灼咽喉，生痰致瘀，痰瘀互结，气道不畅，故见喉生白膜、呼吸有声。本证病机为肺肾阴虚，燥热疫毒上灼，痰瘀结滞于咽喉。治宜养阴清肺润燥，泻火解毒化痰，活血消肿利咽。

方中生地甘寒入肾，养阴清热，重用而为君药。玄参养阴生津，泻火解毒，善利咽喉；麦冬清热生津，润养肺胃。二药共助君药滋养肺肾，泻火解毒，为臣药。丹皮清热凉血，散瘀消肿，白芍敛阴养血，泄热散结，贝母清热润肺，化痰散结，合之能消肿止痛；小量薄荷辛凉而散，疏表利咽。以上俱为佐药。生甘草清热解毒利咽，并调和诸药，兼为佐使。诸药相合，有养阴清肺，解毒利咽之功。

制方特点：①邪正兼顾，养肺肾之阴以扶其正；②清热解毒，利咽消肿以祛其邪。

【临床应用】

1. 用方要点　本方为治疗阴虚肺燥白喉的常用方剂。临床用方辨证要点为喉间起白如腐，不易拭去，咽喉肿痛，鼻干唇燥，脉数。

2. 临证加减　原书注明："肾虚加大熟地，或生熟地并用；热甚加连翘，去白芍；燥甚加天冬、茯苓。"咽喉局部还可配合《重楼玉钥》之吹药方：青果炭二钱（6g）　　黄柏一钱（3g）　　川贝母一钱（3g）　　冰片五分（3g）　　儿茶一钱（3g）　　薄荷一钱（3g）　　凤凰衣五分（1.5g）　　各研细末，再入乳钵内和匀，加冰片研细，喷撒局部。

3. 现代运用　除用于白喉外，亦常用于急性扁桃体炎、急性咽喉炎、鼻咽癌等属阴虚肺燥者。

4. 注意事项　忌食辛香温燥之品。

【现代研究】

1. 药理研究　本方对白喉杆菌有较强的抑菌和杀菌能力，体外对白喉毒素有很强的"中和"作用，既破坏毒素的毒性，也破坏毒素的抗原性。其中抗菌能力较强的有生地、丹皮、甘草，而"中和"毒素能力较强有玄参、麦冬、贝母；白芍两方面作用均强，而薄荷两方面作用均弱。从原方中减去任何一种药，抗菌作用都比原方低，而"中和"毒素力量则无明显影响。另本方能明显提高正常豚鼠肺吞噬细胞的吞噬功能和呼吸道局部溶菌酶含量；促进环磷酰胺引起的小鼠淋巴细胞转化功能降低和溶血空斑减少的恢复。

2. 临床研究 用本方加减制为合剂治疗白喉 203 例，另加吹喉散吹喉。结果：痊愈 192 例，死亡 2 例。其中白膜消失最快者 2 天，最迟者 12 天，平均 5.6 天；杆菌培养转阴最快 2 天，最慢者 12 天，平均 6.4 天。用本方为基本方（玄参、麦冬各 15g，生地、白芍、牡丹皮、贝母、薄荷、生甘草各 10g）治疗慢性咽炎 100 例，其中咽干喉燥重者加天花粉、葛根，咽部异物感加姜半夏、厚朴，阴虚火旺加黄柏、知母，兼有滤泡者加浙贝母、玄参、生牡蛎。药物先以冷水 500ml 浸泡 10 分钟后，文火煎至药液 300ml 左右，分早晚 2 次服；或沸水冲泡后频频服之。每日 1 剂，治疗 4 周后统计疗效。结果：显效 81 例，有效 19 例，总有效率为 100%。

百合固金汤
Lily Bulb Decoction for Preserving the Metal（Lung）
（Baihe Gujin Tang）
（《慎斋遗书》）

【组成】熟地　生地　当归身各三钱（9g）　　白芍（6g）　　甘草各一钱（3g）　　桔梗（6g）　玄参各八分（3g）　　贝母（6g）　　麦冬（9g）　　百合各一钱半（12g）

【用法】水煎服。

【功效】滋养肺肾，止咳化痰。

【主治】肺肾阴虚，虚火上炎之咳血证。咳痰带血，咽喉燥痛，手足心热，骨蒸盗汗，舌红少苔，脉细数。

【制方原理】肺属金，肾属水，肺肾金水相生。若肺阴亏耗，不能输布津液下达于肾，则肾水之上源竭；肾水既亏，水不制火，则虚火上炎而灼肺金，形成肺肾两亏的病变。阴虚生内热，虚火上炎，故咽喉燥痛；虚火灼肺，伤及血络，故咳嗽痰血；手足心热，骨蒸盗汗，舌红少苔，脉细数等，皆为阴虚内热之象。本证病机为肺肾阴虚，虚火灼金。治宜滋养肺肾之阴血，兼以清热化痰止咳，标本兼顾。

方中百合甘苦微寒，滋阴清热，润肺止咳；生地、熟地并用，既能滋阴养血，又能清热凉血，共为君药。麦冬甘寒，协百合以滋阴清热，润肺止咳；玄参咸寒，助二地滋阴壮水，以清虚火，兼利咽喉，共为臣药。当归养血补肝，引血归经，并治咳逆上气；白芍养血平肝，两药柔肝敛阴以防木旺侮金；贝母清热润肺，化痰止咳，俱为佐药。桔梗宣肺利咽，化痰散结，并载药上行；生甘草清热泻火，调和诸药，共为佐使药。诸药相合，滋肾保肺，金水并调，使阴血渐充，虚火自清，咳止血宁，而有固肺之功，故名"固金"。

制方特点：滋养肺肾，有金水相生之妙；兼调肝木，寓五行制化之理。

【临床应用】

1. 用方特点 本方为治疗肺肾阴亏，虚火上炎而致咳嗽痰血的常用方剂。临床用方辨证要点为咳嗽，咽喉燥痛，舌红少苔，脉细数。

2. 临证加减 肺络损伤较甚而咳血重，去桔梗之开提，加白茅根、白及、藕节以宁络止血；气阴耗散，久咳少痰而喘促，加五味子、乌梅、人参以益气敛肺。

3. 现代运用 主要用于肺结核、慢性支气管炎、支气管扩张咯血、慢性咽喉炎、自发性气胸等属肺肾阴虚者。

4. 注意事项 脾虚便溏食少者，本方不宜。

【现代研究】

1. 药理研究 大鼠按 12g/kg 和 6g/kg 给予百合固金汤灌胃，均显著增加大鼠 1 小时毛细玻管内痰液引流量；12g/kg 能明显提高小鼠气管吸出液和增加酚红排泌量。本方 12g/kg、6g/kg 灌胃给药，对氨水雾化引起的小鼠咳嗽有明显的抑制作用，明显延长氨水诱发的豚鼠咳嗽时间；对 100% 新鲜鸡蛋清致 SD 大鼠足跖肿胀有明显的抑制作用，对醋酸致 NIH 小鼠腹腔毛细血管通透性增高有明显的抑制作用，明显减少 2% 羟甲基纤维素钠溶液引起的 SD 大鼠气囊内液中的游出白细胞数。按 10g/kg 和 5 g/kg 灌胃给药，每日 1 次，连续 7 天，可减轻甲状腺片和利血平所致试验性阴虚小鼠的细胞免疫反应抑制和体液免疫反应偏亢，对正常小鼠的免疫功能无明显影响。以上研究表明，本方具有祛痰、镇咳、抗炎及免疫调节等作用，为认识该方滋养肺肾、止咳化痰的功效及其临床运用提供了一定的药理学依据。

2. 临床研究 以本方加鱼腥草、半枝莲、白花蛇舌草为基本方随症加减，治疗中、晚期肺癌属于阴虚内热型 38 例，有一定疗效。其中兼感冒发热，合麻杏石甘汤；咳嗽痰血，加白茅根、藕节、白及、三七粉或云南白药；肾虚腰酸脚弱，加女贞子、旱莲草；肝风内动抽搐，加天麻、钩藤、石决明、全蝎、蜈蚣；血瘀胸痛，加丹参、赤芍、三棱、莪术；饮停胸水，加葶苈子、大枣、龙葵；上腔静脉综合征，加商陆、车前子。结果：22 例症状获改善，病情稳定。

【附方】

1. 补肺阿胶汤（《小儿药证直诀》） 阿胶（9g） 鼠黏子 甘草（1.5g） 马兜铃（6g） 杏仁（6g） 糯米（1.5g） 上为末。每服一二钱，水一盏，煎至六分，食后温服。功效：养阴补肺，清热止血。主治：肺阴虚有热证。咳嗽气喘，咽喉干燥，喉中有声，或痰中带血，舌红少苔，脉细数。

2. 琼玉膏（《洪氏集验方》） 新罗人参（750g） 生地黄（8kg） 白茯苓（1.5kg）白沙蜜（5kg） 上件人参、茯苓为细末，蜜用生绢滤过，地黄取自然汁，捣时不得用铁器，取汁尽去滓用。药一处拌，和匀，入银石器或好瓷器内封用，如器物小，分两处盛物。用净纸二三十重封闭，入汤内，去火毒一伏时。取出再入旧汤内，煮一日，出水气。取出开封，取三匙，作三盏。每晨朝，以二匙温酒化服，不饮酒者，白汤化之。功效：滋阴润肺，益气补脾。主治：阴虚肺燥之肺痨。干咳，咽燥咯血，肌肉消瘦，气短乏力等。

按：百合固金汤、补肺阿胶汤和琼玉膏均为主治肺虚燥热之劳嗽方，但百合固金汤重在滋养肺肾、清降虚火而化痰，主治肺肾阴虚火旺之咳嗽痰血及蒸热；补肺阿胶汤偏于滋养肺阴、降气止咳，兼能益气和中，主治小儿肺虚有热之咳嗽；琼玉膏重在滋补肺肾气阴，兼能益脾助运，采用膏剂，意在缓以图功，适宜纯虚无邪、阴虚肺燥气伤之干咳羸瘦气短。

麦门冬汤
Ophiopogon Decoction
(Maimendong Tang)
(《金匮要略》)

【组成】麦门冬七升（60g）　半夏一升（9g）　人参三两（6g）　甘草二两（6g）　粳米三合（6g）　大枣十二枚（4枚）

【用法】上六味，以水一斗二升，煮取六升，温服一升，日三夜一服（现代用法：水煎服）。

【功效】清养肺胃，降逆下气。

【主治】①虚热肺痿。咳嗽气喘，咽喉不利，咳痰不爽，或咳吐涎沫，口干咽燥，手足心热，舌红少苔，脉虚数。②胃阴不足证。呕吐，纳少，呃逆，口渴咽干，舌红少苔，脉虚数。

【制方原理】本方所治为因过汗，或过吐，或过利小便，或过下，或消渴，重亡津液，以致肺胃气阴两伤，肺失胃养所致之肺痿。其病在肺，其源在胃。胃中虚火，上灼肺金，故咽喉不利，或咽喉燥痛；肺失肃降，故作咳逆；肺伤不能布津，津为热灼，故咳唾涎沫。胃阴不足，津伤液燥，故口渴咽干；纳降无能，故见呕呃纳少。舌红少苔，脉虚数也为气阴不足之象。本证病机为肺胃燥热，气火上逆，肺失所养。治宜清养肺胃，降逆下气。

方中麦门冬甘寒清润，入肺胃两经，养阴生津，滋液润燥，兼清虚热，故重用为君药。人参、甘草益气生津，健脾补肺，为臣药。粳米、大枣甘平，养胃生津，助君臣补养肺胃，使脾胃健旺，气津上充于肺；半夏辛温而燥，但小用其量，化痰降气，和胃止呕，与大量麦冬配伍，其燥性被制，且可兼制麦冬之滋腻，俱为佐药。甘草调和诸药，兼以为使。诸药相合，共奏滋肺胃降逆气、清虚热之功。

制方特点：①肺病治胃，培土生金；②寓燥于润，滋而不腻，燥不伤津。

【临床应用】

1. 用方要点　本方为治疗肺胃阴伤气逆之肺痿或胃阴不足之呕呃而设。临床用方辨证要点为咽喉干燥，咳唾涎沫，短气喘促或呕吐，舌红少苔。

2. 临证加减　肺痿阴伤甚，加北沙参、玉竹；胃阴不足，胃脘灼热而痛，加石斛、白芍、川楝子等。

3. 现代运用　主要用于慢性支气管炎、支气管扩张、慢性咽喉炎、矽肺、肺结核，及胃十二指肠溃疡、慢性萎缩性胃炎等属肺胃阴虚气逆咳呕者。

4. 注意事项　肺脾虚寒证，本方不宜。

【现代研究】

1. 药理研究　本方有降血糖作用。采用四氧嘧啶性糖尿病小鼠及遗传性糖尿病KK－CAy小鼠分别作为外因性胰性糖尿病及内因性糖尿病模型，比较人参汤、白虎加人参汤、竹叶石膏汤、麦门冬汤、八味丸及五苓散等方的降血糖作用。各方水溶性总提取物分别按 50mg/kg 给予小鼠腹腔注射，测定各组 6 小时后血糖下降百分比。结果表明，对于四氧嘧啶糖尿病小鼠，降糖作用强弱依次为竹叶石膏汤、白虎加人参汤、麦门冬汤、八味丸、人参汤、五苓散；对于 KK－CAy 小鼠绝食条件下的降糖作用强弱依次为人参汤、竹叶石膏汤、白虎加人参汤、麦门冬汤等作用明显，而八味丸、五苓散的效果较弱，非绝食条件下则八味丸的降糖作用较强，其他方之间未见明显差异。

2. 临床研究　本方酌情选加阿胶、山药、北沙参、生麦芽、生姜、当归、杭芍，治疗 18 例胃及十二指肠溃疡患者，经治疗 1.5～4 个月后，全部患者的临床症状均有不同程度的改善，其中以止痛效果尤为显著，多数在服药 7～10 剂疼痛消失或显著减轻，其中 5 例服药 2～3 剂后剧痛即转轻微，逐渐消失，其他口渴、便燥、舌苔、脉象等也都随之好转或恢复正常。经 X 线复查 8 例，其中 4 例龛影或变形消失，4 例好转。

【附方】

沙参麦冬汤（《温病条辨》）　沙参三钱（9g）　玉竹二钱（6g）　生甘草一钱（3g）　冬桑叶一钱五分（4.5g）　麦冬三钱（9g）　生扁豆一钱五分（4.5g）　天花粉一钱五分（4.5g）水五杯，煮取二杯，日再服。功效：清养肺胃，生津润燥。主治：燥伤肺胃阴分证。咽干口渴，或身热，或干咳少痰，舌红少苔，脉细数。

按：沙参麦冬汤与麦门冬汤均能清养肺胃，用于肺胃阴伤的病证。但麦门冬汤重用麦门冬，辅以甘温，佐以少量辛温而燥的半夏，全方润燥寒温相济，滋液润燥而养脾胃，适用于燥热气阴两伤之肺痿；沙参麦冬汤以甘寒养阴药为主，配伍辛凉、甘平之品，全方清润肺胃，兼能凉散运脾，适用于温热病燥伤肺胃证。

玉 液 汤
Jade-Fluid Decoction
（Yuye Tang）
（《医学衷中参西录》）

【组成】生山药一两（30g）　生黄芪五钱（15g）　知母六钱（18g）　生鸡内金二钱（6g）葛根一钱半（4.5g）　五味子三钱（9g）　天花粉三钱（9g）

【用法】水煎服。

【功效】益气生津，润燥止渴。

【主治】肾虚气弱胃燥之消渴。小便频数量多，或小便浑浊，困倦气短，舌嫩红而干，脉虚细无力。

【制方原理】本方所主为肾虚气弱胃燥之消渴。气虚不能布化津液，更加胃燥伤津，故口渴引饮；肾司二便，肾虚不固，脾气失摄，则水精下流，故小便频数而量多，或小便浑浊；困倦气短，舌嫩红而干，脉虚细无力，均为气虚胃燥津伤之象。本证病机为气虚不布，胃燥伤津及肾虚不固。治宜健脾益气以布津，生津润燥以滋胃，固肾缩尿以摄津。

方中重用黄芪、山药补脾固肾，既升阳而转输津液，又摄纳肾气而封藏精微，共为君药。知母、天花粉滋阴清热，生津养液，润燥止渴，是为臣药。君臣相合，益气生津，养阴润燥。葛根升阳，助黄芪升发脾胃清阳，输布津液而止渴；鸡内金化谷缩尿；五味子固肾生津。诸药相合，有益气生津、润燥止渴、固肾摄津之功。

制方特点：生津润燥与补气升阳、敛阴缩尿并用，补气生津布液，固肾摄津敛液，养阴清热生津。

【临床应用】

1. 用方要点 本方为治疗消渴日久，气阴两亏，肾虚胃燥之证的常用方。临床用方辨证要点为口渴尿多，困倦气短，脉虚细无力。

2. 临证加减 气虚较甚，脉虚细，加人参；小溲频数，加山茱萸、菟丝子；烦热渴饮，加石膏、麦冬。

3. 现代运用 主要用于糖尿病、尿崩症等属气阴两亏，肾虚胃燥者。

【现代研究】

1. 药理研究 按5ml/kg给予高血糖模型兔灌胃玉液汤，结果：给药后6小时的血糖较对照组显著降低（P＜0.05），与100mg/kg D860组相比无显著差异。并观察到玉液汤降糖作用较快，服药后3小时血糖下降到最低值，6小时即开始回升。

2. 临床研究 用玉液汤加减治疗小儿夏季热取得较好疗效。药用：知母10g，石膏20g，麦冬10g，天花粉、山药、葛根各10g，五味子、鸡内金各6g。热甚重用石膏至30g，知母至12g；口渴多饮，多尿用麦冬至15g；纳差用山药至15g；烦躁不安，用五味子至8g。并根据患儿病情轻重，年龄大小，酌定药量。结果：全部获愈，其中服药3剂而愈者6例，4剂而愈者3例，6剂而愈者3例。

小　结

治燥剂主要为治疗燥证而设，针对外燥、内燥的不同类型，本章方剂分为轻宣外燥和滋阴润燥两类。

1. 轻宣外燥 适用于外燥证。其中杏苏散轻宣凉燥、理肺化痰，适用于外感凉燥，亦可用于风寒伤肺咳嗽。桑杏汤与清燥救肺汤均治温燥，但桑杏汤轻宣温燥，用于温燥伤肺之轻证，以身热不甚、干咳少痰、右脉数大为辨证要点；清燥救肺汤清燥润肺、养阴益气，用于温燥伤肺之重证，以身热干咳、气逆而喘、脉虚大而数为辨证要点。

2. 滋阴润燥 适用于内燥证。其中养阴清肺汤重在养阴清肺，兼解毒利咽；为主治白喉的有效方剂，亦治阴虚燥热所致的咽喉肿痛。百合固金汤滋养肺肾，止咳化痰；多用于肺肾阴亏，虚火上炎所致的咳嗽痰血证。麦门冬汤清养肺胃，降逆下气；主治虚热肺痿证，也可治疗胃阴不足之呃逆证。玉液汤益气生津，润燥止渴；主治气不布津，肾虚胃燥之消渴。

复习思考题

1. 试述治燥剂的功效、适应范围及其使用注意事项。
2. 凉燥与温燥的临床表现和立法用药有何不同？
3. 杏苏散主治外感凉燥证，与通常的辛温解表方在组方配伍上有何不同？
4. 清燥救肺汤主治何证？为何方中石膏、麦冬用量少于桑叶？
5. 麦门冬汤主治虚热肺痿，方中为何配伍甘温的人参和温燥的半夏？
6. 养阴清肺汤、百合固金汤、麦门冬汤均可治阴虚肺燥证，但三方在立法、组方上有所不同，试作简要分析。

第二十一章

治风剂

治风剂（Formulae for Expelling and Calming the Wind）是以祛风药或息风药为主组成，具有疏散外风或平息内风等作用，主治风证的一类方剂。

风证的范围很广，病情变化比较复杂。根据其病因及证候特点，可概括为外风和内风两大类。外感风邪，主夹寒热，侵犯肌表引起的以表证为主者，治当解表散邪，见解表剂。本章所治之外风证主要指风邪侵入人体，留于肌表、经络、筋肉、骨节所致的以头痛、鼻渊、风疹、湿疹、口眼㖞斜、痹证及破伤风等为主的病证；内风是指脏腑机能失调所引起的眩晕、头痛、痉病、颤病、中风等病证。在治疗上，外风宜疏散，使邪从外出；内风宜平息，使脏腑机能恢复平衡。因此，本章方剂分为疏散外风和平息内风两类。

治风剂现代临床被广泛用于神经系统、变态反应性、运动系统、循环系统等多种疾病，其中最多用于缺血性和出血性脑卒中、面神经麻痹、偏头痛、血管（神经）性头痛、风湿性和类风湿性关节炎、流行性乙型脑炎、流行性脑脊髓膜炎、高血压病、内耳性眩晕等；还常用于荨麻疹、过敏性皮炎、三叉神经痛等病证。药理研究表明，治风剂除有镇痛、解热、镇静、催眠、抗炎、抗过敏、抗惊厥、降血压、调节中枢神经系统等作用外，还涉及对血液、循环、物质代谢等其他多个系统的作用。推测疏散外风的现代内涵可能主要是通过舒张血管、调整血液流态、促进微循环，改善组织器官营养；抑制炎症活性因子及致痛物质释放、增强免疫系统清除病理产物、抑制迟发型变态反应、促进炎症吸收及中枢抑制等作用环节，以达到宣痹止痛、疏风止痒、通络止痉、散疹消疮等作用。平息内风可能是通过镇静、抗惊厥，以加强中枢抑制过程，减弱刺激反应，促进病理状态下自主神经功能紊乱的恢复，从而减轻脑损伤和全身器官组织消耗；解热抗炎；调整血管的收缩功能，降低血压，保护微血管、减少出血，改善血液流变和微循环，促进病损组织修复；提高应激状态下机体的耐受性等多个途径，综合发挥其凉肝清热、平肝定眩、潜阳定悸、息风止痉、通络复瘫等作用。

运用治风剂，首先必须辨清风证的类型。外风者当予疏散，内风者治宜平息。其次，应辨别病邪之兼夹、病情之虚实，进行相应的配伍，如风邪夹寒、夹热、夹湿、夹痰、夹瘀，或伴血虚、阴亏等，应分别配伍散寒、清热、祛湿、化痰、活血化瘀或养血滋阴等药。此外，还应注意内风与外风相兼互感的关系，如外风可以引动内风，内风亦可兼感外风，组方时当分清主次，兼顾处理。

第一节　疏散外风

疏散外风剂（Formulae for Dispelling the External Wind），适用于由风邪侵入肌腠、经络、筋骨、关节等处所致的外风证。常以辛散祛风药如荆芥、防风、羌活、独活、川芎、白芷、白附子等为主组方。由于患者体质的强弱、感邪的轻重以及病邪的兼夹等有所不同，故常配伍散寒、清热、祛湿、祛痰、解毒、止痉、通络之品。又据"治风先治血，血行风自灭"之理，常配伍活血之品。代表方剂如大秦艽汤、消风散、牵正散、玉真散、小活络丹、川芎茶调散等。

大秦艽汤
Major Gention Decoction
（Da Qinjiao Tang）
（《素问病机气宜保命集》）

【组成】秦艽三两（90g）　甘草二两（60g）　川芎二两（60g）　当归二两（60g）　白芍二两（60g）　细辛半两（15g）　川羌活　防风　黄芩各一两（各30g）　石膏二两（60g）　吴白芷一两（30g）　白术一两（30g）　生地黄一两（30g）　熟地黄一两（30g）　白茯苓一两（30g）　独活二两（60g）

【用法】上十六味，锉。每服一两（30g），水煎，去滓温服。

【功效】疏风清热，养血活血。

【主治】风邪初中经络证。口眼㖞斜，舌强不能言语，手足不能运动，风邪散见，不拘一经。

【制方原理】营血虚弱，脉络空虚，风邪乘虚入中，气血痹阻，加之"血弱不能养筋"，经脉弛缓，而无邪之处，气血运行通畅，经脉相对紧急，缓为急所牵引，故口眼㖞斜；风邪入中舌本和四肢经络，脉络不通，故舌强不能言语，手足不能运动。吴崑曰："中风，手足不能运动，舌强不能言语，风邪散见，不拘一经者，此方主之"（《医方考》）。风邪散见，不拘一经者，谓风性善行而数变，风邪初中经络，往往数经并中，病情变化多端，而不拘泥于某一经。本证病机为正虚不能御邪，风邪初中经络，经脉痹阻。治宜祛风通络，活血宣痹，兼行养血益气，俾风邪外解，筋脉得养，气血调和，脉络自通。

方中秦艽苦辛而平，祛风除邪，通经活络，为君药。"风邪散见，不拘一经"，故以羌活散太阳之风，白芷主散阳明之风，防风为诸风药中之走卒，独活合羌活善祛周身风湿，细辛则长于祛风散寒，以上五味，祛一身上下诸经之风邪，加强君药祛风通络之力，共为臣药。当归、川芎、白芍、熟地养血柔筋，兼制风药之燥伤阴血，使祛风而不伤血；且川芎与当归相伍又能活血通络，寓"治风先治血，血行风自灭"之意；白术、茯苓、甘草益气健脾，合四物汤以益气养血，寓有扶正御风之意；生地、石膏、黄芩凉血清热，兼顾风阻郁热之病机，以上共为佐药。甘草调和诸药，兼为使药。诸药配伍，共奏疏风清热、养血活血之功。

制方特点： 主以辛散祛风，配伍养血、活血、益气、清热之品，疏养结合，邪正兼顾。

【临床运用】

1. 用方要点 本方适用于风邪初中经络证。临床用方辨证要点为口眼㖞斜，舌强不能言语，手足不能运动，风邪散见，不拘一经者。

2. 临证加减 无内热，去黄芩、石膏等清热之品。

3. 现代运用 主要用于缺血性脑卒中、颜面神经麻痹等属于风邪初中经络者。亦可加减用于风湿性关节炎属风湿热痹者。

4. 使用注意 风中脏腑证属内风所致者忌用；制汤时宜微煎。

【现代研究】

1. 药理研究 大秦艽汤水煎液按大剂量（30g/kg）、小剂量（15g/kg）灌胃，均能显著改善小鼠耳郭微循环状态，明显降低正常及肾上腺素造模大鼠全血黏度、红细胞压积。结果表明，本方具有改善微循环及血流变学的作用，为其治疗急性中风提供了一定的药理学依据。

2. 临床研究 中风急性期80例，随机分为两组：西药对照组38例，用脉栓通900～1500g，20%甘露醇250ml（每日1次静滴）；中西医结合治疗组42例，在上述西药常规治疗的基础上，配合大秦艽汤加减方（秦艽、羌活、防风、白芷、独活、黄芩、细辛、白芍、茯苓、白术、生地黄），水煎服，每日1剂，连续治疗3周。结果：两组治疗总有效率分别为95%和87%，中药组疗效显著高于西药对照组。

【附方】

小续命汤（《备急千金要方》引《小品方》） 麻黄 防己 人参 黄芩 桂心 甘草 芍药 川芎 杏仁各一两（各9g） 附子一枚（9g，先煎） 防风一两半（12g） 生姜五两（6g） 上十二味，㕮咀，以水一斗二升，先煮麻黄三沸，去沫，内诸药，煮取三升，分三服，甚良；不差，更合三四剂，必佳。取汗随人风轻重虚实也。功效：祛风散寒，益气温阳。主治：阳气不足，风中经络。神情闷乱，口眼㖞斜，语言不利，半身不遂，手足厥冷等。亦治风湿痹痛。

按：本方与大秦艽汤同治风邪初中经络证，均以辛散祛风药配伍养血益气药组方。但大秦艽汤证因营血不足，风邪兼有郁热，故方中配伍当归、熟地养血柔筋，生地、石膏、黄芩清解郁热，功善祛风清热、养血活血；本方证因阳弱之体，风夹寒邪，外中经络，故方中配伍麻黄、生姜发散风寒，人参、附子、肉桂以温阳益气，功善祛风散寒、益气温阳。

消 风 散
Eliminate Wind Powder
（Xiaofeng San）
（《外科正宗》）

【组成】当归　生地　防风　蝉蜕　知母　苦参　胡麻　荆芥　苍术　牛蒡子　石膏各一钱（各6g）　甘草　木通各五分（各3g）

【用法】水二盅，煎至八分，食远服。

【功效】疏风除湿，清热凉血。

【主治】风疹、湿疹。皮肤瘙痒，疹出色红，抓破后渗出津水，苔薄黄腻，脉浮数有力。

【制方原理】本方所治风疹、湿疹由风夹湿热，郁于肌腠所致。风性善行而数变，"风胜则动"，风邪郁于肌肤、腠理之间，内不得疏泄，外不得透达，则皮肤瘙痒难忍；湿热浸淫血脉，则疹出色红，抓破后渗出津水；苔薄黄腻、脉浮数有力为风湿热邪郁于肌腠、病位尚浅之象。本方证病机为风夹湿热郁于肌腠，浸淫血脉，耗伤阴血。治宜祛风止痒为主，辅以祛湿清热，兼顾凉血活血、益阴养血。

方中荆芥、防风、牛蒡子、蝉蜕疏风透邪，消疹止痒，所谓"痒自风来，止痒必先疏风"，共为君药。苍术祛风燥湿，苦参清热燥湿，木通渗利湿热，石膏、知母清热泻火，五药并用以祛湿泻火，为臣药。生地清热凉血，合当归、胡麻仁滋阴润燥、养血活血，既扶已伤之阴血，又制祛风除湿药之燥利，并寓"治风先治血，血行风自灭"之意，为佐药。甘草清热解毒，和中调药，为佐使药。诸药配伍，共奏疏风养血、清热除湿之功。

制方特点：①外疏内清下渗，分消风热湿邪；②寄治血于治风之内，邪正标本兼顾。

【临床运用】

1. 用方要点　适用于风疹、湿疹。临床用方辨证要点为皮肤瘙痒，疹出色红，抓破后渗出津水，苔薄黄腻，脉浮数。

2. 临证加减　风热偏盛，加银花、连翘以疏风清热解毒；湿热偏盛，加地肤子、车前子以清热利湿；血分热甚，加赤芍、紫草以清热凉血。

3. 现代运用　主要用于荨麻疹、湿疹、过敏性皮炎、稻田性皮炎、药物性皮炎、神经性皮炎等属风夹湿热所致者。

4. 使用注意　服药期间，忌食辛辣、鱼腥、烟酒、浓茶等；血虚生风证，本方不宜。

【现代研究】

1. 药理研究　用本方水煎剂10g/kg灌胃，能显著降低小鼠腹腔巨噬细胞的吞噬能力，提高抗鸡红细胞抗体－溶血素的生成。消风散颗粒可抑制迟发型变态反应小鼠耳肿，降低其脾和胸腺指数；抑制丝裂原诱导的脾T、B淋巴细胞增殖；减小豚鼠过敏性皮炎的皮损组织，降低炎症组织中IL－1、IL－2和IL－4的活性；可抑制右旋糖酐诱导的小鼠全身性皮肤瘙痒。本方还可抑制角叉菜胶致大鼠足肿胀及二甲苯致小鼠耳肿胀，提高急性炎症组织灌洗液中超氧化物歧化酶活性，降低 TXA_2 和 TXA_2/PGI_2。上述研究表明，本方具有免疫抑制、抗过敏、抗炎等作用，为理解其疏风止痒的功效提供了一定的现代药理学依据。

2. 拆方研究 比较观察本方原方及其四种不同配伍组合对磷酸组织胺所致的豚鼠皮肤瘙痒、二甲基亚砜引起的豚鼠耳肿胀及小鼠同种被动皮肤过敏反应模型的治疗效应。结果显示：本方原方及其不同配伍组合对三种模型均有不同程度的治疗作用，其作用强度依次为：疏风＋祛湿药组、疏风药组、消风散原方组和疏风＋养血药组、祛湿＋养血药组。进一步研究发现，消风散及其方中不同药味配伍抗 I 型变态反应性疾病荨麻疹的作用以消风散原方组、疏风药组和疏风＋祛湿组作用最强，而疏风＋养血、祛湿＋养血组次之。说明疏风药在方中配伍起主导作用。

3. 临床研究 消风散治疗荨麻疹具有较好疗效。54 例荨麻疹患者分为中药组 30 例和西药组 24 例。中药组用消风散原方水煎内服，配合外洗；西药组用 10% 葡萄糖酸钙 10ml、维生素 C 1.0g 静脉滴注（每日 1 次）、扑尔敏片 4mg 口服（每日 2～3 次）。中药组和西药组的平均疗程分别为 5.5 天和 5.3 天。结果：中药组与西药组总有效率分别为 96.6% 和 91.6%，复发率分别为 3.3% 和 45.8%。

牵 正 散
Pull Aright Powder
（Qianzheng San）
（《杨氏家藏方》）

【组成】白附子 白僵蚕 全蝎去毒，并生用，各等分（各9g）

【用法】上为细末。每服一钱（3g），热酒调下，不拘时候。

【功效】祛风化痰，通络止痉。

【主治】风中头面经络。卒然口眼㖞斜，或面肌抽动，舌淡红，苔白。

【制方原理】本方所治病证俗称"面瘫"，由风痰阻于头面经络引起。足阳明之脉挟口环唇，布于头面；足太阳之脉起于目内眦。阳明内蓄痰浊，太阳外中于风，风痰阻于头面经络，经隧不利，筋肉失养，致患侧肌肉弛缓不用；无邪之处，气血运行通畅，筋肉相对而急，缓者为急者牵引，故口眼㖞斜。本方证病机为风痰阻于头面经络。治宜祛风痰，通经络，止痉挛。

方中白附子辛温燥烈，入阳明胃经而走头面，祛风化痰，善治头面之风，为君药。僵蚕、全蝎均能祛风止痉，其中僵蚕兼能化痰，全蝎长于通络，共为臣佐药。更以热酒调服，宣通血脉，并能引药入络而直达病所。三药配伍，共奏祛风化痰、通络止痉之功，使风痰得去，经络通畅，则口眼㖞斜得以复正，故名"牵正"。

制方特点：①祛风化痰与虫类搜风药相伍，方简力专；②热酒调服，增强药力。

【临床运用】

1. 用方要点 本方适用于风痰阻络之证。临床用方辨证要点为卒然口眼㖞斜，舌淡苔白。

2. 临证加减　风邪偏盛见局部麻木及抽跳，加羌活、防风、白芷等以辛散祛风；病久不愈，络脉瘀滞，加蜈蚣、地龙、天麻、桃仁、红花等搜风化瘀通络；气血不调见面部胀紧，加乌药、木香、川芎以顺气和血。

3. 现代运用　主要用于颜面神经麻痹、三叉神经痛、偏头痛、面神经炎等属风痰阻络者。

4. 使用注意　口眼㖞斜因气虚血瘀或肝风内动所致者，本方不宜。方中白附子和全蝎有毒，用量不可过大。

【现代研究】

1. 药理研究　家兔后肢血管恒速灌流泵法实验观察到，用本方局部外敷后 20 分钟，可使敷药的后肢灌流血管阻力下降，30 分钟后作用达高峰，由用药前的 81.25 ± 9.5 下降到 40.62 ± 3.2（$P < 0.01$）。研究表明本方具有降低血管阻力的作用，推测可能是其"通络"作用的机制之一。

2. 临床研究　用牵正散加黄芪、细辛、防风、白芷、天麻、蜈蚣、威灵仙等治疗面神经麻痹 75 例，半个月为 1 疗程。结果：痊愈（口眼㖞斜完全消失，面肌功能恢复正常）70 例，好转（口眼㖞斜部分消失，面肌功能有所改善）5 例，总有效率为 100%。32 例三叉神经痛患者用牵正散加天麻、防风、白芷、细辛、胆南星、地龙、川芎水煎内服和外敷，经治 15～30天，临床治愈 17 例，好转 14 例，无效 1 例，总有效率为 96.9%。服药后最快 3 天即见效。疼痛缓解或好转后，嘱患者将上方改为散剂，每次 10g，每日 2 次吞服以巩固疗效。

玉 真 散
True Jade Powder
（Yuzhen San）

（《外科正宗》）

【组成】　南星　防风　白芷　天麻　羌活　白附子各等分（各6g）

【用法】　上为末。每服二钱（6g），热酒一盏调服，更敷伤处。若牙关紧急，腰背反张者，每服三钱（9g），用热童便调，虽内有瘀血亦愈。至于昏死，心腹尚温者，连服二服，亦可保全。若治疯犬咬伤，更用漱口水洗净，搽伤处。

【功效】　祛风止痉。

【主治】　破伤风。牙关紧急，口撮唇紧，身体强直，角弓反张，脉弦紧。

【制方原理】　本方专为破伤风而设。"破伤风，因皮肉破，复被外风袭入经络，渐传入里"（《外科正宗》）。创伤之后，风毒之邪通过创口入侵，走窜经脉，致筋脉拘急，而发为牙关紧急，口撮唇紧，四肢抽搐，角弓反张。《素问玄机原病式》曰："大法破伤风……宜以辛热治风之药，开冲洁滞，荣卫宣通而愈。"针对外风入侵，筋脉痉挛之病机，治宜祛风止痉为主。

本方由《普济本事方》玉真散（天南星、防风）加白附子、羌活、白芷、天麻而成。方中白附子、天南星辛热，祛风止痉，兼以化痰通络，共为君药。羌活、白芷、防风辛散外风，协君药疏散经络中风毒，逐邪外出，共为臣药。风气通于肝，外风劲急每易引动肝风，故又佐以天麻平肝息风定痉。诸药配伍，有祛风止痉之功。方中诸药研末为散，采用热酒或童便调服之法，取其通行气血或散瘀和营之意。

【临床运用】

1. 用方要点 本方为治破伤风之专方。临床用方辨证要点为牙关紧急，角弓反张，脉弦。凡有创伤病史，不论是已痉或初起，即可内服本方，亦可外敷。《外科正宗》记载本方尚能治疗疯犬咬伤，临证可参用。

2. 临证加减 本方祛风之功较强，止痉之力稍逊，常合全蝎、蜈蚣（止痉散）或加地龙、僵蚕等品以增止痉之效。

3. 现代运用 主要用于破伤风，也常用于神经根型颈椎病、面神经麻痹、面神经炎、血管性头痛、舞蹈病等属风痰阻络者。

4. 使用注意 本方偏于辛燥，津伤气脱者不宜；白附子、生南星有毒，服用不可过量；破伤风出血过多者非本方所宜；孕妇忌服。

【现代研究】

1. 药理研究 玉真散（5ml/kg）能延长由肌注破伤风毒素（40 MLD/kg）诱发的实验性破伤风模型家兔的生存时间，但对死亡率无明显改善，其作用与注射破伤风抗毒素（375 IU/kg）相当。

2. 临床研究 运用玉真散加蝉衣治疗破伤风 50 例，除 7 例因治疗过晚而死亡外，均治愈，未见后遗症。神经根型颈椎病 130 例患者，用玉真散加蜈蚣、全蝎、僵蚕、麝香治疗，偏肾虚者加服壮骨关节丸，偏瘀滞者加服丹参片，偏风寒重者加服小活络丸。7 天为 1 疗程，连用 1～3 个疗程。结果：总有效率达 93%。

【附方】

1. 止痉散（《流行性乙型脑炎中医治疗法》）全蝎 蜈蚣各等分 上研细末，每服 1～1.5g，温开水送服，每日 2～4 次。功效：祛风止痉，通络止痛。主治：痉厥，四肢抽搐等。对顽固性头痛、偏头痛、关节痛亦有较好疗效。

2. 五虎追风散［史传恩家传方，中医杂志，1955，（10）：21］ 蝉蜕一两（30g） 天南星二钱（6g） 明天麻二钱（6g） 全虫带尾，七个 僵蚕炒，七条 水煎服。用黄酒二两（60g）为引。服前先将朱砂面五分（1.5g）冲下，每服后五心出汗即有效。但不论出汗与否，应于第二日再服，每日一付，服完三付后，第二日用艾灸伤口。功效：祛风解痉止痛。主治：破伤风，牙关紧急，手足抽搐，角弓反张者。

按：五虎追风散、止痉散与玉真散均有祛风解痉之功，均可用于破伤风的治疗。但止痉散和五虎追风散长于解痉止痛，五虎追风散兼能祛风化痰；玉真散善于祛风化痰，解痉之力稍逊。

小活络丹
Minor Collateral-Activating Pellets
(Xiao Huoluo Dan)
(《太平惠民和剂局方》)

【组成】川乌炮，去皮、脐　草乌炮，去皮、脐　地龙去土　天南星炮，各六两（各180g）
乳香研　没药研，各二两二钱（各66g）

【用法】上为细末，入研药和匀，酒面糊为丸，如梧桐子大。每服二十丸（3g），空心，
日午冷酒送下，荆芥汤送下亦可（现代用法：以上6味，粉碎成细末，过筛，加炼蜜制成
大蜜丸，每丸重3g，每次1丸，每日2次，用陈酒或温开水送服）。

【功效】祛风除湿，化痰通络，活血止痛。

【主治】风寒湿痹。肢体筋脉挛痛，关节屈伸不利，或有麻木拘挛、疼痛游走不定，舌
淡紫，苔白，脉沉弦或涩。亦治中风手足不仁，日久不愈，腿臂间作痛，或有腰腿沉重，舌
淡紫，苔白腻，脉沉弦或涩。

【制方原理】本方证由风寒湿邪留滞经络，日久痰凝瘀阻，经络不通所致。风寒湿邪与
痰瘀交阻，经络不通，故见肢体筋脉疼痛、麻木拘挛、屈伸不利诸症。若中风日久，可因风
邪久稽经络，湿痰瘀血阻滞，而见腿臂间作痛，或见腰腿沉重。本证病机为风寒湿痰瘀滞经
络。治宜祛风散寒除湿，化痰活血通络。

方中以大辛大热之川乌、草乌，搜风散寒除湿，温经通络止痛，为君药。天南星祛风燥
湿化痰，以除经络中之风痰湿，为臣药。乳香、没药活血行气，化瘀止痛；地龙性善走窜，
通经活络。陈酒送服，温通血脉，以助药势，共为佐使。诸药合用，共奏祛风除湿、化痰通
络、活血止痛之功。

制方特点：①主以辛散温通，配伍化痰、活血、通络；②散消结合，峻药缓投。

【临床运用】

1. 用方要点　本方适用于风寒湿痹偏于寒湿者。临床用方辨证要点为肢体筋脉挛痛，
关节屈伸不利，舌淡紫，苔白。

2. 现代运用　主要用于慢性风湿性关节炎、类风湿性关节炎、坐骨神经痛、肩周炎骨
质增生症以及中风后遗症，等属风寒湿痰瘀滞经络者。

3. 使用注意　本方偏于温燥，药力较猛，宜于体质壮实者；阴虚有热者及孕妇不宜使
用。方中川乌、草乌为大毒之品，使用中应注意观察患者可能出现的毒副反应。

【现代研究】

1. 药理研究　小鼠热板法实验表明，小活络丸用药剂量在20～100mg/kg之间有良好的
镇痛作用，在用药后5～8小时痛阈达最大，其镇痛效应强度与剂量呈显著正相关；当剂量
大于100mg/kg时效应不再增加，且有不良反应出现。本方还能使小鼠醋酸扭体反应和自由
活动次数减少。表明小活络丸具有明显的镇痛与镇静作用。药动学研究表明，小活络丹镇痛
有效成分在小鼠体内的变化规律符合二房室模型，吸收、分布快，消除慢，在体内主要以消

除过程为主。经测定本品中央室表观分布容积和总表观分布容积，表明小活络丸在体内容易蓄积，镇痛药效成分的分布和消除半衰期均显著大于毒性成分（分别为8.7倍和2.5倍），提示该药毒性成分衰减快，而镇痛成分药效持久。

2. 临床研究 小活络丹加减方（生川乌、生草乌、地龙、生南星、乳香、没药、马钱子、红花、水蛭、木瓜各等量）药粉外敷，配合中草药电子灸疗器治疗风湿性关节炎、类风湿性关节炎及腰椎骨质增生所致的腰痛、腿痛和颈椎骨质增生所致的颈痛、肩痛、上肢痛等痹证50例，10天为1疗程，一般1~3个疗程，总有效率为100%。

川芎茶调散
Tea-Blended Ligusticm Powder
（Chuanxiong Chatiao San）
（《太平惠民和剂局方》）

【组成】薄荷叶不见火，八两（240g） 川芎 荆芥去梗，各四两（各120g） 细辛去芦，一两（30g） 防风去芦，一两半（45g） 白芷 羌活 甘草炙，各二两（各60g）

【用法】上为细末。每服二钱（6g），食后，茶清调下（现代亦作汤剂，各药用量按原方比例酌减）。

【功效】疏风止痛。

【主治】外感风邪头痛。偏正头痛，或颠顶作痛，目眩鼻塞，或有恶风发热，舌苔薄白，脉浮。

【制方原理】"伤于风者，上先受之"（《素问·太阴阳明论》）。风邪外袭，上扰头目，阻遏清阳，故见头痛、目眩；肺开窍于鼻，风邪上受，首先犯肺，肺气不利，而见鼻塞；风邪束表，故见恶风发热、舌苔薄白、脉浮等。若风邪稽留不去，头痛日久不愈，其痛或偏或正，休作无时，即为头风。外风宜散，"头痛必用风药者，以颠顶之上，惟风药可到也"（《医方集解·发表之剂》），故治宜疏散风邪。

方中川芎为治诸经头痛之要药，尤善治少阳、厥阴经头痛；兼能行气活血，寓"治风先治血，血行风自灭"之意，故为君药。羌活、白芷、细辛诸味辛散，加强君药疏风止痛之力，其中羌活擅治太阳经头痛（后脑牵连项部痛），白芷擅治阳明经头痛（前额及眉棱骨痛），细辛宣通鼻窍而擅治少阴经头痛（脑痛连齿），合为臣药。薄荷、荆芥、防风疏散风邪，助君、臣药散风止痛，畅肺疏表，其中薄荷并能清利头目，既顾风阳郁久化热，又制诸风药之温燥，合为佐药。甘草和中益气，调和诸药，为佐使药。服时以茶清调下，取其苦寒，清上降下，既能上清头目，又可制约诸风药之过于温燥与升散，使升中有降。诸药配伍，共奏疏风止痛之功。

制方特点：①集辛散祛风药于一方，诸经兼治，升散止痛作用强；②寓清降于辛温升散之中，升而不过，温而不燥。

【临床运用】

1. 用方要点 本方适用于外感风邪头痛偏于风寒者。临床用方辨证要点为头痛，鼻塞，舌苔薄白，脉浮。

2. 临证加减　头痛风寒偏甚，宜减薄荷用量，酌加苏叶、生姜以祛风散寒；外感风热头痛，加菊花、蝉蜕、僵蚕以疏散风热，即"菊花茶调散"（《丹溪心法附余》）；外感风湿头痛，加苍术、藁本以散风祛湿；头风头痛，迁延难愈，宜重用川芎，并酌加桃仁、红花、全蝎、地龙等以活血化瘀，搜风通络。

3. 现代运用　主要用于感冒头痛、偏头痛、血管神经性头痛、慢性鼻炎头痛等属外感风邪所致者。

4. 使用注意　气虚、血虚或阴虚阳亢所致头痛，本方不宜。作汤不宜久煎。

【现代研究】

1. 药理研究　川芎茶调散袋泡剂在镇痛、抗炎、解热、耐缺氧等方面均较川芎茶调散汤剂的作用强，而且袋泡剂能显著延长戊巴比妥钠的中枢抑制作用，使小鼠入睡潜伏期缩短，睡眠时间延长。对偏头痛患者使用川芎茶调散加减治疗前后的观察显示，治疗后 D - 木糖吸收率、血浆皮质素、血浆 P 物质（SP）水平及血管活性肠肽（VIP）水平均有不同程度回升，其中以 VIP 及 SP 两项最为明显（$P < 0.01$），提示本方的镇痛作用可能提高 VIP 缓解血管痉挛及 SP 促进内源性阿片样物质释放有关。

2. 临床研究　偏头痛96例随机分为两组，治疗组61例用川芎茶调散加减（川芎、蔓荆子、荆芥穗、姜半夏、甘菊花、白芷、羌活、防风、地龙、胆南星、吴茱萸、香附、党参、甘草，改作汤剂）合西比灵 10mg（每晚睡前服），对照组35例用索密痛 1g（每日 3次）、西比灵 10mg（每晚睡前服）；5天为1疗程，观察 3~5 个疗程，随访半年。结果治疗组和对照组治愈率分别为83.6%和34.4%，有效率分别为95.1%、74.3%，复发率分别为8.6%、69.2%，显示中西医结合治疗组疗效明显优于单纯西药组。采用川芎茶调散加味（川芎、荆芥、防风、薄荷、白芷、羌活、细辛、黄芪、黄芩、苍耳子、辛夷等）袋泡剂（每袋6g，相当于生药10g，每日 1 袋，开水冲茶 2~3 次，内服）治疗慢性鼻窦炎126例，2 周为1疗程。有效率达96.3%。

【附方】

苍耳散（《济生方》）　辛夷仁半两（15g）　苍耳子二钱半（7.5g）　香白芷一两（30g）薄荷叶半钱（1.5g）　上晒干，为细末。每服二钱（6g），食后用葱、茶清调下。功效：疏风通窍。主治：风邪上攻之鼻渊。鼻塞不辨香臭，鼻流浊涕不止，前额头痛，舌苔薄白或白腻。

按：苍耳散与川芎茶调散均治头痛，苍耳散长于疏风通窍，专治风邪上攻之鼻渊头痛；川芎茶调散长于祛风止痛，用药偏于辛温，专治风邪头痛。

第二节　平息内风

平息内风剂（Formulae for Extinguising Internal Wind），适用于内风证，其脏腑定位主要在肝，所谓"诸风掉眩，皆属于肝"（《素问·至真要大论》）。内风证有多种类型，其治疗组方有异。肝经热盛生风者,常见高热不退、抽搐、痉厥等;肝阳亢旺化风者,常见眩晕、头部热痛、面红如醉,甚或卒然昏倒、不省人事、口舌㖞斜、半身不遂等;阴血亏虚动风者,常见筋脉挛急,手足蠕动等。大凡热盛或阳亢生风者,常以平肝息风药如羚羊角、钩藤、天麻、石决明、代赭石、龙骨、牡蛎等为主组方。阳热亢盛,每易损伤阴液,或炼液为痰,扰乱心神,故常配清热、滋阴、化痰、安神之品,代表方如羚角钩藤汤、镇肝息风汤、天麻钩藤饮等。阴虚血亏生风者,常用滋阴养血药如地黄、阿胶、白芍、鸡子黄、麦冬、龟板等为主组方,因阴虚不能潜阳,故又常配平肝、潜阳之品,代表方剂如大定风珠等。

羚角钩藤汤
Antelope's Horn and Uncaria Decoction
(Lingjiao Gouteng Tang)
(《通俗伤寒论》)

【组成】羚角片钱半,先煎(4.5g)   霜桑叶二钱(6g)   京川贝去心,四钱(12g)   鲜生地五钱(15g)   双钩藤后入,三钱(9g)   滁菊花三钱(9g)   茯神木三钱(9g)   生白芍三钱(9g)   生甘草八分(2g)   淡竹茹鲜刮,与羚角先煎代水,五钱(15g)

【用法】水煎服。

【功效】凉肝息风,增液舒筋。

【主治】肝热动风证。高热不退,手足抽搐,发为痉厥,烦躁甚或神昏,舌绛而干或舌焦起刺,脉弦而数。

【制方原理】本方证由温热病邪陷厥阴,肝经热盛,热极动风所致。邪热炽盛,则高热不退;热极生风,风火相煽,灼伤津液,筋脉失养,故见手足抽搐,发为痉厥;热扰心神,则烦闷躁扰,甚则神昏;邪热炽盛,阴液耗伤,故舌绛而干或舌焦起刺;脉弦而数,乃肝经热盛之象。本证病机为肝经热盛,热极动风;热灼阴伤,筋脉失养;邪热灼津成痰,风痰闭窍扰络。治当以凉肝息风、增液舒筋为主,兼以化痰、安神。

方中羚羊角、钩藤清热凉肝,息风止痉,共为君药。桑叶、菊花清热平肝,辛凉透泄,用以为臣。此君臣相伍,清肝之中又复辛凉透泄,有清透邪热而无凉遏之功。鲜生地、白芍养阴增液,舒筋缓急;川贝母、鲜竹茹清热化痰;茯神木宁心安神,兼以平肝通络。此五味合为佐药。甘草甘缓和中,合芍药能柔肝缓急,又调和诸药,兼为佐使。诸药配伍,共奏凉肝息风、增液舒筋、化痰宁神之功。

制方特点:①清肝息风之中又复辛凉透泄,清透并用;②主以凉肝息风,辅以滋阴养液,佐以化痰、安神,标本主次兼顾。

【临床运用】

1. 用方要点　本方是凉肝息风法的代表方,适用于肝热动风证。临床用方辨证要点为高热烦躁,手足抽搐,舌绛而干,脉弦数。

2. 临证加减　邪热内闭见神昏谵语,配合紫雪以清热开窍;风窜筋脉见抽搐甚,合止痉散以息风止痉;热结肠腑见便秘,加大黄、芒硝以通腑泻热。

3. 现代运用 主要用于流行性乙型脑炎、流行性脑脊髓膜炎、病毒性脑炎、休克型肺炎以及妊娠子痫等属肝热动风者；也常加减用于高血压病、急性脑血管病等属风阳上扰，痰热内闭者。

4. 使用注意 温病后期之虚风内动者，本方不宜。

【现代研究】

1. 药理研究 用羚角钩藤汤能提高幼龄大鼠暑风证模型的耐热时间，延迟暑风证中痉厥的发生。虽对惊厥强度无明显影响，但能缩短惊厥后大鼠的昏迷时间，促进其意识及运动功能的恢复，研究提示本方有提高机体抗应激和促进脑功能恢复的作用，为理解该方凉肝息风的功效提供了一定的药理学依据。

2. 临床研究 将符合诊断标准和纳入标准的急性脑出血患者122例随机分为两组。治疗组60例入院后在常规治疗的同时当天即给予羚角钩藤汤加味（羚羊角粉、钩藤、茯苓、菊花、桑叶、川贝、竹茹、白芍、生地、生大黄、三七粉、丹参、水蛭粉），对照组62例在常规治疗的同时给予胞二磷胆碱1.0g静滴（每日1次），两组均以30天为1疗程。结果：治疗组的总有效率88.33%，优于对照组的67.74%（P<0.05），治疗组的血肿全部及大部分吸收率84.75%，也优于对照组的46.43%（P<0.01）。

【附方】

1. 钩藤饮（《医宗金鉴》） 人参（3g） 全蝎去毒（1g） 羚羊角磨粉冲服（0.3g） 天麻（6g） 甘草炙（2g） 钩藤后入（9g） 水煎服。功效：清热息风，益气解痉。主治：肝热生风之小儿天钓。惊悸壮热，手足抽搐，头目仰视等。

按：钩藤饮与羚角钩藤汤同治高热抽搐之证，均用羚羊角、钩藤，有清热息风之功。但羚角钩藤汤又配以桑叶、菊花清热凉肝，生地、白芍等养阴增液，全方清热凉肝之力较大，主治温病极期热盛动风之高热抽搐；钩藤饮又配伍全蝎、天麻息风止痉，人参益气生津，全方擅长息风止痉，主治肝热动风之小儿天钓而体弱气虚者。

2. 风引汤（《金匮要略》） 大黄 干姜 龙骨各四两（各56g） 桂枝三两（42g） 甘草 牡蛎各二两（各28g） 寒水石 滑石 赤石脂 白石脂 紫石英 石膏各六两（各84g）

上十二味，杵，粗筛，以韦囊盛之。取三指撮（6~9g），井花水三升，煮三沸，温服一升（现代多作汤剂，用量酌减，水煎服）。功效：重镇息风，清热安神。主治：肝热动风之癫痫、中风及小儿惊风。突然仆倒，四肢抽搐或偏瘫，两目上视或口眼㖞斜，神志烦躁或不清，舌质红，脉弦有力或数。

按：风引汤与羚角钩藤汤均治肝热动风之证，但立法用药有所不同，反映了不同时期凉肝息风方的配伍用药风格。羚角钩藤汤主治温病极期热极动风之高热抽搐，兼有阴伤夹痰者，方以羚羊角、钩藤清热凉肝为君，配伍生地、白芍滋阴增液，竹茹、茯神木化痰通络，全方侧重于凉肝清热、增液息风，兼能化痰通络；风引汤主治肝阳素旺，化热生风之癫痫、中风及小儿惊风，方用石膏、寒水石、滑石清热泻火为君，合桂枝清透邪热，配大黄通腑，龙骨、牡蛎等金石类重镇潜阳，全方偏于清热泻火、潜阳息风，兼能镇惊安神。

天麻钩藤饮
Gastrodia and Uncaria Decoction
(Tianma Gouteng Yin)
(《中医内科杂病证治新义》)

【组成】 天麻（9g） 钩藤后下（12g） 生决明捣碎，先煎（18g） 山栀（9g） 黄芩（9g） 川牛膝（12g） 杜仲（9g） 益母草（9g） 桑寄生（9g） 夜交藤（9g） 朱茯神（9g）

【用法】 水煎服。

【功效】 平肝息风，清热活血，补益肝肾。

【主治】 肝阳偏亢，风火上扰证。头痛，眩晕，失眠，舌红苔黄，脉弦数。

【制方原理】 本方所治头痛、眩晕，是由肝肾不足，肝阳偏亢，化火生风，风火上扰所致。肝阳偏亢，风阳上扰，故头痛、眩晕；肝阳有余，化火扰心，心神不安，故失眠；舌红苔黄、脉弦数，均为风火上扰之象。本证为本虚标实而以标实为主，病机要点为肝阳偏亢，风火上扰。治当以平肝息风为主，兼清肝降火、补益肝肾、宁心安神。

方中天麻、钩藤平肝息风，共为君药。石决明平肝潜阳，清热明目，助君药平肝息风；川牛膝引血下行，直折亢阳，兼能活血利水。此二味合为臣药。栀子、黄芩清肝降火；杜仲、桑寄生补益肝肾；夜交藤、朱茯神宁心安神；益母草活血利水。此七味共为佐药。诸药相合，共奏平肝息风、清降肝火、补益肝肾、安神定志之功。

制方特点：①主以平肝息风，辅佐以清热降火、活血利水、益肾安神，标本兼顾而以治标为主；②衷中参西，主以中医理法为指导，结合中药降压药理而制方。

【临床运用】

1. 用方要点 本方是平肝息风法的代表方，适用于肝阳偏亢，风火上扰之证。临床用方辨证要点为头痛，眩晕，失眠，舌红苔黄，脉弦数。

2. 临证加减 阳亢风动较重而眩晕、头痛剧烈，加羚羊角、龙骨、牡蛎等以平肝潜阳；肝火较盛，加龙胆草、夏枯草以清肝泻火；肝肾阴虚明显而脉弦而细，加生地、白芍、枸杞子以滋补肝肾。

3. 现代运用 主要用于高血压病、急性脑血管病、内耳性眩晕、更年期综合征等属于肝阳上亢，风火上扰者。

4. 使用注意 肝经实火或湿热所致之头痛，本方不宜。

【现代研究】

1. 药理研究 本方对原发性、肾性、神经源性高血压模型均有明显的降压作用，其中对肝阳上亢证高血压患者的收缩压有轻度的降压作用，并呈量效关系，但对舒张压与心率的作用不显。其对原发性高血压的降压作用机制可能与本方能够调整血浆内皮素（ET）、降钙素基因相关肽代谢失衡状态、抗氧化作用以改善血管内皮功能等有关。本方能降低肝阳上亢型原发性高血压患者的 ET，显著提高血清—氧化氮水平；降低大鼠空腹血糖和空腹胰岛素、升高胰岛素敏感性指数，并能通过提高血清超氧化物歧化酶活性和降低丙二醛含量而提高机体的抗氧化能力。

　　本方能有效地改善颅内动脉异常的血流动力学状态，不仅对脑血流量有良性调整作用，同时能调整脑血管的顺应性，抗血小板凝集，改善脑循环的作用。本方煎剂能显著降低急性血瘀模型大鼠的全血比黏度及血浆比黏度，抑制正常大鼠的血小板聚集，促进小鼠毛细血管的通透性。本方还能使正常大鼠的皮层兴奋过程减弱、抑制过程增强；对醋酸所致小鼠扭体反应、自发活动、电惊厥均具有一定的抑制作用，对戊巴比妥钠小鼠催眠效应有协同作用，而且呈量效关系。

　　上述研究表明，天麻钩藤饮不仅具有降血压、改善心脑血管功能、抗血小板凝集、抗氧化等作用，而且具有镇痛、镇静、催眠、抗惊厥等中枢神经系统调节等多方面的药理作用，为理解其平肝息风、清热活血、补益肝肾的功效提供了一定的现代理解。

　　2. 临床研究　　高血压病肝阳上亢证 60 例，随机分为两组，治疗组 30 例服用天麻钩藤饮汤剂（每次 150ml，每日 2 次），对照组 30 例服用西药卡托普利 25mg（每日 3 次），两组均以 4 周为 1 疗程。结果表明：天麻钩藤饮具有和缓、稳定、持久的降压作用，改善症状明显优于对照组，但降压强度不及西药卡托普利。高血压性脑出血 112 例，随机分为两组：西药对照组 48 例用巯甲丙脯酸 25mg（每日 2 次）、20% 甘露醇的同时防治应激性溃疡，合并感染者控制感染，血糖高者控制血糖，高热者物理降温；治疗组 64 例以天麻钩藤饮为主，结合上述西药治疗。2 周为 1 疗程，治疗 2～4 周。结果：治疗 2 周时治疗组病死率 4.7% 显著低于对照组 23.1%（P<0.05），总有效率 87.5%，显著高于对照组 68.5%（P<0.05）；治疗 4 周时治疗组总有效率为 92.2%，显著高于对照组 72.9%（P<0.05）。

镇肝息风汤
Sedate the Liver to Extinguish Wind Decoction
（Zhengan Xifeng Tang）

（《医学衷中参西录》）

　　【组成】怀牛膝一两（30g）　生赭石轧细，一两（30g，先煎）　生龙骨捣碎，五钱（15g，先煎）　生牡蛎捣碎，五钱（15g，先煎）　生龟板捣碎，五钱（15g，先煎）　生杭芍五钱（15g）玄参五钱（15g）　天冬五钱（15g）　川楝子捣碎，二钱（6g）　生麦芽二钱（6g）　茵陈二钱（6g）　甘草钱半（4.5g）

　　【用法】水煎服。

　　【功效】镇肝息风，滋阴潜阳。

　　【主治】类中风。常感头目眩晕，脑部热痛，面色如醉，心中烦热，时常噫气，渐觉肢体不利，口舌㖞斜，甚或突然眩晕颠仆，昏不知人，脉弦长有力。

　　【制方原理】本方所治类中风由肝肾阴虚，肝阳暴亢，肝风鸱张，气血逆乱所致。肝阳上扰，故见头目眩晕、目胀耳鸣、脑部热痛、面红如醉；肾水不能上济心火，心肝火盛，则心中烦热；肝气犯胃，胃气上逆，则时常噫气；肝风鸱张，气血逆乱，遂致卒中，轻则风中经络而肢体不利、口舌㖞斜，重则风中脏腑而眩晕颠仆、不知人事等，所谓"血之与气，并走于上，则为大厥，厥则暴死。气复反则生，不反则死"（《素问·调经论》）；脉弦长有力也为肝阳亢盛之象。本方证以肝肾阴虚为本，肝阳暴亢、气血逆乱为标，但标实急重。治宜镇肝息风、引气血下行为主，辅以滋养肝肾，标本兼顾。

方中怀牛膝性善下行，引血下行而补肝肾；代赭石质重沉降，镇肝平冲而降胃。二味重用，直折亢阳，平定气血逆乱，合为君药。生龙骨、生牡蛎镇肝潜阳，为臣药。龟板滋阴潜阳，白芍养阴柔肝，玄参、天冬养阴清热，四药合用以滋水涵木；茵陈清泄肝热，川楝子疏肝理气，生麦芽舒肝和胃，此三味既制君臣药沉降太过以遂肝喜条达之性，又防金石介类药物碍胃伤中。甘草甘缓益中，协芍药缓急，合麦芽护中，兼能调和诸药，为佐使药。诸药配伍，共奏镇肝息风、滋阴潜阳之功。

制方特点：①标本兼治，主在治标；②镇降与潜阳并用，为镇肝息风的核心药法；③寓疏柔于镇降之中，寓滋水、清金于调肝之中，法中有法。

【临床运用】

1. 用方要点 本方是镇肝息风法的代表方，适用于阴虚阳亢，气血逆乱之类中风。无论是中风之前、中风之时还是中风之后，皆可使用。临床用方辨证要点为头目眩晕，脑部热痛，面色如醉，脉弦长有力。

2. 临证加减 心中烦热甚，加石膏、栀子以清热除烦；痰多，加胆南星、竹沥以清热化痰；尺脉重按虚，加熟地黄、山茱萸以补肝肾；中风后遗症，加桃仁、红花、丹参、地龙等活血通络。

3. 现代运用 主要用于高血压、急性脑血管病、血管神经性头痛，以及癫痫小发作、癔病性晕厥、神经官能症、月经前期紧张症等属肝阳上亢者。

4. 使用注意 中风属气虚血瘀者，本方不宜；脾胃虚弱者慎用。

【现代研究】

1. 药理研究 镇肝息风汤对内分泌型高血压大鼠模型有一定的降血压作用，并呈量效关系，其最低起效剂量为 0.24g/kg，临床等效剂量消退半衰期为 1.69 小时，效应维持时间为 12.05 小时，体内血药浓度达峰时间为 2.05 小时。本方水煎液（浓缩成每毫升含 2g 生药量）能明显抑制小鼠自发活动，加快阈下戊巴比妥钠小鼠的入睡时间。结果表明，镇肝息风汤具有降压、镇静、催眠等作用，为临床使用本方防治高血压、血管神经性头痛等病证提供了一定的药理学依据。

2. 临床研究 急性脑卒中 56 例（脑梗死 32 例、脑出血 24 例）随机分为治疗组 30 例和对照组 26 例。对照组以 20% 甘露醇静脉滴注，配合常规治疗；治疗组加用镇肝息风汤加减（怀牛膝、代赭石各 30g，生龙骨、生牡蛎、生龟板、生白芍、玄参、天冬、茵陈各 15g，川楝子 6g），脑出血者加三七粉 2g（冲服），脑梗死者加水蛭粉 2g（冲服）。10 天为 1 疗程。结果：治疗组总有效率为 86.67%，明显高于对照组 73.08%，治疗后神经功能缺损程度积分也明显低于对照组（P<0.01）。

【附方】

建瓴汤（《医学衷中参西录》）　生怀山药一两（30g）　怀牛膝一两（30g）　生赭石八

钱，轧细（24g）　　生龙骨六钱，捣细（18g）　　生牡蛎捣细，六钱（18g）　　生怀地黄六钱（18g）
生杭芍四钱（12g）　　柏子仁四钱（12g）　　磨取铁锈浓水，以之煎药。功效：镇肝息风，滋阴
安神。主治：肝肾阴虚，肝阳上亢证。头目眩晕，耳鸣目胀，健忘，烦躁不安，失眠多梦，
脉弦长而硬。

　　按：建瓴汤与镇肝息风汤均治肝肾阴虚、肝阳上亢之证，同用怀牛膝、代赭石、龙骨、
牡蛎、白芍，功能镇肝息风、滋阴潜阳。然镇肝息风汤又配玄参、天冬、龟板等，滋阴清热
降火之力较强，主治肝阳亢逆而偏于阳热之证；而建瓴汤伍生地、怀山药、柏子仁等，养阴
宁心安神之力优，主治阴虚阳亢而兼心神不宁之证。

大定风珠
Major Arresting Wind Bolus
（Da Dingfeng Zhu）
（《温病条辨》）

【组成】生白芍六钱（18g）　阿胶三钱（9g）　　生龟板四钱（12g）　　干地黄六钱（18g）　　麻
仁二钱（6g）　　五味子二钱（6g）　　生牡蛎四钱（12g）　　麦冬连心，六钱（18g）　　炙甘草四钱
（12g）　　鸡子黄生，二枚（2个）　　鳖甲生，四钱（12g）

【用法】水八杯，煮取三杯，去滓，再入鸡子黄，搅令相得，分三次服。

【功效】滋阴息风。

【主治】阴虚风动证。手足瘈疭，形消神倦，舌绛少苔，脉气虚弱，时时欲脱。

【制方原理】本方主治证乃温病后期，邪热久羁，灼伤真阴，或因误汗、妄攻，重伤阴
液所致。肝为风木之脏，阴液大亏，水不涵木，阴不维阳，虚风内动，故手足瘈疭；真阴欲
竭，故见形瘦神倦，脉气虚弱，舌绛少苔，有时时欲脱之势。本证病机特点是真阴欲竭，水
不涵木，阴虚阳浮，虚风内动。治宜滋阴涵阳，柔肝息风。

　　方中鸡子黄、阿胶滋阴养液以平息内风，"鸡子黄镇定中焦，通彻上下，合阿胶能预息
内风之震动"（《温病条辨》），为君药。生白芍、干地黄、麦冬滋水涵木，养阴柔肝，重用
为臣药。龟板、鳖甲、牡蛎介类潜镇之品，滋阴潜阳，重镇息风；麻仁养阴润燥；五味子收
敛真阴，与生白芍、甘草相配，又可酸甘化阴。全方以血肉有情之品合大队滋阴养液药配
伍，兼用介类潜降、酸敛甘缓，有滋水涵木、潜阳息风、敛阴防脱之功。

　　制方特点：滋阴息风药法，即主以填补真阴，辅佐酸收与潜降兼施，摄纳浮阳助息风，
收敛真阴以防脱。

【临床运用】

1. 用方要点　本方是滋阴息风法的代表方，适用于温病后期，真阴大亏，虚风内动之
证。临床用方辨证要点为手足瘈疭，形消神倦，舌绛少苔，脉气虚弱。

2. 临证加减　阴虚气脱见喘急脉微，加人参补气固脱；阴虚阳浮见自汗，加山萸肉、
龙骨、小麦补气敛汗；神气不摄见心悸，加人参、龙齿、茯神补气宁神；阴虚内热见低热不
退，加地骨皮、白薇以退虚热。

3. 现代运用 主要用于流行性乙型脑炎后遗症、中风后遗症、甲状腺机能亢进及其术后手足搐搦症、震颤性麻痹、小舞蹈病、神经性震颤、放疗后舌萎缩等属阴虚风动者。

4. 使用注意 阴亏而邪热犹盛者,本方不宜。

【现代研究】

1. 药理研究 选择无透析指征的阴虚风动型慢性肾功能衰竭患者30例,随机分为治疗组和对照组,每组15例,分别用大定风珠与葡萄糖酸钙治疗,3个月为1疗程,观察两组治疗前后血清钙(Ca)、磷(P)、骨钙素(BGP)、C端甲状旁腺素(C-PTH)等骨矿物质相关代谢指标及血清肌酐(Scr)、铁(Fe)、血红蛋白(Hb)、红细胞数(RBC)的变化。结果:两组血清C-PTH、BGP、Ca及骨矿物含量等指标均较治疗前有改善。中药治疗组对升高的血P有显著降低作用,与治疗前及西药对照组均有显著性差异($P < 0.01$);血清Fe与Hb较治疗前升高,有显著性差异($P < 0.05$),较西药对照组有升高趋势。结果表明,大定风珠有改善慢性肾衰患者骨矿物质代谢及贫血状态等作用。

2. 临床研究 8例小儿乙脑恢复期严重精神障碍患者用大定风珠加减(生白芍、生地、麦冬各12g,阿胶、炙甘草各9g,生龟板、生鳖甲、生牡蛎、石决明各15g,沙参、石菖蒲各10g)治疗。7~10岁患儿,每日1剂,水煎,分3次服,每次服药前趁热药汁拌鸡蛋黄2枚。配合地龙白糖液(红色鲜地龙10~15条,洗净后放小碗内,上盖白糖20g,置约2小时,待地龙部分溶化后,去掉残余部分,再加适量凉开水)每日2次,分服。服药1月左右,结果全部患儿精神障碍恢复正常,语言障碍消失,未出现后遗症。另有用大定风珠汤加减方(阿胶、钩藤、僵蚕、白芍、生地、石决明、牡蛎、龙骨、山萸肉、山药、龟板、鳖甲、甘草)治疗小舞蹈病12例,1个月为1疗程。结果:治愈4例,有效6例,无效2例。

【附方】

1. 三甲复脉汤(《温病条辨》) 炙甘草六钱(18g) 干地黄六钱(18g) 生白芍六钱(18g) 麦冬不去心,五钱(15g) 阿胶三钱(9g) 麻仁三钱(9g) 生牡蛎五钱(15g) 生鳖甲八钱(24g) 生龟板一两(30g) 水八杯,煮取三杯,分三次服。功效:滋阴复脉,潜阳息风。主治:阴虚风动,心脉失养。手足蠕动,心中憺憺大动,甚则心中痛,舌绛少苔,脉细促者。

按:大定风珠由加减复脉汤(炙甘草、干地黄、生白芍、阿胶、麦冬、麻仁)、三甲复脉汤衍化而成。此三方均为真阴亏损证而设,但其组方则有滋阴养液与甘缓守中,复用血肉有情与介类潜降,更加安中酸收之变化,而与阴虚亏损、阳浮风动及正气脱散之证情轻重演变相应,体现了以酸甘咸药法为基础的滋阴复脉、滋阴息风、滋阴固脱之不同配伍层次。

2. 阿胶鸡子黄汤(《通俗伤寒论》) 阿胶烊冲,二钱(6g) 生白芍三钱(9g) 石决明杵,五钱(15g) 双钩藤二钱(6g) 大生地四钱(12g) 清炙草六分(2g) 生牡蛎杵,四钱(12g) 络石藤三钱(9g) 茯神木四钱(12g) 鸡子黄二枚(2个),先煎代水 水煎服。功效:滋阴养血,柔肝息风。主治:热伤阴血,虚风内动。手足瘛疭,心烦不寐,或头目眩晕,舌绛少苔,脉细数。

按:阿胶鸡子黄汤与大定风珠同治阴虚风动之手足瘛疭、舌绛少苔,均含阿胶、鸡子黄、生白芍、生地黄、生牡蛎、炙甘草,皆属滋阴息风剂。但大定风珠又配生龟板、生鳖甲、麦冬、麻子仁、五味子，其滋阴之力强，并兼潜敛之功，主治真阴大亏，虚风内动之瘛疭而兼脉气欲脱之重证；阿胶鸡子黄汤又伍石决明、钩藤、络石藤、茯神木，其滋阴之力稍逊，但兼平肝息风通络之功，主治阴血不足、肝阳偏亢之瘛疭而兼悸烦不寐或头目眩晕者。

小　结

治风剂主要为风证而设，针对外风与内风的不同而有疏散外风与平息内风两类。

1. 疏散外风　适用于风邪侵入肌腠、经络、筋骨、关节等处所致头痛、鼻渊、风疹、湿疹、口眼㖞斜、痹证和破伤风等外风证。本类方剂以辛散疏风药为主，酌情选配散寒、清热、祛湿、祛痰、止痉、通络以及活血、养血之品为组方特点。大秦艽汤以祛风通络为主，疏养结合，邪正兼顾，主治风邪初中经络之口眼㖞斜、舌强、手足不遂者。消风散疏风除湿，清热凉血，长于祛风止痒，为治疗风疹、湿疹之要方。牵正散药虽三味，但力专效宏，能祛风化痰，通络止痉，主治风痰阻于头面经络之口眼㖞斜。玉真散能祛风化痰，尤善定搐止痉，为治破伤风之专方。小活络丹祛风除湿，温经散寒，化痰通络，活血止痛，主治寒湿痰瘀阻滞经络所致的久痹证。川芎茶调散多用疏风之品，升散中寓以清降，长于祛风止痛，主治外感风邪所致的偏正头痛。

2. 平息内风　适用于肝风内动证。本类方剂以平肝息风药配伍清热、滋阴、养血、潜阳、化痰、安神、活血等品为组方要点。羚角钩藤汤重在清热凉肝息风，主治肝热动风所致高热、昏谵、抽搐者。天麻钩藤饮主在平肝息风，清降肝热，并有活血安神之效；主治肝阳偏亢，风火上扰所致头痛、眩晕、失眠者。镇肝息风汤镇肝潜阳之力较强，兼能滋养肝肾；多用于肝肾阴虚，肝阳暴亢，气血逆乱之类中风。大定风珠重在滋阴柔肝，潜阳息风，并能摄敛防脱；主治温病后期，真阴大亏，虚风内动之神倦瘛疭、脉气虚弱者。

复习思考题

1. 治风剂分为哪几类？各类方剂适用于哪些病证？其组方配伍有何不同？
2. 请指出疏散外风方与辛散解表方之间的联系与区别。
3. 川芎茶调散主治什么病证？为何要用茶清调服？其组方配伍有何特点？
4. 试述"治风先治血，血行风自灭"的学理及其在方剂配伍中的应用。
5. 为什么羚角钩藤汤中配伍贝母、竹茹？镇肝息风汤中配伍茵陈、川楝子、麦芽？
6. 请结合病机理论，阐述天麻钩藤饮中选配活血利水药的理由。
7. 试分析比较平肝息风、镇肝息风和柔肝息风方的组方用药之异同。

第二十二章
祛湿剂

祛湿剂（Formulae for Eliminating the Dampness）是以祛湿药为主组成，具有化湿利水、通淋泄浊等作用，主治水湿病证的一类方剂。祛湿剂属于八法中的"消法"。

祛湿剂是为治疗水湿病证而设。湿为阴邪，最易伤人阳气，阻碍气机。其性重浊黏滞，中人虽缓而病势缠绵，易反复发作，难以速愈。湿邪为病，有外湿、内湿之分。外湿每因久居卑湿之地，或冒雨涉水，或汗出沾衣，正不胜邪所致，病变多在肌表、经络、关节等部位，症见恶寒发热，头胀身重，肢体酸痛，面目浮肿等。内湿多因恣食生冷酒酪，湿浊内生，运化失司所致，病变多在脏腑、气血；症见胸闷腹满，呕恶泻利，黄疸，水肿，痿痹等。但肌表与脏腑表里相关，外湿可以内侵脏腑，内湿亦可影响肌表。湿为水之渐，水为湿之积，故湿与水名异而类同。人身之中，肾主水，脾主运化水湿，肺主通调水道。脾虚则生湿，肾虚则水泛，肺失宣降则水液失布，故湿邪为病，与肺脾肾三脏密切相关。另外，若三焦气阻则决渎无权，膀胱气化失司则小便不利，所以三焦、膀胱亦与水湿相关。

湿邪为病影响范围广泛，而人体体质又有虚实强弱的不同，证候多有兼夹或转化。因此，祛湿之法亦较复杂。一般而言，湿邪在外在上者，可表散微汗以解之；在里在下者，可芳香苦燥以化之，或甘淡渗利以除之；水湿壅盛，形气俱实者，可攻下以逐之；从寒化者，宜温阳化湿；从热化者，宜清热祛湿；体虚湿盛者，又当祛湿与扶正相兼顾。所以本章祛湿剂分为燥湿化浊、利水渗湿、清热祛湿、温化水湿、祛风胜湿等五类。

祛湿剂主要适用于治疗水湿内停所致的水肿、淋浊、痰饮、泄泻、癃闭等水湿病证。现代药理研究表明，祛湿剂多具有不同程度的利尿作用，其中利水渗湿剂和温化水湿剂作用尤为明显。清热祛湿剂对革兰菌、真菌、结核杆菌及流感、肝炎病毒均具有抑制作用；并能减轻肝细胞的损害，降低血清转氨酶，增强肝脏解毒能力，促进胆汁分泌与排泄，使黄疸消退，对肝损伤显示一定的保护作用。燥湿化浊剂多能促进胃酸及消化液的分泌，调节胃肠运动功能，缓解胃肠平滑肌痉挛，具有一定的健胃作用。祛风胜湿剂除有镇痛作用外，还有明显的抗炎作用。另外，祛湿剂还具有解热、镇静、降压、祛痰及增强免疫功能等药理作用。现代临床常被用于治疗慢性胃炎、胃及十二指肠溃疡、慢性肠炎、肠梗阻、肠伤寒、副伤寒、急慢性肾小球肾炎、水肿、尿潴留、脑积水、胸水、传染性肝炎、痛风、关节炎、泌尿系感染等多种疾病。据此推测中医祛湿的现代内涵可能涉及调整体内水与电解质代谢，调节胃肠及肝胆系统功能，抗病原微生物，抗炎解热及调整免疫系统功能等多方面的作用。

运用祛湿剂应注意辨别内外脏腑病位及寒热虚实属性，正确选用各类方剂。本类方剂多由芳香苦燥或甘淡渗利之品组成，易伤津耗气，故素体阴虚津亏者不宜使用；病后体弱及孕妇水肿者当慎用，或配伍健脾扶正之品，以防耗气伤正。

第一节   燥湿化浊

燥湿化浊剂（Formulae for Eliminating the Dampness and Transforming Turbidity），适用于湿浊内盛所致的脘腹痞满，嗳气吞酸，呕吐泄泻，食少体倦等脾胃失和病证。常用苍术、藿香、白豆蔻、陈皮等苦温燥湿或芳香化湿之品等为主组成。湿浊内盛，易阻滞气机，或兼夹风寒外邪等兼证，故本类方剂又常配伍行气、解表、和中之品。代表方剂如平胃散、藿香正气散等。

平 胃 散
Calming the Stomach Powder
（Pingwei San）
（《简要济众方》）

【组成】苍术去黑皮，捣为粗末，炒黄色，四两（120g）   厚朴去粗皮，涂生姜汁，炙令香熟，三两（90g）   陈橘皮洗令净，焙干，二两（60g）   甘草炙黄，一两（30g）

【用法】上为散。每服二钱，水一盏，加生姜二片，大枣二枚，同煎至六分，去滓，食前温服。（现代用法：共研细末，每服4~6g，姜枣煎汤送下，或作汤剂，水煎服）。

【功效】燥湿运脾，行气和胃。

【主治】湿滞脾胃证。脘腹胀满，不思饮食，口淡无味，恶心呕吐，嗳气吞酸，肢体沉重，倦怠嗜卧，便溏或自利，舌苔白腻而厚，脉缓。

【制方原理】脾为太阴湿土而主运化，其性喜燥而恶湿。若湿邪阻滞中焦，则脾失健运，故不思饮食，或口淡无味；湿性黏滞，易阻遏气机，气滞不行，则见脘腹胀满，甚则气逆于上，恶心呕吐，或为嗳气吞酸；脾主四肢，湿性重滞，湿困脾胃则肢体沉重、倦怠嗜卧；脾困不运，湿滞大肠则为溏或泻；脉缓，舌苔白腻而厚，皆为湿邪中阻之象。本证病机为湿滞脾胃，运化失司。治宜燥湿运脾，行气和胃。

方中苍术辛苦温燥，最善燥湿运脾，《本草正义》谓之"脾家湿郁"必需之品，故为君药。厚朴苦辛微温，苦燥化湿，长于行气除满，与苍术相伍，尤能燥湿化浊行滞，为臣药。陈皮理气和胃，芳香醒脾，协君臣理气行湿，为佐药。甘草甘温，健脾和中，调和诸药；煎加姜、枣，调和脾胃，合为佐使。诸药合用，共奏燥湿运脾、行气和胃之功。

制方特点：主以苦温香燥，燥湿行气，醒脾助运，为中焦寒湿证的基本药法。

【临床应用】

1. 用方要点   本方为治疗湿滞脾胃之主方。临床用方辨证要点为脘腹胀满，舌苔厚腻。

2. 临证加减   中焦湿热见口苦咽干，舌苔黄腻，加黄连、黄芩以清热燥湿；寒湿见舌淡肢冷，加干姜、草豆蔻以温化寒湿；湿甚泄泻，加茯苓、泽泻以利湿止泻；胃逆呕剧，加半夏、砂仁以和胃止呕。

3. 现代运用   主要用于慢性胃炎、慢性肠炎、胃及十二指肠溃疡、传染性肝炎、肠梗阻、小儿厌食症、婴幼儿腹泻、急性湿疹等属中焦湿阻者。

4. 使用注意 脾胃虚弱者及孕妇，本方不宜。

【现代研究】

1. 药理研究 平胃散具有促进大鼠胃运动功能的作用，能提高大鼠胃排空率，与西药吗丁啉作用相当；能拮抗阿托品对大鼠胃排空的抑制作用，提示其可能通过胆碱能受体而发挥作用。平胃散中、低剂量口服给药对湿阻中焦证模型大鼠低下的红细胞免疫功能有促恢复作用趋势，但高剂量有抑制作用；对正常大鼠的红细胞免疫功能无明显影响。上述研究表明，平胃散具有调整胃肠功能作用。

2. 临床研究 以平胃散为主加白术、乌贼骨、煅瓦楞子、白及、蒲公英、白芍为基本方，治疗胃、十二指肠溃疡72例。其中胃寒者加吴茱萸、炮姜，或高良姜、炒砂仁；胃热加石膏、知母；虚热加玉竹、石斛、麦冬；肝胃气滞加柴胡、青皮、枳壳；便干加大黄；便潜血加五灵脂、蒲黄；恶心呕吐加半夏、竹茹；腹痛甚加元胡、川楝子。结果治愈52例，好转16例，无效4例，总有效率94.4%。一般服药后5～7天，上腹疼痛、嗳气反酸等症状即可减轻，2～3周后临床症状可基本消失。X线钡餐透视龛影消失或胃镜检查溃疡愈合时间为25～56天。另有用平胃散加味治疗急性胃炎76例。兼外邪加藿香、防风、紫苏叶、桂枝；胃脘痛胀加枳壳、白芍、延胡索、大腹皮；寒湿偏重加白豆蔻、佩兰、砂仁；舌苔黄腻、口苦咽干加黄连、黄芩、白花蛇舌草；纳呆厌食加鸡内金、山楂、谷芽。每天1剂，水煎，分2次服。治疗5～20天，治愈53例，显效18例，有效5例，总有效率100%。

【附方】

柴平汤（《景岳全书》） 柴胡 人参 半夏 黄芩 甘草 陈皮 厚朴 苍术（各6g）水两盅，加姜、枣煎服。功效：和解少阳，祛湿和胃。主治：湿疟，一身尽痛，手足沉重，寒多热少，脉濡。

按：柴平汤即小柴胡汤与平胃散的合方，既可燥湿和胃，又能和解少阳。主治湿疟，由素多痰湿，复感外邪，湿痰阻于少阳所致。

藿香正气散
Agastachis Powder to Rectify the Qi
（Huoxiang Zhengqi San）
（《太平惠民和剂局方》）

【组成】大腹皮 白芷 紫苏 茯苓去皮，各一两（各3g） 半夏曲 白术 陈皮去白 厚朴去粗皮，姜汁炙 苦桔梗各二两（各6g） 藿香去土，三两（9g） 甘草炙，二两半（6g）

【用法】上为细末，每服二钱，水一盏，姜三片，枣一枚，同煎至七分，热服。如欲汗出，衣被盖，再煎并服（现代用法：共为细末，每服9g，生姜、大枣煎汤送服，或作汤剂，水煎服）。

【功效】解表化湿，理气和中。

【主治】外感风寒，内伤湿滞证。霍乱吐泻，恶寒发热，头痛，脘腹满闷胀痛，舌苔白腻，以及山岚瘴疟等。

【制方原理】 本方主治外感风寒，内伤湿滞之证。风寒外束，卫阳被遏，正邪相争故见恶寒发热、头痛；湿困脾土，气机不畅，故脘腹满闷胀痛；脾胃升降失常，则恶心呕吐，肠鸣泄泻；舌苔白腻为内湿之象。本证病机为外感风寒，内伤湿滞。治宜解表散寒，化湿和中。

方中藿香芳香苦温，表散风寒，化浊醒脾，和胃止呕，为治霍乱之要药，故重用为君药。紫苏、白芷辛温发散，既助君药解表散寒，又能芳化湿浊；半夏曲、厚朴燥湿化痰，陈皮理气和胃以除呕恶，合为臣药。白术、茯苓健脾运湿止泻；大腹皮行气宽中除满；桔梗宣肺畅膈，解表利气，均为佐药。甘草健脾和药，煎加姜、枣，内调脾胃，外和营卫，合为佐使。诸药合用，共奏解表化湿、理气和中之功，使风寒得解而寒热除，湿浊得化而胀满除，脾胃调和而吐泻止。

制方特点：①表里双解，辛温解表与苦温芳化药并用，但长于化湿和胃；②扶正与祛邪兼顾，疏散芳化与健脾和中并用，祛邪而不伤正。

【临床应用】

1. 用方要点 本方为治疗外感风寒，内伤湿滞证的常用方剂。临床用方辨证要点为恶寒发热，上吐下泻，舌苔白腻。

2. 临证加减 表邪偏重，寒热无汗，加入香薷，或重用苏叶，以增强解表散寒之力；偏湿重，苍术易白术，以增其化湿之功；脘腹胀痛甚，加木香、良姜以行气止痛。

3. 现代运用 主要用于急性胃肠炎、胃肠型感冒等见湿滞脾胃，外感风寒证者。

4. 使用注意 本方辛香温燥，阴虚火旺者禁用；湿热霍乱者，本方不宜。

【现代研究】

1. 药理作用 藿香正气丸（水）能抑制家兔离体十二指肠平滑肌的自发收缩，对水杨酸毒扁豆碱和氯化钡所引起的平滑肌收缩有明显的解痉作用；对水杨酸毒扁豆碱所引起的狗及家兔在体肠管的痉挛有抑制作用，其抑制作用并非通过 α 受体；对离体豚鼠十二指肠自主收缩及组胺、乙酰胆碱、氯化钡所致回肠收缩均有良好的解痉作用；对家兔离体小肠段运动具有双向调节作用。藿香正气软胶囊可显著降低血清一氧化氮浓度，减少肢体缺血－再灌注模型大鼠的肠壁各层内肥大细胞数量，抑制肿瘤坏死因子－α 等细胞因子的释放，减轻相关的病理损伤程度，对肠黏膜具有保护作用。采用化学刺激法和扭体法实验表明藿香正气水具有明显的镇痛作用，而热板法表明本方能显著提高实验性小鼠痛阈。藿香正气水胶囊对金黄色葡萄球菌、甲乙型副伤寒杆菌、痢疾杆菌均具有明显的抑制作用。上述研究表明，藿香正气散具有镇痛、抗菌、镇吐、解痉等作用。

2. 临床研究 本方治疗夏日感冒、流感，患者服药 1～2 天症状可减轻，3～4 天痊愈，对发热不甚，而兼食欲减退、肠鸣腹泻等胃肠道症状者效果尤佳。用藿香正气散加减方（藿香 10g，厚朴 10g，陈皮 6g，法半夏 10g，炒白术 10g，茯苓 15g，大腹皮 15g，蒲公英 15g，炒白芍 10g，白芷 10g，全当归 10g，炙甘草 5g）治疗腹泻型肠易激综合征 58 例，每日 1 剂；对照组 47 例患者用思密达粉剂，每次 3g，每日 3 次，口服。4 周为 1 个疗程，连服 2 个疗程。结果：治疗组显效率（72.4%）明显高于对照组（48.9%）。用藿香正气散方保留灌肠治疗小儿秋季腹泻，并设思密达口服治疗组对照。结果：两组有效率无显著差异，但本方组在缩短病程、退热、止呕、升高血钾方面均优于对照组。

【附方】

六和汤（《太平惠民和剂局方》） 缩砂仁 半夏汤泡七次 杏仁去皮尖 人参 甘草炙，各一两（各30g） 赤茯苓去皮 藿香叶拂去尘 白扁豆姜汁略炒 木瓜各二两（各60g） 香薷 厚朴姜汁制，各四两（各120g）上锉，每服四钱（12g），水一盏半，生姜三片，枣子一枚，煎至八分，去滓，不拘时服。功效：祛暑化湿，健脾和胃。主治湿伤脾胃，暑湿外袭证。霍乱吐泻，恶寒发热，无汗，头昏头痛，四肢乏力，不欲饮食，胸中满闷，脘腹疼痛，小便短涩，苔腻脉濡。

按：本方与藿香正气散均为夏月常用之剂，主治内湿兼外感之寒热吐泻。但六和汤侧重祛暑解表，健脾化湿，兼能补虚扶正，主治夏月湿伤脾胃，复感外寒，脾虚较重之证；而藿香正气散则偏重解表散寒，化湿和胃，兼能理气行滞；适宜于外感风寒，内伤湿滞，气滞较重之证。

第二节 利水渗湿

利水渗湿剂（Formulae for Promoting Urination and Leaching out Dampness）适用于水湿壅盛所致的水肿，癃闭，淋浊，泄泻等病证。常用利水渗湿药如茯苓、泽泻、猪苓为主组成。水湿壅盛之证，又常兼膀胱气化不利；或水热互结，水道受阻；或气虚受风，湿郁肌表；或脾虚湿盛，气机壅滞等各种兼证，故本类方剂又常配伍温阳化气、清热、祛风、健脾、理气等药。代表方剂如五苓散、猪苓汤、防己黄芪汤、五皮散等。

五 苓 散
Five-Herb Powder with Poria
（Wuling San）
（《伤寒论》）

【组成】猪苓去皮，十八铢（9g） 泽泻一两六铢（15g） 白术十八铢（9g） 茯苓十八铢（9g） 桂枝去皮，半两（6g）

【用法】捣为散，以白饮和服方寸匕，日三服，多饮暖水，汗出愈，如法将息（现代用法：水煎服，用量按原方比例酌定）。

【功效】利水渗湿，温阳化气。

【主治】①蓄水证。小便不利，头痛微热，烦渴欲饮，甚则水入即吐，舌苔白，脉浮。②水湿内停证。水肿，泄泻，小便不利，以及霍乱等。③痰饮证。脐下动悸，吐涎沫而头眩，或短气而咳者。

【制方原理】本方原书主治太阳表邪未解，内传太阳之腑，膀胱气化不利，太阳经腑同病之蓄水证。太阳表邪未解，正邪相争，故头痛，发热，脉浮；膀胱气化受阻，则见小便不利。水蓄不化，津液失其输布，故烦渴欲饮，水入即吐；如脾虚不运，水湿内停，泛滥于肌肤则为水肿，下注大肠则为泄泻，或上吐下泻而成霍乱；水湿聚而为饮，痰饮内阻，清阳不升，浊阴不降，则见脐下悸动，头晕目眩，咳吐涎沫，短气而咳。以上诸证或因膀胱气化受阻，或因脾虚停湿聚饮，均涉水湿内盛。治宜利水渗湿，兼以温阳化气，健脾祛湿。

方中泽泻甘淡而寒，直达肾与膀胱，利水渗湿，《药品化义》称其"利水第一良品"，兼能清热，故重用为君药。茯苓、猪苓淡渗利湿，以增强泽泻利水渗湿之功，共为臣药。白术健脾燥湿；桂枝温阳化气，助君臣行水利水，兼解表而散太阳在经未尽之邪，为佐使。诸药合用，共奏利水渗湿、温阳化气、健脾祛湿之功。

制方特点：辛温配伍甘淡，温阳化气行水；利水渗湿配伍健脾祛湿，下焦与中焦并治。

【临床应用】

1. 用方要点　本方为利水渗湿的基础方。临床用方辨证要点为小便不利，苔白，脉浮或缓。

2. 临证加减　表证明显，可与越婢汤合用；里热甚去桂枝，加知母以清热；水肿较重，合五皮散以增强利水消肿；气虚加人参（《医方集解》春泽汤）以益气健脾；小便赤少，大便稀溏者，去桂枝（《丹溪心法》四苓散）；湿多热少的黄疸，加茵陈蒿（《金匮要略》茵陈五苓散）以利湿退黄；脾胃寒湿，泄泻不止，与平胃散合用（《世医得效方》胃苓散）以温阳燥湿止泻。

3. 现代运用　主要用于肾小球肾炎、肝硬化所引起的水肿及肠炎、尿潴留、脑积水、胸水、传染性肝炎、泌尿系感染、青光眼等属水湿内盛者。

4. 使用注意　本方偏于渗利，不宜久服；体弱及脾肾气衰者当慎用，或与补养剂合用。

【现代研究】

1. 药理作用　肾性高血压大鼠给予五苓散提取液 30 天后，模型大鼠的尿量显著增加，尾动脉压显著降低，血清 Na^+、K^+、Cl^- 浓度趋于正常，表明五苓散对肾性高血压大鼠具有利尿、降压及调整其电解质平衡作用。五苓散预防及治疗性给药，均能抑制高脂模型大鼠血清总胆固醇、甘油三酯、低密度脂蛋白及低密度脂蛋白胆固醇/高密度脂蛋白胆固醇比值的升高，其机制可能与干扰外源性胆固醇吸收、脂化及影响内源性胆固醇代谢，调节脂质转运障碍有关。茵陈五苓散口服，能改善动脉粥样硬化大鼠的动脉血管内膜形态和其细胞结构的完整性。上述研究表明，五苓散具有利尿、调脂以及保护血管壁结构和功能等作用。

2. 临床研究　五苓散加减治疗肛肠病术后尿潴留患者 60 例。兼湿热，酌加黄柏、瞿麦、萹蓄、车前子、滑石、通草；年老气虚，小便无力，加黄芪；小腹痛胀，加小茴香、乌药。结果：总有效率为 96.7%。40 例非机械性肠梗阻致肾积水患者随机分为四组，分别给予五苓散、猪苓汤、八正散和金匮肾气丸治疗 1 周。结果：四组中以五苓散利尿作用最强，猪苓汤和八正散其次，金匮肾气丸最差。

【附方】

猪苓汤（《伤寒论》）　猪苓去皮　茯苓　泽泻　阿胶　滑石碎，各一两（各9g）　上五味，以水四升，先煮四味，取二升，去滓，内阿胶烊消，温服七合，日三服。功效：利水清热养阴。主治：水热互结证。小便不利，发热口渴欲饮，或心烦不寐，或兼咳嗽，呕恶，下利，舌红苔白或微黄，脉细数。又治血淋，小便涩痛，点滴难出，小腹满痛者。

按：猪苓汤与五苓散同为利水之剂，均用猪苓、茯苓、泽泻淡渗利水之品。五苓散配桂枝温阳化气行水；白术补气健脾燥湿，温阳化气利水。主治阳气不化的蓄水停湿证。猪苓汤配伍滑石清热利水，阿胶养阴润燥，利水清热养阴。主治阴津被伤，水热互结证。

防己黄芪汤
Tetrandra and Astragalus Decoction
(Fangji Huangqi Tang)
(《金匮要略》)

【组成】 防己—两（12g） 黄芪去芦，一两一分（15g） 甘草半两（6g） 炒白术 七钱半（9g）

【用法】 上锉麻豆大，每抄五钱匕，生姜四片，大枣一枚，水盏半，煎八分，去滓温服，良久再服。服后当如虫行皮中，以腰下如冰，后坐被上，又以一被绕腰以下，温令微汗，瘥（现代用法：水煎服，每日1剂，分3服，用量按原方比例酌减）。

【功效】 益气祛风，健脾利水。

【主治】 气虚之风水或风湿证。汗出恶风，身重，小便不利，舌淡苔白，脉浮。

【制方原理】 本方所治之风水或风湿多因平素脾肺不足所致。脾虚不运，水湿内蕴；肺虚不固，复感风邪；水湿与风邪相搏于肌表腠理之间。风邪在表，卫外不固，故汗出恶风、脉浮；湿郁肌腠，则身体困重；水湿内停，布化失常，则小便不利；舌淡苔白，为肺脾不足之象。本证病机为肺脾不足，卫表不固，风湿郁滞肌表。治宜益气祛风，健脾利水。

方中防己辛苦而寒，祛风利水，善祛肌肉经络之风湿，为"疗风水要药"（《本草求真》）；黄芪补气固表，兼能利水消肿。此两药相伍，补气利水，祛风固表，邪正兼顾，共为君药。白术健脾燥湿，增强君药益气固表、利水祛湿之功，为臣药。甘草补气健脾，调和诸药；煎加姜、枣，调和脾胃，俱为佐使。诸药合用。

制方特点：祛风利水与补气健脾同用，正邪兼顾，使风去表固，脾健湿行，扶正不留邪，祛邪不伤正。

【临床应用】

1. 用方要点 本方为治疗气虚之风水、风湿证的常用方剂。临床用方辨证要点为汗出恶风，小便不利，苔白脉浮。

2. 临证加减 肝脾不和而腹痛，加芍药柔肝缓急止痛；肺气不利而喘，加少许麻黄以平喘；水湿偏重而肿甚，加茯苓、泽泻以利水消肿；气逆上冲见心下悸动，加桂枝以平冲降逆。

3. 现代运用 主要用于急慢性肾小球肾炎、风湿性关节炎、心源性水肿等属湿盛而气虚者。

4. 使用注意 风水表闭、水湿内壅之肿满实证，本方不宜。

【现代研究】

1. 药理作用 取防己、黄芪、白术、甘草，按1:1.2:0.4:0.4比例制备成干浸膏，每克提取物含生药45g，用4%阿拉伯树胶配制成9.9mg/ml的混悬液，每只鼠每天0.2ml，一次性灌胃。结果显示，本方具有显著的抗炎、改善组织微循环和促进关节软骨细胞修复的作用，对关节内外组织炎症具有普遍的消炎作用。

2. 配伍研究 本方拆方制成100%浓度的水煎剂，分别按0.5ml和1.0ml给予小鼠灌胃，并分别测定给药后0、15、30、45、60、75分钟时的血浆心钠素（ANP）。结果表明：

防己黄芪汤全方及单味药黄芪、防己、白术组小鼠血浆的 ANP 均明显升高，其中单味药黄芪作用最强（P < 0.05）；防己、白术升高作用时间较晚，而甘草无明显作用。推测防己黄芪汤的利尿作用与其调节 ANP 有关，君药黄芪在全方中起主要作用。

3. 临床研究 用防己黄芪汤加减治疗急、慢性风湿性或类风湿性关节炎 64 例，结果痊愈 56 例，有效 5 例，缓解 3 例。用本方合乌头汤化裁治疗活动期风湿性关节炎、类风湿性关节炎 46 例，结果：晨僵持续时间、关节压痛指数、关节肿胀数、握力、步行时间及血沉有显著性改变。本方合己椒苈黄汤加减治疗慢性肾小球肾炎 73 例，60 天为 1 个疗程，3 个疗程后，总有效率为 91.8%。

【附方】

防己茯苓汤（《金匮要略》） 防己三两（9g） 黄芪三两（9g） 桂枝三两（9g） 茯苓六两（18g） 甘草二两（6g） 上五味，以水六升，煮取二升，分温三服。功效：益气温阳利水。主治：皮水。四肢肿，水气在皮肤中，四肢聂聂动者。

按：防己黄芪汤与防己茯苓汤，均以黄芪配伍防己为核心，均为治疗水肿的常用方剂。但防己黄芪汤配伍白术，主在健脾益气祛湿，适宜于脾肺气虚之风水证；防己茯苓汤配伍桂枝、茯苓，主在温阳行水，适宜于阳弱水湿郁表的皮水证。

五 皮 散
Five-Peel Powder
（Wupi San）
（《华氏中藏经》）

【组成】 生姜皮 桑白皮 陈橘皮 大腹皮 茯苓皮各等分（各9g）

【用法】 上为粗末，每服三钱，水一盏半，煎至八分，去渣，不计时候温服，忌生冷油腻硬物（现代用法：或作汤剂，水煎服）。

【功效】 利水消肿，理气健脾。

【主治】 皮水。一身悉肿，肢体沉重，心腹胀满，上气促急，小便不利，苔白腻，脉沉缓，以及妊娠水肿等。

【制方原理】 本方为脾湿壅盛，泛滥肌肤的皮水证而设。脾主运化水湿，脾虚则使水湿泛滥肌肤，故头面四肢，甚则一身悉肿；湿邪浸及四肢肌腠之间，则肢体沉重；湿阻气机，则心腹胀满；肺气上逆则喘急；水道不畅，水液潴留，则小便不利。本证病机为脾湿壅盛，泛溢肌肤，壅滞气机。治宜健脾祛湿，行气利水。

方中茯苓皮甘淡渗湿，善行皮肤水湿，兼能健脾，为君药。大腹皮既可行气导滞，又能利水消肿；桑白皮肃降肺气，通调水道以利水；陈皮畅脾理气燥湿；生姜皮辛散水气，行水消肿，以上俱为佐药。诸药合用，共奏利水消肿，理气健脾之功。

制方特点：①诸药皆用其皮，善行皮间之水气；②行气与利水兼行，疏畅三焦与祛湿健脾同用。

【临床应用】

1. 用方要点 本方为治疗皮水之通用方。临床用方辨证要点为一身悉肿，心腹胀满，小便不利。

2. 临证加减 腰上肿甚而兼有风邪，加防风、羌活、苏叶散风祛湿；腰下肿甚兼小便短少，可与五苓散同用；偏热，加滑石、木通以清利湿热；偏寒，加附子、干姜以温阳利水；妊娠水肿，加白术以健脾安胎；气虚，加党参、白术以健脾益气。

3. 现代运用 主要用于急慢性肾小球肾炎、心源性水肿、妊娠水肿等属脾虚水泛者。

4. 使用注意 药性平和，利水之力较逊，多与他方合用。

【现代研究】

临床研究 五皮散加味治疗特发性水肿 41 例。其中脾胃气虚，加党参、山药；脾虚湿困，加苍术、猪苓；肝郁气滞，加柴胡、青皮；脾肾阳虚，加制附片、肉桂。每日 1 剂，水煎，分 3 次服。结果：痊愈 18 例，显效 14 例，有效 6 例，无效 3 例，总有效率 92.7%。又用五皮饮加减治疗妊娠水肿 60 例，腹胀便溏、舌苔白腻，加砂仁 6g，炒薏仁、山药各 30g；气短自汗、神疲舌胖，加生黄芪 30g，防风 10g；发热恶寒、睑肿咽痛、舌红脉浮数，加连翘、浮萍、泽泻各 10g，生石膏 30g；腰困尿频、四肢不温，加菟丝子、川断、杜仲各 10g。每日 1 剂，煎 2 次，分早、晚服，服药 5～15 天。结果：治愈 42 例，好转 15 例，无效 3 例，总有效率为 95%。

第三节　清热祛湿

清热祛湿剂（Formulae for Clearing Heat and Eliminating Dampness）适用于外感湿热，或湿热内盛，及湿热下注所致的湿温、黄疸、霍乱、热淋、痢疾、泄泻、痿痹等证。常用清热利湿药如茵陈、滑石、薏苡仁等，或清热燥湿药如黄连、黄芩、黄柏等为主组成。由于湿邪为病，易阻碍气机，故本类方剂中常配伍杏仁、桔梗、蔻仁、厚朴、陈皮等畅利气机之品。代表方剂如三仁汤、甘露消毒饮、连朴饮、茵陈蒿汤、二妙散、八正散等。

三 仁 汤
Three-Nut Decoction
（Sanren Tang）

（《温病条辨》）

【组成】杏仁五钱（12g）　飞滑石六钱（18g）　白通草二钱（6g）　白蔻仁二钱（6g）竹叶二钱（6g）　厚朴二钱（6g）　生薏苡仁六钱（18g）　半夏五钱（10g）

【用法】甘澜水八碗，煮取三碗，每服一碗，日三服（现代用法：水煎服）。

【功效】宣畅气机，清利湿热。

【主治】湿温初起及暑温夹湿之湿重于热。头痛恶寒，午后身热，身重疼痛，面色淡黄，胸闷不饥，口干不渴，或渴不欲饮，苔白腻，脉弦细而濡。

【制方原理】本方为湿温初起，湿重热轻之证而设。湿温初起，卫气同病。湿性重浊，卫阳被遏,故恶寒,头痛如裹;湿着肌腠,则身重疼痛;湿阻上中焦,肺脾不畅,故胸闷不饥。热为湿遏,阳明旺于申酉,则午后身热而身热不扬;津液不能上承,故口干不欲饮。舌苔白腻,脉弦细而濡,也为湿热之象。本证病机为卫气同病,湿热留连三焦,气机不畅,热为湿遏;治宜宣畅三焦气机,兼行清利,使气畅湿行,湿热得解。

方中杏仁苦辛微温,宣畅上焦肺气;白蔻仁芳香苦辛,醒脾畅运中焦;薏苡仁甘淡,利湿疏导下焦。三仁分入三焦,宣畅气机,使湿邪得行,俱为君药。滑石、通草、竹叶甘寒淡渗,利湿清热,疏导三焦,使湿有去路,为臣药。半夏燥湿和胃,厚朴行气散满,合为佐药。诸药合用,宣上、畅中、渗下,使湿热从三焦分消,共奏宣畅气机,清利湿热之功。

制方特点:①集芳香化湿、淡渗利湿、苦温燥湿于一方;②主在畅利三焦气机,化湿于宣畅气机之中,清热于淡渗利湿之间。

【临床应用】

1. 用方要点 本方是治湿温初起,湿重于热的常用方剂。临床用方辨证要点为头痛恶寒,身重疼痛,午后身热,苔白不渴。

2. 临证加减 卫分证未罢,加藿香、香薷、佩兰以解表化湿;湿甚见呕恶脘痞,加苍术、石菖蒲、草果以芳香燥湿。

3. 现代运用 主要用于胃炎,急慢性结肠炎,黄疸型肝炎,肠伤寒,肾盂肾炎等属湿热之证者。

4. 使用注意 舌红苔黄腻,热重于湿者,本方不宜。

【现代研究】

1. 药理作用 三仁汤能对抗湿热证大鼠模型血浆胃动素的升高和胃泌素低下,增强小肠对 D–木糖吸收率,并通过改善模型动物小肠上皮形态与功能,恢复肠道正常菌群保护屏障,减少内毒素肠源性入血;同时降低肝酶,增强肝细胞蛋白质合成,促进肝细胞病理损伤的恢复,增强肝脏对内毒素的清除能力。三仁汤对注射正常马血清造成的家兔Ⅲ型变态反应有显著的抑制作用,并有降低血清免疫复合物浓度和总补体活性的作用趋势。上述研究表明,三仁汤具有调整或改善胃肠运动及消化功能和抵抗内毒素损害等作用。

2. 临床研究 用三仁汤加味治疗急性胃肠炎 300 例。基本方药:杏仁 10g,白蔻仁 10g,薏苡仁 30g,滑石 15g,竹叶 10g,厚朴 15g,通草 15g,制半夏 10g,木瓜 15g,石韦 20g,白芍 15g,神曲 20g,焦山楂 15g,甘草 5g。水煎服,每日 1 剂,煎 3 次分服,其中呕吐频繁者不拘时服。结果:服药 2 剂治愈 60 例;服药 4 剂治愈 140 例;服药 6 剂治愈 81 例;服药 8 剂症状明显好转 19 例。另有本方加减治疗脾胃湿热型慢性胃炎 89 例。方药:杏仁 10g,薏苡仁 30g,白豆蔻 10g,炒枳壳 12g,厚朴 10g,半夏 10g,竹叶 10g,黄芩 10g,黄连 10g,陈皮 10g,云苓 15g,焦三仙 30g,砂仁 6g,炮姜 4g,三七粉 3g。其中湿重加苍术 10g;泛酸加乌贼骨 10g;脾虚加白术 10g;胃痛明显加白芍 15g,延胡索 15g;脾肾气虚加山药 15g;肝肾阴虚加寄生 15g。治疗期间停用其他中西药物,4 周为 1 个疗程。结果:服用 1～3 个疗程临床治愈 53 例,显效 27 例,有效 6 例,无效 3 例。治疗有效病例的胃镜像均有不同程度改善,其中充血、水肿、糜烂等急性活动性炎症的改善最为明显。

【附方】

藿朴夏苓汤(《医原》卷下) 杏仁二钱至三钱 (6～9g) 蔻仁冲八分 (2g) 半夏二钱至

三钱（6g~9g）　厚朴八分至一钱（2~3g）　藿梗一钱半至二钱（4.5~6g）　苡仁四钱至六钱（12~18g）　通草三钱至五钱（9~15g）　茯苓三钱至四钱（9~15g）　猪苓一钱半至两钱（4.5~6g）　泽泻一钱半至两钱（4.5~6g）　先用通草煎汤代水，将上药服。功效：解表化湿。主治：湿温初起，身热恶寒，肢体倦怠，胸闷口腻，舌苔薄白，脉濡缓。

按：本方较三仁汤少滑石、竹叶，多藿香、二苓、泽泻，侧重于祛湿解表，清热之力不及三仁汤，适用于湿温初起表证较明显者。

甘露消毒饮
Sweet Dew Pellet for Eliminating Toxin
（Ganlu Xiaodu Dan）

（《医效秘传》）

【组成】飞滑石十五两（15g）　淡黄芩十两（10g）　绵茵陈十一两（12g）　石菖蒲六两（6g）　川贝母五两（5g）　木通五两（5g）　藿香四两（6g）　连翘四两（6g）　白蔻仁四两（4g）　薄荷四两（4g）　射干四两（4g）

【用法】生晒研末，每服三钱，开水调下，或神曲糊丸，如弹子大，开水化服亦可（现代用法：或作汤剂，水煎服）。

【功效】利湿化浊，清热解毒。

【主治】湿温时疫。发热倦怠，或午后身热，胸闷腹胀，肢酸，身目发黄，颐肿口渴，吐泻，淋浊，舌苔淡白或厚腻或干黄，脉濡数或滑数。

【制方原理】本方主治湿温时疫，邪在气分，湿热并重之证。湿热交蒸，留恋气分，故见身热倦怠、午后热甚。热毒上壅，则咽颐肿痛、口渴。热为湿遏，不得发越，肝胆疏泄失常，故身目发黄。湿滞气机，升降失司，故胸闷腹胀，甚或吐泻。湿热下注，清浊不分，故小便短赤，甚或淋浊。舌苔或白或黄或腻，脉濡数或滑数皆为湿热内蕴之象。本证病机为湿温夹毒，羁留气分，壅滞三焦。治宜通利三焦，祛湿化浊，清热解毒。

方中滑石清热利湿而解暑，茵陈清热利湿而退黄，黄芩清热解毒而燥湿。三药相伍，清热解毒利湿，共为君药。藿香、石菖蒲、白蔻仁，开泄中上焦气机，芳香化浊，醒脾和胃，共为臣药。连翘清热解毒，射干、贝母利咽消肿，木通清利湿热，俱为佐药。薄荷辛散透热，兼疏利咽喉，为佐使。诸药合用，共奏利湿化浊、清热解毒之功。

制方特点：集清热利湿、解毒散结、芳香化浊于一方，三焦兼治。

【临床应用】

1. 用方要点　此为夏令暑湿季节常用方剂。临床用方辨证要点为身热肢困，口渴尿赤，或咽痛身黄，舌苔白腻或微黄。

2. 临证加减　咽喉肿痛甚，加板蓝根、牛蒡子、金银花利咽散结；黄疸明显，可加秦艽、大黄、栀子利胆退黄；小便涩痛，加竹叶、白茅根、石韦、萹蓄清热通淋。

3. 现代运用　主要用于肠伤寒、斑疹伤寒、钩端螺旋体病、急性胃肠炎、细菌性痢疾、风湿热、病毒性心肌炎、腮腺炎、肾盂肾炎、胆囊炎、黄疸型传染性肝炎等属湿热并重者。

4. 使用注意　阴虚者本方不宜。

【现代研究】

1. 药理研究　本方对实验性内毒素发热模型大鼠的抑制作用其体温升高有很好的退热作用，可持续 2 小时以上。甘露消毒丹可降低小牛血清白蛋白复制免疫性肝损伤模型大鼠血清谷丙转氨酶及透明质酸和血清前胶原Ⅲ肽、甘胆酸及改善电镜下的肝纤维化病变。本方还可显著降低温病湿热证大鼠升高的分泌型免疫球蛋白 A、肿瘤坏死因子 - α、白介素 - 1β，降低其血脂质水平及异常增强的细胞免疫。上述研究表明，甘露消毒丹具有退热、抑制病毒、免疫调节和保肝降脂等作用。

2. 配伍研究　甘露消毒丹全方、拆方Ⅰ（霍香 2g，白蔻仁 3g，薄荷 2g，石菖蒲 3g）、拆方Ⅱ（黄芩 5g，连翘 2g，射干 2g，川贝母 2.5g，茵陈 5.5g，滑石 7.5g，木通 2.5g）及加味方（即甘露消毒丹全方加板蓝根 5g，大青叶 5g）四方（25g/L）均可降低柯萨奇病毒 B_2、B_3、B_4 株在培养细胞内的增殖量。

3. 临床研究　甘露消毒丹加减治疗急性病毒型肝炎 63 例。其中大便干结去滑石、通草，加大黄 10g；两胁胀痛加青、陈皮各 6g，川楝子 6g；明显干哕加半夏 6g，竹茹 10g；食少纳呆加焦三仙各 6g，鸡内金 6g。疗程 2～5 个月。结果：临床治愈 60 例（症状消失，肝功能及各项化验 3 次连续正常）。本方加减治疗复发性口腔溃疡 42 例，其中胃热盛加生石膏 20～30g，知母 12g，黄连 7g；湿重加苍术 15g，厚朴 12g，泽泻 15g，薏苡仁 20g；脘腹闷胀加川木香 12g，枳壳 12g，大腹皮 15g；大便干燥加大黄 6～9g。结果：治愈 33 例，有效 5 例，无效 4 例，总有效率 90.48%。

连 朴 饮
Coptis and Magnolia Bark Decoction
(Lian Po Yin)
(《霍乱论》)

【组成】制厚朴二钱（6g）　川连姜汁炒　石菖蒲　制半夏各一钱（各 3g）　香豉炒　焦栀各三钱（各 9g）　芦根二两（60g）

【用法】水煎，温服。

【功效】清热化湿，理气和中。

【主治】湿热霍乱。呕吐泻利，胸脘痞闷，心烦躁扰，小便短赤，舌苔黄腻，脉滑。

【制方原理】本方主治湿热内蕴，扰于脾胃所致的霍乱吐泻证。脾主升清，胃主降浊，湿热内蕴，清浊相干，清阳不升则下陷为泄泻，浊阴不降则上逆为呕吐；湿热郁遏，气滞不行，故胸脘痞闷。邪热上扰，心神不宁，故见心烦躁扰；湿热郁阻，水道不利，则小便短赤。舌苔黄腻，脉滑皆为湿热内蕴之象。本证病机为湿热郁遏中焦，脾胃升降失职，气机运行不畅。治宜清热化湿，理气和中，使湿去热清，气行胃和。

方中黄连苦寒，清热燥湿；厚朴苦辛温，长于行气燥湿，为消胀除满之要药。两药合用，则湿去热清，气畅胃和，共为君药。栀子苦寒，清热燥湿，兼可通利三焦；半夏辛温而燥，燥湿化痰，和胃降逆止呕，两药共为臣药。佐以石菖蒲化湿醒脾；淡豆豉和胃除烦；芦根清透肺胃气分之热，并能生津止渴除烦。诸药合用，共奏清热化湿，理气和中之功。

制方特点：辛开苦降，升清降浊；温清并用。

【临床应用】

1. 用方要点　本方是治疗湿热霍乱的常用方。临床用方辨证要点为吐泻烦闷，小便短赤，舌苔黄腻，脉滑数。

2. 临证加减　腹泻重，加炒车前子、薏苡仁以利湿止泻；胸腹满胀，加草果、白豆蔻以理气消胀。

3. 现代运用　主要用于急性胃肠炎、肠伤寒、副伤寒等属湿热俱甚者。

4. 使用注意　寒湿霍乱证忌用本方。

【现代研究】

1. 药理作用　本方能降低湿热证模型新西兰兔血浆中的内毒素肿瘤坏死因子、白介素－1含量，改善血液流变学、血小板计数及聚集率、凝血状态，提示本方具有一定免疫和血液流变学调节作用。

2. 临床研究　用加味连朴饮（川朴花、黄连、陈皮各6g，菖蒲、半夏、枳实、黄芩各12 g，白及、香豉、白蔻仁、炒栀子各6g，蒲公英、芦根、茯苓、生苡仁、白花蛇舌草各15g，每日1剂）治疗幽门螺杆菌相关性胃炎166例，同设口服黄连素48例为对照组，30天为1疗程。结果：加味连朴饮组幽门螺杆菌总抑杀率为95.17%，明显高于对照组75%（P<0.01），且有复发率低、副作用小、安全性好等特点。

【附方】

蚕矢汤（《霍乱论》）　晚蚕砂五钱（15g）　生苡仁　大豆黄卷各四钱（12g）　陈木瓜三钱（9g）　川连姜汁炒，三钱（9g）　制半夏　黄芩酒炒　通草各一钱（各3g）　焦栀一钱五分（4.5g）　陈吴萸泡淡，三分（1g）　地浆或阴阳水煎，稍凉徐服。功效：清热利湿，升清降浊。主治：湿热霍乱，吐泻转筋，口渴烦躁，舌苔黄厚而干，脉濡数。

按：本方与连朴饮皆治湿热霍乱之吐泻。但本方以蚕砂为君，配以薏苡仁、木瓜；功偏升清降浊，舒筋缓急，故以治霍乱转筋为主。连朴饮重用芦根，伍以黄连、半夏、菖蒲、厚朴；偏于清热化湿，理气和中，故以治霍乱呕吐为主。

茵陈蒿汤
Oriental Wormwood Decoction
（Yinchenhao Tang）
（《伤寒论》）

【组成】茵陈六两（18g）　栀子十四枚（9g）　大黄去皮，二两（6g）

【用法】上三味，以水一斗二升，先煮茵陈，减六升，内二味，煮取三升，去滓，分三服。小便当利，尿如皂荚汁状，色正赤，一宿腹减，黄从小便去也（现代用法：水煎服）。

【功效】清热，利湿，退黄。

【主治】湿热黄疸。一身面目俱黄，黄色鲜明，发热，腹微满，口渴欲饮，恶心欲吐，汗出不彻，无汗或但头出汗，大便不爽或秘结，小便不利，舌红苔黄腻，脉沉数或滑数有力。

【制方原理】外感时疫之邪，入里化热，内伤脾胃，运化失调，以致湿热内蕴。湿热交蒸，热不得外越，故汗出不彻；湿热熏蒸肝胆，胆汁外溢于肌肤，故一身面目俱黄、黄色鲜明。湿热内蕴，不能布津上承，则发热、口渴欲饮；湿热蒸上，则头汗出；阻于中焦，胃失和降，则恶心呕吐；阻于下焦，腑气不通，则腹微满、大便不畅、小便不利。舌红苔黄腻，脉沉数或滑数有力皆为湿热内蕴之象。本证病机为湿热郁蒸，胆汁外溢。治宜清热利湿，舒利肝胆。

方中茵陈芳香苦凉，清热利湿，善治"通身发黄，小便不利"（《名医别录》），兼能舒利肝胆，为治黄疸第一要药，故重用以为君。栀子清热降火，通利三焦，助君药泄热利湿退黄，为臣药。大黄清热利湿，畅腑逐瘀，使湿热毒邪，从二便而去。三药合用，舒利肝胆，清热祛湿，通腑利窍，使湿热从二便而解，而有清热祛湿退黄之功。

制方特点：清热利湿与泻火解毒、逐瘀通便合用，使瘀热湿毒从二便而出。

【临床应用】

1. 用方要点 本方为治湿热黄疸之要方。临床用方辨证要点为一身面目俱黄，黄色鲜明，舌苔黄腻，脉沉数。

2. 临证加减 黄疸重因热毒甚，加黄芩、虎杖、大青叶、黄柏以清热解毒退黄；少阳郁滞见寒热往来、胸胁苦满，加柴胡、黄芩以和解少阳；胃逆呕吐，加半夏、生姜以和胃降逆。

3. 现代运用 主要用于急性黄疸型肝炎、乙型肝炎、胆囊炎、胆结石、败血症、肠伤寒等属湿热内蕴者。

4. 使用注意 寒湿黄疸，本方不宜；孕妇慎用。

【现代研究】

1. 药理作用 大鼠经十二指肠给予茵陈蒿汤药液，观察药后 0、0.5、1、2、3、4 小时的胆汁排出量。结果表明，本方能明显增加大鼠胆汁排出量。茵陈蒿汤给予泼尼松造模小鼠灌胃 7 天，可使模型小鼠腹腔巨噬细胞的吞噬率和吞噬指数显著增加。茵陈蒿汤提取物可降低酒精性肝损伤的大鼠丙氨酸转氨酶（ALT）、天冬氨酸转氨酶（AST）的活性和肝脏系数，使肝脏小叶中心性纤维化、灶性及点状坏死，Mallory 小体、嗜酸性变及中性粒细胞浸润明显减轻。本方口服灌胃还能显著降低高脂动物的总胆固醇（TC）、甘油三酯（TG）、低密度脂蛋白胆固醇（LDL－C）水平和 LDL－C/HDL－C 比值，提高 HDL－C/TC，其降脂效果接近安妥明。茵陈蒿汤有排除豚鼠胆囊内的色素性结石，降低血清中 ALT、直接胆红素、总胆红素、血清钙等作用。

2. 临床研究 用茵陈蒿汤加味（茵陈、栀子、大黄、山楂、陈皮、泽泻）治疗脂肪肝 58 例。30 剂为 1 疗程，治疗 3 个疗程。结果：显效 34 例，有效 19 例，无效 5 例，总有效率为 91.38%。

【附方】

胆道排石汤（《中西医结合治疗急腹症》） 金钱草（3g）茵陈 郁金（各15g） 枳壳木香（各9g） 生大黄（6~9g） 水煎服。功效：清热利湿，行气止痛。主治：胆道结石属于湿热者。

胆道排石汤即茵陈蒿汤去栀子，加入金钱草利尿排石；郁金、枳壳、木香行气止痛，适宜于胆道结石证属于湿热者。

二 妙 散
Two-Marval Powder
（Ermiao San）
（《丹溪心法》）

【组成】 黄柏炒　苍术米泔浸，炒（各15g）

【用法】 上二味为末，沸汤，入姜汁调服。二物皆有雄壮之气，表气实者加酒少许佐之（现代用法：为散剂，各等分，每次服3～5g，或为丸剂，或为汤剂，水煎服）。

【功效】 清热燥湿。

【主治】 湿热下注证。筋骨疼痛，下肢痿软无力，或足膝红肿热痛，或湿热带下，或下部湿疮，湿疹，小便短赤，舌苔黄腻。

【制方原理】 本方所治诸症皆为湿热下注所致。湿热相搏，着于下肢而阻于经脉、筋骨，不通则痛，故见筋骨疼痛，或足膝红肿热痛；湿热不攘，蕴留经络之中，筋脉弛张，故下肢痿软无力；若湿热下注带脉、前阴，则成湿热带下，或下部湿疮，湿疹；小便短赤，舌苔黄腻皆为湿热之象。本证病机为中焦生湿，湿流下焦蕴热，湿热下注。治宜燥湿清热，使湿去热清，诸症得解。

方中黄柏苦寒，苦能燥湿，寒能清热，善清下焦之热，除足膝之湿，为治下焦湿热之要药，故为君药。苍术苦温，燥湿健脾，即可祛已成之湿，又可复脾之健运，则湿无由生。生姜汁暖胃散滞，兼制黄柏之苦寒。诸药合用，共奏清热燥湿之功。

制方特点：燥湿清热，运脾畅中，标本兼顾；寒热并用，清热不伤中，燥湿不助热。

本方加牛膝补肝肾，祛风湿，引药下行，即三妙丸（《医学正传》），专治下焦湿热之两脚麻木，痿软无力，或如火烙之热。再加薏苡仁健脾利湿，清热除痹，即四妙丸（《成方便读》），主治湿热下注之痿痹证。

【临床应用】

1. 用方要点　本方主治湿热下注所致的痿痹、脚气、带下、湿疮。临床用方辨证要点为小便短赤，舌苔黄腻。

2. 临证加减　湿重于热，重用苍术；热重于湿，重用黄柏；湿热脚气，加薏苡仁、木瓜、槟榔以渗湿泄浊；湿热带下，加薏苡仁、车前子、赤茯苓以渗湿止带；下部湿疮，加龙胆草、泽泻、赤小豆、土茯苓以祛湿热，解疮毒。

3. 现代运用　主要用于痛风、关节炎、腰膝关节骨质增生、阴囊炎、阴道炎等属湿热下注者。

4. 使用注意　寒湿者本方不宜。

【现代研究】

1. 药理作用　二妙散能显著抑制对2，4，6－三硝基氯苯所致迟发性变态反应（PC－DTH）的诱导相和效应相，对效应相主要是影响其前期；但对二甲苯及蛋清所致炎症无明显抑制作用。推测其可能主要作用于效应T细胞的形成及其释放淋巴因子过程，有一定的抗变态反应性作用。

2. 临床研究　二妙散加味治疗痛风性关节炎32例。其中痰湿凝聚加半夏、瓜蒌；寒湿阻滞者加制川乌、细辛；血虚加熟地、当归；气虚加黄芪、党参；病在上肢加桑枝、羌活；病在下肢加牛膝、独活。连续用药10天。结果：痊愈20例，显效10例，有效2例。以本方的加味方（苍术15g，黄柏15g，麦门冬12g，熟地黄15g）为基础治疗糖尿病肌病42例。其中乏力甚加黄芪20g，白术12g；疲劳甚加党参20g，黄精15g；抽筋甚加木瓜15g，牛膝12g；肢痛加三棱12g，虎杖12g；肢冷加附子10g，川乌8g。每日1剂，分早餐前、晚餐2小时后温服。西药对照组用维生素B 100mg，维生素B_{12} 500U肌肉注射。两组均以15天为1疗程，共计2个疗程。结果：中药组显效23例，有效15例，无效4例，总有效率为90.48%，高于西药对照组63.33%。

八　正　散
Eight Rectification Powder
（Bazheng San）
（《太平惠民和剂局方》）

【组成】车前子　瞿麦　萹蓄　滑石　栀子仁　甘草炙　木通　大黄面裹煨，去面，切，焙，各一斤（各9g）

【用法】上为散，每服二钱，水一盏，入灯心，煎至七分，去滓，温服，食后临卧。小儿量力少少与之（现代用法：散剂，每服6~8g，灯心煎汤送服；或以原方加灯心草作汤剂，水煎服）。

【功效】清热泻火，利水通淋。

【主治】湿热淋证。尿频涩痛，淋沥不畅，小便浑赤，甚或癃闭不通，小腹胀满，口燥咽干，舌红苔黄腻，脉滑数。

【制方原理】本方主治湿热蕴结下焦所致之淋证。湿热蕴阻于膀胱，气化不利，故尿频涩痛，淋沥不畅，甚则癃闭不通、小腹胀满；湿热内蕴，清浊不分，故小便浑赤；热伤津液，则口燥咽干；苔黄腻，脉滑数，皆为湿热之象。本证病机为湿热蕴结膀胱，水道不利。治宜清热泻火，利水通淋。

方中瞿麦苦寒，主入膀胱经，可"降心火，利小肠，逐膀胱湿热，为治淋要药"（《本草从新》）；萹蓄利水通淋，主五淋。两药合用，有利小便、去淋浊、通癃闭之专长，共为君药。木通苦寒清利，上清心热，下导小肠之热；车前子甘淡而凉，上清肺热，下利膀胱；滑石性沉寒滑利，清利三焦湿热，善通窍利水。此三味共为臣药。栀子、大黄清热泻火，通利大、小肠腑，导湿热下行，为佐药。炙甘草甘缓和中，调和诸药，兼防诸药之苦寒伤胃，为佐使。诸药合用，共奏清热泻火，利水通淋之效。

制方特点：集多味清热利水通淋药于一方，虽主治下焦，但通利三焦，多脏腑兼治。

【临床应用】

1. 用方要点 本方以清热通淋利窍为功效特点，除用于湿热淋外，也可用于热淋、血淋。临床用方辨证要点为尿频尿急，溺时涩痛，舌苔黄腻，脉数。

2. 临证加减 血淋，加白茅根、大蓟、小蓟以凉血止血；石淋，加金钱草、海金沙、鸡内金、石韦、冬葵子、瞿麦（上海中医学院《方剂学》三金汤）以通淋排石；湿热瘀结，小便淋涩不畅，尿中砂石或夹血，加蒲黄、琥珀、白茅根以祛瘀通窍；热毒重，加蒲公英、金银花以清热解毒散结。

3. 现代运用 主要用于尿道炎、膀胱炎、急性前列腺炎、泌尿系结石、急性肾炎、尿潴留、乳糜尿等属湿热或热淋者。

4. 使用注意 本方为苦寒通利之剂，体虚胃弱及孕妇本方不宜。

【现代研究】

1. 药理作用 采用琼脂平板打孔法和牛津小杯法测定，本方100%浓度的煎液在体外对大肠杆菌无明显抑制作用；但经本药处理后的或口服本药在体内经尿液处理后的大肠杆菌黏附在尿道上皮细胞上的细胞数量明显减少；电镜观察证实，经过八正散在体内或体外处理后的普通大肠杆菌形态学无明显改变，但其P菌毛数量明显减少。结果表明，本方在体内或体外均有抑制大肠杆菌P菌毛表达的作用。提示其通过此环节抑制尿道大肠杆菌对尿道上皮的黏附性，减弱大肠杆菌对尿道的致病性。另有报道，本方体外对大肠杆菌、变形杆菌、甲型副伤寒杆菌、福氏2α痢疾杆菌等具有一定的抑制作用，其中对金黄色葡萄球菌具有较强的抑制作用。

2. 临床研究 八正散加味（车前子、滑石、金钱草各30g，木通、萹蓄、瞿麦、栀子各12g，大黄6g，黄芪、石韦各15g）治疗泌尿系结石188例。其中正气虚加太子参15g，山茱萸、鸡内金各10g；湿热重加黄柏15g，银花30g；血尿加白茅根30g；结石久排不下加丹参、莪术各15g。结果：治愈118例，好转48例，无效22例，总有效率88.3%。用八正散原方加土茯苓、萆薢、黄柏、苍术为基本方，治疗经涂片确诊的淋病性尿道炎36例，随症加减，每日1剂，3天为1疗程。结果：痊愈20例，显效15例，无效1例。

【附方】

1. 六一散（《黄帝素问宣明论方》） 滑石六两（180g） 甘草炙，一两（30g） 为末，每服三钱（9g），蜜少许，温水调下，无蜜亦得，日三服。欲冷饮者，新汲水调下。功效：清暑利湿。主治：暑湿证。身热烦渴，小便不利，或泄泻。

2. 五淋散（《太平惠民和剂局方》） 赤茯苓六两（9g） 当归去芦 甘草生用，各五两（各7g） 赤芍 山栀各二十两（各15g） 诸药为细末，每服二钱（6g），水一盏，煎至八分，空心食前服。功效：清热凉血，利水通淋。主治：湿热血淋，尿如豆汁，溺时涩痛，或溲如砂石，脐腹急痛。

3. 水牛角散（《神巧万全方》） 水牛角（30g） 黄芩（90g） 大黄（90g） 王不留行（30g） 赤芍药（45g） 蒲黄（30g） 石韦（30g） 木通（45g） 冬葵子（45g） 滑石（30g） 车前子（60g） 研末，每服15g，水煎温服。功效：清热泻火，祛瘀通淋。主治：小便淋涩，尿夹砂石，或血丝、血块，小腹结痛者。

按：上三方与八正散，俱可治疗小便涩痛、淋沥不畅之症。但六一散重在祛暑清热利湿，适宜于暑湿下注所致小便不利、身热、泄泻者；五淋散重在清热凉血和血，主治结热不甚之血淋者；牛角散重在泻火祛瘀通窍，适宜于湿热瘀结伤络之石淋兼血淋者；八正散重在泻火利水通淋，治疗湿热蕴结之热淋者。

第四节　温化水湿

温化水湿剂（Formulae for Warming and Transforming Water – Dampness），适用于阳虚气不化水或湿从寒化所致的痰饮、水肿、痹证以及脚气等寒湿病证。常用温阳药如附子、桂枝与利湿药如茯苓、泽泻、白术等组方。由于寒湿病证的成因涉及阳虚内寒、脾虚不运、饮停气阻等，故本类方剂又常配伍温阳祛寒、健脾益气、理气行滞之品。代表方剂如苓桂术甘汤、真武汤、实脾散等。

苓桂术甘汤
Poria, Cinnamon Twig, Bighead Atractylodes and Licorice Decoction
（Ling Gui Zhu Gan Tang）
（《金匮要略》）

【组成】茯苓四两（12g）　桂枝去皮，三两（9g）　白术三两（9g）　甘草炙，二两（6g）

【用法】上四味，以水六升，煮取三升，去滓，分温三服（现代用法：水煎服）。

【功效】温阳化饮，健脾利湿。

【主治】中阳不足之痰饮内停。胸胁支满，目眩心悸，或短气而咳，舌苔白滑，脉弦滑。

【制方原理】本方证为中阳不足，脾失运化，湿聚成饮，停聚体内所致。饮溢于上，停于胸胁，清阳不升，故胸胁支满；饮阻中焦，清阳不升，故目眩；饮邪凌心，则心悸；痰饮射肺，肺失宣肃，则短气而咳。本证病机为中阳不足，温化不及，津停为饮。治宜温阳健脾，祛湿化饮，即"病痰饮者，当以温药和之"（《金匮要略》）之法。

方中重用茯苓，其甘淡性平，健脾利湿化饮，为君药。饮为阴邪，非温不能化，故臣以辛温桂枝，温阳化气行水。君臣相协，增进温化渗利之功。白术健脾燥湿以杜绝生痰之源，合桂枝以温运中阳，协茯苓以健脾祛湿，为佐药。炙甘草补脾益气，调药和中，为佐使。四药合用，共奏健脾利湿、温阳化饮之功，使中阳得健，饮化痰消，诸证自愈。

制方特点：①甘温辛淡药法，甘温扶脾阳，辛淡行湿饮；②重在温化渗利，温而不热，利而不峻。

【临床应用】

1. 用方要点　本方为治疗中阳不足之痰饮病的代表方。临床用方辨证要点为胸胁支满，目眩心悸，舌淡苔白滑。

2. 临证加减 咳嗽痰多，加半夏、陈皮以理气化痰；神疲乏力，加党参、黄芪以益气健脾；呕吐眩晕，加旋覆花、代赭石、天麻以平肝定眩。

3. 现代运用 主要用于心包积液、心源性水肿、病毒性心肌炎、慢性肾小球肾炎、肾病综合征、心力衰竭、心律失常、支气管哮喘、慢性支气管炎、梅尼埃病等属痰饮内停而中阳不足者。

4. 使用注意 痰饮夹热或阴虚火旺者忌用。

【现代研究】

1. 实验研究 苓桂术甘汤大、小剂量均能明显降低实验性充血性心力衰竭模型兔的体重，减慢心率，降低血浆心钠素水平，增加尿量，其作用机理可能与该方改善模型动物的心脏内分泌功能，减轻心脏容量负荷有关。本方能使佐剂性关节炎大鼠血清白细胞介素 -1β、肿瘤坏死因子 α 及前列腺素 E_2 明显降低；能改善环磷酰胺所致免疫功能低下模型小鼠淋巴细胞活性，促进小鼠血清溶血素生成，增强自然杀伤细胞及白介素 -2 的免疫活性，以及调节 T 细胞亚群的比例。研究表明，本方具有调整心脏内分泌功能、对抗异常免疫性炎及改善免疫功能等作用。

2. 配伍研究 用正交法实验设计，对苓桂术甘汤中药味与药量同时加减拆方，选择小鼠常压耐缺氧、对抗氯仿所致小鼠心律失常和利尿三项药理指标，对所得 16 个处方进行药理实验，采用方差分析、典型相关分析，发现方中茯苓与桂枝对于各药理指标，均为影响药效的主要因素，并存在一定的用量依存性，二药在原方水平以上，继续增大用量，则药效增强趋势变缓，而白术和甘草的药量加减对药效并无显著影响，体现了配合主药的辅助作用。结果表明，原方的配伍关系与量效关系相关联，并与传统诠释相一致 。

3. 临床研究 用苓桂术甘汤治疗慢性肺源性心脏病心力衰竭（慢性支气管炎急性发作期合并肺心病心力衰竭）104 例，对照组 105 例用西药氨茶碱、必嗽平、西地兰联合治疗，两组均连续用药 2 周。结果：治疗组总有效率为 91.3%，显著高于对照组的 78.1%。

【附方】

甘草干姜茯苓白术汤（又名肾著汤）（《金匮要略》） 甘草二两（6g） 干姜四两（12g） 茯苓四两（12g） 白术二两（6g） 上四味，以水五升，煮取三升，分温三服（现代用法：水煎服）。功效：祛寒除湿。主治：寒湿外袭，痹着于腰部所致之肾著病。身重腰以下冷痛，腰重如带五千钱，饮食如故，口不渴，小便自利。

按：本方与苓桂术甘汤，仅一味之差，而苓桂术甘汤以茯苓为君，桂枝为臣，意在温阳化饮，治中阳不足之痰饮病；甘草干姜茯苓白术汤以干姜为君，茯苓为臣，旨在温阳散寒除湿，治寒湿痹着之肾著病。

真 武 汤
True Warrior Decoction
（Zhenwu Tang）
（《伤寒论》）

【组成】茯苓三两（9g） 芍药三两（9g） 白术二两（6g） 生姜切，三两（9g） 附子

炮，去皮脐，破八片，一枚（9g）

【用法】上五味，以水八升，煮取三升，去滓，温服七合，日三服（现代用法：水煎温服）。

【功效】温阳利水。

【主治】脾肾阳虚，水气内停证。小便不利，四肢沉重疼痛或肢体浮肿，腹痛下利，苔白不渴，脉沉。或太阳病发汗太过，汗出不解，其人仍发热，心下悸，头眩，身𥆧动，振振欲擗地。

【制方原理】本证为内伤杂病，脾肾阳虚；或伤寒太阳病发汗太过，重损阳气；阳虚不能化气行水所致之水湿停聚证。水湿外溢肌肤，则四肢沉重疼痛，甚则水肿；水聚不行，则小便不利；流走肠间，则腹痛下利；过汗阳损阴伤，经脉神气失养，轻则筋脉拘急，筋肉𥆧动，重则站立不稳、振振欲擗地；水饮内停，清阳被遏，清阳不升，则头眩；水饮上逆凌心，则心悸；苔白不渴，脉沉也为水湿停聚之象。本证病机为阳虚不能化气行水，水湿停聚及流溢脏腑经脉。治当温助脾肾，行水祛湿。

方中附子大辛大热，温肾助阳，化气行水，为君药。茯苓淡渗利水，白术健脾祛湿，协君药温肾健脾，化气行水，为臣药。生姜辛散温通，既助附子温阳散寒，又协茯苓、白术行滞散水；白芍利小便以行水气，柔肝缓急以止腹痛，敛阴舒筋以解筋惕肉𥆧，兼制附子温燥伤阴，合为佐药。诸药合用，共奏温脾肾之阳、化气行水、利尿祛湿之功。

制方特点：①标本兼治，温肾健脾，行水祛湿；②辛热渗利，佐以酸柔，温经和营，利水护阴，为有制之司。

【临床应用】

1. 用方要点 本方为温阳利水的常用方。临床用方辨证要点为小便不利，肢体沉重或浮肿，舌淡苔白不渴，脉沉。

2. 临证加减 咳嗽，加细辛、干姜、五味子以温肺化饮；腹泻较重，去白芍，加干姜以温中止泻；呕吐，去附子，加吴茱萸、半夏以温胃止呕。

3. 现代运用 主要用于慢性肾炎、肾病综合征、尿毒症、肾积水、心源性水肿、心力衰竭、心律失常、甲状腺功能低下、醛固酮增多症、梅尼埃病等属阳虚饮停者。

4. 使用注意 湿热肿胀、阴虚停水者忌用。

【现代研究】

1. 药理研究 阿霉素肾病模型大鼠每天按体重10ml/kg（相当于21g生药/kg）给予真武汤灌胃，连续给药28天。结果表明，本方可显著降低肾病大鼠的高血脂和蛋白尿。本方对心肌缺血性大鼠模型显示一定的保护作用，能改善冠状动脉供血，增加心肌收缩力，提高心排出量。真武汤提取物对实验性肥胖大鼠有一定的减肥作用，但去除附子后的提取物却无减肥效果，其减肥机制可能与降低血脂和血中瘦素水平有关。本方还可降低氢化可的松所致阳虚模型小鼠血中的过氧化脂质，增强红细胞超氧化物歧化酶活性，增加体重及胸腺指数；对肾阳虚模型动物的下丘脑-垂体-肾上腺皮质/甲状腺/性腺轴具有一定促进恢复的作用。

2. 配伍研究 强心利尿作用的拆方研究发现，附子虽是强心的主要药物，但方中其他各药与之有协同作用，芍药易为赤芍后全方的强心利尿效力更强，方中生姜可显著提高全方的利尿作用。上述研究表明，真武汤具有改善心、肾功能，调整神经-内分泌功能，及抗氧化损伤等作用，为其临床运用于心、肾及内分泌系统的疾病提供了一定的药理学依据。

3. 临床研究 真武汤加黄芪、丹参、益母草治疗脾肾阳虚型慢性肾小球肾炎41例。结果：完全缓解者19例，患者水肿、肾实质性高血压等症状、体征消失，蛋白尿持续转阴，尿红细胞持续阴性。真武汤加葛根、川芎、半夏等与西药654-2针剂合用治疗椎-基底动脉缺血性眩晕，较单纯西药西比灵组的治疗效果好（P<0.05）。

【附方】

附子汤（《伤寒论》） 附子二枚，炮去皮，破八片（15g） 茯苓三两（9g） 人参二两（6g） 芍药三两（9g） 白术四两（12g） 上五味，以水八升，煮取三升，去滓，温服一升，日三服（现代用法：水煎服）。功效：温经助阳，祛寒化湿。主治：阳虚寒湿证。身体骨节疼痛，恶寒肢冷，苔白滑，脉沉无力。

按：本方与真武汤组成仅差一味，但附子汤中附子、白术量倍于真武汤，且有人参，重在温阳补气，祛寒除湿，治疗阳气虚衰之寒湿痹证；真武汤佐用生姜，不用人参，重在温阳行水，主治脾肾阳虚之水气内停证。

实 脾 散

Reinforcing the Spleen Powder

(Shipi San)

(《重订严氏济生方》)

【组成】厚朴去皮，姜制，炒 白术 木瓜去瓤 木香不见火 草果仁 大腹子 附子炮，去皮脐 白茯苓去皮 干姜炮，各一两（各6g） 甘草炙，半两（3g）

【用法】上咬咀，每服四钱，水一盏半，生姜五片，枣子一枚，煎至七分，去滓，温服，不拘时候（现代用法：加入生姜五片，大枣一枚，水煎服）。

【功效】温阳健脾，行气利水。

【主治】阳虚水肿证。身半以下肿甚，手足不温，口中不渴，胸腹胀满，大便溏薄，舌苔白腻，脉沉迟。

【制方原理】本方所主阴水证由脾肾阳虚，水气内停，水溢肌肤所致。阳虚无力行水，水性重浊趋下，故阳虚水肿身半以下肿甚。水湿内聚，气机不畅，故胸腹胀满；脾肾阳虚，温煦无能，则四肢不温；运化失职，则大便溏薄。口不渴，苔白腻，脉沉迟，为阳虚湿盛之象。此证病机要点为脾肾阳衰，温运无能；寒湿内停，气滞壅满。治宜温阳健脾，祛寒化湿，行水导滞。

方中附子辛热，温壮肾阳，祛逐寒湿，助气化而行水；干姜辛苦温，温脾祛寒。二药合用，温肾暖脾，扶阳祛寒，为君药。白术、茯苓健脾祛湿，助君药能温补脾阳，祛湿行水，为臣药。厚朴宽中降逆，木香行气导滞，大腹子下气利水；草果温化寒湿，木瓜醒脾化湿。此五味，行气导滞使气行湿化胀消，温化寒湿使阳复脾健，俱为佐药。甘草、生姜、大枣益脾和中，调和诸药，兼为佐使药。诸药合用，使脾肾阳复，寒湿得去，肿满得消。本方温补脾土之功显著，有脾实则水治之意，故以"实脾"名之。

制方特点：温阳健脾与祛湿利水、行气导滞并用，主在温化运湿行水。

本方由真武汤去芍药，减生姜之量，加干姜、木瓜，更加厚朴、木香、草果、大腹子、甘草、大枣而成。两方均有温暖脾肾、助阳行水之功，皆可治疗阳虚阴水证。但真武汤以附子为君，偏温肾阳，于温阳利水之中佐生姜，其行散之力较强，并佐芍药敛阴柔筋，兼能缓急止痛；本方以附子、干姜共为君药，偏温脾阳，于温阳化湿之中佐以行气导滞之品，其导湿除满之力较强，并佐木瓜生津敛阴，兼能监制辛热燥利伤阴，与彼方中白芍有异曲同工之妙。

【临床应用】

1. 用方要点　本方为治疗阳虚阴水的主要方剂。临床用方辨证要点为身半以下肿甚，胸腹胀满，苔白腻，脉沉迟。

2. 临证加减　尿少肿甚，加猪苓、泽泻以增强利水消肿之力；大便溏泻，增加白术用量，加肉豆蔻以健脾止泻；恶心呕吐，加半夏、陈皮以和胃止呕；大便秘结，合半硫丸以温阳通便；肝硬化腹水加赤芍、泽兰以活血行水。

3. 现代运用　主要用于慢性肾小球肾炎、心源性水肿、妊娠羊水过多、早期肝硬化腹水等属脾肾阳虚，水停气滞者。

4. 使用注意　阳水或湿热水肿者忌用。

【现代研究】

临床研究　经细胞学确诊为恶性肿瘤出现的腹腔积液（癌性腹水）患者，分为用实脾散辅助治疗组 50 例和腹腔局部注入西药对照组 36 例。结果：实脾散治疗组在改善症状，肝、肾功能指标方面均优于单纯西药对照组。实脾散去大腹子，加牵牛子、桃仁、益母草、金钱草、猪苓、泽泻为基本方，治疗慢性肾小球肾炎 187 例，其中脾虚，重用白术、茯苓，加黄芪、党参；肾阳虚加肉桂；腹水加半枝莲、半边莲。结果：临床治愈 125 例，显效 23 例，有效 16 例，无效 23 例，总有效率为 87.7%。

萆薢分清饮
Wolly Yam Decoction to Separate the Clear from the Turbid
(Bixie Fenqing Yin)
(《杨氏家藏方》)

【组成】益智仁　川萆薢　石菖蒲　乌药各等分 (各9g)

【用法】上为粗末，每服三钱，水一盏半，入盐一捻 (0.5g)，同煎至七分，食前温服 (现代用法：水煎服，入食盐少许)。

【功效】温肾利湿，分清化浊。

【主治】下焦虚寒，白浊膏淋。小便频数，浑浊不清，白如米泔，凝如膏糊，舌淡苔白，脉沉。

【制方原理】本方所治之白浊或膏淋是由下焦虚寒，湿浊不化所致。下焦虚寒，膀胱不约，故小便频数；肾之气化失司，不能分清别浊，故小便浑浊、白如米泔，甚或凝如膏糊。本证病机为下焦虚寒，寒湿下注；治宜温肾利湿，分清化浊。

方中萆薢利湿化浊，为治白浊之要药，故用以为君。益智仁温肾阳、化寒湿，善缩小便止遗浊，为臣药。石菖蒲芳香，除湿化浊，助君药分清祛浊；乌药温肾除寒，助臣药温肾化气以缩尿，皆为佐药。以食盐一捻，取其咸以入肾，为引经使药。诸药合用，共奏温暖下元、分清化浊之功。原书方后云："一方加茯苓、甘草"，则可使利湿化浊功效更强。

制方特点：①专病专药，主用萆薢治白浊；②温暖下元与分清别浊配伍，标本兼顾，以治标为主。

本方所治白浊、膏淋为下焦虚寒之证。若下焦湿热，舌苔黄腻之白浊、膏淋证，宜用《医学心悟》萆薢分清饮（萆薢、石菖蒲、黄柏、车前子、茯苓、白术、莲子心、丹参）清热泻火，祛湿利浊。

【临床应用】

1. 用方要点 本方是治疗下焦寒湿白浊或膏淋的常用方。临床用方辨证要点为小便频数，白如米泔或凝如膏糊，舌淡苔白。

2. 临证加减 气虚乏力加人参、黄芪、白术；虚寒腹痛加肉桂、附子、盐炒茴香；腰酸腿软加杜仲、鹿角霜、仙茅等。

3. 现代运用 多用于乳糜尿、慢性前列腺炎、慢性肾盂肾炎、慢性肾炎、慢性盆腔炎等属下元虚寒，寒湿下注者。

4. 注意事项 下焦湿热之膏淋证，本方不宜。

【现代研究】

临床研究 萆薢分清饮加味治疗前列腺炎所致遗精44例，水煎服，日1剂。另设对照组42例，口服交沙霉素，每次400mg，每日3次，睡前加服舒乐安定2mg。两组均治疗4周。结果：中药组的治愈率和总有效率均显著高于西药对照组。以萆薢分清饮加减治疗乳糜尿41例，连续服药1~2个月。结果：治愈29例，好转8例，总有效率90.24%。

第五节 祛风胜湿

祛风胜湿剂（Formulae for Dispelling the Wind and Dampness），适用于外感风湿所致的头身痛、腰膝疼痛、肢体屈伸不利、关节拘挛等。常用祛风湿药如羌活、秦艽、防风等为主组成方剂。风湿为病，有邪在肌表、经络、关节、脏腑之不同部位；感邪后有正气不足，或虚实夹杂；风寒湿稽留日久，气血受损等多种证型。故本类方剂又常配伍通络止痛、补益肝肾、益气养血等药物。代表方剂如羌活胜湿汤、独活寄生汤。

羌活胜湿汤
Notopterygium Decoction to Dispel Dampness
（Qianghuo Shengshi Tang）
（《内外伤辨惑论》）

【组成】羌活 独活各一钱（各6g） 藁本 防风 甘草炙 川芎各五分（各2g） 蔓荆子

三分（1g）

【用法】上哎咀，都作一服，水二盏，煎至一盏，去滓，温热服，空心食前（现代用法：水煎服）。

【功效】祛风胜湿。

【主治】风湿在表。肩背疼痛不可回顾，头痛身重，或腰脊疼痛，难以转侧，苔白，脉浮。

【制方原理】本方所治风湿在表证，多因汗出当风，或久居潮湿之地，风湿之邪痹着肌表所致。风湿相搏，郁于腠理，阻滞经络，枢机不利，故见头痛身重、肩背或腰背疼痛、难以转侧；苔白，脉浮为风湿在表之征。风湿之邪居于肌表，当从表解，使其随汗而去，故治宜祛风胜湿。

方中羌活主入太阳经脉，擅祛上部风湿，独活主入少阴经脉，擅祛下部风湿。二者相合，能散周身风湿，舒利关节而通痹止痛，共为君药。防风助二活祛风胜湿解表，为臣药。藁本祛太阳风湿，善治颠顶痛；蔓荆子长于散风湿，止头痛；川芎上行头目，祛风活血止痛，共为佐药。甘草调和诸药，为使药。诸药相合，共成祛风胜湿之剂。

制方特点：量轻力缓，轻扬宣散，微发其汗，为祛风胜湿之法。

本方与九味羌活汤均用羌活、防风、川芎、甘草，皆能祛风除湿，以治头身疼痛。但九味羌活汤配伍苍术、细辛、白芷，祛寒发汗之力强，且用生地、黄芩兼清里热，故主治外感风寒夹湿而内有郁热之证；本方配伍独活、藁本、蔓荆子，重在散风胜湿，解表之力稍弱，故主治风湿客于经络的头项肩背腰脊疼痛证。

【临床应用】

1. 用方要点 本方为治疗风湿客于肌肉关节经脉证的常用方。临床用方辨证要点为头项肩背腰脊疼痛，难以转侧，苔白，脉浮。

2. 临证加减 寒湿偏重，加附子、川乌等温经逐湿之品；兼夹湿热，或邪已化热，关节热痛，加黄柏、苍术、薏苡仁等以清热除湿。

3. 现代运用 主要用于感冒、风湿性关节炎等属风湿在表之头身疼痛者。

4. 注意事项 服药后应避风寒，取微汗为度；素体阴虚者应慎用。

【附方】

蠲痹汤（《杨氏家藏方》） 当归去土，酒浸一宿 羌活去芦头 姜黄 白芍药 黄芪蜜炙 防风去芦头，各一两半（各9g） 甘草炙，半两（3g） 上哎咀，每服半两，水二盏，姜五片，煎至一盏，去滓温服（现代用法：水煎服）。功效：益气和营，祛风胜湿。主治：风湿相搏，身体烦疼，项臂痛重，举动艰难；及手足冷痹，腰腿沉重，经脉无力。

按：本方与羌活胜湿汤皆能祛风胜湿，但羌活胜湿汤重在散风胜湿，主治风湿在表之周身疼痛；本方重在益气和营，祛风通络以蠲痹。主治营卫不足，风稽经脉之项臂腰腿及手足拘挛证。

当归拈痛汤
Angelica Decoction for Relieving Pain
（Danggui Niantong Tang）
（《医学启源》）

【组成】 羌活半两（15g） 防风去芦，三钱（9g） 升麻一钱（3g） 葛根二钱（6g） 白术一钱（3g） 苍术三钱（9g） 当归身三钱（9g） 人参二钱（6g） 甘草五钱（15g） 苦参酒浸，二钱（6g） 黄芩炒一钱（3g） 知母酒洗，三钱（9g） 茵陈酒炒，五钱（15g） 猪苓三钱（9g） 泽泻三钱（9g）

【用法】 上锉，如麻豆大。每服一两（30g），水二盏半，先以水拌湿，候少时，煎至一盏，去滓温服。待少时，美膳压之（现代用法：水煎服）。

【功效】 清热祛湿，益气养血，通经止痛。

【主治】 湿热为病，肢节烦痛，肩背沉重，或遍身疼痛，或脚气肿痛，脚膝者生疮，苔白腻微黄，脉弦数或濡数。

【制方原理】 本方证为湿热内蕴，或风湿化热滞于经络所致。风湿热邪留滞经脉，气血运行不畅，故肢节烦痛；湿邪偏胜，其性重浊，故肩背沉重，或遍身疼痛；湿热留注于下，浸淫肌肉，故脚气肿痛，脚膝生疮；苔白腻微黄，脉弦数或濡数，为湿热内蕴之征。本证病机要点为湿热与风邪相合，流走经脉，浸淫肌肉，痹阻关节，日久耗伤气血。治宜祛湿清热，疏风宣痹，益气养血。

方中羌活苦辛温，通利关节，胜湿止痛；防风辛温，疏风散邪除湿，共为君药。黄芩清热燥湿；苦参、茵陈清热利湿；知母清热除烦，养阴润燥，兼制辛散苦燥之药耗伤阴津；猪苓、泽泻利水渗湿；升麻、葛根苦辛平，升阳化湿，共为臣药。白术、苍术健脾燥湿；人参、甘草益气健脾，兼防苦寒伤胃；当归养血活血，通络止痛，合为佐药。甘草益胃和中，调和诸药而兼佐使。综合全方，共奏清热祛湿，疏风散邪，宣畅气血，通经止痛之功。

制方特点：①集辛散、苦燥、淡渗等诸祛湿药法于一方，上下内外分消；②祛邪佐以扶正，标本兼治。

【临床应用】

1. 用方要点 本方是治疗风湿热痹的常用方。临床用方辨证要点为全身关节烦痛，舌苔白腻微黄，脉数。

2. 临证加减 关节疼痛，或上下四肢游走，加桂枝、威灵仙以祛风胜湿；下肢脚膝肿痛，加防己、木瓜、木通以化湿舒筋；身痛甚，加乳香、没药、制二乌以活血通经止痛。

3. 现代运用 主要用于风湿性关节炎，类风湿性关节炎，脉管炎，痛风，感染性关节炎等属风湿热痹者。

4. 注意事项 风寒湿痹无热者，本方不宜。

【现代研究】

临床研究 以当归拈痛汤为主治疗 32 例痛风性关节炎。其中湿浊甚加薏苡仁 30g，藿香 10g；关节肿胀疼痛甚，加蜈蚣 6g，全蝎 6g；热邪甚加生石膏 30g。经过 1～2 周的治疗，结果：临床治愈4例，好转25例，无效3例，总有效率为90.63%。当归拈痛汤随症加减治疗60例血栓性浅静脉炎患者，结果：治愈25例，显效21例，有效12例，无效2例，总有效率96.7%。特发性红斑肢痛症53例，所有病例均具备三联征（皮肤发红或发绀，局部温度升高和疼痛），辨证符合"热痹"、"湿热脚气"范畴，用本方加减治疗，口服汤剂3～14天。结果：治愈38例，总有效率92.5%。

【附方】

宣痹汤（《温病条辨》）　防己五钱（15g）　杏仁五钱（15g）　滑石五钱（15g）　连翘三钱（9g）　山栀三钱（9g）　薏苡仁五钱（15g）　半夏三钱（9g）　晚蚕砂炒，三钱（9g）　赤小豆乃五谷中之赤小豆，味酸肉赤，冷水浸取皮用，三钱（9g）　水八杯，煮取三杯，分温三服。痛甚者加片子姜黄二钱（6g），海桐皮三钱（9g）。功效：清热祛湿，通经止痛。主治：湿热留滞经络，寒战热炽，骨节烦痛，面目萎黄，舌色灰滞等。

按：本方与当归拈痛汤均是治疗湿热痹证的常用方。本方利湿与清热并重，所治湿热痹证不兼有风邪；当归拈痛汤利湿清热中兼能疏风，所治湿热痹证兼有风邪在表。

独活寄生汤
Pubescent Angelica and Loranthus Decoction
（Duhuo Jisheng Tang）
（《备急千金要方》）

【组成】独活三两（9g）　寄生　杜仲　牛膝　细辛　秦艽　茯苓　肉桂心　防风　川芎　人参　甘草　当归　芍药　干地黄各二两（各6g）

【用法】上十五味，㕮咀，以水一斗，煮取三升，分三服，温身勿令冷也（现代用法：水煎服）。

【功效】祛风湿，止痹痛；益肝肾，补气血。

【主治】痹证日久，肝肾亏虚，气血不足证。腰膝疼痛，肢节屈伸不利，或麻木不仁，畏寒喜温，心悸气短，舌淡苔白，脉象细弱。

【制方原理】本方所治痹证乃风寒湿侵袭人体，日久不愈，脏腑气血不足所致。风湿客于经脉关节，荣卫凝涩，气血不畅，故痹着之处疼痛，腰膝酸软，肢节屈伸不利，或麻木不仁等，此即《素问·痹论》所谓："痹在骨则重，在于脉则血凝而不流，在于筋则屈不伸，在于肉则不仁。"本证病机要点为风寒湿客着经脉筋骨，肝肾气血不足。治宜祛风胜湿，宣痹止痛；补益肝肾，充养气血。

方中独活辛苦微温，善祛下焦与筋骨间之风寒湿邪；桑寄生补肝肾，强筋骨，祛风气，止痹痛，合为君药。细辛、肉桂辛温散寒，通经止痛；防风、秦艽祛风胜湿，舒利关节；杜仲、牛膝补肝肾、强筋骨，共为臣药。当归、芍药、地黄、川芎养血活血；人参、茯苓、甘草补气健脾，扶助正气，均为佐药。甘草调和诸药，又为使药。综合全方，祛邪扶正，标本兼顾，"使气血足而风湿除，肝肾强而痹痛愈"（《医方集解》）。

制方特点：以祛风散寒除湿药为主，辅以益肝肾、补气血之品，邪正兼顾，补散同施，祛邪不伤正，扶正不恋邪。

【临床应用】

1. 用方要点 本方为治疗痹证日久，肝肾亏虚，气血不足证的代表方。临床用方辨证要点为腰膝疼痛，关节屈伸不利，舌淡苔白，脉细弱。

2. 临证加减 痹证疼痛较重，加制川乌、制草乌、白花蛇、地龙、红花等以搜风通络，化瘀止痛；寒邪偏甚，加附子、干姜以温阳逐寒；湿邪偏盛，去地黄，加防己、苍术、薏苡仁以增强祛湿之力；正虚不甚，去人参。

3. 现代运用 主要用于慢性风湿性关节炎、腰肌劳损、坐骨神经痛、骨质增生症等病属肝肾亏损，气血不足者。

4. 注意事项 湿热实证之痹证，本方不宜。

【现代研究】

1. 药理研究 采用小鼠热板法和扭体反应法观察到独活寄生汤镇痛作用显著，小鼠耳郭肿胀法、大鼠足跖肿胀法观察到其抗炎作用显著。运用完全佐剂性关节炎大鼠模型，比较观察不同工艺提取的独活寄生汤对造模致炎后的第3、10、22天右后足肿胀度的影响，结果以水煎剂抗炎效果最好。本方能明显增加正常小鼠耳郭毛细血管管径和其开放数，延长注射肾上腺素引起的小鼠血管收缩潜伏期及对抗肾上腺素引起的毛细血管闭合。研究表明，独活寄生汤具有镇痛、抗炎及改善微循环等作用。

2. 临床研究 以独活寄生汤为主方化裁治疗腰椎间盘突出症920例。偏寒湿者加松节、海风藤、苍术；偏湿热者加忍冬藤、黄柏，每日1剂，水煎服。总有效率99.1%。用本方加减治疗膝骨关节炎128例，服药最长1个月，结果：临床治愈58例，总有效率为96%。以本方为基本方加味治疗僵直性脊柱炎22例，颈项疼痛僵直者加羌活、姜黄、葛根、僵蚕；腰骶疼痛者加枸杞、菟丝子，重用寄生、杜仲；阳虚明显，加制附子、鹿角胶；病久痰瘀交阻者加白芥子、三棱、莪术。连续治疗2个月。结果6例显效，14例有效，2例无效。

【附方】

三痹汤（《妇人大全良方》） 川续断 杜仲 防风 桂心 细辛 人参 白茯苓 当归 白芍药 甘草各一两（各30g） 秦艽 生地黄 川芎 川独活各半两（各15g） 黄芪 川牛膝各一两（各30g） 上为末，每服五钱（15g），水二盏，加生姜三片，大枣一枚，煎至一盏，去渣热服，不拘时候，但腹稍空服之。功效：益气养血，祛风胜湿。主治：肝肾亏虚，气血不足之痹证。手足拘挛，麻木疼痛。

按：三痹汤即独活寄生汤去寄生，加黄芪、续断、生姜而成。两方都有祛风湿，止痹痛，益肝肾，补气血的功能。但独活寄生汤偏于补益肝肾，长于治腰腿痛；而三痹汤中用黄芪，则补气宣痹之功优，善治手足拘挛、麻木疼痛。

小　结

祛湿剂为治疗水湿病证而设立。根据湿证病机中湿邪来源、湿稽部位、寒热兼夹、正气强弱之不同和其所涉及的湿病主要证型，本类方剂分为燥湿化浊、利水渗湿、清热祛湿、温化水湿、祛风胜湿五类。

1. 燥湿化浊　适用于湿浊内阻，脾胃失和所致的脘腹痞满、嗳气吞酸、呕吐泄泻、食少体倦等证，常用苦温燥湿和芳香化湿药为主组成方剂。平胃散功专燥湿运脾，行气和胃，是治疗湿滞脾胃的基础方，以脘腹胀满、舌苔厚腻为证治要点。藿香正气散外散风寒，内化湿浊，理气和中，为治疗外感风寒，内伤湿滞之霍乱吐泻、寒热头痛的常用方。

2. 利水渗湿　适用于水湿壅盛的癃闭、淋浊、水肿、泄泻等证，多以甘淡渗湿药为主组成方剂，通过通利小便，使水湿之邪从小便排除。五苓散利水渗湿，温阳化气，主治太阳经腑同病，膀胱气化不利之蓄水证；兼可用于水湿内盛之水肿、泄泻、霍乱及痰饮内停等证。防己黄芪汤益气祛风，健脾利水，主治表虚不固之风水或风湿所致的汗出恶风，身重脉浮等症。五皮散健脾理气，利水消肿，主治脾虚湿盛之一身悉肿的皮水证。

3. 清热祛湿　适用于湿热外感，或湿热内蕴，或湿热下注所致之湿温、黄疸、霍乱、热淋、痿痹等证，常以苦寒清热、苦温燥湿、淡渗利湿之品配伍组方。三仁汤与甘露消毒饮均可用于湿温证。三仁汤畅利三焦，宣上畅中渗下，利湿作用强于清热，主治邪在气分，湿重热轻之湿温初起证；甘露消毒饮清热与利湿并重，兼能解毒，适用于湿温时疫，邪在气分之湿热并重证。连朴饮清热化湿，理气和中，主治中焦湿热并重之霍乱吐泻证。茵陈蒿汤清热利湿退黄，是治疗湿热黄疸的常用方，以一身面目俱黄、黄色鲜明之阳黄为其证治特征。二妙散清热燥湿，主治湿热下注之痿、痹及下部湿疮等。八正散清热泻火，利水通淋，长于通淋泄浊，主治湿热蕴结下焦之淋证。

4. 温化水湿　适用于阳虚不能化水或湿从寒化之痰饮、水肿、痹证，常以温阳祛寒药配伍健脾燥湿、淡渗利湿等品而组方。苓桂术甘汤擅长温健中阳而祛湿化饮，主治中阳不足，水饮内停之痰饮病，以胸胁支满、目眩心悸、舌苔白滑为证治要点。真武汤与实脾散均是治疗阳虚阴水的常用方。但真武汤重在温肾行水，兼有敛阴缓急之功，主治阳虚水肿，兼见腹痛或身𣎴动；实脾散长于温肾健脾，行气祛湿，主治阳虚阴水，身半以下肿甚，而兼胸腹胀满者。萆薢分清饮温暖下元，分清别浊，专治下焦虚寒白浊、膏淋及小便频数之证。

5. 祛风胜湿　适用于外感风湿，湿邪稽留肌表、经络、关节等处所致的头痛、身痛、腰膝痹痛等证，常以散风祛湿药配伍宣痹止痛药组成。羌活胜湿汤祛风胜湿，主要用于风湿在表之肩背疼痛，头痛身重者。当归拈痛汤清热利湿，疏风止痛，主治湿热内蕴或风湿化热之湿热痹证。独活寄生汤祛风湿，止痹痛，益肝肾，补气血，主治痹证日久，肝肾气血不足之痹痛；以腰膝冷痛，关节屈伸不利为证治要点。

复习思考题

1. 比较平胃散与藿香正气散在组方、功效、主治等方面的异同。
2. 比较五苓散与猪苓汤在组成、功效、主治等方面的异同。
3. 简述苓桂术甘汤主治痰饮的机理，指出其与五苓散之异同。
4. 三仁汤主治何病证？方中配伍三仁的意义是什么？该药法对祛湿组方有何启示？
5. 试分析甘露消毒饮的功效与主治证的组方原理。
6. 请结合方证病机分析大黄在茵陈蒿汤中的配伍意义。
7. 真武汤与实脾散在主治、功效和组方配伍方面有何异同？
8. 试分析外湿与内湿病证在立法和制方方面的不同。
9. 结合方证病机分析独活寄生汤在立法和组方配伍上的特点。
10. 指出祛湿剂中含有"分消"药法的方剂，并叙述其效用机理。

第二十三章
祛痰剂

祛痰剂（Formulae for Eliminating the Phlegm）是以祛痰药为主组成，具有消除痰饮等作用，主治各种痰饮病证的一类方剂。祛痰剂属于八法中的"消法"。

痰和饮均为人体水液代谢障碍所形成的病理产物，二者异名同类，在许多情况下不能截然分开，故常痰饮并称。痰饮为病，随气升降，内而脏腑，胸膈肠胃，外至筋骨皮肉，经络四肢无处不到。由于所在病位不同，且又易兼邪致病，故其临床见证较为复杂，变幻多端。如痰饮"在肺则咳，在胃则呕，在头则眩，在心则悸，在背则冷，在胁则胀，其变不可胜穷也"（《医方集解》）。临床因痰饮所致的病证涉及咳嗽、痰喘、惊悸、眩晕、癫痫、呕吐、痞满、疼痛、泄泻、水肿、瘰疬、痰核、肿块等多种常见及疑难病证，故前人有"百病皆为痰作祟"、"怪病多痰"之说。因此，祛痰剂在临床多种复杂病证的治疗中具有重要意义。

痰饮病证的成因很多，治法亦各不相同。通常根据痰病性质和兼邪情况，将祛痰剂分为燥湿化痰、清热化痰、润燥化痰、温化寒痰、治风化痰五类。

由于痰由湿生，而湿又责之于脾，所以祛痰剂中常配伍健脾祛湿药物，以杜绝生痰之源，所谓"脾为生痰之源，治痰不理脾胃，非其治也"（《医宗必读》）。"善治痰者，惟能使痰之不生，方是补天之手"（《景岳全书》）。气壅则痰滞，而痰饮也常随气升降，故气顺则痰消证除，所谓"人之气道贵乎顺，顺则津液流通，决无痰饮之患"（《严氏济生方》）。故"善治痰者，不治痰而治气，气顺则一身之津液亦随气而顺矣"（《丹溪心法》）。祛痰剂中又常配伍理气药物，以助痰消。至于痰阻经络、肌腠而成瘰疬、痰核等证，又当结合疏通经络，软坚散结等法，随其虚实寒热而治之。

祛痰剂现代临床被广泛用于呼吸、心血管、内分泌、消化，以及神经、精神系统的多种疾病。其中最多用于上呼吸道感染、急慢性支气管炎、支气管哮喘、肺心病、感冒、流行性感冒、肺气肿、百日咳、急性咽喉炎、副鼻窦炎等病的早期治疗，也常被用于慢性胃炎、妊娠呕吐、神经性呕吐、高脂血症、癫痫、植物神经功能紊乱、精神分裂症、耳源性眩晕、高血压病、面神经瘫痪以及急性胃炎、胆囊炎、肝炎、冠心病等病。现代药理研究表明，祛痰剂多有镇咳、祛痰、平喘作用，其中以燥湿化痰剂和清热化痰剂、温化寒痰剂作用尤为明显。祛痰剂还具有抗病原微生物、抗炎、解热、镇静、抗惊厥、镇痛、免疫调节、保护脑细胞、调节脂代谢等作用。据此推测中医祛"有形之痰"的现代内涵可能涉及促进痰液分泌或稀释痰液及有利于其排出，解除支气管痉挛及镇咳、平喘，抗病原微生物、抗炎、解热及免疫调节等作用；祛"无形之痰"则可能涉及调节自由基代谢，增强机体抗氧化损伤的能力；调节能量转化和脂质代谢，调整自主神经功能等作用。

使用祛痰剂时，首先要辨清痰饮病的性质而针对性选药组方。同时还应注意病情兼夹，分清标本缓急治之。祛痰剂多属于消伐之剂，不宜久服，当中病即止，以免伤正。燥烈祛痰剂，对于有咯血倾向者不宜用。表邪未解或痰多者，不宜早用，以防壅滞留邪，病久不愈。

第一节　燥湿化痰

燥湿化痰剂（Formulae for Drying the Dampness and Expelling the Phlegm）适用于脾失健运，水湿内停所致咳嗽痰多、色白易咳、胸脘痞闷、呕恶眩晕、肢体困重、食少口腻、舌苔白腻或白滑、脉缓或滑等湿痰证，常用燥湿化痰药如半夏、橘红、天南星等为主组成。由于湿痰的形成多由脾失健运所致，而善治痰者又当先治气，故常配伍健脾燥湿药及行气之品如茯苓、白术、陈皮、枳实等。代表方剂如二陈汤、温胆汤。

二 陈 汤
Two-Cured Herb Decoction
（Erchen Tang）

（《太平惠民和剂局方》）

【组成】半夏汤洗七次　橘红各五两（各15g）　白茯苓三两（9g）　甘草炙，一两半（4.5g）

【用法】上药㕮咀，每服四钱（12g），用水一盏，生姜七片，乌梅一个，同煎六分，去滓，热服，不拘时候（现代用法：加生姜7片，乌梅1个，水煎温服）。

【功效】燥湿化痰，理气和中。

【主治】湿痰证。咳嗽痰多，色白易咳，胸膈痞闷，恶心呕吐，肢体困倦，或头眩心悸，舌苔白滑或腻，脉滑。

【制方原理】脾为生痰之源，肺为贮痰之器，脾失健运则停湿生痰，湿痰困脾，则见肢体困倦；痰浊犯肺，宣肃失常，则见咳嗽痰多，色白易咳；痰停心下，心阳被遏，清阳不升，则见头眩心悸；痰阻气机，胃失和降，故见胸膈痞闷，恶心呕吐；舌苔白滑或腻，脉滑为湿痰内阻之象。本证病机为脾失健运，湿聚生痰，气机不和。治宜燥湿化痰，理气和中。

方中半夏辛苦温燥，善能燥湿化痰，降逆和胃，为君药。橘红辛温，理气和中，燥湿祛痰，加强君药化痰理气之力，为臣药。痰由湿生，湿自脾来，故以茯苓健脾渗湿，使湿去脾旺，痰无由生；生姜降逆化饮，既助君臣行气消痰，和胃止呕，又能兼制半夏之毒；少许乌梅收敛肺气，与半夏相伍则散中有收，相反相成，使祛痰而不伤正，合为佐药。甘草健脾和中，调和药性，兼为佐使。诸药合用，共奏燥湿化痰，理气和中之功。方中半夏、橘红皆以陈久者入药为佳，故以"二陈"命名。

制方特点：①祛湿化痰治标，扶脾和中顾本，标本兼顾；②主以苦辛温燥，佐以酸甘，燥化痰浊而能和中护津。

【临床应用】

1. 用方要点　本方为治疗湿痰证的基础方。临床用方辨证要点为咳嗽痰多，色白易咳，舌苔白腻，脉滑。

2. 临证加减　湿痰重，加苍术、厚朴以增燥湿化痰之力；痰稠色黄，加胆南星、瓜蒌以清热化痰；咳痰清稀，加干姜、细辛以温化寒痰；风痰眩晕，加天麻、僵蚕以化痰息风；呕腐脘胀，加莱菔子、麦芽以消食化痰；胁胀胸闷，加香附、青皮、郁金以解郁化痰；痰流经络之瘰疬，加海藻、昆布、牡蛎以软坚化痰；痰壅气逆之头眩胸痞、胁满喘逆，加天南星、枳实以燥湿豁痰，行气开郁（《传信适用方》导痰汤）；痰迷心窍，舌强不能言，加姜南星、石菖蒲、人参、竹茹以涤痰开窍（《奇效良方》涤痰汤）。

3. 现代运用　主要用于慢性支气管炎、肺气肿、慢性胃炎、妊娠呕吐、神经性呕吐、梅尼埃综合征等属湿痰者。

4. 使用注意　燥痰者慎用；阴虚内热及有吐血倾向者忌用。

【现代研究】

1. 药理研究　比较观察二陈汤粗粉与二陈汤提取物对小鼠氨水致咳作用及呼吸道酚红排泌作用的影响，结果二者均能抑制氨水的致咳作用及增加小鼠呼吸道酚红的排泄，表明二陈汤具有镇咳祛痰作用。二陈汤可使小鼠蛋黄乳剂高血脂模型的胆固醇显著降低，提示本方有调脂作用。二陈汤能够明显提高 D－半乳糖致衰老小鼠的脑、胸腺指数及血清超氧化物歧化酶活性，显著降低脂质过氧化物含量，减轻小鼠中枢神经元细胞变性程度。结果提示，二陈汤具有一定的抗衰老作用，为"痰浊衰老相关性学说"提供了一定的实验依据。

2. 临床研究　二陈汤（半夏 15g，陈皮 10g，茯苓 15g，炙甘草 6g）加味治疗梅尼埃综合征 36 例，根据痰热、肝旺、脾虚、湿盛分别选加竹茹、枳实、地龙、珍珠母、白芍、天麻、白术、泽泻等药味，服药 8～32 剂。结果：全部病例症状均见减轻或消失；随访 22 例，3 个月未见复发。给予二陈汤加减（半夏 15g，陈皮 15g，茯苓 20g，甘草 6g，生姜七片，乌梅 6g）治疗高脂血症 50 例，疗程为 4 周。结果：中医证候改善总有效率为 92%；患者治疗后血清总胆固醇、甘油三酯、低密度脂蛋白胆固醇均较治疗前显著降低，高密度脂蛋白胆固醇显著升高。

【附方】

指迷茯苓丸（《全生指迷方》）　半夏二两（60g）　茯苓一两（30g）　枳壳麸炒，半两（15g）　风化朴硝二钱半（7.5g）　上为末，生姜自然汁煮糊为丸，如梧桐子大，每服三十丸，生姜汤下。功效：燥湿行气，软坚消痰。主治：湿痰证。痰停中脘、流溢四肢所致的两臂疼痛，或四肢浮肿，或咳喘痰多，胸闷呕恶，舌苔白腻，脉弦滑。

按：指迷茯苓丸与二陈汤皆由化痰、利湿、理气药组成，均主治中焦湿痰证。但指迷茯苓丸用朴硝软坚消痰、推陈涤垢，更用姜汁和丸，故偏于畅腑涤痰，主治痰浊流于四肢经络所致的臂疼肢肿等证；二陈汤则以甘草健脾和中，稍佐乌梅敛肺生津，故有健脾和中之功，主治痰浊兼脾胃不和见呕恶痰嗽者。

温 胆 汤

Clearing Gallbladder – heat Decoction

（Wendan Tang）

（《三因极一病证方论》）

【组成】半夏汤洗七次　竹茹　枳实麸炒，去瓤，各二两（各60g）　陈皮三两（90g）　甘草炙，一两（30g）　茯苓一两半（45g）

【用法】上锉为散。每服四大钱（12g），水一盏半，姜五片，枣一枚，煎七分，去滓，食前服（现代用法：加生姜5片，大枣1枚，水煎服，用量按原方比例酌减）。

【功效】理气化痰，清胆和胃。

【主治】胆胃不和，痰热内扰证。胆怯易惊，虚烦不宁，失眠多梦；或呕吐呃逆，眩晕，或癫痫等，苔腻微黄，脉弦滑。

【制方原理】本方证为胆胃不和，痰热内扰所致。胆属木，为清净之府，性喜疏泄升发而恶抑郁，失其常则木郁不达，胃气因之失和，继而气郁生痰化热，痰热内扰则胆决断失常，痰热上扰心神，故见胆怯易惊，虚烦不宁，失眠多梦，甚或上蒙清窍，而发癫痫；胆胃不和，胃气上逆，而为呕吐呃逆。苔腻微黄，脉弦滑也为痰热之征。本证病机为痰热内扰，气机不利，胆腑失宁。治宜理气化痰，清胆和胃。

方中半夏辛温为君，燥湿化痰，降逆和胃。竹茹甘而微寒，清胆和胃，止呕除烦为臣。君臣相伍，化痰清胆、和胃止呕，使心无痰扰而虚烦除，胃气和降而呕逆止。佐以枳实苦辛微寒，降气消痰除痞，助竹茹清热化痰；陈皮苦辛微温，理气燥湿化痰，助半夏燥湿化痰；陈皮与枳实相合，理气化痰之力增；茯苓甘淡健脾渗湿，以杜绝生痰之源；生姜、大枣调和脾胃，且生姜兼制半夏毒性。甘草为使，益脾和中，协调诸药。诸药合用，共奏理气化痰、清胆和胃之功。

制方特点：清胆与和胃兼行，理气与化痰合用，温散与寒降并重。

【临床应用】

1. 用方要点　本方是治疗胆胃不和，痰热内扰证的常用方。临床用方辨证要点为虚烦不眠或呕吐呃逆，苔腻微黄，脉弦滑。

2. 临证加减　虚烦不眠较重加酸枣仁、远志、石菖蒲以化痰宁心安神；心胸烦热加黄连、山栀、豆豉以清热除烦；口燥舌干去半夏，加麦冬、天花粉以润燥生津；癫痫抽搐加胆星、钩藤、全蝎以息风止痉；呕吐甚加黄连、苏叶以清热和胃止呕。

3. 现代运用　主要用于神经官能症、急慢性胃炎、消化性溃疡、慢性支气管炎、梅尼埃综合征、更年期综合征、癫痫、冠心病等属痰热内扰，胆胃不和者。

4. 使用注意　阴虚燥痰者禁用；心肝血虚所致虚烦者，本方不宜。

【现代研究】

1. 药理研究　温胆汤有止呕、镇静、血压双向调节作用和抗应激溃疡作用，并能预防心肌缺血。本方可显著降低高脂血症小鼠和大鼠血清总胆固醇、甘油三酯，提高血清超氧化物歧化酶活性，降低脂质过氧化物含量，提高脂蛋白酯酶和总脂解酶的活性，但对肝脂酶活性无明显影响。该方能改善失眠大鼠的睡眠，其中枢抑制效果弱于地西泮，但有明显的累积效应，其机制与其影响大鼠下丘脑内单胺类神经递质含量有关；能抑制小鼠自主活动、攀爬行为及抬头活动等整体行为；可增加精神分裂症大鼠模型纹状体多巴胺和 5 – 羟色胺的含量。上述研究结果，为温胆汤临床用于治疗高血脂和精神神经疾患提供了一定的药理学依据。

2. 临床研究　用温胆汤加减（姜半夏 12g，枳实 12g，竹茹 10g，陈皮 15g，茯苓 15g，白芍 15g，蒲公英 15g，甘草 10g）治疗胆汁反流性胃炎 60 例。每日 1 剂，水煎，分早晚 2 次饭后服。对照组 60 例服用雷尼替丁胶囊，每次 150mg，每日分早晚 2 次服；多潘立酮片，每次 20mg，每日 3 次。3 周为 1 疗程，服用 2 个疗程后进行疗效评定。结果：治疗组治愈 28 例，显效 19 例，有效 12 例，无效 1 例，总有效率为 98.33%。对照组治愈 9 例，显效 18 例，有效 19 例，无效 14 例，总有效率为 76.67%。治疗组疗效明显优于对照组（P＜0.01）。

【附方】

十味温胆汤（《世医得效方》）　半夏汤洗七次　枳实去瓤，切，麸炒　陈皮去白，各三两（各 90g）　白茯苓去皮，一两半（45g）　酸枣仁微炒　远志去心　甘草水煮，姜汁炒，各一两（各 30g）　北五味子　熟地切，酒炒　条参各一两（各 30g）　粉草五钱（15g）　上锉散，每服四钱（12g），水盏半，姜五片，枣一枚，水煎，不拘时服。功效：理气化痰，养心安神。主治：心胆虚怯，痰浊内扰证。心胆虚怯，触事易惊，或梦寐不祥，或短气心悸，四肢浮肿，饮食无味，心悸烦闷，坐卧不安，舌淡苔腻，脉沉缓。

十味温胆汤即《三因方》温胆汤减去清胆和胃的竹茹，加入益气养血、宁心安神的人参、熟地、五味子、酸枣仁、远志而成，故本方虽无清热之功，但其补养心神之力增加，适用于痰浊内扰，心胆虚怯，神志不宁诸证。

第二节　清热化痰

清热化痰剂（Formulae for Clearing away Heat and Resolving Phlegm）适用于火热内盛，炼津成痰所致咳嗽痰黄、黏稠难咯、胸闷烦热、舌红、苔黄腻、脉滑数等热痰证，还可用于痰火郁结而致的惊悸、癫狂和瘰疬等病，常以清热化痰药如瓜蒌、胆南星、竹茹、贝母、礞石等为主，配合理气药、清热药而组成。对于痰凝结滞于经络关节发为瘰疬、痰核、瘿瘤等病，常配伍软坚散结药；实热老痰、痰火胶结而伏匿难除者当行釜底抽薪之法，以开痰火下行之路，又常配伍苦寒泻下药。代表方剂如清气化痰丸、小陷胸汤、滚痰丸等。

清气化痰丸
Clearing the Qi and Transforming Phlegm Pill
（Qingqi Huatan Wan）
（《医方考》）

【组成】陈皮去白　杏仁去皮尖　枳实麸炒　黄芩酒炒　瓜蒌仁去油　茯苓各一两（各 30g）

胆南星 制半夏各一两半（各45g）

【用法】姜汁为丸。每服6g，温开水送下（现代用法：以上8味，除瓜蒌仁霜外，其余黄芩等7味药粉碎成细粉，与瓜蒌仁霜混匀，过筛。另取生姜100g，捣碎加水适量，压榨取汁，与上述粉末泛丸，干燥即得。每服6~9g，每日2次，小儿酌减；亦可作汤剂，加生姜水煎服，用量按原方比例酌减）。

【功效】清热化痰，理气止咳。

【主治】痰热蕴肺证。咳嗽痰黄，黏稠难咳，胸膈痞满，甚则气急呕恶，小便短赤，舌质红，苔黄腻，脉滑数。

【制方原理】热痰之证多由外邪不解，入里化热，热灼肺津而成。火邪灼津，痰气内结，痰热壅肺，肺失宣降，故见咳嗽痰黄，黏稠难咳，咳之不爽；痰阻气滞，气机升降不利，故胸膈痞满，甚则气逆于上，发为气急呕恶；小便短赤，舌质红，苔黄腻，脉滑数也为痰热内蕴之象。《医方集解》说："气有余则为火，液有余则为痰，故治痰者必降其火，治火者必顺其气也。"本证病机为热痰壅肺，火升气逆，肺失清肃，治宜清热化痰，理气止咳。

方中胆南星味苦性凉，清热化痰，善开痰火之壅闭，为君药。黄芩苦寒清降肺火，瓜蒌仁甘寒清热化痰，合助君药之力，共为臣药。治痰须当理气，故以枳实、陈皮下气开痞，消痰散结；脾为生痰之源，故以茯苓健脾渗湿，半夏燥湿化痰；痰热蕴肺，宣降失调，以杏仁宣降肺气，均为佐药。以生姜汁为丸，既助半夏降逆化痰，又可解其毒性，也为佐药。诸药相合，共奏清热化痰，理气止咳之功，使热清火降，气顺痰消，诸证自解。

制方特点：①寒凉清热与苦燥化痰相配，且清化之中配伍理气之品，使热清火降、气顺痰消；②健脾助运与肃肺理气同施，有肺脾兼治之妙。

【临床应用】

1. 用方要点 本方是治疗热痰证的常用方剂。临床用方辨证要点为咳嗽痰黄，黏稠难咳，舌质红，苔黄腻，脉滑数。

2. 临证加减 肺热甚，身热口渴，加石膏、知母以清泻肺热；痰多气急，加鱼腥草、桑白皮以清热泻肺化痰；津伤肺燥而见咽喉干燥、痰黏难咯，加天花粉、沙参以清热生津；热结便秘，加大黄或玄明粉以通腑泻火。

3. 现代运用 主要用于肺炎、急性支气管炎、慢性支气管炎急性发作及急性咽喉炎、副鼻窦炎等属痰热内结者。

4. 使用注意 脾虚寒痰者忌用。

【现代研究】

临床研究 用清气化痰丸加海藻配合西药治疗声带水肿型息肉样变46例，每日1剂，早、晚分服，10天为1个疗程，连续治疗4个疗程。结果：本方治疗组总有效率为69.57%，显著高于单纯西药对照组31.91%。

【附方】

清金化痰汤（《医学统旨》） 黄芩 栀子 桔梗（各9g） 麦冬 贝母 橘红 茯苓（各12g） 桑皮 知母 瓜蒌仁（各9g） 甘草（3g） 加生姜三片，水煎服，食远、临卧服。

功效：清热润肺，化痰止咳。主治：痰浊不化，蕴而生热。咳嗽气逆，痰稠色黄腥臭，或带血丝，面赤，鼻中热气，咽喉干痛，舌苔黄腻，脉濡数或滑数。

　　按：本方与清气化痰丸均治痰热阻肺所致之咳痰证，但本方用黄芩、栀子、桑白皮清肺泻火，并伍贝母、知母、麦冬、桔梗等润肺化痰，偏于清润化痰，宜于痰热阴伤者；清气化痰丸以胆星为君，更用枳实消痰行气，偏于化痰降气，宜于痰热气逆者。

小陷胸汤
Minor Decoction for Relieving Phlegm – Heat in the Chest
（Xiao Xian Xiong Tang）
（《伤寒论》）

　　【组成】黄连一两（6g）　　半夏洗，半升（12g）　　瓜蒌实大者一枚（20g）

　　【用法】上三味，以水六升，先煮瓜蒌，取三升，去滓，内诸药，煮取二升，去滓，分温三服（现代用法：先煮瓜蒌，后纳他药，水煎温服）。

　　【功效】清热化痰，宽胸散结。

　　【主治】痰热互结之结胸证。胸脘痞闷、按之则痛，或咳痰黄稠，胸脘烦热，舌苔黄腻，脉滑数。

　　【制方原理】本方原治伤寒表证误下，邪热内陷，痰热互结于心下的小结胸证。痰热内结，气郁不通，故胸脘痞闷，按之则痛；痰热郁肺则咳痰黄稠；舌苔黄腻，脉滑数为痰热之象。本证病机为痰热结滞胸脘。治宜清热化痰，散结宽胸。

　　方中全瓜蒌甘寒，清热化痰，理气宽胸，善通胸膈之痹，为君药。黄连苦寒，清热降火，开心下之痞；半夏辛燥，降逆化痰，散心下之结。两味合用，辛开苦降，散结开痹之功益著，助君药清热涤痰，散结消痞，并为臣药。全方药仅三味，但配伍精当，为痰热互结胸脘痞痛之效方。

　　制方特点：①瓜蒌配半夏，润燥相宜，祛痰之力倍增；②黄连配半夏，苦降辛开，最善开结除痞。

　　【临床应用】

　　1. 用方要点　本方为治疗痰热结滞胸脘的常用方剂。临床用方辨证要点为胸脘痞闷，按之则痛，舌苔黄腻，脉滑数。

　　2. 临证加减　胀满疼痛甚，加枳实、郁金以疏肝止痛；兼呕恶，加竹茹、生姜以清热止呕；痰稠胶固，加胆南星、贝母加强化痰之力；痛引两胁，加柴胡、青皮以疏利肝胆。

　　3. 现代运用　主要用于急性胃炎、胆囊炎、肝炎、冠心病、肺心病、急性支气管炎、胸膜炎、胸膜粘连等属痰热互结心下或胸膈者。

　　4. 使用注意　脾胃虚寒者忌用。

　　【现代研究】

　　1. 药理研究　采用人脐静脉内皮细胞株 ECV304 诱导细胞凋亡，观察不同浓度小陷胸汤对抗细胞凋亡的作用。结果发现，小陷胸汤可通过提高内皮细胞生长活性并抑制其凋亡，保护血管内皮细胞。加味小陷胸汤能调整血脂异常，对高脂血症有防治作用。本方给 S 180 实体瘤和 ESC 腹水瘤小鼠灌胃，能明显延长荷瘤小鼠的存活时间，抑制肿瘤的生长，以及促进荷瘤小鼠非特异性细胞免疫功能。

2. 临床研究 小陷胸汤加味（瓜蒌 21g，黄连 9g，法半夏 9g，石菖蒲 9g，竹茹 12g，陈皮 15g，枳实 9g，丹参 30g，山楂 30g，龙齿 30g）治疗冠心病心绞痛 78 例。每日 1 剂，水煎分服。5 周为 1 疗程。结果：在改善心绞痛方面，显效 45 例，有效 31 例，无效 2 例，总有效率 97.46%；在改善心电图方面，显效 33 例，有效 26 例，无效 19 例，总有效率 75.64%。

【附方】

柴胡陷胸汤（《重订通俗伤寒论》） 柴胡一钱（3g） 姜半夏三钱（9g） 小川连八分（2.5g） 苦桔梗一钱（3g） 黄芩钱半（4.5g） 瓜蒌仁杵，五钱（15g） 小枳实钱半（4.5g）生姜汁四滴，分冲 水煎服。功效：清热化痰，和解少阳。主治：痰热互结之少阳证。寒热往来，胸膈痞满，按之疼痛，呕恶不食，口苦且黏，目眩，或咳嗽痰稠，舌苔黄腻，脉弦滑数。

本方由小柴胡汤合小陷胸汤去人参、炙甘草、大枣，加桔梗、枳实组成，为和解少阳与清热涤痰之合法，主治邪陷少阳而兼有痰热互结者。

滚 痰 丸
Eliminating Stubborn Phlegm Pill
（Guntan Wan）
（《玉机微义》引《泰定养生主论》）

【组成】 大黄酒蒸 片黄芩酒洗净 各八两（各240g） 礞石一两捶碎，同焰硝一两，投入小砂罐内盖之，铁线缚定，盐泥固济，晒干，火煅红，候冷取出（30g） 沉香半两（15g）

【用法】 上为细末，水丸梧桐子大，每服四五十丸，量虚实加减服，清茶、温水送下，临卧食后服（现代用法：水泛小丸，每服 6~9g，每日 1~2 次，温开水或清茶送下）。

【功效】 泻火逐痰。

【主治】 实热老痰证。癫狂惊悸，或怔忡昏迷，或咳喘痰稠，或胸脘痞闷，或眩晕耳鸣，或绕颈结核，或口眼蠕动，或梦寐奇怪之状，或骨节卒痛难以名状，或噫息烦闷，大便秘结，舌苔黄腻，脉滑数有力。

【制方原理】 本方主治实热老痰证，其病机特点是痰火郁结较甚，久积不去，变幻多端。痰热上蒙清窍，发为癫狂，或为昏迷；扰乱心神，则惊悸怔忡，夜不能寐，或梦寐奇怪之状；阻滞胸脘，肺胃气逆，则咳喘痰稠，或胸脘痞闷，或噫息烦闷；上扰清空，则眩晕耳鸣；流注经络、关节，或绕颈结核，或口眼蠕动，或骨节卒痛；痰火壅肺，肠腑不通，则大便秘结；舌苔黄腻，脉滑数有力为实热顽痰之象。本证系实热老痰胶固难解，非一般祛痰药所能除，故治当泻火通腑逐痰。

方中礞石禀燥悍重坠之性，下气消痰，与火硝同煅后攻逐下行之力尤强，能攻逐陈积伏匿之顽痰，并能平肝镇惊，善治惊痫，为君药。然痰火胶结伏匿于内，若非峻下之品终难涤除，故以苦寒之大黄，攻下泻火涤痰以开痰火下行之路，为臣药。佐以黄芩清上焦之热以助大黄清热降火。痰随气升，治痰必先理气，故以辛苦性温之沉香疏理气机，使气降则痰消。四药配伍，药简效宏，共奏泻火逐痰之功。吴谦谓之："二黄得礞石、沉香，则能迅扫直攻老痰巢穴，浊腻之垢而不少留，滚痰之所由名也"（《医宗金鉴》）。

制方特点：重坠祛痰药配伍通腑泻下药，使实热老痰从肠腑而出，为通腑逐痰之药法。

【临床应用】

1. 用方要点　本方治症虽多，但病机均为实热顽痰。临床用方辨证要点为大便秘结，舌红苔黄腻，脉滑数有力。

2. 临证加减　昏迷，用菖蒲、郁金煎汤送服，以增强芳香开窍之力；惊风抽搐甚，用僵蚕、钩藤煎汤送服以增强息风止痉之力；痰黄稠难咳，用川贝、竹沥煎汤送服以增强清化热痰之力。

3. 现代应用　主要用于精神分裂症、癫痫、神经官能症、慢性支气管炎、肺部感染、慢性结肠炎、病毒性脑炎等属痰火内闭者。

4. 使用注意　体虚、孕妇、虚寒惊风者忌用。

【现代研究】

药理作用　本方能明显抑制氨气刺激所致小鼠的咳嗽次数，具有一定的止咳作用；对蛋清所致大鼠足趾肿胀的抑制作用不明显。

第三节　润燥化痰

润燥化痰剂（Formulae for Moistenning Dryness and Resolving Phlegm）适用于外感燥热，肺阴受伤，或阴虚火旺，虚火炼液为痰所致咳嗽少痰，或痰稠而黏，咳痰不爽，甚则咳痰带血，咽喉干燥，声音嘶哑，舌干少津，脉涩等燥痰证，常以润肺化痰药如贝母、瓜蒌等为主，配伍润燥养阴，宣肺利气之品而组成。代表方剂如贝母瓜蒌散。

贝母瓜蒌散
Fritillary Bulb and Snakegourd Fruit Powder
（Beimu Gualou San）

（《医学心悟》）

【组成】贝母一钱五分（4.5g）　瓜蒌一钱（3g）　花粉　茯苓　橘红　桔梗各八分（各2.5g）

【用法】为末，水煎服（现代用法：水煎服）。

【功效】润肺清热，理气化痰。

【主治】燥痰证。咳嗽有痰，黏稠难咳，涩而难出，或咽喉干痛，或咽喉干燥，上气喘促，苔白而干，脉数。

【制方原理】 燥痰证以咳嗽痰稠，涩而难出为特征。《成方便读》："燥痰者，由于火灼肺金，津液被灼为痰。"肺为娇脏，性喜清肃，不耐寒热，若肺受火刑，不但灼津为痰，而且津伤液少，气道干涩，故痰稠难咳、涩而难出，或咽喉干痛，或咽喉干燥、上气喘促。本证病机为燥热伤津，燥痰阻肺，肺失清肃的病机。治宜润肺清热，散结化痰。

方中贝母苦甘微寒，润肺清热，化痰止咳，尤善治燥痰咳嗽，为君药。瓜蒌仁甘寒微苦，润肺清热，散结化痰，为臣药。天花粉润燥生津，清热化痰；橘红理气化痰，使气顺痰消；茯苓健脾渗湿，以杜生痰之源；桔梗宣利肺气，令肺金宣降有权。此四味合为佐药，化痰、润燥与理气合用，使肺得清润而燥痰自化，宣降有常则咳逆自止。

制方特点：清润宣化并用，肺脾同调，而以润肺化痰为主，润肺不留痰，化痰不伤津。

【临床应用】

1. 用方要点 本方是治疗燥痰证的常用方剂。临床用方辨证要点为咳痰难出，咽喉干燥，苔白而干。

2. 临证加减 咽中哽痛甚，加玄参、麦冬以清热润燥；兼感风邪，喉中作痒，加桑叶、杏仁、前胡、牛蒡子以疏风宣肺利咽；声音嘶哑，痰中带血，去陈皮，加沙参、阿胶以养阴止血；喘甚，加杏仁、枇杷叶以止咳平喘。

3. 现代运用 主要用于支气管炎、肺结核、肺炎、肺气肿、支气管扩张、慢性咽炎、矽肺等属燥痰证者。

4. 使用注意 虚火上炎及温燥伤肺之咳嗽，本方不宜。

【现代研究】

临床研究 贝母瓜蒌散加味（贝母10g，瓜蒌仁15g，天花粉10g，茯苓10g，橘红10g，桔梗10g，桑白皮12g，黄芩15g，葶苈子12g，胆南星10g，制大黄10g，甘草6g，蛤蚧粉3g）治疗慢性支气管炎急性期35例，每日1剂，分3次服。对照组35例口服祛痰灵，每次10ml，每日3次。10天为1疗程。结果：治疗组总有效率91.4%，显著高于对照组77.1%（P<0.05）。

第四节 温化寒痰

温化寒痰剂（Formulae for Warming and Eliminating Cold – Phlegm）适用于脾阳虚弱，肺寒停饮引起咳嗽吐痰、痰白清稀、遇寒加重、舌苔白滑、脉沉迟而滑的寒痰证，常以温肺化痰药物如干姜、细辛为主组成。寒饮多因脾阳不足所致，寒痰阻肺导致气逆咳喘；素患痰饮内停，卫外不固，易感表邪，引动内饮而发病。故本类方剂又常配伍健脾渗湿、温里祛寒、解表散寒、止咳平喘等药物。代表方剂如苓甘五味姜辛汤、三子养亲汤等。

苓甘五味姜辛汤

Poria, Licorice, Schisandra, Ginger and Asarum Decoction

(Ling Gan Wuwei Jiang Xin Tang)

(《金匮要略》)

【组成】茯苓四两 (12g)　甘草三两 (9g)　干姜三两 (9g)　细辛三两 (6g)　五味子半升 (6g)

【用法】上五味，以水八升，煮取三升，去滓，温服半升，日三服（现代用法：水煎温服）。

【功效】温肺化饮。

【主治】寒饮咳嗽证。咳嗽痰多，清稀色白，或喜唾涎沫，胸闷喘逆，舌淡胖，苔白滑，脉沉迟。

【制方原理】寒痰留饮之证多因脾阳不足，寒从中生，聚湿成饮所致。寒饮犯肺，宣降失职，故咳嗽痰多、清稀色白；饮阻气机，故胸闷喘逆；饮邪犯胃，则喜唾涎沫。舌淡胖，苔白滑，脉沉迟均为寒痰留饮之征。本证病机为脾阳不足，寒饮犯肺。治当温化寒饮。

方中干姜辛热，既温肺散寒以化饮，又温运脾阳以运湿，为君药。细辛辛温通散，助干姜暖脾肺、散聚饮；茯苓甘淡，健脾渗湿，既化已聚之痰，又杜生痰之源，合为臣药。五味子酸温，收敛肺气而止咳，与细辛、干姜相伍，散中有收，以助肺脏宣降之功。甘草健脾和中，合干姜温健中阳，兼调诸药，为佐使。综合全方，温散并行，开合相济，使寒饮得去，肺气安和，为温化寒饮之良剂。

制方特点：①温肺化饮与健脾渗利并行，肺脾兼治；②寓敛于散，开合相宜，温化寒饮而不伤津，收敛肺气而不留饮。

【临床应用】

1. 用方要点　本方是治疗寒饮咳嗽证的常用方剂。临床用方辨证要点为咳嗽痰稀色白，舌苔白滑，脉弦滑。

2. 临证加减　痰多欲呕，加半夏以化痰降逆止呕；冲气上逆，加桂枝以降逆平冲；咳甚颜面虚浮，加杏仁宣肺利气止咳。

3. 现代运用　主要用于慢性支气管炎、肺气肿属寒饮内停而咳痰清稀者。

4. 使用注意　阴虚燥热之咳嗽者忌用。

【附方】

冷哮丸（《张氏医通》）　麻黄泡　川乌生　细辛　蜀椒　白矾生　牙皂　半夏曲　陈胆南星　杏仁去双仁者, 连皮尖用　甘草生, 各一两 (各30g)　紫菀茸　款冬花去皮弦子, 酥炙各二两 (各60g)　共为细末，姜汁调神曲末打糊为丸，每遇发时，临卧生姜汤送服二钱 (6g)，羸者一钱 (3g)，更以三建膏贴腧穴中。服后时吐顽痰，胸膈自宽。服此数日后，以补脾肺药调之，候发如前，再服。功效：温肺散寒，涤痰化饮。主治：背受寒邪，遇冷即发喘嗽，胸膈痞满，倚息不得卧。

按：本方与苓甘五味姜辛汤都是温化寒痰的方剂。但本方涤痰平喘力强，为温肺涤痰平喘的峻剂，多用于寒痰伏肺、遇冷而发的哮喘；苓甘五味姜辛汤重在温肺化饮，主治寒饮停肺所致的咳痰清稀、胸膈不快者。

三子养亲汤

Three-seed Decoction for the Aged

（Sanzi Yangqin Tang）

（《杂病广要》引《皆效方》）

【组成】莱菔子 (9g)　白芥子 (6g)　苏子 (6g)

【用法】上各洗净，微炒，击碎，看何证多，则以所主者为君，余次之。每剂不过三钱。用生绢小袋盛之，煮作汤饮，代茶水啜用。不宜煎熬太过。若大便素实者，临服加熟蜜少许；若冬寒加生姜三片（现代用法：三药捣碎，用纱布包煎，煎汤代茶，频频饮服）。

【功效】温化痰饮，降气消食。

【主治】痰壅气滞证。咳嗽喘逆，痰多胸痞，食少难消，舌苔白腻，脉滑。

【制方原理】本方原治老人气实痰盛所致喘咳之证。年老中虚，水谷不运，湿聚生痰，而致食积痰壅气滞为患。痰浊阻肺，故见咳嗽喘逆而痰多；痰滞胸脘，则见胸痞、食少难消；舌苔白腻，脉滑等也属痰浊内停之征。本证以脾虚停滞为本，痰壅气逆为标，肺气不降为发病要点。治宜温化痰饮，降气消食。

方中莱菔子消食导滞，下气祛痰；白芥子辛温燥烈，温肺利气，畅膈消痰；苏子辛温，降气消痰，止咳平喘。三药相合，共奏消食化痰，温肺降气，止咳平喘之功。临床需视其痰、食、气三者之轻重，灵活委以君药。

制方特点：主在治标，温化痰浊，通降肺肠，痰食气并治。

【临床应用】

1. 用方要点　本方善治痰壅夹食之证。临床用方辨证要点为咳嗽喘逆，食少痰多，舌苔白腻，脉滑。

2. 临证加减　痰多而稀，加细辛、干姜以增强温肺化痰之力；胸闷气促，加杏仁、厚朴以行气平喘；兼有表邪，加苏叶、前胡以解表宣肺。

3. 现代应用　主要用于慢性支气管炎、支气管哮喘、肺气肿、肺心病、顽固性咳嗽等属痰气不利者。

4. 使用注意　克伐治标之剂，不宜久服。

【现代研究】

1. 药理研究　三子养亲汤具有平喘、镇咳、祛痰作用，合方和拆方研究表明苏子与白芥子均有明显的平喘和祛痰作用，苏子平喘作用较白芥子强，但白芥子祛痰作用强于苏子，镇咳作用则以莱菔子最强，合方平喘作用最强。本方还有抗炎、抗菌、消食作用，急性毒性实验表明其毒性极低。

2. 制剂研究　以平喘镇咳和祛痰为药效指标，比较观察了用不同提取方法对三子养亲汤药效及成分的影响，结果以石油醚和水煎煮提取的药效最好，分析方中脂肪油和水溶性成分如白芥子苷、芥子碱盐及其水溶性产物芥子酸、胆碱是药效成分，提示传统水煎效果好。以芥子碱硫氰酸盐的含量为考察指标，用正交实验设计筛选，结果表明三子养亲汤水提的最佳提取工艺条件为加水12倍、煎煮3次、每次提取1小时。

第五节 治风化痰

治风化痰剂（Formulae for Dispelling Wind and Phlegm）适用于风痰证，因风邪有内外之别，故而风痰证有不同类型。如外感风邪，肺气不宣而致咳嗽咽痒等外风夹痰证；治宜疏风化痰；组方多以疏散外风药如荆芥、防风与止咳化痰药如杏仁、紫菀、百部、白前等组合而成；代表方剂如止嗽散。因痰浊内停，肝风上扰而致眩晕头痛，甚则昏厥，不省人事等内风夹痰证；则治宜息风化痰，组方多以化痰药如半夏、天南星、贝母、天竺黄等，配伍天麻、钩藤等平息内风药而组成。代表方剂如半夏白术天麻汤、定痫丸。

止 嗽 散
Stop Coughing Powder
（Zhisu San）
（《医学心悟》）

【组成】桔梗炒　荆芥　紫菀蒸　百部蒸　白前蒸，各二斤（各1kg）　甘草炒，十二两（375g）　陈皮水洗去白，一斤（500g）

【用法】上为末，每服三钱，食后、临卧开水调下；初感风寒，生姜汤调下（现代用法：共为末，每服6~9g，温开水或姜汤送下。亦可作汤剂，水煎服，用量按原方比例酌减）。

【功效】止咳化痰，疏风宣肺。

【主治】风痰咳嗽证。咳嗽咽痒，咳痰不爽，或微有恶风发热，舌苔薄白，脉浮缓。

【制方原理】本方证为风邪犯肺，肺失宣降，津聚成痰所致。肺合皮毛，风邪外感，肺气不宣，停津蕴痰，故见咳嗽咽痒，咳痰不爽；表证未解，故见恶风发热，脉浮等证。本证病机要点以风邪稽肺，痰滞气阻，肺失宣降。治宜止咳化痰，疏风宣肺。

方中紫菀、百部甘苦温润，均入肺经，润肺化痰，降逆止咳，新久咳嗽都能使用，共为君药。桔梗苦辛性平，善于开宣肺气；白前辛甘性平，长于降气化痰。两者协同，一宣一降，以复肺气之宣降，增强君药止咳化痰之力，为臣药。荆芥辛而微温，疏风解表；陈皮理气化痰，均为佐药。甘草调和诸药，合桔梗又能利咽止咳，兼为佐使。诸药合用，可使风邪得以疏解，肺复宣降，咳痰得愈。

制方特点：用量轻微，用药温润平和，温散不助热，解表不伤正，主在畅利肺气。

【临床应用】

1. 用方要点　本方是治疗外风夹痰证的常用方剂。临床用方辨证要点为咳嗽咽痒，咳痰色白，或微有恶风发热、苔薄白，脉浮。

2. 临证加减　初起风寒症状较重，加紫苏、防风以辛温解表；风热犯肺，咳嗽咽痒，痰稠苔黄，加黄芩、桑白皮、芦根等以清肺止咳；温燥伤肺，干咳少痰，痰稠难咳，加桑叶、沙参、麦冬等以润燥止咳；湿痰犯肺，咳嗽痰多，胸闷呕恶，加苍术、厚朴、茯苓以燥湿和中；咳嗽痰多，加杏仁、贝母、半夏、瓜蒌等以止咳化痰。

3. 现代运用 主要用于上呼吸道感染、急慢性支气管炎、百日咳等属风邪犯肺者。

4. 使用注意 阴虚劳咳或肺热咳嗽者忌用。

半夏白术天麻汤
Pinellia，Bighead Atractylodes and Gastrodia Decoction
（Banxia Baizhu Tianma Tang）
《医学心悟》

【组成】半夏一钱五分（4.5g） 天麻 茯苓 橘红各一钱（各3g） 白术三钱（9g） 甘草五分（1.5g）

【用法】生姜一片，大枣二枚，水煎服（现代用法：加生姜1片，大枣2枚，水煎服）。

【功效】化痰息风，健脾祛湿。

【主治】风痰上扰证。眩晕头痛，胸膈痞闷，恶心呕吐，舌苔白腻，脉弦滑。

【制方原理】本证缘于脾虚失运，聚湿生痰，湿痰壅遏，引动肝风，风痰上扰清空所致。风痰上扰，蒙蔽清阳，故眩晕头痛；痰阻气滞，升降失司，故胸闷呕恶；内有痰浊，则舌苔白腻；脉来弦滑，主风主痰。本证以肝风夹痰上扰为标，脾虚不运为本。治宜化痰息风以治标，健脾祛湿以治本。

方中半夏燥湿化痰，降逆止呕；天麻平肝潜阳，息风止眩；两者相伍为治风痰眩晕头痛之要药，所谓："足太阴痰厥头痛，非半夏不能疗；眼黑头眩，风虚内作，非天麻不能除"（《脾胃论》）。此二味合为君药。白术、茯苓健脾祛湿，既消已生之痰，又杜生痰之源，为臣药。橘红理气化痰，使气顺则痰消；生姜、大枣调和脾胃，生姜兼制半夏之毒，共为佐药。甘草健脾益气，调药和中，为佐使。诸药合用，使风息痰消，气顺脾健，眩晕自愈。

制方特点：痰风并治，标本兼顾；主以化痰息风，兼行健脾祛湿。

【临床应用】

1. 用方要点 本方是治疗风痰上扰所致眩晕头痛的常用方剂。临床用方辨证要点为眩晕头痛，舌苔白腻，脉弦滑。

2. 临证加减 眩晕较甚，加僵蚕、胆南星等以加强化痰息风之力；头痛较甚，加蔓荆子、白蒺藜等以祛风止痛；呕吐甚，加代赭石、旋覆花以镇逆止呕；兼气虚，加党参、生黄芪以益气健脾；湿痰偏盛，舌苔白滑，加泽泻、桂枝以渗湿化饮；肝阳偏亢，加钩藤、代赭石以平肝潜阳。

3. 现代运用 主要用于耳源性眩晕、高血压病、癫痫、面神经瘫痪等属风痰上扰者。

4. 使用注意 肝肾阴虚，或气血不足之眩晕，本方不宜。

【现代研究】

1. 药理研究 半夏白术天麻汤按高（10g/kg）和低（5g/kg）不同剂量连续给予二肾一夹法复制的肾性高血压模型大鼠灌胃6周。结果：两组大鼠血清血管紧张素Ⅱ和内皮素的含量均见显著性降低（P<0.05），血清中一氧化氮的含量显著性升高（P<0.01 或 P<0.05）。提示该方具有降压作用，其机制可能涉及对血管活性介质的调节。

2. 临床研究　半夏白术天麻汤加减（半夏、白术各12g，天麻15g，钩藤、陈皮、茯苓各10g，夜交藤30g，大枣9枚，生姜15g，甘草6g）治疗内耳性眩晕75例。其中眩晕较重，呕吐频繁加代赭石30g、竹茹10g；脘闷不适加白蔻仁12g、砂仁10g；耳鸣重听加葱白10g、郁金10g、石菖蒲15g；头目胀痛，心烦口苦加黄连12g、黄芩10g。煎汤，每日1剂。30天为1个疗程。治疗时间20天至2个月不等。结果：临床治愈（眩晕消失，舌脉基本恢复正常）50例，显效（眩晕明显改善）15例，有效（眩晕程度减轻）7例，无效（主要症状无变化）3例。总有效率为96.0%。

【附方】

神仙解语丹（《校注妇人大全良方》）　　白附子炮　石菖蒲去毛　远志去心，甘草水煮沸天麻　全蝎　羌活　胆南星各一两（各30g）　　木香半两（15g）为细末，面糊丸，梧子大。每服二三十丸，薄荷汤下。功效：开窍化痰，通络息风。主治：风痰阻络之中风不语，言语謇塞，咳唾痰浊，舌苔厚腻，脉弦滑。

按：本方与半夏白术天麻汤虽均治风痰之证。然本方所主为风痰走络，闭阻心窍所致的中风不语；故选白附子、全蝎、胆南星等祛风止痉，燥湿化痰；配伍豁痰利窍之石菖蒲、远志，以收开窍化痰，通络息风之功。半夏白术天麻汤主治脾虚湿聚，风痰上扰清空所致眩晕头痛等症；故以半夏、天麻与茯苓、白术等药配伍，标本同治，以收化痰息风、健脾祛湿之功。本方制以面糊为丸，可减缓白附子、全蝎等毒性，并使药力持久。

定　痫　丸
Epilepsy-Arresting Pill
（Dingxian Wan）
（《医学心悟》）

【组成】明天麻　川贝母　半夏姜汁炒　茯苓蒸　茯神去木，蒸，各一两（各30g）　　胆南星九制者　石菖蒲杵碎，取粉　全蝎去尾，甘草水洗　僵蚕甘草水洗，去嘴，炒　真琥珀腐煮，灯草研，各五钱（各15g）　　陈皮洗，去白　远志去心，甘草水洗，各七钱（各20g）　　丹参酒蒸　麦冬去心，各二两（各60g）　　辰砂细研，水飞，三钱（9g）

【用法】用竹沥一小碗，姜汁一杯，再用甘草四两熬膏，和药为丸，如弹子大，辰砂为衣，每服1丸，每日2次（现代用法：共为细末，用甘草120g熬膏，加竹沥100ml，姜汁100ml，和匀调药为小丸。每服6g，早晚各1次，温开水送下。亦可作汤剂，水煎，入竹沥、姜汁、琥珀末、辰砂末冲服，用量按原方比例酌减）。

【功效】豁痰息风，定痫止痉。

【主治】风痰蕴热之痫证。忽然发作，眩仆倒地，不省高下，甚则抽搐，目斜口㖞，痰涎直流，或叫喊作声，脉弦滑。亦可用于癫狂。

【制方原理】痫证是一种发作性的神志异常疾病。脏腑失和，痰浊内聚，或遇劳力过度，饮食失节，或情志失调，导致体内气机逆乱，风火内动，肝风夹痰上蒙清窍，壅闭经络，以致痫证突然发作。本方所主痫证的病机核心是肝风夹痰上逆，壅闭经络，阻塞清窍。治宜涤痰开窍，息风止痉。

方中竹沥清热豁痰，镇惊利窍，善"治痰迷大热，风痉癫狂"（《本草备要》）；胆南星清热化痰，镇惊定痫，能"治一切中风、风痫、惊风"（《药品化义》），合以为君。半夏、陈皮、贝母、茯苓祛痰散结而开痰气之结；全蝎、僵蚕、天麻息风定搐而解癫痫之痉，辅助君药化痰息风，共为臣药。菖蒲、远志化痰开窍醒神；麦冬滋阴清热；丹参活血利窍；琥珀、辰砂、茯神镇惊安神，合为佐药。姜汁少许，开痰和胃；甘草和中调药，为佐使。诸药合用，共奏豁痰息风，定痫止痉之功。

制方特点：集大队化痰药并合平肝息风、通络止痉、安神开窍诸药于一体，药味虽多，但层次分明，为痰热风动、窍蒙络闭急证治疗的基本药法。

【临床应用】

1. 用方要点 本方是治疗痰热痫证发作的常用方。临床用方辨证要点为痫证发作，苔白腻微黄，脉弦滑略数。

2. 临证加减 大便秘结，加大黄、芒硝以泻热通便；抽搐不止，加钩藤、羚羊角以清热息风；久病频发，加人参以调补正气，或间歇期间，以原书所附的河车丸（紫河车一具，茯苓、茯神、远志各一两，人参五两，丹参七两。炼蜜为丸）每日早晨温开水送服三钱以巩固疗效。

3. 现代运用 主要用于原发性癫痫、继发性癫痫、多发性脑梗塞性痴呆、重度植物神经功能紊乱、精神分裂症、脑囊虫病等属痰热风动者。

4. 使用注意 痫证发作后，当注意培本扶元，调摄精神，合理饮食，以收全功。脾胃虚弱或阴虚阳亢者，本方不宜。

【现代研究】

药理作用 定痫丸能明显提高电点燃模型大鼠后放电域值，其有效时间在用药后第4日开始，作用逐渐增大，持续到用药第7日；停药后次日抗痫作用减弱，2日后消失。结果表明，定痫丸具有确切的抗痫作用，且有起效快、安全性好、副作用小等特点，对发作频繁而需迅速控制的癫痫有明显优势。

小 结

祛痰剂为治疗痰饮病证而设，具有消除痰涎等作用，主要治疗因痰所致的咳嗽、痰喘、惊悸、眩晕、癫痫、呕吐、痞满、疼痛、泄泻、水肿、瘰疬、痰核、肿块等常见及疑难病证。根据痰证的临床常见类型，本类方剂分为燥湿化痰、清热化痰、润燥化痰、温化寒痰、治风化痰五类。

1. 燥湿化痰 适用于湿痰证，常用燥湿化痰药为主，配伍理气与健脾药组成。二陈汤为主治湿痰的基础方剂，随证加减，常用于多种痰证。温胆汤具有理气化痰，清胆和胃之功；主治痰浊内扰，胆胃不和所致虚烦不眠、呕吐呃逆，以及惊恐癫痫等证。

2. 清热化痰　适用于热痰证，常用清热化痰药为主，配伍清热泻火或理气药组成。清气化痰丸具有清热化痰，理气止咳之功；主治痰热内结，咳嗽痰稠色黄之证。小陷胸汤清热化痰，宽胸散结，主治痰热互结胸脘的小结胸证。滚痰丸泻火逐痰，主治痰火胶结不解之老痰顽痰所致癫狂、惊悸、昏迷、咳喘、眩晕诸症伴见大便秘结，舌苔黄腻，脉滑数有力者。

3. 润燥化痰　适用于燥痰证，常用润肺化痰为主，配伍生津润燥药组成。贝母瓜蒌散具有润肺化痰之功，主治肺中燥痰所致的咳嗽痰稠，咯之不爽，涩而难出，咽喉干燥之证。

4. 温化寒痰　适用于寒痰证，常用温肺化痰药为主，配伍温阳、健脾药组成。苓甘五味姜辛汤具有温肺化饮的作用，主治寒痰内停之咳嗽痰多，清稀色白之证。三子养亲汤具有温化寒痰、降气消食之功，适合于寒痰夹食所致气逆食滞痰壅证。

5. 治风化痰　适用于风痰证。其中外风夹痰证的组方常用化痰药与宣散风邪药同用，止嗽散是治疗外风夹痰咳嗽的常用方，主治咳嗽咽痒，咳痰不爽，或微有恶风发热等。内风夹痰证组方多以化痰药配伍平息内风药而成，半夏白术天麻汤善治内风夹痰上扰之眩晕头痛，舌苔白腻，脉弦滑等证。定痫丸具有豁痰息风，定痫止痉的功效，为治疗热痰风动，窜络蒙窍之痫证的专方。

复习思考题

1. 简述祛痰剂分类的依据及其适应证。
2. 祛痰剂中为何常配伍健脾渗湿药和理气药？试列举具体方剂说明。
3. 二陈汤中使用乌梅的意义？怎样认识该方被视作治痰基础方？
4. 温胆汤方证涉及心神病变，但其组方中并未含安神药味，试述其理。
5. 试分析止嗽散的组方特点及其临床运用要点。
6. 联系方证病机，讨论苓桂术甘汤、苓甘五味姜辛汤、小青龙汤三方之间的药法变化。
7. 通过本章方剂的学习，归纳祛痰剂的配伍用药规律。

第二十四章 消导化积剂

消导化积剂（Formulae for Promoting Digestion and Reduce Food Stagnation）是以消导药为主组成，具有消食健脾、化积导滞等作用，治疗各种食积停滞病证的方剂。消导化积剂属于八法中的"消法"。

根据"坚者削之"、"结者散之"的治疗原则，凡由气、血、痰、湿、食、虫等结聚壅滞日久而成的积滞、痞块、癥瘕、瘿瘤、痈疡等均可用消法治疗，因此，广义的消法涉及理气、理血、化痰、祛湿、驱虫、治疡等多类方剂。本章主要讨论治疗食积停滞病证的方剂。食积病证多因饮食不节，暴饮暴食，或脾虚运化无力，饮食难消所致。按所治病证特点，本章方剂分为消食导滞和健脾消积两类。

消导化积剂与泻下剂均有消除有形积滞的作用，但在临床应用上二者有所区别。泻下剂为速攻急下之剂，依据"其下者，引而竭之"（《素问·阴阳应象大论》）的理论，通过荡涤肠胃，使停留在肠胃的宿食、燥屎、冷积、水饮、瘀血、积痰等实邪积滞，从大便而去。适用于病势较急，形证俱实，须急于攻下排除的病证。而消导化积剂则为渐消缓散之剂，使气血等渐积而成积聚痞块等逐渐消散，适用于病势较缓，病程较长，邪气久客，或虚实夹杂的病证。由于坚积已成，消散需假以时日，若用攻下图快利以求速效，则往往积未消而徒伤正气，病反深锢。但对病势急重的邪实积滞之证，非攻下不去者，若畏其攻伐而投以缓消之剂，则病重药轻，反而贻误病情。

消导化积剂现代临床被广泛用于消化不良、胃肠炎、胃肠功能紊乱、胃神经官能症、胃下垂、慢性痢疾等消化系统的多种疾病。药理研究表明，消导化积剂有类消化酶作用和促进消化液的分泌、增强胃肠蠕动机能、排除胃肠积气等作用。

使用消导化积剂，应辨清寒热虚实，区别兼夹病邪，权衡主次，合理配伍。积滞内停，易致气机不畅，坚积难消，当配伍理气行滞之药；脾胃素虚，正虚而邪实者，则需配伍补益之品，以消补兼施，邪正兼顾。因本类方剂所主证多为渐进形成的虚实夹杂类病证，治宜渐消缓散，故多用丸剂。消导化积剂虽较泻下剂作用缓和，但究属削伐之剂，不宜长期或过量服用，以免损伤正气。

第一节 消食导滞

消食导滞剂（Formulae for Promoting Digestion and Remove Food Stagnation），适用于食积停滞引起的脘腹痞闷、嗳腐吞酸、厌食呕逆、腹痛泄泻等，常以山楂、神曲、麦芽、鸡内金、莱菔子等消食药为主组成。食积为病，或阻碍气机，或生湿蕴热，故本类方剂又常配伍行气、化湿、清热等药。若积滞较甚，大便秘涩，腑气不通者，则应酌配泻下药以攻积导滞。代表方剂如保和丸、枳实导滞丸等。

保 和 丸
Preserving Harmony Pill
（Baohe Wan）
（《丹溪心法》）

【组成】山楂六两（180g）　神曲二两（60g）　半夏　茯苓各三两（各90g）　陈皮　连翘　莱菔子各一两（各30g）

【用法】上为末，炊饼为丸，如梧桐子大，每服七八十丸，食远，白汤下（现代用法：共为末，水泛为丸，每服6~9g，温开水送服；或作汤剂，水煎服）。

【功效】消食和胃。

【主治】食积证。暴饮过食，脘腹痞满胀痛，嗳腐吞酸，恶食呕逆，或大便泄泻，舌苔厚腻，脉滑。

【制方原理】胃司纳谷，脾主运化，若饮食不节，暴饮暴食，损伤脾胃，致脾胃运化不良，饮食停滞而为食积。食积内停，气机受阻，故见脘腹胀满，甚则疼痛。食积中阻，脾胃升降失职，清阳不升则大便泄泻，浊阴不降则嗳腐吞酸、恶食呕逆。本证病机为饮食停滞，气机受阻，脾胃不和。治宜消食化滞，理气和胃。

方中山楂味酸而甘，能消一切饮食积滞，尤善消肉食油腻之积，故重用为君药。神曲消食健胃，善化酒食陈腐之积；莱菔子下气消食除胀，长于消谷面之积，合为臣药。君臣配伍，可消各种饮食积滞。陈皮、半夏理气化滞，和胃止呕；茯苓渗湿健脾，和中止泻；连翘芳香悦脾，开郁清热，散结消积，共为佐药。炊饼养胃和中，为佐使。诸药合用，共奏消食和胃之功。本方作用平和，制成丸剂，更有缓消之意。

制方特点：主用消食三品，辅佐化痰行滞、散结清热、养胃和中，使消散停滞而不伤中。

【临床应用】

1. 用方要点　本方为消导和中之轻剂，适用于食积内停之证。临床用方辨证要点为脘腹胀满，嗳腐厌食，苔厚腻，脉滑。

2. 临证加减　食滞较重，脘腹胀痛较甚，加枳实、槟榔、厚朴；食积化热明显，嗳腐食臭，舌苔黄腻，加黄芩、黄连；积滞结实，大便秘结，加大黄、槟榔；兼脾虚便溏，加白术，即《丹溪心法》大安丸，消中兼补。

3. 现代运用　主要用于消化不良、急慢性胃炎、急慢性肠炎、婴幼儿食积腹泻等属食积为患者。

4. 注意事项　本方药力缓和，宜于食积之轻证者。

【现代研究】

1. 药理作用　本方能明显延缓小鼠胃排空及轻度抑制家兔十二指肠自发活动；拮抗乙

酰胆碱、氯化钡、组织胺所致家兔或豚鼠离体回肠痉挛性收缩，部分解除肾上腺素对兔离体小肠的抑制。大剂量（10g/kg）能减少胃酸分泌量和总酸排除量，小剂量（5g/kg）无明显作用，但能提高胃蛋白酶的活性。本方还能增加正常麻醉大鼠的胰液和胆汁分泌。研究表明，保和丸具有促进消化液分泌和提高消化酶活力，以及调整胃肠运动功能等作用。

2. 临床研究 将保和丸改为汤剂，随证化裁，治疗急性胆道感染 20 例。其中单纯性胆囊炎 7 例，胆石症伴胆囊炎 9 例，胆管炎 4 例。治疗 3 周。结果：显效 14 例，好转 5 例，无效 1 例。又有用本方合元胡止痛胶囊治疗 12 例幽门不完全梗阻患者获得较好的近期疗效，并观察到本方能消除幽门的水肿、充血及痉挛，使幽门不完全梗阻得到完全缓解。

枳实导滞丸
Immature Bitter Orange Pill for Removing Stagnancy
(Zhishi Daozhi Wan)
(《内外伤辨惑论》)

【组成】大黄一两（30g）　枳实麸炒，去瓤　神曲炒，各五钱（各15g）　茯苓去皮　黄芩去腐　黄连拣净　白术各三钱（各9g）　泽泻二钱（6g）

【用法】上为细末，汤浸蒸饼为丸，如梧桐子大。每服五十至七十丸，食远，温开水送下（现代用法：共为末，水泛为丸，每服 6~9g，食后温开水送服，每日 2 次）。

【功效】消食导滞，清热祛湿。

【主治】湿热食积证。脘腹胀痛，下痢泄泻，或大便秘结，小便短赤，舌苔黄腻，脉沉滑有力。

【制方原理】本方证乃食积不消，蕴生湿热；或素有湿热，又与食积互结于肠胃所致。积滞内阻，气机不畅，传导失司，故见脘腹痞满胀痛，或大便秘结；湿热积滞下迫于肠，则大便泄泻或下痢。本证病机要点为食积内阻，气机壅塞，湿热蕴结，肠胃阻滞。治宜导滞下积，清热除湿。

方中大黄直入肠腑，攻积泻热导滞，重用而为君药。枳实行气下积除痞，神曲消食化滞和胃，为臣药。君臣相伍，下积导滞而除胀满痞痛。黄连、黄芩清热燥湿而止痢；茯苓、泽泻渗湿利水而止泻；白术健脾燥湿，兼制苦寒泻下药之败胃伤正，共为佐药。诸药相伍，使积滞去，湿热清，气机畅，诸症得解。

制方特点：①以攻下湿热积滞为主，属"通因通用"之法；②剂之以丸，峻药缓用，旨在消导。

【临床应用】

1. 用方要点 本方适用于湿热食积，内阻肠胃之证。临床用方辨证要点为脘腹胀痛，大便秘结或下痢或泄泻，苔黄腻，脉沉有力。

2. 临证加减 气滞较甚，脘腹胀满、里急后重明显，加木香、槟榔；热毒较甚，下痢脓血，加银花、白头翁；肠阻胃逆，呕吐较甚，加半夏、代赭石。

3. 现代运用 主要用于消化不良、急性胃肠炎、细菌性痢疾、胃肠功能紊乱及食物中毒等属湿热食积证者。

4. 注意事项 泻痢而无积滞、脾虚停积者忌用；孕妇慎用。

【现代研究】

临床研究 枳实导滞丸改为汤剂，随证加减治疗肠麻痹症，其中积热毒痢者加银花30g，白头翁40g；肠腑结热者加芒硝20g（冲服）；胃逆呕甚者加竹茹15g，生赭石30g。治疗2周。结果多获显效，其中2例服用本方3～6剂即愈。慢性便秘患者31例服用枳实导滞丸为治疗组，29例服用果导片为对照组，两组服药时间平均为5天。结果：治疗组显效25例，有效3例，无效3例，总有效率为90%；对照组显效12例，有效8例，无效9例，总有效率为70%。两者相比有显著性差异（P<0.05）。

【附方】

木香槟榔丸（《儒门事亲》） 木香 槟榔 青皮 陈皮 广茂烧 黄连 枳壳麸炒，去瓤，各一两（各30g） 黄柏 大黄各三两（各90g） 香附子炒 牵牛各四两（各120g）上为细末，水为丸，如小豆大。每服三十丸，食后生姜汤送下（现代用法：为细末，水泛为丸，每服3～6g，温开水送服，每日2次）。功效：行气导滞，攻积泻热。主治：湿热积滞证。脘腹痞满胀痛，大便秘结，或赤白痢疾，里急后重，舌苔黄腻，脉沉实有力。

按：本方与枳实导滞丸均有导滞攻积之功，均属消下并用之剂。本方以通腑泻下配伍诸多行气破滞药，行气攻下之力较强，适宜于湿热积滞之重证；枳实导滞丸以泻热通腑药配伍除湿健脾之品，导滞攻下之力较缓，适用于湿热食积之轻证。

第二节　健脾消积

健脾消积剂（Formulae for Invigorating Spleen and Relieving Stagnation），适用于脾胃虚弱，食积内停；或食积日久，损伤脾胃，蕴生寒热痰湿，气滞血郁，聚而不散，久成痞积之证。其中脾虚食积不化见脘腹痞满，不思饮食，面黄体瘦，倦怠乏力，大便溏薄等症，常以消食药如山楂、神曲、麦芽等，配伍益气健脾药如人参、白术、山药等组成；寒热痞结见脘腹胀满，腹中痞块，时聚时散，大便不调等症，多以调和寒热与辛开苦降药如黄芩、黄连、干姜、枳实等，配伍益气健脾药如人参、白术、甘草等组成。代表方剂如枳术丸、健脾丸、枳实消痞丸。

枳　术　丸
Unripe Bitter Orange and White Atractylodes Pill
（Zhizhu Wan）
（《内外伤辨惑论》引张洁古方）

【组成】白术二两（60g）　枳实麸炒黄色，去瓤，一两（30g）

【用法】上为极细末，荷叶裹烧饭为丸，如梧桐子大。每服五十丸，多用白汤下，无时候（现代用法：荷叶烧饭为丸，每服 6~9g，每日 2 次）。

【功效】健脾理气，化食消痞。

【主治】脾虚气滞，饮食停聚证。胸脘痞满，不思饮食，舌淡苔白，脉虚缓。

【制方原理】本方所治之证多为脾胃素虚，饮食不慎；或暴饮暴食，损伤脾胃，以致食积不消，气机阻滞而致。脾虚不运，食积不化，气机停滞，故见不思饮食，食后腹胀，或胸脘痞满等。脾虚宜补，食积宜消，治当健脾与消积兼顾。

方中重用白术，健脾燥湿助运，为君药。枳实行气散滞消痞，为臣药。二药相伍，一补一消，健脾散滞。荷叶芳香舒脾，升发清阳，醒脾化湿，与白术相伍，则健脾助运之力增；与枳实同用，则升清降浊而和脾胃。烧饭健脾养胃，兼调药性，合为佐使。诸药相合，共奏健脾助运、行滞消积之功。

制方特点：①消补兼施而主以补，重在健脾助运；②寓行于补，寓降于升，使补而不滞，纳运得复。

【临床应用】

1. 用方要点　本方为治疗脾虚气滞，饮食停聚证的基础方。临床用方辨证要点为脘腹痞满，不思饮食，苔白脉虚。

2. 临证加减　食积气滞，脘痞腹胀，加木香、砂仁，即香砂枳术丸（《景岳全书》）；以助理气行滞；食积不化，腹胀嗳腐吐酸，加神曲、麦芽，以消食和胃，即曲蘗枳术丸（《内外伤辨惑论》）；食积停痰，心胸痞闷，加橘皮、半夏，以助化痰行气，即橘半枳术丸（《医学入门》）；生湿蕴热，脘痞便秘，加大黄、黄芩以泻热通腑。

3. 现代应用　主要用于治疗消化不良、胃神经官能症、慢性胃肠炎，以及肝炎等属脾虚气滞，饮食停聚证者。

【现代研究】

1. 药理研究　枳术丸煎剂具有改善饮食失节所致的小鼠脾虚腹泻。本方不仅能对抗家兔离体小肠副交感神经介质乙酰胆碱的作用，使处于兴奋状态的小肠恢复正常；也能对抗肾上腺素引起的肠肌松弛，改善胃肠运动的减弱，显示其对肠道运动的双向调节作用；还可抑制过敏介质释放，减轻其所致平滑肌的挛缩反应及促进大鼠胆汁分泌。本方按每日 4g/kg 灌服，能明显增加正常小鼠肝糖原和降低其血糖；8g/kg 能明显提高正常小鼠腹腔巨噬细胞吞噬率及明显延长小鼠颈部断头呼吸延续时间。上述结果表明，枳术丸具有调整胃肠功能、调节血糖、增强免疫功能及提高机体耐受能力等作用。

2. 临床研究　用本方治疗小儿厌食症 70 例，其中脾失健运组 28 例，胃阴不足和脾胃气虚组各 21 例，按不同剂量口服枳术丸，观察各组用药前后的每日摄食量、症状积分（食欲、腹胀、饮水、大便、精神、面色、出汗）及证型与疗效的关系。结果：各组用药后的日摄食量均见显著增加（$P < 0.05$ 或 $P < 0.01$），胃阴不足组除精神项、脾胃气虚组除腹胀和饮水项、脾失健运组全部项的症状积分均较用药前显著降低（$P < 0.05$ 或 $P < 0.01$）。

【附方】

枳术汤（《金匮要略》）　枳实七枚（12g）　白术二两（6g）　上二味，以水五升，煮取三升，分温三服。腹中软即当散也（现代用法：水煎温服，每日 3 次）。功效：行气消痞。

主治：脾虚停湿，水气痞结的心下坚满者。

按：枳术丸、枳术汤虽同为消补并用之剂，但补消有偏，缓急有异，当有所别。枳术汤中枳实用量重于白术，且用汤剂，意在以消散为主，主治脾弱而饮气互结之心下痞满证；枳术丸则重用白术，且为丸剂，以补为主，主治脾虚气滞，食停不化之脘痞少食证。

健 脾 丸
Invigorating the Spleen Pill
（Jianpi Wan）
（《证治准绳》）

【组成】白术炒，二两半（75g）　木香另研　黄连酒炒　甘草各七钱半（各22g）　白茯苓去皮，二两（60g）　人参一两半（45g）　神曲炒　陈皮　砂仁　麦芽炒　山楂取肉　山药　肉豆蔻面裹煨热，纸包槌去油，各一两（各30g）

【用法】共为细末，蒸饼为丸，如绿豆大。每服五十丸，空心、下午各服一次，陈米汤下（现代用法：共为细末，糊丸或水泛为丸，每服6～9g，温开水送下，每日2次）。

【功效】健脾和胃，消食止泻。

【主治】脾胃虚弱，食积内停证。食少难消，脘腹痞闷，大便溏薄，倦怠乏力，苔腻微黄，脉虚弱。

【制方原理】脾胃纳运无力，故见食少难消、大便溏薄；脾虚气弱，则倦怠乏力、脉象虚弱；食滞气机，生湿蕴热，故脘腹痞闷，苔腻微黄。本证病机为脾虚不运，饮食停积，蕴生湿热。治当健脾与消食并举，佐以渗湿清热。

方中重用白术、茯苓健脾祛湿以止泻，为君药。山楂、神曲、麦芽消食和胃以除积；人参、山药补脾养胃，以助君药健脾之力，为臣药。木香、砂仁、陈皮皆为芳香行滞之品，理气开胃，醒脾化湿，既除脘腹痞闷，又制诸补药之滞；肉豆蔻苦温，涩肠止泻；小量黄连，燥湿厚肠健胃，兼清食积所化之热，皆为佐药。甘草补中和药，为佐使。诸药合用，共奏健脾消食、理气行滞、涩肠止泻之功。

制方特点：本方以健脾消食、行滞、止泻的配伍为基本结构；全方消补兼施，补而不滞，消不伤正。

【临床应用】

1. 用方要点　本方为治脾虚食积证之良方。临床用方辨证要点为脘腹痞闷，食少难消，大便溏薄，苔腻微黄，脉象虚弱。

2. 临证加减　脾胃虚寒兼食滞，去黄连，加干姜以温中祛寒。

3. 现代运用　主要用于慢性胃炎、慢性肠炎、肠功能紊乱、消化不良、过敏性结肠炎等属脾虚食积证者。

4. 注意事项　单纯食积证，本方不宜。

【现代研究】

临床研究　用健脾丸加减治疗小儿泄泻300例。其中伤食型117例，以本方去人参、山药、肉豆蔻，黄连易黄芩，加枳实；暑热型 84 例，以本方去山楂、神曲、陈皮、砂仁，加黄芩、葛根；脾虚型 99 例，以本方去黄连加附子。结果：痊愈 258 例，好转 27 例，无效 15 例。

【附方】

肥儿丸（《太平惠民和剂局方》）　神曲炒，十两（30g）　黄连去须，十两（30g）　肉豆蔻面裹煨，去面，五两（15g）　使君子去皮（壳），五两（15g）　麦芽炒，五两（15g）　槟榔细锉，晒，二十个（10g）　木香二两（6g）　上为细末，猪胆汁为丸，如粟米大，每服三十丸，量岁数加减，热水下，空心服（现代用法：共为细末，猪胆汁为丸，每服 2g，每日 3 次，空腹温开水送服）。功效：健脾消食，清热驱虫。主治：小儿疳积。消化不良，面黄体瘦，肚腹胀满，发热口臭，大便溏薄，以及虫积腹痛。

按：健脾丸和肥儿丸均有消食健脾作用，都可用于食积证。但健脾丸健脾消食，兼有祛湿止泻作用，补脾之力较强，主治脾虚食滞腹泻之证；肥儿丸消积运脾，兼有杀虫清热作用，补脾作用较小，主治小儿脾弱湿热，虫积成疳之证。

枳实消痞丸
Immature Bitter Orange Pill for Relieving Stuffiness
（Zhishi Xiaopi Wan）

（《兰室秘藏》）

【组成】干生姜　炙甘草　麦芽曲　白茯苓　白术各二钱（各6g）　半夏曲　人参各三钱（各9g）　厚朴炙，四钱（12g）　枳实　黄连各五钱（各15g）

【用法】上为细末，汤浸蒸饼为丸，如梧桐子大。每服五七十丸，白汤下，食远服（现代用法：共为细末，水泛小丸或糊丸，每服 6～9g，饭后温开水送下，每日 2 次；或作汤剂，水煎服）。

【功效】消痞除满，健脾和胃。

【主治】脾虚气滞，寒热互结证。心下痞满，不欲饮食，倦怠乏力，大便不畅，苔腻而微黄，脉弦。

【制方原理】本方证因脾虚不运，寒热互结，气壅湿聚所致。脾虚不运，则不欲饮食，倦怠乏力，大便不畅；寒热结气，升降失司，则心下痞满，或呕吐腹泻；苔腻而微黄，脉弦为气壅湿阻郁热之象。本证病机为脾虚失运，气壅湿阻，寒热结滞。治宜健脾补虚，平调寒热，行滞消痞。

方中枳实苦辛微寒，行气消痞为君；厚朴苦辛而温，行气除满为臣。二者合用，以增行气消痞除满之功。半夏曲辛温，化痰散结和胃；黄连苦寒，清热燥湿泄痞；干姜辛热，温中祛寒。此三味相伍，辛开苦降，平调寒热，协助君臣以增开痞除满之功。麦芽曲消食和胃；人参、白术、茯苓、炙甘草益气健脾，养胃和中，共为佐药。炙甘草兼调和药性，也为使药。诸药相合，共奏消痞除满，健脾和胃之功。

本方是由半夏泻心汤、枳术汤和四君子汤化裁而成。方中枳实、厚朴用量独重，重在行气消痞；且黄连用量大于干姜，其病当属热多寒少之证。

制方特点：集消补兼施、寒热同用、辛开苦降于一方。

【临床应用】

1. 用方要点   本方为治疗脾虚气滞，寒热互结证之常用方。临床用方辨证要点为心下痞满，食少倦怠，苔腻微黄。

2. 临证加减   脾虚甚，重用人参、白术以增益气健脾之功；偏寒，减黄连，加重干姜用量，或再加高良姜、肉桂等以助温中散寒之力；脘腹胀满重，加陈皮、木香等以加强行气消胀之效。

3. 现代运用   主要用于慢性胃炎、慢性支气管炎、胃肠神经官能症等属脾虚气滞，寒热互结者。

4. 使用注意   湿热食积证，本方不宜。

【现代研究】

1. 药理研究   枳实消痞丸能加快小鼠的胃肠推进运动，促进小鼠胃排空。拆方比较观察发现，本方具有兴奋胃肠，促进消化道运动作用，方中枳实、厚朴、麦芽曲起主要作用；可通过增强胆碱能神经功能及提高血浆胃动素水平来促进胃排空，枳实和厚朴可能是方中起主要作用的药物。

2. 临床研究   用枳实消痞丸治疗功能性消化不良 54 例，并与西药吗丁啉治疗 50 例作为对照组。治疗组服用枳实消痞丸（干姜 3g，炙甘草、麦芽曲、白茯苓、白术各 6g，半夏、人参各 9g，厚朴 12g，枳实、姜汁炒黄连各 15g。共研成末，汤浸蒸饼为丸，每丸 9g）每次 1 丸，每天 2 次；对照组服吗丁啉 10mg，每天 3 次。疗程均为 4 周。结果：治疗组总有效率为 92.6%，显著高于对照组 74%（P＜0.05）。

小   结

消导化积剂具有消食导滞、健脾化积等作用，主治各种食积停滞病证。针对食积停滞证的虚实之偏，本章方剂分为消食导滞和健脾消积两类。

1. 消食导滞   适用于饮食停滞之证。本类方剂以消食化滞、行气除湿、清热为基本配伍结构。保和丸长于消食和胃，是消食化滞的通用方，主治一切食积之脘痞腹胀、恶食嗳腐等症。枳实导滞丸消食导滞，清热祛湿，以攻下湿热积滞为主，适用于湿热食积内阻胃肠之证。

2. 健脾消积   适用于脾胃虚弱，食停气滞湿聚，日久成积之证。本类方剂多以健脾除湿、消食化积、行气导滞为基本配伍结构。枳术丸、健脾丸均为消补兼施之剂。枳术丸健脾消食，主治脾虚食积气滞之轻证；健脾丸健脾消食之力较强，并有渗湿止泻之功，主治脾虚食积气滞较甚，兼有郁热者。枳实消痞丸行气消痞，健脾和胃，调和寒热，主治虚实相兼，寒热错杂，湿聚气结之痞满不食者。

复习思考题

1. 消导化积剂与泻下剂均治有形之邪，两者在临床应用上有何区别？
2. 保和丸为消食和胃之剂，方中为何配用连翘？
3. 枳实导滞丸与木香槟榔丸在用药、功效及主治方面有何异同？
4. 枳术丸配伍有何特点？其常用加减衍化方有哪些？
5. 健脾丸与枳实消痞丸均为消补兼施之剂，其配伍特点有何不同？怎样区别应用？

第二十五章

驱虫剂

驱虫剂（Formulae for Expelling Parasites）是以驱虫药为主组成，具有驱虫或杀虫等作用，主治人体消化道寄生虫病的一类方剂。驱虫剂属于八法中的"消法"。

人体消化道寄生虫有蛔虫、蛲虫、绦虫、钩虫等多种。常引起脐腹疼痛，时发时止，痛后能食；面色萎黄，或青或白，或生白斑，或见赤丝；或夜寐齘齿，或胃脘嘈杂，呕吐清水，舌苔花剥，脉象乍大乍小等。若迁延日久，可出现肌肉消瘦，毛发枯槁，肚腹胀大，青筋暴露等疳积之象。治疗之法当以驱虫为先，并应选择有针对性的驱虫药物。若为蛔虫，首选使君子、苦楝根皮、鹤虱、芜荑；若为绦虫，首选槟榔、南瓜子、鹤草芽、雷丸；若为钩虫，首选榧子、贯众；若虫积腹痛，首选乌梅以安蛔止痛。由于虫留体内，或积聚而阻气机，酿生郁热，或久稽而损脾胃、伤阴阳，以致虚实互见、寒热错杂。故本类方剂又常配伍理气和中、清热祛邪、导滞攻积、健脾养胃、温里祛寒等药味。代表方剂如乌梅丸、布袋丸、化虫丸等。

驱虫剂现代临床主要用于治疗各类消化道寄生虫病，也常辨证用于其他消化系统疾病，如肠易激综合征、溃疡性结肠炎、慢性胃炎、消化性溃疡、克罗恩病等。药理研究表明，驱虫剂除具有驱杀多种肠道寄生虫功效外，还有抑菌抗炎、镇痛镇静、促进胃肠黏膜溃疡修复、调节机体免疫机能，以及提高抗疲劳、耐缺氧能力等作用。据此推测中医"驱虫"的现代内涵不仅是对于寄生虫的麻痹或驱杀作用，而且通过上述多种药效的综合，改变寄生虫的外环境而促使虫体排出，改善人体的病理损害而促使机体康复。

使用驱虫剂，首先应通过相应的理化检查以明确寄生虫病的诊断以及寄生虫类型；服药以空腹为宜，并忌食油腻之物；方剂中含有毒药时注意剂量适当，以免过轻而虫积难去，过重致耗损正气；对于年老体弱、孕妇等，慎用攻伐之药；若虫去而脾胃虚弱者，宜调补脾胃以善其后。

乌 梅 丸
Black Plum Pill
（Wumei Wan）
（《伤寒论》）

【组成】乌梅三百枚（480g）　　细辛六两（180g）　　干姜十两（300g）　　黄连十六两（480g）当归四两（120g）　　附子炮，去皮，六两（180g）　　蜀椒出汗，四两（120g）　　桂枝去皮，六两（180g）　　人参六两（180g）　　黄柏六两（180g）

【用法】上十味，异捣筛，合治之。以苦酒渍乌梅一宿，去核，蒸之五斗米下，饭熟捣成泥，和药令相得，内臼中，炼蜜为丸，如梧桐子大。每服十丸，食前以饮送下，一日三次，稍加至二十丸（现代用法：用50%醋浸乌梅一宿，去核打烂，和余药打匀，烘干或晒干，研末，加蜜制丸，每次9g，每日3次，空腹温开水送下。亦可水煎服，用量按原方比例酌减）。

【功效】安蛔止痛。

【主治】蛔厥。腹痛阵作，时发时止，心烦呕吐，食入吐蛔，手足厥冷；或久痢，久泻。

【制方原理】蛔虫寄生肠内，久而不去，致脾肾阳虚，寒从中生；蛔乃食入不洁之物而成，既可损阳气，也可酿生郁热，而成寒热错杂之证。蛔虫扰动，故腹痛阵作、时发时止；胃气上逆，故呕吐，甚或吐蛔；郁热内扰，故心烦；阳气亏虚，失于温煦，更兼蛔扰腹痛，痛剧时阴阳之气不相顺接，故手足厥逆。本证病机为脾肾虚寒，寒中蕴热，蛔虫内扰，日久耗损气血。治宜安蛔止痛，温阳散寒，清泄郁热，兼补气血。

方中重用乌梅为君，且以醋浸渍，其酸味益浓而安蛔力著，令蛔静则腹痛止。配伍细辛、蜀椒之辛温，辛可伏蛔，温以散寒，蜀椒并有杀虫驱蛔之功；再配黄连、黄柏之苦寒，苦能下蛔，寒以胜热，同为臣药。附子、干姜、桂枝温脾肾之阳以散寒，人参、当归补气养血以扶正，俱为佐药。诸药相合，使"蛔得酸则静，得辛则伏，得苦则下"（《古今名医方论》），阳复寒散而厥回，蛔安虫宁而痛止。

制方特点：酸苦辛同用而以酸为重，寒热并调而以温里祛寒为主，消补兼施而以安蛔止痛为要。

若为湿热久稽，损及阳气之久痢、久泻，因正气已虚，邪犹未尽，寒热错杂，肠失传导，亦可使用本方。方中乌梅涩肠止泻，黄连、黄柏清肠化湿，附、姜、椒、辛、桂温阳祛寒，人参、当归益气养血。诸药温清涩补并行，与久泻、久痢之寒热虚实错杂之病机颇合。

【临床应用】

1. 用方要点　本方适用于蛔虫内扰，脾肾虚寒，寒中蕴热之蛔厥。临床用方辨证要点为腹痛阵作，烦闷呕吐，手足厥冷。

2. 临证加减　本方重在安蛔，杀虫力较弱，临证宜酌加使君子、苦楝皮、榧子、槟榔等以助杀虫驱虫之力，或加大黄、芒硝以增驱虫攻积之效；呕吐严重，加生姜、半夏、吴茱萸以降逆止呕；腹痛甚，加白芍、甘草以缓急，或加木香、大腹子以理气。并可根据寒热之偏颇，调整方中温里与清热药物之比重。

3. 现代运用　主要用于肠道蛔虫、胆道蛔虫、蛔虫性肠梗阻、痢疾、肠炎、肠易激综合征等属脾肾虚寒，寒中蕴热证者。

4. 使用注意　蛔虫腹痛或久泻久痢属湿热为患者，本方不宜。

【现代研究】

1. 药理研究　将蛔虫分别放入37℃生理盐水及30%和5%的乌梅丸溶液中，2分钟后，生理盐水中的蛔虫仍十分活跃，30%药液中的蛔虫则呈静止、濒死状态，5%药液中的蛔虫活动迟缓；复将30%药液中的蛔虫放入生理盐水溶液中，2～3分钟后活跃性恢复，放入10%葡萄糖溶液中则其恢复更快。乌梅丸可促进肝脏胆汁分泌，降低胆汁pH值，促进胆囊收缩和利胆，服本药后显示造影剂迅速通过奥狄括约肌流入十二指肠，若乌梅用量加倍其效益著。乌梅丸还可提高小鼠巨噬细胞吞噬率，使小鼠负重游泳的死亡时间与耐缺氧能力明显延长。可见乌梅丸通过使蛔虫麻醉，失去其肠壁附着力，松弛奥狄括约肌，增强胆囊收缩，增加胆汁排泄量，从而有助于虫体排出，并可减轻胆道感染，减少胆石症发生。采用免疫加局部刺激的方法复制大鼠溃疡性结肠炎模型，灌胃法给药，发现乌梅丸可通过升高抑炎因子白介素 - 10 的含量及降低促炎因子，肿瘤坏死因子 α 的含量，抑制肠道炎症反应的扩大与加剧，提示此为该方治疗溃疡性结肠炎的分子免疫学机制之一。

2. 临床研究　以乌梅丸加大黄治疗胆道蛔虫症 40 例，痛甚者加郁金、延胡索、木香、白芍，大便秘结者加芒硝、厚朴、槟榔。每日 1 剂，半小时至 1 小时服药 1 次。结果：治愈 21 例，有效 12 例，无效 7 例，总有效率 82.2%。慢性结肠炎证属虚实并见，寒热错杂，上热下寒者，可以乌梅丸加减治疗。若口苦加黄芩，湿重加苍术，腹痛加厚朴，年老体弱久泻气虚乏力者加炒白术、升麻、黄芪。32 例本病患者用本方水煎，分 2 次饭前温服。每日 1 剂，10 天为 1 疗程。3 个疗程后，治愈 15 例，显效 9 例，好转 7 例，无效 1 例，有效率为 96.9%。

【附方】

1. 理中安蛔汤（《万病回春》）　人参七分（2g）　白术一钱（3g）　茯苓一钱（3g）川椒三分（8g）　乌梅三分（9g）　干姜炒黑，五分（1.5g）　水煎服。或作丸剂，将乌梅浸烂蒸熟去核捣如泥，入前药末再捣如泥，每服十丸，米汤吞下（现代用法：诸药研末，炼蜜和丸，每丸重 5g，每服 1 丸，每日 3 次，饭前温开水送下）。功效：温中安蛔。主治：中阳不振，脾胃虚寒之蛔扰腹痛。腹痛阵作，便溏尿清，吐蛔或便蛔，四肢不温，舌苔薄白，脉虚缓。

2. 连梅安蛔汤（《通俗伤寒论》）　胡黄连一钱（3g）　川椒炒，十粒（9g）　白雷丸三钱（10g）　乌梅肉二枚（5g）　生川柏八分（2.5g）　尖槟榔磨汁冲，二枚（或切片随药入罐煎，10g）　水煎去滓，每日 3 次，饭前服用。功效：清热安蛔。主治：热扰蛔动证。腹痛阵作，不思饮食，食则吐蛔，甚或烦躁厥逆，面赤，口燥，舌红，脉数。

按：乌梅丸、理中安蛔汤、连梅安蛔汤皆含有乌梅、川椒，均有安蛔止痛之功。其中乌梅丸酸苦辛相合，温清同用，消补兼施，故安蛔止痛力强，并能调和寒热，宜于寒热虚实错杂之蛔厥重证；理中安蛔汤合入理中丸，功专温中安蛔，宜于中焦虚寒，蛔扰腹痛者；连梅安蛔汤配入胡黄连、川黄柏、槟榔，驱虫力著，清热效佳，故宜于热扰蛔动之证。

布 袋 丸
Cloth Sack Pill
(Budai Wan)
(《补要袖珍小儿方论》)

【组成】夜明砂拣净，二两（60g）　芜荑炒，去皮，二两（60g）　使君子肥白者，微炒，去皮，二两（60g）　白茯苓去皮，半两（15g）　白术无油者，去芦，半两（15g）　人参去芦，半两（15g）　甘草半两（15g）　芦荟研细，半两（15g）

【用法】上为细末，汤浸蒸饼为丸，如弹子大（约 10g）。每服一丸，以生绢袋盛之；次用精猪肉二两（60g）与药一处煮，候肉熟烂，提取药于当风处悬挂，将所煮肉并汁令小儿食之。所悬之药，第二日仍依前法煮食，药尽为度（现代用法：诸药按比例调配，研为细末，每次 3g，每日晨起空腹用猪肉汤调服）。

【功效】杀虫消疳，补养脾胃。

【主治】小儿虫疳。体热面黄，肢细腹大，发焦目暗，舌淡苔白，脉细弱。

【制方原理】虫积日久，耗损气血，加之脾胃受损，运化失司，气血无以生化，以致脏腑肢体失于荣养，故见面黄体瘦，肢细腹大，发焦目暗，舌淡脉弱诸症。针对虫积伤脾成疳之病机，治宜驱虫消疳与健脾补虚并举，以收祛邪扶正之功。

方中使君子杀虫驱蛔，兼益脾胃；芜荑杀虫消疳，兼可化食，共为君药。合入四君子（人参、白术、茯苓、甘草）补气健脾，以益气血生化之源，俱为臣药。夜明砂清肝明目，助君药消疳化积；芦荟泄热通便，杀虫疗疳，且其泻下之功亦利虫体排出，同为佐药。甘草调和药性，兼作使药。诸药配伍，寓杀虫消疳于补养脾胃之中，令祛邪而不伤正气。使用本方时以布袋贮药与肉同煮，令小儿食肉并汁，意取补养脾胃之效，亦以"布袋丸"名方。

【临床应用】

1. 用方要点　本方为治疗小儿脾虚虫疳的代表方剂。临床用方辨证要点为虫积日久，面黄发焦，肢细腹大。

2. 临证加减　食谷不化，胃纳呆滞，加神曲、麦芽、山楂；手足心热，或口有秽味，加胡黄连、知母；大便干结，加火麻仁、莱菔子；面色无华，唇甲色淡，加当归、白芍。

3. 现代运用　主要用于小儿蛔虫病所致消化功能减退，营养不良之疳积。

4. 使用注意　属攻伐克削之剂，不可过服、久服。

化　虫　丸
Dissolve Parasites Pill
（Huachong Wan）
（《太平惠民和剂局方》）

【组成】胡粉（即铅粉）炒，五十两（1500g）　鹤虱去土，五十两（1500g）　槟榔五十两（1500g）　苦楝根去浮皮，五十两（1500g）　白矾枯十二两半（370g）

【用法】上为末，以面糊为丸，如麻子大。一岁儿服五丸，温浆水入生麻油一二点，调匀下之，温米汤饮下亦得，不拘时候。其虫细小者，皆化为水，大者自下（现代用法：各药按比例调配，碾细筛净，水泛为丸。每丸如麻子大，1岁儿服5丸，空腹时米汤送服）。

【功效】驱杀肠中诸虫。

【主治】肠道虫积证。发作时腹中疼痛，往来上下，其痛甚剧，呕吐清水，或吐蛔虫。

【制方原理】肠中诸虫，或因脏腑虚弱，或因寒温失调，或因饮食变化而不安其位，骚动不宁，而致脾胃失和，腹中挛急。诸虫攻窜肠中，故腹痛时作，往来上下，其痛难忍；虫动扰胃，胃失和降，则呕吐清水或吐蛔虫。针对诸虫躁扰之病机，治宜杀虫、驱虫之法。

方中胡粉大毒，驱杀肠道诸虫之功甚著，用为君药。配白矾、鹤虱为臣，以助君药驱杀诸虫之力。苦楝根杀蛔虫、蛲虫，槟榔不仅杀绦虫、姜片虫，而且能消积导滞、下气通便以促进虫体排出，并能行气止痛，俱为佐药。数药配伍，集诸杀虫之品于一方，相辅相成，效专力宏，共达虫去痛止之效。

【临床应用】

1. 用方要点 本方为治虫专方，尤善驱杀蛔虫。临床用方辨证要点为腹痛时作，呕吐或吐蛔。

2. 临证加减 若虫积而致腑气不通，腹痛剧而不大便，加用大黄煎水送服化虫丸；气虚体弱，以四君子汤送服化虫丸。

3. 现代运用 主要用于多种肠道寄生虫病，亦可用于滴虫性阴道炎。

4. 使用注意 本方毒性较大，应严格控制用量，中病即止；年老体弱者慎用，孕妇忌用。

【现代研究】

临床研究 以化虫丸合四妙丸加减治疗滴虫性阴道炎 58 例，基本方：川黄柏、茅苍术、川牛膝、薏苡仁、北鹤虱、使君子、大腹子、芜荑、苦楝皮。每日 1 剂，7 天为 1 疗程。阴痒甚者加白鲜皮、地肤子、蛇床子、苦参；外阴红肿灼热加青黛、银花；带下赤白量多加芡实、煅龙骨、煅牡蛎；合并外阴溃疡见流脓渗液或宫颈糜烂加土茯苓、白芷、败酱草、鱼腥草；合并宫颈炎或子宫内膜炎加银花、红藤；阴道壁充血加丹皮、生地、赤芍。经治 2～4 个疗程，痊愈 26 例，显效 16 例，好转 9 例，无效 7 例，总有效率为 89.7%。

小 结

驱虫剂是为治疗消化道寄生虫病而设，具有驱虫消积、理气和中等作用，除用于治疗多种消化道寄生虫病外，还常辨证用于泄泻、胃脘痛等脾胃疾病。

根据人体消化道寄生虫的种类选择有针对性的驱虫药物为主，再依据虫积所兼夹的病理变化选配相应药物是本类方剂的配伍要点。乌梅丸酸苦辛同用而重用乌梅之酸，功擅安蛔止痛，配伍细辛、蜀椒、附子、干姜、桂枝与黄连、黄柏以调寒热，再入人参、当归以补气血，全方温清消补兼施而以驱虫消积、温里祛寒为主，主治蛔虫内扰，脾肾虚寒，寒中蕴热所致腹痛时作，烦闷呕吐，手足厥冷之蛔厥证。布袋丸以使君子、芜荑杀虫消疳，合入四君子补气健脾，寓杀虫消积于补养脾胃之中，令祛邪而不伤正气，适用于小儿虫疳，症见虫积日久、面黄发焦、肢细腹大者。化虫丸集诸杀虫之品于一方，效专力宏，尤善驱杀蛔虫，临床以腹痛时作、呕吐或吐蛔为使用依据。

复习思考题

1. 试述驱虫剂的功效、适应范围及其使用注意事项。

2. 如何根据消化道寄生虫种类选择驱虫药物?

3. 乌梅丸为驱虫之剂,为何又常用于治疗久泻久痢?

4. 试述乌梅丸的配伍意义及特点。

5. 布袋丸与化虫丸同具驱虫之功,其适应证有何不同? 为什么?

6. 试结合驱虫剂的配伍与临床应用现状,总结驱虫剂的组方思路。

第二十六章

涌吐剂

涌吐剂（Formulae for Causing Vomiting）是以涌吐药为主组成，具有涌吐痰涎、宿食、毒物等作用，治疗痰厥、食积、误食毒物类疾患的方剂。涌吐剂属于八法中的"吐法"范畴。

涌吐剂历史悠久，对某些疾病具有独特疗效。本类方剂是以"其高者，因而越之"（《素问·阴阳应象大论》）为立法依据。其用药原则为"酸苦涌泄为阴"，"咸味涌泄为阴"（《素问·至真要大论》）。金元时代的刘完素首先将涌吐方归属于"十剂"中的"宣"剂，并以"涌"剂名之，所谓"涌剂，瓜蒂、栀豉之类是也"（《素问病机气宜保命集》）。攻下派的代表医家张子和善用吐法，所著《儒门事亲》中记载吐法主治病证达40余种，经验非常丰富。

涌吐剂的运用目的在于使停蓄在咽喉、胸膈、胃脘的痰涎、宿食、毒物从口吐出，通利气机，使邪有出路。适用于中风痰涎壅盛，喉痹痰阻喉间，宿食停积胃脘，毒物尚留胃中，以及干霍乱吐泻不得、痰厥痰盛气闭等属于病情急迫而又急需吐出之证，对于痰壅气逆引起的狂、痫等证亦可酌情使用。

前人催吐，有峻缓之分。体质壮实，病势急迫，宜峻吐，如瓜蒂散之类；体虚邪气不甚，病势较缓，宜缓吐，如参芦饮之类；服药不吐，或仓卒之间无吐药可用，则可外探，用鹅翎、手指探喉。此外，应根据病邪性质用药，如瓜蒂吐热痰，藜芦吐风痰，常山吐疟痰等。涌吐剂的组方常以瓜蒂、藜芦、食盐等苦寒酸咸的药物为主，一般用药不过数味，甚至使用单方。其常用配伍：①配味酸之品，如用瓜蒂配赤小豆，取其"酸苦涌泄"；②配清轻宣泄之品，如配淡豆豉以宣散胸中郁结；③配辛温豁痰之品，如配皂角以开窍通关。代表方剂如瓜蒂散、救急稀涎散、盐汤探吐方等。

吐法除可直接速除咽膈胃脘的顽痰、酒积、宿食、毒物等有形之实邪外，还涉及以升求降，通利气机，激发宣导体内自然疗能，以恢复脏腑经络平衡的治疗机制。目前认为吐法通过引起机体强烈应激，通过中枢形成新的兴奋灶，负诱导抑制病理兴奋灶。此外，肠胃的逆向运动，膈肌骤降，胸腹腔压力的骤然变化，静脉血和淋巴液加快回流，呼吸改变，腹腔脏器位移，强烈的腹肌收缩及心理上的反应等，成为一种复合激源，并以强大的刺激量影响应激轴心垂体－肾上腺皮质系统活动增强，内分泌激素分泌增多，激发长期被抑的机体抗病能力，调整多系统的器官功能活动，从而起到遏制和稳定病情的效果。

涌吐类方属于急则治标之剂，运用取效的关键是辨证准确，把握时机，因势利导。但其作用迅猛，副作用较大，使用时应当注意用药的剂量、用法、禁忌、中毒的解救措施，以及药后调养等。凡年老体弱、妇女胎前产后、幼儿均应慎用，咯血、吐血者也当忌用。涌吐剂多由苦、酸、咸等刺激性较强的药物，甚至有毒药物组成，易伤胃气，故服用涌吐剂，应从小剂量开始，逐渐增加剂量，中病即止，以防涌吐太过，甚至中毒。对于病情较重，情况紧急者，务使其快吐为要。若服药后 10～20 分钟仍不吐者，可就地取材，用手指、压舌板或翎毛等探喉以助吐，或多饮开水，以促其呕吐。若服后呕吐不止者，可饮姜汁少许或服用冷粥、冷开水等以止呕。严重的呕吐不止，则应针对所用致吐药物进行解救，如服瓜蒂散而吐不止者，可取麝香 0.03～0.1g，用开水冲服解之；服救急稀涎散而吐不止者，可用甘草、贯众煎汤服之。服药得吐后需令患者避风休息，以防感冒风寒，同时要注意不宜马上进食，须待肠胃功能恢复，再进流质饮食或易消化的食物，切勿骤进油腻及不易消化之品，以免重伤胃气。

值得提出的是，现代涌吐剂应用较少，其原因可能有：①吐法多被现代洗胃、吸痰等其他治疗方法所取代，其使用范围日益缩小；②现代医学将昏迷、惊厥、抽搐、食道静脉曲张、主动脉瘤、支气管扩张、肺结核咯血、胃溃疡出血以及腐蚀性毒物中毒等列为催吐禁忌证；③吐法使用禁忌证较多，临床运用具有较强的经验性，一般从医者不易掌握；④由于涌吐剂会引起患者的不适，患者往往不愿接受。虽然如此，但中医吐法简便易行，疗效快捷，作用独特，难以为其他方法取代，现代临床也有运用此类方剂治疗疑难顽疾并取得疗效的报道。因此吐法仍有其一定的实用价值，值得研究。

瓜 蒂 散
Muskmelon Pedicel Powder
（Guadi San）
（《伤寒论》）

【组成】瓜蒂熬黄，一分（1g）　赤小豆一分（1g）

【用法】上二味，分别捣筛，为散，合治之，取一钱匕（3g），以香豉一合（9g），用热汤七合，煮作稀糜，去滓，取汁合散，温，顿服之。不吐者，少少加。得快吐，乃止（现代用法：将瓜蒂、赤小豆研细末和匀，每服 1～3g，以淡豆豉 9g 煎汤送服。如急救催吐，药后可用洁净翎毛探喉取吐）。

【功效】涌吐痰食。

【主治】痰涎、宿食壅滞胸脘证。胸中痞硬，烦懊不安，气上冲咽喉不得息，寸脉微浮。

【制方原理】本方证乃因痰涎壅塞胸膈，或宿食停于上脘所致。由于痰食壅盛，气不得通，故胸中痞硬，烦懊不安，甚至气上冲咽喉不得息。此为有形之邪结于胸脘，发病部位偏上，邪有上逆之势，非汗、下之法所能治之，宜采用吐法，因势利导，使病邪随吐而解，符合"其高者，因而越之"（《素问·阴阳应象大论》）的原则。

方中瓜蒂味极苦而性寒，具有较强的催吐作用，善于涌吐痰涎宿食，故为君药。赤小豆味酸性平，能祛湿除烦满，是为臣药。君臣相配，酸苦涌泄，相须为用，催吐之力益增。以淡豆豉煎汤调服，取其轻清宣泄，能宣解胸中邪气，利于涌吐，为佐药。由于瓜蒂有毒，催吐力峻，易伤胃气，配伍赤小豆、淡豆豉之类谷物，取谷气以安中护胃，使催吐而不伤胃气。三药合用，使胸脘的痰、食之邪一吐而除，以达上焦通，气机畅，痞硬消，中气和，诸症得解之目的。

制方特点："酸苦涌泄"药法；涌吐峻药与谷物相配，使吐不伤胃。

【临床应用】

1. 用方要点 本方为涌吐的祖剂，适用于痰涎、宿食停滞胸脘证。临床用方辨证要点为胸脘痞硬，烦懊不安，气逆欲吐。

2. 临证加减 痰湿重，加白矾以助涌吐痰湿；痰涎壅塞，加菖蒲、郁金、半夏以开窍化痰；风痰盛，加防风、藜芦以涌吐风痰。

3. 现代运用 主要用于暴食暴饮导致的急性胃炎、精神错乱、神经官能症、口服毒（药）物中毒的早期、病毒性肝炎、支气管哮喘等病属于宿食、毒邪停滞或痰涎壅盛者。

4. 注意事项 ①瓜蒂苦寒有毒，易伤正气，用量不宜过大，中病即止；②年老、体虚、孕妇、产后，以及有吐血史者应慎用；③宿食或毒物已离胃入肠，痰涎不在胸膈者，均需禁用；④吐后宜稀粥少许自养；⑤服后呕吐不止，可取麝香 0.1～0.15g 或丁香末 0.3～0.6g，开水冲服解之。

【现代研究】

1. 药理研究 甜瓜蒂主要含葫芦素 B、E 及 B 苷，其中以葫芦素 B 含量最高，约占 1.9%。口服葫芦素 B、E 具有强烈的催吐作用，其催吐原理系刺激胃肠黏膜，反射性引起呕吐中枢兴奋所致。皮下或静脉给药，则无致吐效果。赤小豆中含有皂苷，口服也会引起恶心呕吐，但煮沸可破坏其皂苷而失去作用。肝损伤动物口服或皮下注射葫芦素 B、E 及 B 苷，可使血清转氨酶活性明显下降，肝细胞气球样变和脂肪性变的数目明显减少，病变程度明显减轻，肝小叶中央坏死区迅速修复，肝糖原增加，肝组织羟脯氨酸下降。迁延性和慢性肝炎患者用瓜蒂散喷鼻腔 2～3 周后，其外周血中淋巴细胞绝对数增加，淋巴细胞转化率由服药前 6.3% 升高至 60.6%，同时肝功能好转，黄疸消退。上述研究表明，本方具有催吐、抗肝损伤及免疫调节等作用。

2. 临床研究 口服毒（药）物中毒早期患者 172 例随机分为瓜蒂散（瓜蒂、升麻、甘草各 5g）组、洗胃组和口服温开水引吐组三组，各组给予相应处理。结果：口服瓜蒂散组的催吐效果明显优于其他组，并有快速简便、致吐彻底等优点。用瓜蒂散治疗急性病毒性黄疸性肝炎高胆红素血症 188 例，常规保肝治疗的同时，加以瓜蒂散 0.1g 吹入两侧鼻内，每天 1 次，3 天为 1 疗程。必要时间隔 2～7 天可再续 2～3 疗程。结果：显效 153 例，有效 31 例，无效 4 例。总有效率为 97.9%，显著高于单纯保肝对照组的 47.7%。

【附方】

三圣散（《儒门事亲》） 防风三两 (90g) 瓜蒂剥尽碾破，以纸卷定，连纸锉细，去纸，用粗箩子箩过，另放末，将渣炒微黄，次入末，一处同炒黄用，三两 (90g) 藜芦去苗及心，加减用之，或一两 (30g)，或半两 (15g)，或一分 (0.3g) 上药为粗末，每服约半两 (15g)，以虀汁三茶盏，先用二盏，煎三五沸，去虀汁，次入一盏，煎至三沸。却将原两盏同一处，熬二沸，去滓，澄清，放温，徐徐服之，不必尽剂，以吐为度。功效：涌吐风痰。主治：中风闭证，失音闷乱，口眼㖞斜，或不省人事，牙关紧闭，脉浮滑实者。对于癫痫，浊痰壅塞胸中，上逆时发者，以及误食毒物尚停于上脘者，亦可用之。

按：本方与瓜蒂散俱以瓜蒂为君药，均为涌吐峻剂，但本方以催吐峻药配伍祛风升散之品，以涌吐风痰见长，涌吐作用较强；瓜蒂散以谷物为辅佐，以涌吐痰食见长，其涌吐之力不及前者。

救急稀涎散
Phlegm-Diluting Powder for Emergency
（Jiuji Xixian San）
（《重修政和经史证类备用本草》）

【组成】猪牙皂角需肥实不蛀，削去黑皮，四挺（15g）　晋矾光明通莹者，一两（30g）

【用法】二味同捣，箩为细末，再研为散。如有患者，可服半钱（1.5g），重者三钱匕（4.5g），温水调灌下。不大呕吐，只是微稀涎冷出，或一升、二升，当时惺惺，次缓而调治。不可使大段吐之，恐过伤人命（现代用法：共为细末，每服1.5～4.5g，温开水送下）。

【功效】开关催吐。

【主治】痰涎壅盛之中风闭证。喉中痰声辘辘，气闭不通，心神瞀闷，四肢不收，或倒仆不省，或口角似歪，脉象滑实有力；或喉痹。

【制方原理】本方证乃因痰壅气闭所致。由于痰涎壅盛，气道不利，故喉中痰声辘辘；痰浊蒙闭心窍，故心神瞀闷，或倒仆不省人事；痰气流窜，阻于经络，筋脉失养，故四肢不收或口角似歪。喉痹亦为咽喉阻塞，气闭不通所致。此系中风闭证，痰涎壅盛，或喉痹阻塞气道，病情危急，当急治其标，立即疏通咽喉，开关通闭，然后再随证调治。

方中白矾酸寒涌泄，能化解顽痰，并有开闭催吐之功，故为君药。皂荚辛温而咸，辛能通窍，温能化痰，咸能软坚，善于荡涤痰浊，用为臣药。两药合用，有稀涎催吐、开窍通关的功效。本方重在化痰通窍，催吐之力较弱。因本方具有稀涎之效，使痰稀涎出，咽喉疏通，解救中风及喉痹等急症，故名"救急稀涎散"。

【临床应用】

1. 用方要点　本方为治疗中风闭证初起，痰涎壅盛，阻塞气机，或喉痹之急救用方。临床用方辨证要点为痰涎壅盛，喉中痰声辘辘，呼吸不畅，脉象滑实有力。

2. 临证加减　中风加藜芦以涌吐风痰；喉痹加黄连以解毒；痰盛加半夏以增化痰开结之力。

3. 现代运用　主要用于癫痫、神经官能症、急性喉炎、哮喘等属痰壅气闭证者。

4. 注意事项　①中风脱证，或阴竭阳越，戴阳痰壅者禁用；②用量宜轻，以痰出适量为度，不可令大吐，以免加重病情。

盐汤探吐方
Salt Solution to Cause Emesis
（Yantang Tantu Fang）
（《金匮要略》）

【组成】盐一升（30g）　水三升（600ml）

【用法】上二味，煮令盐消，热饮一升（200ml），刺口，令吐宿食使尽，不吐更服，吐迄复饮，三吐乃止（现代用法：用开水调成饱和盐汤，每服200ml，服后用洁净翎毛或手指探喉助吐，以吐净宿食为度）。

【功效】涌吐宿食。

【主治】宿食停滞上脘，脘腹痛连胸脘，痞闷不通；或干霍乱，脘腹胀痛，欲吐不得吐，欲泻不得泻；或误食毒物，毒物尚停留在胃中者。

【制方原理】本方所治之证为宿食、秽浊、毒物停积上脘所致。因宿食停滞不化，或感受秽浊之气，使气机升降受阻，上下不得宣通，故见脘腹胀痛、吐泻不得诸症。本方证为有形实邪阻滞胃脘，气机痞塞，上下不通；或毒物尚在胃中，有上吐之机。治当以畅为顺，速吐为快。

方中仅用食盐一药，取其咸味涌泄，单用即可"令人吐"（《神农本草经》），本品"咸能下气，过咸则引涎水聚于膈上，涌吐以泄之也"（《张氏医通》）。但盐汤涌吐之力较弱，故服后需要探喉助吐，吐之不尽，再续前法。本方除藉其极咸之味激起呕吐直接排除宿食、毒物外，还有条达气机，恢复升降之用，故也可用于气机壅塞之霍乱、饱食胃壅及肝气郁极之腹痛肢厥等证。

【临床应用】

1. 用方要点　本方为涌吐宿食、毒物及干霍乱之良方。临床用方辨证要点为脘腹胀痛，欲吐不得，欲泻不得。

2. 临证加减　食厥加姜汁，以豁痰通滞；干霍乱加姜汁、童便，以祛痰降火；癃闭加防风，以助宣肺通利。

3. 现代运用　主要用于暴食暴饮所致的急性胃扩张、食物中毒早期及精神神经系统疾病等属宿食、毒物停滞或脏腑气机闭塞者。

4. 使用注意　若服后不吐，需探喉助吐。

小　结

涌吐剂主要为有形之邪停蓄咽喉胸脘、气机闭阻之病证而设。瓜蒂散涌吐力较峻，专治痰食壅塞胸膈胃脘者；救急稀涎散涌吐之功虽不及瓜蒂散，但有开关而涌吐稀涎作用，适用于中风痰闭或喉痹阻塞气道者；盐汤探吐方药性平和，使用便利，为涌吐宿食、毒物、干霍乱及气厥等常用方。

复习思考题

1. 涌吐剂运用时应注意哪些问题？
2. 比较瓜蒂散、救急稀涎散、盐汤探吐方的功效与主治。

第二十七章

治疡剂

治疡剂（Formulae for Treating Carbuncles）具有散结消痈、托毒排脓、生肌敛疮等作用，是主治痈疽疮疡病证的一类方剂。治疡剂属于八法中"消法"的范畴。

痈疽疮疡病证的发生，有因六淫之邪外侵肌肉、经络、筋骨、血脉者；有因七情内伤，郁滞化火，热胜肉腐为脓者；或恣食辛热炙煿食物，生湿蕴热者；或阳虚寒凝，导致气血凝涩，阻滞经脉，营卫不和，变生痈疡者。但诸因之中，尤以火毒热胜、气血凝滞、肉腐血败者为多见。正如《医宗金鉴》所云："痈疡原是火毒生，经络阻隔气血凝。"通常根据发病部位将痈疽疮疡分为外疡、内痈：外疡即生于体表部位的疮疡、疔疮、疖肿、痈、疽、痔等；内痈指生于体内脏腑的肺痈、肠痈、胃痈等。"疡科辨证，首重阴阳"（《疡科纲要》）。属阳证者多因湿热瘀毒壅遏，气血凝滞而成，以局部红肿热痛、根脚收缩为特征；属阴证者多为痰湿寒邪凝滞经脉所致，以患处漫肿无根、皮色不变、酸痛无热为特征。

痈之初宜消，脓已成宜托，溃之后宜补，是治疗疮疡的基本原则。但外疡与内痈在治法上各有其规律。外疡有初起、成脓、溃后三个不同阶段，分别有相应的消、托、补三法。消法适用于初期尚未化脓的疮疡，"治疡之要，未成者必求其消，治之于早，虽有大证，而可以消散于无形"（《疡科纲要》）。消法包括清热解毒、疏散透表、温里散寒、活血行气等法的综合运用，使痈疡"消散于无形"。托法适用于痈疡中期，此期正虚毒盛，不能托毒外出，脓虽成，却难溃难腐者，通过托法扶助正气，托毒透脓，防其毒邪内陷。根据中期的邪正进退病势及方中药味的配伍特点，托法又有"透托"和"补托"之分。托法能改变正邪对比，促进病情向愈，是治疗疮疡最具特色的内治方法。补法适用于痈疡溃后及虚证疮疡，正气虚弱者。痈疡溃后，毒气已去，而正气虚弱，见痈疡脓水清稀，或疮口经久不敛者。补法通过补益正气，生肌敛疮，促进疮口早日愈合。内痈虽也有初起、成脓、溃后的不同阶段，但脏腑居内，其形证的变化往往不及外疡，多以证候的寒热虚实为辨证要点，其治疗以逐瘀排脓、散结消肿为基本大法，同时结合寒热虚实，或兼以清热泻火，或兼以散寒，或兼以补虚扶正。根据功效和适应证的不同，治疡剂可分为消散外疡、托里透脓、补虚敛疮和治脏腑痈四类。

治疡剂现代临床被广泛用于体表、胸腹腔内脏、口腔、肛肠等由感染因素引起的化脓性疾病，以及肿瘤等多种疾病。其中最多用于疖肿、蜂窝织炎、深部脓肿、带状疱疹、肺脓疡、阑尾炎、乳腺炎、扁桃体炎、口腔溃疡、牙周炎、流行性腮腺炎、颈淋巴结炎；还常用于脉管炎、乳房纤维瘤、乳腺增生、子宫附件炎、盆腔炎、急性胆道感染、术后切口感染、褥疮、急性颈淋巴结核、骨与关节结核；以及甲状腺肿瘤、乳癌、胃癌等恶性肿瘤。药理研究表明，治疡剂除有抗病原微生物、抗炎、镇痛、解热、增强免疫及抗肿瘤等作用外，还涉及对抗内毒素毒性，对免疫、血液、心血管、中枢神经系统等其他多个系统的影响。据此推测中医治疗外科疮疡消、托、补三法的现代内涵，可能是通过抗病原微生物、对抗内毒素毒性、改善微循环、降低毛细血管通透性、抗炎、镇痛等作用，使感染因素引起的炎性肿块消散于未化脓之际；促进局部炎症的吸收，炎性分泌物的减少，促进肉芽组织的再生，疮口的愈合。其中托、补之剂还具有调整机体多系统功能的作用，特别是对一些并发有糖尿病、肾功能不全、低蛋白血症、营养不良等病症的反复发生、经久不愈的疮疡患者具有纠正其多环节病理变化的作用。治疡剂的疗效是其抗病原微生物、抗内毒素、抗瘤、抗炎、镇痛、解热，激活和增强机体免疫功能，改善血液循环功能等多种作用的综合结果。

治疡剂的临床应用，首先应注意根据证情的阴阳类型正确选用相应的方剂。治疗外疡应结合病情的早、中、晚不同阶段，正确选用消、托、补三法及其相应方剂。脓已成时，内消之法不宜使用；脓成但正气未衰者，宜用透托之方；正虚毒结，则宜"补托"之剂。痈疡后期，疮痈虽溃，若毒邪未尽者，则不宜过早运用补法，或应邪正兼顾，不宜纯用补法。

第一节　消散外疡

消散外疡剂（Formulae for Dispersing External Weiling – Abscess），适用于外疡初起，尚未成脓，邪气盛实之证。外疡初起有阴、阳、寒、热之异。属阳证者，常见局部红肿热痛，伴发热，口渴，或便秘溲赤，舌红苔黄，脉滑数有力等；属阴证者，常见疮疡局部漫肿硬结，不红不热，隐隐作痛，伴神疲恶寒，苔白脉缓等。并可兼夹表邪、里实、痰浊、湿毒、气滞、血瘀等。故本类方剂常以清热解毒或温里散寒之药为主组成。根据兼证，常配伍透表散邪、攻里泻实、祛湿化痰、行气散滞、活血消肿等药物。代表方剂如仙方活命饮、阳和汤等。

仙方活命饮
Fairy Formula Decoction for Saving Life
（Xianfang Huoming Yin）
（《女科万金方》）

【组成】穿山甲　甘草　防风　没药　赤芍药　当归梢　乳香　贝母　天花粉　皂角刺各一钱（各6g）　　白芷六分（3g）　　金银花　陈皮各三钱（各9g）

【用法】上用好酒三碗，煎至一碗半。若上身，食后服；若下身，食前服。再加饮酒三四杯以助药势，不可更改（现代用法：水煎服，或水酒各半煎服）。

【功效】清热解毒，消肿溃坚，活血止痛。

【主治】热毒痈疡初起。患处红肿焮痛，或身热凛寒，舌苔薄黄，脉数有力。

【制方原理】本证为阳证痈疡肿毒初起，风热邪毒客于肌腠、经络，营卫气血郁滞不通，聚而成形，郁而化热，毒聚热盛则患处局部红肿焮痛；甚则肉腐发为痈疡，如《灵枢·痈疽》所云："营气稽留于经脉之中，则血泣而不行，不行则卫气从之而不通，壅遏而不得行，故热。大热不止，热盛则肉腐，肉腐则为脓。"风热邪毒壅郁肌腠，邪正交争于肌表，故身热凛寒；舌苔薄黄，脉数有力亦为热毒壅滞，正盛邪实之象。本证属阳证热毒痈疡，治当清热解毒为主，辅以活血通络、理气行滞、消肿散结，使热毒清解，气血畅通，痈疡肿结得以消散。

方中重用金银花，甘寒轻清，功善清热解毒，既能泄热清气，又能清解血分热毒，且具芳香透达之性而助消痈散结，为治热毒痈疡肿毒之要药，故为君药。热毒痈疡初起，营卫气血郁滞不通，故用当归梢、赤芍药活血通滞和营；乳香、没药散瘀消肿止痛；陈皮理气行滞。五药合用以调畅气血，通瘀祛滞，使经络气血通畅，则肿消痛止，共为臣药。白芷、防风辛散透达，既能疏风透邪，且能散结消肿，以助痈疡肿毒之消散；浙贝母、天花粉清热化痰，散结排脓，使结肿得消；穿山甲、皂角刺走窜行散，通行经络，既能解毒消肿，且能透脓溃坚，使脓成能溃，均为佐药。甘草清热解毒，和中调药；加酒同煎，借其通行周身，助药力直达病所，同为使药。诸药合用，共奏清热解毒、消肿溃坚、活血止痛之效，使热毒清而气血畅，痈肿消而疼痛止。肿毒初起，脓未成者，服之可使痈肿消散；痈疡肿毒，脓已成者，服之可使其外溃，故为治阳证疮疡肿毒之良方。故前人谓之："治一切疮疡，未成者即散，已成者即溃，又止痛消毒之良剂也。"（《校注妇人良方·卷二十四》）

制方特点：方中清热解毒、活血行气、化痰散结、消肿溃坚与疏散透邪诸法同用，主以清热解毒，体现了外科内治之消散痈疡肿毒的基本药法。

【临床应用】

1. 用方要点 本方治疗疮疡肿毒，既可内服亦可外敷，适用于热毒壅盛，营卫涩滞，经络阻塞，气血凝滞之痈疡初起证。临床用方辨证要点为痈疮肿毒患处红肿焮痛，脉数有力。

2. 临证加减 热毒甚而见局部红肿热痛明显，苔黄脉数，加蒲公英、紫花地丁、野菊花、连翘，以增强清热解毒之力；血热毒甚，加丹皮以凉血散瘀；兼大便秘结，加大黄以泻热通便。此外，可据痈疡所在部位加入引经药，痈疡在头部加川芎，在颈项加桔梗，在胸部加瓜蒌皮，在两胁加柴胡，在腰脊加秦艽，在上肢加姜黄，在下肢加牛膝。

3. 现代运用 主要用于蜂窝织炎、疖肿、深部脓肿、脓疱疮、扁桃体炎、急性乳腺炎、阑尾脓肿等属热毒壅聚，气血瘀滞者。

4. 注意事项 本方既可内服亦可外敷，但宜于疮疡未溃之前。疮疡溃后、脓成淋漓者，本方不宜；阴疽患者忌用；脾胃素虚，气血不足者慎用。

【现代研究】

1. 药理研究 体外抑菌表明，仙方活命饮对粪肠球菌、金黄色葡萄球菌、乙型链球菌有抑制作用。本方水煎液对大鼠琼脂性足跖肿胀（连续给药 3 天）、棉球肉芽肿（连续静注 7 天）均有明显抑制作用。本方还可提高小鼠腹腔巨噬细胞吞噬功能、外周血 T 淋巴细胞比率和淋巴细胞转化率及血清溶血素含量，但对脾、胸腺重量无明显影响。采用小鼠热板法和扭体法及家兔 k^+ 透入法测定本方的镇痛作用，其热板法痛阈值升高 $1.58 \sim 2.09$ 倍，家兔痛阈 2 小时升高 2.09 倍，小鼠扭体镇痛保护百分率为 68.30%。对小鼠接种性瘤抑制作用实验发现，本方配合黄芪、白术及大、中、小各剂量组的抑瘤率分别为 40.1%、44.1%、

20.9%。上述研究表明，本方具有抗病原微生物、抗炎、解热、增强免疫及镇痛、抗肿瘤等作用。

2. 临床研究 本方加减治疗急性阑尾炎 40 例。无恶寒发热，去防风、白芷；热毒甚，加蒲公英、败酱草、黄连、紫花地丁；大便秘结，加生大黄；脓已成，去乳香、没药，加苡仁、败酱草；兼气阴不足，加生黄芪、沙参。疗程 2 周。结果痊愈 30 例，好转 8 例，无效 2 例。用本方加减治疗红斑结节性皮肤病 76 例。其中热重加连翘、黄柏；夹湿加茯苓、苡仁；气虚加黄芪、党参；气滞加香附、延胡索。疗程 4 周。结果：痊愈 61 例，显效 11 例，好转 3 例，无效 1 例。另有用本方去防风、白芷为基础方治疗反流性食管炎 104 例。其中嗳腐吞酸者加海螵蛸、瓦楞子；咽部出血加仙鹤草、藕节；咽喉肿痛加射干、元参。经过 1~3 周的治疗，痊愈 78 例，有效 12 例，无效 14 例，总有效率为 86.5%。

【附方】

1. 五味消毒饮（《医宗金鉴》） 金银花三钱（30g） 野菊花 蒲公英 紫花地丁 紫背天葵子各一钱二分（各12g） 水二盅，煎八分，加无灰酒半盅，再滚二三沸时，热服。渣，如法再煎服。被盖出汗为度。功效：清热解毒，消散疔疮。主治：疔疮初起。疔毒疮形如粟，坚硬根深，其状如钉，或有发热恶寒；及痈疡疖肿，患处红肿热痛，舌红，苔黄，脉数。

2. 连翘败毒散（《伤寒全生集》） 连翘（15g） 山栀（9g） 羌活（8g） 玄参（12g） 薄荷（6g） 防风（6g） 柴胡（6g） 桔梗（4.5g） 升麻（4.5g） 川芎（6g） 当归（9g） 黄芩（9g） 芍药（9g） 牛蒡（9g）加红花（3g）（原书未著用量），水煎服。渴，加天花粉；面肿，加白芷；项肿，加威灵仙；大便实，加大黄、穿山甲；虚，加人参。功效：疏散风热，清热解毒。主治：伤寒汗下不彻，邪结耳下硬肿，名曰发颐。

按：仙方活命饮与五味消毒饮、连翘败毒散均能清热解毒，消散痈疮，用治热毒壅盛，气血瘀滞而见局部红肿热痛，脉浮而数的阳证热毒痈疮。仙方活命饮清热解毒力较弱，但长于活血止痛，消肿溃坚；适用于阳证痈疡肿毒初起，营卫涩滞，气血凝滞者；五味消毒饮清热解毒力强，尤善于消散疔毒，多用治热毒痈疡或疔疮；连翘败毒散则偏重于清热透邪，适用于风邪热毒上攻头面所致的发颐等。

牛蒡解肌汤
Burdock Fruit Decoction to Expel Evil from the Muscles
（Niubang Jieji Tang）
（《疡科心得集》）

【组成】牛蒡子（12g） 薄荷（6g） 荆芥（6g） 连翘（9g） 山栀（9g） 丹皮（9g） 石斛（12g） 玄参（9g） 夏枯草（12g）（原书未著用量）

【用法】水煎服。

【功效】疏风清热，凉血消肿。

【主治】风火热毒上攻之痈疮。颈项痰毒，风火牙痛，兼有表热证；外痈局部红肿热痛，热重寒轻，汗少口渴，小便黄，苔白或黄，脉浮数。

【制方原理】风火热毒上攻头面，则牙龈颊腮或外痈局部红肿热痛；热郁肌表，灼伤津液，则热重寒轻，汗少口渴，小便黄赤；风热在上、在外，则苔白或黄，脉浮数。本证病机要点为外感风热夹阳明火毒，循经上攻，壅结头面。治宜疏风清热，散结消肿。

方中牛蒡子辛苦而寒，疏散风热，解毒散肿，故为君药。薄荷、荆芥辛散疏风，透邪解表；连翘清热解毒，散结消痈。三药相配，既助君药以增强清热透邪之力，又清中有散，寓"火郁发之"之意，同为臣药。山栀、丹皮清热泄火，凉血散血；夏枯草助连翘清热解毒，散结消肿；玄参滋阴降火，解毒消痈；石斛滋阴清热，俱为佐药。诸药配伍，共奏疏风清热、凉血消肿之功。

制方特点：①配伍结构：辛凉透邪＋清热解毒＋散结消痈＋滋阴凉血；②散中有清，清散合法，清中寓养，清养兼顾。

【临床应用】

1. 用方要点　本方适用于风邪热毒上攻头面之痈疮。临床用方辨证要点为头、面牙龈颊腮或颈、项疮疡局部红肿热痛，兼有起病急骤，热重寒轻，脉浮数。

2. 临证加减　里热甚而见发热、烦渴，重用连翘，或加黄芩、生石膏以清热泻火；胃肠燥热见便秘，重用玄参，或加瓜蒌仁、大黄以泻火通便；痈疡成脓见肿块坚硬，加穿山甲、皂角刺、赤芍、当归以活血祛瘀，消肿溃坚。

3. 现代运用　主要用于急性蜂窝织炎、牙龈炎、急性颈淋巴结炎属风火热毒而致者。

4. 使用注意　痈疡属阴证者，本方不宜。

【现代研究】

临床研究　本方治疗急性咽炎 76 例，阴伤重用石斛、玄参，治疗 2 周。结果：治愈 21 例，显效 37 例，有效 16 例，无效 2 例。另有用本方治疗颈部急性淋巴结炎 30 例，其中局部肿痛较重，并伴低热者，加大牛蒡子、栀子、牡丹皮用量，并加大青叶、蒲公英。疗程 2～3 周，全部治愈。

舒肝溃坚汤
Liver-Coursing and Hardness-Ulcerating Decoction
(Shugan Kuijian Tang)
(《医宗金鉴》)

【组成】夏枯草　僵蚕炒，各二钱（各 6g）　　香附子酒炒　石决明煅，各一钱五分（各 4.5g）当归　白芍醋炒　陈皮　柴胡　抚芎　穿山甲炒，各一钱（各 3g）　　红花　片子姜黄　甘草生，各五分（各 1.5g）

【用法】灯心五十寸为引，水三盅，煎一盅，食远热服（现代用法：上药加灯心 1.5 米为引，水煎，空腹时热服）。

【功效】舒肝解郁，化瘀溃坚。

【主治】筋疬、上石疽、乳癖、乳岩等。颈项肿块、坚硬疼痛，或形如串珠；两乳肿块肿胀疼痛。

【制方原理】肝藏血而司疏泄,肝气不舒,津血运行不畅,久为血瘀痰结。痰瘀郁结于颈部,故见颈旁生核且质硬,并遇过劳或恼怒时加重。颈侧肿块,坚硬疼痛,即上石疽;结于乳房,其肿胀随喜怒消长或逢经行变软,则为乳癖;如痰瘀日久,核坚不平,状如石榴,则为乳岩。本证总由气郁血瘀痰凝而成。治宜舒肝解郁,活血消痰,溃坚散结。

方中夏枯草主入厥阴,清肝解郁,祛痰散结;僵蚕化痰散结,通经活络。此二味均善消散痰核瘰疬,共为君药。香附理气和血舒肝,石决明软坚消痰平肝,当归、芍药、川芎养血活血调肝,合为臣药。柴胡、陈皮舒肝畅脾,红花、姜黄活血通滞,穿山甲祛瘀通络,此五味共助行气活血散结。生甘草解毒而和中调药,为佐使。诸药相合,共奏行气活血、祛瘀消肿、软坚散结之功。

制方特点:①主在调肝,蕴疏肝、养肝、平肝、散肝等药法于一方;②气血并治,即疏通气血与消散痰瘀并行。

【临床应用】

1. 用方要点　本方为治疗气郁痰瘀所致的瘰疬、瘿瘤、乳癖、乳岩之要方。临床用方辨证要点为颈项、两乳肿核坚硬,疼痛拒按,皮色不变。

2. 临证加减　便溏者加煅牡蛎;痰浊较盛加瓜蒌、贝母;乳胁胀痛加郁金、青皮、橘核;核坚痛剧者加乳香、没药、三棱、莪术;已成乳岩,加山慈菇、露蜂房、半枝莲、核桃枝等。

3. 现代运用　主要用于颈淋巴结核、颈淋巴结肿、甲状腺肿瘤、乳腺增生、乳癌及其他肿瘤等属肝郁气滞,瘀血阻滞者。

4. 注意事项　孕妇忌服。

【现代研究】

临床研究　用本方加减治疗乳腺小叶增生、淋巴结肿大、皮下脂肪瘤49例。其中大便燥结加乳香;大便溏加牡蛎;淋巴结肿大加花粉;皮下脂肪瘤加茯苓、半夏。治疗4~6周。结果:29例乳腺小叶增生痊愈23例,好转4例,无效2例;15例淋巴结肿大全部治愈;5例皮下脂肪瘤中治愈3例,好转1例,无效1例。

瓜蒌牛蒡汤

Trichosanthes and Arctium Decoction

（Gualou Niubang Tang）

（《医宗金鉴》）

【组成】瓜蒌仁　牛蒡子炒研　花粉　黄芩　生栀研　连翘子去心　皂刺　金银花　甘草生　陈皮各一钱（各3g）　青皮　柴胡各五分（各1.5g）

【用法】水二盏,煎八分,入煮酒一杯和匀,食远服。煎一半服,随病前后服,临服入酒一杯亦可（现代用法:水煎服;临服入酒适量和匀亦可,空腹时服）。

【功效】清热解毒,疏肝理脾。

【主治】肝气不疏,胃热内蕴之乳痈初起。乳汁瘀积结块,皮色不变或微红,肿胀疼痛；伴有恶寒发热，头痛，周身酸楚，口渴，便秘，苔黄，脉弦数。

【制方原理】乳头属肝，乳房属胃，厥阴郁滞，阳明热壅，则发为乳痈。乳痈初起，乳络受阻，排乳不畅，则乳房肿块；血壅肉腐，则乳头糜烂，甚则化脓；肝郁气滞，则胸闷不舒；胃热伤津，则口渴；苔黄、脉弦数也为肝胃郁热之征。本证病机为肝郁胃热，毒结乳络。治宜疏肝清胃解毒，通乳散结消肿。

方中瓜蒌仁甘寒微苦，清热散结；牛蒡子辛寒，解毒清热消肿。此两味均为消散乳痈之要药，合为君药。连翘、金银花清热解毒，散结消疮；黄芩、栀子清热解毒；天花粉散瘀消痈，共为臣药。柴胡、青皮疏肝破结，陈皮理胃行气；皂刺通乳透络止痛；甘草解毒和中，共为佐使。诸药相合，清热解毒，疏肝行气，散结通络，使热清肿消痈散。

【临床应用】

1. 用方要点 本方适用于肝郁胃热之乳痈初起。临床用方辨证要点为患处局部皮色不变或微红，肿胀疼痛，伴有恶寒发热、口渴、便秘。

2. 临证加减 肿胀痛甚，加乳香、没药、赤芍；发热、便秘甚，加蒲公英、大黄；津伤口渴，加石斛、元参。

3. 现代运用 主要用于急性乳腺炎初起属肝气不疏，胃热内蕴者。

4. 注意事项 脾虚便溏及湿（寒）痰者忌用。

【现代研究】

1. 药理研究 瓜蒌牛蒡汤对白色葡萄球菌、乙型链球菌、变形杆菌均有较强的抑制作用，对金黄色葡萄球菌、甲型链球菌、大肠杆菌、伤寒杆菌、粪产碱杆菌有一定的抑菌作用，对甲型副伤寒杆菌、乙型副伤寒杆菌则无明显作用。

2. 临床研究 瓜蒌牛蒡汤内服，同时外敷蝌蚪拔毒散（蝌蚪、寒水石、大黄、皮硝各等分，研末加蝌蚪水调至糊状）治疗乳痈220例。其中产后恶露不尽，加当归、益母草；断乳后乳汁积滞，去皂角刺，加生山楂、生麦芽、牛膝；肿块明显加当归、赤芍、穿山甲；局部焮红灼热加生石膏、黄芩、知母。经治3周，初期和中期乳痈的内消率分别为100%和85%。

【附方】

连翘金贝煎（《景岳全书》） 金银花 贝母（土者更佳） 蒲公英 夏枯草各三钱（各9g） 红藤七八钱（24g） 连翘一两（或五七钱）（30g） 用好酒两碗，煎一碗服。服后暖卧片时。火盛烦渴乳肿者，加天花粉。若阳毒内热，或在头顶之间者，用水煎亦可。功效：清热解毒，消痈散结。主治：阳分痈毒，或在脏腑肺膈胸乳之间者。

内消瘰疬丸
Scrofulla Internal Dispersion Pill
（Neixiao Luoli Wan）
（《医学启蒙》）

【组成】夏枯草八两（240g） 玄参五两（240g） 青盐煨，五两（150g） 天花粉 甘草 白蔹 当归酒洗 海藻 枳壳麸炒 桔梗 贝母 大黄（酒蒸） 薄荷叶 连翘 海粉 硝

石　生地酒洗，各一两（各30g）

【用法】上为细末，酒糊为丸，如绿豆大。每服百余丸，食后，临卧白汤吞下（现代用法：以芒硝化水，用夏枯草浸膏泛丸，如蔓荆子大，干燥，即得。每服6～9g，每日2～3次，用温开水送服）。

【功效】软坚散结，化痰消瘰。

【主治】痰凝瘀滞而致的瘰疬，痰核，瘿瘤，或肿或痛，皮色不变。

【制方原理】本方所主的瘰疬、痰核、瘿瘤之证，为气郁化火，灼津为痰，痰凝瘀滞，聚结于经络所致。治宜泻火解毒，化痰祛瘀，软坚散结。

方中夏枯草舒肝清火，散结消瘰；青盐软坚消痰；玄参滋阴降火，共为君药。海粉、海藻软坚散结；连翘、白蔹清热解毒，散结消疮；当归、天花粉活血散瘀，共为臣药。枳壳、桔梗、贝母理气化痰散结；生地清热养阴凉血；大黄、玄明粉泻火祛瘀软坚；薄荷散热舒郁，共为佐药。甘草清热解毒，和中调药，为佐使。诸药合用，共奏泻火解毒，化痰消瘰，软坚散结之功。

【临床应用】

1. 用方要点　本方主治瘰疬、痰核、瘿瘤属气郁化火，痰凝瘀滞者。临床用方辨证要点为局部肿块，或肿或痛，脉数实。

2. 临证加减　痰凝瘀滞较甚，肿块大而坚硬，重用海藻、夏枯草软坚散结；痰火盛，加瓜蒌、山慈菇清热化痰；阴虚火旺，加知母、黄柏降火清热；肝郁气滞，加柴胡、青皮疏肝理气。

3. 现代运用　主要用于颈部结核性淋巴结肿大、单纯性甲状腺肿大、甲状腺炎、甲状腺腺瘤等属气郁化火，痰凝瘀滞者。

4. 使用注意　忌食辛辣等刺激食物。

【现代研究】

临床研究　本方改丸为汤内服，随证加味，先后治疗女童（6～9岁的女童）乳病168例，服药后肿块基本消失，有较好疗效。

【附方】

消瘰丸（《医学心悟》）　玄参蒸　牡蛎煅、醋研　贝母去心，蒸，各四两（各200g）　为末，炼蜜为丸，每服三钱，一日两次。功效：清热化痰，软坚散结。主治：瘰疬，痰核。舌红，脉弦滑。

按：本方与内消瘰疬丸均可用治痰火引起的瘰疬、痰核、瘿瘤。内消瘰疬丸长于软坚散结、化痰消肿，其消散之力较强，适用于痰凝瘀滞日久的瘰疬等；消瘰丸则侧重于滋阴清热化痰，消散之力较弱，适用于瘰疬初期阴虚内热，坚结不甚者。

海藻玉壶汤
Sargassum Jade Flask Decoction
(Haizao Yuhu Tang)
(《外科正宗》)

【组成】海藻 贝母 陈皮 昆布 青皮 川芎 当归 半夏制 连翘 甘草节 独活各一钱（各3g） 海带五分（1.5g）

【用法】水二盅，煎八分，量病上下，食前后服之（现代用法：水煎服）。

【功效】化痰软坚，消瘿散结。

【主治】瘿瘤初起，或肿或硬，皮色不变者。

【制方原理】瘿瘤多因情志内伤，肝脾不调，气滞痰凝，发于结喉两旁，聚而成块，随吞咽而上下移动。陈实功："夫人生瘿瘤之证，乃五脏瘀血、浊气、痰滞而成。"（《外科正宗·卷二》）本证病机为肝脾不调，气滞痰凝，由气及血，气血结聚而成。治宜化痰软坚，行气活血。

方用海藻、昆布、海带化痰软坚，消散瘿瘤，共为君药。青皮、陈皮疏肝理气；当归、川芎活血调营。四味相合，活血理气以助消瘿散结，共为臣药。半夏、贝母化痰散结；连翘清热解毒，消肿散结；独活宣通经络，合为佐药。甘草节解毒散结，兼调和诸药，为佐使。诸药相合，共收化痰软坚，行气活血，消瘿散结之功。

制方特点：主用海藻、昆布、海带治瘿瘤之专药，软坚散结；配以行气活血化痰，消散瘿瘤。

方中海藻、甘草同用，属七情中"相反"之例，但历代瘿瘤瘰疬治方中多见此二味同用，前人谓其有相反相成之效，李东垣云："海藻、甘草两用之，盖以坚结之病，非平和之药所能取之，必令反夺，以成其功。"其应用机理有待进一步研究。

【临床应用】

1. 用方要点 本方临床为治疗瘿瘤初起之常用方，适用于痰凝气滞证。临床用方辨证要点为颈部瘿瘤，或肿或硬，肤色不变等。

2. 临证加减 肿块坚硬者，加赤芍、露蜂房、牡蛎；咽干苔少，加元参、花粉；舌红苔黄，加山慈菇、忍冬藤；舌苔厚腻，加茯苓、半夏；脾虚食少，加白术、党参。

3. 现代运用 主要用于甲状腺瘤、单纯性甲状腺肿大、甲状腺囊肿、老年性前列腺增生、乳腺增生等初起属痰凝气滞者。

4. 使用注意 本方宜于瘿瘤早期；服药期间忌肥甘厚腻，保持清心寡欲。

【现代研究】

临床研究 用本方加减治疗小儿瘰疬50例，潮热加青蒿，咳嗽加桔梗，盗汗加浮小麦。治疗3周，痊愈18例，好转32例。本方加减治疗肥厚性咽炎86例，气滞偏重加郁金、制香附；血寒偏重加桃仁、赤芍；阴虚去制半夏，加天冬、石斛、熟地；咽后壁淋巴滤泡肥大增生及侧索增厚加生牡蛎、僵蚕、夏枯草。结果：痊愈32例，好转41例，无效13例。

四妙勇安汤
Four-Valiant Decoction for Well-Being
（Simiao Yongan Tang）
（《验方新编》）

【组成】金银花　玄参各三两（各90g）　当归二两（60g）　甘草一两（30g）

【用法】水煎服，连服十剂，永无后患，药味不可少，减则不效，并忌抓擦为要（现代用法：水煎服）。

【功效】清热解毒，活血止痛。

【主治】热毒瘀阻之脱疽。患肢皮色黯红，微肿灼热，疼痛剧烈，久则溃烂腐臭，甚则趾节脱落，烦热口渴，舌红脉数。

【制方原理】脱疽一病，好发于四肢末端，初起邪气内蕴，气血失畅，筋肉失于温濡，故见指趾端怕冷、麻木、行动不便，继之疼痛剧烈，日久患肢皮色黯红、紫黑，腐烂不愈，甚则趾节脱落。本方所治之脱疽，乃因郁火热毒内蕴所致。邪毒蕴滞，以致局部气血凝滞，血行不畅，经脉瘀阻不通，故见患肢末端皮色黯红，疼痛剧烈；火毒内灼，血肉腐败，故见患肢灼热、溃烂、腐臭，甚则趾节坏死脱落；热盛津伤，则烦热口渴，舌红脉数。本证病机为热毒内蕴，经脉瘀滞，阴血败伤。治宜清热解毒为主，兼以活血通脉、滋阴养血。

方中金银花为疮家圣药，清气分邪热，解血分热毒，清解热毒之力尤著，故重用而为君药。玄参泻火解毒，兼滋养阴液，散结软坚，为臣药。当归养血活血，既活血通脉而止痛，又合玄参滋阴养血以濡四末，为佐药。生甘草泻火解毒，兼能调和诸药，为佐使药。此四味药，合而用之，共奏清热解毒、活血止痛之效。

制方特点：①集清热解毒、活血止痛、养血滋阴三法于一方；②药味简少，量重力专。

【临床应用】

1. 用方要点　本方对热毒瘀阻经脉，阴血亏耗之脱疽证效果显著。临床用方辨证要点为患处红肿痛剧，或溃烂，烦热口渴，舌红脉数。原书强调需连续服用，且"药味不可少，减则不效"。

2. 临证加减　患处肿胀明显，灼热疼痛，肤色黯红，加毛冬青、丹参以清热解毒，活血通络；瘀滞痛剧，加乳香、没药以活血行气止痛；灼热烦渴，加丹皮、生地以凉血养阴；患处肿胀明显或溃破腐烂，创面肉色不鲜，加防己、黄柏以清热祛湿。

3. 现代运用　主要用于血栓闭塞性脉管炎、血栓性静脉炎、丹毒、坐骨神经痛、类风湿性关节炎等属热毒内蕴，瘀阻经脉而阴血耗伤者。

4. 使用注意　本方性寒而润，脾胃虚弱者慎用。脱疽属阴寒及气血亏损者，本方不宜。

【现代研究】

1. 药理研究　本方连续灌胃3天，能显著抑制二甲苯致小鼠耳郭肿胀及醋酸所致的小鼠腹腔毛细血管通透性增加，对角叉菜胶、蛋清致炎剂所致大鼠足趾肿胀亦有明显抑制作用，并可明显降低炎性组织中前列腺素 E_2 的含量，对于去肾上腺的大鼠足趾肿胀亦有显著抑制作用。能显著降低四氯化碳、强的松龙引起的小鼠血清谷丙转氨酶升高；显著缩短正常小鼠戊巴比妥钠诱导的睡眠时间；对扑热息痛引起的小鼠死亡具有保护作用。以上研究表明，本方具有抗炎、镇静及抗药物损伤等作用。

2. 临床研究 本方加黄芪、乳香、没药、皂角刺、牛膝、丹参、毛冬青内服，配合白玉膏加味（熟石膏、炉甘石、黄芩、葛根）外敷治疗典型热毒型脱疽 50 例，治疗 3~5 周。结果治愈 31 例，显效 11 例，好转 7 例，无效 1 例。本方治疗糖尿病足 100 例。其中热毒内郁型加黄芩、蒲公英、水蛭、丹参；气血两虚型去银花，加党参、黄芪；阴寒型去银花、玄参，加熟地、白芥子、肉桂；疗程 4~6 周。结果：治愈 50 例，好转 42 例，无效 8 例。

【附方】

银花甘草汤（《医学心悟》） 金银花四两（120g） 甘草三钱（9g） 水煎，顿服。能饮者，用酒煎服；宜早服。功效：清热解毒，凉血消痈。主治：一切内外痈肿。

按：银花甘草汤与四妙勇安汤均为药精、量重、力专之方，皆重用金银花。然四妙勇安汤集清热解毒、活血止痛、养血滋阴三法于一方，主治热毒瘀阻之脱疽；银花甘草汤原名忍冬汤，方中金银花、甘草同用，主治一切内外痈肿。

六 神 丸

Six Spirits Pill

（Liu Shen Wan）

（《中国医学大辞典》载雷氏方）

【组成】犀牛黄一钱五分（150g） 麝香一钱五分（150g） 珍珠粉一钱五分（150g） 雄黄一钱（100g） 冰片一钱（100g） 蟾酥一钱（100g）

【用法】各研细末，水泛为丸，百草霜为衣，每两作一万粒（现代用法：本品由麝香等药味经适宜的加工制成小水丸，每1000粒重3.125g。口服，一日3次，温开水吞服；1 岁每服 1 粒，2 岁每服 2 粒，3 岁每服 3~4 粒，4~8 岁每服 5~6 粒，9~10 岁每服 8~9 粒，成年每服 10 粒。另可外敷在皮肤红肿处，以丸十数粒，用冷开水或米醋少许，盛食匙中化散，敷搽 4 周，每日数次常保潮润，直至肿退为止。如红肿已将出脓或已穿烂，切勿再敷）。

【功效】清热解毒，消肿止痛。

【主治】烂喉丹痧，咽喉肿痛，喉风喉痛，单双乳蛾，小儿热疖，痈疡疔疮，乳痈发背；以及一切无名肿毒。症见咽喉红肿疼痛，咽下困难，或疮疡局部红肿热痛。

【制方原理】烂喉丹痧又名疫喉痧、烂喉痧等，系由温热疫毒之邪与肺胃蕴热相合，上攻咽喉而出现咽痛红肿，或起白腐糜烂；热毒外出肌表则全身皮肤呈现痧疹色红如丹，毒重者融合成片。单双乳蛾、小儿热疖、痈疡疔疮、乳痈发背，以及一切无名肿毒，皆系热毒疫疠壅结为患。本证病机要点为热毒肿痛。治宜清热解毒，消肿止痛。

方中牛黄苦甘性凉，清心开窍，清热解毒，是治疗热毒肿疮之要药；珍珠解毒生肌，并能润泽肌肤。两药相配，清热解毒，化腐生肌，共为君药。麝香芳香辟秽，辛散温通，开窍散瘀之力颇强，有消肿止痛作用；冰片辛苦微寒，辟秽化浊，开窍清热，止痛消肿，兼能防腐生肌。此二味相伍，尤能活血祛腐、消肿止痛，同为臣药。蟾酥辛温有毒，攻毒除秽，消肿止痛；雄黄辛温有毒，解毒疗疮，又能燥湿杀虫。此二味配伍，解毒消肿散结之力增，同为佐药。六药合用，共奏清热解毒、消肿止痛、敛疮生肌之功。

制方特点：①芳香走窜，通络消肿止痛；②以毒攻毒，解毒化腐生肌。

【临床应用】

1. 用方要点 本品为喉科咽喉肿痛，外科痈疡疔疮及一切无名肿毒之专药。临床用方辨证要点为患处局部红肿热痛。

2. 临证加减 本品外用，可用米醋少许，化开，敷搽患处。

3. 现代运用 内服主要用于急性或化脓性扁桃体炎、口腔溃疡、急性牙周炎、牙龈炎、牙髓炎、流行性腮腺炎、麦粒肿、寻常疣和扁平疣及阑尾周围脓肿等；也常用于流行性出血热、病毒性肝炎、肺心病合并心衰、乙脑呼吸衰竭和昏迷、消化道肿瘤、白血病等。外用于带状疱疹、皮肤疖肿、丘疹性荨麻疹等病，皆属热毒所致者。

4. 使用注意 本方所含蟾酥、雄黄（含硫化砷）均有一定毒性，使用时须严格控制剂量。临床不良反应主要为消化道症状及过敏反应，如腹痛、腹泻、恶心、呕吐等消化道刺激症状，及皮炎、紫癜、脱毛等；过量时还见有心律不齐、过敏性休克及死亡。曾有服用本品引致肝功能损伤及堕胎的报道。

婴幼儿尤应严格遵医嘱服用；脾胃虚寒，身体虚弱者不宜服用；孕妇忌服。疮疖溃烂者，不宜外敷。忌烟、酒和辛辣食物。此外，本品不宜与地高辛等强心苷类、解痉止痛药阿托品等联用，以免增加毒性；亦不宜与助消化药多酶片、胃蛋白酶、抗贫血药富马铁片合用，以免降效或失效。

【现代研究】

1. 药理研究 六神丸口服对小鼠巴豆油涂耳刺激引起炎症和鸡蛋清引起关节肿及大鼠甲醛滤纸球引起的肉芽肿均有较好的抑制作用；腹腔注射对大鼠蛋清性足肿胀也有显著抑制效果。本品可对抗内毒素所致的大鼠血中 cAMP 含量的增高和肝细胞溶酶体酸性磷酸酶的升高及心肌损伤，对内毒素所致的缺血性心脏障碍有一定的防治作用。体外实验表明，六神丸能使家兔心肌收缩力明显增强，其收缩幅度随药物剂量增大而增强，起效时间亦随剂量增高而提前。实验性抑制性 T 细胞白血病小鼠口服本品后外周血象白血病细胞的百分比及绝对值均明显降低，同时白细胞计数明显下降，而血红蛋白和血小板明显升高；骨髓白血病细胞百分率明显降低，但各期细胞比率及骨髓有核细胞计数无明显改变；肝脾白血病细胞的浸润明显减轻，肝脾指数无明显变化，其生存期明显延长。给小鼠接种 S 180 移植瘤，灌服六神丸水溶液，以顺铂作为对照组，检测相关指标。结果六神丸组 S 180 移植瘤重明显降低，其肿瘤微血管密度及碱性成纤维生长因子表达明显下降，作用与给药浓度呈正相关。六神丸可使肾上腺增重，皮质束状带增厚，束状带细胞线粒体和脂滴的体积密度增加，血浆皮质酮含量升高；明显对抗士的宁所致的动物惊厥。以上研究表明，本方具有抗炎、抗惊厥、抗内毒素、强心、抗白血病、抗瘤及增强肾皮质功能等作用。

2. 临床研究 本方治疗牙髓炎 70 例，治疗 2 周。结果：失活（复诊时牙髓已失活，去冠髓后根管口无痛或无明显探痛）63 例；有效（冠髓已大部分失活，但在根管口有探痛）5 例；无效（复诊时冠髓未失活有探痛）2 例，而复诊再次封药后完全失活。用本方或加服益气养阴解毒中药，治疗 275 例白血病。六神丸成人每日 30 ~ 180 粒，分 3 ~ 4 次口服，小儿酌减，15 ~ 21 天为 1 个疗程，根据具体情况给予不同疗程，完全缓解后改用健脾补肾方药。结果：完全缓解，六神丸组 68 例，加服中药组 107 例；抗复发的 13 年的生存率在 86.31% ~ 61.38%，两组疗效无显著差异。用本方温水调至糊状，敷于局部，治疗 47 例阑尾周围脓肿，疗程为 10 天。结果：肿块及腹痛消失、血常规正常者 43 例；肿块消失、血常规正常，仍有轻度压痛者 3 例；因局部刺激不能耐受转手术治疗 1 例。

阳　和　汤
Yang-Harmonizing Decoction
（Yanghe Tang）
（《外科证治全生集》）

【组成】熟地一两（30g）　白芥子炒，研，二钱（6g）　鹿角胶三钱（9g）　肉桂去皮，研粉，一钱（3g）　姜炭五分（2g）　麻黄五分（2g）　生甘草一钱（3g）

【用法】水煎服。

【功效】温阳补血，散寒通滞。

【主治】阴疽。患处漫肿无头、皮色不变、酸痛无热、口中不渴、舌淡苔白、脉沉细或沉迟；或贴骨疽、脱疽、流注、痰核、鹤膝风等属于阳虚寒凝证者。

【制方原理】阴疽多由素体阳气不足，精血亏虚，内侵邪气从寒而化，营血津液失于温煦，运行不畅，以致寒凝痰滞痹阻于筋骨、肌肉、血脉而致。本证病机总属阳虚血弱，寒凝痰滞。治宜温阳补血，温经散寒，除痰通滞。

方中重用熟地黄，补肾填精，温养营血；鹿角胶温肾助阳，填精益髓，强筋壮骨。两药相配，益精补血助阳以扶其本，为君药。肉桂温肾助阳，温经通脉；姜炭暖脾温中，入营散寒。两药相伍，助阳散寒，温通血脉，同为臣药。麻黄辛温宣散，发越阳气，小量使用以散肌表腠理之寒凝；白芥子辛温通散，善消皮里膜外之痰，合为佐药。甘草解毒而调和诸药，为佐使药。诸药相合，共奏助阳补血、温经散寒、除痰通滞之效。凡阳弱血虚，寒凝痰滞之阴疽者，服用本方可使寒凝顿消，阴霾四散，阴平阳和，诸症得除，故有"阳和"之称。

制方特点：①填精益髓与温肾补火药配伍，温壮元阳；②滋填补血药与辛散行滞药相伍，补而不滞，散不伤正；③暖脾养肝温肾，肌肉筋骨并治。

【临床应用】

1. 用方要点　本方适用于阳虚寒凝，营血虚滞，痰湿凝滞于骨节、腠理、经络之阴疽。临床用方辨证要点为患处局部漫肿无头，皮色不变，酸痛无热，口不渴，舌淡脉细。

2. 临证加减　阳虚阴寒甚而见畏寒肢冷，加附子等以温阳散寒；偏气虚，酌加党参、黄芪以补气。

3. 现代运用　主要用于骨或关节结核、淋巴结核、腹膜结核、慢性骨髓炎、慢性淋巴结炎、类风湿性关节炎、血栓闭塞性脉管炎、肌肉深部脓肿，及慢性支气管炎、支气管哮喘、妇女痛经、腰脊椎肥大、坐骨神经痛等属阳虚血弱，寒凝痰滞者。

4. 注意事项 熟地宜重用，麻黄用量宜少；痈疡阳证，或阴虚有热者，或阴疽已破溃者，均忌用。

【现代研究】

1. 药理研究 肺结核患者经涂片检查结核菌阳性的痰液，经 60% H_2SO_4 处理后，接种于加了50%本方煎剂的培养基上，经22～30天培养后涂片检查，结果均为阴性，而不加药之对照组均为阳性。本方能显著抑制二甲苯致小鼠耳郭肿胀，小鼠热板法和扭体法测定显示本方大、中剂量均有不同程度的镇痛作用。本方具有明显的抑制动物移植肿瘤生长的作用，其抑瘤率可高达59.2%，体外对培养的癌细胞生长也有一定的抑制作用，表现为 G_1 期细胞数增多，S期细胞数减少，G_2M 期细胞数增多，提示其抑瘤作用可能与干扰瘤细胞生长周期、诱导细胞凋亡有关。阿霉素肾病综合征及膜性肾病脾肾阳虚证动物模型口服加味阳和汤（肉桂、熟地黄、鹿角胶、炮姜、麻黄、白芥子、甘草、黄芪、防己、益母草等）治疗，结果显示该方具有降低模型动物尿蛋白，降血脂，提高血清蛋白，改善血液流变学及减轻肾脏病理损伤的作用，对肾功能无影响。

2. 临床研究 本方加味治疗胸、腰椎结核伴瘫痪93例。其中病情稳定加炙山甲、延胡索、桃仁、丹参；大便不通加枳壳、生大黄、荆芥、莱菔子；小便不通加荆芥、生大黄、木通。结果：显效23例，有效44例，无效26例，总有效率为70%。本方加减治疗腰椎间盘突出症150例。腰部喜按加制川乌、细辛、防风；双下肢痛重加土鳖虫、蜈蚣、牛膝；口干者，加黄柏、知母；舌苔厚腻加茯苓、白豆蔻。必要时配合牵引治疗。结果：治愈98例，显效30例，好转15例，无效7例，总有效率95.3%。

本方加减治疗乳腺囊性增生病62例，舌黯，脉弦，伴气滞加柴胡、青皮等；苔白腻，脉弦滑加牡蛎、浙贝母等；舌见瘀点，脉沉涩加三棱、莪术；乳汁不行，加王不留行、穿山甲；不孕加当归、桃仁、红花；若在产后1个月以内去熟地黄、麻黄，倍用肉桂，选加川芎、香附、泽兰。治疗4周。结果：痊愈38例，有效17例，无效7例。

小 金 丹
Minor Golden Elixir
（Xiao Jin Dan）
（《外科证治全生集》）

【组成】白胶香 草乌（制） 五灵脂 地龙 木鳖各一两五钱（各150g） 乳香（去油）没药（去油） 归身俱净末，各七钱五分（各75g） 麝香三钱（30g） 墨炭一钱二分（12g）

【用法】各研细末，用糯米粉一两二钱，同上药末糊厚，千捶打融为丸，如芡实大，每料约二百五十粒。临用陈酒送下一丸，醉盖取汗。如流注将溃及溃久者，以十丸均作五日服完，以杜流走不定，可绝增入者。如小儿不能服煎剂，以一丸研碎，酒调服之。但丸内有五灵脂，断不可与参剂同日服也（现代用法：以上 10 味，除麝香外，其余 9 味粉碎成细粉，将麝香研细，与上粉末配研，过筛。每100g粉末加淀粉25g混匀，另用淀粉5g制稀糊，泛丸，阴干或低温干燥即得。每服2～5丸，每日2次，小儿酌减）。

【功效】化痰除湿，祛瘀通络，消肿散结。

【主治】寒湿痰瘀所致的阴疽、流注、痰核、瘰疬、乳岩、横痃、贴骨疽、蟮拱头等。初起肤色不变，肿硬作痛者。

【制方原理】本方所治流注、痰核、瘰疬等病证，多由寒湿痰瘀，阻滞凝结于肌肉、筋骨间而成。虽病证有异，然临床所见初起皆有皮色不变、肿硬作痛等。其病机要点为寒湿痰瘀，凝滞经络。治宜化痰除湿祛瘀，温经散寒通络。

方中木鳖子性温味苦微甘，散结消肿，攻毒疗疮，"能搜筋骨入骱之风湿，祛皮里膜外凝结之痰毒"（《外科全生集》），为君药。草乌辛热有毒，温经散寒，除湿通络，为臣药。君臣相配，则解散寒凝之力益彰。麝香、五灵脂、地龙散瘀化滞，活血通络；乳香、没药、白胶香散瘀定痛，活血消痈；当归活血补血，使破瘀而不耗血；墨炭色黑入血，消肿化痰，以上均为佐药。糯米粉为丸，取其养胃和中之用，为使药。诸药合方，共奏温散寒湿、祛瘀止痛、消肿散结之功。

制方特点：逐寒除湿化痰与祛瘀活血通络并用，重在温通消散；剂之以丸，峻药缓用。

本方与阳和汤均可用治外科痈疽阴证。但本方专于攻，适宜于寒湿痰瘀结滞经络而正气不虚者；阳和汤以温阳补血为主，寓通于补，适宜于阳虚血弱，寒凝痰滞肌肉筋骨者。故原书中使用小金丹，常与阳和汤并进，或交替使用，两方有互补之妙。

【临床应用】

1. 用方要点 本方适用于阴疽、流注、痰核、瘰疬、乳岩、横痃等初起，证属寒湿痰瘀凝结者。临床用方辨证要点为皮色不变，肿硬作痛。

2. 临证加减 阴疽日久，气血不足，用当归补血汤煎汤送服，以扶正祛邪。

3. 现代运用 主要用于甲状腺瘤、甲状腺癌、多发性神经纤维瘤、淋巴肉瘤、脂肪瘤、骨肿瘤、乳癌、胃癌、乳房纤维瘤、腮腺炎、肠结核、骨与关节结核、性病腹股沟淋巴结肿大等属寒湿痰瘀凝结者。

4. 使用注意 本方药力峻猛，易伤正气，正虚体弱者慎用；孕妇忌用。

【现代研究】

1. 药理研究 本方对金黄色葡萄球菌、大肠杆菌、溶血性链球菌、奈瑟菌均有一定的抑制作用；能明显降低 S 180 肉瘤小鼠的全血黏度，显著抑制其肿瘤的生长，对体重增长无明显影响；可显著增强荷瘤小鼠的自然杀伤细胞杀伤活性和巨噬细胞吞噬功能。提示小金丹具有改善血瘀状态和抑制肿瘤生长及提高免疫力等作用。

2. 临床研究 本方治疗乳腺囊性增生病 105 例，结果：痊愈 36 例，显效 46 例，有效 14 例，无效 9 例。将本品研极细末，醋调为糊敷于脐内，用 100 瓦白炽灯照脐部，以有热感不烧伤为度，治疗慢性盆腔炎 50 例。结果：治愈 24 例，显效 13 例，好转 7 例，无效 6 例。

犀 黄 丸
Cow-Bezoare Pill
（Xihuang Wan）
（《外科证治全生集》）

【组成】犀黄三分（15g）　麝香一钱半（75g）　乳香　没药各去油，研极细末，各一两（各500g）　黄米饭一两

【用法】上药各研极细末，黄米饭一两（500g）捣烂为丸，忌火烘，晒干。陈酒送下三钱，患生上部，临卧服；下部，空心服（现代用法：黄米350g蒸熟烘干，与乳香、没药粉碎成细粉，将牛黄、麝香研细后再与上述粉末配研，过筛混匀，用水泛丸，阴干即得。水丸每20粒重1g，口服，每次3g，每日2次；胶囊，口服，每次4~6粒，每日2次）。

【功效】清热解毒，化瘀散结。

【主治】火郁痰凝，血瘀气滞之乳癌、瘰疬、痰核、流注、横痃、小肠痈等。

【制方原理】本方所治之乳癌多为痰瘀互结所致；瘰疬多为肝郁气结，痰火凝聚而成；痰核多因湿痰流聚，皮内生核而成；流注为邪毒结滞不散，气血凝滞而致；横痃，指梅毒发于腹股沟者。本方所治病证虽异，但均由气火内郁，痰浊内聚，渐致痰火壅滞，气血凝结所致。治宜清热解毒，活血祛瘀，化痰散结。

方中犀黄即牛黄，苦甘性凉，气芳清香，为清热解毒要药，且能化痰散结，故为君药。麝香辛香走窜，活血散结，通经活络，为臣药。君臣合用，相得益彰，化痰消肿，活血散结之功更著。乳香、没药活血散瘀，消肿止痛，为佐药。黄米饭为丸，调养胃气以和中，使祛邪而不伤正；以陈酒送服，行气活血以助药力，同为佐使。诸药配伍，既能清热解毒以消痰火，又能活血化瘀以消肿痛。

制方特点：以辛香通窍药为主体，以清热解毒＋化痰散结＋活血祛瘀＋消肿止痛为配伍结构，体现了治疗瘀毒痰结之癌瘤的基本组方思路。

【临床应用】

1. 用方要点　本方适用于痈疽疔毒、瘰疬、流注、癌肿等体质尚实者。临床用方辨证要点为局部肿块，或痛或肿，舌质偏红，脉滑数。

2. 临证加减　多配合随证汤药服用。癌瘤患者选加山慈菇、半枝莲、白英、蛇莓等清热解毒，消肿散结之品。

3. 现代运用　主要用于淋巴结炎、乳腺囊性增生症、乳腺癌、多发性脓肿、骨髓炎等属火郁痰凝，血瘀气滞者。

4. 注意事项　本方不宜作汤；脓溃及溃后脓水淋漓属气血不足者当慎用；孕妇或阴虚火旺者忌服。服药期忌食辛辣刺激之品。

【现代研究】

1. 药理作用　给家兔灌服复方犀黄丸浸膏，制备含药血清，采用MTT法检测体外培养肝癌细胞的生长抑制率。结果：含药血清对肝癌细胞生长具有一定抑制作用。人外周血淋巴细胞的非程序DNA合成试验（UDS试验）表明325g/L的犀黄丸浸出液可明显对抗香烟焦

油凝聚物对淋巴细胞 DNA 的损伤作用；犀黄丸浸出液对人乳腺癌细胞株 MDA－MB－231、人肝癌细胞株 SMMC7721、人膀胱癌细胞株 T24、人早幼粒细胞白血病细胞株 HL－60、人肺腺癌细胞株 A549 肿瘤细胞的增殖均有明显的抑制作用，且呈剂量依赖关系，半数抑制浓度以 MDA－MB－231、SMMC7721 为敏感。犀黄丸上述抑癌和保护淋巴细胞等作用，为理解犀黄丸解毒消痈、化瘀散结及现代临床用于肿瘤的治疗提供了一定的药理学依据。

2. 临床研究 晚期肝、胆管、胰腺癌患者 79 例，其中 47 例在支持、护肝、对症治疗的基础上，加服犀黄丸，每次 3g，每日 2 次，10 天为 1 个疗程，治疗 2 个疗程以上。结果：38% 的患者 1 分钟胆红素有不同程度降低，黄疸、厌食、舌瘀点瘀斑、苔黄腻等症状和体征的缓解率均达 40% 以上，生活质量提高。也有用本方口服或外敷肝区或灌肠治疗原发性肝癌数十例，一般服药 2 周后疼痛明显减轻，饮食和体力增加，腹胀消失，出血症状减轻，转移率降低，生存期有不同程度延长。

【附方】

牛黄醒消丸（《卫生部药品标准·中药成方制剂》） 牛黄 麝香 乳香（制） 没药（制） 雄黄 制成丸。功效：清热解毒，活血祛瘀，消肿止痛。主治：热毒郁滞、痰瘀互结所致的痈疽发背、瘰疬流注、乳痈乳癌、无名肿毒。

按：犀黄丸与牛黄醒消丸均有解毒散结、活血消肿之功，但犀黄丸清热解毒之力较强，牛黄醒消丸中犀黄、雄黄并用，解毒散结之力更佳。两方均可用于热毒郁滞、痰瘀互结所致的痈疽发背、瘰疬流注、乳痈乳癌、无名肿毒等病证。

第二节 托里透脓

托里透脓剂（Formulae for Enhancing the Interior to Discharge Pus），适用于痈疡中期，正虚毒盛，不能托毒外出，或正虚邪陷，脓虽成却难溃之证。本类方剂常以穿山甲、皂角针、白芷等透脓溃坚药为主组成。对于正虚不能托毒外出之证，方中又常配伍补益气血等药物。代表方剂如透脓散、托里消毒散等。

透 脓 散
Discharge Powder
（Tounong San）
（《外科正宗》）

【组成】生黄芪四钱（12g） 穿山甲一钱，炒末（3g） 川芎三钱（9g） 当归二钱（6g） 皂角针一钱五分（5g）

【用法】水二盅，煎一半服，随病前后服，临服入酒一杯亦可（现代用法：水煎服，临服入酒适量亦可）。

【功效】益气养血，托毒溃脓。

【主治】气血不足，痈疮脓成难溃证。疮痈内已成脓，不易外溃，漫肿无头，或酸胀热痛。

【制方原理】疮疡痈疽，化脓外溃，邪毒随脓外泄，为正胜邪却之兆。若正气不足，气血衰弱，则化脓缓慢，即使内脓已成，亦无力托毒外透，故脓成而难以溃破，唯见漫肿无头，或酸胀热痛。本证病机属气血亏虚，脓成难溃。治宜补益气血，活血化瘀，溃坚排脓，以扶助正气，透脓托毒，使毒邪外泄，以免内陷。

方中黄芪甘温，大补元气而托毒排脓，前人称之为"疮家之圣药"，为君药。当归、川芎养血活血、通经止痛，合君药既补益气血，通畅血脉，以透脓生肌，共为臣药。穿山甲、皂角刺善于消散穿透，活血通经，软坚溃脓，以助君臣托毒排脓之力；加酒少许，宣通血脉以助药力，为佐药。诸药合用，共奏托毒透脓、益气养血之效。

《医学心悟》透脓散在《外科正宗》透脓散的基础上加白芷、牛蒡子、金银花，增强了透邪解毒、托毒溃脓之力，适宜于痈毒内已成脓不得破者。

制方特点：以补气养血为后盾，通经透络为前锋，行气活血为中坚，为扶正托毒排脓之基本药法。

【临床应用】

1. 用方要点　本方适用于痈疮脓成，正虚难溃证。临床用方辨证要点为疮痈内已成脓，不易外溃，漫肿无头，舌淡，脉细弱。

2. 临证加减　食少便溏，舌淡脉弱，加党参、白术以健脾益气；脓出清稀，加肉桂心、鹿角片以温阳托毒。

3. 现代运用　主要用于多种化脓性疾病属气血不足，脓成难溃者。

4. 注意事项　本方使用不宜过早；痈疮初起未成脓者忌用。

【现代研究】

临床研究　透脓散治疗郁滞性乳腺炎56例。其中初期伴恶寒、发热加苏叶、豆豉、白芷；胃热便干加生地黄、黄芩、生大黄；胸闷呕恶加竹茹；口渴加天花粉、麦门冬；失眠加炒酸枣仁、夜交藤；乳汁壅滞加路路通、漏芦；产后恶露未尽加益母草。治疗2~3周。结果：治愈51例，好转5例。本方治疗产后缺乳66例，伴肝郁气滞加香附、郁金、柴胡；气血不足加党参、白术、丹参。治疗7~10天。结果：治愈59例，显效6例，无效1例。有用本方治疗慢性附件炎性包块100例，神经衰弱加琥珀、白茯苓；带下臭秽加红藤、败酱草；舌淡苔白腻加白芥子、桂枝。结果：治愈70例，显效17例，有效6例，无效7例。

【附方】

托里透脓汤（《医宗金鉴》）　人参　白术土炒　穿山甲炒，研　白芷各一钱（各3g）　升麻　甘草节各五分（各1.5g）　当归二钱（6g）　生黄芪三钱（9g）　皂角刺一钱五分（4.5g）　青皮炒，五分（1.5g）　水三盅，煎一盅。病在上部，先饮煮酒一盅，后热服此药；病在下部，先服药后饮酒；疮在中部，药内兑酒半盅，热服。功效：扶正祛邪，托里透脓。主治：痈疽脓成未溃。

按：托里透脓汤与透脓散同有扶正祛邪、补养气血、托毒溃脓之功效，同治痈疡脓成难溃之证。透脓散益气养血与消散通透并用，适用于痈疮脓成，正虚难溃证；托里透脓汤益气升陷与通经透脓并用，重在补气生血，使气旺而能透脓泄毒，主治脾虚气血亏损，不能托毒外出的痈疽脓成未溃者。

托里消毒散
Internal-Enhancing and Toxin-Dispersing Powder
（Tuoli Xiaodu San）
（《医宗金鉴》）

【组成】人参　川芎　白芍　黄芪　当归　白术　茯苓　银花各一钱（各3g）　白芷　甘草　皂刺　桔梗各五分（各2g）

【用法】水二盅，煎八分，食远服（现代用法：水煎服）。

【功效】补益气血，托里解毒。

【主治】痈疡邪盛正虚，不能托毒之证。痈疡创面平塌，化脓迟缓；或脓成难溃，腐肉不去，新肉不生；或溃后脓水稀少。并见身热神倦，面色少华，脉数无力。

【制方原理】痈疡邪盛，正气不足，不能托毒外出，故痈疮创面平塌，或脓成难溃，腐肉不去；气血两虚，不能酿脓，则痈疡难腐，化脓迟缓，或溃后脓水稀少；气血虚而不荣，故新肉不生、面色少华、脉虚无力；正虽虚但邪毒尚盛，故身热脉数。本证病机为气血不足，无力托毒。治当补益气血，托毒消痈。

方中黄芪甘而微温，补气固表，托疮生肌；当归甘辛而温，为补血要药，既能补血生肌，又能活血消肿止痛。此两味相合，补益气血，为君药。人参、白术健脾益气，川芎、白芍养血和血。四药合用，助君药双补气血，以扶正托毒，为臣药。茯苓渗湿健脾，桔梗化痰宣壅，皂角刺、白芷透脓溃坚，银花清热解毒，共促脓出毒泄痈散，为佐药。甘草解毒兼和中，兼为佐使。诸药合用，共奏补益气血、托里解毒之功。

本方由八珍汤中熟地易为黄芪，加银花、桔梗、皂角刺、白芷而成。重在益气养血，托里透脓，解毒消痈。

【临床应用】

1. 用方要点　本方适用于邪盛正虚，不能托毒之痈疡。脓成未溃，或脓未成久不消散者，均可用之。临床用方辨证要点为痈疮创面平塌，难腐难溃，或溃后难消，脓水稀少，脉无力。

2. 临证加减　食少便溏，加附子、干姜以温阳散寒；疮溃脓水清稀，加肉桂以温阳托里；疮溃疼痛较甚，加熟地、乳香、没药以补血和营，活血止痛。

3. 现代运用　主要用于慢性骨髓炎、化脓性中耳炎、角膜炎等属气血两虚者。

4. 使用注意　疮疡初期，实证、热证者本方不宜。

【现代研究】

临床研究　用本方加减治疗慢性骨髓炎32例均取得较好疗效。其中高热不退加蒲公英、紫花地丁、黄连；口干舌红加生地、丹皮、元参、赤芍，去白术、川芎；食欲不振加砂仁、焦楂；血虚甚加阿胶，或紫河车粉；兼气虚加黄芪；食欲不振加炒白术、半夏；肾阳不足加附子、肉桂；腰膝酸软加怀牛膝；失眠加酸枣仁。用本方加减治疗虚证脑疽、发背64例，气虚加倍黄芪、人参；血虚加熟地；内热毒盛加玄参，倍金银花；脓腐不出加山甲珠；痰湿体胖加陈皮、半夏；毒邪内陷加服牛黄安宫丸或犀黄丸。并配合外用药（油调膏、提毒散、生肌散）。疗程为6~8周，全部治愈。

第三节　补虚敛疮

补虚敛疮剂（Formulae for Healing Sores with Tonifying and Astringing），适用于痈疡溃后，毒邪已去，而正气虚弱，疮口日久不敛；症见痈疡脓水清稀，或疮口经久不敛，新肉不生者。本类方剂常以补益药配伍敛疮生肌药而成，通过扶助正气，促使疮口早日愈合。代表方剂如内补黄芪汤等。

内补黄芪汤
Astragalus Decoction for Internal Tonification
（Neibu Huangqi Tang）
（《刘涓子鬼遗方》）

【组成】黄芪盐水拌炒　麦门冬去心　熟地黄酒拌　人参　茯苓各一钱（各9g）　炙甘草　白芍药炒　远志去心，炒　川芎　官桂　当归酒拌，各五分（各5g）

【用法】加生姜三片，大枣一枚，水煎服（现代用法：水煎服）。

【功效】温补气血，生肌敛疮。

【主治】痈疽溃后，气血两虚证。溃处作痛，或疮口日久不敛，脓水清稀，倦怠懒言，食少乏味，自汗口干，间或发热，舌淡苔薄，脉细弱。

【制方原理】痈疽溃后，气血皆虚，不能祛腐生肌，收敛疮口，故疮口经久不敛；正气亏虚，不能托毒化脓，则脓水清稀；营血虚滞，经脉不畅，则痈疽溃处作痛；血虚阳浮，故见发热；中气不足，脾运乏力，故见倦怠懒言、食少乏味；气虚不能固表，故见自汗；气虚不能布化津液，故口干；舌淡，脉细弱均为气血亏虚之象。本证病机为气血两虚不能生肌敛疮。治宜补益气血，生肌敛疮。

方中黄芪甘温，善补脾肺之气，温养脾胃而生肌，补气升阳而托毒；熟地黄甘温质润，滋阴填精益髓，与黄芪同用，双补气血，以促进生肌敛疮，同为君药。人参大补元气，补脾益肺，与黄芪相须为用，增强益气扶正、生肌敛疮之效；肉桂助阳散寒，通畅气血，合君药温补阳气而能鼓舞气血生成，共为臣药。当归、川芎养血活血行滞；麦门冬、白芍养阴补血敛阴；远志祛痰排脓，消肿止痛；茯苓健脾泄浊；生姜、大枣调补脾胃，以助化生气血，均为佐药。炙甘草益气和中，调和诸药，为佐使药。诸药同用，共收温补气血、生肌敛疮之效。

本方实为十全大补汤去白术，加麦冬、远志而成，重在温补气血，以生肌敛疮。

【临床应用】

1. 用方要点 本方适用于疮疡溃后，气血两虚证。临床用方辨证要点为痈疽溃后，溃处作痛，或疮口日久不敛，脓水清稀，舌淡苔白，脉细弱。

2. 临证加减 痈疽溃处痛甚，加乳香、没药祛瘀止痛。

3. 现代运用 主要用于痈肿疖疮、深部脓肿，及化脓性炎症后期疮口久溃不敛属气血两虚者。

4. 注意事项 疮痈早期，热毒尚盛者本方不宜。

【现代研究】

临床研究 以本方加生地榆、蒲公英治疗十二指肠球部溃疡 50 例。其中气虚明显重用黄芪、党参；胁痛加柴胡、香附；呕吐加半夏、生姜；黑便加三七、大黄；泛酸加乌贼骨，左金丸。疗程 8 周。结果：显效 31 例，有效 17 例，无效 2 例。因良性前列腺增生症行经尿道前列腺等离子切除术（TUPK 术）后的患者 60 例服用内补黄芪汤合五苓散。其中尿频、尿急、排尿灼痛减桂枝，加车前草、通草；血尿加小蓟、茜草；排尿无力、腰膝酸软加山药、枸杞、牛膝。结果：服药患者自主排尿的恢复情况明显改善。

第四节 治脏腑痈

治脏腑痈剂（Formulae for Treating Internal Weiling – Abscess）适用于体内脏腑之痈，如肺痈、肠痈、胃痈等。内痈治疗重在辨别证候的寒热虚实，本类方剂常以逐瘀排脓，散结消肿的桃仁、冬瓜仁、薏苡仁等药为主。属热毒盛者，常配伍清热泻火解毒之品；属寒湿为患者，常兼以温经散寒化湿等药；属正虚不足者，则伍用补虚扶正诸药组合成方。代表方剂如苇茎汤、大黄牡丹汤、薏苡附子败酱散等。

苇 茎 汤
Reed stem Decoction
（ Weijing Tang ）
（《外台秘要》引《古今录验方》）

【组成】锉苇一升（60g） 薏苡仁半升（30g） 桃仁去皮尖、两仁者，五十个（9g） 瓜瓣半升（30g）

【用法】㕮咀。以水一斗，先煮苇令得五升，去滓悉内诸药，煮取二升，分二次服（现代用法：水煎服）。

【功效】清肺化痰，逐瘀排脓。

【主治】痰热瘀血壅结之肺痈。身有微热，咳嗽痰多，甚则咳吐腥臭脓痰，胸中隐隐作痛，咳则痛甚，舌质红，苔黄腻，脉滑数。

【制方原理】肺痈多由风邪热毒蕴肺，痰热内结，以致热伤血络，热壅血瘀，肉腐血败，而化脓成痈。风热外袭肺卫，则身有微热；邪热犯肺，肺失清肃，故见咳嗽；痰热壅肺，热壅血瘀，久不消散，则血败肉腐，咳吐腥臭脓痰血；痰热瘀血，阻滞胸中，肺络不通，故胸中隐痛，咳时尤甚；舌红苔黄腻，脉滑数皆痰热内蕴之征。肺痈之病机要点为痰热瘀血蕴结于肺。治宜清热化痰，散瘀排脓。

方中重用苇茎，其性甘寒，质轻而浮，主入肺经，为治肺痈之要药，既善清泄肺热而疗痈，又能宣肺利窍而祛痰，为君药。瓜瓣（多用冬瓜仁）长于涤痰排脓，清热利湿，肺痈脓未成者可化痰，脓已成者可排脓；薏苡仁上清肺热而排脓，下利肠胃而祛湿，两药与君药相伍，则清肺涤痰排脓之力更著，故共为臣药。桃仁活血行滞，散瘀消痈，滑肠通下，与冬瓜仁相配，并可使痰瘀从大便而出，同为佐药。四药配伍，共奏清热化痰、逐瘀排脓之效。

制方特点：①本方为治热毒痰瘀壅结之肺痈的要方，其上肃肺源，下利水道并通肠腑，尽除痰热瘀脓；②集清热、排脓、逐瘀三法于一方，适宜于肺痈脓之成或未成者。

【临床应用】

1. 用方要点　本方适用于痰热瘀血壅结之肺痈。临床用方辨证要点为咳嗽，胸痛，咳吐腥臭脓痰，舌红苔黄腻，脉数。

2. 临证加减　可根据病机中热痰瘀调整方中药味（芦根、瓜瓣、桃仁）用量。肺痈脓未成，偏于热毒壅肺而见咳嗽气急，咳吐色黄浊痰，加鱼腥草、蒲公英、金银花、连翘以清热解毒散结；脓已成，而见咳吐大量腥臭脓痰，或时有痰血，加贝母、桔梗、甘草以开肺化痰排脓。

3. 现代运用　主要用于肺脓疡、急性肺炎、急性支气管炎、慢性支气管炎继发感染、百日咳等属痰热瘀阻于肺者。

4. 使用注意　孕妇慎用。

【现代研究】

1. 药理作用　苇茎汤水煎剂小鼠灌胃 30 天和 60 天，游泳时间较蒸馏水对照组分别延长 90.7% 和 105.7%；耐寒时间较对照组明显延长，巨噬细胞吞噬能力显著增强。60 例肺心病急性发作期患者随机分为两组，对照组予西医常规治疗，治疗组在西医常规治疗基础上加服"加味苇茎汤"。治疗 1 个疗程后，治疗组患者血清超氧化物歧化酶明显升高，脂质过氧化物明显降低，均有显著性差异。提示苇茎汤有提高机体对不良刺激的耐受能力，提高免疫功能及抗氧化损伤的作用。

2. 临床研究　用本方加减（苇根 30～60g，冬瓜仁 30g，薏苡仁 15～30g，桃仁 9g，蒲公英 30g，双花 30g，地丁 30g，连翘 15g，黄连 9g，栀子 9g，甘草 3g）治疗 16 例肺脓肿。其中口渴加花粉、石膏；吐血加白及、仙鹤草。每日 1 剂，水煎服。结果痊愈 13 例，好转 2 例，1 例无效。本方治疗肺炎和支气管扩张症合并感染 50 例，以芦根代替苇茎，发热加生石膏；咳血加三七粉，疗程 6 周。结果：临床控制 9 例，显效 20 例，有效 l5 例，无效 6 例。

【附方】

银苇合剂（《中医方剂临床手册》）　银花（10g）　连翘（9g）　桔梗（9g）　杏仁（9g）　红藤（12g）　鱼腥草（12g）　冬瓜仁（15g）　桃仁（9g）　鲜芦根（30g）功效：清热解毒，祛痰排脓。主治：肺脓疡成脓期。

大黄牡丹汤
Rhubarb Root and Moutan Bark Decoction
（Dahuang Mudan Tang）
（《金匮要略》）

【组成】大黄四两（12g）　牡丹一两（6g）　桃仁五十个（9g）　瓜子半升（30g）　芒硝三合（9g）

【用法】上五味，以水六升，煮取一升，去滓，内芒硝，再煎沸，顿服之（现代用法：水煎服）。

【功效】泻热破瘀，散结消肿。

【主治】湿热瘀滞之肠痈初起。右下腹疼痛拒按，甚或局部肿痞，或右侧腿足屈而不伸，伸则痛剧，或时时发热，恶寒，自汗出，舌苔黄腻，脉滑数。

【制方原理】肠乃六腑之一，为传导之官，以通为用。若肠中湿热内蕴，与气血相搏，瘀热壅郁，凝滞不畅，血败肉腐则成肠痈。湿热瘀脓蕴结肠中，肠络不通则痛；右下腹为阑门所居，属肠痈好发部位，故见右下腹疼痛拒按，甚或局部肿痞；局部经脉拘急，故右腿足屈而腹壁松弛痛缓，伸则牵引而疼痛加剧；湿热瘀滞，营卫失调，故见发热、恶寒；舌苔黄而腻、脉滑数有力也为湿热郁蒸之象。本证病机为肠道湿热郁蒸，瘀热蕴结，血败肉腐。遵"其下者，引而竭之"；"其实者，散而泻之"（《素问·阴阳应象大论》）之旨。治宜泻热破瘀，散结消痈为法。

方中大黄苦寒降泄，泻热通滞，活血化瘀，荡涤肠中湿热瘀结之毒；牡丹皮苦辛微寒，主入血分，清香散泄，凉血活血，散瘀消肿而善"疗痈肿"（《神农本草经》）。两药合用，泻散肠中瘀热积滞，共为君药。芒硝咸寒，清热泻下，软坚散结；桃仁苦平，破血散瘀，润肠通滞。此两味协君药逐瘀泻热，散结消痈，使瘀热下行，为臣药。瓜子清肠中湿热，排脓散结，善治内痈，为佐药。诸药合用，共奏泻热破瘀，散结消痈之效。

制方特点：本方集苦寒泻下、清热除湿、活血散结三法，主以泻热破瘀，通腑下滞，使湿热瘀滞从下而解。

【临床应用】

1. 用方要点　本方适用于肠痈初起，证属湿热郁蒸瘀滞者。临床用方辨证要点为右下腹疼痛拒按，舌苔薄黄腻，脉滑数。

2. 临证加减　热毒壅盛见发热口苦，舌红苔黄，脉弦滑数，加金银花、蒲公英、红藤、败酱草等以加强清热解毒之力；血瘀痛甚，加赤芍、丹参、乳香、没药等活血破瘀止痛；肝脾气滞见腹部胀痛，加柴胡、枳实、青皮、槟榔、木香等疏肝理气。

3. 现代运用　主要用于急性阑尾炎、阑尾脓肿、子宫附件炎、盆腔炎、急性胆道感染、输精管结扎术后感染等属湿热瘀滞者。

4. 使用注意　重型急性化脓性或坏疽性阑尾炎、阑尾炎合并腹膜炎、婴儿急性阑尾炎、妊娠期阑尾炎合并腹膜炎等，本方不宜；老人、孕妇、体弱者慎用；肠痈属寒湿瘀滞者本方不宜。

【现代研究】

1. 药理研究 大黄牡丹汤体外对葡萄球菌具有较强的抑制作用，对大肠杆菌也有一定的抑制效果。全方对巴豆油性肉芽肿有明显的抗渗出作用，但抗棉球肉芽肿增生作用较弱；能使在体家兔及犬的阑尾节律性收缩及结肠蠕动增强。本方可增强蛙肠管灌流的流出液，扩张犬在位肠管，改善其肠管及阑尾的血运状态。上述研究表明，大黄牡丹汤具有抗菌、抗炎、增强肠蠕动和改善肠管血运及调整机体免疫功能等作用。

2. 临床研究 本方加减治疗急性单纯性阑尾炎 30 例，其中痛甚加川楝子、醋延胡索、木香；局部热甚加败酱草；体温过高加柴胡、黄芩。疗程为 2～3 周。结果完全缓解 23 例，部分缓解 7 例。又有用本方治疗急性盆腔炎 56 例，腹胀较甚加制香附、青皮；腹痛较甚加乳香、没药；有包块加三棱、莪术；偏热重加银花、连翘；偏湿重加车前子、茯苓、薏苡仁。治疗 14 天。结果：痊愈 48 例，显效 7 例，好转 1 例。

【附方】

1. 阑尾清化汤（《新急腹症学》） 银花 蒲公英 牡丹皮 大黄 川楝子 赤芍 桃仁 生甘草 水煎服。功效：清热解毒，行气活血。主治：急性阑尾炎蕴热期，或脓肿早期，或轻型腹膜炎，见低热，或午后发热，口干渴，腹痛，便秘，尿黄。

2. 银翘红酱解毒汤（《妇产科学》） 银花 连翘 红藤 败酱草各30g 薏苡仁12g 丹皮9g 栀子 赤芍 桃仁各12g 延胡索 川楝子各9g 乳香 没药各4.5g 水煎服。功效：清热解毒，利湿排脓。主治：湿热毒瘀蕴结下焦。高热恶寒或不恶寒，头痛，无汗或微汗，下腹疼痛拒按，带下量多，色黄或白，或赤白相兼，质稠秽臭，口干喜饮，恶心纳差，小便短少黄赤，大便燥结或溏而不爽，舌红苔黄腻，脉滑数或洪数。

按：阑尾清化汤、银翘红酱解毒汤与大黄牡丹汤同具清热消痈之功，但大黄牡丹汤以泻下破瘀擅长，适用于湿热瘀滞之肠痈初起；而阑尾清化汤功擅清热解毒，祛瘀行气，适用于急性阑尾炎早期瘀热尚未成脓者；银翘红酱解毒汤长于清热利湿排脓，适用于妇女下焦胞宫之湿热瘀积成脓者。

薏苡附子败酱散

Coicis Semen, Aconite root and Patriniae Radix Powder

（Yiyi Fuzi Baijiang San）

（《金匮要略》）

【组成】薏苡仁十分（30g） 附子二分（6g） 败酱草五分（15g）

【用法】上三味，杵为末，取方寸匕，以水二升，煎减半，顿服（现代服法：水煎服）。

【功效】排脓消肿，温阳散结。

【主治】肠痈，脓成之证。身无热，肌肤甲错，腹皮急，按之濡软如肿状，脉数。

【制方原理】本方所治肠痈系寒湿瘀结，或湿热郁蒸，日久成脓，结聚不散，损及阳气所致。脓成日久，营血必受其累，肌肤失于濡养，故其身肌肤甲错；痈脓结于肠间，外近腹壁，故见腹皮急，按之濡如肿状；肠痈日久，损及阳气，故身无热；肠间脓毒犹存，邪正搏击，故脉数。本证病机乃痈结于肠间日久，热毒稽留，阳气渐耗，脓瘀不得消散。此时阳气受损，难以溃脓消肿，而痈脓不消，热毒难清。治宜辛热助阳、排脓消肿、泄热解毒并施。

方中薏苡仁甘淡而微寒，清热利湿，排脓消肿，故重用而为君药。败酱草辛苦微寒，清热解毒，消痈排脓，祛瘀止痛，善治热毒肠痈，为臣药。君臣相伍，排脓消痈之力增。附子辛热，温助阳气，通行郁滞，助君臣消肿排脓，并制败酱草、薏苡仁之凉遏伤阳，为佐使药。三药相合，共奏排脓消肿、温阳散结之功。

制方特点：主以祛湿排脓、清热解毒，少佐辛热，有相反相成之巧。

本方与大黄牡丹汤均有散结消肿，之功而主治肠痈。但大黄牡丹汤集苦寒泻下、清热除湿、消瘀散结三法于一方，旨在泻热破瘀，散结消肿；适用于湿热瘀滞，腑气不通之肠痈初起，邪正俱实者；薏苡附子败酱散则以清热祛湿、排脓消肿与辛热助阳并用，旨在清热排脓消痈而不伤阳气，适用于肠痈日久成脓，热毒尚存而阳气已伤者。

【临床应用】

1. 用方要点　本方适用于肠痈内已成脓，热毒不甚，阳气已伤之证。临床用方辨证要点为肠痈日久，少腹肿胀濡软，脉濡数。

2. 临证加减　肠痈局部肿块明显，加桃仁、丹皮、当归以化瘀消肿；神疲体倦气弱，加党参、黄芪、白术、茯苓以健脾益气；腹痛甚，加白芍、甘草、延胡以缓急止痛；局部时有灼痛，重用败酱草，加黄芩、黄连、丹皮以清热消瘀止痛。

3. 现代运用　主要用于慢性阑尾炎、阑尾周围脓肿，以及慢性盆腔炎等属湿毒蕴结，兼有阳气不足者。

4. 使用注意　肠痈属于热毒壅盛者，本方不宜。

【现代研究】

临床研究　用本方加味治疗慢性盆腔炎 56 例。其中寒凝加乌药、肉桂、小茴香；湿热重加蒲公英、红藤、连翘；气虚加黄芪、党参、白术；输卵管积水加泽泻、茯苓皮；腹痛加延胡索、川楝子。疗程为 6 周。结果：痊愈 31 例，显效 12 例，有效 10 例，无效 3 例。又有用本方加味治疗腹腔脓肿 58 例，其中体弱气衰加党参、黄芪，银花、蒲公英、大黄酌情减量；阴伤口渴加玄参、太子参、麻仁。经治 5 周，结果：痊愈 53 例，显效 4 例，有效 1 例。

【附方】

薏苡仁汤（《证治准绳》）　薏苡仁　瓜蒌仁各三钱（各 10g）　牡丹皮　桃仁各二钱（各 6g）　作一服，水三盅，煎至一盅，不拘时服。功效：利湿润肠，活血止痛。主治：肠痈初起，湿滞血瘀，腹中疼痛，或胀满不食，小便不利；或妇人产后，月经前后，凡由湿滞血瘀而致腹痛者，皆可服用。

按：本方与薏苡附子败酱散同具利湿活血消痈之功，均用于治疗肠痈病。但本方长于活血散结定痛，适用于病程较短，湿滞血瘀，尚未成脓者之肠痈初起者；薏苡附子败酱散长于排脓散痈消肿，适用于病程较长，阳气渐损，湿毒瘀滞，已经成脓之肠痈且日久不消者。

小　结

　　治疡剂主要为治疗痈疽疮疡而设,依据痈疡发病部位及其初起、成脓、溃后三个不同阶段,本章方剂分为消散外疡、托里透脓、补虚敛疮、治脏腑痈四类。

　　1. 消散外疡　适用于外疡初起,尚未成脓,邪实正盛之证。外疡阳热和阴寒证的治疗组方各以清热解毒和温阳逐寒为主,分别选配祛瘀化痰行气等消散药为要点。仙方活命饮与牛蒡解肌汤均具有清热解毒,消散痈肿的作用;适用于热毒壅结,气血郁滞所致的痈疮肿毒证。前者重用金银花清热解毒,配伍活血行气、化痰散结、消肿溃坚及疏散透邪诸法,为治阳证痈疡肿毒初起之良方;后者以辛凉疏风、清热消痈为主,并能凉血消肿,为清散合法,多用于风邪热毒上攻头面之疮疖,颈项痰毒及风火牙痛,或外痈初起。舒肝溃坚汤理气活血同治,以疏通气血配伍软坚散结为特点,主治肝郁痰瘀凝结之瘰疬、瘿瘤、乳痈、乳岩等病症。瓜蒌牛蒡汤以消肿散痈,合清胃疏肝、通乳止痛药同用,为乳痈治疗之要方。内消瘰疬丸与海藻玉壶汤均可治疗瘿瘤,但前者长于软坚散结,化痰消肿,消散之力较强,兼能泻火解毒,适用于痰凝瘀滞日久的瘿瘤、瘰疬、痰核等证;海藻玉壶汤软坚散结为主,配以行气活血之品,使气顺痰消血行结散,为治瘿瘤之专方。四妙勇安汤清热解毒之中兼能活血通脉,养血滋阴,药味简少,量重力专,为火毒内蕴,瘀阻经脉,阴血耗伤之脱疽证的效方。六神丸寒温并用,以毒攻毒,尤善消肿止痛,既可内服,也可外用,为咽喉肿痛、痈疡疔疮及一切无名肿毒之专药。阳和汤、小金丹同治痈疽疮疡之阴证。但前者以温阳补血药与辛散行滞药相伍,温补通散兼行,适用于阳虚血弱,寒痰凝滞肌肉筋骨证;后者则以祛湿逐寒与散瘀通络配伍;适用于正气不虚,寒湿痰瘀互结之证。犀黄丸主用辛香通窍药,以清热解毒、化痰祛瘀、散结消肿为配伍结构,为瘀毒痰结之癌瘤的治疗要方。

　　2. 托里透脓　适用于痈疡中期,正虚毒盛,不能托毒外出;或正虚邪陷,脓成难溃之证。透脓散与托里消毒散均具有益气养血、托毒透脓的作用。但透脓散重在行气活血通络以透脓,为外疡托法的代表方;而托里消毒散重在补虚扶正以托毒,为补托之代表方。

　　3. 补虚敛疮　适用于痈疡溃后,正气虚弱,脓水清稀,疮口日久不敛,及新肉不生者。内补黄芪汤重在双补气血以助生肌敛疮,适用于痈疡溃后,气血亏虚之疮口久不收敛者。

　　4. 治脏腑痈　适用于体内脏腑之痈,以清热解毒、祛痰利湿、逐瘀活血、排脓消肿为组方大法。苇茎汤和大黄牡丹汤中均用桃仁、冬瓜仁破血排脓,但苇茎汤主用苇茎,配伍薏苡仁清肺化痰,主治痰热瘀结之肺痈;大黄牡丹汤则主用大黄,配伍芒硝通腑泻热破瘀,主治湿热或热毒瘀滞之肠痈。薏苡附子败酱散清热利湿排脓,兼行温通阳气,重在排脓消痈,适宜于肠痈日久,热毒不甚,阳气已伤者。

复习思考题

1. 痈疡的内治法主要有哪些？各法的适应证候有何特点？
2. 试比较仙方活命饮与牛蒡解肌汤在组方、功效及主治方面的异同。
3. 四妙勇安汤、阳和汤及小金丹均可治疗脱疽，三方在配伍及适应证方面有何特点？
4. 请联系主治病证，分析苇茎汤与大黄牡丹汤在立法与组方配伍方面的异同。
5. 阳和汤现代临床常被用于慢性痰喘病证的治疗，请分析其拓展用方之理。
6. 比较分析透脓散与内补黄芪汤在立法、组方及主治证候方面的异同。
7. 试结合方证病机，概括内消瘰疬丸的组方配伍结构。
8. 大黄牡丹汤与薏苡附子败酱散均可治疗肠痈，其组方配伍及适应证候有何不同？
9. 联系其他章节有关方剂，总结疡病治疗立法及选方用药的基本规律。

下篇　临床应用

第二十八章

成方选用与遣药组方

　　学好方剂的基本知识是临证处方的基础，临证用方又可促进对方剂学理的深刻理解。只有通过不断地学与用，才能将前人的经验和理论转为自己的东西，并逐渐掌握遣药组方的技能。真正掌握遣药组方的规律需要经历相当长时间的临床实践过程。一般来说，先是对号入座，即根据病情选择相应的成方，所谓直接用方；以后逐渐过渡到加减一、二味，再进一步到合方的变化运用。如此反复实践，最后才能进入"师其法而不泥其方"的遣药组方自由王国。随着中医和中西医结合临床医学的发展及对病证研究的深入，在传统以辨证论治为核心的因证组方思路上出现一些新的临床处方思路，其中基于方药药理和疾病病理为背景并结合中医辨证用药的病证结合处方思路正成为中西医结合临床医学中一个重要组方模式。

　　本章以中医辨证论治的原则和现代辨病与辨证结合论治的临床经验为依据，介绍临床成方选用的基本思路、成方变化的运用技术以及病证结合组方的某些规律，希望能从方法学及临证处方技能的角度，为即将进入临床的实习医生，乃至包括已有一定临证经验的医师们提供指导。

第一节　成方选用基本思路

　　临证过程中的证、法、方、药是紧密联系和高度统一的，即辨明病证、确立相应治法、选择适宜成方，进一步根据病证特点，确定对所选成方进行化裁的必要性。或直接使用原方，或增减方中药味、调整剂量，务使方中药味及其配伍关系与病证病机高度吻合，这是中医临证最基本的处方程序。

　　从临证思维的角度看，中医处方实际上是医生根据自己对当前病证的认识，结合个人经验，创造性地运用方药学知识的过程，其目标是力求所拟方剂达到形式和内容上的完美统一，即表现出证、法、方、药环环相扣，方中药物君臣有序，辅佐得宜，相与宣摄，用之安全有效。实现这一目标很大程度上取决于医生的知识、经验背景，以及临证心智操作水平。

一、治则与治法对临证选方的意义

　　治则与治法是不同的两个概念。治则是治疗必须遵循的原则，包括"调整阴阳"、"治

病求本"、"标本缓急"、"正治反治"、"因人、因时、因地制宜"等。由于临床疾病在类型
（外感与内伤）、发病（新病、旧疾、复发）、病程（早、中、末不同阶段）、病位（表里、
气血、脏腑、经络）、病性（阴阳、寒热、虚实）、病势（升降、出入、进退）等方面有所
不同，而且具体病证既有单一、并病、合病等不同情况，又有主症、兼症、次症等主次之
异，因此根据当前病证的具体情况，对被选成方进行必要化裁以使方药与病证高度吻合本身
就是治则中"制宜"原则所要求的。而对复杂病证来说，通常又不太可能通过一次治疗就
能解决病证的全部。一首方剂的用药也不可能面面俱到，这就要求临证医生应根据疾病当前
的矛盾主次，做出阶段分治或并治兼顾的方案。在此过程中，治则对治疗的整体布局、程序
安排、方案优化、当前治法的选择等均发挥作用，而且也影响到其后的成方选择和化裁方
向。此环节如把握不好常导致临证选方中不是无方可用，就是面对多方莫衷一是；或处方选
配用药过于庞杂，群龙无首。治法是根据具体病证设立的治疗方法，如针对表证设立的
"解表法"，解表法又有"辛温解表"、"辛凉解表"、"扶正解表"之分，辛温解表法中又有
"辛温峻汗"、"解肌散邪"、"苦温辛燥"等不同层次的治疗方法。由于现有的方剂分类主
要是以治法为依据的，而体现相应治法的各类方剂也各有其一定的组方配伍法度，因此当针
对病证的治法一经确立，治法不仅指向被选成方的范围类别，而且还指向具体成方、成方中
的有关药对或药群或医生习用的经验药味，这时治法直接左右着处方的药物选配。中医治则
中"调和、求本"的思想还要求在治法实施中力求达到汗而勿伤、下而勿损、温而勿燥、
寒而勿凝、消而勿伐、补而勿滞、和而勿泛、吐而勿缓的境界，而这些都需要通过具体制方
来实现。可以看出，治则与治法在施治不同环节和不同层次上对临证选方和组方发挥作用。

二、临证中的成方化裁与直接组方

临证处方的基本思路主要有在成方基础上的化裁（成方化裁）和不用成方的直接遣药
组方（直接组方）。虽然两者都须遵循"依法制方"的原则，但其组方思路所依据的心智背
景有所不同。成方化裁以方剂辨证和对成方配伍关系的理解为前提，倾向于直接利用成方及
对其主要药味配伍的运用，突出方与证的对应关系。直接组方则以对当前病证病机、治法和
中药配伍知识的把握及个人用药经验为基础，倾向于对个人用药谱中药味的一种临时重组，
强调法与药的基本关系。由于通常对成方配伍的理解限制在原方方证和原方药味组成的范围
内，因此成方化裁中涉及药味增减是相对固定的，同一立法下不同医生的处方用药差异较
小；而临证组方则不仅因医生的经验不同而处方有异，且即便是同一医生在同一立法下的组
方用药也常有一定随机性。

不同的医家可能在上述两种制方思路上有着某种倾向性，而由不同思路制定的方剂在涉
及具体药味配伍上可能有所差异。需要指出的是，即便是一位非常熟悉古方和擅长使用古方
的医家，临证时也可能会遇到一时选不到与证或法比较吻合的方剂，或已用过相应方剂但疗
效不理想的情况，此时就要根据证候、治法的要求，按照组方原则和配伍规律，临时组创新
方；而一个习惯于自己遣药组方的医家，却通常是在拥有一定的方剂知识背景和成方应用实
践的基础上，才逐渐形成了自己独特的处方用药风格乃至自己的验方，完全脱离前人方剂经
验的临证组方是不存在的。因此，实际临床组方中更多的是上述两种制方思路的并用。

三、临证选方的逻辑背景

从证法方药一致性来看，据证立法中的治法和药方效证中的功效在这里是统一的，只是所言角度（从病证→治法→方药，或从方药→功效→病证）有所不同而已，因为一首针对特定病证的有效方剂，其功效与针对该病证的治法是一致的，或体现了其相应治法。临证选方是根据所立治法，选择功效与其相近方剂的过程。在"依法选方"过程中，由于医生辨识病机的层面不同，所立治法层次不同，针对特定病证病机的同一治法中往往可以允许选择数个方剂（一证一法未必是一证一方），甚至面临"一法多方"的选择性问题。为了使被选方剂与病机有更强的针对性，以实现最大程度地"方证对应"，通常有必要进一步将当前病证与同类治法中数个方剂的主治证作比较，即所谓的"方剂辨证"过程。如根据风寒表证设立辛温发散法后，首先应考虑从辛温解表类（如麻黄汤、桂枝汤、葱豉汤、香苏散、九味羌活汤等）中选方；当立法中含有宣肺平喘时，则暂时排除了桂枝汤、香苏散、九味羌活汤等方，而从麻黄汤和三拗汤等具有辛温宣肺作用的方剂中选方；当考虑到机体壮实，风寒邪重，表闭无汗宜用辛温峻汗时，最后的选方则指向麻黄汤。当然，如最初的立法一开始就是"辛温峻汗，解表散寒，宣肺平喘"，与麻黄汤的功效直接对应，则可径直选定麻黄汤。又如，当临证根据肺热壅闭或兼邪郁表证，立以辛凉宣泄治法后，针对性选方理应是麻杏石甘汤，而不应是越婢汤。虽然麻杏石甘汤与越婢汤两方均主以麻黄与石膏相配，均为辛凉解表之剂。但前方石膏用量较大，伍以杏仁；后方麻黄用量较大，佐以姜、枣。两方在功效上有宣泄肺热以平喘和发越水气以消肿之异。由此可见，临证选方是"依法选方"与"方剂辨证"两种思路在不同层面上的互补过程。只有辨证准确，审机到位，立法贴切，才能提高选方效率；而拥有一定数量的各类成方和对成方配伍及功效的深刻理解则是精确选方的必要条件。

第二节 成方变化运用技巧

尽管临床有抛开成方，习惯于自己遣药组方的医生，但这可能只适用于那些有着多年临床经验，且在经历过长期选方化裁运用后，积累形成了拥有自己的药物配伍经验的资深临床家。透过古代大量的名医验案，以及现代曹颖甫、蒲辅周、岳美中、赵锡武等著名医家的著述，人们仍然可以发现：即便是这些在医术上达到炉火纯青的名医们仍以选方化裁为其主要处方思路。人们之所以重视临证选用成方，不仅因为成方，特别是一些著名古方的疗效确切，而且因其在立法、配伍及制服等方面法度严谨，技巧高超，堪值效仿。临床上为使所拟方药与当前特定病证具有很好的针对性，就需要根据具体病情，对原方进行适当化裁，所谓"用古方治今病，要在变化"。通过对现代临床医家变化用方的经验进行归纳可以发现：加减变化用方主要有对原方次要药味增减、保留原方主体配伍部分，适当增入功效突出的药对、串并数方中的主要配伍药群、数方并用等基本思路。有必要指出的是，当处方药味基本确定后，还应再次将病证、治法、患者体质、地时等因素综合起来分析，进一步斟酌方中药味及用量、剂型、单剂用量、疗程以及服用方法等是否合宜，务使方剂制服与所治病证能高度吻合，即所谓"出神入化"，才能获得最佳的治疗效果。以下介绍了临床活用成方的一些要点。

一、把握方证病机

临证中对于一些具有典型方证特征的患者，根据主症和相关伴随症状就可以很容易直接选方。由于成方主治中的症征描述多简要而不完全，因此临床通过以有限症征为依据的方证辨识能够直接用方的机会并不是很多，而更多的时候需要辨证审机用方。如同理解成方制方原理及其配伍特点应以认识方证病机为前提一样，临床要想达到准确选方，不仅要熟知成方的原方证病机，而且要辨清当前病证的病机。可以说，辨识病机是选用成方的关键。

1. 把握疾病转机　疾病发展变化具有随时间而变化的趋势，把握疾病发展中的转机，审时度势而用药，则可超越通常的因症用药思路，大大提高选方用药的水平。首先，结合方证特点，按病机发展规律将所掌握的相关方剂依序联系，可大大提高临证时的用方效率。如以肺脏为中心，按由表及里、邪实正虚的病机演变，将麻黄汤（风寒表实）、大青龙汤（风寒表实，里始化热）、麻杏石甘汤（表邪未尽，肺热壅盛）、苇茎汤（肺热壅盛，痰瘀互结，肉腐成脓）、泻白散（热势渐退，肺伤热伏）、补肺阿胶汤（阴伤肺燥，痰热未清）、生脉散（肺脏气阴两伤）、炙甘草汤（阴阳气血俱虚的肺痿）依序连接，可呈现出疾病随证候演变不同阶段的治法和方药配伍的变化规律，非常有利于临床选方和加减。其次，根据疾病的转机，临证可准确地"审时用药"：如阳明腑实证选用大承气汤急下存阴后，下后阳明津液待复，改用增液承气或增液汤。或者"度势用药"：如伤寒少阳病治用小柴胡汤，其配伍人参、甘草、大枣以防邪陷太阴；治疗湿温病的湿热盘踞三焦气分证，在随证方药中配用保和丸坚壁清野，以防湿热与胃肠停滞互结而致疾病胶着难解；温热病营分热证治用清营汤方，其配伍金银花、连翘清透邪热，藉邪热外透之机，以使初入营分之热转从气分而解，同时佐以丹皮清热活血，以防营热深入，灼血致瘀。另有脏腑调治中的扶土抑木、滋水涵木、清金泻木、培土生金等配伍中都含有审时度势的药法技巧。

2. 辨识潜在病机　潜在病机是指方证中虽无相应的症状，但的确存在于病机中、且对主证的形成和发展有重要影响的病理环节。识别与处理潜在病机是辨治中的精深之处，也是经典方剂配伍最具特色的部分。如《伤寒论》小青龙汤为表寒内饮证而设，方证中的表寒为新感之邪，内饮则为久伏之寒饮。虽然方证中未有明显的阳虚津乏症状，但寒饮系素体阳虚，不能温化，津液停聚所致；而津聚为饮，则环流滋养之津液不足。可知阳虚气弱，津虚液乏为该证中的潜在病机。小青龙汤以麻黄、桂枝发汗散表邪，以干姜、细辛、半夏温化寒饮，因所用药味辛散温燥有伤阳耗液之偏，故更佐制以芍药酸敛，制麻黄、桂枝过汗伤阳，兼助汗源；五味子酸柔制干姜、细辛温燥伤液，兼敛肺止咳，实为有制之师。又如吴茱萸汤方证病机为阳虚中寒胃逆，因其中焦阳虚不能温化水谷，津液本已不足；更见上吐下利，复伤津液，此时脾胃津伤则成为证候中的潜在病机，这是该方中人参配大枣，特别是重用大枣（补脾滋液，并监制吴茱萸温燥伤津）的精义所在。潜在病机的处理在方中多见以佐药的配伍形式。

二、讲究药物配伍

前人有云"先议病，后议药"，临证先识病固然重要，但临证用药也当讲究。"方以药成"，方剂的功效一方面以其组成药味的性能为基础，另一方面又表现出药味通过配伍而产生特殊的综合效用。"君臣佐使，辅反成制，相与宣摄"，不仅强调方中各药在全方中的不同作用地位，更强调各药之间的相互作用关系，其中涉及组方中重要环节即配伍技巧。临证无论是成方化裁，抑是直接组方，除了遵循"依法组方"的制方原则外，还必须重视药物配伍，所谓"药贵精专，法重配伍"。

1. 重视君药选定　"君臣佐使"是以方证病机和方内药味的药性及特点两方面来确定的。虽然一首方剂不一定要"君臣佐使"四者俱全，但作为针对主病证的君药不可或缺。临证组方首先应选好君药。君药是针对病因、主证或主症的药物，君药不仅体现了方剂的主攻方向，而且作为全方起综合作用的核心药物，在一定程度上决定了方中其他药物的选配范围。如阳明胃经热证，选用石膏作为君药后，如邪热亢盛，津液受伤，则应配伍知母，因为石膏配知母所产生的清热泻火，生津止渴效用为石膏与其他清热药配伍所不逮；石膏性大寒，质重沉降，易伤脾阳，君用石膏，自然应考虑设立佐制药的必要性。当石膏与其他同类寒凉药配伍，特别是在患者脾胃素弱的情况下，尤其要考虑配伍佐制药。选定方中君药需要注意三点，即效能强且作用面广、用量大、味数少。

2. 巧施反佐配伍　方剂的"反佐配伍"即"相反相成"配伍，指在中医阴阳对立统一观指导下，应用中医平衡原理，利用药味间药性相互牵制、激动的特性，有目的地将性味或效能相反的药物同用，或减低毒副作用，或选择性增强某些作用，或产生新的功效，使全方更好地作用于机体而产生最佳效用。这类配伍多为方剂中的佐药部分，既有别于一般组方中针对病机中寒热、虚实互兼的"寒热"、"补泻"并用，也不同于无确切病证和无明显主次配伍关系的药对配伍，主要以疾病潜在病机和药物性能化合的固有特性为依据，并以药味少、用量小，与君药有明显的主次配伍关系，药味性能与所主病证的病机无直接对应关系（或与君药药性相反），对其增减不影响原方的功效性质为特征。石寿棠曾谓："用药治病，开必少佐以合，合必少佐以开；升必少佐以降，降必少佐以升；或正佐以成辅助之功，或反佐以作向导之用。阴阳相须之道，有如此者。"较为常用的有"升降"、"散敛"、"通固"、"补泄"、"刚柔"、"寒热"等反佐药配伍法。如"寓降于升"的补中益气汤中加枳壳，"寓升于降"的黄龙汤中佐用桔梗，"寓敛于散"的小青龙汤中佐用芍药与五味子，"寓散于敛"的真人养脏汤中佐用木香，"寓通于固"的玉屏风散中佐以防风，"寓固于通"的苏合香丸中佐用诃子，"寓补于泄"的龙胆泻肝汤中佐用生地、当归，"寓泄于补"的六味地黄丸中佐用泽泻、丹皮、茯苓，"寓刚于柔"的麦门冬汤中佐用半夏，"寓柔于刚"的吴茱萸汤中佐用大枣，"寓寒于热"的黄土汤中佐用黄芩，"寓热于寒"的《医学正传》连附六一汤（黄连、附子、生姜、大枣，主治肝火犯胃的脘痛吐酸）中佐用附子等等。

3. 讲究药物用量　药量的变化可通过改变原方君臣佐使配伍关系，而使原方功效发生改变。较为常用的是通过变化药量来增强或减弱方剂功效的大小，或兼顾兼症，扩大适应证。有时通过调整配伍剂量来改变原方功效的方向，如调整四物汤中地黄、当归、芍药、川芎的用量，可使全方在补血和营的同时，各有滋肾、养肝、敛阴和活血之侧重。需要特别注意的是，当药量的变化足以导致原方君臣配伍改变时，有可能引起全方功效发生较大甚至是根本性的改变。如理中汤中减干姜用量，增人参量，则引起原方中人参与干姜即臣药与君药变换，使其温中散寒、益气健脾的功效转为健脾益气、温中扶阳；增加小承气汤方中的厚朴用量，以之为君，大黄变为佐药（厚朴三物汤），功效则由攻下热结变为行气通便。又如在主治"外科阴疽证"的阳和汤中，增麻黄、白芥子用量，减熟地、鹿角胶量，使"主以温阳填补精血扶本，佐以宣卫阳，通皮里膜外之痰"的原方结构变为"主以宣肺化痰，降逆平喘，佐以温肾纳气"，可用于治疗"中阳不运，寒痰阻肺，宣降失职，下元不纳"的咳喘证。而当改变左金丸中黄连与吴茱萸的配伍比例（6∶1）成为反佐金方（1∶6）时，其君药与佐药互易，原方功效则由泻火清肝降逆转变为温肝散寒降逆，主治也由肝火胃逆变为肝寒胃逆证，此时两方寒温异性，功效和主治均已发生很大变化。

　　许多药物具有多种性能，在不同方剂中选择性发挥某作用是方剂中的一个常见现象。之所以导致药物选择性发挥作用，首先与方剂的作用对象即主治病证的病机特点有关，所谓"有病则药当之，无病则体受之"的"水向低处流"原理。其次与方中其他药味的配伍有关，如桂枝与大剂量芍药和饴糖配伍，或与大黄和芒硝等泻下药配伍时，其解肌散邪作用受到牵制，而其温中散寒或活血平冲的功效得以发挥；麻黄与大剂量石膏或熟地配伍后，其解表发汗作用减弱，专重于宣开肺气或温通阳气。另外，还可能与药物自身的用量有关，如柴胡在小柴胡汤、逍遥散、补中益气汤中分别发挥其和解透热、疏肝解郁、升发少阳的不同作用，然而柴胡在上述三方中的配伍用量（相对于自身常用量）则分别有大（15~20g）、中（9~12g）、小（3~6g）的不同。提示某些药物可通过调整剂量来选择其效用。

　　4. 利用一药多能　复杂疾病通常需要阶段分治，每一阶段有其主攻目标，因此阶段分治的组方应具有高度针对性，其处方用药味数不应太多。大而全的方子不仅易致用药庞杂，而且疗效也难可靠。临床不少情况下的大方是对成方作大幅度加减，或用药不精的结果。大幅度加减成方，有可能破坏了原方固有的配伍关系，使原有的功效不复存在；而过多药味在一起使用时，也难以避免多药性、多功效的相互牵制，限制了主药药效的发挥。其结果不仅会降低方中药味配伍的效度，而且也大大增加了临床总结和反思方剂配伍与疗效关系的困难。一个方剂可允许的变化幅度至今仍不清楚，完全取决于临证医生的个人经验。

　　许多中药有着多方面的功效，用药精当的方剂每多充分利用一药多用的特性。首先，应选择好君药，如《伤寒论》中主治阳明表证不解，肠热下利的葛根汤，其君药葛根主入阳明，味甘辛凉，外散肌表未尽之邪，内清阳明之里热，升发清阳止泄泻，具有一药三用之妙，从而省去佐助、引经的药味配伍。其次，精选佐药时也可利用一药多用，起到简化全方结构的效果，如《伤寒论》中五苓散，主治太阳表邪不尽，邪入膀胱之腑，气化失常的太阳蓄水证，其佐药桂枝具有解表、助阳、化气、行水、平冲等多种功效，在方中既化气行水，助泽泻、茯苓利水而消肿，布散津液而解渴，又平冲降逆而止呕，并能表散在经未尽之邪。可以想象，如方中不配桂枝，兼顾上述几个方面则需配伍数味药，方中药物必然会显得庞杂。

　　方内药味间常存在交叉配伍关系，利用交互配伍产生的多种作用，在减少配伍药味的同时，还可起到协同增效，扩展全方功效，增加临床适应性的效果。如血府逐瘀汤（当归、生地、赤芍、川芎、桃仁、红花、枳壳、桔梗、牛膝、柴胡、甘草）中行气开郁与活血散瘀、活血与养血、调肝与畅脾、升清与降浊等交互配伍。本方主治在肝，兼调肺脾；行气活血之中，而有宽胸止痛、消瘀下行之功；且祛瘀不伤气血，可作为活血化瘀通用方而广泛用于临床各种血瘀证。

5. 重视药对配伍　药对是具有某种特殊功效的二或三味药的特定配伍。药对或曾是独立的小方，如芍药甘草汤、甘草干姜汤、甘草桔梗汤、栀子豉汤、良附丸、当归补血汤、生脉散、二妙散等；或源于成方中的配伍，如麻黄与桂枝、附子与大黄、柴胡与黄芩、石膏与知母、青蒿与鳖甲分别源于麻黄汤、大黄附子汤、小柴胡汤、白虎汤、青蒿鳖甲汤等。药对还可能包括按中药七情理论的一些常用配伍，如黄柏配知母（相须）、白术配茯苓（相使）、黄芪配防风（相畏）、生姜配半夏（相杀）、人参配莱菔子（相恶）、海藻配甘草（相反）等等。药对中的药物通过配伍后大多效用增强，或毒副作用减弱，或适应范围扩大，疗效确切，作为介于单味药和方剂之间的固定配伍单元，在临证直接组方中往往被优先考虑选用，且可根据病情，通过有主次地选配多组药对而组成方剂。

一个成方中的药对可能包括多组，药对及其药味之间的交互作用值得注意。在著名古方桂枝汤中，桂枝与芍药调和肌表营卫、生姜与大枣调和脾胃营卫、桂枝与生姜发散风寒、芍药与大枣益阴养血滋液、桂枝与甘草辛甘助化阳气、芍药与甘草酸甘资化营阴、甘草调和表里诸药之间……桂枝汤方中药味交互作用和不同层次的配伍关系，反映了方剂药味配伍的复杂性。又如败毒散方中包含着羌活与独活（祛风散寒除湿并宣痹止痛）、枳壳与桔梗（升降胸胁气机并化痰）、桔梗与前胡（升降肺气止咳）、前胡与柴胡（升降肺肝，散风透热）、柴胡与川芎（疏肝活血）、茯苓与甘草（渗湿健脾）、人参与甘草（益气健脾）、桔梗与甘草（开肺利咽），人参、甘草与柴胡、桔梗（益气升阳）等多组药对间的配伍，其中升阳与散邪透表、除湿与健脾、宣肺利咽与止咳化痰间又有辅成配伍关系，全方祛风散寒除湿解表退热、健脾理气除湿化痰止咳，并兼有通络止痛、宣肺利咽、升阳健脾、疏肝理肺等多方面功效。一般来说，这些由多组药对交互配伍而成的方剂大多具有多组功效和较好的临床适应性，易于临床灵活运用。

既然药对配伍和功效具有一定独立性，方中多组药对之间也存在一定的交互关系，药对特殊效能的发挥同样受到方中其他药味的影响。因此，不仅遣药组方中应重视利用药对以及药对间的配伍联系，而且成方化裁时也需考虑到增减药味时对药对配伍的影响，此时识别方中的药对是必要的。减损药味时应防止拆散那些对病证有重要治疗作用的药对，如和解少阳选用小柴胡汤不宜去黄芩、阳虚水气用苓桂术甘汤或真武汤时不宜拆散方中茯苓与桂枝或与附子的配伍；增加药味时也应力求考虑药对配伍关系，如瘀血肿块加桃仁与红花、肾虚腰痛膝软加杜仲与牛膝、瘀阻膀胱的小便不利加牛膝与车前子。

三、重视合方运用

成方合用，是将两个以上方剂合并使用以加强或拓展其功效，以适用于病机较繁杂病证的制方。合方运用的特点是利用数方原有的功效而使配伍简明清晰。其基本思路有：①不做药味增减的直接合并成方，如古方中柴平煎（小柴胡汤合平胃散）、八珍汤（四君子汤合四物汤）、四神丸（二神丸与五味子散）等，现代医家治疗顽固性胃脘痛属于肝胃寒滞，气血不调证的三合汤（良附丸、百合乌药汤和丹参饮）；②合方后对其药味稍作调整，如大柴胡汤（小柴胡汤合小承气汤）、俞氏回阳救急汤（四逆汤合六君子汤、生脉散）、血府逐瘀汤（四逆散、桃红四物汤、枳桔散）、桑螵蛸散（定志丸合枕中丹）、清瘟败毒饮（白虎汤、清营汤、犀角地黄汤、黄连解毒汤数方合用）等，现代医家治疗老人咳嗽痰喘方（二陈汤与三子养亲汤合用，加麻黄、杏仁）、治疗妇人不孕属肝脾不调，血虚精弱证的种子汤（四物汤与抑气汤合用，甘草易菟丝子）；③合并数方中的主要配伍药群，如古方小青龙汤（麻黄汤、苓甘五味姜辛汤、小半夏汤）、枳实消痞丸（半夏泻心汤、枳术丸、四君子汤）等，今方痰饮丸（三子养亲汤、附子理中丸、苓桂术甘汤）。合并不同成方中部分药群可能源于对药对的总结，但更多的是基于对方剂配伍多层次性的理解。

合方运用的依据是当前病证病机与所合方的方证在病机上有重叠交叉，或制方思路与合并方剂中的相关药群或药对在综合配伍上的一致。合方运用中首先应根据病证的病机，在治法的指导下选配方剂，注意合用中的主次轻重关系；其次是优先选用药味少的成方，以减少加减而保证其功效的完整性；再者是需要对合方后的药物做必要的药味与药量调整；最后注意合方后药群之间新的交互关系，力求配伍精当等，均为合方运用中需要注意的技术要素。

上述关于用方经验的分析表明，对病证病机（病位、病性、病势、转归等）的辨识、对制方原则的把握以及对成方或药对配伍规律的认识是临床组方的必要条件，其中"潜在病机"、"辅反成制"、"量效配伍"等的研究不仅将有益于医生发掘和总结古今名方验案中制方的精义，也有助于其不断提高临证组方的心智操作水平，从而促成临证"化裁成方"的处方模式向灵活运用方药理论和经验的"直接遣药组方"模式转变。

第三节　病证结合辨治的组方思路

中医强调辨证论治，并非忽略辨病论治，病证结合辨治也是中医临床常见的思路。病证结合主要包括中医病与证、西医病与中医证结合两方面。"病"常包括一个发病、进展以及转归的过程，或是随时间而变化的不同证候的连续，其中多有一个贯穿疾病始末的基本病机。如中医的肺痈，虽早、中、末不同阶段的病机重点不同，但均以肺热为基本病机；在西医肺炎中，炎变作为一个基本病理贯穿临床不同时期。病证结合治疗则是将疾病的共性与个性结合起来考虑，兼顾处理的一种思路，落实在临证组方中，针对基本病机并结合不同时期特定病机而进行配伍，体现在疾病连续辨治的处方中部分药味的相对稳定和变化。

在中医病证结合的组方配伍中，较为稳定的药味往往是方中的核心药味，体现了针对病或证的主要病机治疗，在此基础上随症加减。中医因病用药如黄疸病用茵陈、肺痈用苇茎、痢疾用白头翁或马齿苋或鸦胆子、结石用金钱草、疟母用鳖甲、蛔虫用乌梅或川椒、脚气用木瓜、疟疾用常山等。因症（证）用药如腰痛肝肾虚寒用杜仲、虚热用女贞子，尿闭膀胱气寒不化用桂枝、气热用知母，劳损脊痛阳虚用鹿角胶、阴虚用猪脊髓，乳痈热结用蒲公英、寒结气滞用橘叶，发疹热郁用蝉衣、寒郁用柽柳，眩晕阴虚用菊花、天麻，阳虚用枸杞子、鹿角霜，胁痛热瘀用郁金、川楝子，寒瘀用当归须、香附等。在现代临床中，西医疾病与中医证结合的组方配伍思路并不少见，主要是将西医疾病的病理、中医方药的药理作用以及中医因证用药几方面综合起来考虑。如糖尿病表现为阳明胃热津伤证选用具有降血糖作用的白虎汤或知母与石膏，加天花粉、山药或人参。在病证辨识各有侧重、两者不能完全统一的情况下，又有以中医证为主或以西医病为主的不同组方用药侧重：或以方药的现代药理为主要依据，兼参中医证候而加味。如冠心病治疗以具有扩张冠脉，改善心肌缺血作用的瓜蒌薤白白酒汤为核心，结合中医证候的寒热虚实加味。或以中医辨证组方为核心，佐用药味时兼参现代药理作用，如高血压病在随证立方中适当加入天麻或青木香或钩藤等。

有必要指出的是，中医病症相通，病与证及症也多较一致，常以证或症辨治为主，即使病证不太统一时，通过适当的配伍协调即可。但中、西医病名及其内涵有别，西医疾病是特定病因作用于机体引起的反应性过程，伴有生理生化异常改变，以实验室检测的异常指标为依据的。目前中、西医只有少数的病名相同或相近。因此，针对西医疾病的选方用药具有相对的独立性。其主要是以方药的药理作用为依据，其中包括针对病因（如抗病原微生物、免疫调节、抑制癌瘤等）和某些实验指标（如降肝酶、降血脂、升白细胞、抗心率失常、强心、升压等）来选择方药。由于西医疾病与中医病证表现出较为复杂的同异关系，因此在西医辨病和中医辨证结合的组方中，常会遇到因病用药和因证用药两者间或一致或无关或相悖的不同情形，此时就涉及对病证用药的主次或舍取。一般来说，应力求因病用药与因证用药完全统一，或至少不能与辨证论治相悖，除非有足够的经验依据，否则完全相悖的配伍组方是不可取的。

"病"作为疾病的根本矛盾或基本矛盾贯穿于疾病产生到消除的整个过程中，"证"则是疾病当前特定阶段的主要矛盾，病与证从不同角度反映出疾病的本质特征，"症"则是疾病本质的外在现象。把握病、证、症之间的关系，认识疾病发展中的矛盾主次变化，对于以整体调节为特点的中医治疗组方是重要的。新近有学者根据病－证－症之间的复杂离合关系和实际临床中不同疾病及其不同阶段的标本缓急特点及因病－因证－因症的专方专药的经验，提出因病－因证－因症结合的组方模式。该模式强调了根据临床实际，综合病－证－症标本缓急的情势，进行有针对性、有主次的专方或专药的选配组方。相信随着对病研究的深入和临床方药经验的积累，特别是愈来愈多的专方专药的发现，因病－因证－因症结合的组方模式将会在促进新方创制方面发挥重要作用。而现代基于历代成方数据库通过对海量数据的挖掘，一些新的针对病/证/症治疗关联的专方/药群/药团/药对的发现，也将会为临床组方提供更加可靠的经验背景。

第四节　古方新用的经验

"古方新用"主要指临证直接使用古方，或在一定范围内通过变化原方药味、药量、剂型以及用法，使古方的运用范围得以拓宽，或使原方主治证改变（如次要症成为方剂主症），或治疗传统中医不曾涉及的现代病证的临床用方经验。古方新用是对方剂临床运用的一种创新。一些有经验的临床医生，在引用前人方剂的时候能得心应手，使用同一张方剂治疗许多看来并不相关的多种疾病，均能取得理想疗效。这种方法，通常被称为方剂的"引申应用"或"古方活用"，也属于古方新用的范畴。从古方新用的大量临床案例中总结其规律，对深入认识和完善方剂理论、发掘古方新用以及提高临证辨治水平具有特殊意义。在方剂学中，中医制方原理是关于方证病机和方内药味配伍密切相关的理论，因此古方新用的内在逻辑也应该是有关古方方证、配伍及功效与当前的病证、立法的统一。下面是通过对大量临床用方现象的考察分析，归纳出的目前有关古方新用的主要思路，供临证参考。

一、扩展古方适应证

以古方主治证、或然证及其类方主治证中的症状特点为线索，通过归纳、反推、类比等，可以扩展其适应证范围。如由小柴胡汤在《伤寒论》和《金匮要略》中多次出现，整理其适应证有50余个；又根据其主治热入血室证，推广用于妇女月经期及前后和产后感受外邪的病证；再有根据小柴胡汤方证中的或然症，加干姜、五味子治疗少阳兼寒饮咳嗽，类比引申到小柴胡汤加芦根、贝母治疗胆热移肺的热咳证。又如根据连翘败毒散治疗疮疡初起、竹叶柳蒡汤主治疹发不畅和两方主治证所涉部位均在体表的特点，通过类比联系，引申两方可用于风疹、急性荨麻疹、神经性皮炎、药物性皮炎、痤疮、银屑病、扁平疣、过敏性紫癜等多种皮肤病；根据仙方活命饮主治体表痈疡，类比引申用于通向体外腔道的各种痈疡，即消化道、呼吸道及生殖道的黏膜感染性疾病（如胃十二指肠溃疡、结肠炎、阑尾炎、痢疾、肺炎、支气管炎、尿道炎、前列腺炎、阴道炎等）；而根据痈的同质进一步引申出本方还可用于内痈（肝、肾、肺脓疡）。

二、演绎方证病机

中医的病机具有一定的概括性，其内涵空间较大，而古方证中有关症状的列举并不完全。因此谨守原方证的病机要点，结合病机理论进行推演，可以引申原方的主治范围。如由麻黄附子细辛汤主治的少阴病阳虚感寒的脉沉、发热证，扩展到寒袭少阴的暴喑、咳喘、头痛连齿、缩阴等证；从当归四逆汤主治的寒客厥阴、肝血不足的四肢厥逆证，引申于寒滞肝经或血脉的寒疝腹痛、癥瘕、痛经、睾丸冷痛、厥阴头痛、痹痛、冻疮及现代小儿麻痹、雷诺症、血栓闭塞性脉管炎等诸病证；根据补中益气汤主治证的病机"脾虚不运，中气下陷"，推演其主治范围涉及脾虚不运（食少神疲）、气虚下陷（久泻久利、癃闭、喘逆）、清阳不升（耳聋目障、头晕头痛）、阳虚不达（畏恶风寒、发热）以及中气不固（脏器下垂、汗出、失血、遗尿）等多种病证类型；根据温胆汤方证中痰阻胆郁，蕴热扰神的病机，扩展其包括惊恐、失眠、健忘、心悸、抑郁、呆滞、梦游等症在内的多种神志病证；根据完带汤方证中脾虚湿阻肝郁的病机，推测本方可用于泄泻、痢疾、水肿、小儿多涎、脓耳、湿疹、乳糜尿等病证。此种思路主要是根据原方证病机进行类比或类推。

三、发掘古方新功效

着眼于方剂药味配伍，引申其潜在的功效。一些古方主治多种病证，有些病证甚至在病机上无甚联系，如麻黄汤在《伤寒论》中主治太阳风寒表实证、在《金匮要略》中用治黄疸；复脉汤在《伤寒论》中主治脉结代、心动悸，在《千金方》中主治肺痿；犀角地黄汤在《千金方》中主治蓄血的善忘欲狂证，在《温病条辨》中主治温病热入血分的出血发斑证；龙胆泻肝汤主治肝经实火和三焦湿热证等。一方之所以能主治多证，一方面与所主不同病证在病因病机上有相通之处，另一方面还与方内药物多性能和在多层次上的配伍能够产生多种效用，即所谓"一方多效"有关。以药性效能为基础，选择不同配伍角度，可获得方剂功效的新认识。如半夏泻心汤主治伤寒误下伤中，寒热互结中焦的心下痞证，原方中的主要部分半夏、干姜与黄芩、黄连的配伍，具有辛开苦降，并调寒热的效用。已知芩、连味苦性寒，清热泻火，并能燥湿；夏、姜辛温，温中降逆，兼能燥湿除痰。显然此四味配伍有燥湿除痰之功，如用量适宜，则寒热互制，燥湿祛痰而无助火伤中之弊，临床完全可用于湿痰痞阻中焦证，而调整方中寒、热药的比例还可用于中焦湿热或痰热痞阻证。又如当归补血汤中补气与养血药配伍比例为5：1，本为失血的血虚阳浮证而设立。作为补血方，本方主要适用于气虚不能生血或失血气散证，体现了补血组方中补气生血的配伍思路，但临床血虚证单一应用本方的情形并不多。联系到补气方中也常配合补血药，如补中益气汤方中在大量补气药中佐用小量补血药，意在补气调血以增强补气之效。据此推之，当归补血汤完全可用于气虚证。结合原方主治血虚阳浮发热证以及补中益气汤气虚发热的适应证，可知当归补血汤有甘温除热的效用。临床常见在方中加附子、肉桂治阳虚发热；加防风、葛根治气虚发热；加桑叶、白薇治血虚发热；加二地、黄芩、黄连、黄柏（当归六黄汤）治阴虚火旺气伤的发热等。临床还有用本方加全蝎、僵蚕治小儿气虚慢惊风，加活血通络药治气虚血瘀络阻的中风后遗症等。有时对方中药味配伍用量稍作调整，还可调动其潜在功效。如主治脱疽的名方四妙勇安汤具有清热养阴、解毒消肿、活血止痛的功效，在方中稍加如桔梗、麦冬、牛蒡子等肺经药，或桑枝、威灵仙、防己等通利关节药，用于阴伤而热毒瘀滞所致的咽喉肿痛或关节肿痛等有良效。

四、创新病机理论

跟踪临床辨证领域的研究进展，特别是依据新的病机理论，结合成方的方证病机，引申运用方剂。如根据肾主封藏，脾主运摄，脾肾不足，封摄无能，精微下流的中医病机理论治疗慢性肾病蛋白尿，常选用肾气丸和参苓白术散或补中益气汤；根据脾主肌肉，脾脏阳虚气弱，不能温养肌肉的理论，运用补中益气汤治疗肌无力或肌萎缩（包括骨骼肌和内脏平滑肌）类疾病；根据肝主风，风主动，肝风内动既可上扰清空而为眩晕，外窜筋脉而为肢麻痉挛，也可内扰脏腑发为喘逆（肺）、呕恶（胃）、悸动（心）、泄泻（脾）等病机理论，选用镇肝息风汤、大定风珠等镇肝潜阳息风方治疗肝风扰动心阳的现代"房颤"；根据血得寒则凝、得热则瘀的冻疮或烧伤病机，选用具有温经散寒、养血通脉的当归四逆汤或清热散瘀、凉血化斑作用的犀角地黄汤治疗冷冻（寒）或烧伤（热）；根据内脏与体表痈疡具有的共同病机（热盛肉腐成脓），将主治体表疮疡阳热证的仙方活命饮移用于脏腑痈（阑尾炎、肝脓疡、肺脓疡等）。现代散发性脑炎癫痫属于中医风证范畴，根据肾主精、肝主血以及肝肾同源的理论，推演精髓不充，脑神无主，精亏血虚，筋失濡养而风动为本病的基本病机，提出"精脱风动"的病机说，设固精生髓充脑，化血养肝息风一法而选用金锁固精丸加味治疗；根据"肾主五液"的理论，应用右归饮（丸）、肾气丸、大补元煎等补肾方加味治疗因虚所致的多涕、多唾、多泪、多汗等。

五、汲取现代研究成果

现代药理研究表明，玉屏风散具有提高机体免疫能力以及抗病原微生物等作用，故临床常被用于小儿及老人等免疫机能低下、反复患呼吸道感染的患者以及其他免疫失调性疾病如过敏性鼻炎、慢性荨麻疹、病毒性心肌炎、肿瘤放化疗后等病证；外科方六神丸具有强心、抗心肌缺血缺氧以及抑瘤作用，临床将其用于冠心病心绞痛、心功能衰竭以及白血病；四逆散曾治"少阴病"，实验研究表明本方确有强心升压等作用，使以"调和肝脾"为主要功效的本方扩展用于心功能衰竭类疾病；泻下逐瘀方如桃核承气汤具有扩张下部血管，重新分配体内血液，改善血液流变等作用，可用于人体上部血管功能障碍，尤其是脑血管充血或出血性疾病；鳖甲煎丸具有抗肝脏纤维化作用而被用于治疗慢性肝炎肝硬化；归芍散具有调整垂体－下丘脑－性腺轴功能的作用，用于妇女卵巢功能低下的闭经和更年期综合征以及试用于老年痴呆；补中益气汤有促进睾丸精子形成和精子活动能力的作用，用于男子不育症；六味地黄丸有提高机体免疫力和抑制上皮细胞化生的作用，用于食管上皮过度增生而预防癌变等。

上述从方证和方药的不同角度重新认识其病机和功效，结合临床中医病证和方剂现代研究成果正在成为探索古方新用途的主要途径。经验摸索与理性反思，必将会带来中医古方运用更为广阔的前途。

第二十九章

临床方药运用案例选读

第一节 辨证论治案例

辨证论治是中医诊治疾病过程中最具特色的内容。"法随证立，以法统方，方以药成"，将证法方药有机统一起来，并构建成目前以证为核心的方药系统。辨证论治落实于临证组方则是实现所主病证的病机要素与中药药性要素及制方要素间的高度统一，长期一直是中医临床选方用药的圭臬。中医的"证"通常包括了病机（因、性、位、势）和症状（包括体征）两部分，由于症状多依附于证机，因此"辨证论治"虽然也考虑到症状，但重点还是审机论治，辨证立法组方根本上是针对病机的用药组方。在现有的以基本证为核心的方药诊治系统中，著名成方以其用药精准、制方严谨、疗效确切而成为临床治疗的重要工具。以方药系统为背景的、对当前病证和成方方证进行异同辨识的选方及其变化运用，即所谓的"方剂辨证"仍是目前临证组方的主要思路。本节将基于传统中医辨证论治原则，以方证相关为逻辑，围绕方证病机的时空属性和方剂制服的多维属性，选辑部分治疗验案，通过介绍其方药运用的经验，在展现临床用方中原则性与灵活性相统一的同时，揭示其成方运用的部分技巧。

方证相对——直接用方

历史上的经典名方多以其用药配伍和方证病机高度针对以及疗效确实为特点，其药－方－效－证之间具有紧密的关系，"方证相对，直接用方"，即"有是证用是方"或"方证对应"，指临证中在当前病证与成方所主病证完全相同时，不经化裁变化而直接使用原方的一种临床用方思路。古有喻嘉言、尤在泾等为代表的经方派用方之案例，近现代有曹颖甫、范文虎、岳美中等擅用经方之心法，均为此类用方之典范。本法适用于组方药味较少、配伍严谨的著名成方，特别是经方的选用。著名成方配伍严密，疗效确切，临证若辨证准确，方证恰合，常可获桴鼓之效。

【案例一】太阳风湿病（选自《曹颖甫先生医案》）

陈某，发热恶寒，一身尽烦疼，脉浮紧。此为风湿，麻黄加术汤主之。

处方：生麻黄二钱，川桂枝二钱，光杏仁三钱，炙甘草一钱，生白术三钱。

服前汤已，诸恙均瘥，惟日晡尚剧，当小其制。麻杏薏甘汤主之。

处方：生麻黄一钱，杏仁泥二钱，生苡米二钱，炙甘草一钱。

　　评析：患者初诊为典型的寒湿在表证，即所谓"湿家，身烦疼，可与麻黄加术汤发其汗为宜"（《金匮要略》）。故直取麻黄加术汤以发汗散寒祛湿，药后寒湿得散，但风湿未得尽解，故复诊见身疼日晡尚剧，再遵"风湿一身尽疼，发热，日晡所剧者，名风湿，……可与麻黄杏仁薏苡甘草汤"（《金匮要略》），投与麻黄杏仁薏苡甘草汤。治湿不宜过汗，且辛温表散之后，故小其用量，即取微汗而已。

　　【案例二】发热（摘自《中国中医药名老中医专家学术经验集》）

　　岳某，男，42 岁。

　　感受外邪后，自己服药发汗，热退未净，心烦口渴，夜不能寐，舌苔薄白，脉浮。

　　辨治：证系太阳病发汗，邪气在表，又入水腑，此水与热结证。治当解热利水，取五苓散治之。

　　处方：泽泻9g，猪苓12g，茯苓12g，白术9g，桂枝5g。3 剂。

　　药后热除，小便利，口渴解，诸症愈。

　　评析：《伤寒论》五苓散原治太阳表邪未解，内传太阳之腑，以致膀胱气化不利而成太阳经腑同病的蓄水证，以外见身热、脉浮，内见小便不利、烦渴、水逆等症为特点。本案因外感病自服发汗药，从热退未尽、舌苔薄白及脉浮可知及其在表之邪但未能尽解，继之出现烦渴等，是邪热传里之象，但其舌苔不黄，脉不洪，身无大汗，虽烦渴却不见其饮水，知邪虽传里但未及阳明。从其服药后热除、小便利的描述来看，原案中当有小便不利之症。根据其发病治疗经过和身热、脉浮、烦渴、小便不利等证候特点，实属于五苓散所主之膀胱蓄水证，治疗当化气行水导热为主，兼行解散外邪而畅表。本案直接选用五苓散，因其方与证高度对应，故 3 剂后诸症尽解。

　　【案例三】挟热下利证（选自《岳美中医案集》）

　　黄某，男，3 岁。1958 年 8 月 20 日入院，确诊为流行性乙型脑炎。

　　患儿入院时，高热达40℃，汗出口渴，面赤唇干，呕吐，舌苔黄而润，大便日 2 次，微溏。脉数，右大于左。辨证为暑邪已入阳明气分，治以辛凉重剂，白虎汤加味。

　　处方：生石膏45g，知母6g，山药9g，连翘9g，粳米9g，炙甘草3g。

　　21 日晨二诊：身热不退，体温升至40.5℃，舌苔黄而腻，大便日 3 次，溏薄。仍进原方，石膏量加至60g。午后再诊，体温升至40.9℃，再加入人参服之，热仍如故，大便溏泄不减。

　　22 日三诊：前后大剂白虎汤连用 2 天，高热不但不退，而且溏便增至 4 次。闻声惊惕，气粗呕恶，病势趋向恶化。但汗出口渴，高热，苔黄，脉大而数，均是白虎汤之适应证，何以服后诸证不减反有加重呢？苦思良久，忽悟到患儿人迎脉数，面赤高热，汗出微喘，是表有邪；舌黄不燥，呕恶上逆，大便溏泻且次数多，是脾胃内蕴暑湿，乃挟热下利证。前此屡投清阳明经热之白虎，既犯不顾表邪之错误，又犯膏、母凉润助湿之禁忌，无怪服药后高热和溏泻反有增无减。患儿既属挟热下利，乃葛根黄芩黄连汤证。

　　处方：葛根12g，黄芩9g，黄连1.5g，甘草3g。

　　服 1 剂，热即减至39.4℃，2 剂又减至38.8℃，大便转佳，呕恶亦止，很快痊愈出院。

　　评析：本证发病之始即见高热汗出，口渴，面赤唇干，苔黄，脉数大，状似白虎汤证。

然阳明气分热盛伤津，其舌苔黄而必燥，大便不当溏薄。开始医者未曾注意到本证舌苔虽黄但润，且伴大便微溏，故白虎汤投之不仅不效，反见体温升高，便溏次数增加。后来进一步结合患儿人迎脉数、呕恶上逆、大便溏泻等症，诊为脾胃内蕴暑湿，表邪未解之挟热下利证，即葛根黄芩黄连汤证。葛根黄芩黄连汤具有清热燥湿、解肌散邪、升阳止利之功用，故投之即效。

【思考】

1. 怎样理解"方证相对"和"一方多用"之间的关系？
2. 临证直接用方的条件有哪些？
3. 查阅文献，列举历史上有"直接用方"倾向的医家及其治疗案例。

证机异同——变化成方

每首成方都是针对某一特定病证而设立的，成方所主病证与当前病证相同或相近是临证选用成方的前提。根据"方证对应"原理，在当前病证与成方方证不尽相同时，应对原成方的药味进行必要的加减，以使变化后的方药与当前病证高度针对。"方证异同，变化成方"，即通常所谓的"随证加减"，是指临证中当前病证与成方所主证基本相符，但其兼证，或病机的次要方面，或某些症状与原方证有所差异的情况下，依据配伍原理，在选用原成方的基础上，对原方组成中次要部分进行适当化裁的一种成方运用形式。如经方有桂枝加厚朴杏子汤、桂枝加桂汤、桂枝加葛根汤之变易，时方有六君子汤、丹栀逍遥丸、知柏地黄丸之衍化。"随证加减"是临床最常用的用方思路。

【案例一】风热表证（选自《中国百年百名中医临床家丛书·董建华医案》）

刘某，男，7岁。

初起微有恶寒，旋即发烧，体温高达40.6℃。头痛无汗，微有咳嗽，口渴喜饮，食欲不振，舌苔中心微黄，脉象浮数。此证乃风湿热毒侵袭肺卫所致，证属风热表证。根据叶天士"在卫汗之可也"之旨，治以辛凉透表，清热解毒之法，方用银翘散加减。

处方：银花10g，连翘10g，竹叶10g，荆芥5g，牛蒡子6g，薄荷（后下）3g，淡豆豉10g，甘草1.5g，桔梗5g，芦根10g，栀子5g。2剂

复诊：服药后微微汗出，体温降至37.4℃。口渴微咳，不思食，苔薄少津，脉缓不数。此时表邪已基本解除，故脉静身凉。但温病最易伤津，肺胃津液受损，故仍口干思饮；肺胃失和，故仍咳而不思食。证系余热未尽而津液已伤，故治宜微微透表，佐以清热生津。

处方：银花6g，连翘6g，薄荷（后下）1.5g，杏仁6g，甘草1.5g，石斛10g，炒谷芽10g，炒麦芽10g。

服上方1剂，其病告愈。

评析：本例初起即发热，且发热重而恶寒轻，伴有头痛无汗、咳嗽口干、脉象浮数等，证属风热外感，邪侵肺卫之证，与银翘散证颇为吻合，故用原方，稍加山栀以加强清热之力。2剂后汗出表解，热势大减。但余热未尽，津液已伤，胃气呆钝，故于原方减去荆芥、牛蒡子、淡豆豉，以减解表之力；加杏仁以止咳化痰，石斛以清热生津，炒谷、麦芽以助消食和胃。仅服1剂，即告痊愈。从此案治疗变化中可以看出，证同治同而用原方，证异治异

当变化处方，务使药证合拍，才能获得良效。

【案例二】眩晕（选自《蒲辅周医案》）

李某，男，57岁，已婚，干部。

数年前即多次发生头晕，发作时自觉天旋地转，如坐舟车，恶心呕吐，耳鸣如蝉。西医检查血压偏低，内耳平衡失调，诊为梅尼埃综合征。近两月来头昏头晕，稍长时间看书则头晕加重，胃部不适，有欲吐之感，并觉摇晃欲倒，体重减轻，食欲减退，嗳气频繁，矢气不断，大便正常。入夜皮肤发痒（西医诊为荨麻疹），影响睡眠，恶梦纷纭，小便稍频。有少许痰，时有脱肛，舌淡无苔，脉弦细无力。脉证合参，此证属脾胃气虚挟痰，兼心气不足；治以补中益气，佐以宁心化痰之法；方用补中益气汤加味。

处方：炙黄芪12g，党参6g，柴胡3g，升麻3g，白术6g，当归5g，陈皮5g，炙甘草3g，茯神6g，炒远志3g，法半夏6g，生姜三片，大枣三枚。5剂，隔日1剂。

二诊：服药后诸症均见轻。因看报时间稍久，失眠有所加重，给予镇静剂后好转。但大便时有干燥，舌苔中心薄黄而腻。此舌象似有食滞，故上方加入焦山楂3g，炒枣仁6g，黄芪改为6g，服3剂。

三诊：服药后自觉很见效，食欲及睡眠好转，二便调，精神佳，舌正无苔，脉虚。改用补中益气丸250g，每日早服6g；归脾丸250g，每日晚服6g。感冒时停用。

服完该剂后，头晕失眠等症基本消失。

评析：眩晕一证，病因甚多，古有风眩、痰眩、火眩、虚眩等类型。张景岳认为："虚者居其八九，而兼火兼痰者不过十之一二。"本例眩晕时发时止、不能用脑、纳差脱肛、小便稍频、脉弦细无力等，系中气不足所致，故取用补中益气汤为主方，最为相宜。因其眠差有痰，心神不宁，故于原方加入半夏燥湿化痰，茯神、远志、枣仁以宁心安神。复诊见有食滞之象，加焦山楂消食和胃，并减黄芪用量。终以健脾益气和健脾养心之丸剂善后。可见证有变，则药有异，所谓"师其法而不泥其方"。

【案例三】呕吐便秘（选自《柳选四家医案·尤在泾医案》）

初诊：胃虚气热，干呕不便，橘皮竹茹汤加芦根、粳米。

再诊：呕止热退。

处方：石斛、茯苓、半夏、广皮、麦冬、粳米、芦根、枇杷叶。

三诊：大便不通。

处方：生首乌、玄明粉、枳壳。

四诊：大便通，脉和。惟宜滋养。

处方：石斛、当归身、秦艽、白芍、丹皮、炙草、茯苓、广皮。

评析：本案初诊见发热、干呕、不大便，为胃虚有热，通降失司之证。方用橘皮竹茹汤降逆和胃，益气清热，更加粳米养胃和中，芦根清胃热止呕。方药对证，药后逆气即平。二诊加石斛、麦冬、枇杷叶以加强滋阴清热，和胃降逆之力。因胃津未能即刻来复，肠腑燥热，三诊见大便不通、脉实，推想证情较急，非甘寒濡润所能奏效，故取增液承气法。以大黄易为生首乌，清热生津通便；玄明粉润燥泻热通便；枳实易为枳壳，宽肠降逆以助通便。四诊见便通脉和，改为和养为治。综观本证治疗，证随机转，方随证变。

【思考】

1. "随证加减"的依据是什么？与西医"因病用药"的治疗学思路有何不同？
2. 一首成方的"随证加减"有限定的范围吗？应用该法时应注意什么？
3. 查阅文献，请列举出"随证加减"的用方案例并予评述。

方证关联——合方裁成

每首成方都有其针对的特定病证，方内药味因病证的病机环节构成针对性的、具有一定功用的药对或药群（功能药群）。病机相对简单的方证，其治方本身就可能是一个药对或一组功能药群。从一定意义上讲，方证对应表现为成方内药味或药群与所主病证病机要素或环节的一致性。"方证关联，合方裁成"，即通常所谓的"合方运用"，指在当前病证或其病机涉及多个成方的方证或病机时，选用两个或数个相关成方，进行成方合并或方内功能药群选择性重组的一种成方运用形式。前人有平陈煎、清瘟败毒饮、再造散之合，今人有麻杏二三汤、三合汤、四合汤之并。临证凡遇病证兼夹或病机复杂时，针对其多个病因、病机环节，实施多法并用，或联合用方，聚力合击；或先后分进，各个击破，以获得治疗的最佳效果，即所谓："杂合以治，各得其所宜"（《素问·异法方宜论》）。"合方裁成"通常包括了并、裁、串等变化运用技巧。

【案例一】支饮咳嗽（选自《中国百年百名中医临床家丛书·丁光迪医案》）

冯某，男，59岁。

支饮咳嗽十余年，秋冬剧，春夏差。每届秋风送凉，即喉痒作咳，寒甚咳甚，痰多，有时咳吐不爽，其色稠白，晨晚咳痰尤多。咳引胁痛，甚时顿咳作呕，诸治不能向愈。近二三年来，病情加重，咳甚见喘，平步尚能上班，但不能登楼，否则气喘心慌，有时小便自遗。纳谷日少，精力疲乏。几次住院治疗，诊为"老慢支"，渐发展为"肺心"，欠满意疗法。近旬日来，天气转凉，咳喘又起，头目昏眩，似乎不能自主，转动多则发晕欲倒；痰多，形如泡沫，咳唾频频。胸闷气短，甚时呼吸不能接续。形寒背冷，加衣仍不得暖，睡眠只能半卧位，饮食日少，食多化迟。近日小便很少，目胞、两足亦肿。面色虚浮晦滞，下午两颊色赤，自感面热足冷。脉细而滑，舌胖淡水滑，苔腻。

辨治分析：此为支饮上凌心肺，阴邪遏抑阳气，心脾肺肾交伤，虚阳有飞越之危。但饮为实邪，补益不能去饮，反助其邪；攻邪又易伤正，更增危险。这种两难境地，殊感棘手。姑为先标后本，通阳化饮，能得阳气稍回，再作商量。方从泽泻汤、甘草干姜汤、桂苓五味姜辛半夏汤合参。

处方：泽泻15g，白术10g，甘草（炙）10g，干姜10g，桂枝15g，茯苓15g，五味子7g，细辛5g，姜半夏10g，生姜15g。3剂

二诊：药后自感腹中有一股热气下行，并得矢气，小便即快利，周身亦觉暖和，并得安寐，能起坐，头眩已减，咳痰亦少，得太息，胸闷气短亦觉宽。诊其面色转润，脉按之有力，欲得饮食。此系阳回饮化，胃气步复之兆。效议再进，兼顾其本。

处方：原方泽泻、茯苓、生姜各减5g，5剂。另加每日金匮肾气丸15g，分两次吞服。

三诊：已能起床活动，入夜亦能平卧。咳喘大减，咳痰亦少。头眩畏寒已解，目胞、脚肿亦退。饮食二便均可，舌水滑已化，苔薄腻。再为标本两顾。

处方：前方去泽泻、生姜，甘草、干姜各减5g，加紫菀、款冬各10g。5剂。每日金匮肾气丸20g，分两次吞服。

四诊：气喘已平，咳又减轻，脚肿退而还暖，眠食均可。惟行动时尚感少气，舌胖嫩少苔。治以巩固疗效。前方去半夏，加炙坎脐一条，10剂。丸方继服。

五诊：诸症均平，能自由活动。停煎药，继服丸药一月。后改服胎盘粉。整个冬季无大反复，在天气寒甚时，预服最后一次的煎方5~7剂，一直保持平善。

评析：咳喘病证，临床较为多见，尤其秋冬季节，老年人为多发病，甚至危及生命。咳喘病经多年，证候大多典型；但病情顽固，病根难拔，反复发作，迁延多年，病情有增无减，此所谓"易认难治"。此例发作较严重，饮邪根深蒂固，泛逆上凌，一身阳气俱为阴邪遏抑。如饮邪上蒙清空，则发眩晕；遏抑胸阳，则胸满短气，多唾浊沫；胃阳为遏，则食后作胀；下焦之阳被遏，则小便少而脚冷。几微之阳，上浮面颊，有脱越之险。饮为实邪，到此地步，既不可逐，又不能补，实在两难。唯一希望，能够离照当空，则阴霾自释，所以通阳化气才为唯一生路。方用甘草干姜汤恢复胸中之阳，使能离照当空，可以驱散阴霾；重用甘草、干姜，又伍以白术，亦是守住中焦之阳，能恢复升降之常。重用桂、苓，通下焦之阳，使膀胱气化能够畅行，则阴邪有去路。因为脉细滑而舌质亦水滑，是阳虚而饮水为甚之象，必须温阳化气，方为针对之治。故同时伍用细辛，取其大辛大温，治"咳逆上气"；又能"温中下气，破痰利水道，开胸中滞结"；"温少阴之经，散水气以去内寒"。更用泽泻汤泻水，能治头眩。其中甘草干姜汤又能温心肺而去多唾；辛姜五味能开阖肺气；小半夏汤能散水降逆；四苓又能通阳化气利小便。综合为方，着重通阳化气，扶正祛邪，斡旋气机，破除阴结。俟得效以后，又配伍金匮肾气丸，温阳化水而固其根本。如此治标顾本，紧而有力，竟能冲破难关，挽回败局，获得转机，化险为夷。本案中经方的卓效，合方之聚力，再一次得到发挥。

【案例二】胃痛（摘自《方剂心得十讲》）

张某，女，28岁，某歌舞团演员，1985年10月18日初诊。

胃痛已五六年，近半年来病情加重。曾于10月4日在某医院做胃镜检查，诊断为多发性溃疡。日渐消瘦，面色萎暗，胃部疼痛喜按，得热减轻，脘痞腹胀，神疲乏力，食欲不振，二便尚调。舌苔根部较白，右手脉象细弦，左手脉沉细。辨证分析：胃痛日久，并见痛处固定，并伴腹胀，右脉弦细，为气滞血瘀所致；胃脘喜按喜暖，系中焦虚寒。治以温胃调肝、行气活瘀为法，拟用四合汤加味。

处方：高良姜10g，香附10g，百合30g，乌药10g，丹参30g，檀香6g（后下），砂仁5g，吴茱萸6g，生蒲黄9g，五灵脂9g，茯苓15g，木香6g。水煎服，14剂。

二诊（11月5日）：进上药后，胃已不痛，精神好转，右脉已不细，弦意亦退。仍感胃堵但已不胀，再守上方，稍事变动。上方乌药改为12g，檀香改为8g，砂仁改为6g，五灵脂改为10g；加桂枝9g，苏梗10g。7~14剂，效可继服。

三诊（11月20日）：近日因生气，胃痛又犯，但较以前轻。上方改檀香为9g、桂枝为

6g，加白芍 12g。7 剂。

11 月 28 日自觉症状已消失，停服中药。12 月 5 日，胃镜检查报告 10 月 4 日所见之溃疡已经愈合。

评析：本案以胃痛日久、脘痞腹胀、喜温揉按、脉象弦细为辨证特点，分析其病机涉及中焦虚寒、肝胃不和、气滞血瘀等环节，故治拟温胃调中、疏肝行气、祛瘀止痛合法，选用良附丸、百合汤、丹参饮、失笑散四方合用，稍加茯苓祛湿运脾，吴茱萸温肝暖胃，木香散寒行滞，药用 2 周后胃痛即止。之后或调增温中药味或行气散瘀药味之用量，或稍入柔肝和营之味。患者前后经治一个月，除症状消失外，胃镜查得溃疡愈合，获得临床病愈。此案为数方合用较为典型的案例。

良附丸、百合汤、丹参饮、失笑散均为治疗胃脘痛的著名古方，四方同有良好的止痛功效，但又各有其长。其中良附丸疏肝温胃，百合乌药汤益中畅脾，丹参饮祛瘀行气，失笑散活血祛瘀。焦树德先生根据慢性胃脘痛的寒热虚实夹杂的复杂病机和相关方药的性能特点，常将以上 3 或 4 个古方合并为一，方名为"三合汤"或"四合汤"。其中三合汤由前三方相合，祛瘀之力稍弱，主治顽固性胃脘痛、痛处喜温喜按、但不欲重按、大便不调、舌苔白、脉象弦或弦细；四合汤由三合再加失笑散，其祛瘀之力较强，主治三合汤证，更兼胃脘刺痛、或痛处固定、或夜间痛、舌暗或有瘀斑、脉象沉弦或涩等。三合汤或四合汤聚各方之长，消彼此之短，有肝脾同调、气血兼治、寒温得宜、祛邪益正、消胀止痛等功效，临床用于以胃脘痛为主症的多种慢性胃疾确实有良效。临证可根据胃脘痛病机中寒热虚实偏颇及兼夹，调整合方中药味之用量。如寒甚重用良姜与乌药，或减丹参；偏热少用良姜，或增丹参量；瘀甚重用灵脂与蒲黄；中虚重用百合。也可随证加味出入，如中焦寒甚加干姜、吴茱萸；中焦蕴热加黄连、黄芩；胃热阴伤加知母、麦冬；蕴湿停痰加茯苓、半夏；食滞不化加焦三仙、谷稻芽；肝郁较重加柴胡、白芍；肝经郁热加炒川楝子、炒元胡；泛酸加煅乌贼骨、煅瓦楞子；呕血或便血加白及、藕节炭、三七。

【思考】

1. 数方合用与"药对"、"药群"配伍组方思路之间的关系是什么？
2. 临证"数方合用"应注意些什么？
3. 请从所学的方剂中列举含有数方合用的成方，并从方剂功效和方证病机的角度，分析其合方原理。

方证因宜——剂法更易

药味和剂量及其配伍是制方的重要内容，但剂型和用法也常对方剂的功效产生重要影响。即便是组成药味相同的方剂可因服用剂量或剂型，甚至服用方法的不同而发生效用上的差异。古有以附子理中丸裹紫雪吞服救治肠泄喉闭、防风通圣散加酒制治愈久治不效脑疽之验案；今有用丁桂散外敷关元而治泻痢、大肠滴注仙方活命饮治愈难治性盆腔炎之效例。临证制方，不仅要注意组方用药的合理性，还可根据病情特点，斟酌药量、选择剂型以及变换用法，来提高临床疗效。"方证因宜，剂法更易"即是指在因异制宜的治则指导下，结合当前病证的特点，通过变通成方的制服方法来获得或提高疗效的一种成方变化运用形式。临证有时在辨证准确、用药无误但方药不效的情况下，通过调整方剂的服量或更换剂型或变通用法，也可望获得疗效。

【案例一】心悸，室性早搏（选自《疑难病证思辨录》）

周某，女。

患者瘦小身材，两颧红润。短气，活动稍多即感气短。胸闷，心悸不重，面部时有升火，容易出汗，有时怕冷，两手欠温，脉来细缓72次/分，停跳频繁8～10次/分，停跳之后，脉来稍快。舌质偏红，苔薄净。心电图示频发性室性早搏。已经用过炙甘草汤，但效果不明显。此证系外邪入里，心脏气血两伤，为炙甘草汤证，当守原方治疗。

处方：生地250g，麦冬45g，桂枝45g，党参30g，麻仁60g，炙甘草60g，生姜45g，大枣30枚，阿胶（烊冲）30g。

2剂。用水1600ml，清酒1400ml，煎至600ml，分三次服。

1个月以后，再做心电图未发现早搏。以后早搏偶有出现，但症状不明显。未再服药，病已基本痊愈。

评析：炙甘草汤是一首治疗脉结代、心动悸的有效方剂，其疗效为后世的实践所证实。《伤寒论》："伤寒，脉结代，心动悸，炙甘草汤主之。"指出炙甘草汤证可由外感寒邪所致。本案原发于外感病后，与此条精神相合。结合脉证，本证属于炙甘草汤证无疑。但患者已用过此方，却无效。医者根据辨证和经验，仍用炙甘草汤，但坚持原方的配伍用量及其煎煮方法，增加其药量（生地用至250g，甘草60g），并嘱加酒煎煮，竟获良效。本案是一个通过调剂图法获效的典型例子。

【案例二】颅脑损伤（选自《中国百年百名中医临床家丛书·邓铁涛》）

叶某，男，30岁。

1998年4月6日酒后驾车，跌伤头部。诊见：神志昏迷，牙关紧闭，肢体强痉，面赤身热，气粗口臭，尿黄赤，大便不行，舌质瘀黑，苔黄腻，脉右滑左涩。双侧瞳仁不等大。CT检查示：脑疝，广泛脑挫裂伤，脑水肿，左侧颞顶叶硬膜下出血，蛛网膜下腔出血，为重型颅脑损伤。西医常规治疗3天，无明显好转，遂请会诊。患者乃暴力损伤脑部，元神受伤，脑受震击，经脉受伤，血不循经，溢于脉外，而成颅内积瘀，内闭心窍，出现神昏、牙关紧闭诸症；苔黄、尿赤则为积瘀化热伤津之象，属血瘀内闭证。治宜祛瘀开窍，佐以清泄里热。

处方：红花、赤芍、当归尾各6g，川牛膝15g，桃仁、牡丹皮、地龙、生大黄（后下）、芒硝（冲）、石菖蒲、川芎各10g，冬瓜仁30g。煎汁灌肠，每日1次，辅以安宫牛黄丸溶化涂舌。

二诊：次日大便得解，但仍发热。守上法治疗1周后热退，刺痛时可见四肢回缩；2周后，刺痛可睁眼，不能言语，可进食果汁等流质饮食。遂守方，去大黄、芒硝，加五爪龙30g，黄芪20g。煎汤。内服1周后，患者可被唤醒，但对答错误、躁动。

三诊：二诊方加羚羊角30g，水蛭10g。

再服1周，诸症消失，痊愈出院。半年后随访，无明显后遗症。

评析：颅脑损伤昏迷患者，使用灌肠通腑法可改善血液循环，促进新陈代谢，减少颅内出血机会，同时大便通畅，腹内压降低，进而使颅内压降低，有利于脑水肿消除。颅脑损伤患者多因伤后植物神经紊乱，肠动力减弱，即使鼻饲汤药，也会停留胃内，吸收甚少。采用灌肠法使药物吸收完全，生物利用度高，吸收快，显效速，甚至可与静脉注射相媲美，且直肠给药 50%～70% 药物不经肝脏，直接进入大循环，减轻肝脏负担，对急症患者有利。本案颅脑损伤，见昏迷、肢体强痉、但伴舌黯、脉涩，为瘀阻窍闭之象。其面红身热、便结不下、尿赤、苔黄，为积瘀化热，灼伤津液，热结肠腑，故治疗下行灌肠以祛瘀泄热，上用安宫牛黄丸溶化涂舌以开窍醒神，上下并治，故而获效。本案经验有二：一是颅脑损伤，瘀热内结，宜用逐瘀通腑法；二是颅脑损伤患者，灌肠给药，实为捷径之法。

【思考】

1. 中医方剂制服方法涉及哪些内容？如何据证选择适宜的制服方法？
2. 搜集整理历代文献中有关方剂特殊用法的案例。

第二节　病证结合论治案例

现代中医临床，尤其是中西医结合临床，人们总是会遇到西医诊断与中医辨证同存的情况。西医通常强调的是对病的诊断和据因治疗，中医则重视对证的辨识和据证治疗。虽然中医传统上也有病名之谓，但其多以症状命名，概念比较模糊，较少能反映疾病的本质。

临床上西医同一疾病常表现出中医多种证候类型，而中医某一证候也可涉及西医的多个疾病。鉴于病证之间的关系比较复杂，较长时间以来，人们谨守"同病异治"和"异病同治"即不考虑西医病名，只循中医辨证论治，采用同"证"同治的思路。随着中西医结合临床研究的深入，人们不断发现西医某一疾病发展演变中可有数个先后呈现的中医证型，某些疾病在其发生发展中可能会表现出以中医某证候为基础的病机变化，提示在中医的证与西医的病之间存在一定的联系。同时也发现，不同疾病出现"相同证"在治疗上却有很大差异，仅满足于辨证施治及某个阶段临床症状的暂时改善，其疗效常难以提高。如胃十二指肠溃疡、急慢性胃炎、胃癌、冠心病等疾病中均可出现胃脘痛，此时若只按中医胃脘痛辨证施治，显然缺乏针对性，而对于胃癌、冠心病患者则可能因未得到正确及时治疗而延误病情。提示异病同证条件下的"同证"在本质或内涵上不尽相同。

以西病为背景的关于中医"证"的现代病理内涵研究和对中医方药药理作用的研究，在启发人们对中医证及方药与现代病及病理内涵之间关联性认识的同时，也促进了对"西病中证"互参的临证处方用药思路的探索。本节选辑了部分反映中西医结合临床组方用药的实际案例，希望能对"西病中证"背景下的中医处方用药提供一些启示。

辨病分型——依型定方

病是证形成、转化及预后的基础，虽然不同的病可以表现出相同的证，但这些相同的证在内涵上可能不尽相同，如病因差异、病机偏颇、演变趋势不同等。因此，临床在辨病的基础上，根据病机的发展演变及患者的体质状况划分出不同的证型，依据基本证候设定相应的治疗方药，并可随症加减基本方。目前这种以病证结合为背景的据病随证、依型定方的思路已为中医现代临床研究所常用。这种思路将促进对特定疾病中医证的空间人群分布和时间演变规律的认识，大大提高临床病证结合选方用药的稳定性和精确性，推进中西医结合病证辨治体系的建立。

白血病分型治疗（选自《中国百年百名中医临床家丛书·颜德馨》）

【案例一】　李某，男，34 岁。

慢性髓性白血病四年余。脾大三指，肝大一指。脉数，舌红绛。白细胞 $24400/mm^3$，其中髓细胞 6%、中幼 13%、杆形 22%、多核 39%、嗜酸 2%、淋巴 5%，红细胞 218 万，血小板 $124000/mm^3$。先服鳖甲饮：鳖甲、黄芪、龟板、当归、太子参、大枣、丹参、牡蛎、栀子、银柴胡、赤芍，加雄黄粉。后服滋阴固本汤：生地、首乌、白芍、阿胶、地骨皮、黄芪、甘草、当归、红枣。

【案例二】　周某，男，60 岁。

慢性髓性白血病年余。神萎形寒，浮肿，面㿠不华，爪甲不荣，脉沉，舌胖质淡。白细胞 $14250/mm^3$，其中髓细胞 1%、幼型 4%、杆形 73%、酸性 1%、单核 1%。投以参仙八味饮（人参叶、党参、黄芪、仙茅、白术、巴戟天、甘草、补骨脂）加雄黄。药后白细胞降至 $4500/mm^3$，髓细胞消失，一般情况改善而出院。

【案例三】　李某，男，11 岁。

急性单核白血病，间歇发热，鼻衄，咽痛，脉细数，舌红苔薄。白细胞 $3150/mm^3$，其中单核母 8%、前单核 6%、单核 9%、多核 4%、淋巴 74%，红细胞 $2050000/mm^3$，血小板 $62000/mm^3$。先投滋阴固本汤加激素，症状好转后投气血双补饮（首乌、生地、仙茅、人参叶、太子参、黄芪、党参、当归、白芍、龙眼肉、炙草）加胎盘。

【案例四】　芦某，男，36 岁。

慢性髓性白血病，呕血 3 次，脾大过脐，紫癜，脉涩，舌紫。白细胞 $300000/mm^3$，其中母细胞 15%、前髓 13%、髓细胞 10%、后髓 6%。出血期投以犀角地黄汤加参三七，后以龟甲化瘀饮（黄芪、太子参、仙茅、牡蛎、鳖甲、龟板、白术、丹参、莪术、赤芍、红花、三棱、生地）加雄黄及牛黄醒消丸，外敷"消痞粉"（水红花子、皮硝各 30g，樟脑、桃仁、地鳖虫各 12g，生南星、生半夏、山甲、三棱、王不留行、白芥子、生川草乌各 15g，生白附子、延胡索各 9g，共研末，醋蜜调匀，再入元寸 1g，冰片 3g）。结果：患者白细胞维持在 $6000\sim10000/mm^3$，出院恢复工作。

【案例五】　李某，女，73 岁。

慢性淋巴白血病，低热，脉弦虚大，苔薄腻，全身淋巴结大。白细胞 $34500/mm^3$，其中幼型 1%，杆形 2%，多核 13%，淋巴 83%，单核 1%，红细胞 $3160000/mm^3$。予清热化痰饮（当归、浙贝母、藏青果、赤芍、板蓝根、竹沥、半夏、海藻、丹参、生地、牡蛎、蛤壳、太子参、天虫、昆布）煎汤服用。20 剂后，症状好转出院。

【案例六】　侯某，男，19 岁。

急性非白血性白血病，高热，鼻衄，脉弦数，舌红苔黄腻，少津，脾大一指。白细胞 $5000000/mm^3$，分叶核 2%、淋巴 98%。以羚羊饮子加珍珠粉、菖蒲、鲜生地、鲜茅根，并牛黄清心片,三天好转。再以滋阴固本汤加胎盘,住院150天明显好转,出院随访。

评析:根据白血病中医辨证,将其分为阴虚型、阳虚型、阴阳两虚型、瘀血型、痰热型、温热型六种主要证型,分型立法组方。案例一至案例六分别为本病六种不同证型的治疗,其各型的立方用药有别,并均取得一定疗效,体现了病证结合下的同病异治、据型用方的思路。

【思考】

1. 辨病与辨证的关系?如何理解"方证相关"和"同病异治"的关系?
2. 临证应用辨病条件下的"依型定方"的前提是什么?具体实施中还应注意些什么?

专病专方——随证加减

《兰台轨范·序》:"欲治病者,必先识病之名,能识病名而后求其病之所由生,知其所由生又当辨其生之因各不同,而病状所由异,然后考其治之之法,一病必有主方,一方必有主药。"疾病发生发展有其一定的规律性,其发展不同阶段表现出的各证之间在病机上也有一定的关联性。某些疾病在其发生发展的全过程中,可以伴有一个贯穿始终的基本病机,或有一个占主导地位的主证型。由此,一些针对疾病的基本病机或主证型的治方在经临床效验后则成为了"专病专方"。如前人针对疟母寒热痰湿气血搏结的基本病机创制出鳖甲煎丸,现代针对急性黄疸型肝炎急性发作阶段的湿热病机总结出茵陈剂。"专病专方,随证加减"是指在了解疾病基本病机基础上,选用专方及结合当时具体病情,以专方为基础并稍事变化的处方思路。该思路既可执简驭繁,又能泛应曲当。专病专方专药的总结发现是该思路有效运用的基础。

痰喘用苏子降气汤加减(选自《吴少怀医案》)

【案例一】 王某,男,43岁。1965年2月2日初诊。

近四年来,每逢冬季即喘咳气逆,痰涎壅盛,少食乏力,急躁易怒,舌苔淡黄厚,脉沉弦滑。辨证属于肝热肺郁,痰热壅滞。治疗以清热、化痰、降气为主,取苏子降气汤加减。

处方:炒苏子4.5g,橘红4.5g,姜川朴4.5g,炙白前4.5g,杏仁泥9g,炒枳壳4.5g,炒黄芩4.5g,炒山栀4.5g,竹茹9g,生牡蛎12g,旋覆花9g。水煎服。

二诊(2月8日):服药5剂,喘咳已平,痰热未尽。仍按上方去旋覆花、牡蛎,加瓜蒌仁9g,桑白皮4.5g,炙杷叶9g。水煎服。

服药3剂,久喘缓解。

【案例二】 刘某,女,63岁。1967年1月25日初诊。

咳喘胸满,黄痰很多,口干不欲饮,纳食不香,便干尿黄,消瘦乏力,脘痞恶心,舌苔白厚微黄,脉细滑数。辨证属痰热上壅,肺失肃降。治宜清热化痰,降气止喘。拟苏子降气汤加减。

处方:炒苏子4.5g,杏仁泥9g,橘红4.5g,姜川朴4.5g,桑皮6g,黄芩4.5g,炒山栀4.5g,炒六曲4.5g,枇杷叶9g,通草4.5g。水煎服。

二诊(1月30日):服药2剂,痰喘大减,仍按上方去桑皮、枇杷叶,加焦山楂4.5g。水煎服。

服药3剂，诸症平复。

【案例三】 韩某，女，39岁。1950年6月7日初诊。

原有气管炎，久嗽不愈，湿痰上涌，甚则喘急，胸脘痞闷，胃不思纳，舌苔白滑，脉缓滑。辨证属湿痰中阻，气逆不降。治宜化痰降逆，止咳平喘。拟苏子降气汤加减。

炒苏子4.5g，橘红4.5g，杏仁9g，姜川朴4.5g，清夏9g，桔梗4.5g，炙白前4.5g，炒枳壳4.5g，枇杷叶9g。水煎服。

二诊（6月10日）：服药3剂，痰嗽均减，胸中较舒，胃纳也增。按上方加桑皮6g，生牡蛎9g。水煎服。

服药5剂，完全缓解。

评析：痰喘其病在肺，但与脾肾有关。脾为生痰之源，痰浊上壅，肺失宣降，发为痰喘。一般治疗多用三子养亲汤、二陈汤等加厚朴、杏仁豁痰理气。医者认为，痰喘一症，理气为先，气行则痰行，气降则喘平，并结合不同病机，或加栀子、黄芩以清热，或加桑皮、杏仁、白前、枇杷叶以降肺，旋覆花、牡蛎消痰散结，治疗痰喘多获良效。案例一、二同属痰热上壅，法宜清化，但其病位有涉及肝、胃不同，所以佐药有异。案例三湿痰中阻，法取温化，佐以桔梗、枳壳、杏仁、枇杷叶宣肺宽中降逆。苏子降气汤原为痰浊壅肺偏于寒湿并兼下元不足者而设，吴氏经适当化裁扩大了苏子降气汤的适应范围，其方与法合，药随证变，既有原则，而又灵活。

慢性泄泻用自制三白汤加减 （选自《吴少怀医案》）

【案例一】 梅某，女，29岁。

久泻不止，大便如鸭溏，腹中冷痛，四肢无力，尿清，饮食尚可，喜热饮，舌苔薄白，脉沉细缓。辨证属脾虚寒湿作泻。治以温中健脾，化湿止泻。三白汤合理中汤加减。

处方：台参9g，生白术9g，淡干姜1.5g，炙甘草3g，炒白芍9g，炒山药9g，炒谷芽9g，炒菟丝子9g，木瓜9g，通草3g。水煎服。

二诊：服药3剂，腹泻已止，冷痛消失，仍觉无力，舌苔正常，脉沉细缓。久泄之后，正气未复，拟丸药调理。

处方：台参36g，生白术36g，炙甘草12g，炒白芍36g，炒山药36g，炒车前子36g，炒六曲16.5g，煨肉蔻16.5g，陈皮16.5g，茯苓36g。共研细末，炼蜜为丸，每丸重9g。日服2次，每次1丸。

观察数月，未复发。

【案例二】 张某，男，45岁。

大便溏泻，带黏滞物，日数次，胃脘痛，心烦少眠，口鼻干燥，不喜饮，晨间口苦，下肢浮虚，舌苔淡黄腻，脉沉细滑。辨证属脾胃不和，中虚兼热。治以健脾益气，清热化湿。三白汤合异功散、香连丸加减。

处方：生白术6g，白芍6g，茯苓9g，西洋参3g（先煎），生甘草3g，陈皮4.5g，煨木香4.5g，炒黄连2g，通草4.5g，炒谷芽4.5g。水煎服。

二诊：服药5剂后，大便调，胃纳增，口鼻仍干，下肢微肿，舌苔白黏，脉沉缓。服药有效，仍健脾清中。

处方：炒山药15g，茯苓9g，清夏9g，陈皮4.5g，焦楂炭4.5g，制香附9g，白扁豆9g，炒黄连1.2g，石斛9g，炒六曲6g。水煎服。

服药5剂，诸症均除。

【案例三】 李某，男，32岁。

腹泻已年余，现时泄时止，便前腹痛，微有下坠，胃纳尚可，有时恶心。吐痰白黏，小便调，面色淡黄，唇淡无泽，舌苔薄白，质淡红，脉沉滑缓。辨证属脾虚胃弱，停痰食滞。治以健脾化痰，和中去滞。三白汤合平胃二陈汤加减。

处方：生白术9g，炒白芍9g，茯苓9g，姜半夏9g，橘红4.5g，生甘草3g，姜川朴4.5g，炒六曲4.5g，煨肉蔻3g，焦楂炭3g。水煎服。

二诊：服药4剂，恶心已除，大便转稠，腹痛大减，纳食正常，舌苔薄白，质红润，脉沉缓。按前方加木香4.5g。水煎服。

三诊：服药4剂，20天后久泻已愈。近日外感，鼻流清涕，舌苔薄白，脉濡缓。拟二陈汤加苏梗3g，藿香9g。水煎服。服药3剂，痊愈。

【案例四】 张某，男，46岁。

旧有咳喘，时常发作。1960年3月因右胁痛，检查为肝炎。经常右胁隐痛，胃纳欠佳，腰骶酸痛，气短乏力，近5~6天晨起腹胀痛，连续稀便，每日3~4次，气短乏力，心烦易怒，胃呆纳少，腰酸痛重，舌苔白厚不匀，脉左关沉而有力，余沉细缓。辨证属脾肾两虚，肝肺失养。治以健脾益肺，补肾缓肝。二神丸合三白汤加减。

处方：生白术9g，炒白芍9g，茯苓9g，炒六曲4.5g，生甘草3g，制香附9g，醋青皮4.5g，炒菟丝子9g，山萸肉9g，炒补骨脂9g，煨肉蔻4.5g。水煎服。

二诊：服药3剂，腹泻减，大便每日1次，腹痛止但仍胀，舌苔薄白露质，脉缓，左关已和。

处方：前方去炒六曲、香附、醋青皮、煨肉蔻、补骨脂，加陈皮4.5g，枇杷叶9g，石斛9g，炒车前子9g，木香3g。水煎服。

三诊：服药3剂，腹泻止，腹胀减，胁痛已除，胃纳好转，腰痛见轻，苔脉同前。

处方：二诊方去茯苓、木香，加沙参9g，麦冬6g，山药9g。水煎服。服药5剂，以巩固疗效。

评析： 泄泻是临床常见病，是指排便次数增多，粪便稀薄，甚至泻出如水样便。《丹台玉案》："泄者如水之泄也，势犹舒缓；泻者势似直下。微有不同，而其病则一，故总名之曰泄泻。"本病主要病变在于脾胃与大小肠。其致病原因有感受外邪、饮食所伤、脏腑虚衰、升降失调等，但其关键在于湿盛与脾胃功能障碍。因胃为水谷之海，脾主运化精微，如脾胃受病，饮食之消化、吸收障碍，可致清浊不分，混杂而下，并走大肠而成泄泻。吴老医师因此提出慢性泄泻以调理脾胃、祛湿为主的原则，自拟三白汤经验方（白术、白茯苓、白芍、甘草或加泽泻）作为通治方，并随病因及其他兼夹病症加减施治。如气滞加陈皮或砂仁、木香；寒加干姜；热加黄芩、黄连；湿重加苍术、半夏、厚朴；暑加香薷、白扁豆；消食加六曲或炒谷芽、焦山楂；久泄酌加台参、升麻、葛根；滑泄不禁酌加肉豆蔻、补骨脂、诃子、生牡蛎等。

案例一系脾虚寒湿作泄，以三白汤合理中汤温中散寒，化湿止泻而愈。案例二为久病脾胃不和，中虚兼热，以三白汤合异功散去泽泻，加黄连、木香、通草、石斛健脾益气，清热化湿，继以和中消滞而痊愈。案例三为脾虚胃弱，停痰食滞的作泄，以三白汤加半夏、陈皮、厚朴和胃行气，燥湿化痰，加炒六曲、焦山楂消食去滞，加肉豆蔻温涩固肠，诸症渐次消失。案例四患者旧有咳喘，脾肺两虚在前，复患肝炎，肝肾受损于后。虽新得泄泻，然正已久虚，乃脾肾两虚，肝肺失养，故以三白汤加补骨脂、肉豆蔻温肾健脾益肺，加香附、青皮解郁行气；加山萸肉、菟丝子滋肾敛肝，药后症状大减，继以柔肝和脾，益阴固肾之剂而愈。本系列案例为中医治疗"泄泻"专方之具体运用，从中可以看出，专病专方也需通权达变，方能不悖于"方证对应"之理。

【思考】

1. 怎样理解"辨病分型，依型定方"与"专病专方，随证加减"之间的联系？
2. 复习和整理有关该法的前人论述，列举古今医家关于本法运用的经验。
3. 临证使用"专病专方"应注意哪些问题？

病证结合——主从兼治

临床上西医病总会在不同程度上表现出中医证，而中医证也常涉及到西医多个病，西病中证表现出比较复杂的交互关系。由于中证和西病分别从不同维度上反映疾病的本质特征，而在不同疾病或其发展的不同阶段中，西病和中证的不同认识对于揭示疾病本质和指导治疗的重要性可能有所不同。如流感病西医采用针对性抗感染疗法不及中医因证分治，而脾肾阳虚证的久泻中医因证而治则会因炎症或肠癌之不同病理存在很大的预后差异。因此，中西医结合临床主张病证结合，统筹兼顾。除综合运用中西医疗法外，还落实于具体的中医遣药组方环节。"病证结合，主从兼治"是指在辨识西病、中证及其主次关系的基础上，参考西医病理、方药药理及中医辨证用药经验进行遣药组方的一种思路。其具体实施中包括病证统一、辨证为主兼顾病、辨病为主兼顾证等不同类型。

【案例一】早搏［选自《上海中医药杂志》1983，(7)：11］

沙某，男，25岁。

3个月前因体检发现心律不齐，心电图检查为室性早搏，外院曾用异搏定等治疗不效转来本院，收住病房时早搏呈二联律。心电图检查为"频发室性早搏"；心动超声为"左室偏大，左房右室正常，二尖瓣形态及活动正常，室膈及室壁活动尚可"；胸片示"两肺无充血，心外形未见明显扩大"；血钾3.4毫当量/升。给予静滴能量合剂，口服天门冬钾镁、乙胺碘呋酮0.2g，每日2次，共2周。结果：早搏每分钟6~8次，舌质正常，苔薄白，脉弦滑结代，用中药协定方加减效果不显，改用慢心律0.2g，每日3次。因恶心呕吐而停药，继用双异丙吡胺200mg，每日3次，共10天；异搏定40mg，每日3次，共7天。早搏仍未减少，复查电解质正常。改用中医息风镇惊方药治疗。

处方：当归15g，丹参15g，党参15g，苦参10g，白附子10g，炙蜈蚣2条，全蝎1.5g，僵蚕10g，炙甘草10g，三七15g。5剂，每日1剂，水煎服。

5天后早搏消失，复查心电图正常而出院。

评析：此为上海胸科医院顾梦飙等治疗病毒性心肌炎室性早搏的验案。制方者根据异位兴奋灶的兴奋性增强和折返运动导致了心律失常发生的病理，与中医"风胜则动"的病机相近，因此提出在益气养阴、扶正固本的基础上，配伍平肝息风、镇惊安神药的组方思路。本案例在使用多种抗心律失常无效的情况下，运用中医益气养血活血、祛风通络解痉方，数剂即获明显疗效。本案中的中医四诊资料不全，从病证描述中尚难获得其立法用药的充足依据，但大量研究表明，方中苦参、白附子、三七、党参等均有抗心率失常的药理作用，推测制方者在组方用药时考虑到这个方面。这是一个较为典型的将中医辨证论治经验与西医病理及中药药理作用综合考虑的处方思路。

【案例二】风湿性心瓣膜病　[选自《中医杂志》1989，(2)：20]

孔某，女，34 岁。

患风湿性心瓣膜病，二尖瓣闭锁不全并狭窄 12 年。近一周来心悸加重，咳嗽，咳泡沫状痰，呼吸困难，不能平卧，口唇发绀，纳差，恶心呕吐，尿少色黄，踝关节以下呈凹陷性水肿，心率 162 次/分，节律齐，心尖部Ⅲ级吹风样收缩期杂音和较粗糙的舒张期杂音，两肺底可闻及湿性啰音，肝肋弓下 3cm，边锐质中，触痛（＋），舌苔薄白，脉细数无力。

诊断：风湿性心瓣膜病，二尖瓣闭锁不全并狭窄，充血性心力衰竭Ⅲ度。属中医悬饮，治宜泄肺行水。

处方：葶苈子 40g，大枣 15 枚，枳实 30g。2 剂，每日 1 剂，水煎，分 3 次服。

服药后 24 小时心悸、咳嗽减轻，可以平卧，尿量增多。服药后 48 小时自觉症状消失，下肢浮肿消退，心率 91 次/分，两肺（－），肝肋弓下可扪及边缘，脉弦，苔薄白，口唇红润。该患者曾先后 5 次出现Ⅲ度心衰，休息仍不能缓解症状，均用重剂葶苈大枣泻肺汤加枳实为主方治疗，取得良好效果。

评析：本案遵"急则治标"的原则，以气滞水阻，壅滞上焦作为当前治疗的主攻，用枳实散结下气，葶苈子泄肺利水，佐大枣扶正，结果取得较好疗效。药理研究表明，葶苈子含有低浓度的强心甙（如七里香苷等），大剂量可出现强心作用；枳实有升压、增强心肌收缩力和增加心输出量，改善心脏泵血功能等作用。显然，本方选用此二药参考了现代药理研究成果。至于大枣的运用，则是汲取了古方"葶苈大枣泻肺汤"中配伍大枣，以监制葶苈苦寒力猛，避免泄肺耗气的用药经验。本案中的自制新方曾被临床用于心衰患者 50 例次（均未用西药），结果服本方 48 小时后，显效 36 例次，有效 12 例次，无效 2 例次，总有效率为 96%，证明其有确切的抗心衰作用。本案以辨病为主、以中药药理作用为据，并参考中医辨证及汲取古方经验，是一个较为典型的病证结合遣药组方的案例。

【案例三】慢性支气管炎　（选自《学术思想研究及临床经验选粹——姜春华》）

沈某，男，73 岁。

哮喘宿疾三十余载，肺气肿 10 年，每届寒冬季节必发咳喘，发时常用氨茶碱、鱼腥草片、必嗽平等药物，药后仅有即时疗效，停药即发。去年冬天哮喘又发，就诊时咳嗽气急，动辄尤剧，张口抬肩，喉内痰鸣，痰白咳之不爽，入夜不得平卧，苔薄腻，舌红，脉弦滑。

辨治：慢性支气管炎急性发作，属于中医痰壅气逆证；治宜截喘降逆，开肺化痰，予截喘汤稍事增损。

方药：曲鼠草 15g，全瓜蒌 15g，防风 9g，合欢皮 15g，老鹳草 15g，碧桃干 15g，五味子 9g，野荞麦梗 15g，麻黄 3g，皂角 6g。7 剂。

复诊：哮喘已有明显缓解，渐能平卧。原方再进 10 剂。

三诊：喘平稍咳，咳痰亦畅，余症均见改善。原方去皂角，加服左、右归丸，分早晚各服 9g。再续 10 剂。

四诊：喘咳悉平。嘱其常服左、右归丸或参蛤散，以扶正固本。

评析： 本案为著名老中医姜春华的哮喘治疗验案，案中截喘汤系姜老中西病证结合创制的治喘专方。

截喘汤由佛耳草、碧桃干、老鹳草、旋覆花、全瓜蒌、姜半夏、防风、五味子、开金锁九味药所组成。方中佛耳草，功专化痰止咳平喘，治一切咳喘，无问久近，昼夜无时。老鹳草源自民间平喘之单方，有祛痰、扩张支气管及抑制金黄色葡萄球菌、肺炎球菌、链球菌及流感病毒等作用，能控制支气管哮喘发作期的呼吸道感染。碧桃干，苦温收敛，本治盗汗、咯血，民间有用其治顽喘的经验，有调节植物神经功能及微血管作用。此三味，抗炎祛痰，镇咳平喘，合为方中君药。旋覆花消痰平喘，降逆下气；全瓜蒌上清肺胃之热而化痰散结，下润大肠之燥而滑肠通腑，且有广泛抗菌作用；半夏燥湿化痰，降逆下气。此三味合之为辅。五味子性温酸收，敛肺止咳，纳肾定喘；防风散风畅肺。此二味为抗过敏之良药，能抑制哮喘发作期的变态反应。开金锁即野荞麦根，清热解毒，活血散瘀，化痰止嗽，有抗炎、抗菌、化痰等作用。诸药合之有抗炎定喘之功效，对慢性支气管炎、肺气肿、支气管哮喘等所引起的咳嗽痰多、气逆喘促均有显著疗效。

截喘汤在组方上，针对支气管炎哮喘的中医"痰壅气逆"主要病机和西医"炎、痰、痉"主要病理，从化痰降逆、止咳平喘立法，集抑菌、抗炎、祛痰、解痉等药理作用的多味中药，配伍而为临床治喘之专方，其制方原理较好地体现了中医辨证和西医辨病的兼顾统一。

【思考】

1. 中西医病证结合的思路对中医辨证组方用方的思路有何影响？
2. 在进行病证结合、中西医合理遣药组方时，需注意些什么？

病证探索——创制新方

临床上西医的病多能在不同程度上表现出中医的证或症，但临床也确实存在西医明确诊断的病而中医无症的情形，如隐匿性肾炎、隐性糖尿病、无症状的肝胆结石症、泌尿系结石；某些乙肝表面抗原携带者，某些先天性和风湿性心脏病的心功能代偿期，某些肿瘤的早期等患者暂时未有不适或无突出的中医症征，但仪器及化验检查则示其疾病。此时，由于无证可辨，依据辨证论治来处方用药是困难的。"病证探索，自制新方"则是以病—证内涵关联和方药药理作用为基础的一种新的遣药组方思路。认识疾病的关键病理、了解中医证候的现代内涵和方药的药理作用及其之间的联系是该思路有效运用的基础，现代临床治疗冠心病心绞痛常用的丹参滴丸、冠心Ⅱ号方等新药研制则是该思路实践的成果。

【案例一】食管溃疡 ［选自《中医杂志》2003，44（7）：546］

陈某，男，62 岁。

1年前因先后2次上消化道出血（黑便）而住院治疗，经超声胃镜检查显示食管下端溃疡。血止后出院，前来寻求中医治疗。当时证见反胃纳差，口苦口干，舌苔黄腻；辨证为脾虚失和，湿热蕴阻；投以健脾降逆，清化湿热法。治后半年经胃镜复查见食管下端溃疡愈合。刻下患者无任何不适，食欲正常；胃镜示距门齿3.8cm左右，侧壁分别见0.6cm和0.8cm大小的充血糜烂。

辨治：结合食管下端溃疡治愈的启示，考虑本病为脾虚郁热；治从健脾清热立法。

方药：党参、炒白术、茯苓、蒲公英、制大黄、炒黄芩、血见愁、炙甘草等。

治疗3个月后胃镜复查，食管贲门未见异常而告治愈，继以健脾和胃以巩固疗效。

评析：临床慢性胃炎大多由胃镜确诊，而在慢性胃炎患者中无症状或偶有餐后胃胀者为数不少。曾有对胃镜下的病变特点与中医证型关系进行过研究，结果表明胃黏膜的颜色、溃面的糜烂及黏液的黏稠程度等与中医寒热虚实病机有着一定的关联，提示胃镜下胃黏膜病变可作为应用中药的一种微观辨证依据。该案包括了先期因证治疗和后期循病治疗两个过程：先期治疗中患者在超声胃镜检查显示食管下端溃疡的同时，伴有反胃纳差、口苦口干、舌苔黄腻等湿热蕴阻、脾虚胃逆之证，采用清化湿热、健脾降逆的药法治疗；后期治疗中患者已无任何不适，超声胃镜检查食管下端溃疡愈合，但贲门处仍见有溃疡灶，此胃内有病变而外无中医症征之情形。鉴于脾胃湿热证多见黏膜明显充血、散在性出血及局限性糜烂等病变特点，同时结合先期据此立法施治有效的经验，故仍采用健脾清化法组方而取得最后的疗效。本案的辨治思路既参照了前一阶段的治疗经验，也参考了胃镜下的病变特点，组方立法上考虑到中医的证候病机，具体用药参考了中药的抗炎、收敛、止血及改善局部血循环等药理作用。本案提示，中医微观辨证不仅可以促进对证型本质的认识，而且可以弥补宏观辨证的不足，为病证结合的立法组方提供新的思路。

【案例二】糖尿病　［选自《江西中医药》2002，33（4）：46］

周某，男，48岁，干部。

1996年8月13日就诊。偶在一次例行体检中，尿糖（＋＋）。自诉平时无任何不适，饮食、尿量均正常。初诊：尿糖（＋＋），空腹血糖8.5 mmol/L。西医诊断为糖尿病。患者形体偏瘦，舌红，脉细数。

辨治：糖尿病属中医的消渴范畴，该患者并无明显不适，但参其舌脉，似属中医阴虚型体质。根据以往中医治疗糖尿病（有症可辨者）积累的经验，治从清热生津、益气养阴立法。

方药：白参10g，山药15g，枸杞子10g，葛根12g，地骨皮10g，金银花10g，玉竹15g，甘草3g。

经上方加减治疗3个月，血糖、尿糖化验均转正常，随访至今未见复发。

评析：本例患者无明显症状，但实验室检查诊断为糖尿病，当属于有病之中医"无症可辨"的情况。不过，案中有关舌、脉对于该患者阴虚内热体质的辨识及治疗也起到一定的支持。基于以往糖尿病的中医防治经验，本案抓住本病"阴虚燥热"的病机，确立了养阴润燥、益气生津之法。方中人参大补五脏，益气生津，为君；山药健脾养阴摄津、枸杞子补肾填精养血，为臣药；玉竹滋养肺胃润燥，地骨皮清热凉血益阴，葛根升阳生津止渴，银花清热解毒，为佐药；甘草健脾和药，为佐使。同时现代药理研究证明，方中诸多药味均有不同程度的降血糖或保护胰岛细胞的作用。本案治疗的基本思路是依据中医关于糖尿病"阴虚燥热"基本病机的认识和辨证用药经验，并结合中药现代药理作用进行遣药组方的。提示"无症可辨"情况下，辨识体质、探索西病的中医基本病机及参考中医方药的现代药理作用可以弥补常规辨证论治的不足。

【思考】

1. 临床无症可辨情况下的中医组方其逻辑和经验的依据是什么？
2. 据病组方与据证组方有何不同？试评价两种组方思路的临床意义。
3. 选择某 1~2 个西医病种，搜集其临床据病组方的案例，并总结其思路及要点。

附　录

附录1　古今药量参考

古方用药分量，尤其是唐代以前的方剂，从分量数字看与现在相差很大，这是由于古代度量衡制度在各个历史时期有所不同。古称以黍、铢、两、斤计量，而无分名。到了晋代，则以十黍为一铢，六铢为一分，四分为一两，十六两为一斤（即以铢、分、两、斤计量）。

及至宋代，遂立两、分、厘、毫之目，即十毫为一厘，十厘为一分，十分为一钱，十钱为一两，以十累计，积十六两为一斤。元、明以至清代，沿用宋制，很少变易。故宋、明、清之方，凡方中分者，是分厘之分，不同于晋代二钱半为一分之分。清代之称量称为库平，后来通用市称。

古方容量，有斛、斗、升、合、勺之名，但其大小，历代亦多变易。考证亦有差异。例如李时珍认为"古之一两，今用一钱；古之一升，即今之二两半"。同时明人张景岳则认为"古之一两，为今之六钱；古之一升，为今之三合三勺"。兹引《药剂学》（南京药学院编，1960 年版）历代衡量与秤的对照表，以作为参考。

历代衡量与秤的对照表

年　代	古代用量	折合市制	古代容量	折合市制
秦　代	一两	0.5165 市两	一升	0.34 市升
西　汉	一两	0.5165 市两	一升	0.34 市升
新　莽	一两	0.4455 市两	一升	0.20 市升
东　汉	一两	0.4455 市两	一升	0.20 市升
魏　晋	一两	0.4455 市两	一升	0.21 市升
北　周	一两	0.5011 市两	一升	0.21 市升
隋　唐	一两	1.0075 市两	一升	0.58 市升
宋　代	一两	1.1936 市两	一升	0.66 市升
明　代	一两	1.1936 市两	一升	1.07 市升
清　代	一两（库平）	1.194 市两	一升（营造）	1.0355 市升

附注：上表古今衡量和度量的比较，仅系近似值。

至于古方有云"等分"者，非重量之分，是指各药斤两多少皆相等，大都用于丸、散剂，在汤、酒剂中较少应用。古代有刀圭、方寸匕、钱匕、一字等名称，大多用于散剂。所谓方寸匕者，作匕正方一寸，抄散取不落为度；钱匕者，是以汉五铢钱抄取药末，亦以不落为度；半钱匕者，则为抄取一半；"一字"者，即以钱币（币上有开元通宝四字）抄取药末，填去一字之量；至于刀圭者，乃十分方寸匕之一。其中一方寸匕药散约合五分，一钱匕药散约合三分，一字药散约合一分（草本药散要轻些）。另外，也有以类比法作药用量的，如一鸡子黄 = 一弹丸 = 40 桐子 = 80 粒大豆 = 160 粒小豆 = 480 粒大麻子 = 1440 粒小麻子。

根据我国国务院的指示，从 1979 年 1 月 1 日起，全国中医处方用药计量单位一律采用以"g"为单位的公制。兹附十六进制与公制计量单位换算率如下：

1 斤（16 两） = 0.5kg = 500g

1 市两（10 市钱） = 31.25g

1 市钱（10 市分） = 3.125g

1 市分（10 市厘） = 0.3125g

1 市厘 = 0.03125g

（注：换算尾数可以舍去）

历代度量衡的变化复杂，即使同一时代不同地区，其实际容（重）量的换算比例也不尽一致。对古代方剂用量虽有很多考证，但至今仍未有定论。但汉代和晋代的衡量肯定比现在为小，所以汉、晋时代医方的剂量数字都较大。本教材对古方仍录其原来的用量，主要是为理解古方的配伍意义、结构特点及临证用药配伍比例提供参考。

即使药味组成相同，但配伍用量不同，方剂功用也会发生改变。因此学习中应对古方用量给予注意。以下几点值得重视：①不同年代方中药物用量有很大差异，以上换算方法可供参考；②教科书中方剂的药物用量有原始用量和现代参考用量（括号内剂量），其现代用量是现代临床较为常用的一般用量，并不都是严格按度量衡换算而来的，仅供临证参考；③应重点理解方剂中药味配伍的比例与主治、功用的关系，特别注意一些方中配伍剂量跨度较大的有关药味及其用量意义；④应结合药物的特性和其常用量范围来认识其在方中用量的实际意义，通常有绝对用量（相对于该药的常用量）和相对用量（相对于方中其他药味用量）不同角度的认识，只有在药材部位、质地和其常用量相对接近的情况下，比较方中药味的相对用量才有实际意义；⑤注意方剂中因剂量差异引起的功用及主治发生变化的规律。临床具体遣药组方时，应参考近代中药学和各家医案所用剂量，并随地区、年龄、体质、气候及病情需要来决定实际剂量。

附录2 方剂歌诀

一、解表剂

麻黄汤中用桂枝，杏仁甘草四般施；恶寒发热头身痛，无汗而喘服之宜。
太阳中风**桂枝汤**，芍药甘草枣生姜；解肌发表和营卫，啜粥温覆汗易酿。
九味羌活用防风，细辛苍芷与川芎；黄芩生地同甘草，分经论治宜变通。
三物香薷豆朴先，散寒化湿功效兼；若益银翘豆易花，新加香薷祛暑煎。
小青龙汤最有功，风寒束表饮停胸；细辛半夏甘和味，姜桂麻黄芍药同。
银翘散主上焦疴，竹叶荆牛豉薄荷；甘桔芦根凉解法，轻宣温热煮无过。
桑菊饮中桔杏翘，芦根甘草薄荷饶；清疏肺卫轻宣剂，风温咳嗽服之消。
伤寒**麻杏甘石汤**，汗出而喘法度良；辛凉疏泄能清肺，定喘除烦效力新。
柴葛解肌芷桔羌，膏芩芍草枣生姜；恶寒渐轻热增重，解肌清热此方良。
阎氏**升麻葛根汤**，芍药甘草合成方；麻疹初期出不透，解肌透疹此方良。
人参败毒草苓芎，羌独柴前枳桔同；瘟疫伤寒并痢疾，扶正驱邪有奇功。
再造散用参芪甘，桂附羌防芎芍含；细辛煨姜大枣人，阳虚无汗法当谙。
加减葳蕤用白薇，豆豉生葱桔梗随；草枣薄荷共八味，滋阴发汗此方魁。

二、泻下剂

大承气汤用硝黄，配伍枳朴泻力强；痞满燥实四症见，峻下热结第一方；
去硝名为**小承气**，轻下热结功效良，**调胃承气**硝黄草，阳明燥实疗效好。
大陷胸汤用硝黄，甘遂为末共成方；擅医水热结胸证，泻热逐水效非常。
大黄附子细辛汤，寒积腹痛便秘方；冷积内结成实证，功专温下妙非常。
温脾附子与干姜，甘草人参及大黄；寒热并进补兼泻，温通寒积振脾阳。
麻子仁丸脾约方，枳朴麻杏芍大黄；胃燥津枯便难解，润肠泻热脾舒畅。
五仁柏子杏仁桃，松仁陈皮郁李饶；炼蜜为丸米饮下，润肠通便此方效。
济川归膝肉苁蓉，泽泻升麻枳壳从；肾虚津亏肠中燥，温润通便法堪宗。
十枣逐水效堪夸，大戟甘遂与芫花；悬饮内停胸胁痛，水肿腹胀用无差。
黄龙枳朴与硝黄，参归甘桔枣生姜；阳明腑实气血弱，攻补兼施效力强。
增液承气玄地冬，硝黄加入力量雄；热结阴亏大便秘，滋阴泻热肠腑通。

三、温里剂

理中丸主温中阳，甘草人参术干姜；吐利腹痛阴寒盛，或加附子更扶阳。

吴茱萸汤参枣姜，肝胃虚寒此法良；阳明寒呕少阴利，厥阴头痛亦堪尝。
小建中汤芍药多，桂枝甘草姜枣和；更加饴糖补中脏，虚劳腹痛服之瘥。
四逆汤中附草姜，四肢厥逆急煎尝；脉微吐利阴寒盛，救逆回阳赖此方。
当归四逆芍桂枝，细辛甘草木通施；血虚寒厥四末冷，温行经脉最相宜。
黄芪桂枝五物汤，芍药大枣与生姜；营卫俱虚风气袭，血痹服之功效良。

四、清热剂

白虎膏知甘草粳，气分大热此方清；热渴汗出脉洪大，加入人参气津生。
竹叶石膏汤人参，麦冬半夏甘草临；再加粳米同煎服，清热益气养阴津。
清营汤治热传营，身热夜甚神不宁；角地银翘玄连竹，丹麦清热更护阴。
犀角地黄芍药丹，血热妄行吐衄斑；蓄血发狂舌质绛，凉血散瘀病可瘥。
黄连解毒汤四味，黄芩黄柏栀子备；躁狂大热呕不眠，吐衄斑狂均可为。
凉膈硝黄栀子翘，黄芩甘草薄荷饶；竹叶蜜煎疗膈热，中焦燥实服之消。
普济消毒蒡芩连，甘桔蓝根勃翘玄；升柴陈薄僵蚕入，大头瘟毒服之瘥。
清瘟败毒地连芩，丹膏栀草竹玄参；牛角翘芍知桔梗，泻火解毒亦滋阴。
泻白桑皮地骨皮，甘草粳米四般宜；泻肺清热平咳喘，又可和中与健脾。
导赤生地与木通，草梢竹叶四般功；口糜淋痛小肠火，引热同归小便中。
清胃散用升麻连，当归生地牡丹全；或加石膏清胃热，口疮吐衄与牙宣。
玉女煎用熟地黄，膏知牛膝麦冬襄；胃火阴虚相因病，牙痛齿衄宜煎尝。
泻黄甘草与防风，石膏栀子藿香充；炒香蜜酒调和服，脾热口疮可见功。
龙胆泻肝栀芩柴，生地车前泽泻偕；木通甘草当归合，肝经湿热力能排。
左金黄连与吴萸，胁痛吞酸悉能医；再加芍药名戊己，专治泻痢痛在脐。
芍药汤中用大黄，芩连归桂槟草香；清热燥湿调气血，里急腹痛自安康。
白头翁汤治热痢，黄连黄柏与秦皮；清热解毒并凉血，坚阴止痢功效奇。
清络饮用荷叶边，竹丝银扁翠衣添；鲜用辛凉轻清剂，暑伤肺络服之安。
王氏清暑益气汤，善治中暑气津伤；洋参冬斛荷瓜翠，连竹知母甘粳襄。
青蒿鳖甲知地丹，热自阴来仔细辨；夜热早凉无汗出，养阴透热服之安。
清骨散用银柴胡，胡连秦艽鳖甲辅；地骨青蒿知母草，骨蒸劳热一并除。
当归六黄二地黄，芩连芪柏共煎尝；滋阴泻火兼顾表，阴虚火旺盗汗良。

五、和解剂

小柴胡汤和解功，半夏人参甘草从；更加黄芩生姜枣，少阳百病此方宗。
蒿芩清胆汤枳茹，陈夏茯苓加碧玉；热重寒轻痰挟湿，胸痞呕恶总能除。
柴胡达原槟朴果，更加芩草枳壳和；青皮桔梗荷叶柄，豁痰宽胸截症疴。
四逆散里用柴胡，芍药枳实甘草须；此是阳郁成厥逆，疏和抑郁厥自除。

逍遥散中当归芍，柴苓术草加姜薄；疏肝养血又健脾，肝郁血虚脾气弱。
痛泻要方用陈皮，术芍防风共成剂；肠鸣泄泻腹又痛，治在泻肝与补脾。
半夏泻心汤连芩，干姜草枣人参行；辛苦甘温消虚痞，治在调阳与和阴。
石膏汤用芩柏连，麻黄豆豉山栀全；清热发汗兼解毒，表里三焦热盛宜。
大柴胡汤用大黄，枳实芩夏白芍将；煎加姜枣表兼里，妙法内攻并外攘。
防风通圣大黄硝，荆芥麻黄栀芍翘；甘桔芎归膏滑石，薄荷芩术力偏饶；
表里交攻阳热盛，外疡疮毒总能消。
五积散治五般积，麻黄苍芷归芍芎；枳桔桂苓甘草朴，陈皮半夏两姜葱；
理气解表祛寒湿，除积调经辨证从。

六、补益剂

四君子汤中和义，参术茯苓甘草比；益以夏陈名六君，祛痰补益气虚饵；
除却半夏名异功，或加香砂气滞使。
参苓白术扁豆陈，山药甘莲砂薏仁；桔梗上浮兼保肺，枣汤调服益脾神。
补中益气芪术陈，升柴参草当归身；升阳举陷功独擅，气虚发热亦堪珍。
人参蛤蚧作散服，杏苓桑皮草二母；肺肾气虚蕴痰热，咳喘痰血一并除。
生脉散用麦味参，益气养阴效力神；气少汗多兼口渴，病危脉绝急煎斟。
四物地芍与归芎，血家百病此方宗；妇女经病凭加减，临证之时可变通。
当归补血东垣笺，黄芪一两归二钱；血虚发热口烦渴，脉大而虚宜此煎。
归脾汤用术参芪，归草茯神远志随；酸枣木香龙眼肉，煎加姜枣益心脾；
怔忡健忘俱可却，便血崩漏总能医。
双补气血八珍汤，四君四物益枣姜；再加黄芪与肉桂，十全大补效更强。
炙甘草汤参桂姜，麦冬生地麻仁襄；大枣阿胶加酒服，通阳复脉第一方。
六味地黄益肾肝，山药丹泽萸苓掺；更加知柏成八味，阴虚火旺可煎餐；
养阴明目加杞菊，滋阴都气五味研；肺肾两调金水生，麦冬加入长寿丸；
再入磁柴可潜阳，耳鸣耳聋俱可安。
左归丸内山药地，萸肉枸杞与牛膝；菟丝龟鹿二胶合，壮水之主第一方。
大补阴丸知柏黄，龟板脊髓蜜成方；咳嗽咯血骨蒸热，阴虚火旺制亢阳。
一贯煎中生地黄，沙参归杞麦冬藏；少佐川楝泄肝气，阴虚胁痛此方良。
金匮肾气治肾虚，熟地怀药及山萸；丹皮苓泽加桂附，引火归原热下趋。
右归丸中地附桂，山药茱萸菟丝归；杜仲鹿胶枸杞子，益火之源此方魁。
龟鹿二仙最守真，补人三宝精气神；人参枸杞和龟鹿，益寿延年实可珍。
地黄饮子山茱斛，麦味菖蒲远志茯；苁蓉桂附巴戟天，少入薄荷姜枣服。

七、固涩剂

玉屏风散最有灵，芪术防风鼎足形；表虚汗多易感冒，益气固表止汗神。
牡蛎散内用黄芪，小麦麻黄根最宜；自汗盗汗心液损，固表敛汗见效奇。
九仙散用乌梅参，桔梗桑菊贝母承；粟壳阿胶冬花味，敛肺止咳气自生。
四神故纸吴茱萸，肉蔻除油五味俱；大枣生姜同煎合，五更肾泄最相宜。
真人养脏木香诃，当归肉桂与粟壳；木芍参桂甘草共，脱肛久痢服之瘥。
金锁固精芡实研，莲须龙牡沙苑填；莲粉糊丸盐汤下，肾虚精滑此方先。
桑螵蛸散用龙龟，参苓菖远及当归；尿频遗尿精不固，滋肾宁心法勿违。
完带汤中二术陈，参草车前和苡仁；柴芍怀药黑芥穗，化湿止带此方能。
收涩止带芡怀药，菟丝杜仲又续断；白术椿皮鸡冠花，肾脾两虚带下尝。

八、安神剂

朱砂安神东垣方，归连甘草合地黄；怔忡不寐心烦乱，镇心泻火可复康。
珍珠母丸归地参，犀沉龙齿柏枣仁；朱砂为衣茯神入，镇心潜阳又宁神。
安神定志茯苓神，远志菖蒲龙齿参；益气安神交心肾，多梦不眠惊悸宁。
酸枣仁汤治失眠，川芎知草茯苓煎；养血除烦清内热，安然入睡梦乡甜。
补心丹用柏枣仁，二冬生地当归身；三参桔梗朱砂味，远志茯苓养心神。
金匮甘麦大枣汤，妇人脏燥喜悲伤；精神恍惚常欲哭，养心安神效力彰。
心肾不交交泰丸，一份桂心十份连；怔忡不寐心阳亢，心肾交时自可安。
黄连阿胶鸡子黄，黄芩白芍合成方；水亏火炽烦不卧，滋阴降火自然康。

九、开窍剂

安宫牛黄开窍方，芩连栀郁朱雄黄；牛角珍珠冰麝箔，热闭心包功效良。
紫雪羚牛朱朴硝，硝磁寒水滑石膏；丁沉木麝升玄草，不用赤金法亦超。
至宝朱砂麝息香，雄黄犀角与牛黄；金银二箔兼龙脑，琥珀还同玳瑁良。
苏合香丸麝息香，木丁荜茇乳檀芳；犀冰术沉诃香附，衣用朱砂中恶尝。
紫金锭用麝朱雄，慈戟千金五倍同；太乙玉枢名又别，祛痰逐秽及惊风。

十、理气剂

越鞠丸治六般郁，气血湿痰食火因；香附芎苍兼栀曲，气畅郁舒痛闷伸。
柴胡疏肝芍川芎，枳壳陈皮草香附；疏肝行气兼活血，胁肋疼胀皆能除。
半夏厚朴痰气疏，茯苓生姜共紫苏；加枣同煎名四七，痰凝气滞皆能除。
厚朴温中陈草苓，干姜草蔻木香停；煎服加姜治腹痛，虚寒胀满用皆灵。

枳实薤白桂枝汤，厚朴合治胸痹方；胸阳不振痰气结，通阳散结下气强。
天台乌药木茴香，巴豆制楝青槟姜；行气疏肝且暖下，寒疝腹痛是良方。
四磨汤主七情侵，人参乌药及槟沉；浓磨煎服调滞气，实者枳壳易人参。
苏子降气半夏归，前胡桂朴草姜随；上实下虚痰嗽喘，或加沉香去肉桂。
定喘白果与麻黄，款冬半夏白皮桑；苏杏黄芩兼甘草，风寒痰热喘哮尝。
旋覆代赭用人参，半夏姜甘大枣临；化痰降逆兼调补，痞硬噫气力能禁。
橘皮竹茹治呕逆，人参甘草枣姜益；胃虚有热失和降，久病之后更相宜。

十一、活血祛瘀剂

桃核承气五药施，甘草硝黄并桂枝；瘀热互结小腹胀，如狂蓄血功效奇。
复元活血用柴胡，大黄花粉桃红入；当归山甲与甘草，跌打损伤瘀痛除。
血府逐瘀生地桃，红花当归芎膝饶；柴枳桔梗草赤芍，血化下行不作劳。
凉血饮子生地黄，芩连赤芍牡丹元；红花荆芥与木通，火毒瘀结紫疹斑。
温经汤用桂萸芎，归芍丹皮姜夏冬；参草阿胶调气血，暖宫祛瘀在温通。
生化汤宜产后尝，归芎桃草酒炮姜；恶露不行少腹痛，温养活血最见长。
七厘散治跌打伤，血竭红花冰麝香；乳没儿茶朱砂末，外敷内服功见长。
鳖甲煎丸疟母方，䗪虫鼠妇及蜣螂；蜂窠石韦人参射，桂朴紫葳丹芍姜；
瞿麦柴芩胶半夏，桃仁葶苈和硝黄；疟疾日久胁下痛，癥消积化保安康。
软坚散结主乳癖，柴甲芎红枳青皮；夏枯天葵贝牡蒌，蚤休连翘芍草通。
金匮桂枝茯苓丸，桃仁芍药和牡丹；等分为末蜜丸服，缓消癥块胎可安。
补阳还五芎桃红，赤芍归尾加地龙；四两生芪为君药，补气活血经络通。
医学心悟泽兰汤，熟地白芍柏仁当；更加牛膝茺蔚子，养血调经是效方。

十二、止血剂

四生丸中有生地，柏叶荷叶与艾叶；吐衄妄行皆血热，凉止收功有效验。
咳血方中栀青黛，诃子海粉瓜蒌仁；姜汁蜜丸口嚼化，木火刑金咳血平。
槐花散为便血方，侧柏芥穗枳壳襄；槐角防榆归芩枳，清肠止血亦可尝。
小蓟饮子藕蒲黄，木通滑石生地黄；归草栀子淡竹叶，热结血淋服之良。
固经丸用龟芍芩，椿柏香附酒丸尝；阴虚阳搏成崩漏，清热固经止血良。
黄土汤用芩地黄，术附阿胶甘草尝；温阳健脾能摄血，吐衄便崩服之康。
花蕊石散是良方，煅石研粉童便伴；化瘀止血多效验，咯呕便血均可尝。
生蒲黄汤墨旱莲，丹皮丹参生地连；芥炭郁金与川芎，眼底出血此方选。
十灰散用大小蓟，荷柏茅茜棕丹皮；山栀大黄俱为灰，上部出血此方宜。
止血散用二蓟栀，龙牡代赭花蕊石；侧柏阿胶同止血，肝胃火盛吐血施。
固冲汤中用术芪，龙牡芍萸茜草施；倍子海蛸棕榈炭，崩中漏下总能医。

十三、治燥剂

杏苏散用半夏苓，前胡枳桔橘皮从；甘草生姜与大枣，凉燥咳嗽立能停。

桑杏汤中象贝宜，沙参栀豉与梨皮；身热咽干咳痰少，辛凉甘润燥能医。

清燥救肺参草杷，石膏胶杏麦胡麻；经霜收下冬桑叶，清燥润肺效可夸。

养阴清肺麦地黄，玄参甘草贝丹襄；薄荷共煎利咽膈，阴虚白喉是妙方。

百合固金二地黄，玄参贝母桔甘藏；麦冬芍药当归配，喘咳痰血肺家伤。

麦门冬汤用人参，枣草粳米半夏存；肺痿咳逆因虚火，益胃生津此方珍。

玉液山药芪葛根，花粉知味鸡内金；消渴口干溲多数，补脾固肾益气阴。

十四、治风剂

大秦艽汤羌独防，芎芷辛芩二地黄；石膏归芍苓甘术，风中经络可煎尝。

消风散内用荆防，蝉蜕胡麻苦参苍；石知蒡通归地草，风疹湿疹服之康。

牵正散是杨家方，白附全蝎与僵蚕；服用少量热酒下，口眼㖞斜定能康。

玉真散治破伤风，牙关紧急角反弓；星麻白附羌防芷，外敷内服一方通。

小活络丹天南星，二乌乳没加地龙；寒湿瘀血成痹痛，搜风活血络脉通。

川芎茶调散荆防，辛芷薄荷甘草羌；目昏鼻塞风攻上，偏正头痛悉能康。

俞氏羚角钩藤汤，桑菊茯神鲜地黄；贝草竹茹同芍药，肝热生风急煎尝。

天麻钩藤石决明，栀芩杜膝与寄生；夜藤茯神益母草，头痛眩晕失眠宁。

镇肝息风芍天冬，玄牡茵陈赭膝龙；龟板麦芽甘草楝，肝风内动有奇功。

大定风珠鸡子黄，胶芍三甲五味襄；麦冬生地麻仁草，滋阴息风是妙方。

十五、祛湿剂

平胃散用苍术朴，陈皮甘草四般药；燥湿运脾和胃宜，调胃诸方从此扩。

藿香正气大腹苏，甘桔陈苓术朴俱；夏曲白芷加姜枣，风寒暑湿岚瘴驱。

五苓散治太阳腑，白术泽泻猪茯苓；桂枝温通助气化，利便解表烦渴清。

防己黄芪金匮方，术甘姜枣共煎尝；此治风水与诸湿，身重汗出服之良。

五皮散用五般皮，陈茯姜桑大腹奇；皮水苔白心腹满，水停气滞最相宜。

三仁杏蔻薏苡仁，朴夏白通滑竹伦；水用甘澜扬百遍，湿温初起法堪遵。

甘露消毒蔻藿香，茵陈滑石木通菖；芩翘贝母射干薄，湿温时疫是主方。

连朴饮内用香豉，菖蒲半夏焦山栀；芦根厚朴黄连入，湿热霍乱此方施。

茵陈蒿汤治阳黄，栀子大黄组成方；湿热蕴结在肝胆，清热利湿退黄良。

二妙散中苍柏兼，若云三妙牛膝添；四妙苡仁再加入，湿热清除痿痹痊。

八正木通与车前，萹蓄大黄滑石研；草梢瞿麦兼栀子，煎加灯草痛淋蠲。

苓桂术甘是经方，中阳不足痰饮猖；悸眩咳逆胸胁满，温阳化饮功效彰。
真武汤壮肾中阳，茯苓术芍附生姜；阳虚水饮停为患，悸眩𥆧惕保安康。
实脾苓术与木瓜，甘草木香大腹加；草果附姜兼厚朴，虚寒阴水效堪夸。
萆薢分清石菖蒲，萆薢乌药益智俱；或益茯苓盐水服，通心固肾浊精驱。
羌活胜湿羌独芎，蔓甘藁本与防风；湿邪在表头腰痛，微微发汗有异功。
当归拈痛羌防升，猪泽茵陈苓葛朋；二术苦参知母草，疮疡湿热服皆应。
独活寄生艽防辛，芎归地芍桂苓均；杜仲牛膝人参草，风湿顽痹屈能伸。

十六、治痰剂

二陈汤用半夏陈，苓草姜梅一并存；燥湿化痰兼利气，湿痰为患此方珍。
温胆汤中苓夏草，枳竹陈皮加姜枣；虚烦不眠舌苔腻，此系胆虚痰热扰。
清气化痰杏瓜蒌，茯苓枳苓胆星投；陈夏姜汁糊丸服，专治肺热咳痰稠。
小陷胸汤连夏蒌，宽胸散结涤痰优；痰热内结痞满痛，苔黄脉滑此方求。
滚痰丸是逐痰方，礞石黄芩及大黄；少佐沉香为引导，实热顽痰一扫光。
贝母瓜蒌散茯苓，陈皮桔梗花粉增；咳嗽咽干痰难咯，润燥化痰病自清。
苓甘五味姜辛汤，咳嗽痰稀喜唾良；胸满脉迟苔白滑，肺寒留饮可煎尝。
三子养亲用紫苏，配伍白芥与莱菔；老人痰多饮食少，咳喘胸闷一并除。
止嗽散用桔甘前，紫菀荆陈百部研；镇咳化痰兼透表，姜汤调服不用煎。
半夏白术天麻汤，苓草橘红枣生姜；眩晕头痛风痰盛，化痰息风是效方。
定痫二茯贝天麻，丹麦陈远菖蒲夏；胆星蚕蝎草竹沥，姜汁琥珀与朱砂。

十七、消食化积剂

保和神曲与山楂，陈翘莱菔苓半夏；炊饼为丸白汤下，消食和胃效堪夸。
枳实导滞重大黄，苓连白术与茯苓；泽泻蒸饼糊丸服，湿热积滞此方寻。
枳术丸是消补方，荷叶烧饭作丸尝；若加麦芽与神曲，消食化滞力更强。
健脾参术苓草陈，肉蔻香连合砂仁；楂肉山药曲麦炒，消补兼施此方寻。
枳实消痞四君全，麦芽夏曲朴姜连；蒸饼糊丸消积满，消中有补两相兼。

十八、驱虫剂

乌梅丸用细辛桂，黄连黄柏及当归；人参椒姜及附子，温中寓清在安蛔。
布袋丸内用四君，芜荑芦荟共调匀；夜明砂与使君子，消疳去虫法可循。
化虫使君与鹤虱，槟榔芜荑一并列；白矾铅粉为丸服，肠道诸虫皆能除。

十九、涌吐剂

瓜蒂散中赤小豆，豆豉汁调酸苦配；逐邪涌吐功最捷，胸脘痰食服之退。
稀涎皂角与白矾，痰浊壅阻宜开关；中风痰闭口不语，涌吐通关病自安。
盐汤探吐金匮方，干霍乱证宜急尝；宿食填脘气机阻，运用及时效最良。

二十、治疡剂

仙方活命金银花，防芷陈皮皂山甲；贝母花粉及乳没，赤芍甘草酒煎佳。
牛蒡解肌丹栀翘，荆薄斛玄夏枯草；疏风清热又散肿，牙痛颈毒俱可消。
舒肝溃坚汤开郁，筋疬石疽柴决当；夏枯陈蚕香附抚，红花芍草甲姜黄。
瓜蒌牛蒡汤银柴，栀子芩翘青陈偕；花粉皂刺与甘草，肝郁胃热乳痈解。
内消瘰疬夏枯藻，枳桔玄贝蔹荷翘；大黄花粉草归地，海粉玄明青盐消。
海藻玉壶藻带昆，翘草半贝与青陈；川芎独活当归合，化痰散结消瘿瘤。
四妙勇安用当归，玄参银花甘草随；清热解毒兼活血，热毒脱疽此方魁。
六神丸为雷氏方，麝香冰片雄牛黄；蟾蜍珍珠剂以丸，疮疡肿毒效堪夸。
阳和汤方治阴疽，贴骨流注鹤膝风；熟地鹿胶桂姜炭，麻黄白芥甘草从。
小金丹内麝草乌，灵脂胶香与乳没；木鳖地龙归墨炭，诸疮肿痛最宜服。
犀黄丸内用麝香，乳香没药与牛黄；乳岩横痃或瘰疬，正气未虚均可尝。
透脓散治毒成脓，芪归山甲皂刺芎；程氏又加银蒡芷，更能速奏溃破功。
托里消毒参术芪，茯苓归芎芍草桔；皂刺白芷金银花，扶正托毒效称奇。
内补黄芪芎芍归，参苓草地麦远随；官桂姜枣益气血，养阴生肌功效最。
苇茎汤方出千金，桃仁薏苡冬瓜仁；瘀热结肺成痈毒，清热排脓病自宁。
金匮大黄牡丹汤，桃仁瓜子芒硝襄；肠痈初起腹按痛，泻热逐瘀自能康。
薏苡附子败酱散，温化排脓力不缓；肠痈成脓宜急投，脓泻肿消腹自软。

附录3 方名索引

教材与教学配套用书

新世纪全国高等中医药院校规划教材

注：凡标〇号者为"普通高等教育'十五'国家级规划教材"；凡标★号者为"普通高等教育'十一五'国家级规划教材"

（一）中医学类专业

1 中国医学史（常存库主编）〇★
2 医古文（段逸山主编）〇★
3 中医各家学说（严世芸主编）〇★
4 中医基础理论（孙广仁主编）〇★
5 中医诊断学（朱文锋主编）〇★
6 内经选读（王庆其主编）〇★
7 伤寒学（熊曼琪主编）〇★
8 金匮要略（范永升主编）★
9 温病学（林培政主编）〇★
10 中药学（高学敏主编）〇★
11 方剂学（邓中甲主编）〇★
12 中医内科学（周仲瑛主编）〇★
13 中医外科学（李曰庆主编）〇★
14 中医妇科学（张玉珍主编）〇★
15 中医儿科学（汪受传主编）〇★
16 中医骨伤科学（王和鸣主编）〇★
17 中医耳鼻咽喉科学（王士贞主编）〇★
18 中医眼科学（曾庆华主编）〇★
19 中医急诊学（姜良铎主编）〇★
20 针灸学（石学敏主编）〇★
21 推拿学（严隽陶主编）〇★
22 正常人体解剖学（严振国　杨茂有主编）★
23 组织学与胚胎学（蔡玉文主编）〇★
24 生理学（施雪筠主编）〇★
　　生理学实验指导（施雪筠主编）
25 病理学（黄玉芳主编）〇★
　　病理学实验指导（黄玉芳主编）
26 药理学（吕圭源主编）
27 生物化学（王继峰主编）〇★
28 免疫学基础与病原生物学（杨黎青主编）〇★
　　免疫学基础与病原生物学实验指导（杨黎青主编）
29 诊断学基础（戴万亨主编）★
　　诊断学基础实习指导（戴万亨主编）
30 西医外科学（李乃卿主编）〇★
31 内科学（徐蓉娟主编）〇

（二）针灸推拿学专业（与中医学专业相同的课程未列）

1 经络腧穴学（沈雪勇主编）〇★
2 刺法灸法学（陆寿康主编）★
3 针灸治疗学（王启才主编）
4 实验针灸学（李忠仁主编）〇★
5 推拿手法学（王国才主编）〇★
6 针灸医籍选读（吴富东主编）★
7 推拿治疗学（王国才）

（三）中药学类专业

1 药用植物学（姚振生主编）〇★
　　药用植物学实验指导（姚振生主编）
2 中医学基础（张登本主编）
3 中药药理学（侯家玉　方泰惠主编）〇★
4 中药化学（匡海学主编）〇★
5 中药炮制学（龚千锋主编）
　　中药炮制学实验（龚千锋主编）
6 中药鉴定学（康廷国主编）★
　　中药鉴定学实验指导（吴德康主编）
7 中药药剂学（张兆旺主编）〇★
　　中药药剂学实验
8 中药制剂分析（梁生旺主编）〇
9 中药制药工程原理与设备（刘落宪主编）★
10 高等数学（周　喆主编）
11 中医药统计学（周仁郁主编）
12 物理学（余国建主编）
13 无机化学（铁步荣　贾桂芝主编）★
　　无机化学实验（铁步荣　贾桂芝主编）
14 有机化学（洪筱坤主编）★
　　有机化学实验（彭松　林辉主编）
15 物理化学（刘幸平主编）
16 分析化学（黄世德　梁生旺主编）
　　分析化学实验（黄世德　梁生旺主编）
17 医用物理学（余国建主编）

（四）中西医结合专业

1　中外医学史（张大庆　和中浚主编）
2　中西医结合医学导论（陈士奎主编）★
3　中西医结合内科学（蔡光先　赵玉庸主编）★
4　中西医结合外科学（李乃卿主编）★
5　中西医结合儿科学（王雪峰主编）★
6　中西医结合耳鼻咽喉科学（田道法主编）★
7　中西医结合口腔科学（李元聪主编）
8　中西医结合眼科学（段俊国主编）★
9　中西医结合传染病学（刘金星主编）
10　中西医结合肿瘤病学（刘亚娴主编）
11　中西医结合皮肤性病学（陈德宇主编）
12　中西医结合精神病学（张宏耕主编）★
13　中西医结合妇科学（尤昭玲主编）★
14　中西医结合骨伤科学（石印玉主编）
15　中西医结合危重病学（熊旭东主编）★
16　中西医结合肛肠病学（陆金根主编）★
17　系统解剖学（杨茂有主编）
18　组织学与胚胎学（刘黎青主编）
19　生理学（张志雄主编）
20　生物化学（温进坤主编）
21　免疫学与病原生物学（刘燕明主编）
22　病理学（唐建武主编）
23　病理生理学（张立克主编）
24　医学生物学（王望九主编）
25　药理学（苏云明主编）
26　诊断学（戴万亨主编）
27　局部解剖学（聂绪发主编）
28　中医基础理论（王键主编）
29　中医诊断学（陈家旭主编）
30　中药学（陈蔚文主编）
31　方剂学（谢鸣主编）
32　针灸推拿学（梁繁荣主编）
33　中医经典选读（周安方主编）

（五）护理专业

1　护理学导论（韩丽沙　吴瑛主编）★
2　护理学基础（吕淑琴　尚少梅主编）
3　中医护理学基础（刘虹主编）★
4　健康评估（吕探云　王琦主编）
5　护理科研（肖顺贞　申杰主编）
6　护理心理学（胡永年　刘晓虹主编）
7　护理管理学（关永杰　宫玉花主编）
8　护理教育（孙宏玉　简福爱主编）
9　护理美学（林俊华　刘宇主编）★
10　内科护理学（徐桂华主编）上册★
11　内科护理学（姚景鹏主编）下册★
12　外科护理学（张燕生　路潜主编）
13　妇产科护理学（郑修霞　李京枝主编）
14　儿科护理学（汪受传　洪黛玲主编）★
15　骨伤科护理学（陆静波主编）
16　五官科护理学（丁淑华　席淑新主编）
17　急救护理学（牛德群主编）
18　养生康复学（马烈光　李英华主编）★
19　社区护理学（冯正仪　王珏主编）
20　营养与食疗学（吴翠珍主编）★
21　护理专业英语（黄嘉陵主编）
22　护理伦理学（马家忠　张晨主编）★

（六）七年制

1　中医儿科学（汪受传主编）★
2　临床中药学（张廷模主编）○★
3　中医诊断学（王忆勤主编）○★
4　内经学（王洪图主编）○★
5　中医妇科学（马宝璋主编）○★
6　温病学（杨进主编）★
7　金匮要略（张家礼主编）○★
8　中医基础理论（曹洪欣主编）○★
9　伤寒论（姜建国主编）★
10　中医养生康复学（王旭东主编）
11　中医哲学基础（张其成主编）★
12　中医古汉语基础（邵冠勇主编）★
13　针灸学（梁繁荣主编）○★
14　中医骨伤科学（施杞主编）○★
15　中医医家学说及学术思想史（严世芸主编）○★
16　中医外科学（陈红风主编）○★
17　中医内科学（田德禄主编）○★
18　方剂学（李冀主编）○★

（七）计算机教材

1　SAS统计软件（周仁郁主编）
2　SPSS统计软件（刘仁权主编）
3　多媒体技术与应用（蔡逸仪主编）
4　计算机基础教程（陈素主编）
5　计算机技术在医疗仪器中的应用（潘礼庆主编）
6　计算机网络基础与应用（鲍剑洋主编）
7　计算机医学信息检索（李永强主编）
8　计算机应用教程（李玲娟主编）

新世纪全国高等中医药院校创新教材（含五、七年制）

新世纪全国高等中医药院校规划教材配套教学用书

（一）习题集

（二）易学助考口袋丛书

中医执业医师资格考试用书